Philipp Oehmke
Schönwald

PHILIPP OEHMKE

Schönwald

Roman

PIPER

Mehr über unsere Autorinnen, Autoren und Bücher:
www.piper.de/literatur

Inhalte fremder Webseiten, auf die in diesem Buch (etwa durch Links) hingewiesen wird, macht sich der Verlag nicht zu eigen. Eine Haftung dafür übernimmt der Verlag nicht.

ISBN 978-3-492-07190-1

© Piper Verlag GmbH, München 2023
Gesetzt aus der Sabon Pro
Satz: Satz für Satz. Wangen im Allgäu
Druck und Bindung: GGP Media GmbH, Pößneck
Printed in Germany

Für Karina, von der und für die alles ist.

Inhalt

1. Schönwald 9
2. Long Island Sound 31
3. Von-Melle-Park 77
4. Transatlantik 121
5. Europa 177
6. Beethovenhalle 273
7. Hahnwald 303
8. Zoo 335
9. Leo's 374
10. Gendarmenmarkt 402
11. Peshawar 437
12. Morningside Heights 460
13. Templin 508

1 Schönwald

Es war gerade erst halb neun, wie lange würde das hier wohl noch gehen und wie viel würde Hans-Harald noch trinken, fragte sich Ruth von ihrem Beobachtungsposten aus. Sie hatte in einem halben Jahrhundert voller sozialer Verpflichtungen die Technik perfektioniert, in Gruppen eingebunden und an Gesprächen beteiligt zu wirken, wenn sie eigentlich gar nicht da war. Sie musste sich dafür nur möglichst nah an eine lebhafte Gruppe heranstellen und manchmal tonlos in deren Richtung lachen und dazu die Lippen bewegen.

Sie hatte sich also in den Rücken eines Halbkreises aus Freunden ihres Sohnes gestellt, alles Akademiker, die an Universitäten mit klangvollen Namen wie Berkeley oder Yale lehrten. Sie kannte diese jungen Männer, teilweise schon seit Jahrzehnten, doch sie hatten, abgesehen von einem tadellos vorgetragenen Begrüßungsritual, zum Glück keine Notiz von ihr genommen, eine perfekte Tarnung. Ruth hörte sie darüber diskutieren, wo eigentlich Chris sei. Ließ sie alle anreisen zu dieser angeblich so wichtigen Eröffnung seiner Schwester, und wer nun nicht da war, war er.

Ruth zupfte an ihrem Kostüm und brachte die Schulterpartie wieder in Form. Sie war schmaler geworden, obwohl sie ihre Schultern zweimal in der Woche im Frauenfitnessstudio an Geräten trainierte. Dabei war es Hans-Harald, dem sie immer sagte, er müsse aufpassen, nicht zu mager zu werden, während sie hoffte, dass man es bei ihr nicht bemerkte. Sie war immer schlank gewesen und groß für eine Frau und mit einem Meter neunundsiebzig einen Zentimeter größer als ihr Mann.

Beim Kofferpacken zu Hause in ihrem Vorort von Köln hatte sie länger darüber nachgedacht, was man wohl zur Eröffnung eines schwul-lesbischen Buchladens in Berlin trüge, und hatte sich schließlich, aber immer noch zweifelnd, für den Stil »Theater-Premiere am Schauspiel Köln« entschieden. Nicht Theater-Vorstellung, sondern Premiere, eine Kategorie rauf, das hieß Kostüm, schwarze Nylonstrumpfhose, hohe, aber nicht zu hohe und vor allem nicht spitze Schuhe sowie Schmuck, Kette aus Weißgold, Brosche mit grünem Smaragd, Armreif aus Weißgold.

Ihr Blick ging zwanzig Meter durch den Raum zu ihrem Mann. Die meisten hier kannten ihn als Harry, so wurde er seit Kindheitstagen genannt, doch Ruth, die generell Spitznamen ablehnte, fand »Harry« besonders unpassend und hatte ihren Mann als eine der wenigen seit ihrer Hochzeit Hans-Harald gerufen. Hans-Harald stand nicht im toten Winkel einer Gruppe, er stand mittendrin. Seine warmen dunklen Augen blitzten, beim Reden schloss er sie häufig, ein Zeichen, das Ruth aus fünfzig Jahren Ehe kannte. Es hatte eine Zeit gegeben, da hatte sie es gehasst, ihn so zu sehen. So amüsiert, so bei sich, so – sie wusste, dass es ein zu großes Wort war: glücklich. Hoffentlich trank er nicht so viel. Nachher auf dem Weg zum Hotel am Gendarmenmarkt würde sie ihn sonst beim Gehen wieder stützen müssen.

Sie hatte lange darüber nachgedacht, ob ihm der Grund für diese Eröffnung insgeheim auch komisch vorkäme, aber sie hatte sich nicht die Blöße geben wollen, ihn zu fragen. Margot Schuler, die Vorsitzende ihres monatlichen Buchclubs, hatte neulich erzählt, dass auch die großen Buchhandlungen jetzt eigene Ecken für »Kwiere Literatur« einrichteten. Und hätte Margot, mit ihren vierundsiebzig Jahren, diese Genrebezeichnung nicht so aufreizend lässig verwendet, Ruth hätte nachgefragt. So aber musste sie mit dem Hinweis, sie ginge eben mal den frischen Kaffee holen, auf dem Weg in die Küche mit unauffälligem Griff ihr überproportional großes Smartphone von der Kommode mitgehen lassen, um schnell, während der Kaffee seine letzten röchelnden Durchlaufgeräusche machte, bei Google den Begriff »Kwiere Literatur« einzugeben.

Ruth war schon klar, dass es so nicht heißen konnte, aber irgendwo musste sie anfangen. Sie ärgerte sich. Sie würde es nie laut aussprechen, aber wenn man ehrlich war, war sie in dieser Buchclubrunde die Einzige, die Bücher von Literatur unterscheiden konnte. Die nicht nur gerne las, weil man das aus einer bestimmten Generation und Schicht kommend (Nachkriegs-BRD, Bildungsbürgertum) eben so machte.

Das erste Ergebnis, das der Suchbegriff »Kwiere Literatur« hervorbrachte, war einer vom Lesben- und Schwulenverband mit dem Titel »Corona: Auswirkungen auf Lesben, Schwule, Bisexuelle, Trans« veröffentlicht auf einer Webseite namens queer.de. Da war's: kwier beziehungsweise queer.

Wie einfach die Welt doch geworden war und wie unendlich kompliziert. Jetzt vor der Kaffeemaschine in der Küche ihres Hauses in Köln war sie kurz stolz gewesen. Überhaupt war sie in letzter Zeit, anders als Hans-Harald, mit dem Smartphone immer gewandter geworden. Sie konnte WhatsApp und FaceTime und hatte die Emojis entdeckt.

Rätselhafterweise war im gleichen Maße, in dem sich ihr Geschick beim Umgang mit dem Smartphone gesteigert hatte, Hans-Haralds Ratlosigkeit über sein Gerät, das hoffnungslos veraltet war, ins Verzweifelte gewachsen.

Auf der Schaufensterscheibe der Buchhandlung, die ihre Tochter Karolin, die mittlere ihrer drei Kinder, an diesem Abend in Berlin in einer Gegend eröffnete, die ansonsten Wettbüros, Shisha-Cafés und Goldjuwelieren vorbehalten schien, stand nun also *They/Them. Fachbuchhandlung für Queere Literatur.*

Queer heiße nicht unbedingt lesbisch, hatte Ruth ihren Freundinnen in Köln vielleicht etwas zu defensiv erklärt, als sie von der bevorstehenden Berlinreise erzählte, die sie und Hans-Harald antreten würden: lieber mit dem Zug statt mit dem Auto, das schöne Hotel am Gendarmenmarkt, nicht zu weit, aber eben doch in einer ganz anderen, angenehmeren Gegend als die Wohnung der Tochter, bei der oft die Junkies im Hauseingang lägen.

»Aber auch nicht hetero«, hatte Gabriele Bongarts eingewandt und damit der Frage den Raum geöffnet: Was denn dann?

»Entweder bist du homo- oder heterosexuell. Dazwischen gibt es ja nichts.« Das war natürlich Christa König mit ihrer tiefen, Furcht einflößenden Stimme und ihrem, wie Ruth schon immer gefunden hatte, ebenso überschaubaren Weltbild. Denn genau dieses Entweder-Oder war eben in einer sich wandelnden Welt nicht mehr richtig. Ruth wusste auswendig herunterzubeten, was noch alles als geschlechtliche Orientierung infrage kam. Sie konnte, ohne sich zu verhaspeln, LGBTQIA sagen und erläutern, welcher Buchstabe wofür stand. Lesbisch-Gay-Bisexuell-Transgender-Intergeschlechtlich-Asexuell.

»Mama«, hatte Karolin gesagt, »wenn du dein Facebook-Profil erstellst, gibt es allein siebenunddreißig Gender zur Auswahl.« Karolin hatte ihr an langen Abenden das Konzept ihres Geschäfts mehrfach erklärt, und auch warum es immer ihr Lebenstraum gewesen sei, einen solchen Laden zu eröffnen. Das hatte Ruth verwundert, sie hatte fast vierzig Jahre nichts von dem Lebenstraum ihrer Tochter gewusst. Das Leben ihrer Tochter hatte sie sich, nachdem Karolin zum Glück nach zwei Semestern an der Kunstakademie auf Kunstgeschichte umgesattelt hatte, immer als die Karriere einer Kuratorin an einem städtischen Kunstmuseum vorgestellt oder vielleicht an der Universität – und natürlich mit Kindern und einem Mann.

Doch stattdessen sollten sich diese siebenunddreißig Geschlechter, oder wie viele es waren – außer einem, nämlich dem männlichen –, in der heute zu eröffnenden Buchhandlung wiederfinden. Karolin hatte sie mit einer, wie sie betonte: *einer* Freundin zusammen eröffnet, nicht mit *ihrer* Freundin. Wie sich solch eine spezialisierte Buchhandlung finanziell über Wasser halten sollte, war Ruth auch nach mehreren Präsentationen eines sogenannten Businessplans, den Karolins Freund, von dem Ruth immer gehofft hatte, er sei *ihr* Freund, erstellt hatte, schleierhaft geblieben, wenn es in der Buchhandlung nicht einmal Jonathan Franzen oder ihretwegen wenigstens Joachim Meyerhoff zu kaufen gebe.

»Aber jetzt komm doch mal weg von dem männlichen Blick, Mama«, hatte Karolin erklärt. »Darum geht es doch gar nicht. Es geht darum, dass die von der patriarchalischen Gesellschaft überhörten und mundtot gemachten Erzählstimmen bei uns ihren eigenen Raum bekommen. Einen Safe Space, weißt du?«

Das Problem, das Ruth mit alldem hatte, bestand darin, dass sie sich zeitlebens, gerade was intellektuelle und gesellschaftliche Strömungen betraf, als moderne Frau gesehen hatte und stolz darauf war. Doch die Attribute, die aufgeklärtes Leben und Denken heute verlangten – Bioessen, Pilates, gendergerechte Sprache, Identitätspolitik –, klangen für sie, wenn sie ganz ehrlich war, alle nach Nonsens. Sollte man denn, nur um mit der Zeit zu gehen, komplett den gesunden Menschenverstand ausschalten? Früher, in der alten Bundesrepublik, war es einfacher gewesen, modern zu sein. Mit Beginn ihres Studiums 1966 in Tübingen hatte sie ein Abonnement der ZEIT abgeschlossen und war für die nächsten fünf Jahre, die Zeitung unter den Arm gerollt, durch das Germanistische Seminar geschritten. Wie alle Germanistikstudenten der späten Sechzigerjahre las sie Hermann Hesse, doch anders als die Hippies und Rebellen, die den kitschigen *Steppenwolf* liebten, erkannte sie in der Kontemplation des *Glasperlenspiels* Hesses stärkste Arbeit, denn es war, wie sie ihren Kommilitoninnen sagte, sein Gruß an Thomas Mann. Als junge Ehefrau las (und verstand) sie Erich Fromms *Kunst zu Lieben*; als junge Mutter Alice Millers progressive Pädagogikbücher.

Ruth hatte, auch wenn es lang her war, genügend Zeit an literaturwissenschaftlichen Seminaren westdeutscher Universitäten verbracht, als dass ihr die Klagen über die patriarchalische Perspektive neu wären, und es war nicht so, als ob sie das intellektuell nicht begriffe oder sogar unterstützte – und doch war ihr das »Brimborium« darum richtiggehend zuwider. Frauenbuchhandlungen gab es seit den Sechzigern, da hießen sie »lila Buchläden«, und Ruth hatte sie damals schon als bedrückend empfunden. Nun versahen Leute wie Karolin und ihre Partnerin (Businesspartnerin, nicht Lebenspartnerin, hoffentlich) die lila Buchläden mit neuen Labeln und Akronymen und verkauften sie als Durchbruch in der Geschichte der Geschlechter. Essen direkt vom Bauern hatte sie mit ihrem Vater schon Anfang der Fünfzigerjahre erworben. Es war das, was arme Leute kauften (sie waren nicht arm, aber Ruth gefiel sich in der Vorstellung, dass sie es damals waren). Heute nannten ihre Kinder das »Farm to Table«, und es kostete ein Vermögen. Ruth wusste, dass sie sich gegenüber Karolin solche Kommentare dazu verkneifen musste.

Seit einigen Jahren nährte sie die Hoffnung, dass sie ihre eigene Unzufriedenheit vielleicht besser ertragen könnte, wenn wenigstens die Kinder glücklich wären (und mit gewissen Abstrichen auch Hans-Harald). Soweit sie wusste, hatte ihre Tochter keinen Mann, erst recht keine Kinder, und lebte in einem Gebäude, dessen Treppenhaus Junkies als Schlafplatz nutzten. Wenn es dann eben dieser queere Buchladen war, in dem sich Karolins Zufriedenheit manifestierte, dann würde Ruth sie darin unterstützen. Deswegen hatten Hans-Harald und sie auch nicht lange gezögert, als Karolin gefragt hatte, ob sie sich vorstellen könnten, ihr zu ihrer Unternehmensgründung ein Startkapital zuzuschießen. In dem vorausschauenden Wissen, dass die Generation ihrer Kinder sich möglicherweise nicht mehr darauf verlassen konnte, dass es ihnen automatisch besser ginge als den Eltern, hatte Ruth vor dreißig Jahren einen Fond angelegt, dessen Zugewinne und Verluste sie inzwischen fast täglich auf ihrem iPad kontrollierte. Das Geld hierfür hatte wiederum aus dem Erbe ihrer Eltern gestammt. Außer der Renovierung des Gästebads und ein paar Schiffsreisen, mit dem Postboot durch die Fjorde, mit der Queen Mary II nach New York, war ihr wenig eingefallen, wofür sie das hauptsächlich in Bundesschatzbriefen angelegte Geld sinnvoll verwenden könnte. Sinnvoll, darauf kam es ihr an. Ihr Vater hatte so hart für dieses Geld gearbeitet. Er kam zwar aus einer guten Theologenfamilie, aber nach dem Krieg hatten auch sie nicht mehr viel gehabt. Tagsüber hatte er als Tischler zerstörte Schrankwände und zerbrochene Stühle repariert, nachts Mathematik studiert, dazu noch drei Töchter und zwei Söhne zu Hause.

Siebzig Jahre später ging das Geld nun eben in einen schwul-lesbischen Buchladen oder so was Ähnliches. Das war wohl der Lauf der Dinge. Trotzdem wäre es doch sicherlich im Sinne ihres Vaters gewesen, seine Enkelin bei ihrer Existenzgründung zu unterstützen. Außerdem war Karolin die letzte der drei Kinder, die die großelterliche Anschubfinanzierung in Anspruch nahm. Christopher, der Älteste, hatte sie schon Ende der Neunzigerjahre für sein Studium in New York genutzt, damit er endlich in sein Sehnsuchtsland Amerika hatte ziehen können, und Benni, der Jüngste, hatte von seinen Hunderttausend (plus Inflationsausgleich, den hatte Ruth immer minutiös ausgerechnet) ein Fertighaus auf einer, wie Christopher immer sagte, »von

AfD-Wählern umzingelten Wiese« an einem Waldrand bei Templin errichten lassen.

Benni war schon seit dem frühen Morgen hier und hatte Karolin geholfen, die letzten Regale an die Wand zu dübeln, die beladen mit queeren Büchern sichtlich zu schwanken begonnen hatten. Karolin wäre nicht auf den Gedanken gekommen, dass die Bücherborde kippen könnten, es war Bennis Frau Emilia gewesen, die plötzlich geschrien hatte, als ihre beiden Jungs, August und Otis, versuchten, an ihnen hochzuklettern. Hinter dem Rücken von Bennis Frau hatte Karolin die Augen verdreht. Das Überbeschützermandat, das Emilia an ihren Kindern auslebte, hatte in den vergangenen Jahren schon häufiger die halbe Familie genervt, doch eine Ausweitung des Mandats auf ihren Buchladen überschritt nun wirklich eine Grenze, hatte Karolin gesagt.

Ruth hatte mit aller mentalen Kraft, die ihr zur Verfügung stand, versucht, die kleine Irritation zu ignorieren. Ihr Gehirn berechnete in Sekundenschnelle, welche Auswirkung die Irritation auf die Zukunft haben würde, in diesem Fall also auf den weiteren Verlauf jenes Tages, für den sie extra aus Köln angereist war: Benni würde sich, auch wenn er es selbst lächerlich fand, auf die Seite seiner Frau stellen müssen und damit gegen seine Schwester. Dass die Kinder sich gut verstanden – nein, mehr als das: dass sie am besten überhaupt nie einen Konflikt austragen müssten –, das war ihr, so hatte es Ruth vor Jahren für sich festgelegt, das Allerwichtigste. Und so hatte sie mit großer Erleichterung registriert, dass Benni schon so früh gekommen war, um seiner Schwester bei den Vorbereitungen zu helfen, und kommentarlos Dübel in die frisch getünchte Wand rammte, damit Karolins Bücherregale nicht auf die Kinder fallen konnten.

Bloß auf welche Kinder überhaupt, dachte Ruth dann und bemühte sich schnell, die Bitterkeit, die sie überkam, wegzuwischen. Welche Kinder würden sich ausgerechnet in eine queere Buchhandlung verirren? Karolins jedenfalls nicht, sie hatte keine. Und nach allem, was Ruth hier auf der Eröffnungsparty erkennen konnte, würde sich das so bald auch nicht ändern.

Christopher war immer noch nicht da, es ging auf neun Uhr zu. Ruth konnte seine Freunde hören (sie hatte sich seit zehn Minuten keinen Zentimeter von ihrem Beobachtungsposten wegbewegt), wie sie beratschlagten, in welche Bar sie jetzt angesichts von Chris' Abwesenheit weiterzögen.

Und gerade als sich in Ruths Kopf ernsthaft das Katastrophenszenario ausbreiten wollte, dass Christopher zum großen Tag seiner Schwester nicht auftauchte, nachdem er doch letzte Nacht extra aus New York gekommen war – sich mit Meilen auf Business Class hochgestuft, sodass er schlafen konnte und fit sein würde für die Eröffnung (sie hatte in steter Sorge, dass er sich in seinem Beruf und zwischen den Zeitzonen auf seinen vielen Reisen überanstrengte, sogar darüber hinweggesehen, dass sie dieses Business Class-Tamtam von ihm eigentlich verabscheute, ja gar eine Charakterschwäche darin vermutete) – gerade also, als die Katastrophe, die aus Christophers Abwesenheit für die innergeschwisterliche Beziehung folgen würde, in ihrem Kopf Form anzunehmen begann, hörte Ruth irgendwo vorne im Laden etwas platschen.

Sie konnte nicht sehen, wo das Geräusch herkam, aber dann hörte sie Schreie und schließlich ein dumpfes Raunen. Ihr Blick ging durch den Raum zu Hans-Harald, der das Platschen in seiner Runde zunächst mit einem lustig gemeinten »Huch!« quittiert, doch als niemand lachte, ein ernstes Gesicht aufgesetzt hatte.

Dann folgte ein zweites Platschen, lauter als das erste, vielleicht auch nur, weil es jetzt still im Raum war. Die Gäste im hinteren Teil des Geschäfts drängten nach vorne, wo man offenbar schon zu wissen schien, was los war. Ruth musste aus einer Art Nebenzimmer um die Ecke kommen, und in dem Nadelöhr zwischen den Räumen staute es sich.

Sie fragte eine Art Fabelwesen neben sich im Gedränge, ein junger Mann offenbar, schlaksig, mit einem von Pomade festgekleisterten Scheitel und in einem grauen Nadelstreifenanzug mit Hosenträgern darunter. Hosenträger unter Nadelstreifenanzug, das hatte Ruth zuletzt bei ihrem Vater gesehen.

»Wissen Sie, was passiert ist?«

In einer glockenhellen Frauenstimme antwortete das Fabelwesen im Nadelstreifenanzug: »Etwas ist an die Scheibe geknallt. Wir hatten gestern schon Ärger mit denen. Und vorgestern. Wegen dem Nazigeld.«

Ruth verstand kein Wort. »Ärger mit wem? Mit Nazis?« Nicht, dass sie in Berlin nicht alles für möglich hielte.

»Nein, nicht mit Nazis«, sagte das Fabelwesen über seine oder ihre Nadelstreifenschulter. »Mit den Instagram-Kids.«

Als Ruth mit den anderen Gästen endlich in den vorderen Geschäftsraum waberte, glaubte sie, in eine Unfallszene geraten zu sein. Blut rann von der kleinen Schaufensterscheibe, die Karolin und Benni am Nachmittag noch mühsam mit den Worten »They/Them« beklebt hatten. Außerdem lief etwas dickflüssiges Schwarzes an der Scheibe herunter. Sie hatte jetzt ein Muster aus schönen konzentrischen Kreisen, dort wo das Glas zwar gesplittert, aber nicht zerbrochen war. Jemand oder etwas musste dagegengeknallt sein.

Automatisch suchten Ruths Augen ihre Kinder. Da war Karolin. Ihr fassungsloser Blick erfüllte Ruth augenblicklich mit Traurigkeit, aber Karolin war nicht verletzt. Auch Benni war unversehrt, er jagte seinen beiden Jungs hinterher, angetrieben von Emilia, die ihn anschrie: »Bring die Kinder in Sicherheit. Das ist ein Terroranschlag!«

Und dann setzte verlässlich Ruths über Jahrzehnte antrainierter Reflex ein, der schon ein Zwang war, nämlich jedes

Unglück als »nicht so schlimm« zu deklarieren. Während die meisten Besucher von dem Schaufenster weg strömten, schritt Ruth näher und betrachtete die Scheibe.

»Ist nur Farbe, ist nur Farbe«, rief sie in den Raum hinein. »Nicht so schlimm, kann man bestimmt abwaschen!« Tatsächlich müssen es Farbbeutel gewesen sein, die gegen die Scheibe geflogen waren, und draußen standen keine Terroristen, sondern vielleicht zwölf bis fünfzehn aufgebrachte junge Ausländer, wie man früher gesagt hätte. Manche trugen Schilder, alle waren komischerweise angezogen wie die Eröffnungsgäste – hoch über der Hüfte sitzende Hosen, lila, rote oder blaue Strähnen in den Haaren, manche mit zusammengefilzten Zöpfen, die Dreadlocks hießen, wie Karolin ihr erklärt hatte, und die ursprünglich aus Jamaika stammten oder aus Tansania.

Und dann sah sie Christopher. Er war da! Er hatte die Eröffnung seiner Schwester gar nicht vergessen, er hatte auch nicht plötzlich etwas Besseres vorgehabt, und ihm war auch nichts Chaotisches dazwischengekommen, wie so häufig. Nein, er stand draußen und schrie sich mit den Demonstranten an. Für seine Schwester! Auf Englisch! Er war doch inzwischen ein echter New Yorker und würde sich von ein paar Kindern mit Dreadlocks nicht einschüchtern lassen. Wahrscheinlich war er schon die ganze Zeit hier draußen gewesen und hatte versucht, den Anschlag zu verhindern.

»Are you calling me a Nazi, too?«, brüllte Christopher jetzt.

Das war Ruth bei aller Freude über den Einsatz für seine Schwester doch ein bisschen unangenehm, zu laut, zu viel. Was immer die Farbbeutelschmeißer für ein Problem mit ihrem Sohn und wohl auch ihrer Tochter hatten, Ruth hätte es bevorzugt, das diskret zu klären. Aber dafür schien es zu spät. Christopher hatte, seitdem er fünfzehn gewesen war, alle möglichen Mitmenschen, nicht nur Lehrer und Polizisten, als Nazis bezeichnet, bei ihm gab es sogar den »SPD-

Nazi«, einen Begriff, mit dem er vor allem seinen Vater belegt hatte. Ruth empfand diese Leichtfertigkeit ihres Sohns als Hohn auf die Menschen, die wirklich unter den Nazis gelitten hatten (nicht, dass sie welche kannte). Dass Christopher jetzt wieder irgendwas über Nazis auf Englisch quer über den Gehweg schrie, war Ruth nicht nur peinlich, sie fand es unerträglich, ja unappetitlich.

Und was sollte das überhaupt mit den Nazis? Was hatten Nazis mit der Eröffnung eines Buchladens zu tun?

Sie hatte sich auf interessante Diskussionen über Diskriminierung von Homosexuellen eingestellt und sich auch mit der erneuten Lektüre der entscheidenden Stellen bei Thomas Mann in *Tonio Kröger*, *Unordnung und frühes Leid* und natürlich dem *Tod in Venedig* ein bisschen vorbereitet. Sie hatte sich sogar ausgemalt, wie sie in einem angeregten Gespräch einem modischen Schwulen erklärte, dass Homosexualität keineswegs, wie er vielleicht zu denken schien, ein modernes Phänomen sei, sondern schon bei Thomas Mann behandelt wurde, nur eben gezwungenermaßen auf subtilere Weise, als die Schwulen von heute darüber sprechen könnten. Sie hatte darin eine nahezu ideale Gelegenheit gesehen, ihren Lieblingspunkt zu machen, nämlich dass die Menschen es früher schwerer hatten, auch die schwulen.

Karolin trat heraus auf den Bürgersteig zu ihrer Mutter. Wenn sie verärgert oder verängstigt war, sah man es ihr nicht an. Sofort wurden die Nazirufe lauter, die Menge war inzwischen angewachsen. Ungefähr ein Dutzend Passanten, die meisten junge arabische Männer, hatten sich dazugestellt, filmten mit ihren Handys, redeten laut auf Arabisch und fielen gelegentlich lachend in die Nazichöre ein. Für sie musste das aussehen wie einer der inzwischen schon üblichen Konflikte in diesem Bezirk, die stets aufflammten, wenn wieder ein Sportwettenbüro für eine Naturwein-Bar weichen musste.

»Gebaut, gebaut – auf Nazigold! Gebaut, gebaut – auf Nazigold!«

Ruth suchte jetzt Hans-Harald, interessanterweise war es immer noch er, der in Konfliktsituationen ruhig blieb, anders als Christopher, der sich produzierte, und Karolin, die den Konflikt mit Sturheit verschärfte, oder Benni, der ihm am liebsten aus dem Weg ging. Sie entdeckte Hans-Harald drinnen im Buchladen. Er hatte schon die Polizei gerufen. Ganz der alte Staatsanwalt sah sie ihn mit unaufgeregten, präzisen Worten berichten, was vorgefallen war, und wie immer würde er darauf achten, Interpretationen, Spekulationen oder Verdächtigungen zu vermeiden.

Ruth hielt es für eine Kunst, mit Behörden richtig zu sprechen. Die wenigsten Menschen konnten das, aber Hans-Harald hatte eben eine lange Karriere als Staatsanwalt hinter sich, natürlich konnte er dann sprechen wie eine Behörde, er war ja quasi die Behörde! –, aber er hatte das auch schon gekonnt, als sie sich 1968 kennengelernt hatten.

»You stupid idiots, it's a queer bookstore! It's not a Nazi store. What's wrong with you guys?«

Als würde Christophers selbstverliebtes Gebrüll – auf Englisch! – jetzt noch irgendetwas ändern. Es war mehr als nur unpassend inzwischen, fand Ruth. Sie wischte Karolin mit ihrer Hand über den Rücken, als säubere sie eine Tafel mit einem Schmiertuch, beugte sich zu ihr und hörte sich sagen: »Toll, dass Christopher sich so für dich einsetzt, oder?«

Karolin blickte ihre Mutter in einer Mischung aus Irritation und Abwesenheit an, schüttelte den Kopf.

»Der weiß gar nicht, worum es geht.«

»It's not a Nazi store!« Wieder Christopher. Jetzt reichte es. Ruth wandte sich ihm zu und bewegte ihre Hand auf Hüfthöhe auf und ab, als würde sie auf Wasser schlagen, presste die Lippen zusammen und schüttelte leicht den Kopf.

»Natürlich nicht. Das ist ja das Schlimme.«

Ruth drehte sich um. Ein junger Mann mit dunkler Hautfarbe war hervorgetreten. Inmitten des Gedränges und Geschreis war er ganz ruhig. Seine Worte strahlten die Ruhe desjenigen aus, der wusste, dass er schon gewonnen hatte; für den Typen wie Christopher, die aus dem 20. Jahrhundert kamen und auf Englisch rumschrien, keine Gegner waren. Der Kampf würde ja schließlich nicht hier auf der Straße entschieden, sondern ganz woanders. Womöglich an Orten, an denen sich Christopher gar nicht auskannte.

Der junge Mann sagte: »Wir können auch sehen, dass dort Judith Butler im Schaufenster liegt. Wir sind keine Idioten, auch wenn du uns vielleicht dafür hältst, weil wir braun sind.«

»Braun?« Zu ihrer großen Enttäuschung bemerkte Ruth, dass ihr Sohn seit einigen Minuten nichts mehr mit dem Ivy-League-Professor aus New York gemein hatte.

»Braune Hautfarbe, Mann. Wenn es wenigstens ein Nazibuchladen wäre. Aber so habt ihr es euch besonders perfide ausgedacht. Euer Laden tut so, als wäre er woke und aufseiten der Minderheiten. Aber wieso ist er von einem Nazi bezahlt worden?!«

Ruth hatte keine Ahnung, wovon der Mann sprach, doch Christopher schien verstanden zu haben. Jedenfalls verstummte er und bahnte sich den Weg durch die Menge. Er stolperte an den Demonstranten vorbei. Alle Spannung schien von ihm abgefallen, ein Mann Mitte vierzig in Blundstone Boots, zu enger schwarzer Jeans, und seinem über alles geliebten alten Margiela-Sakko, der durch eine Menge Zwanzigjähriger taumelte, die respektvoll, fast mitleidig Platz machte.

»Das Geld für den Laden kommt doch von Großvater!« Christopher stand nun vor seiner Mutter und seiner Schwester. Was er sagte, stimmte. Ruth hatte ja häufig genug davon in langen Familien-Zoomcalls gesprochen. Heimlich hatte sie gehofft, dass die Geschwister Karolin vielleicht noch von der Buchladenidee abbringen würden.

»Meinen die das? Der war doch kein Nazi, oder?«

»Papperlapapp. Natürlich nicht«, sagte Ruth. Und nach kurzem Nachdenken, lauter und unbestimmt zu den Demonstranten: »Ich verbitte mir das!«

»Fragt sich nur, wie die darauf kommen, wenn da gar nichts dran ist, Mama.«

Ruth kannte das von Karolin. Sie war das einzige der drei Kinder, bei dem es ihr gelungen war, eine emotionale Bindung aufzubauen, die es dem Kind erlaubte, seinen Frust bei der Mutter abzuladen. Jetzt würde Ruth erst mal schuld sein, bis Karolin sich beruhigte. Wahrscheinlich würde sie sich sogar auf die Seite der Demonstranten schlagen, gegen ihre Mutter, gegen ihren Großvater, letztlich gegen sich selbst.

»Hier, lies den Scheiß«, sagte Karolin und reichte der Mutter ihr Handy. »Ich hatte gehofft, ich könnte es von dir fernhalten. Das geht seit Wochen so.«

»Da geht es um Vati?« In ihrer Angst nutzte Ruth den Namen, den sie für ihren Vater als Kind gebraucht hatte, obwohl sich in den letzten Jahrzehnten, mit Geburt ihrer eigenen Kinder, in der Familie der Begriff »Großvater« durchgesetzt hatte. Ihr Vater hatte 1975, als Christopher zur Welt kam, als Generalleutnant, der er damals war, die Bezeichnung »Opa« abgelehnt und sich den autoritätsgebietenderen Titel »Großvater« auserbeten und hätte damit seine Frau, Ruths Mutter, theoretisch zur Großmutter gemacht, was diese allerdings kategorisch ablehnte: Großmutter klinge ihr zu streng. Sie wolle lieber eine fröhliche Oma sein, sagte sie, eine Generalsgattin im Nerzmantel, perfekt auf Empfängen und Bällen, die über die aktuelle Inszenierung des *Käthchen von Heilbronn* an den Kammerspielen genauso flüssig sprechen konnte wie über Brendels neuste Aufnahme von Beethovens Klavierkonzerten.

»Oma oder nichts. Tut mir leid.« Und so fanden sich Christopher, Karolin und Benni, sobald sie sprechen konnten, der für Kinder rätselhaften Kombination aus »Oma und Großvater« ausgesetzt.

Auf Karolins Handy war Instagram geöffnet. Ruth hoffte, dass sie schnell würde erfassen können, was sie da sah. Sie durfte sich inzwischen durchaus als WhatsApp-Meisterin fühlen, aber sich mit Instagram zu befassen, dazu hatte sie bisher keine Veranlassung gesehen. Ein Video, zwei junge Menschen mit dunkler Hautfarbe redeten miteinander, sie auffallend gutaussehend, er mit einem Schnurrbart, für den er zu jung schien. Sie erkannte in ihm den jungen Mann, der zuvor aus der Menge hervorgetreten war und Christopher verhöhnt hatte.

Sie sah auf dem Instagram-Video, wie er mit der gut aussehenden Frau sprach, doch Ruth verstand nichts, ihre knochigen Hände griffen Karolins Handy und suchten den Lautstärkeregler. Sie kannte sich inzwischen gut auf ihrem Samsung aus, doch iPhone konnte sie nicht, und es ärgerte sie insgeheim, dass all ihre Kinder auf die minderwertigen Apple-Geräte hereinfielen. Stiftung Warentest hatte doch in unzähligen Tests (die Ruth alle ausgeschnitten hatte und in Klarsichthüllen verwahrte, um sie zu jeder sich bietenden Gelegenheit den Kindern vorzulegen) gezeigt, dass Samsung die gleichen, wenn nicht besseren Funktionen für einen deutlich geringeren Preis bot. Karolin griff ungeduldig ihren Arm und drückte die Lautstärke des iPhones hoch.

»Jetzt hör doch mal zu!«

Die beiden jungen Menschen sprachen sehr selbstbewusst von »einer Kontinuität der Kapitalströme zwischen dem Dritten Reich und der Berliner Republik«. Außerdem verstand Ruth das Wort Nazierbe.

Dann hörte sie den Namen ihres Vaters. Rupert Wartenburg. Was wussten diese beiden Anfangzwanzigjährigen, die so aussahen … aber diesen Gedanken verbat sie sich, egal, die so aussahen, als seien sie nicht in diesem Land geboren, und wenn doch, dann zu einer Zeit, zu der ihr Vater schon tot war – was wussten *die* von ihrer Familie? Was erlaubten die sich? Ihr Vater war ein Repräsentant der bundesrepublikanischen Elite gewesen, nicht der Naziproleten. Er hatte eine Zeit lang wöchentlich Schach gespielt mit Helmut Schmidt, dem Sozialdemokraten. Wussten die das überhaupt?

Ruth hackte mit dem Zeigefinger auf dem Bildschirm rum. Stopp.

Unter dem Video stand ein Text. Der Buchladen They/Them in bester Kreuzberger Lage, stand da, werde geführt von Menschen mit Nazihintergrund.

– Wir haben keinen Nazihintergrund.

In Deutschland lebten Menschen mit sogenanntem Migrationshintergrund, und diejenigen, die den nicht haben, die Herkunftsdeutschen, die hätten logischerweise einen Nazihintergrund, denn wer seine Wurzeln in diesem Land hatte und nicht zu den erschütternd wenigen im Widerstand gehörte, sei eben leider auf die eine oder andere Weise in die Naziherrschaft verstrickt.

– Wer waren diese Menschen?

Ruth blickte auf die Fotos der beiden dunkelhäutigen Gesichter. Malala Noorzai und Azhar Caudhari stand neben ihren Gesichtern, obwohl nicht klar wurde, wer hier die Frau war und wer der Mann.

Karolin Schönwald, schrieben sie – was wollten die von ihrer Tochter!? –, habe in einem Interview selbst zugegeben, sie habe ihre Buchhandlung durch eine Erbschaft finanziert.

– Was heißt Erbschaft? Das klingt abwertend. Es waren vielmehr mühsam angesparte Reserven ihres Vaters für seine drei Töchter und zwei Söhne sowie gegebenenfalls deren Kindeskinder.

Und wer in diesem Land etwas erbe, so hieß es in dem Instagram-Text weiter, in diesem – immer noch – Land der Täter und Verräter, müsse sich im Klaren sein, dass irgendwo in der Kette der Kapitalvermächtnisse relativ bald, zwei, drei Generationen zurück, ein Nazi zu finden sein werde. Jemand, der im Deutschland zwischen 1933 und 1945 sein Geld gemacht oder vermehrt habe. Kapital, das durch Nazihände gegangen sei und in ihnen vermehrt wurde. Eine simple Google-Recherche hätte gereicht, schrieben Noorzai und Caudhari, um zu erfahren, dass Karolin Schönwalds Großvater in Hitlers Wehrmacht Karriere als Soldat gemacht habe und ...

– Es war nicht Hitlers Wehrmacht.

... 1944 als junger Offizier in den Generalstab des Heeres berufen wurde. Diese Erfahrungen in der Naziarmee befähigten ihn offenbar dazu, später in der Bundeswehr bis zum General aufzusteigen und somit Macht, Privileg und Kapital anzuhäufen. Geld, das nun dazu genutzt wurde, in einer ursprünglich migrantisch geprägten Gegend Berlins gewachsene Strukturen zu zerstören und eine rein herkunftsdeutsche Enklave zu schaffen durch einen Buchladen, der Bücher verkaufe, die sich mit Problemen befassten, mit denen sich zu beschäftigen die autochthone Bevölkerung in ihrem täglichen Kampf gegen Rassismus und Fremdenfeindlichkeit sowie getrieben vom postkapitalistischen Erwerbsdruck weder über die Zeit noch die Mittel verfüge.

Diese Diktion, dachte Ruth. Lächerlich, verschleierte nur Gedankenschwäche, klang fast nach RAF. Und bitte, was hatte der Unfug nun mit ihrem Vater zu tun? Diese Menschen waren schlecht informiert und brachten alles Mögliche durcheinander, und das in schlechtem Deutsch. Schon in ihrer Zeit als Dozentin an der Universität war ihr das in den Jahren vor ihrer Pensionierung aufgefallen. Was war mit den Gehirnen der jungen Menschen geschehen?

Lebenslüge, sagten Malala und Azhar, eine Lebenslüge sei es, dass Karolin nicht offenlege, von wem sie das Nazigeld geerbt habe, und somit zu ihrer Schuld stehe. Ihre »Schuld ownen«, sagten sie, vom englischen Verb to own, etwas besitzen. Ihre Tochter solle ihre Schuld anerkennen.

Ihre Tochter? Sie war 1978 geboren. Sogar sie selbst, Ruth, war erst zwei Jahre nach Kriegsende auf die Welt gekommen, wo läge denn streng genommen ihre Schuld? Mit einem gruseligen Interesse hatte sie in den späteren Jahrzehnten des 20. Jahrhunderts die Debatten um den Begriff »Kollektivschuld« verfolgt. Geschichtstheoretisch stimmte das Konzept, in der Praxis hatte Ruth immer Schwierigkeiten gehabt, es anzuwenden. Sie alle seien jetzt schuld? Qua Geburt?

Manchmal hatte sie sich vorgestellt, dass die Schuld mit jedem Jahr, das sie auf der Welt verbrachte, ein bisschen kleiner wurde. Obwohl um über Schuld zu sprechen oder nur nachzudenken, meistens gar keine Zeit gewesen war, jedenfalls die ersten zehn Jahre ihrer Kindheit nicht. Ein neues Leben, ein neues Land mussten aufgebaut werden.

Als Ruth zehn war, 1957, wusste sie nichts vom Holocaust. Als sie zwanzig wurde und stolz in Tübingen studierte, stürmten ihre Kommilitonen in die Vorlesung »Germanistik I« und wollten schreiend wissen, wessen Eltern dabei gewesen waren, als Deutschland die Welt angezündet und die Juden vergast hatte. Ruth glaubte nicht, dass ihre Eltern dabei gewesen waren, allerdings hatte sie auch nie gefragt. Als sie dreißig war, hatte sie schon ihr erstes Kind, geboren in den freien Siebzigerjahren eines schüchternen Westdeutschlands, ein Kind von unschuldigen Eltern.

Als Ruth vierzig war, erschienen in der Frankfurter Allgemeinen Zeitung die ersten Aufsätze von Historikern, die dafür eintraten, dass jetzt auch langsam Schluss sein könnte mit der ewigen Schuld. Dass die Verbrechen der Nazis eben doch nicht so einzigartig gewesen seien, wie Ruth das immer eingeprügelt wurde, sondern durchaus in den Zusammenhang mit den anderen Gräueln (Gulag, Bolschewisten, stalinistische Säuberungen) des an Gräueln nicht armen 20. Jahrhunderts gestellt werden müssten. Als dann von London aus Jürgen Habermas dieser Deutung nachdrücklich widersprach, entzündete sich, vierzig Jahre nach Ende des Krieges, zum ersten Mal eine wissenschaftliche Debatte darüber, was Schuld für Deutschland eigentlich bedeuten könnte, der sogenannte Historikerstreit, der mehr als ein Jahr lang andauerte. Die Positionen der FAZ-Historiker passten zum politischen Klima und zur geistig-moralischen Wende, die der neue Bundeskanzler in seiner ersten Regierungserklärung 1982 ausgerufen und die auch Ruth als durchaus notwendig empfunden hatte. Und als Ronald Reagan vier Jahre später zu Besuch zum kleinen Bruder Deutschland kam, war es schon wieder in Ordnung für den Bundeskanzler und den US-Präsidenten, in dem Städtchen Bitburg auf einem Soldatenfriedhof Blumen niederzulegen, auf dem SS-Männer begraben lagen. Irgendwann muss doch mal eine Normalisierung eintreten, glaubte auch Ruth.

Als sie sechzig wurde, war Deutschland längst wiedervereinigt und richtete die Fußballweltmeisterschaft aus. Man durfte wieder deutsche Fahnen schwenken und sie sich sogar an die Antenne des Audi heften. Wenn die Deutschen gewannen, konnten sie in den Stadien und Innenstädten »Sieg, Sieg, Sieg« skandieren, mussten das »Heil« aber noch weglassen.

Zu ihrem siebzigsten Geburtstag schließlich war kurz zuvor Donald Trump zum Präsidenten der Vereinigten Staaten gewählt worden, und Ruth wurde klar, dass das amerikanische Versprechen verwirkt war. Dass die alte Ordnung wohl nicht würde aufrechterhalten werden können. Die Ruhe und der Frieden, in dem die Deutschen leben konnten, hatten ja nur existiert im Schatten der großen USA, die das Land mit Popkultur und Moral versorgt hatten, solange sie dazu in der Lage gewesen waren. Das fürs Erste möglicherweise Letzte, was aus den USA über Instagram und Twitter noch nach Deutschland geschwappt kam, war die Identitätspolitik. Der Aufstand der Minderheiten gegen die weiße, westliche, heterosexuelle Herrschaft mit ihren Privilegien, ja, auch so ein Modewort, wie Ruth fand.

Im Windschatten dieses Aufstands hatte ihre Tochter ihren Buchladen eröffnen können. Wie hatte sie gesagt? »Die von der patriarchalischen Gesellschaft überhörten und mundtot gemachten Erzählstimmen.« Aber so wie es aussah, sollten diese Stimmen, kaum waren sie für ein paar Stunden in Karolins Buchladen laut geworden, gleich wieder erstickt werden. Weil ihre Artikulation von Nazigeld bezahlt wurde, wenn Ruth das richtig verstanden hatte. Das Geld ihres Vaters, der, das wusste sie, kein Nazi gewesen war.

Christopher nahm ihr Karolins Handy aus der Hand.

»I'll take care of it, Mama.« Er sprach schon wieder Englisch, als fände er in der fremden Sprache irgendeinen Halt. In Deutschland, das wusste sie, gab es auch gute Literaturwissenschafts-Institute. Er würde vielleicht auch hier lehren können. Aber das schien ihm noch nie in den Sinn gekommen zu sein. Deutsche Universitäten und ihre Wissenschaftler interessierten ihn nicht. Aber Hans-Harald und sie wurden nicht jünger. Wenn er Familie hätte, dort in den USA, dann verstünde sie seine Zurückhaltung vielleicht, aber so? Sie hatte sich vorgenommen, ihn nicht zu fragen.

»Vielleicht müssen wir jetzt mal am Wochenende in Ruhe über alles reden, was hier heute zur Sprache kam.« Das war Hans-Harald, der inzwischen aus dem Geschäft gekommen war, typisch, immer über alles reden. Hans-Harald ging weiter, nein, der ehemalige Staatsanwalt schritt auf die inzwischen eingetroffenen Polizisten zu. »So. Da sind Sie ja, meine Herren.« So hatte man in den Achtzigerjahren mit deutschen Polizisten gesprochen. Doch das wussten der türkischstämmige Beamte und seine Kollegin vermutlich nicht.

Die meisten Eröffnungsgäste waren gegangen. Nachdem in den ersten Minuten nach dem Angriff fast alle geblieben waren und eine intensive Spannung in der Luft gelegen hatte, strahlte der Buchladen mit seinen verschmierten Scheiben nun eine gewisse Erschöpfung aus. Es war dunkel geworden.

Ruth sah von draußen, wie Karolin mit ihrer Geschäftspartnerin, die Ruth noch nicht vorgestellt worden war, drinnen hinter dem Infotresen saß. Sie hatten eine Flasche Weißwein geöffnet.

»Nein«, sagte Ruth.

»Nein? Was, nein?«, fragte Christopher.

»Dein Vater glaubt immer, alles müsse besprochen werden. Doch das ist ein Irrglaube.«

Es sei das ewige Besprechen und Auseinandernehmen der Probleme, erklärte sie ihrem Sohn, das die wahren, auf alle Zeiten unheilbaren Wunden verursache. Die Konflikte auf sich beruhen zu lassen, sie mit aller Kraft zu ignorieren, sie sogar, wenn man so wolle, unter den Teppich zu kehren, hingegen sei eine menschlich erprobte und bewährte Überlebensstrategie.

2 Long Island Sound

Die Menschen vergäßen ja, dass New York am Meer liege, das war einer jener Sätze, mit denen Chris Schönwald die Beschreibung seines neuen Lebens begann. Sein Beach House, wie er es nannte, hatte eine große weiß gestrichene Veranda und lag an einer Küstenstraße. Der Blick ging hinaus auf die Bucht von Long Island, die eine gute halbe Stunde nördlich von New York City wohlhabenden, der Hektik der Stadt überdrüssigen und somit glücklichen Menschen eine Heimat bot.

Er hatte sogar das Surfen angefangen, ursprünglich als er noch in Brooklyn gelebt hatte, damals vor allem, weil es ihm gefiel, mit dem Surfboard im überfüllten A-Train zu stehen auf dem Weg raus zu einem hässlichen Strand in Queens, in Vans und mit Anglerhut, den Neoprenanzug locker über die Schulter gehängt. Der surfende Literaturwissenschaftsprofessor aus der Ivy-League, so hatte er sich gesehen, so hatte er sich gefallen.

Jetzt, wo er tatsächlich am Meer lebte, hatte er das mit dem Wellenreiten wieder sein gelassen. Hier, im maritimen Zusammenhang, fehle ihm »der postmodern-ironische Bruch«, hatte er Kimberley neulich erklärt, als sie, wie Chris gehofft hatte, seine Surfbretter neben der Außendusche im Garten entdeckte. So begeistert Kimberley von der Opulenz des Beach House gewesen war und dem morgendlichen Blick auf das hier zugegeben oft graue Meer, so enttäuscht war sie, als Chris ihr erklärte, dass er das Surfen aus Coolness-

Gründen wieder aufgegeben habe. Der wahre Grund lag darin, dass Chris schlicht zu schlecht war, und dass das in einem ernst gemeinten, von durchtrainierten Tech-Millionären bevölkerten Küstenvorort stärker auffiel als an einem Hipsterstrand in Queens.

Sie hatten ihn gefeuert, das ja. Sie hatten ihn gedemütigt, aber, und das ist ein großes Aber, sie hatten ihm, ohne es zu wissen, damit einen Gefallen getan. Diese »Social Justice«-Aktivisten, die sich das Human Resources Department der Universität nannten, gingen wohl davon aus, sie hätten ihn vernichtet, doch tatsächlich ging es ihm besser. Er hatte Geld jetzt, richtiges Geld, nicht mehr das lächerliche Professorengehalt, das für ein gutes Leben, wie es ihm vorschwebte – groß wohnen, auswärts essen, komfortabel reisen –, in New York nicht reichte.

Mit einem letzten Blick auf den Long Island Sound stieg er in den bestellten Wagen von Uber-Select. Endlich eine Klasse höher fahren, ein schwarzer E 350, okay cool, immerhin. Wie sehr er die stinkenden Toyota-Priusse der normalen Uber-Kategorie am Ende verabscheut hatte. Ein Wagen der Select-Klasse kostete raus zum Newark-Airport mit vierundneunzig Dollar mehr als das Doppelte. Aber Chris hatte sich mit sich selbst darauf geeinigt, dass er sich das nun leisten konnte. Er warf die für eine Woche Deutschland gepackte italienische Stofftasche in den Kofferraum, den der Fahrer per Knopfdruck von innen geöffnet hatte, ohne auszusteigen. Der Mercedes rollte an, Chris nahm sein Telefon ans Ohr, Lufthansa Frequent Traveller Service, er musste sich noch ein Upgrade besorgen, sonst würde er den Flug nach Frankfurt nicht überstehen. Die weißen und hellblauen Villen mit ihren Holzverandas zogen vorbei, vor den meisten hingen die Teslas an ihren Ladebuchsen wie an einem Tropf. Die Menschen, die hier leben, waren gesellschaftspolitisch progressiv, wie Chris es als Literaturwissenschaftsprofessor auch gewesen war, doch jetzt waren Graydon und er die Einzigen, die bei der letzten Wahl die Make America Great Again Flaggen rausgehängt hatten und anschließend verhöhnt wurden von den Nachbarn, als Trump die Wahl gestohlen worden war – obwohl Chris sich da nicht sicher war, beziehungsweise war er sich sicher, dass sie nicht gestohlen worden war, doch das versuchte er zu verdrängen, sonst würde ja alles zusammenbrechen.

Kimberley war gestern Nacht aus dem Beach House ausgezogen, nach nur drei Monaten. Auf dem schwarzen Marmorboden in der Eingangshalle lagen noch die Scherben des Chardonnay-Glases, das sie beim Verlassen des Beach House, ihre braune mit den Louis-Vuitton-Initialen bedruckte Reisetasche geschultert, im Gehen hatte fallen lassen.

Chris hatte sich nicht bemüht, die Scherben wegzukehren. Wenn er in einer Woche zurückkäme und hoffentlich das Zusammentreffen mit seiner Familie halbwegs unbeschadet überstanden hätte, würden die Scherben ihn an diesen Augenblick großer Verzweiflung erinnern. Sie würden ihm dann sicherlich lächerlich und unbedeutend vorkommen, Ausdruck einer nervösen Überreaktion und unbegründeter Sorgen. Vielleicht wäre bis dahin auch die Putzfrau gekommen und hätte sie weggefegt.

Kimberley hatte ihm geraten zu fliegen. Er selbst hatte seine Zweifel gehabt. Warum wollte sie eigentlich so dringend, dass er nach Deutschland reiste, hatte er sie gefragt. Weder seinen Eltern noch seinen Geschwistern hatte er bisher erzählt, dass er kein Professor mehr war, sondern nun als – konnte man das so sagen? – »political operative« agierte und zusammen mit Kimberley gegen alles operierte, was ihm früher heilig gewesen war. Kommende Woche hatte Graydon ihn zum fünfjährigen Bestehen seiner Talkshow »Get off my Lawn« eingeladen, und das war, so formulierte Graydon es, für Chris die Chance, sein Profil auch jenseits der legitimen politischen Kreise in den Straßenkämpfer- und J6-Zirkeln (gemeint war der Tag des Kapitolsturms, der sechste Januar) zu schärfen. Abgesehen davon, dass Chris gerade alles tat, was Graydon ihm sagte, war er seit Monaten so siegesbesoffen über seinen Ruhm in dieser neuen politischen Welt, dass er mehr wollte. Er könnte in Graydons Show gehen und sich feiern lassen – oder er konnte nach Deutschland fahren, wie Kimberley es wollte, und sich misstrauische Fragen zu seiner Professorenkarriere anhören. Doch stand Kimberley auf seiner Seite? Oder wollte sie ihn nach Deutschland verfrachten, weil sie befürchtete, er würde sie bald überstrahlen? Sie war nicht eingeladen bei Graydon, der in Nebensätzen immer mal wieder fallen ließ, dass er sie als Anwältin zwar effektiv, als Performerin aber dröge fände. Chris hatte ihr das dann an den Kopf geworfen.

»Ist es das? Weil du nicht in Graydons Show eingeladen bist? Willst du deswegen, dass ich auch nicht gehe?«

»Um diesen Kindergeburtstag bei Graydon geht es nicht. Familie ist wichtiger als der Zirkus, den wir hier machen. Und ich komme mit. Ich will deine Leute kennenlernen.«

»Was?«

»Ich liebe Europe«, sagte sie. Sie sei dort quasi aufgewachsen, ihre Familie habe früher ein Haus am Comer See gehabt. Außerdem, wenn sie schon miteinander schliefen, wolle sie auch gern seine Familie kennenlernen.

Natürlich war sie konservativ, aber politisch, doch nicht habituell.

Familie sei alles, sagte sie. Sie hatte keine Geschwister, und ihre Eltern waren früh gestorben. Die Mutter, als Kimberley ein Kind war, der Vater kurz nach seiner Entlassung aus dem Gefängnis, oje, diese Geschichte, sie war Kimberleys glühender Kern, ihr Antrieb.

Sie hatten fast die ganze Nacht gestritten und sich einiges an den Kopf geworfen. Sie wollte über seine Unaufrichtigkeit reden, seine Unfähigkeit, sich zu bekennen, ob zu ihr oder zu seiner Familie. Und als irgendwann alles vorbei schien, hatte er entschieden, dass er ihr die Wahrheit sagen konnte, und sich dadurch eine Schockwelle erhofft, die den Streit sofort beenden würde. Was wollte man noch sagen zu jemandem, der ein Jahr lang seine Familie belogen hatte, die angeblich eine so große Rolle in seinem Leben spielte? Wollte man mit so jemandem sein Leben teilen? Chris schloss die Augen und zählte leise bis drei.

»Meine Familie weiß nicht, dass ich nicht mehr Professor bin. Sie wissen nicht, dass ich für euch arbeite. Und sie wären schockiert. Deshalb kannst du nicht mitkommen.«

»Du kannst nicht stolz sein auf das, was du für uns machst? Dass du Amerika vor einer Diktatur der Eiferer, der Korrekten und der Minderheiten rettest – und damit auch die Welt?«

»Du hast doch selbst gesagt, dass das alles nicht ernst gemeint ist!«

»Nicht jeder Einzelfakt, den wir verbreiten, ist die Wahrheit. Natürlich hat niemand Donald die Wahl gestohlen. Er hat sie verloren, weil er zu faul war, das weiß jeder. Aber unser Ziel ist deswegen trotzdem wahr und richtig: zu verhindern, dass uns unser Land weggenommen wird.«

»Und du willst mir was von Aufrichtigkeit erzählen? Davon, dass du zu mir stehst? Ich bin doch für dich nicht mehr als eine Trophäe. Der übergelaufene linke Professor! Und du bist abgestellt worden, mich zu betreuen. Um mich zu kontrollieren.«

Eine ganze Weile war es dann still gewesen im Haus. Das Meer war wieder zu hören, und der entfernte Boxermotor des Vintage-Porsche vom Nachbarn, der wie jede Nacht um vier Uhr dreißig zum Before-Sunrise-Yoga fuhr. Es war, wie Chris es sich erhofft hatte, er hatte den Streit in Ungeheuerlichkeit erstickt.

»Dir ist wirklich nicht mehr zu helfen, Chris«, hatte Kimberley am Ende nur gesagt.

Vielleicht war noch nicht alles verloren, dachte er im Mercedes zum Flughafen, die leiernde und scheppernde Warteschleifenmusik der Lufthansa am Ohr. Vielleicht musste er sich an diese MAGA-Frauen erst gewöhnen. MAGA war Chris' neues Mantra. Die Dinge waren nicht mehr mega. Sie waren MAGA. Das Akronym stammte vom ehemaligen und vielleicht – hoffentlich? – zukünftigen Präsidenten. Ursprünglich nur ein politischer Slogan, umschrieb »Make America Great Again« inzwischen einen Lebensstil. Es gab MAGA-Kleidung, MAGA-Bärte, MAGA-Sprache, MAGA-Autos und eben auch MAGA-Frauen. Chris schien das alles so frisch. Nicht so erschöpft und verbraucht wie die Insignien seines abgelegten linksliberalen Lebens.

Er hatte in den letzten zwanzig Jahren bloß die irgendwie linken, feministischen, woken, bisexuellen, intersektionalen, transgender-bewegten, immer noch Roland Barthes lesenden Dozentinnen, Doktorandinnen und sonstigen Kolleginnen kennengelernt, die bei den teuren Abendessen, die Chris in ausgesuchten Restaurants für sie inszenierte, Dinge sagten wie: »Mir ist schon klar, dass das jetzt eine sehr linke Position ist, aber ich möchte sie trotzdem mal formulieren.« Chris wusste nach zwanzig Jahren genau, was er sagen und fragen musste, damit diese Abende, und manchmal wurden Monate daraus, in seinem Sinne gelangen.

MAGA-Frauen dagegen schienen wie ein anderes Geschlecht. Nichts von dem, was bei den Ivy-League-Progressive-Girls (okay, es waren keine Girls, die meisten waren älter als fünfunddreißig, er verbot sich Affären mit Studentinnen, gerade er, der so viel über Machtstrukturen, Abhängigkeiten und Dominanz in literarischen Texten forschte, hätte sich lächerlich gemacht mit einer solchen Liaison) – nichts also, was bei den Progressive Girls so präzise funktioniert hatte, schien die MAGA-Frauen zu beeindrucken. Chris musste komplett neu lernen, wenn auch unter blendenden Startvoraussetzungen.

The man himself, The Donald, wie ihn alle nannten, hatte

einige höhnische Twitternachrichten von Chris retweetet und sich zweimal telefonisch in seinen Podcast eingewählt, und im März würde Chris in Washington, D. C. auf der Conservative Political Action Conference sprechen, kurz CPAC, der wichtigsten Konferenz für ultrakonservatives Denken. Don Jr. hatte sich persönlich für Chris als Redner starkgemacht. Mehr Status geht eigentlich nicht. Außerdem hatte Chris schnell erkannt, dass es in der MAGA-Welt nur zwei Kategorien junger Männer gab: die leicht affigen, polierten douche bags, Typ Trumpsöhne, oder die bärtigen Pick-up-Fahrer, Typ Hinterwäldler, ihre Gefährte dekoriert mit gewaltigen Auspuffrohren und den Fahnen der Sezessionsarmee. Bei einer der letzten Veranstaltungen, auf der er gesprochen hatte, einer Versammlung unter dem Titel »Let's Go, Brandon« in West Virginia, waren nach Chris' Vortrag ein Dutzend Bärtige mit Fantasiekostümen in ihre Pick-ups gestiegen und hatten mit »rolling coal« begonnen. Dabei handelte es sich, wie Chris später erfuhr, um das absichtliche Produzieren gigantischer Dieselwolken. Ursprünglich als Technik entwickelt, um Elektroautofahrer zu provozieren oder Black-Lives-Matter-Demonstranten in Abgase zu hüllen, konnte es offenbar auch Ausdruck von Freude bedeuten. So hatte Chris es jedenfalls nach seinem Vortrag für sich interpretiert.

Es gab ohnehin so viel zu lernen, auszuwickeln und zu dekodieren in der MAGA-Welt. Er fühlte sich immer wieder an sein Erwachsenwerden erinnert, an die verschiedenen Jugendbewegungen, denen er sich anzuschließen versucht hatte, von den Mods zu den Teddy-Boys, über die Punks bis hin zu den Poppern: Immer wieder gab es Dickichte aus popkulturellen Zeichen zu durchdringen. Chris hatte das geliebt, und auch später im Studium wies der Poststrukturalismus Züge einer Geheimwissenschaft auf. Chris glaubte deswegen, über das intellektuelle Rüstzeug zu verfügen, diese Welt zu begreifen und zu erobern. Außerdem – und das war ein sehr angenehmer Unterschied zu seiner früheren Tätigkeit als Professor – gab es kaum Konkurrenz. In der MAGA-Welt hatte Chris eine Alleinstellung. Denn Intellektuelle, wie es sie noch zehn Jahre zuvor unter den Neocons gab, waren in MAGA-Land ausgerottet worden. Nur für Chris, den kultivierten Literaturprofessor, hatten sie Platz geschaffen. Natürlich war er für die Rechten die perfekte Trophäe, da hatte Kimberley recht gehabt, aber das störte ihn nur manchmal.

Kimberley war eine klassische MAGA-Frau: fake blond, streng, Louboutin-Absätze, im guten Sinne eine Achtzigerjahre-Konzeptfrau, wie Chris sie aus den US-Fernsehserien seiner Kindheit kannte, als diese unbändige Amerikaliebe sich in seinem Kopf festzusetzen begann. Kimberley war früher Anwältin in Washington, D. C. gewesen, hatte den Job aber aufgegeben zugunsten eines gut ausgestatteten Vertrags als Gastkommentatorin für Fox News. Außerdem hatte sie ihren eigenen Internetkanal Censored TV gegründet, wo sie in Sendungen wie »The Feminist Illusion« Häme gegen alles Progressive versprühte, von der Chris sich einredete, dass er sie erfrischend fand.

Er hatte Kimberley vor einem halben Jahr auf einem Meeting einer Gruppe namens »Prevent The Steal 2024« kennengelernt. Die Organisation, die sich schon jetzt, zwei Jahre vor der nächsten Wahl, damit befasste, ein zweites 2020 zu vermeiden – das heißt, zu verhindern, dass Trump erneut eine Präsidentschaftswahl *gestohlen* würde, wie es hier hieß – hatte ihn als Redner eingeladen. Das Honorar von 1000 Dollar sei nicht gerade ein Betrag »to write home about«, fand Chris' Agent Trip (zu Hause wollte Chris von der ganzen MAGA-Sache sowieso lieber nichts erzählen), aber »Prevent The Steal 2024«, so Trip, könnte noch wichtig werden. Die Gruppe sei momentan der vielleicht kürzeste Weg direkt zu the man himself.

Als Chris bei der Konferenz ankam, schien Trips Behauptung allerdings doch ein wenig gewagt. »Prevent The Steal 2024« bestand aus einer deprimierenden Mischung aus lokalen Republikanischen Politikern, ein paar »I love Trump«-Hausfrauen sowie einigen Vertretern der örtlichen Proud-Boys-Fraktion. Egal, Chris würde seine Hit-Rede halten, die fertig in der Schublade lag, die er schon oft gehalten hatte und die in den vergangenen Monaten in MAGA-Land zu einer Art unverhofftem Hype geworden war.

In seiner Hit-Rede hatte Chris den Beweis angetreten, dass die von den Kritikern des Ex-Präsidenten beklagte Postfaktizität – im Klartext: sein ständiges Lügen, wie selbst Chris es heimlich nannte – in Wirklichkeit Ausdruck einer scharfsinnigen und zeitgemäßen poststrukturalistischen Perspektive auf die Welt sei. Es sei naiv, erklärte Chris seinem Publikum, Trumps Versionen der Ereignisse Lügen zu nennen. Denn es sei doch klar, dass es für Lügen zunächst einmal Wahrheiten brauche. Die poststrukturalistische Theorie in Literaturwissenschaft, Linguistik oder Philosophie, von der er, Chris, nun zufälligerweise einiges wüsste, habe jedoch gezeigt, dass Wahrheit eine Illusion sei. Chris war bewusst, dass er mit dieser These in den Literaturwissenschaftsseminaren von Columbia bis Harvard nur ein müdes Lächeln hervorrufen würde: Ja, Chris, danke, aber da waren wir 1975 schon. Er selbst hatte in seinem Jahr für Jahr innerhalb von Minuten ausgebuchten Erstsemester-Kurs »Deconstructionism 101« seine Studenten (und Studentinnen, wie er sich angewöhnt hatte zu sagen) immer wieder daran erinnert, dass Fakten im Lichte individueller Perspektiven und Erfahrungen stets verhandelbar waren.

Doch darum ging es in der Rede nicht. Da davon auszugehen war, dass es keine Überschneidungen zwischen den Ivy-League-Departments der Ostküste und der MAGA-Welt in West Palm Springs gab, wusste Chris, dass er seinem MAGA-Publikum etwas geradezu Lebensveränderndes erzählte, nämlich: Lügen war okay, solange es keine Wahrheit gab.

So hatte er mit den Mitteln der analytischen Philosophie Trump legitimiert, eine Art Gottesbeweis, dachte Chris, pervers, und freute sich. Am meisten befriedigte ihn vielleicht sogar, dass der Poststrukturalismus immer eine dezidiert linke Strömung gewesen war. Tatsächlich hatten sich seine konservativen Kollegen jahrzehntelang so verzweifelt wie vergebens gegen die poststrukturalistischen Theorien gewehrt, weil sie die Welt, wie sie nicht müde wurden zu beklagen, der Objektivität beraubten, die als kognitiver Fels im Zentrum jeder konservativ-moralischen Weltbetrachtung stand.

Immer schon hatte der Poststrukturalismus zugunsten linker Ideologien gearbeitet. Einer von Chris' Kollegen war sogar so weit gegangen, die Theorie dafür verantwortlich zu machen, wie Präsident Obama mit den Problemen der Krankenversicherungs-Gesetzgebung umging. »Im Kanon postmodernen Relativismus', was macht es da noch für einen Unterschied, dass der Präsident der Vereinigten Staaten versprochen hat, bestehende Versicherungsangebote nicht anzutasten, obwohl er genau das immer vorhatte?« Chris hatte es damals sehr amüsiert, dass der Kollege sich nicht entblödete, hochabstrakte Konzepte auf die Niederungen der Gesundheitspolitik anzuwenden. Der Wahrheitsbegriff in postmoderner Poetik hatte natürlich nichts mit dem in profaner Realpolitik zu tun. Trotzdem propagierte Chris in seiner Hit-Rede genau das.

»Damals«, rief Chris in sein Publikum, »damals, als der Poststrukturalismus noch auf ihrer Seite war, habe ich keinen meiner linksgerichteten Kollegen gehört, der sich beschwert hätte.« Er dehnte das Wort »linksgerichteten« so lange, bis erste Buhrufe zu hören waren. Und dann kam der große demagogische Moment seiner Rede, den Chris bei jedem Vortrag besonders genoss.

»Aber jetzt auf einmal beschweren sie sich, die Snowflakes! Beschweren sich, dass da auf einmal jemand ist, der sie mit ihren eigenen Waffen schlägt! Dass ein Präsident ihrer dürftigen Interpretation von Fakten – und nichts mehr ist es! – nicht folgen will. Dass sich jemand auflehnt gegen das Interpretationsdiktat in einer Interpretationsdiktatur!«

Verlässlich jubelte das Publikum, sobald Chris das Wort »Diktatur« aussprach.

Es war stets der Moment, in dem Chris glaubte, nein fühlte, dass er in die Euphorie hinein eine Ballade spielen musste, wie es die DJs früher konnten, die er so bewunderte, damals in den Neunzigern, in den Clubs. Chris hatte damals immer geträumt, selbst da oben zu stehen und eine Masse zu steuern. Er war dann nur Professor geworden, ein »Rockstar-Professor« immerhin, wie ihn die New York Times in einem Porträt von 2015 auf der Höhe seines akademischen Ruhms genannt hatte. Er hatte sich die Zeitungsseite damals rahmen lassen und selbst mit rotem Filzstift »For the Rockstar Prof« draufgekritzelt, als sei es ein Geschenk gewesen, was nun in seinem Columbia-Büro hinter dem Schreibtisch hing und von vielen Besuchern kommentiert wurde. Aber ein Vorlesungssaal war eben doch etwas anderes als eine Trump-Rally.

Jetzt hingegen beim Interpretationsdiktatur-Moment seiner Rede fühlte er sich zum ersten Mal in seinem Leben wie ein Rockstar, mit sechsundvierzig Jahren. Es verwunderte ihn, wie gut sich das anfühlte. Und wenn es dazu die Trumpisten, die MAGA-Spinner und Hater der Alt-Right-Bewegung brauchte, um seinem Ego zu geben, wonach es gierte – dann war Chris das recht, hatte er beschlossen.

»Diktatur! Diktatur! Diktatur!«, skandierten die Zuhörer. Chris hätte es noch besser gefallen, wenn sie »Interpretationsdiktat« gerufen hätten, und hatte es bei einer Rede in West Palm Beach einmal auch so angestimmt, aber das war zu kompliziert. Er ließ den Chören Zeit auszuklingen – und setzte dann zur Ballade an: Er erzählte seinen MAGA-Freunden von einem Franzosen namens Jacques Derrida, für den Sprache vor allem ein System sei, das Bedeutung verstecken oder verschieben konnte. Unsere Zeichen, von denen Sprache nur eines war, seien nicht zuverlässig oder objektiv. Vieles ließ sich aus ihnen herauslesen, und was man las, hatte mit den Erfahrungen, Gefühlen und Eigentümlichkeiten des Adressaten mindestens genauso viel zu tun wie mit denen des Senders. Und sei es nicht genau das, was Trump tat? Mit Sprache Bedeutung verschieben? Neue Perspektiven zu eröffnen?

Chris wusste, dass er hier zu weit ging – Derrida für Trumpblödmänner! –, aber wenn die Rede bis hierhin gut gelaufen war, kam er damit durch, was ihm große Freude machte, und manchmal stand einer seiner Zuhörer nach dem Vortrag vor ihm und sagte, dass dieser Jack, dieser Franzose, gar nicht so falschgelegen habe und dass man doch vielleicht mal etwas in Mar-a-Lago organisieren könnte, er habe da einen Draht.

Doch in Washington beim Kongress von »Prevent The Steal 2024« hatte es nicht funktioniert. Chris hatte sein Publikum vielleicht falsch eingeschätzt, was ihm selten passierte. Die Teilnehmer von »Prevent The Steal 2024« waren offenbar gebildeter, als Chris sich das vorgestellt hatte. Wie hatte ihm das passieren können? Das hier war Washington, D. C. und zwar die K Street, wo all die Thinktanks saßen, er hatte doch gewusst, dass einige wichtige CPAC-Redner kommen würden. Chris war überheblich geworden, das musste es sein, nach so kurzer Zeit schon, und bereits während seines Vortrags hatten einige im Publikum ihn mit Zwischenrufen als »ex-linken Blender« beschimpft.

Auf dem Weg zum Ausgang war er an Kimberley Conway vorbeigelaufen. Sie war der funkelnde Star der Konferenz, jeder kannte sie hier, eine Traube von MAGA-Fans in J6-Fantasiekostümen hatte sich um sie gebildet. Sie war gerade dabei, eins ihrer berüchtigten, oft hitzig geführten Sparring-Interviews mit dem sehr linksliberalen CNN-Starmoderator Chris Cuomo zu beenden (inzwischen wie Chris selbst gestürzt über die Affären eines anderen), der sie diesmal live auf der Konferenz befragt hatte. Kimberley hatte ihn dabei mehrfach aus der Fassung gebracht, indem sie Ereignisse, die Cuomo als Fakten präsentierte, mit steinernem Gesicht abstritt.

Kopfschüttelnd und amüsiert zog sie sich schließlich das angeklippte Mikrofon vom Revers und verheddert sich dabei mit ihren äußerst langen nylonbestrumpften Beinen in den Mikrofonkabeln. Kurz hatte sie ausgesehen wie ein Mädchen beim Gummitwist, dann hatte sie gelacht über die eigenen Verrenkungen mit den Kabeln und das Bild, das sie dabei abgab und inzwischen einige Zuschauer belustigte, darunter Chris. Er war stehen geblieben, und zum ersten Mal an diesem Tag spürte er so etwas wie Wärme, Natürlichkeit, menschliche Nähe, oder war das zu pathetisch? Dann war der Augenblick vorbei, Kimberley Conway hatte sich wieder gefangen und rief beim Weggehen: »Mann, wann wirst du endlich erwachsen, Cuomo?«

Cuomo lächelte wölfisch, formte mit den Lippen den Satz *Next time I'll get you* und winkte Kimberley noch einmal fröhlich zu. War das denn hier alles ein Spiel, und keiner meinte, was er sagte? Als Chris das Gefühl hatte, dass Cuomos Blick auf ihn fiel, setzte er ebenfalls ein Lächeln auf, das angriffslustig wirken sollte, und hob testweise die Hand zum Gruß. Doch Cuomo reagierte nicht, vielleicht hatte er doch woanders hingeschaut. Dafür war nun Kimberley Conway zu Chris herübergeschlendert, als hätte sie die ganze Zeit nichts anderes vorgehabt. »Das«, sagte sie, »war also der hotteste Vortrag, den man im Moment in MAGA-Land hören kann?« Er konnte ihr Lächeln nicht deuten. Spott? Mitleid? Oder doch Faszination?

»Na ja, die poststrukturalistische Perspektive verändert ja tatsächlich alles. Sie entzieht der Trump-Kritik jegliche Basis. Das perfekte Schachmatt, weil die Linke diese Perspektive jahrzehntelang für gültig befunden hat.«

»Jaja.« An Kimberleys enttäuschtem Blick merkte Chris, dass seine bemühte Antwort bei ihr nicht ankam. Wahrscheinlich hätte er sofort in den Gegenangriff gehen müssen. So gingen die Spielregeln in MAGA-Land.

Kimberley hatte vor ihm am Rednerpult gesprochen. Warum, verdammt, hatte er ihr nicht gesagt, dass die Faktenverdrehung, aus der ihr Vortrag bestanden hatte, ohne Chris' Rede gar nicht möglich gewesen wäre? Kimberley hatte in ihrem Vortrag die rund tausend Zuschauer mithilfe fragwürdiger Arithmetik überzeugt, dass offenbar vierzehn Millionen Stimmen für den Präsidenten, der Trump abgelöst hatte, bei der Wahl gefälscht worden sein sollen. Chris musste sich eingestehen, dass er sogar nach einem knappen Jahr in der MAGA-Welt immer noch Schwierigkeiten hatte, Behauptungen wie diese ohne sofortigen inneren Widerspruch in sein System aufzunehmen. Keinem anderen schien es auf dieser Versammlung so zu gehen.

Chris hatte ja glauben wollen, was die smarte Anwältin da sagte. Er musste es glauben – wollte er seiner neuen Existenz nicht gleich wieder die Grundlage entziehen. Es ging so weit, dass er sich die Erinnerung an den alten Chris verbot, der früher mit seinen Studentinnen vom Universitätscampus in Manhattan bis nach Queens zum JFK-Airport marschiert war, um dort erschöpft und zermürbt von den Minusgraden – es war Januar! – mit selbst gebastelten Schildern gegen das Einreiseverbot für Menschen aus muslimischen Ländern zu demonstrieren, das die neue Trump-Regierung verhängt hatte.

Seine MAGA-Freunde hatten nicht genug kriegen können von Chris' Schilderungen aus der Welt der Snowflakes. Chris hatte den Ausdruck zunächst nicht verstanden. Als er im *New Vocabulary for the Alt Right*-Guide nachschlug, den ihm Kimberley zu ihrem einmonatigen Jubiläum geschenkt hatte, erfuhr er, dass die Trump-Anhänger ihre linken Widersacher als »Schneeflocken« verspotteten.

Nach Chris' lahmer Antwort im Anschluss an seine Rede hatte Kimberley lediglich einen Satz zu Chris gesagt. »Du bist hier falsch, und das macht dich so richtig.«

Schon in der darauffolgenden Woche war sie in Chris' Beach House eingezogen. In ihr eigenes Penthouse in Washingtons Watergate-Gebäude kehrte sie meist nur montags und dienstags zurück und verbrachte den Rest der Sommertage bei Chris. Er freute sich, wie das Haus mit seiner weißen Veranda an der rauen Bucht ihr imponierte. Auch Chris erinnerte es jeden Morgen nach dem Aufwachen daran, welche unwahrscheinliche Wendung sein Leben genommen hatte.

Graydon hatte ihm das Haus besorgt. Er war sein einziger neuer Freund, den er seit der Entlassung von Columbia gefunden hatte. Seine alten Freunde, die alle aus dem akademischen und künstlerischen Milieu stammten, hatten ihn bis auf einen verlassen. Er galt als toxisch, seitdem er den Podcast hatte, ein Abtrünniger, ein Frustrierter. So intelligent, so schlagfertig, so unterhaltsam und vor allem so *European* – schade, man verstand es nicht, doch damit hatte es bei den meisten sein Bewenden.

Auch Sten hatte länger nicht mehr angerufen. Am Anfang hatte Sten gekämpft und Chris immer wieder gezwungen, ihm seine neuen vollbärtigen Freunde und politischen Positionen zu erklären. Sten war Engländer, Nordwest-Londoner, wie er selbst immer betonte. Sein Vater stammte aus Indien, seine Mutter hatte dänische Wurzeln, daher der Vorname. Es war Sten gewesen, der vor vielen Jahren Chris in seiner ersten Woche an der amerikanischen Universität jede Illusion über sein Deutschsein genommen hatte. Sie waren beide neu in den USA, Sten war aus London hergezogen, Chris aus Köln. Sie klammerten sich aneinander. An einem Abend im Ten-Twenty hatte Chris Sten seine Scham darüber gestanden, Deutscher zu sein. In den USA war Bill Clinton Präsident, in England Tony Blair Premierminister, aber in Deutschland regierte Helmut Kohl. Schon in den ersten drei Wochen sei es mindestens ein halbes Dutzend Mal passiert, erzählte er Sten, dass jemand »Achchchch-tung!« rief, sobald Chris sich als Deutscher zu erkennen gab.

Sten hatte kurz nachgedacht und dann mit einem steinernen Gesicht gesagt: »Ich kann nur für uns Engländer sprechen, aber ich glaube, den Amerikanern geht es genauso: Obwohl wir gern Witze darüber machen, haben wir haben kein Problem mit eurer Nazivergangenheit, das ist lange her.«

Er machte eine kurze Pause.

»We just think you're boring«, sagte er dann, und genau das war es.

Plötzlich wusste Chris, woher sein Unbehagen, nein, seine Abneigung gegen Deutschland kam. Nicht von dem Schuldgefühl über das Dritte Reich, sondern von dessen Folge: dass die Deutschen langweilig waren. Spießig. Und ängstlich. Und bescheiden. Und schlecht angezogen. Dass sie Schlager hörten. Dass es keine Mode gab und erst seit den Achtzigern ein zartes Pflänzchen Popkultur. Davor gab es Can, Kraftwerk und Fassbinder als Kulturereignisse, die im Ausland unter Spezialisten irgendwie als cool durchgehen konnten.

Sten hatte Chris durch diese Selbsterkenntnis zwar von der Nazilast befreit, aber als Nation langweilig zu sein, schien ihm noch schwerwiegender. Seitdem hatte er versucht, vor Sten niemals langweilig zu wirken. Im Gegenteil, sein Ziel wurde es, seinen Freund zu widerlegen: Sten würde es sein, der sich als der Langweilige unter ihnen herausstellen würde, nicht Chris.

Später hatten sie zur gleichen Zeit an ihren Dissertationen gearbeitet. Sten war Spezialist in Prädikatenlogik und hatte jahrelang über Gleichungen in poststrukturalistischer Linguistik gegrübelt, von denen Chris nicht viel verstand, außer dass sie irre lang waren. Im Grunde betrieb Sten Mathematik. Er war ein überzeugter Rationalist, ein Eindruck, der sich verstärkte durch sein prononciertes Oxford-Englisch, das die amerikanischen Kollegen stets zu provozieren schien. Sten war immer auf der Suche nach kühler Wahrheit und Objektivität, und damit war er eigentlich in der postmodernen Literaturwissenschaft falsch. Er konnte die Texte nicht fühlen. Er konnte nicht spüren, wie sie in einem vibrierten.

Am Anfang hatte er Chris immer wieder gefragt, wie er das machte mit dem Fühlen, woher er immer diese kreativen Interpretationsideen nahm. Die kämen ihm selbst einfach nicht. Und während Chris' Seminare überquollen vor jungen hippen Studentinnen, saßen bei Sten sieben bis acht Nerds und versuchten, mit großen Taschenrechnern Literatur zu vermessen.

»Du musst dir einfach interessante Verknüpfungen ausdenken«, sagte Chris. »Sachen zusammendenken, die eigentlich nicht zueinanderpassen.«

Um die Taschenrechner-Nerds loszuwerden und endlich mehr wie Chris zu werden, hatte Sten irgendwann die geliebte Prädikatenlogik aufgegeben und sich »eine interessante Verknüpfung« ausgedacht. Doch »Die Poetik Wallensteins im Lichte des Nahost-Foreign-Policy« zog noch weniger Studentinnen und Studenten an als Stens Linguistikkurse.

Das hatte Sten getroffen. Außenpolitik war in Wirklichkeit seine große Leidenschaft. Wenn Chris ihn auf dem Campus suchte, fand er ihn meistens bei den Kollegen der SIPA, der School of International and Public Affairs, bei den Politikwissenschaftlern und Foreign-Policy-Experten. Dass Sten überhaupt bei den Literaturwissenschaftlern gelandet war, ging auf seine Zeit in Oxford zurück, wo es in den Neunzigerjahren einfach cooler war, Literatur zu studieren als Politik. Sten hatte dieses Missverständnis nie aufgeklärt und war dabeigeblieben, hatte sich seine Nische gesucht, weil er nicht aufgeben wollte. Seine Vernunft und Intelligenz hatten es ihm bisher immer ermöglicht, jedes Ziel zu erreichen. Doch nach der Sache mit Wallenstein und der Nahost-Foreign-Policy gab er auf. Über einen seiner SIPA-Freunde hatte Sten schon immer regelmäßig für die Zeitschrift Foreign Policy Essays über europäische Außenpolitik geschrieben, immer EU- und Merkeldeutschland-kritisch, und damit einiges Aufsehen erregt (Sten hatte in Oxford aus Langeweile auch Deutsch studiert und ein paar Jahre in Berlin gelebt).

Als dieser SIPA-Freund die New Yorker Vertretung des Chatham House, eines britischen Thinktank, übernahm, schlug er Sten vor, das Missverständnis Literaturwissenschaft zu beenden und stattdessen Senior Analyst for European Affairs bei Chatham New York zu werden. Es war verrückt, kurz vor der Lebenszeit-Professur, nach all den Jahren der Schinderei mit der Prädikatenlogik, die zu nichts geführt hatte, die Stelle aufzugeben. Sten dachte zwei Tage nach und reichte dann seine Kündigung ein.

Danach war Sten regelrecht aufgeblüht, und was er jetzt Chris über Geopolitik und Neokonservatismus erzählen konnte, war selbst für Chris interessanter als zuvor die stets unlösbaren Probleme der Prädikatenlogik. Ihre Freundschaft vertiefte sich in diesen Gesprächen, weil Sten endlich wieder funkelte und Chris sich eingestehen musste, dass er Verlierer, Menschen am Boden, nicht aushalten konnte. Menschen wie ihn, nur kurze Zeit später.

Das Title-IX-Verfahren, in denen Universitäten moralische Verfehlungen des Lehrkörpers untersuchen, war aus heiterem Himmel gekommen und drei Wochen später in eine fristlose Kündigung gemündet. Es war Sten, der ihn sofort in seiner Brooklyner Wohnung besucht und einige Nächte lang auf Chris' Couch geschlafen hatte.

»Hey, guck doch mich an«, hatte er gesagt, »mir geht es viel besser, seit ich von Columbia weg bin. Es ist eine Befreiung! Raus aus dieser Behörde zu sein.«

»Sten, du bist von dir aus gegangen. Die haben sogar noch versucht, dich zu halten, obwohl in deine Seminare keine Sau mehr gekommen ist. Aber du bist stolz gegangen in einen neuen Job, der viel Geld bringt und dir wie *ein Maßanzug* passt!«

Trotz seiner Verletzung, trotz der Unfähigkeit, sich zu bewegen, und der, ja, fast zwei Flaschen Wein, die Chris inzwischen jeden Abend trank, trotz also seiner unendlichen Traurigkeit darüber, dass man ihm alles genommen hatte, trotz alledem hatte er diese Formulierung »wie ein Maßanzug« benutzt, was ihn gleichzeitig verwunderte und amüsierte. Der charismatische Chefredakteur einer deutschen Wochenzeitung hatte diese Worte verwendet, als er sich mit Chris einmal im Borchardt getroffen hatte. Chris war auf Berlin-Besuch gewesen, und der Chefredakteur hatte ihm damals den Job als Literaturchef der Zeitung angeboten. Wie ein Maßanzug, so hatte es der Chefredakteur gesagt, sei die Wochenzeitung für Chris' populärwissenschaftliche Texte, die manchmal in verschiedenen deutschen Feuilletons veröffentlicht wurden.

Aber der Maßanzug hätte bedeutet, dass Chris aus seinem Lebenstraum Amerika hätte aufwachen und nach Deutschland zurückgehen müssen, unvorstellbar.

Es war auch jetzt der Grund von Chris' Depression: die Angst, dass der Rausschmiss aus der Universität auch den Rausschmiss aus Amerika bedeutete. Die Bedingung für sein Visum war doch, dass er dem Land etwas geben konnte, was kein Amerikaner zu bieten hatte.

Sten hatte Abend für Abend mit Chris Weinflaschen geleert, manchmal fuhren sie in Bars nach Bushwick, wo Chris bei jungen, tätowierten Frauen versuchte, sein Selbstwertgefühl wiederherzustellen. Sten bekräftigte immer wieder, wie talentiert Chris sei, er würde schon etwas finden.

Dann musste Sten nach London zum Muttersitz von Chatham House, Chris solle doch mitkommen, zur Ablenkung, und danach könne er weiter nach Deutschland reisen und sich ein paar Wochen Auszeit bei seiner Familie in Köln nehmen.

»Ich könnte sogar mitkommen«, sagte Sten. »Ich muss ohnehin nach Bonn, das ist doch in der Nähe! Ich muss einen Essay für den Guardian schreiben über die versunkene Welt von West Germany! Bonn, Königswinter, der Rhein. Wir könnten zusammen den Kanzlerbungalow von Sep Ruf besichtigen. Mid-Century-Architektur mitten in Bonn! Wusstest du, dass Helmut Kohl den Bungalow aus Beton und Glas gehasst hat und deshalb alles mit Teppichen auslegen ließ?«

»Helmet Coal«, hatte Sten wie immer gesagt. Normalerweise hätte er einen solchen Ausflug mit Sten geliebt. Aber natürlich konnte Chris jetzt auf keinen Fall nach Köln fahren. Dann hätte er Sten einweihen müssen, dass in Köln niemand davon wusste, dass Chris kein Columbia-Professor mehr war. Und das schien ihm genauso undenkbar, wie seiner Familie die Wahrheit zu sagen. Die Scham über seine Feigheit quälte ihn fast noch mehr als die Angst vor seiner Familie. Er dachte täglich darüber nach, und täglich wurde das Problem größer. Alan, der Reporter der New York Times, hatte schon angerufen. Es war Alan gewesen, der damals das Rockstar-Professor-Porträt geschrieben hatte. Chris war später sogar ein-, zweimal mit ihm ein Bier trinken gegangen in einer Dive Bar in Red Hook, die Adam zufolge auch Karl Ove Knausgårds Stammbar sei, wenn er in New York war. Chris hatte versucht, Adam hinzuhalten. Er bekomme das erste Interview mit ihm exklusiv, versprach er, und er werde darin über alles auspacken. Aber noch nicht jetzt, es sei noch zu frisch.

Chris hatte sich dann nie wieder gemeldet und die Textnachrichten von Alan ignoriert. Irgendwann war der Artikel natürlich doch erschienen, »The Downfall of the German Wunderkind«. Chris hatte den Artikel bis heute nicht gelesen. Aber er fragte sich, ob seine Eltern in Deutschland ihn kannten. Der Text schwamm ja frei im Internet herum, und Chris wusste, dass sein Vater vor einigen Jahren mal Wochen damit zugebracht hatte, einen Google-Alarm für alle drei Kinder einzurichten. Eine Zeit lang hatte er dann Chris auf jede kleine Nachricht, die im Internet über ihn aufpoppte, angerufen, um sie mit ihm zu diskutieren.

»Papa, die Nachrichten im Internet, das ist nicht, als würde man in der Zeitung stehen.«

»Nein?«

»Nein. Das ist ... nichts.«

Nachdem Sten nach London abgereist war und Chris immer tiefer in seinem Schmerz versank, rief Graydon an.

In den Zehnerjahren hatte Graydon in Brooklyn im Apartmenthaus nebenan gelebt. In einem der Wolkenkratzer an der Waterfront in Williamsburg, alle erst ein paar Jahre alt, polierter Beton, viel Glas, Balkone und Dachterrassen. Aus den meisten Wohnungen hatte man einen Blick über den East River auf Manhattan. Graydon wohnte in einem Penthouse ganz oben über zwei Stockwerke mit mehreren Dachterrassen. Dass er dort logierte, ergab für Chris auf eine perverse Weise Sinn. Ohne Graydon, könnte man sagen, würde es diese Türme und Dachterrassen gar nicht geben. Er war vor fünfundzwanzig Jahren aus Montreal nach Williamsburg gekommen, damals eine öde Gegend aus Warenhäusern und Lkw-Höfen. Er hatte die Redaktion eines hippen Punkrock-Magazins, das er ein paar Jahre zuvor in Montreal gegründet hatte, nach Williamsburg verlegt, nachdem das Magazin zu weltweiter Szeneberühmtheit gekommen war. Mit Graydon und den bärtigen und tätowierten Hipstern seines Magazins sowie einigen Künstlern und Musikern, die aus dem East Village rüberkamen, vollzog sich in Williamsburg bald das, was man Gentrifizierung nannte.

Und Graydon thronte über allem.

Die Bars, in denen er nächtens saß, galten als cool, die Musiker, in deren Lofts er abhing, wurden meistens wenig später berühmt. Das Magazin entwickelte sich zu einem weltweit operierenden Medienimperium.

Shawn, seinen ehemaligen Marketingpraktikanten aus Montreal, hatte Graydon bald zum gleichberechtigten Partner gemacht, damit sich jemand um die Zahlen kümmerte. Die Fabriketagen in Williamsburg, in denen die Redaktion sowie Videoräume und Podcaststudios untergebracht waren, wurden alle zwei Jahre zu klein, und Graydon und Shawn konnten sich bald Jahresgehälter in Millionenhöhe auszahlen.

Doch der alte Spirit war weg. Und das lag laut Graydon nicht daran, dass sie inzwischen achthundertfünfzig Angestellte, eine eigene Werbeagentur, eine Filmproduktion und einen weltweiten Vertrieb hatten, sondern dass die Zeiten sich geändert hatten: Die anarchistische aus der Punk- und Skateboardszene der Neunzigerjahre gewachsene Ästhetik erschien in den späten Nullerjahren fad, ausgezehrt und tausendfach schlecht kopiert. Den riesigen Tanker, der ihr kleines Montrealer Magazin geworden war, wieder aus der Mehrheitsströmung herauszuziehen, hätte eine Anstrengung bedeutet, die sich Graydon mit knapp vierzig nicht mehr zutraute. Außerdem war sein ehemaliger Marketingpraktikant dagegen. Shawn fühlte sich angekommen und wohl dort, wo sie waren, im kulturellen Mainstream. Graydon begann, sich auf Redaktionskonferenzen über Shawn lustig zu machen, und wenn Graydon jemanden aufs Korn nahm, wurde es meist schmerzhaft (Chris hatte Graydon anfangs für vieles bewundert, aber für nichts so sehr wie dessen Schlagfertigkeit. Tatsächlich hatte er sich bei seinen ersten Scharmützeln mit den Trump hassenden CNN-Kommentatoren regelmäßig gefragt: Was würde Graydon tun? – und hatte es geschafft, den Graydon'schen Hohn mit seiner eigenen Intellektualität zusammenzuführen und so den neuen Alt-Right-Chris geschaffen).

Es war dann nur eine Frage der Zeit, bis Graydon und Shawn sich überwarfen und Graydon von seinem ehemaligen Marketingpraktikanten 9,5 Millionen Dollar dafür bekam, dass er sich aus seinem eigenen Lebenswerk zurückzog, das er fünfzehn Jahre zuvor mit vierundzwanzig geschaffen hatte.

Er kaufte sich am Long Island Sound das Haus neben dem, in das Chris später einziehen würde, ließ sich einen unansehnlichen Kinnbart wachsen, wie ihn die Generäle der Confederate Army trugen, zeugte vier Kinder, eröffnete einen YouTube-Kanal und begann, verbal auf einen jungen schwarzen Senator einzuschlagen, der ein paar Wochen zuvor Präsident geworden war.

Schon beim ersten Treffen hatte Chris Graydons Schmerz gespürt und ihm deswegen gleich vertraut. Es war ein paar Wochen nach Chris' Kündigung, Sten war seit einer Woche in London, Chris war bei zwei Flaschen Wein pro Abend angekommen und trug Pflaster an sieben von zehn Fingern, an denen er sich abendelang gewissermaßen chirurgisch die Nagelhaut abgezogen hatte, bis überall rosafarbenes offenes Fleisch zu sehen war. Die Fingernägel hatten diese stetigen Angriffe auf die Unversehrtheit ihrer Peripherie damit quittiert, dass sie sich nun an manchen Stellen leicht wellten und so kleine Buckelpisten schufen, über die Chris mit den anderen Fingern vorsichtig strich. Um den Eindruck der Zerschossenheit abzumildern, hatte er sich am Tag zuvor im Gucci-Store auf der Fifth Avenue für 765 Dollar ein Paar Slipper gekauft. Eine Replik des original Loafers von 1956, der mit der goldenen Trensenspange. Das Geschäft lag gleich neben dem Trump Tower, in dem der Präsident tatsächlich gewohnt hatte. Wie immer Demonstranten davor. Chris nickte ihnen anerkennend zu, als er sich den Weg ins Geschäft bahnte. Ohne dass er es ahnte, war dies sein letzter freundlicher Kontakt zu Trump-Gegnern. Am nächsten Tag würde er mit dem Graydon-Treffen sein altes Leben verlassen.

Graydon wollte sich in einem Irish Pub in Midtown treffen. Seit er ein paar Jahre zuvor aus Williamsburg in den Vorort ans Meer gezogen war, hatte Chris ihn nicht mehr gesehen. Als er noch da war, hatten sie manchmal kurz geredet, wenn sie sich in der Bar des Nighthawk-Kinos trafen oder beim Taco-Laden auf der Driggs Avenue. Graydon hatte dann immer ein paar Witze über Merkeldeutschland gemacht, das in seiner Vorstellung von vergewaltigenden Flüchtlingen tyrannisiert wurde. Oder über ihn, Chris, »den liberalen Professor aus unserer akademischen Elite«, der sich sperrte, die Segnungen der Trump-Regierung zu erkennen. Chris war es kein einziges Mal gelungen, Graydons Späße effektiv zu kontern, alle Verweise auf Merkels Anständigkeit und Trumps Inkompetenz klangen schon in dem Moment lahm, als die Worte seinen Mund verließen. Einmal hatte er es mit »Graydon, wann kommst du zurück zu den cool kids?« versucht. Aber Graydon hatte nur wissend gelächelt. Cool war für ihn, wer sich gegen den linksliberalen Mainstream stemmte. Cool war nicht das hilflose Gejammer über den inkompetenten Präsidenten.

Umso mehr freute er sich, als Graydon sich unvermittelt bei ihm meldete. Er hatte sich Chris' Telefonnummer besorgt und eine Textnachricht geschrieben.

»Hey, I heard what the university did to you. Another example of liberals wreaking havoc. Wanna hang?«

Es regnete so heftig, wie es nur in New York regnen kann, an dem Aprilnachmittag, als Chris sich zu dem Irish Pub aufmachte. Die dünnen Ledersohlen der neuen Gucci-Loafers weichten sofort auf in den Sturzbächen, die über die Gehwege strömten. Der billige Regenschirm, den er einem koreanischen Straßenhändler an der Ecke Broadway und 33rd Street abgekauft hatte, stülpte sich in den Regenböen um und ging sofort kaputt. Fünf Dollar Fehlinvestition, allerdings nichts gegen die 765 von gestern in ein Paar Schuhe, das sich gerade auflöste. Manchmal – und war das eigentlich schon Zeichen einer narzisstischen Störung, oder war das normal? –, manchmal fühlte es sich für Chris an, als trete er aus sich heraus. Dann lief ein Film: er von außen von einer unbarmherzigen Kamera beobachtet. Eine lächerliche Figur in lächerlichen Schühchen, die nicht einmal einen koreanischen Regenschirm unter Kontrolle halten konnte. Man sah diesem Mann an, dass ihm sein Leben genommen worden war; dass Menschen aus einem Verwaltungsapparat, die er nicht kannte und die nichts von dem verstanden, was Chris' Beruf war, die seine fachliche Brillanz nicht beurteilen konnten, ihm einen Auflösungsvertrag geschickt hatten, den er hatte unterschreiben und damit seine bisherige Existenz besiegeln müssen. Chris erfasste eine brennende Wut über den Regenschirm, der im Wind flatterte und ihm schließlich ins Gesicht klatschte: Er hörte sich schreien und dann weinen, heiser und jaulend in den Wind und den Regen hinein. Der Gehweg war voll mit hastenden Menschen, doch niemand nahm Notiz. Oder vielleicht ließ sich nur niemand etwas anmerken. Verrückte, Gescheiterte und Verzweifelte gab es hier genug. Er war nur einer mehr, der hier rumschrie.

Bevor Chris bereit gewesen war, Graydon im 33 Arms gegenüberzutreten, hatte er sich nebenan in einem koreanischen Restaurant auf eine enge Toilette schleichen wollen. Doch der Kellner hatte Chris zunächst für einen Junkie gehalten, ihm hinterhergerufen und aufgehalten. Erst als Chris ihm einen Fünfdollarschein hingeschoben hatte, durfte er passieren. Im Licht einer Neonröhre begutachtete er den Schaden an den Gucci-Loafers. 765 Dollar kamen ihm auf einmal viel vor für jemanden, dem gerade fristlos gekündigt worden war. Irgendwie war Wasser zwischen Ledersohle und Fußbett geraten, die Sohle wellte sich. Außerdem war die Haut an seinen Füßen schrumpelig geworden. Die weißen Socken schmiss er weg. Vielleicht wären sie ohnehin zu viel gewesen, ein kurzer raffinierter Wink zu Michael Jackson, einem anderen Gecancelten der Geschichte, vielleicht hätte Graydon die Referenz bemerkt, vielleicht hätte sie ihn beeindruckt.

Als er die nackten aufgequollenen Füße wieder in die Schuhe gequetscht hatte, war eine Naht neben der Trensenspange gerissen. Chris ächzte vor Anstrengung. Ging dieses Wimmern schon als Weinen durch? Es klang nicht laut, auch nicht durchgängig, aber es kam doch immer wieder. Wie sollte er in diesem Zustand gegenüber Graydon bestehen? Dem höhnischsten, kältesten Menschen, den er kannte?

Graydon stand an der Theke des 33 Arms Pubs und hielt ein Glas Bier in der Hand, obwohl es erst kurz nach drei war. Später, als er ihn besser kannte und in der Alt-Right-Szene gut vernetzt war, erfuhr Chris, dass Graydons Bierkonsum durchaus Grund zur Sorge oder Anlass zu Spott gab. Chris wünschte, er hätte auch schon etwas getrunken.

Graydon schien nicht in den Regen gekommen zu sein. Er wirkte komplett *composed* – und trocken.

»Und, Prof, wie läuft's so als Gecancelter?«, rief er Chris entgegen, als der sich zum Tresen des für den frühen Samstagnachmittag erstaunlich vollen Pubs zwängte.

»Besser wahrscheinlich als als brabbelnder Alkoholiker.«

Chris schickte ein Lachen hinterher, deutete unbestimmt auf das Bierglas in Graydons Hand, doch er merkte, es war die falsche, eine blöde Reaktion gewesen.

»I feel you, Prof. Und ja, Alkohol hat mir einmal geholfen, über große Schmerzen hinwegzukommen. Es tut mir immer noch weh, und Alkohol sorgt dafür, dass es weniger wehtut. Wo ist das Problem? Jeder, der etwas anderes erzählt, kann zum Pilates gehen. Mein Großvater war Alkoholiker, mein Vater auch. Wir sind Iren. What do you want?« Graydon legte die Hand in Chris' Nacken. Chris überlegte kurz, ob er den Griff als Dominanz- oder Zärtlichkeitsgeste interpretieren sollte. Sie fühlte sich gut an, Graydons behaarte, auf den Fingerrücken tätowierte Hand, vielleicht die erste Geste von Zuneigung – war sie das? – seit wie lange? Chris konnte sich nicht erinnern. Doch Vorsicht! Graydon war, davor hatten alle immer gewarnt, der Teufel. Chris wischte Graydons Hand in seinem Nacken weg.

»Wann hat Alkohol dir denn geholfen? Um über was hinwegzukommen? Dass du deine Firma für zehn Millionen verkauft hast?«

Er versuchte, Graydons Gesicht zu lesen. Angst befiel ihn, dass Graydon gleich in Gelächter ausbrechen würde, aber Graydon erklärte, dass er natürlich über gar nichts hinwegkommen müsse. Dass es ihm blendend gehe; dass ihn von Chris unterscheide, dass er eben noch nie gefeuert worden war. Chris erinnerte sich an einen berühmten Kurzfilm, den Graydon nach der Geburt seiner ersten Tochter im Internet veröffentlicht hatte. Er zeigte Graydon, wie er mit dem in Tücher gewickelten Neugeborenen auf dem Arm das Krankenhaus verlässt. Tränen liefen über seine Wange. Dann sprach er sichtlich bewegt in die Kamera: Der Arzt habe ihm gerade mitgeteilt, seine Tochter würde mindestens das erste Jahr ihres Lebens nicht laufen können. Aber er, Graydon, werde das nicht akzeptieren, er werde die besten Ärzte finden und alles tun, damit das unschuldige Kind trotzdem eine lebenswerte Kindheit habe. Später sieht man Graydon, wie er den Säugling in einem selbst gezimmerten Baby-Rollstuhl zu Spezialisten für frühkindliche Behinderungen schleppt und die Reaktionen der Ärzte mit versteckter Kamera filmt.

Chris studierte Graydon, suchte in dessen Gesicht, blickte zu Graydons Handy, das, o nein, auf dem Tresen an ein leeres Bierglas gelehnt war – und mit den drei runden Kameraaugen in Chris' Richtung blickte. Er griff das Gerät, wischte auf dem Display herum, doch das kleine rote Licht der Kamera war aus.

»Chris, man muss nicht wie du von einer Personalabteilung auf die Straße gesetzt werden. Ja, das ist sehr demütigend, I get it. Aber es gibt auch noch andere Wege, sein Leben zu verlieren. Und es gibt andere Gründe, warum dir dein Leben genommen wird. Es ist das Schmerzhafteste, das dir passieren kann. Nicht nur ein Mensch wird dir genommen, sondern alles. Status, Ansehen, materielle Sicherheit.«

Der Barkeeper, offensichtlich ein Kumpel von Graydon, stellte Chris unaufgefordert ein Pint auf den Tresen. Chris trank eigentlich kein Bier, wegen der Kohlenhydrate, und schob das Glas zum Barmann zurück, der ihn entsetzt ansah.

»Was habt ihr für Weißwein?«

»Wir haben weiß und rot. Also?«

Dem Barkeeper war anzumerken, dass er die Kommunikation mit Chris von nun an auf ein Minimum reduzieren würde. Chris drehte sich wieder zu Graydon, der sich gerade mit dem Barkeeper unter Zuhilfenahme obszöner Gesten über Chris' sexuelle Orientierung auszutauschen schien.

»Aber du?«, fragte Chris. »Was ist dir denn passiert? Du hast etwas Großartiges geschaffen, es dann verkauft und eine neue supererfolgreiche Karriere begonnen – wie inhaltlich zweifelhaft sie mir persönlich auch scheinen mag. Nebenbei bist du Multimillionär und lebst offenbar in einem Haus am Meer.«

»Willst du das auch? Kannst du alles haben, Chris. Deswegen bist du doch heute hier, oder?«

»Was?«

»Die Welt verändert sich. Und in den letzten zwanzig Jahren hat sich Mutter Amerika verändert wie noch nie.

Dieses Land ist nicht mehr, was es mal war. Die Kultur ist nicht mehr die gleiche wie in den Nullerjahren. Und sie hat mich ausgespuckt, als sie mich nicht mehr wollte. Ich passte nicht mehr. Mein Humor. Die verträgliche Seite dieses Humors – das Ironische, das Leichte, das Spielerische – wurde vom Mainstream geschluckt. Und seine krasse Seite hat man sanktioniert. Witze über Minderheiten, über nervige Schwule, unsere afroamerikanischen Freunde in den Gangs, über Männer, die einfach behaupten, sie seien Frauen, um dann durch öffentliche Frauentoiletten zu marodieren – und, ich meine, selbst Witze über Frauen waren plötzlich nicht mehr erlaubt.«

»Und deswegen bist du jetzt Rassist? Oder Chauvinist, Faschist, Proud Boy? Weil sie dich nicht mehr wollten? Das ist mir erstens zu einfach, zweitens zu doof. Sorry, aber ich will nicht du werden.«

Mit dieser letzten Antwort war Chris zufrieden gewesen. Dieses Energielevel musste er jetzt halten, um gegen Graydon nicht unterzugehen, und was wollte der überhaupt?

»Ich bin weder Rassist noch Faschist«, sagte Graydon. »Ich meine nur: The West is the best! Wir sollten die westliche Kultur des 20. Jahrhunderts verteidigen. Und der einzige Politiker, der dafür in unserer Zeit steht, ist Donald Trump. Komm klar damit.«

»Das ist Bullshit, Graydon, und das weißt du.«

»Okay, red dir das ein. Das ist erst mal nicht entscheidend. Es geht um etwas anderes: Mir ist genau passiert, was dir passiert ist. Die Kultur hat mich ausgespuckt wie ein verdorbenes Stück Fisch. Und ich war Gründer und Chefredakteur des wichtigsten kulturellen Sprachrohrs einer jungen Generation. Und die Tatsache, dass eine linksliberale Universität meint, ihren besten Professor, für dessen Seminare die Leute Schlange um den ganzen Block standen, rausschmeißen zu müssen wegen eines Vorfalls, der fünfzehn Jahre zurückliegt, ist Ausdruck derselben kranken Kultur.«

»Graydon, ich weiß nicht, ob man das vergleichen kann.«
»Du bist *ich* vor ein paar Jahren! Und siehe, wo ich jetzt bin. Und dahin will ich dich auch führen.«
»Ja?«
»Wenn du mich lässt.«
»Wohin überhaupt?«
»Zum Spaß, zur Leichtigkeit, zu uns Rebellen, zu denen, die aufbegehren gegen die kranke Wokeness und ihre Cancel Culture. Zu denen, die sich nicht ständig als Opfer fühlen von Rassismus, Chauvinismus, Ungleichheit und Unterdrückung, you name it. Sondern sich benehmen: wie Erwachsene. Nicht wie quengelnde Babys. Komm zu Menschen, die reif genug sind zu wissen, dass das Leben nicht immer ein Spaziergang ist, dass man Verletzungen davonträgt, dass man beleidigt wird und es immer, immer, immer ein harter Kampf bleiben wird. Zu denen, die wissen, dass die westliche Zivilisation des späten 20. Jahrhunderts das beste war, was die Menschheit zustande gebracht hat, und die das verteidigen wollen. Und sich dabei Spaß, Humor und Ironie nicht nehmen lassen wollen. Nenn es, wie du willst. Und wir sind viele. Quentin Tarantino, Rick Rubin, Kanye West, Bret Easton Ellis.«

Als Graydon seinen Vortrag beendet hatte, umarmte er Chris und flüsterte hinein in die Geräuschkulisse des Pubs, in all das Geklapper und Krakele, sein Mund ganz nah an Chris' Ohr:
»Ich weiß, wie du dich fühlst.«
Und in dem Moment wurde Chris alles klar. Das Verlangen, an Graydons offensichtlichem Glück teilzuhaben, wurde überwältigend. Nicht wie ein durchnässter räudiger Hund hier zu stehen, sondern wie Graydon: das Haar mit Pomade zu einer Tolle zurückgekämmt, der Generalsbart kantig gestutzt, ein Bier fest in der Hand. Chris hatte nächtelang mit Sten gesprochen, doch Sten kannte selbst keinen Schmerz, und seine Aufmunterungsfloskeln hatten leer ge-

klungen. Chris hatte sich (meist beim Sex) bei einigen Ex-Freundinnen und neuen Bekanntschaften ausgeweint und in stundenlangen Selbstgesprächen sich selbst zu therapieren versucht. Nichts hatte geholfen.

Und jetzt stand Graydon da. Er würde niemals dessen politisches Programm übernehmen. Aber so leben wie er, das wollte Chris. Er wünschte sich, ebenso stark zu sein und für etwas zu brennen. Bestand darin nicht das Glück? Sich nicht zu schämen: Lag darin nicht die Freiheit? Graydon sagte im Fernsehen die empörendsten Sachen und hatte keine Angst vor Konsequenzen. Ihm könne keiner erzählen, hatte er zum Beispiel neulich behauptet, dass Frauen wirklich ihren Bullshit-Job in einer stumpfsinnigen Agentur dem größten Glück des Menschen vorzögen, nämlich zu Hause die Kinder großziehen zu dürfen. Graydon hatte das auf Fox News gesagt, mit gerade so viel Schalk in der Stimme, dass es nicht unangenehm wirkte, und es damit sogar geschafft, die auf dem Sender omnipräsenten MAGA-Kommentatorinnen in ihrem Ivanka-Style zu provozieren. Chris erkannte, diese Freiheit wollte er auch. Und, jetzt nur mal theoretisch, wenn es bedeutete, sich kurzzeitig freischwimmen zu müssen und ironisch natürlich – ironisch wie Graydon, denn Graydon, der alte Punkrocker, meinte das ja auch alles nicht ernst – kurzzeitig ein paar Graydon-Sprüche rauszuhauen, dann wäre das vielleicht für eine Weile okay. Denn das war doch Poststrukturalismus immer auch gewesen, das hatte er all die Jahre propagiert: die Hymne der Uneigentlichkeit. Dann wäre Chris Schönwald eben eine Weile lang uneigentlich gegen den allgegenwärtigen Feminismus, gegen die Critical Race Theory und seinetwegen auch für eine Mauer an der Grenze zu Mexiko, diese Dinge waren doch eh alle bedeutungsentleert. Der Feminismus wird sich auch so durchsetzen, und eine Mauer zu Mexiko wird es nie geben oder gibt es eh schon, who cares, dachte er und spürte noch immer Graydons Arme um sich.

»Warum tust du das?«, fragte er Graydon leise, nachdem er sich aus der Umarmung befreit hatte. »Warum ich?« Graydon hob müde die Schultern. Alle Intensität schien ihn verlassen zu haben. »Komm nächste Woche in meine Sendung. Wir reden dann ein bisschen. Ich mag dich. Ich konnte es nie ertragen, wie du dein Talent an den Universitätsunsinn verschwendet hast. What a waste. Du bist klug. Ich habe krasse Fans. Die werden dich lieben.«

Graydons Studio lag im selben Block wie der Irish Pub, in dem sie sich in der Woche zuvor getroffen hatten. Im neunten Stock eines Bürogebäudes mit billigen Anwaltskanzleien, der Vertretung der städtischen Grünflächen- und Parkpflege sowie asiatischen Massagestudios. Es sah nicht aus wie der Ort, von dem aus zweimal wöchentlich das Land mit politischem Hass überzogen wurde.

Graydons Podcast hieß »Get off my lawn«. Rasen betreten verboten. Er war ein *Must-Listen* in der MAGA-Welt, jeder hörte ihn. Chris war erstaunt, wie schnell er die Brücke überschritten hatte; wie schnell er in dem Gespräch mit Graydon die ihm zugedachte Rolle bereit war anzunehmen, als hätte etwas in ihm nur darauf gewartet, endlich rauszudürfen. Doch es fühlte sich ganz natürlich an. Nach fünfzehn Minuten Interview mit Graydon spürte er eine Übereinstimmung mit sich, die sich in all den Jahren Universitätsdasein nie eingestellt hatte. Er hatte sich dort immer als Hochstapler gefühlt, seine Existenz eine Lüge, basierend auf einem erzwungenen Deal.

In seinem Podcast fragte Graydon sofort nach den Umständen seines Rausschmisses. Chris hatte darüber noch nie gesprochen, und eigentlich war das erste Interview ja Adam von der New York Times versprochen. Vor der Aufzeichnung hatte er Graydon von dieser Abmachung erzählt und gesagt, er könne deswegen ihm gegenüber zu dem Thema nichts sagen. Doch Graydon hatte nur gelacht.

»Mit der New York Times? Hast du deine Red Pill immer noch nicht genommen?«

Bei Graydon musste man schnell sein mit Antworten. Wenn man die Sekunde verpasste, fuhr Graydon über einen rüber. Die rote Pille, die rote Pille? Die Metapher war Chris im Internet schon einige Male begegnet, worum ging es da noch gleich? Zu spät.

»Oje, Chris, so wird aus dir nie ein MAGA-Intellektueller. Du musst dich schon ein bisschen anstrengen. Matrix? Der Film? Schon mal gehört? Keanu Reeves wird angeboten, die rote Pille zu nehmen und aus seiner ewigen Illusion zu erwachen. Das könntest du auch langsam mal. Kann nicht sein, dass du das noch nie gehört hast. In der MAGA-Welt und in den Foren der Incels wird der seit Jahren benutzt. Schon vor Trump.«

Chris spürte zum ersten Mal seit seiner Entscheidung für die MAGA-Welt Müdigkeit. So würde das jetzt weitergehen. Ständig frontale Konfrontation, ständig Stress, wie es the man himself vormachte. An der Uni kamen die Angriffe stets hintenherum, das war auch anstrengend, aber anders.

Er blies die Backen auf, ließ die Luft entweichen, dann sagte er betont gelangweilt:

»Aus welcher Illusion soll ich deiner Ansicht nach aufwachen?«

»Die New York Times und Columbia?« Graydon hielt die Energie hoch und ignorierte Chris' Signale. »Schon mal von der linksliberalen Verschwörung gehört? Die fucking linksliberale Times ist die Hofzeitung der fucking linksliberalen Columbia University! Die Times wird niemals auf deiner Seite sein, nicht mal dann, wenn du mit deinem Kumpel exklusiv sprichst. Ein Deutscher, der einem alten weißen Grapscher ein erfundenes Alibi verschafft? Die werden dich zerquetschen. Glaub mir. Ich habe mich jahrzehntelang in diesen Kreisen bewegt.«

Vor dem Interview mit Graydon war Chris froh darüber

gewesen, dass er sich auf die Absprache mit der New York Times zurückziehen konnte. Jetzt, wo Graydon das New-York-Times-Schutzschild weggerissen hatte, kam erstmals der Gedanke, dass er ja tatsächlich mit Graydon darüber reden konnte, was mit ihm passiert war, und komischerweise fühlte sich diese Vorstellung gut an. Graydons Perspektive, in der sie beide Opfer eines außer Kontrolle geratenen linken Political-Correctness-Monsters geworden waren, gefiel ihm von allen möglichen Erzählungen über seinen Absturz am besten.

Er hatte dann vor Graydons Mikrofon alles erzählt. Graydon und seinen 250 000 Abonnenten, und es war erstaunlich gewesen, wie leicht sich seine Geschichte in Graydons Gefäß eines hysterisch gewordenen linksliberalen Juste milieu gießen ließ.

Nach der Aufzeichnung wirkte Graydon zufrieden. Er habe das gut gemacht in dem Podcast, hatte er zu Chris gesagt, und dieser tolle Akzent, er klinge wie Angela Merkel. Chris wusste, dass Merkel neben Hillary Clinton das andere ewige Ziel von Graydons Spott war. Er hatte sich eigentlich immer viel darauf eingebildet, über die Jahre den deutschen Akzent abgelegt zu haben.

»Ich bin gerade dabei, weitere Hosts bei Rebel Media aufzubauen. Du wärst perfekt. So einen wie dich gibt es nirgends. Mein Carl Schmitt! Ich mache diese Woche auf allen Kanälen noch richtig Alarm für dich, nächste Woche dann Premiere: ›The angry professor‹ oder so. ›The professor sick of it all.‹ Ich überlege mir einen Showtitel.«

Zu Hause hatte Chris sofort Fox News angestellt. Vielleicht war es ja gar nicht so schlimm. Wenn er nächste Woche schon seinen eigenen Podcast hosten sollte, musste er wissen, worüber in der MAGA-Welt so gesprochen wurde, und tatsächlich ging es noch immer darum, dass und wie – dazu gab es alle möglichen kruden Theorien, die Chris nicht verstand – Trump die Präsidentschaft gestohlen worden war. Und das inzwischen fast ein Jahr nach der Wahl.

Chris schaltete wieder aus und machte eine Flasche Wein auf, billiger Pinot Grigio, der in Literflaschen kam, die Chris im Zwölferpack kaufte. Er musste aufhören damit, doch nachdem er das erste Glas getrunken hatte, fühlte er sich gut wie seit Wochen nicht. Er hatte das Bedürfnis, in Köln anzurufen, bei den Eltern, und ihnen zu erzählen, was sich in seinem Leben getan hatte, er habe jetzt einen Podcast, den sie jede Woche hören konnten! Seine literaturwissenschaftlichen Papers auf Englisch hatte sein Vater immer von akademischen Websites ausgedruckt und im Keller in einem Ordner abgeheftet. Chris bezweifelte, dass er sie auch las. Bei seiner Mutter war er sich nicht sicher. Sie war ja selbst Literaturwissenschaftlerin. Sie sagte selten etwas. Falls sie sie las, gefielen sie ihr vermutlich nicht. Das war nicht mehr die Sorte Literaturwissenschaft, die in den Sechzigern in Tübingen gelehrt wurde und Germanistik hieß. Aber Chris hatte den Begriff immer gehasst, Germanistik, er verabscheute alles Deutsche.

Mit dem Podcast bei Graydon könnten sie womöglich viel mehr anfangen. Aber es war viel zu spät, um jetzt noch in Deutschland anzurufen. Sein Vater hatte in seinem Schlafzimmer, das er auch als Arbeitszimmer nutzte, als letzter Mensch der westlichen Welt noch ein kombiniertes Telefon-Faxgerät stehen, das klingeln und ihn aus dem Schlaf reißen würde. Eltern waren ja die letzte Spezies, die man immer auf dem Festnetz, aber nie auf dem Handy erreichen konnte.

In London war es nicht zu spät, elf Uhr war keine Zeit für Sten, er ging nach dem zweiten Klingeln ran. Chris konnte hören, dass er in einem Restaurant war, Gläserklimpern, Lachen, britisches Geschnatter im Hintergrund. Chris spürte auch, wie erfreut sein Freund war, seine Stimme zu hören. Seit Chris' Entlassung hatte Sten immer wieder angerufen, hatte sich bei Chris einquartiert, hatte mit ihm Wein getrunken und vielleicht nicht gemerkt, dass von Chris kaum etwas zurückkam.

»Chris! Wie geht es? Bist du okay?«

Chris hatte inzwischen drei Viertel des Supermarkt-Pinot Grigio getrunken.

»Niemals besser, Sten. Ich habe einen neuen Job.«

»Fantastisch! Habe ich doch gesagt! Welche Uni? Yale? Da interessiert doch niemanden, was vor fünf, sechs Jahren war. Princeton? Hoffentlich nicht so weit von New York! Kannst du pendeln?«

Stens Freude gab Chris einen Stich, er würde ihn enttäuschen müssen. Plötzlich tat ihm das alles unendlich leid. Der Freund würde nicht verstehen, was er ihm erzählen wollte, von Graydon und Rebel Media, der neuen Version der Ereignisse von ihm als Kollateralschaden eines Kulturkriegs und dem Podcast »Professor from hell« (inzwischen Graydons favorisierter Titel), dessen erste Folge schon nächste Woche aufgezeichnet würde.

»Nein, ich bleibe in New York ...«

»NYU? *So cool.* Die rüsten ihr Literatur-Department voll auf.«

»Ja, habe ich auch gehört. Aber du bist ja gerade im Restaurant, ich wollte eigentlich nur fragen, wann du zurückkommst. Dann erzähle ich dir alles in Ruhe.«

»Ja, aber sag kurz, wer hat dich kontaktiert? John Archer persönlich?«

»Du, ich kann dich kaum noch hören, die Verbindung ...«

Chris legte auf. Er wusste, was Sten sagen würde, und er begriff, er würde ihm von seinem neuen Leben bei Graydon nie erzählen können, jetzt jedenfalls noch nicht. Genauso wie er seiner Familie niemals erzählen könnte, dass er nicht mehr Professor war. Er musste jetzt nur aufpassen, nicht durcheinanderzugeraten mit den verschiedenen Parallelleben. Für seine Eltern in Köln war er noch Literaturprofessor an der Columbia. Für seinen besten Freund Sten war er nicht mehr an Columbia, dafür aber an der New York University, abgeworben für viel Geld vom Dekan John Archer persönlich.

Für einen Moment hatte Chris die Vorstellung, mit Kimberley als Begleitung in Deutschland aufzutauchen, Kraft gegeben. Vielleicht wäre sie der fehlende Link zwischen seinem alten und neuen Leben, die vessel, auf der Chris den reißenden Strom überqueren konnte, der sich zwischen dem Leben gebildet hatte, das er führte, und jenem, von dem seine Familie glaubte, er würde es führen. Möglicherweise könnte Kimberleys seriöse TV-Erscheinung den Zusammenstoß seiner Eltern mit der neuen Realität ihres Sohnes abmildern: Okay, der Junge macht jetzt Podcasts für die amerikanischen Rechtsradikalen, dafür aber hat er endlich eine ernst zu nehmende Lebenspartnerin (die zwar für die amerikanischen Rechtsradikalen arbeitet, was man ihr auf so einem Familienfest in Deutschland aber sicherlich gar nicht anmerkt, sie hat keinerlei Beatrix-Storch-Vibes). So vielleicht hätte Chris sich mit einem Befreiungsschlag von den Zentnern der Lügen und Auslassungen befreien können, die immer schwerer auf ihm lasteten.

Am Ende aber war ihm dieser Plan zu riskant, zu elaboriert erschienen. Sein Vater und seine Geschwister hätten sicherlich alles akzeptiert. Seine Geschwister, weil sie selbst genug mit ihrem eigenen Shit am Laufen hatten, und sein Vater, weil er ihn liebte und ihm vertraute und wahrscheinlich auch einen gewissen Respekt vor Chris' neuem Erfolg aufbrachte. Chris glaubte schon, dass seine Mutter ihn auch liebte, doch ihre Verachtung für die Sache und sein neues Leben würde in dem Fall schwerer wiegen. Sie würde nicht anders können. Und Chris konnte die Gefühle seiner Mutter nachempfinden, er kannte die gleiche Strenge von sich selbst. Er sah sich zwar als Genießer oder, wie man so sagte, Lebemann, und trotzdem wäre er niemals so erfolgreich an der Universität geworden ohne die Strenge und Härte zu sich selbst, ohne das protestantische Frühaufstehen, ohne die Bereitschaft, sich zu quälen, über die Grenze hinauszugehen, jene letzten fünf Prozent noch hineinzuwerfen, für deren Investition fast alle anderen zu bequem waren.

Seine Mutter als jemand, der selbst auch nicht bei sich war, würde Kimberleys Unauthentizität sofort erkennen: eine angeblich gebildete Frau aus vermeintlich guter Familie (nun gut, ihr Vater war am Ende seines Lebens ins Gefängnis gekommen), die im Fernsehen leidenschaftlich Trump und schlimmere Leute verteidigte? Sein Vater würde nur die stattliche einmeterachtzig große Yoga- und trennkostschlanke, glutenfreie Powerfrau sehen, seine Mutter hingegen das aus welchen Gründen auch immer deformierte Wesen, das in diesem Stadium seines Lebens so gut zu ihm passte. Und sie würde ihn sehr genau in den Blick nehmen.

Chris hatte dann überlegt, Kimberley zu sagen, sie dürfe mitkommen, müsse sich aber vor seiner Familie als Kollegin, ja ehrlich gesagt, als Columbia-Professorin für Jura ausgeben. Das wäre natürlich perfekt auf allen Ebenen. Selbst wenn Mitglieder seiner Familie Zweifel gehegt hätten, dass bei Chris irgendetwas nicht stimmte, hätte er diese mit der Präsentation einer Columbia-Juraprofessorin als neue Lebenspartnerin zerstreuen können. Doch die Gefahr, dass Kimberley ihn angesichts einer solchen Scharade anschließend irreparabel verachten würde, schien nicht unbeträchtlich und würde, wenn nicht zur Trennung, so doch sicherlich zu einer dauerhaften Verschiebung ihres Beziehungsmachtgefüges führen.

Außerdem gab es noch ein weiteres Problem mit Kimberleys Teilnahme an der Reise. Als echte Konservative konnte sie auf das Lebensprojekt von Chris' Schwester gar nicht anders als mit Hohn und Spott blicken. Sie schien es für den Hauptzweck der Reise nach Berlin zu halten, möglichst viele originelle Witze über Karolins schwul-lesbischen Buchladen zu reißen. Eine besonders gute Pointe identifizierte Kimberley treffsicher in der Behauptung Karolins, sie selbst sei nicht lesbisch.

»Zeig mal ein Foto«, hatte sie Chris aufgefordert und war in lautes Gelächter ausgebrochen, als er sein Handy mit einem, wie er fand, vorteilhaften, sprich: unlesbischen Foto von Karolin zückte. Es stammte aus dem letzten Jahr, aus einem gemeinsamen Urlaub in Santa Fe.

»Dyke«, hatte Kimberley gesagt, als sie aufgehört hatte zu lachen. »Deine Schwester ist eine Dyke, Chris. Akzeptiere es.«

Das stimmte nun wirklich nicht, fand Chris und schlug zur Sicherheit auf seinem Handy das Wort noch einmal nach und las: »Lesbische Frauen, die aussehen wollen wie Lkw-Fahrer, oft füllig, in Holzfällerhemden, mit Tätowierungen auf behaarten Unterarmen.« Seine Schwester war schlank und hatte keine Tätowierungen. Karolin trug manchmal eine Art Herrenanzug, der aussah, als käme er aus den Zwanzigerjahren, dazu braune rahmengenähte Herrenschuhe – und einen Hut.

Chris hatte es anfangs geliebt, Kimberley in den ersten Nächten im Beach House bei kalifornischem Chardonnay und Blick auf die dunkle Bucht von seinen Geschwistern zu erzählen, den tausendfach und inzwischen völlig verfälschten Ereignissen der gemeinsamen Kindheit, den Eigenarten und Idiosynkrasien, den geschwisterlichen Dynamiken und wer wo heute stand, wobei er darauf achtete, seine Geschwister schillern zu lassen. Wie Benni sich sein eigenes Haus in Brandenburg gebaut hatte, alles selbst anpflanzte, farm to table, und diese Milliardärstochter geheiratet und immer sein Ding gemacht hatte, ein moderner Hippie, aber eben auch wegen seiner Unkonventionalität ein bisschen das Sorgenkind, »denn seien wir mal ehrlich, ich bin im Gegensatz zu ihm ein konventioneller Typ, Professorenkarriere, Status,

Geld.« Aber Benni sei erstaunlich stabil, und, soweit er das beurteilen könne, anders als er selbst glücklich. Er habe Benni schon mal das Leben gerettet. Sie seien ganz eng.

Und dann Karolin, immer skeptisch, immer bedacht, was man schon an ihren Bewegungen sah, die nie hektisch, sondern immer wie auf Speedlevel 0.75 abgespielt aussahen. Trotz dieser Verzögerung, dieser Langsamkeit, schien Karolins Leben immer zu schlingern oder wurde von irgendwelchen Katastrophen heimgesucht. Bis ihm kürzlich, als die Kündigung der Universität zum ersten Mal in Chris' Leben heftiges Nachdenken ausgelöst hatte, klargeworden war, dass Karolins Leben überhaupt nicht schlingerte. Es sah nur so aus, weil sie ständig davon sprach. Von ihren Sorgen, von ihren Nöten und sich komischerweise überhaupt nicht dafür schämte. Bei Chris hingegen war immer alles Beton. Er war Professor, er lebte in New York, er hatte meistens eine Lebenspartnerin. Und dann wieder eine neue. Probleme gab es in seinem Leben nicht.

Viele seiner Freunde mochten genau das an ihm und genossen Chris' sorgenfreie Souveränität. Andererseits hatte er manchmal das Gefühl, dass seine Freunde sich gegenüber jemandem, der selbst keine Sorgen zu haben schien, auch nicht wirklich öffneten und dies dem Eingehen einer echten Freundschaft vielleicht im Wege stand. Sten fiel ihm dabei ein. Und er hatte auch keine Freunde mehr aus Jugendtagen, aus der Schule womöglich, Menschen, die einen schon immer kannten, wo es keine Scham gab und keine Verstellung. Chris war immer weitergezogen, war immer wieder ein anderer geworden, und er fragte sich, ob seine Schulfreunde ihn heute überhaupt noch erkennen würden.

Eine seiner Ex-Freundinnen hatte einmal gesagt: »Wenn du echte Freundschaften haben willst, musst du den Leuten auch mal was von dir erzählen. Und zwar nicht immer nur, dass bei dir alles so geil ist.«

Also hatte Chris einen Monat lang versucht, Freunden

und Kollegen ehrlich gegenüber zu sein und von allem zu erzählen, was ihn bedrückte und nervte. Es wurde ein kompletter Fehlschlag. Die Freunde zeigten sich irritiert, denn sie bekamen offenbar nicht, was sie sich von einem Treffen mit Chris versprochen hatten. Ein Kollege, der aus Deutschland zu Besuch in New York war und den Chris in seine Stamm-Naturweinbar in Brooklyn ausführte, hatte anschließend eine E-Mail geschickt, in der er beklagte, er habe einen strahlenden Chris erwartet, einen Menschen mit dem besten Job der Welt, Professor in New York, doch er habe einen hadernden Zauderer angetroffen. Danach hatte Chris das Emotionale-Offenheits-Experiment, wie er es nannte, wieder beendet.

Kimberley hatte er, wenn auch nicht viel von sich, so doch einiges von seinen Geschwistern erzählt und hätte nun ein bisschen Empathie für Karolin erwartet: Die Schwierigkeiten mit der Eröffnung des Buchladens, die Gerüchte über ihre Homosexualität und ihre nervige Geschäftspartnerin, die Karolin mit ihrem Genderaktivismus unter Druck setzte. Das war viel für seine kleine Schwester, und deswegen war es auch klar gewesen für Chris, dass er bei ihrer Eröffnung in Berlin dabei sein würde. Natürlich wollte er nicht fahren. Natürlich graute ihm davor, seinen Eltern und seinen beiden Geschwistern gegenüberzutreten und dabei nicht zu wissen, *ob sie es wüssten.*

Nachts im Bett im Beach House, wenn er das Meer hören und die unbekleidete Kimberley neben sich liegen sehen konnte – ihre Brüste, die in ihren tief ausgeschnittenen Kostümen im Fernsehen stets so perfekt wirkten, als zwei schlaffe Häufchen –, stellte er sich vor, wie seine Eltern über ihn sprachen. Wie sein Vater in seinem leicht verzweifelten Tonfall, zu dem er in undurchsichtigen Situationen übertriebenermaßen neigte, zu seiner Mutter sagte: »Ich verstehe das alles nicht mehr. Es steht doch in der New York Times. Oder kann das gefälscht sein heutzutage im Internet? Fake

News, sagen die ja immer. Wenn es stimmen würde, hätte er doch etwas gesagt. Wir haben doch immer ein enges und vertrauensvolles Verhältnis gehabt. Hier ist das von der New York Times. Ich hab's ausgedruckt, lies mal, ob dir das belastbar vorkommt.«

»Lass doch, Hans-Harald. Ich will das nicht lesen. Glaub doch nicht alles, was im Internet steht. Er wird es uns schon sagen, wenn was ist.«

»Ja, ich würde das nur gerne klären. Das wird man ja wohl dürfen. In einer Familie.«

»Lass ihn. Er wird schon seine Gründe haben.«

»Wofür?«

»Ich will gar nicht so genau wissen, wofür.«

»Was?«

Und so ging dieses elterliche Gespräch über das Ende seiner Karriere in Chris' Kopf in einer Endlosschleife weiter, und das Verrückte war: Nichts war zu Ende! Wie gern würde er ihnen das sagen. Es ging ihm viel besser jetzt bei Graydon, mit seinem Podcast, ordentlich bezahlt, bejubelt auf politischen Veranstaltungen, hofiert vom Establishment der Republikanischen Partei, die Welle zu einem nie da gewesenen Triumph surfend, der erneuten Inthronisierung von Donald Trump entgegen, dem – was immer man von ihm halten mochte – wichtigsten westlichen Politiker des 21. Jahrhunderts, der Chris Schönwald persönlich kannte, seine Tweets likte, in seinem Podcast anrief und ihn pries. Wenn seine Eltern das doch hören könnten. Klar kann man politisch anderer Meinung sein, das muss auch so sein in einer Demokratie. Aber es war immerhin Donald Trump, der Chris gut fand, und Trump fand nicht viele Leute gut – konnten sie ihn dann nicht auch gut finden?

Er würde ihnen nun unter die Augen treten müssen, und das musste er allein tun. Kimberleys Präsenz würde Erklärungen erfordern und damit unnötig die Option blockieren, sich einfach weiter durchzuwursteln: tun als sei nichts, der gewohnte Fels für Karolin sein, sie vielleicht vor dem genderpolitischen Aktivismusdruck ihrer Geschäftspartnerin beschützen. Auf eine perverse Weise hatte er sogar Lust, noch mal für ein paar Tage der alte Chris zu sein, einen Kurzurlaub von seinem neuen Ich nehmen, und verrückterweise hielt Chris es in guten Augenblicken für möglich, dass es genau so funktionieren würde.

Das bedeutete nur, dass er jetzt Kimberley sagen musste, dass sie nicht würde mitkommen können. Er hatte die Aussprache darüber bis zum letzten Moment hinausgezögert, weil er den Stress gefürchtet hatte. Er spürte, dass er vor der Abreise unbedingt noch ein paar streitfreie Tage brauchte, damit er nicht schon völlig zerschossen in Deutschland ankäme, wo er all seine mentale Kraft benötigen würde. Deswegen hatte er Kimberley über das genaue Abreisedatum, das schon seit Monaten feststand, lieber im Unklaren gelassen und ihr gegenüber die Buchladeneröffnung um eine Woche nach hinten verschoben. Jetzt war sein Plan, ihr zu sagen, der Laden sei schneller fertig geworden und Karolin habe sich entschieden, schon diesen Samstag, also übermorgen, zu eröffnen, er müsse also morgen schon los, leider, aber er habe Verständnis, wenn sie nicht mitkäme, da das jetzt zu kurzfristig sei.

Kimberley hatte darauf nicht so gut reagiert. Ihr war es, wie sie ihm zu seiner Verwunderung unter Tränen darlegte, um Deutschland gegangen, seine Heimat, seine Familie, seine Heritage. Außerdem hatte sie schon Interviews in Deutschland ausgemacht für ein Feature, in dem sie deutsche Politiker zu deren Bedenken über die gestohlene Wahl in den USA befragen wollte und über den Zustand der Demokratie im Allgemeinen, Beschneidung der Meinungsfreiheit, Beispiele Covid, Political Correctness, Putin und so weiter. Fox News hatte schon grünes Licht gegeben. Sie könne das nicht mehr absagen. Als Chris sich erkundigte, wer denn diese Politiker seien, wusste Kimberley die Namen nicht. Aber sie kämen vom deutschen Äquivalent der US-Republikaner, von der »Alternative for Germany.«

Das hatte Chris befürchtet. In der schillernden MAGA-Welt zwischen Washington, D. C. und Mar-a-Lago hatte Chris sich bisher sehr wohlgefühlt, und wenn dem mal nicht mehr so wäre, hätte sie immer noch Ironiepotenzial. Aber mit der stumpfsinnigen, schlecht angezogenen Ossi-AfD-Welt würde er nie etwas zu tun haben wollen, da würde er eher nackt auf allen vieren über den Columbia-Campus kriechen und sich bei jeder einzelnen Studentin persönlich entschuldigen. Jedenfalls war Chris froh, dass in dem Streit die AfD-Sache herausgekommen war. Noch ein Grund, Kimberley keinesfalls mit nach Berlin zu nehmen. Außerdem hatte sie ihm damit eine Möglichkeit gegeben, den Streit weg von seiner persönlichen Feigheit hin ins Politische zu ziehen.

Dann war der Streit außer Kontrolle geraten. Die Heftigkeit von Kimberleys Vorwürfen überraschte ihn. Sie glaubte die ganze Geschichte nicht. Die angebliche Vorverlegung der Eröffnung um eine Woche, sie glaubte nicht, dass Chris je vorgehabt hatte, sie mitzunehmen, oder es überhaupt je ernst gemeint hatte mit ihr.

»Weißt du, Chris, da wo ich herkomme, ist es nicht der Sex, der in einer Beziehung etwas bedeutet, sondern die Einführung in die Vergangenheit und Herkunft des anderen. Nicht ›getting laid‹ schafft Intimität, sondern die Teilhabe an der jeweils anderen Familie. Und dies wäre die perfekte Gelegenheit gewesen, mich an deiner Familie teilhaben zu lassen, wenn du das gewollt hättest. Aber das wolltest du nie. Und das ist, was mich verletzt.«

»Jetzt auf einmal meine Familie. Du wolltest dort nur hinfahren, um dich über meine Schwester lustig zu machen. Seit Wochen machst du Jokes über ihre Sexualität, über ihr großes Projekt. Und, sorry to say, das lasse ich nicht zu!«

Kimberley hatte ihn dann nachgeäfft. »Ihre Sexualität, ihr großes Lebensprojekt. Redet ihr so bei euch, bei den Schonwalds?«

»Schööööön-walds. Lern erst mal, den Namen korrekt auszusprechen.«

»Glaubst du wirklich, ich hätte ein schlechtes Wort zu deiner Schwester oder ihrem Buchladen gesagt? Oder gegenüber deinen Eltern? Ich habe überhaupt nichts gegen Homosexuelle. Ich bin auch für Frauenrechte, ich bin doch nicht bescheuert. Denkst du wirklich, wir *meinen* das alles, was wir sagen? Du brauchst wirklich dringend eine Red Pill. Meinst du, Donald meint das alles? Denkst du, Donald glaubt wirklich, dass ihm die Wahl gestohlen wurde? Niemand denkt das. Genauso wie niemand natürlich etwas gegen einen queeren Buchladen sagen würde. It's just a game. Und wir leben davon, du offensichtlich zu gut. Und weißt du was, Chris? Ich glaube langsam, du hast deine eigenen lächerlichen Einzeller-Theorien über Zeichen, Bezeichnetes und Uneigentlichkeit gar nicht verstanden.«

Chris fiel auf, dass jemand in alle Räume des Beach Houses Blumen gestellt hatte, Eukalyptuszweige, Schalen voller Ranunkeln. Die Zimmer rochen wunderbar, nach Äpfeln und Zedern.

Dann warf Kimberley ein paar Sachen in einen Louis-Vuitton-Weekender, kippte ihr Glas Chardonnay in einem Zug runter und ging die Treppe in die Halle hinab. Im Gehen ließ sie das Glas auf die Marmorstufen fallen. Die Szene war gut, dachte Chris. Sie hatte eine gewisse Größe im Vergleich zur Mickrigkeit seines Geständnisses, doch das mit dem Glas hätte sie sich sparen können. Es hätte Chris gefallen, jetzt im Schlafzimmer stehen zu bleiben. Sie gehen zu lassen. Doch er lief auf den Balkon, rief ihr hinterher.

»Wo gehst du hin?«

Kimberley blieb stehen. Im Schein der Gartenlaterne konnte Chris die Ungläubigkeit in ihrem Gesicht sehen. Die

Wut war weg. Ihre Mimik eine Leerstelle, da war gar nichts mehr.

»Zum Airport. Ich reise nach Deutschland. Ich habe Termine. See you there.«

Das war vor acht Stunden gewesen, und der Horror hatte Chris seitdem nicht verlassen, als er sich in die Ledersitze des Uber-Select-Mercedes fallen ließ. Er wusste, das Einzige, das ihn jetzt beruhigen könnte, wäre ein Anschein von Ordnung, von geregeltem Leben, von Privileg und Komfort. Business Class.

Als sich der Mercedes in Bewegung setzte, presste Chris sich sein Handy wieder ans Ohr. Er hatte nach Kimberleys Abgang ein Antihistamin genommen und noch ein paar Stunden geschlafen. Jetzt hatte er Kopfschmerzen und spürte, wie das Antihistamin immer noch auf seinen Schädel drückte. Gleich nach dem Aufstehen hatte er auf dem Handy die Kurzwahl für den Lufthansa-Frequent-Traveller-Service gedrückt, und dort war er immer noch in der Warteschleife, als der Mercedes anfuhr und die Küstenstraße hinunterrollte.

3 Von-Melle-Park

Da war ein Moment, gleich ein paar Minuten nachdem sie aufgewacht war, in dem Karolin wusste, dass sie ein größeres Problem hatte als nur eine geplatzte Eröffnungsfeier. Die Gedanken an den physischen Angriff auf ihr Geschäft, die Erinnerung an das Zerplatzen der blauen und roten Farbe an den Scheiben, hatten an diesem Morgen um 5:35 Uhr eine innere Unsicherheit in ihr ausgelöst, wie sie sie bisher nicht gekannt hatte.

Gestern Abend noch – in der Hektik und dem Flirren und dem beinahe Sensationellen, das auch in dem Angriff lag und andererseits in der Geborgenheit, mit den Freunden, den Gästen, den Geschwistern und Eltern in dieser Situation gemeinsam zu stecken – hatte sich alles nicht so schlimm angefühlt. Niemand war zu Schaden gekommen, und über die Angreifer, diese Kids, hatte sich niemand Gedanken gemacht. Spinner halt, deren Motive vermutlich unergründlich waren.

Doch schon in der Nacht, als sie gegen drei Uhr das erste Mal aufgewacht war, wusste sie, dass die Motive ihrer Kritiker, die sie in langen Instagram-Posts dargelegt hatten, nicht wegzuwischen waren. Ihnen war es ernst. Sie fühlten sich offenbar so wenig gehört, dass sie zu Gewalt griffen, verzweifelt, weil sie kein anderes Mittel sahen.

Welche Botschaft versteckte sich darin für sie? Vielleicht: An Karolin Schönwald kommt man nicht anders ran als mit physischer Gewalt. Sie hört nämlich sonst nicht zu. Sie ist zu selbstzufrieden, zu privilegiert, zu beschäftigt mit ihren Gendertheorien, dem richtigen Caron-Callahan-Overall oder ihrer Familie, die sie von überallher aus ihren komfortablen Lebensentwürfen hat antanzen lassen, sogar aus New York, und von denen offensichtlich nicht einer in der Lage oder willens war zu beantworten, wo das Geld dieser flockigen Erbschaft von hunderttausend Euro hergekommen war. Follow the money. Das war stets der einfachste Weg. Konnte jeder Journalistenpraktikant. Aber nicht Karolin Schönwald. Zu bratzig, um sich das je zu fragen, Hauptsache Judith Butler.

Wir ballern ihr das Ding an die Scheibe. Und wenn das Fenster bricht und der Farbbeutel durchknallt in den Raum, irgendeinem an den Kopf, dem achtzigjährigen Opa zum Beispiel, der sich so blendend amüsiert bei der Eröffnung eines Geschäfts, das ihm in seiner identitätspolitischen Ausrichtung völlig schleierhaft sein musste, dann ist das in Kauf zu nehmen.

Und natürlich darf geschossen werden.

Denn Karolin Schönwald ist zu dumm zu verstehen, dass sie vielleicht einmal zuhören sollte. Dann würde sie vielleicht begreifen, dass Selbstverwirklichung nicht dadurch zu haben war, dass man ein paar queere Bücher verkaufte.

Drei Minuten nach dem Aufwachen war Karolin ins Badezimmer gerannt und hatte sich in die Kloschüssel erbrochen, dann, den Mund noch triefend vom hysterischen Ausspülen der Kotze, hatte sie Chris angerufen, erst seine alte deutsche Handynummer, dann die amerikanische und schließlich über WhatsApp. Nichts. Nirgendwo hatte es geklingelt.

Die Dinge in ihrem Kopf waren durcheinandergeraten, und sie brauchte Chris in seiner Unerschütterlichkeit, sie wieder zurechtzurücken. Früher, als sie noch jünger gewesen waren, hatte sie zu Chris immer gesagt, dass er den Sender in ihrem Kopf abstellen soll, wenn die Stimmen wieder da waren. Sie brauchte jemanden, der ihr sagte, dass nicht sie falschlag, sondern die anderen. Niemand konnte das wie Chris. Dass er gekommen war, so kurz vor Semesterbeginn. Wie er die Kids niedergebrüllt hatte.

Wer noch nie physisch angegriffen wurde, den kann das erste Mal traumatisieren, vor allem wenn es spät im Leben geschieht. Sie erinnerte sich an einen Bekannten aus der Berliner Kulturelite, ein Freund ihres Ex-Manns, der in einem Hotel in Islamabad in einen ISIS-Anschlag geraten war. Er war dort Gast, als ein Dutzend Männer mit Kalaschnikows die Hotelhalle stürmten, und hatte sich zwölf Stunden lang hinter einem Bistrotisch im Ballsaal versteckt. Als er wieder nach Hause kam, ging es ihm noch gut, und wer manchmal im Borchardt bei ihm am Tisch saß, konnte sich die Geschichte aus Islamabad erzählen lassen. Doch dann verschwand er und kam fünf Jahre nicht zurück, konnte aus Angst, wie es hieß, jahrelang das Haus nicht verlassen, nicht einmal, um zum Arzt zu gehen.

Und Karolin hatte das Gefühl, wenn nicht bald Chris käme und ihr den Kopf wieder auf normal stellte, würde ihr das auch so gehen. Was, wenn die draußen vor der Tür warteten, weil sie sich immer noch nicht einsichtig gezeigt hatte? Was, wenn sie hinter Chris her waren wegen seines Gebrülls? Oder hinter den Eltern, um aus ihnen herauszupressen, wo das Geld für ihren Buchladen hergekommen war? Die mussten es ja ganz genau wissen.

Und übrigens, warum eigentlich sagten die Eltern es nicht? Da war eine Spirale in Karolins Kopf, die sich immer heftiger drehte und abgeschaltet werden musste. Sie stieg aus ihrem Bett, ging in den Flur, es war noch Nacht, nahm den Wohnungsschlüssel vom Sekretär, steckte ihn ins Schloss und drehte ihn zweimal um. Die wissen, wo ich wohne, dachte sie, dann ging sie zurück ins Bett, lag wach, die Augen offen im dunklen Zimmer und konzentrierte sich darauf, den Sender in ihrem Kopf auszuknipsen.

Doch der Sender wurde lauter und lauter, bis er sich irgendwann zu einem Klingeln auswuchs und Karolin erwachte. Das Klingeln hörte nicht auf. Karolin schreckte hoch, rannte zum Fenster, zog die Vorhänge beiseite, draußen war es hell. Sie blickte hinunter auf die Reichenberger Straße.

Dort standen, direkt neben dem Alkoholiker, der unbeeindruckt vor ihrer Haustür saß, ihre Eltern. Erleichterung durchströmte sie beim Anblick der beiden. Sie hatten ihre Handys gezückt und tippten mit spitzen Fingern hoch konzentriert auf der Tastatur herum, während der Alkoholiker von unten links auf sie einredete. Ihr Vater hatte eine Tüte der Bäckerei Ratzlaff unter den Arm geklemmt und damit treffsicher die einzige Industriebäckerei in der Gegend ausfindig gemacht. Es war halb zehn. Sie hatte doch noch mal geschlafen, zum Glück. Keine Farbbeutelwerfer zu sehen.

Natürlich musste das alles fremd hier sein für ihre Eltern, aber das waren Menschen, die hatten den Zweiten Weltkrieg erlebt oder zumindest seine Auswirkungen, dachte Karolin, sie werden ein paar Farbbeutel verkraften können.

Waren sie verabredet gewesen? Nein, sie waren einfach gekommen. Das hatten sie noch nie getan, einfach vor der Tür stehen. Dazu waren sie eigentlich zu zurückhaltend, zu ängstlich, unautorisiert in das Leben der Kinder einzubrechen. Immer kündigten sie sich lange vorher an, erkundigten sich mehrfach, ob es auch passte. Dass sie jetzt dastanden, sprach für eine gewisse Dringlichkeit. Was wäre gewesen, wenn Alina gestern Nacht noch mit zu ihr gekommen wäre, wie sie es manchmal tat?

Ihr Vater kippte den Inhalt seiner Bäckerei Ratzlaff-Tüte in einen unpraktischen, wahrscheinlich irgendwann mal in einem Museumsshop erworbenen, zickig designten Brotkorb, den er nach einigem Suchen in Karolins Küchenregal entdeckt hatte: Industriebrötchen, Industriebrezeln und Industriecroissants wurden dort nun hineingeleert.

»Ich hatte euch doch gesagt, an der nächsten Ecke ist Aera, da hätte es echt gebackenes Brot gegeben und dazu glutenfrei.«

»Waren wir drin«, sagte ihre Mutter tonlos, »aber hör mal, das ist mir zu teuer. Ein Euro für ein Brötchen? Am Ende backen die das auch nur im Backofen, da schmeckt man keinen Unterschied. Das mit dem glutenfrei ist doch riesiger Nepp. Gluten ist ein ganz normaler Nährstoff, sogar gesund. Null Komma fünf Prozent der Bevölkerung, habe ich gelesen, sollen dagegen eine Unverträglichkeit haben, der Rest bildet sie sich ein. Und solche Bäckereien wie deine machen damit natürlich einen Riesenreibach.«

Wie Karolin diese Gespräche, die in beliebig vielen Abwandlungen vorkamen (Biomarkt, Veganismus, zu teure Restaurants), normalerweise verabscheute, doch heute hätte sie stundenlang ihrer Mutter zuhören können. Solange man über so etwas redete, konnte alles andere nicht so schlimm sein. Die Illusion von Normalität vorspiegeln: Noch viel mehr als Chris war in Wirklichkeit ihre Mutter darin Meisterin.

Als Kind war sie einmal mit ihrer Mutter ein paar Monate in Hamburg gewesen. Ihre Mutter hatte da irgendwie versucht, Professorin zu werden, und sie mitgenommen. Chris hatte mit ihrem Vater in Köln bleiben müssen. Als sie nach drei Monaten irgendwie gescheitert zurückkehrten, hatte nicht nur ihre Mutter getan, als sei nichts gewesen, sondern auch Chris, der damals höchstens zehn war. Er hatte ihr nur bedeutet, sich in seinem Zimmer aufs Bett zu setzen, hatte seinen Zauberkasten aufgeklappt und ihr kommentarlos die neuen Kunststücke vorgeführt, worin er so geschickt war, dass er eine Zeit lang in der Familie den Spitznamen »der Zauberer« trug.

Ihre Mutter hatte Karolins Keramik-Kaffeefilter gefunden und goss kochendes Wasser über einen Berg aus Fairtrade-Kaffee, den sie mit energischen Messlöffelstichen in den Filter geschaufelt hatte. »So haben wir das nach dem Krieg auch gemacht. Nur dass wir nichts anderes hatten. Und erst recht keinen Fairtrade-Kaffee für den doppelten Preis. Wir waren froh, wenn wir uns ein Pfund gestrecktes Kaffeepulver leisten konnten, und wenn wir keinen Filter hatten, haben wir den Kaffee durch einen Strumpf gegossen.«

Gerne hätte Karolin gesagt, dass ihre Mutter nach dem Krieg ein kleines Kind war und bestimmt keinen Kaffee durch alte Socken gefiltert hat. Doch etwas anderes war jetzt wichtiger. »Wie ging es euch denn gestern noch?«, versuchte sie sich an die Ereignisse des Abends heranzutasten.

»Du, wir haben ein Taxi zurück genommen ...«, sagte ihr Vater.

»Die U-Bahn wäre auch noch gefahren«, unterbrach ihre Mutter, »aber das war uns dann nach allem, was passiert ist ... wir waren auch ganz froh, uns mal ...«

»Ich würde dir übrigens empfehlen, heute noch mal zur Polizei zu gehen«, sagte ihr Vater.

»Wieso, die war doch gestern schon da.«

»Schön und gut, aber ich nehme ja nicht an, dass du das jetzt einfach auf sich beruhen lassen willst? Du, ich würde schon noch mal mit der Staatsanwaltschaft sprechen und dem zuständigen Dezernat des LKA, wahrscheinlich Staatsschutz, obwohl ich nicht weiß, wie das Organigramm hier in Berlin aussieht. Aber das kann ich für dich mit einem Anruf in Köln herausfinden.«

»Das ist doch jetzt nicht das Problem!« Karolins Stimme klang schriller, als sie gewollt hatte. Aber das Gespräch ging in eine völlig falsche Richtung. »Was sollen die denn jetzt noch machen?«

»Täter identifizieren. Prävention einer Wiederholungstat. Was Ermittlungsbehörden so tun. Da ist sicherlich auch relevant, was ihr euch mit denen auf den sozialen Medien schon geschrieben habt. Du sagtest ja, es sei schon im Vorfeld zu verbalen Konfrontationen gekommen. Das würde ich mal alles ausdrucken. Und wenn die dort die Tat angekündigt haben, wird man sie belangen können. Ich würde mir auch an deiner Stelle jetzt Gedächtnisprotokolle anlegen.«

»Glaubst du, das LKA kann uns helfen, herauszufinden, ob Großvater mir Nazigeld vererbt hat? Das ist ja der Vorwurf, der im Raum steht, um es mal in deiner Diktion zu sagen.«

Ihre Mutter hatte sich das Gespräch von ihrer Kaffeestation aus angehört und schien äußerst beschäftigt mit dem Aufbrühprozess. Das heiße Wasser brauchte ewig, ehe es sich den Weg durch das Kaffeepulver gebahnt hatte und endlich durch den engen japanischen Keramikfilter tröpfelte. Wer ihre Mutter kannte, dachte Karolin, der wusste, dass sie sich der Herstellung des frischen Kaffees, aus dem sie sich nichts machte, so verbissen widmete, weil sie das Gerede ihres Mannes von LKA und Staatsanwaltschaft und Gedächtnisprotokollen nervte. Es lenkte doch nur ab von dem eigentlichen Problem, das ab diesem Morgen, an dem sicherlich schon die ersten Berichte über den Eröffnungsskandal im Internet erscheinen würden, die Welt – oder zumindest der sich für schwul-lesbische Buchläden interessierende Teil der Welt – denken würde, Ruth Schönwalds Vater wäre ein Nazi gewesen.

»Hör doch auf, Hans-Harald. Darauf würde ich doch überhaupt nicht eingehen. Soll man sich jetzt zu den absurdesten Vorwürfen äußern? Damit verschafft man denen doch nur die Plattform, die sie wollen. Und Hans-Harald, was sollte das LKA denn da machen? Zu welchen Erkenntnissen sollen die denn gelangen? Das wirbelt nur Staub auf. Was haben wir denn davon, wenn irgendwelche Täter da jetzt belangt werden? Selbst von unberechtigten Vorwürfen bleibt immer etwas hängen. Das wissen wir doch alle.«

Da begriff Karolin, dass sie den Besuch der Eltern falsch gedeutet hatte. Die waren gar nicht gekommen, um mit ihr darüber zu reden, was in der Nacht zuvor geschehen war und welche Rolle dabei ihre Familie spielte. Sie waren gekommen, um zu verhindern, dass darüber gesprochen wurde; ihr Vater wollte dafür sorgen, einen Anschein von äußerlicher – für ihn: juristischer – Ordnung wiederherzustellen, und ihre Mutter war gekommen, um zu verhindern, dass Karolin sich zu viele Gedanken machte. Sie war gekommen, um das zu tun, was Karolin sich ein paar Stunden zuvor noch von Chris erhofft hatte: die Stimme in ihrem Kopf abschalten, den Sender zum Schweigen zu bringen.

Und im Moment war dies genau, was Karolin brauchte. Bis sie sich besser fühlte, bis die Angst zurückgedrängt war, bis sie sich wieder selbst erkannte. Aber dann, auch das wusste sie, würde sie die Sache aufklären müssen. Wahrscheinlich waren die Vorwürfe doch haltlos, ein Missverständnis, eine Verwechslung, schlecht recherchiert, pauschal im Sinne einer Kollektivschuld unterstellt oder schlicht boshaft. Ein populäres Argument der Identitätspolitik hatte sie in ihrem Genderkampf selbst gern verwendet: Es mag ungerecht dieser konkreten Person gegenüber erscheinen, doch im Sinne der Sache muss es sein (zum Beispiel, wenn Frauen bei Beförderungen besser qualifizierten Männern vorgezogen würden: Das sei dann so, damit müsse der Benachteiligte klarkommen, Tausende von Jahren sei es schließlich umgekehrt gewesen).

Was, wenn die Vorwürfe stimmten? Konnte eigentlich nicht sein. Aber hatte sie wirklich alles getan, um es auszuschließen? Sie hatte eine Woche in Archiven, Kellern und auf Dachböden verbracht. Das musste doch reichen. Oder wie viel Zeit musste man einplanen, um einen NS-Täter zu überführen? Na ja, es hatte in einigen Fällen Jahre gedauert, bis Leute enttarnt wurden. Wusste sie es? War überhaupt je mal darüber gesprochen worden? Sie würde aus dem Buchladen aussteigen müssen, wenn es stimmte, das Geld zurückgeben und sich bei den Aktivisten entschuldigen. Was das für den inneren Frieden der Familie Schönwald, ihren Fortbestand als Gemeinschaft sowie das Verhältnis zu ihren Eltern bedeuten würde – das mochte sie sich gar nicht erst ausdenken.

»Wo ist eigentlich Chris?«, fragte ihr Vater, dem es stets wichtig war, dass alle da waren, jeder eingebunden, die Familie eine Wagenburg bildete. Außerdem sah der Vater in Chris als Professor eine gewisse moralische und welterfahrene Autorität, eine Sichtweise auf ihren älteren Bruder, an der Karolin ihre Zweifel hatte.

»Keine Ahnung. Ursprünglich wollte er zum Yoga ins Soho House, glaube ich.«

»Da wird er ja jetzt wohl hoffentlich nicht mehr hingehen. Also, ich muss schon sagen.«

»Er hat bestimmt Jetlag und ruht sich aus«, sagte ihre Mutter. »Er ist ja gleich vom Flughafen zur Eröffnung gekommen.«

»Ja, komisch, dass er so lange gebraucht hat. Die Maschinen aus den USA landen ja morgens oder spätestens mittags.«

Ihre Mutter ignorierte Karolins Zweifel an ihrem Bruder.

»Und Benni? Zurück in Templin?«, fragte sie stattdessen.

»Ja. Aber auch schon wieder da. Er ist seit heute früh mit Emilia in unserem Laden und macht die Scheiben sauber und räumt auch sonst alles von gestern auf, morgen soll ja der Verkauf beginnen.«

»Das möchte ich sehen, wie Emilia da aufräumt. Das ist ja sonst eher nicht ihr Beritt. Wahrscheinlich rennt sie mit ihrem Biogemüse hinter den beiden armen Jungs her.« Ruth schickte augenblicklich ein dürres Lachen hinterher, mit dem sie den Ausfall gegenüber ihrer Schwiegertochter zu vertuschen suchte, eine über die Jahre bewährte Technik. Karolin hatte schon häufig darüber nachgedacht. Offenbar konnte ihre Mutter auf diese Weise ihrem Kommentierungsbedürfnis nachgeben und glaubte wohl, mit dem nachgereichten Lachen die Ungeheuerlichkeit in einem irgendwie zivilisatorisch akzeptablen Rahmen zu halten.

Ihr Vater hatte sich mit vernehmlichen Geräuschen an den Küchentisch gesetzt und sich ein Croissant auf den Teller gelegt. »So. Jetzt erst mal eine Tasse Kaffee. Bist du mit Aufgießen so weit, Ruth? Wär ja jetzt mal ganz schön. Setzt euch doch!«

»Ich habe keinen Hunger«, sagte Karolin.

»Komm, ein bisschen etwas musst du essen. Du wirst immer dünner«, sagte Ruth, die selbst kaum etwas aß und deutlich magerer war als ihre Tochter. »So dünn zu sein, ist nicht gesund.«

Ruth hatte auf einem der alten, harten Breuerstühle Platz genommen und saß kerzengerade, während ihre Kiefer das Croissant zermahlten. Essen schien für ihre Mutter stets aufs Neue ein Nahrungsmittel-Vernichtungsfeldzug zu sein, ein Vorgang, der keine Nebentätigkeiten duldete. Stück für Stück vom Croissant reißen, mit angewinkeltem Daumen und Mittelfinger zum Mund führen, dann energisches Malmen begleitet von dem Geräusch knackender Kieferknochen. Es war auch ein Vorgang, den es nicht unnötig in die Länge zu ziehen galt, der für Ruth innerhalb von fünf bis sieben Minuten zu vollbringen war. Komischerweise legte sie viel Wert auf gemeinsame Mahlzeiten, die sie aber keine Minute zu genießen schien.

»Ich finde übrigens nicht, dass ihr den Laden gleich wieder öffnen solltet. Dann beruhigt sich der Wirbel nie. Lasst ihn mal einen Monat zu, und dann macht ihr ihn still und leise wieder auf. Bis dahin sind diese komischen Immigrantenkinder längst weitergezogen. Deren Aufmerksamkeitsspanne ist ja normalerweise nicht so ausgeprägt.«

»Was, Mama? Wir müssen aufmachen, wir zahlen Darlehnszinsen, wir haben Bücher geordert, die müssen verkauft werden! Außerdem wäre es jetzt feige, den Schwanz einzuziehen. Das würde auch Alina niemals mitmachen.«

»Um Alina geht es jetzt aber gerade nicht. Oder hat sie auch Startkapital mit in eure Geschäftsbeziehung gebracht. Sofern es eine ist?« Ruth schickte zur Sicherheit ihr dürres Lachen hinterher, aber hatte sie vielleicht nicht recht?

Ja, den Laden morgen nicht aufmachen, Alina und ihr LGBTQI-Aktionskomitee nicht sehen, nicht mit den Pink Panthern dealen müssen, einer laut Selbstbeschreibung »semi-militanten Organisation zur Prävention von homophoben Übergriffen«, angelehnt an die Black Panther und bemannt, im wahrsten Sinne des Wortes, von Kampflesben, Fitnesstunten und Lederschwulen; nicht zur Polizei müssen, sich nicht dem Nazigeld-Vorwurf stellen müssen, vielleicht einfach mit den Eltern nach Köln fahren, alte Schulfreundinnen besuchen und dann weiter nach Paris, durch die kleinen Buchhandlungen im Neunten streifen und von da mit dem Flugzeug nach Amerika, nach Brooklyn zu Chris, wo sie es immer so geliebt hatte. Er hatte erzählt, ihre New Yorker Lieblingsbuchhandlung McNally's in Soho hätte eine Filiale in Williamsburg eröffnet, um die Ecke von seiner Wohnung. Moment, hatte er neulich nicht erwähnt, er sei umgezogen, wohne nicht mehr in Brooklyn, sondern nördlich der Bronx, in der Nähe irgendeiner Bucht? Das sei näher zu Columbia und besser zum Surfen, was er immer morgens schon vor seinem ersten Seminar vorhabe.

Von all dem sagte sie nichts, stattdessen: »Was soll das schon wieder mit Alina? Ohne sie hätte ich das alles nie geschafft.«

»Wir können euch den Monat Verdienstausfall erst mal vorstrecken und überbrücken. Es ist wichtiger, dass du dich jetzt erholst. So ein Erlebnis kann auch Folgeschäden haben.«

»Lass uns erst mal gucken, wie es im Laden aussieht«, sagte Karolin in das Klopfen auf ihrem Hinterkopf hinein. Sie wusste, sie würde hinmüssen, und sie wünschte sich, dass ihre Eltern mitkämen. Das würde den Hysteriepegel bei Alina und ihren Pink Panthern sicherlich senken.

Doch ihre Eltern schienen nicht vorzuhaben, ihr Geschäft noch einmal zu betreten. Für sie schien die Sache erledigt. Sie sprachen von der Museumsinsel, einem Spreebötchen, das man dort besteigen konnte, und von Sanssouci in Potsdam oder dem Wannsee, der Krummen Lanke, das Wetter sei doch so schön. Wahrscheinlich wälzte Ruth im Kopf schon die Rückabwicklung von They/Them, und Harry eruierte mögliche Untervermietungen. Und vielleicht, so hofften sie vermutlich, würde Karolin dann doch noch einmal studieren – es war ein Versuch gewesen mit dem Buchgeschäft, manchmal muss man Dinge ausprobieren, hatten sie das nicht immer zu vermitteln versucht?

»Ich rufe mal Benni an, ob er mit den Jungs mitkommen will«, sagte ihr Vater, »und auch Emilia, die Jungs sind doch für Bötchenfahren immer zu haben.«

Und dann nahm ihre Mutter die Vorlage auf, sie waren ein eingespieltes Team seit einem halben Jahrhundert.

»Du, im Geschäft können wir doch im Moment ohnehin nichts ausrichten. Was sollen wir da? Das spült nur alles wieder hoch. Ich würde dir auch empfehlen: Komm mit uns an den Wannsee. Schalte ein bisschen ab. Die letzten Wochen waren doch purer Stress für dich.«

Wie recht ihre Mutter hatte. Wie gern sie das tun würde. Aber war es nicht eigentlich die Rolle von Eltern, ihre Kinder anzutreiben, stets in Sorge zu sein, sie wären zu träge? Mit Ruth war es immer umgekehrt gewesen, sie befürchtete stets bei allen drei Kindern Überlastung. Gewiss, alle waren fleißig, gewissenhaft und protestantisch. Karolin war genau, Benni immer voller Tatendrang und Chris erfolgshungrig – aber wo das wohl herkam?

»Pack die Badehose ein, nimm dein kleines Schwesterlein«, begann ihr Vater zu summen, »und dann nichts wie raus zum Wannsee…«

Es klang schief und aufgesetzt, fand Karolin, wie immer, eine vertraute Übersprunghandlung ihres Vaters, wenn er eigentlich seiner Frau widersprechen wollte, sich aber nicht mehr traute oder aufgab, weil sie es ihm über Jahrzehnte abtrainiert hatte.

Benni aber überraschte alle, als er am Telefon mitteilte, er denke nicht daran, Karolins Geschäft zu verlassen. Es sei viel zu tun, die Farbe gehe schwerer ab als gedacht. Und Alina sei da mit einer lustig verkleideten Truppe, die sich Pink Panther nannten, die Jungs hätten einen Riesenspaß mit denen und seien hier ganz sicher nicht wegzubekommen. Also, wenn die Großeltern ihre Enkel sehen wollten, dann müssten sie zu They/Them kommen.

Ihre Mutter erhob sich aus dem Breuerstuhl, und Karolin sah, wie sich ihre Züge leicht verzerrten; wie sie signalisierte, dass das Sicherheben von diesen viel zu teuren Stühlen aus altem Holz und Stahl ihr schwerfiel. Dann ging sie um den Tisch herum, tätschelte Karolins Hinterkopf und Nacken. Es war eher ein Klopfen als ein Streicheln, ihre Hand war kühl und knochig, aber es war diese Zärtlichkeitsgeste, die Karolin ihr Leben lang kannte und die trotz ihrer Spärlichkeit bis heute Wärme in ihr aufsteigen ließ. Es würde sie immer an die Wochen mit ihrer Mutter in Hamburg erinnern.

Sie war in einer Wohnung in Hamburg, es war kurz bevor sie in die dritte Klasse kommen sollte. Sie hatte geweint, es wurde Abend, die Sonne tröpfelte in die Alster hinein, doch in die Wohnung schien kaum noch Licht. Karolin war den ganzen Tag mit ihrer Mutter an der Universität gewesen, hatte in Büros von fremden Männern gesessen, in einem gelblichen Sechzigerjahre-Hochhaus, in dem das Germanische Seminar untergebracht war. Die Mutter hatte gesagt, sie könne zu manchen Terminen mitkommen, zu anderen jedoch nicht. Dann hatte Karolin bei einer Sekretärin gewartet oder auf dem Gang auf einem Sperrmüllsofa hockend neben einem Kaffeeautomaten, aus dem junge Menschen, die Clogs und Hüte trugen, ungenießbar aussehende Flüssigkeiten in braun-schwarze Plastikbecher laufen ließen. Einige von ihnen hatten ihr im Vorbeigehen über den Kopf gestrichen, versucht, sich auf ihre Kosten zu profilieren. »Oh, schaut mal! Eine Hochbegabte! So klein und schon an der Uni!«

Karolin wusste nicht, warum sie dort war, aber sie vertraute ihrer Mutter. Sie waren am Abend zuvor in Hamburg angekommen, ein Freund hatte sie am Dammtor-Bahnhof abgeholt. Er hatte sie in ein italienisches Restaurant in der Nähe der Uni ausgeführt, wo er alle Kellner zu kennen schien und auf Italienisch mit ihnen gescherzt hatte (damals waren die Kellner in italienischen Restaurants noch Italiener). Der Freund sei ein Professor an der Universität, hatte ihre Mutter Karolin erklärt, und er schien sie gut zu kennen, er rückte ihr den Stuhl zurecht und machte Witze, und die Mutter lachte viel. Karolin lachte nicht, obwohl der Professor ihr beim Kellner ein »gelato belissimo per la bambina« bestellt hatte. Warum, hatte sich Karolin später lange gefragt, warum eigentlich, was wollte er von einem achtjährigen Kind?

Sie waren dann zu Fuß zu der Wohnung in einer schönen Altbaustraße am Grindel gelaufen, und der Professor hatte den braunen Koffer der Mutter geschleppt. Der Koffer erinnerte Karolin an echte Urlaubsreisen, so wie ein paar Wochen zuvor, als sie zusammen mit den Eltern und Christopher in einem Strandhotel in Italien waren, und ihr Bruder ihr am Pool »den Köpper« beigebracht hatte. Dies hier aber war nicht wie eine richtige Urlaubsreise. Wo war Papa, wo war Christopher?

Der Professor hatte sie hoch in die Wohnung im ersten Stock begleitet, zwei Zimmer, Stuck, Holzdielen, nach hintenraus, dunkel. Aus der Wohnung unter ihnen bollerte dumpfe Heavy-Metal-Musik durch die Holzdielen hindurch. Der Professor hatte noch eine Flasche Wein aus seiner Ledertasche gezogen und Anstalten gemacht, sie zu öffnen. Doch ihre Mutter sagte, sie müsse das Kind ins Bett bringen, sie sehe ihn morgen. Da hatte der Professor den Schlüssel auf den Esstisch fallen lassen, hatte die Mutter unbeholfen umarmt und war gegangen.

»Wohnt er hier nicht?«, fragte Karolin.

»Nein. Er wohnt in einem Haus mit seiner Frau und seinen Kindern.«

»Können wir die Kinder auch mal treffen?«

»Ich weiß nicht, ob das geht«, hatte ihre Mutter geantwortet. »Sie sind schon älter.«

Als Karolin ihren Bruder anrufen wollte, um ihm alles zu erzählen und ihn zu fragen, warum er in Köln sei, was das alles zu bedeuten hatte und wann er nachkäme, hatte ihre Mutter gesagt, das ginge nicht, er schliefe sicherlich schon, es sei schon spät. Dann wenigstens Papa, der würde alles erklären können mit seiner ruhigen Art, aber da hatte Ruth gesagt, auch das ginge nicht, und diesmal hatte sie keinen Grund genannt.

Später lag Karolin wach auf der Ausziehcouch im Wohnzimmer. Die Liegefläche war viel zu groß für sie, aber immerhin trug sie ihren Lieblingsschlafanzug, den ihre Mutter ihr noch schnell eingepackt hatte bei der Abreise, als alles noch aufregend erschienen war. Durch die weißen Stoffvorhänge erhellte das Licht der Sommernacht das Zimmer, das Fenster war gekippt, doch von draußen drangen keinerlei Geräusche herein. Ihre Mutter hatte nebenan im Bett gelegen, im Schlafzimmer, auch sie schlaflos, Karolin hatte sie flüstern gehört. Wann würden sie wieder nach Hause können? Die Mutter hatte gesagt, sie müsse hier »etwas regeln für ihre Arbeit«. Welche Arbeit, hatte sich Karolin gefragt. Sie war doch jeden Tag zu Hause, wenn sie aus der Schule kam, sie kochte ihr das Mittagessen und dann noch einmal, wenn Christopher aus der Schule kam. Anschließend fuhr sie Karolin zum Kinderturnen und ihren Bruder zum Fußballtraining, Karolin zum Schwimmunterricht und Chris zur musikalischen Früherziehung. Hausaufgaben, Abendessen, das Haus aufräumen. Das war doch ihre Arbeit, und nun musste sie dafür nach Hamburg?

Auf der Zugfahrt war ihre Mutter so gut gelaunt gewesen, dass Karolin sich gefragt hatte, wann das zuletzt so gewesen war. Als der Zug den Bahnhof von Essen erreicht hatte, gingen sie in den Speisewagen. »In Essen gingen wir zum Essen«, hatte Karolin immer wieder gesagt und ihre Mutter stolz über ihr Wortspiel angestrahlt. Und die hatte so herzhaft gelacht, dass Karolin zunächst geglaubt hatte, das Lachen sei gespielt und Teil des Witzes. Doch es war echt gewesen, und vielleicht erinnerte sich Karolin in diesem Moment daran, dass es früher einmal immer so gewesen war. Dass das Lachen nur verloren gegangen war, ersetzt von einem Starren, von Stille und einer großen Müdigkeit, die Karolin manchmal, wenn sie noch wach war, beobachtete, wie sie ihre Mutter punktgenau nach der Tagesschau überkam.

Beim Italiener mit dem Professor hatte ihre Mutter plötzlich keinerlei Anzeichen von Müdigkeit gezeigt. Offenbar war ihr auch egal, dass Karolin um Viertel vor zehn eigentlich längst hätte im Bett liegen müssen. Karolin fiel ein, wie verwirrt sie in dieser Nacht eingeschlafen war – und gleichzeitig glücklich wie lange nicht mehr mit den Gedanken an die lachende Mutter.

Am nächsten Morgen aber war alles anders. Es gab kein Frühstück, der Kühlschrank war leer und das Wasser in der Dusche nur lauwarm. Sie waren in Eile, die Mutter wirkte fahrig. Sie zog Karolin an der Hand die Bornstraße hinunter, in einer Bäckerei am Allende-Platz bekam sie ein Franzbrötchen. In der Universität angekommen, sollte Karolin bei einer Frau in einem Sekretariat warten. Die Frau hatte ihr ein paar Bürostifte und einige Blatt Matrizenpapier gegeben und dann den Rest des Vormittags geraucht und sich nicht weiter um Karolin gekümmert.

Als sie am Abend aus dem Universitätsturm hinausliefen, über den Campus Richtung Grindelhof, fragte ihre Mutter sie, wie ihr der Tag gefallen habe. Gut, hatte Karolin gemurmelt, und die Mutter, die wieder gut gelaunt schien, sagte: »Toll, denn wir bleiben ein bisschen in Hamburg. Nur wir beide! Und machen uns eine schöne Zeit!«

Da hatte Karolin angefangen zu weinen und konnte auch nicht aufhören, als sie in der Wohnung ankamen. Trotz der Aufregung, trotz der ausgelassenen Mutter, trotz ihrer Spezialexpedition, zu der ihre Mutter offenbar nur sie ausgewählt hatte. Denn sie verstand nicht. Nichts schien mehr zu sein, wie es einmal war. Sie war ein Kind und wollte, dass alles bliebe, wie es war. Sie vermisste Christopher. Und ihren Vater, dessen Lockerheit. Und was war mit der Schule? Vor ein paar Wochen war sie in die dritte Klasse gekommen, sie war stolz, langsam ging es richtig los, aber jetzt war sie eine lange Zugfahrt von zu Hause weg. Mit einer neuen Mutter, die nur Dinge tat, die sie nie getan hatte: lachen, im Restaurant Wein trinken, tagsüber Dinge für sich selbst tun, keine Zeit haben. Das war eine Mutter, die ihr Angst machte. Und das Schlimmste war, Karolin wusste nicht, ob dieses Gefühl jemals wieder weggehen würde.

Sie hatte ihren pinkfarbenen Schlafanzug angezogen, den mit den weißen Schwänen drauf. Ihr Lieblingspyjama erinnerte sie an Zuhause. Sie weinte, und fast hoffte sie, dass die alte Mutter wieder zum Vorschein käme: die leidende Mutter, die uneingeschränkt für sie da war.

Doch an diesem Abend, als Karolin in Embryostellung auf der Ausziehcouch lag, hatte ihre Mutter gesagt, sie müsse noch etwas vorbereiten für den nächsten Tag, und hatte sich an den Schreibtisch im Wohnzimmer gesetzt.

In der zweiten Woche traute Karolin sich aus dem Philosophenturm heraus, wagte sich auf den Campus, beobachtete vor dem Gebäude die Juristen gegenüber, die so anders aussahen als ihre Studenten. Karolin begann ihre Tage an der Universität zu mögen, sie dachte immer seltener an Christopher und ihren Vater zu Hause. Es gab wohl wenig Studenten, die so viel freie Zeit in und um den Philosophenturm herum verbrachten wie Karolin. Ihr kleiner Radius wurde ihr von Tag zu Tag vertrauter. Hatte sie am Anfang ihr gewohntes Kinderleben in Köln vermisst, genoss sie nun das Abenteuer auf dem Universitätscampus. Studenten begannen, sie wiederzukennen. Sie gaben ihr Kekse, Äpfel oder Chips. Manchmal zapften sie ihr eine heiße Schokolade aus dem Automaten, die irgendwie nach Gemüsesuppe schmeckte, wie Karolin fand (sie hatte recht, da es nur eine Auslaufdüse gab, durch die alles lief: Kaffee, Tee, Schokolade und eben leider auch Gemüsebrühe). Um vier fiepte ihre große schwarze Casio-Digitaluhr, die ihre Mutter ihr im Alsterhaus gekauft hatte. Das Fiepen bedeutete, dass sie ins Büro im 13. Stock kommen musste, das Ruth inzwischen zugewiesen worden war. Sie gingen dann zusammen nach Hause, und fast an allen Nachmittagen unternahmen sie anschließend etwas zusammen: Ruderboot fahren auf der Alster, Rollerskates in Planten un Blomen, Kindertheater in Altona, Stöbern im Comicladen auf der Grindelallee.

Abends gingen sie manchmal mit dem Professor zu dem Italiener. Der Professor scherzte inzwischen weniger und sagte stattdessen beim Essen immer wieder, das ginge so nicht mehr weiter, Ruth müsse eine Lösung finden. Wofür, verstand Karolin nicht, denn sie sah kein Problem. Völlig unverhofft war sie in das schönste Leben geraten. Sie hatte bei ihrer Mutter noch nie so im Mittelpunkt gestanden. Gleichzeitig war sie noch nie so unabhängig gewesen. Der Philosophenturm war ihr Reich. Sie genoss ihre Rolle als Kuriosum. Die Studenten erzählten sich gegenseitig von dem kleinen Mädchen, das hier zu wohnen schien, und bald kannte sie jeder. Sie lernte neue Wörter, die sie mit Genuss einsetzte. Sie sprach nicht mehr, sie hielt jetzt Klönschnacks, und wer sie fragte, was sie gemacht habe, bekam zur Antwort, sie haben ein bisschen rumgetüdelt. Sie lernte, dass die aus großen Kübeln Kaffee trinkenden und meist kettenrauchenden Sekretärinnen die Herrinnen ihrer neuen Welt waren. Von ihnen übernahm sie nicht nur Redewendungen, sondern eine ganze Weltsicht: Wenn ihre Mutter sie nachmittags zur Eile antrieb, bekam sie zu hören, sie sei »hier bei der Arbeit und nicht auf der Flucht«. In Gesprächen überraschte sie ihre Mutter unvermittelt mit Ratschlägen wie »Träume nicht dein Leben, lebe deinen Traum«.

Karolins Lieblingssekretärin hieß Bärbel Maternus, trug einen weißgrauen Kurzhaarschnitt und sprach mit einer vom Nikotin tief gefärbten Stimme. Karolin hielt sie für sehr alt, aber wahrscheinlich war sie Mitte fünfzig und damit jedenfalls merklich älter als die anderen Sekretärinnen, die Frau Maternus nicht zu mögen schienen. Jedenfalls luden sie sie nicht zu ihren mehrmals täglich stattfindenden Klönschnacks ein. Also zeigte Frau Maternus Karolin, wie man Patiencen legte, und zwischen ihren Streifzügen durch den Philosophenturm legte Karolin von nun an mehrmals einen halbstündigen Stopp bei Frau Maternus ein, um dort ihren penibel leeren Schreibtisch mit Herz-Assen, Pik-Zehnen oder Karo-Siebenen auszulegen. Oder Frau Maternus erklärte Karolin etwas über die Düsenjäger, die auf den Postern über ihrem Schreibtisch zu sehen waren. Das seien amerikanische Kampfjets, F-14, F-16 und auf der Stirnseite die F-18, alle hergestellt in Eagan, Michigan von der Firma Lockheed. Es waren nur die Maschinen auf den Fotos zu sehen, niemals Menschen. Lediglich auf einem Poster, dem schönsten, sah man einen Mann und eine Frau auf einem Motorrad, die Frau saß hinter dem Mann und schmiegte sich an seinen Rücken. Die Frau hatte tolle Haare, fand Karolin, und der Mann trug eine Lederjacke und guckte sehr entschlossen. Hinter dem Motorrad stiegen in einen von der Abendsonne gelb erleuchteten Himmel fast senkrecht drei Kampfjets auf.

Frau Maternus erzählte Karolin, das sei ihr neustes Poster, es sei das Plakat eines Films, der gerade in die Kinos gekommen sei. Sie habe den Film schon dreimal gesehen. Es gehe um den Mann auf dem Motorrad, einen Kampfjet-Piloten. Der Film biete die am besten gefilmten Kampfszenen einer F-14, die sie je gesehen habe. Wenn ihre Mutter es erlaubte, sagte Frau Maternus, könnten sie ja zusammen reingehen, im Kino hinterm Hauptbahnhof, Nachmittagsvorstellung, nächste Woche Donnerstag zum Beispiel. Da hatte Frau Maternus, wie Karolin natürlich wusste, ab 14:00 Uhr frei. Ja, am Donnerstag, sagte Karolin, ihre Mutter habe bestimmt nichts dagegen, sie sagte doch immer, dass Karolin Freunde finden solle.

Doch am Mittwoch eröffnete Frau Maternus Karolin beim Patiencenlegen, sie könne doch nicht am Donnerstag. Sie hätte die ganze Woche schon fürchterliche Kopfschmerzen, die vom Nacken hochzögen. Sie wisse sich nicht mehr zu helfen. Mit dem Kopfweh könne sie nicht ins Kino, sagte Frau Maternus und blies, als könne sie die Schmerzen damit vertreiben, energisch den Rauch ihrer Zigarette Richtung Fenster, wo er sich wie eine Schlange durch den geöffneten Schlitz wand. Karolin war furchtbar enttäuscht und fragte, ob sie nicht eine Tablette nehmen könne.

»Das macht meine Mama immer.«

»Hilft nicht«, sagte Frau Maternus und zündete sich eine neue Zigarette an.

»Das Einzige, was hilft«, fuhr sie fort, »sind Massagen. Aber da kriege ich so schnell bis morgen keinen Termin mehr. Wir müssen das Kino verschieben.«

Karolin hatte sich seit mehr als einer Woche auf den Kinobesuch gefreut. Es wäre ein nächster Schritt ihrer Unabhängigkeit gewesen, der erste Schritt heraus aus der bekannten Peripherie des Philosophenturms, hinein in ein anderes Stadtgebiet, wo es Fremde gab, denen sie Hallo sagen konnte. Jeden Abend in der dunklen Wohnung im Grindelviertel, auf ihrer Ausziehcouch, hatte sie sich ausgemalt, wie der Mann mit dem entschlossenen Blick wohl die F-16 fliegen würde.

Ihre einzige Begegnung mit Düsenjägern lag ein paar Jahre zurück, sie musste fünf oder sechs gewesen sein. Damals hatten sie für ein Jahr in Osnabrück gelebt, ihr Vater war dorthin versetzt worden. Sie hatten ein großes Haus mit Garten, über das aber regelmäßig Kampfjets donnerten von einem nahe gelegenen amerikanischen Stützpunkt. Die Familie – das heißt ihre Eltern, Christopher und sie – hatte sich nach anfänglicher Faszination darauf geeinigt, dass dies eine Belästigung darstellte, woraufhin Karolin zusammen mit ihrem Bruder einen Brief an den Bundespräsidenten Carstens verfasst hatte, im dem sie sich über den Lärm der Flugzeuge beschwerten. Warum, konnte Karolin jetzt schon nicht mehr nachvollziehen, wahrscheinlich war ihnen langweilig gewesen. Umso wichtiger war ihr nun der Neustart ihrer Beziehung zu Kampfjets, es war auch eine Revision ihres alten Ichs, eine Korrektur jenes Charakters, der Angst vor Lärm hatte und ihrem Bruder blind folgte. Dazu aber musste sie den Film sehen, denn ihre Fantasie war ausgeschöpft, sie brauchte neue Informationen und Bilder, neues Material für ihre Fantasie – und sie konnte nicht mehr warten.

»Es sei denn«, sagte Frau Maternus dann, »du könntest mich massieren. Vielleicht hilft das. Und dann können wir morgen gehen. Ich zeige es dir, es ist ganz einfach.«

Karolin hatte Christopher schon mal massiert und er sie. Aber es war ein einziges Rumkneten gewesen und eher darauf ausgerichtet, dem anderen Schmerz zuzufügen.

»Massiert dein Mann dich nicht zu Hause?«

Sie habe gar keinen Mann, sagte Frau Maternus. Aber sie habe mal eine kleine Freundin gehabt, die habe sie auch immer massiert.

»Und wo ist deine Freundin jetzt?«

»Sie ist umgezogen in eine andere Stadt, ich war sehr traurig. Aber jetzt habe ich ja zum Glück dich.«

Frau Maternus schloss die Bürotür. Dann zog sie ihre Bluse aus. Sie trug einen cremefarbenen Büstenhalter. Aus der Schublade zog sie einen Cremebottich mit gelbem Etikett. Dann setzte sie sich verkehrt herum auf ihren Schreibtischstuhl und lehnte sich mit ihrem gewaltigen Busen an die Rückenlehne.

»Hier. Trag erst mal die Vaseline schön dick auf meine Schultern und den oberen Rücken auf. Verteil sie vorher gut auf deinen Fingern.«

Die Creme fühlte sich fettig an in Karolins Händen und quoll durch ihre Finger. Schnell klatschte sie die milchige Paste auf Frau Maternus' Schulterblätter und begann, ihre Daumen in ihr Fleisch zu drücken. Ihre Patientin seufzte wohlig, und Karolin versuchte, fester zuzugreifen. Mit den Handflächen verteilte sie die Creme immer wieder neu, und wenn der Vaseline-Teppich dünner zu werden drohte, klatschte sie neue Glibberhaufen auf Frau Maternus' Rücken, was diese jedes Mal mit einem behaglichen Brummen quittierte. Karolin war zufrieden mit ihrem Werk, und offenbar war auch Frau Maternus einverstanden.

Nach zehn Minuten, die ihr wie Stunden vorgekommen waren, wollte Karolin aufhören, doch Frau Maternus verlangte, sie solle weitermachen. Die Schmerzen seien noch nicht so weit verschwunden, dass sie morgen ins Kino gehen könne. Karolin hatte keine Lust mehr, es war anstrengend und langweilig, aber sie fühlte sich gebraucht, und deshalb machte sie weiter. Von da an massierte sie Frau Maternus von Montag bis Freitag jeden Tag, manchmal zwanzig Minuten, manchmal eine halbe Stunde. Es stellte sich heraus, dass Frau Maternus nicht nur der Rücken wehtat, sondern auch andere Körperteile, und mit der Zeit begann Karolin, auch diese zu massieren.

Als sie am Donnerstag in *Top Gun* gingen, war die Nachmittagsvorstellung offenbar so ausgebucht, dass Frau Maternus nur noch einen Sitzplatz bekommen hatte. »Macht nichts«, sagte sie, »wir teilen uns einfach einen Platz.« Sie gab Karolin ihr Ticket, das aber scheinbar keinen Sitzplatz beinhaltete. Karolin war erst ein einziges Mal zuvor im Kino gewesen, bei dem Kindergeburtstag ihrer Freundin Melanie. Sie hatten den Disneyfilm *Cap und Capper* gesehen und waren danach zu McDonald's am Rudolfplatz gegangen. Karolin hatte die ganze zweite Hälfte des Film über geweint, weil der Fuchs Cap und der Hund Capper sich verloren hatten und einander sehr vermissten. Es war eine grauenhafte Erfahrung gewesen, aber diesmal würde es besser werden mit den gewaltigen Düsenjägern am Himmel und dem Piloten und seiner Freundin.

Während der Vorführung hatte sie zwischen Frau Maternus' Beinen gesessen, obwohl links und rechts noch Plätze frei waren. Frau Maternus hatte die Beine gespreizt, auf die Sitzfläche dazwischen hatte Karolins Po gepasst. Frau Maternus hatte die Arme von hinten um Karolin gelegt. Sie saßen auf dem Kinosessel wie der Pilot und seine Freudin auf dem Motorrad. Als die Freundin ihr Gesicht von hinten an den Piloten schmiegte – es war die Szene, die Karolin schon von dem Plakat kannte –, hatte Frau Maternus dasselbe auch getan, und Karolin hatte sich wie eine Pilotin gefühlt.

Es war das herrlichste Leben, es gab keine Schule, keine Geschwister, keine Routinen eines Kinderlebens. Es fühlte sich an, als hätte jemand ihr Dasein vorgespult und sie unmittelbar in das Erwachsenenleben versetzt.

Doch dann, in ihrer siebten Woche in Hamburg, wurde Karolins neue Freiheit bedroht. Ihre Mutter redete inzwischen wie der Professor und sagte, es ginge so nicht weiter.

Von nun an, erklärte sie, würde Karolin die Dienstage und Donnerstage bei der Familie des Professors verbringen – in deren großem Haus in Othmarschen, wo es sogar einen Swimmingpool gebe. Vormittags würde sich die nette Frau des Professors um Karolin kümmern und vielleicht sogar ein bisschen Schulunterricht mit ihr machen. Mittags kämen dann die beiden netten Töchter nach Hause, sechzehn und achtzehn Jahre alt, die hätten sich immer eine kleine Schwester gewünscht.

Karolin hatte ihre Mutter erschrocken angeschaut, und wenn sie ehrlich war, glaubte selbst Ruth nicht, dass Teenager Lust hätten, ihre Nachmittage mit einem achtjährigen Kind zu verbringen. Doch ihr schlechtes Gewissen wurde mit jedem Tag stärker, den sie ihre Tochter verwahrlosen sah, wie sie durch die traurigen Gänge der Universität marodierte, die Hände schmutzig, den Mund oft verschmiert von dem Billo-Kakao, den die Studenten ihr gaben, Zigarettenqualm ausdünstend nach den Stunden in den verrauchten Sekretariaten. Der Professor Martin Hausbruch hatte darauf bestanden, dass Ruth sich eine Kinderbetreuung organisierte, und natürlich müsse Karolin auch zur Schule. Für den Übergang hatte er seine Frau überredet, sich um Karolin zu kümmern. Sie hatte eine halbe Stelle als Grundschullehrerin, und an ihren freien Tagen sollte Karolin kommen. Ruth konnte sich wenig Unpassenderes vorstellen, als dass ausgerechnet Elenore, Martins Frau, nun auf ihre Tochter aufpasste, aber derartige Befindlichkeiten glaubte sie sich momentan nicht erlauben zu können.

Und so standen sie zwei Tage in der Woche eine Stunde früher auf und nahmen an der Hallerstraße die U-Bahn nach Othmarschen, eine halbe Stunde hin, eine halbe zurück, und um 9:15 Uhr begann Ruths Seminar »Einführung in die Literaturwissenschaft 1«. Den Kurs hatte sie von Martin übernommen; ihn zu lehren würde Teil ihrer Habilitationsverpflichtung sein. Karolin blickte ihrer Mutter wütend aus dem Vorgarten in Othmarschen hinterher, wenn sie zurück zur S-Bahn hastete, um es noch rechtzeitig zur Uni zu schaffen.

Sie hätte viel dafür gegeben, mit ihr in ihren Philosophenturm zu fahren. Es war doch alles okay gewesen. Wochenlang hatten sie eine Einheit gebildet, sie und ihre Mutter. Dass ihre Mutter nun ohne sie zur Universität fuhr, empfand Karolin als Verrat, Verrat an ihrer gemeinsamen Mission. Was immer ihre Mutter dort zu tun hatte, Karolin spürte, dass es dringlich war. Und die Mutter konnte es tun, denn sie, Karolin, ermöglichte es ihr, und darauf war sie stolz. Nur bitte sollte ihre Mutter dann auch Karolin tun lassen, was sie zu tun hatte, und das war inzwischen einiges. Wenn sie nicht bei Frau Maternus war, die täglich auf sie wartete und sie mit den Worten begrüßte: »Da bist du ja, meine Kleine«, hatte sie gelernt, für die Studenten in den Copyshop zu gehen, Bücher in die Bibliothek zurückzubringen und Vorbestellungen abzuholen. Sie nahm Sammelbestellungen für Essen aus der Mensa entgegen oder für Kippen und Holsten aus dem Kiosk (»Die sind aber nichts für dich, Lüdde«, sagte Uwe, der Zeitungsverkäufer, jedes Mal und reichte ihr die Zigaretten), und sie organisierte Kaffee aus der Bäckerei (für die Schnöselstudenten, denen der Gemüsebrühe-Kaffee aus dem Uni-Automaten nicht gut genug war).

Und während all das dringlich darauf wartete, verrichtet zu werden, musste sie stattdessen bei Hamburger Septemberwetter in einem Garten in Othmarschen sitzen. Auch hier gab es Aufgaben, das schon. Das Laub von der Terrasse harken oder Unkraut aus den Beeten, aber diese Verrichtungen waren uninteressant – sie erinnerten sie an ihr altes Leben, aus dem sie mit ihrer Mutter doch ausgestiegen war. Elenore übte Lesen mit ihr, aus den aussortierten Büchern ihrer Kinder. Roald Dahl, das ging noch, aber Janosch, das war schlimm, der doofe Bär und der blöde Tiger, die (wie Karolin später als Erwachsene gerne entsetzten Müttern erklären würde) neben Ernie und Bert die anderen kindlichen Vorbilder schwulen Zusammenlebens darstellten. Manchmal übten sie auch rechnen, oder sie zählten auf Englisch und Französisch. Bei ihren ersten Besuchen hatte Karolin sich noch geweigert zu sprechen. So kontaktfreudig sie im Philosophenturm war, so schweigsam konnte sie in Othmarschen sein.

Am frühen Nachmittag wurde es ein bisschen besser. Dann kamen Kathi und Steffi aus der Schule. Auch mit ihnen hatte Karolin sich vorgenommen nicht zu reden, doch insgeheim gefielen ihr die beiden Mädchen. Sie schienen die Frau des Professors ebenso langweilig wie Karolin zu finden und erkannten offenbar in der Anwesenheit des merkwürdigen achtjährigen Mädchens eine willkommene Abwechslung in ihrem Alltag. Andererseits wirkten sie so beschäftigt mit einer ganzen Reihe eigener Probleme, dass sie Karolins Anwesenheit oft gar nicht bemerkten.

Kathi, die Ältere, befand sich in akuter Gefahr, durch ihr Abitur am Johanneum zu fallen. Sie sollte weniger Zeit bei Dirk verbringen, ihrem Freund. Dessen roter und frisierter Golf GTI, mit dem er Kathi zu später Uhrzeit und heulendem Motor abholte, gab besonderen Anlass zu Diskussionen. Und Steffi musste jedes Mal Schnüffelexzesse der Frau des Professors über sich ergehen lassen, da sie im Generalverdacht stand, zu jener Clique Elftklässlerinnen zu gehören, die auf dem Pausenhof Zigaretten rauchten. Karolin, die durch ihre Stunden mit Frau Maternus gelernt hatte, wie Zigarettenrauch wann und in welchen Aggregatzuständen roch, wusste, dass die Frau des Professors richtiglag und überlegte, ob sich dieses Wissen für sie irgendwie nutzbar machen ließ.

Ein weiteres sich wochenlang hinziehendes Konfliktthema, dessen stille Zeugin Karolin wurde, war der Besuch eines Konzertes einer Musikgruppe mit dem ulkigen Namen Die Toten Hosen. Die Band, deren Mitglieder sich, wie

Karolin durch einen Blick auf das Plakat in Steffis Zimmer wusste, offenbar in Schlafanzügen kleideten, sollte im Audimax der Universität auftreten. Doch der Professor hatte von einem Kollegen an der Universität Düsseldorf gehört, dass bei einem Konzert in der dortigen Mensa in den Toiletten alle Kloschüsseln rausgerissen worden seien und die Musiker auf der Bühne keineswegs nüchtern gewirkt hätten.

Der Veranstaltungsort in Hamburg, das Audimax, befand sich unmittelbar gegenüber ihres Philosophenturms, und natürlich kannte Karolin Herbert, den Hausmeister. Das mit den Kloschüsseln musste sie ihm erzählen, damit er gewarnt wäre, aber für Steffi könnte sie sicherlich auch etwas tun. Herbert würde sie sicher in das Konzert einlassen.

Am vierten oder fünften Vormittag im Haus des Professors begann Karolin zu reden. Sie konnte sich nicht mehr zurückhalten und musste der Frau des Professors von ihren Aufgaben erzählen, denen sie an den restlichen Tagen der Woche nachging und von deren Erledigung sie hier nun abgehalten wurde. Ob sie sie nicht zur Uni fahren und am Nachmittag wieder abholen könne, fragte sie. Ihre Mutter müsste es nicht merken. Karolin kannte sich so gut aus im Philosophenturm und hatte die Terminkalender des Personals dort so genau im Kopf, dass es für sie ein Leichtes war, jemandem dort aus dem Weg zu gehen, den sie nicht sehen wollte, und sei es die eigene Mutter. Sie erzählte Elenore, für wie viele Studenten sie diese Woche Kopien machen musste, welche Bücher zurück in die Bibliothek müssten, bevor Verspätungsgebühren anfielen – und von Frau Maternus, die ihre Massagen brauchte.

»Was für Massagen?«

Die Worte waren Karolin herausgerutscht. Frau Maternus hatte ihr erklärt, dass es am besten wäre, wenn die Massagen ihr Geheimnis blieben. Denn sobald sie es jemandem erzählte, würde Karolin ihre Zauberhände verlieren. Der

Zauber könne nur wirken, wenn er ein Geheimnis bliebe, hatte sie gesagt.

»Ach, Frau Maternus? Das ist der Hund von einer Sekretärin an der Uni, wo meine Mama arbeitet. Und der will immer massiert werden!«

Karolin wusste, dass es falsch war. Sie mochte Elenore nicht, aber trotzdem hätte sie ihr gern von Frau Maternus erzählt. Zumindest ein bisschen, wie sollte Elenore sonst verstehen, dass sie keine Zeit hatte, hier bei ihr im Garten Laub zu rechen? Und außerdem war Karolin zu stolz auf die ihr bescheinigten Fähigkeiten mit ihren Händen. Was nutzten sie, wenn niemand davon wusste? Ihr machten die Massagen keinen Spaß, sie waren anstrengend, und ihre Hände und Unterarme schmerzten oft danach. Aber sie war offenbar sehr gut in etwas, und deshalb würde sie nicht vor dieser Aufgabe weglaufen. Und wenn niemand davon wusste außer Frau Maternus, dann wäre es eigentlich gar nicht in der Welt. Denn nur was Menschen sich berichten, hat doch stattgefunden. Was niemand berichtet, ist vergessen.

Sie hatte deswegen lange überlegt, wem sie es erzählen könnte. Bloß ein weiterer Mensch würde ihr reichen, denn dann wäre es in der Welt. Ihre Mutter schied aus, das spürte sie. Ihre Mutter war froh, dass Karolin glücklich war, aber sie freute sich nicht über die tollen Dinge, von denen Karolin ihr berichtete. Als wäre sie nicht richtig einverstanden, als machte sie sich Sorgen. Alle anderen im Philosophenturm, ihre Studentenfreunde, die anderen Sekretärinnen schieden ebenfalls aus. Sie mochten Frau Maternus auch nicht.

Infrage kam nur noch Steffi. Sie wusste, dass Steffi rauchte. Sie konnte es riechen und war ihr außerdem eines Spätnachmittags heimlich in den Garten gefolgt, wo sie Steffi hinter dem Poolhaus hastig an einer Zigarette hatte ziehen sehen. So betrachtet war Steffi in ihrer Hand. Außerdem könnte sie ihr mit dem Konzert der Schlafanzugsänger helfen, deren Musik jeden Abend ab fünf aus Steffis Zimmer schallte. Eins der Lieder handelte von ihrer Lieblingsfernsehserie, der *Schwarzwaldklinik*, ein anderes von den Getränken, die die Musiker gerne mochten, oder davon, dass sie noch keine sechzig seien, was Karolin allerdings schon auf dem Poster hatte erkennen können.

Steffi würde gar nicht anders können, als ihr Geheimnis vertraulich zu behandeln, und Karolin wüchse endlich in ihrem Ansehen. Als ein paar Nachmittage später wieder die Musik aus Steffis Zimmer kam (diesmal handelte der Song von jungen Männern, die gerne einen Opel fuhren, was Karolin nicht verstand. Die Jungs, die sie kannte, fanden Mercedes cool oder Porsche, und selbst Kathis Freund fuhr einen Golf). Sie klopfte an die angelehnte Tür, guckte vorsichtig hinein. Steffi rollte sich träge vom Bett und drehte die Musik leiser.

»Ja?«

»Warum fährt Dirk dann keinen Opel?«

»Was, wer?«

»Dirk. Kathis Freund?«

»Weil er ein Depp ist. Häh, was geht dich das überhaupt an?«

»Du willst doch zu dem Konzert von denen. Ich kann dich reinbringen.«

»Was kannst du?«

»Ins Audimax. Zu den Toten Hosen.«

»Woher kennst du die denn? Du bist erst acht. Ist ausverkauft. Es gibt keine Karten mehr. Also quatsch mich nicht voll.«

»Ich kenne den Herbert. Den Hausmeister im Audimax. Er kann dich reinlassen.«

»Wieso kennt ein Mädchen wie du den Hausmeister vom Audimax?«

»Meine Mutter arbeitet gerade an der Uni.«

»Ich weiß. Mein Vater auch.«

»Aber weil wir eigentlich in Köln wohnen und mein Papa und mein Bruder da auch noch sind und ich gerade nicht zur Schule gehe, bin ich jeden Tag in der Uni, außer wenn ich hier sein muss. Ich kenne da alle.«

Und sie erzählte wieder von den Kopierjobs, ihrem Mensa-Botenservice, den Bibliotheksgängen, ihren Lieblingsstudenten. Steffis Aufmerksamkeit schwand langsam, weil sie natürlich über Herbert sprechen wollte, das Audimax und ihr Konzert. Karolin musste auf Frau Maternus kommen, und zwar jetzt, auf ihre talgige Haut, die so labberig war, außer an ihren Füßen, wo sie hart war und brüchig, an ihren Schenkeln, wo sich blaue Adern einen untergründigen Weg durch das weiße Schwabbelmeer bahnten, matt glänzend von der Fettcreme. Sie dachte an die schmatzenden Geräusche, die die Creme in die Stille des mittäglichen Büros hinein auf der Haut verursachte, manchmal hatte sie sich in das Schmatzen vertieft und ihm nachgelauscht, als könne sie etwas darin erhorchen, eine große, weit offene Zukunft etwa, Unabhängigkeit und Autarkie.

»Und dann noch jeden Tag die Massagen, die ich Frau Maternus gebe!« Jetzt hatte Karolin Steffis Aufmerksamkeit zurückgewonnen.

»Du gibst Massagen?«

»Nur für Frau Maternus.«

»Wer ist das?«

»Kennst du nicht? Sie ist doch eine Sekretärin im Philosophenturm.«

»Ich gehe nicht in den Philosophenturm. Ich hasse es da.«

»Ich finde es toll. Ich gehe jeden Tag zu Frau Maternus, und ich massiere sie.«

»Warum?«

»Gegen ihre Kopfschmerzen! Sie hat doch jeden Tag Kopfschmerzen, und sie sagt, dass nur meine Massagen dagegen helfen. Sie sagt, ich habe Zauberhände.«

»Und dann massierst du sie am Kopf?«

»Auch am Kopf. Aber wusstest du, dass Kopfschmerzen auch von den Füßen kommen können? Wenn da was verzwickt ist? Das hat Frau Maternus erzählt. Dann massiere ich sie an den Füßen. Oder an den Beinen. Oder am Bauch.«

»Ist das nicht voll eklig?«

Damit hatte Karolin nicht gerechnet. Eklig? Sie hatte Bewunderung erwartet oder wenigstens Überraschung. Aber es stimmte, es roch nicht immer gut, wenn sich die Poren von Frau Maternus' fünfzig oder siebzig Jahre alter Haut langsam öffneten, um mit der Vaseline eine Höllenverbindung aus ausgedünstetem Nikotingeruch, Turnhallenumkleidekabine und Arztpraxis einzugehen.

Steffi zögerte einen Augenblick, anscheinend überlegte sie, ob sie das irritierende Thema zugunsten der Organisation ihres Konzertbesuchs fallen lassen sollte. Doch dann sagte sie:

»Wie alt ist denn Frau Maternus?«

»Ich weiß nicht. Siebzig.«

»Quatsch!«

»Fünfzig meinte ich. Und es ist überhaupt nicht eklig.«

Karolin überlegte. »Und manchmal gibt sie mir danach sogar fünf Mark! Wenn es besonders intensiv war.«

»In-ten-siv?«, Steffi drehte die Musik der Toten Hosen endgültig aus. Sie schüttelte so heftig den Kopf, dass sich eine blau gefärbte Strähne ihrer blonden Haare über ihr Gesicht legte. Sie sah schön aus, fand Karolin, gerne würde sie auch einmal so aussehen, wenn sie größer war.

Die Massagegeschichte schien vollkommen ihre Wirkung zu verfehlen, nicht nur das, sie schien komplett zu entgleisen wie Christophers kleine Märklin-H0-Züge, die ihr Vater ihm Weihnachten für Weihnachten schenkte und die Christopher lustvoll in die Kurven rasen und Funken sprühend aus den Schienen schlittern ließ. Deshalb spielte Karolin ihren letzten Trumpf.

»Und außerdem massiert sie mich auch! Nicht so oft wie ich sie, weil ich ja die Zauberhände habe. Aber wenn ich hart gearbeitet habe, zu meiner Entspannung, sagt Frau Maternus.«

»Okay, kannst du deinen Freund, den Hausmeister, fragen wegen der Hosen?«

»Welcher Hosen?«

»Mann, dem Konzert der Toten Hosen, so heißt die Band. Kannst du den Hausmeister fragen, ob er mich reinlässt?«

»Habe ich schon. Macht er.«

Drei Tage zuvor hatte sie Herbert im Audimax aufgesucht. Wie immer hatte er sich gefreut, Karolin zu sehen. Sofort sprudelte es aus ihr heraus, er müsse die Toiletten abschließen oder stärker befestigen oder am besten von der Polizei bewachen lassen, denn in zwei Wochen, da kämen ja die Toten Hosen, und die Toten Hosen rissen alle Kloschüsseln raus, das wisse sie ganz sicher, in einer anderen Stadt, wie hieß die noch, hätten sie das auch gemacht, dort in der Uni.

Nachdem Karolin der Reihe nach erzählt und von ihrer Freundin Steffi berichtet hatte, die keine Karte habe, aber trotzdem reinmüsse und auch schon sechzehn sei, hatte Herbert sich für den Tipp mit den Toiletten bedankt und versprochen, sich um Steffi zu kümmern.

»Herbert hat Ja gesagt. 18:00 Uhr, Hintertür.«

»Oh, danke! Du hast was gut bei mir!« Dann stockte Steffi in ihrer Bewegung, ein böser Gedanke schien sich kriechend den Weg vom Gehirn in ihr Bewusstsein zu bahnen, bis hinein in die Spitzen der Zungenmuskulatur, die ihn schließlich aussprachen:

»Sag mal, massierst du den auch, den Herbert?«

»Quatsch«, sagte Karolin, was für eine Frage. Die hatte überhaupt nichts verstanden.

Zwei Wochen später, bei dem Konzert der Toten Hosen, lief alles so, wie Karolin es angekündigt hatte. Herbert hatte Steffi sogar kurz in die Garderobe der Band geführt, wo

Steffi von allen Musikern ausgesprochen freundlich begrüßt und ihr eine Dose Holsten-Pils zugeworfen wurde, die sie Schluck für Schluck, die grässliche Bitterkeit des Getränks ignorierend, tapfer getrunken hatte. Steffi hatte Karolin am nächsten Tag zum Dank einen Beutel Murmeln im Tabakladen gekauft, und seitdem sah sie, wie Karolin lustlos versuchte, mit den kleinen Glaskugeln Vögel im Garten zu treffen.

Steffi hatte oft an die Massagegeschichte denken müssen, vielleicht reagierte sie über, aber die Geschichte löste Ekel in ihr aus, und wenn es das schon in ihr tat, was musste das mit der Kleinen machen? Das nicht einschätzen zu können, überforderte sie, und sie hatte von ihren Eltern gelernt, sich in solchen Situationen Hilfe zu holen. Cool wäre es, die Sache einfach zu vergessen, es war wirklich nicht ihr Problem. Doch die Bilder kamen immer wieder zurück: Karolin, wie sie eine offenbar alte Frau massierte in einem dieser deprimierenden Büros an der hässlichen Uni. Warum konnte ihr Vater nicht Richter sein, hatte sie früher oft gedacht. Gerichte residieren in diesen prachtvollen Bauten aus der Kaiserzeit oder so. Jedenfalls musste sie einen Erwachsenen zurate ziehen oder wenigstens ihre große Schwester. Aber der schien im Moment alles egal, vor allem die Probleme eines kleinen Mädchens, das sie kaum kannte.

Andererseits hatte sich Karolin ihr anvertraut und, wenn Steffi das richtig verstand, dieses Vertrauen auch mit einer Warnung versehen – oder wie ließ sich das geflüsterte »Ich weiß, dass du rauchst« anders deuten, das Karolin ihr zugehaucht hatte, als sie ihr die Murmeln übergab? Steffi entschied, dass sie mehr Informationen brauchte, deshalb fragte sie beim Abendessen ihren Vater beiläufig, ob er an der Uni eine Frau Maternus kannte.

»Ja, wieso, eine Sekretärin.«
»Und wie ist die so?«

»Steffi, wieso interessiert dich das, woher hast du überhaupt den Namen?«

»Ach, die Andrea aus meiner Klasse geht doch wegen ihrer Nackenschmerzen zur Physio, und da wird sie manchmal zusammen in einem Raum massiert mit einer Frau Maternus, die hat erzählt, dass sie am Germanistikseminar an der Uni arbeitet.«

»Die hat einen kleinen Dachschaden. Die ist im Rahmen einer Resozialisierungsmaßnahme gekommen, die der Senat vor zehn Jahren mal als Pilotprojekt eingeführt und dann zum Glück wieder eingestellt hat.«

»Warum ›zum Glück‹?«

»Die Frau ist echt kein Spaß.«

»Und was heißt Resozialisierung? Kam die aus dem Gefängnis oder was?«

»Gefängnis oder irgendeine Einrichtung, kann auch etwas Psychiatrisches gewesen sein.«

Elenore hatte die ganze Zeit nur mit halbem Ohr zugehört. Sie war froh, wenn sie beim Abendessen mal abschalten konnte und ihr Mann das Gespräch mit den Kindern führte, oft genug saß er abwesend am Tisch, versunken in irgendein Thomas-Mann-Problem, das dreißig Jahre nach dessen Tod keinen mehr interessierte. Mann hatte sich in Deutschland aus dem Staub gemacht, als es ernst wurde, und sich nach dem Krieg beschwert, dass die Deutschen ihm nicht genug huldigten. Elenore konnte die Faszination ihres Gatten sowie seiner neuen Habilitandin Ruth für diesen verklemmten Schriftsteller nicht nachvollziehen.

Während Martin mit Steffi sprach, dachte sie über die merkwürdige Tochter der Habilitandin nach. Am Nachmittag hatte sie beobachtet, wie Karolin aus einem riesigen Sack Murmeln eine nach der anderen rausgenommen hatte und damit die Vögel bewarf. Von weit her drang ein Name nun in Elenores Bewusstsein, den sie schon einmal gehört hatte, schraubte sich durch die Windungen ihres

Gedächtnisses, bis er schließlich in ihrem Bewusstsein ankam.

Frau Maternus, eine Sekretärin von Martin, echt kein Spaß, Nackenschmerzen, Massage, Rehabilitierungsmaßnahme?

»Was? Das ist die Frau, die Karolin immer massiert?«, sagte sie. »Das ist gar kein Hund!«

»Elenore, ist alles in Ordnung?«, fragte der Professor seine Frau. »Man kann vieles über Frau Maternus sagen, aber sie mit einem Hund zu vergleichen?« Der Professor suchte, zufrieden über seinen Geistesreichtum, in den Gesichtern am Tisch nach positiven Signalen. Doch was er sah, auf den Gesichtern seiner Frau und seiner Tochter, war ein gewisses Entsetzen.

»Mama, woher weißt du denn von Frau Maternus?«

»Karolin hat sich wahrscheinlich verplappert und dann behauptet, Frau Maternus sei ein Hund, den sie massiert. Ich habe mir nichts dabei gedacht. Aber Frau Maternus gibt es offenbar wirklich, und sie kommt aus diesem Rehabilitationsprogramm des Senats? Martin, beten wir zu Gott, dass sie nicht zu denen gehört, die …! Martin, diese Ruth hat uns ihr Kind anvertraut. Verdammt noch mal! Hör auf, mich so anzusehen. Wir haben die Verantwortung für dieses Kind!«

»Okay, ganz ruhig, das sind alles reine Vermutungen. Wir müssen noch mal in Ruhe mit Karolin sprechen. Vielleicht ist doch alles ein Missverständnis.«

»Ach, Martin, hör doch auf.«

Dann wandte sich Elenore, Anthroposophin, Lehrerin, Mutter und Ehefrau eines komplizierten Mannes an ihre Jüngste. Sie hatte, wie sie fand, schon genügend Sorgen mit ihren eigenen Kindern: »Steffi, die Geschichte mit deiner Freundin, die angeblich mit Maternus zusammen zur Massage geht, die stimmt doch auch nicht, oder?«

»Nein, die Karolin hat mir das erzählt.«

»Warum hast du nicht sofort mit uns gesprochen?«

»Ich wollte ja! Aber ich konnte doch nicht wissen, ob das alles so stimmt.«
»Seit wann weißt du davon?«
»Seit zwei Wochen.«
»Das darf nicht wahr sein!«

Karolin erfuhr lange nicht, was ihre Mutter in Hamburg eigentlich gewollt hatte. Nach ihrer Rückkehr entschieden die Eltern, doch noch ein Kind zu bekommen, und Benni wurde geboren. Hamburg wurde nie wieder erwähnt. Doch es schwamm auf der Brühe der Familiengeschichte herum wie ein Fettauge, das nicht verschwand. Karolin selbst hatte jahrelang von diesen Wochen gezehrt. Es war so etwas wie ihr Lost Weekend. So hatte John Lennon es genannt, las sie später, als er einmal für ein Wochenende nach Los Angeles fuhr und zwei Jahre nicht zu Yoko Ono zurückkam. Und nie wieder hatte Karolin sich ihrer Mutter so nah gefühlt.

Ein schwarzer Mercedes parkte auf dem Bürgersteig vor They/Them, als Karolin, ein Elternteil an jeder Seite untergehakt, vor dem Geschäft ankam. Von Weitem schon hatte sie die beiden Männer in Lederkleidung und Motorradstiefeln gesehen, die sich an den Kotflügel des Wagens gelehnt vor der Eingangstür postiert hatten. Sie trugen breite, fein ausrasierte Schnurrbärte unter ihren Nasen. Auf dem Pflaster neben dem Mercedes waren noch blaue und rote Farbkleckse zu sehen und vor den gebrochenen Fensterscheiben das rot-weiße Absperrband der Polizei.

»Entschuldigung, dürften wir mal?«, sagte ihr Vater, als er sich an den beiden Männern vorbeidrängte. Er öffnete seinen beigen Trenchcoat und meinte: »Wir gehören dazu.«

Die Ledertypen blickten sich an, zuckten mit den Schultern und rückten ein wenig zur Seite. Dieser alte Mann würde ja wohl nicht zu den Instagram-Kids gehören.

»Fehlt nur noch, dass er gleich seinen Dienstausweis zückt«, flüsterte Karolin ihrer Mutter zu.

»Lass ihn doch, wenn ihm ein solcher Auftritt was bedeutet.«

»War doch nur ein Witz, Mama.«

Die Stimmen ihrer Neffen, die aus dem Geschäft drangen und sie am Tag zuvor, in den Stunden vor der Eröffnung, noch genervt hatten, klangen jetzt beruhigend. Sie sah August und Otis drinnen, wie sie beide auf Mitgliedern der Purple Panther ritten: August auf einer korpulenten Frau mit Elvis-Tolle und Holzfällerhemd, Otis auf einem Bodybuilder, der ein Sweatshirt mit Gold's-Gym-Aufdruck trug. Sie fochten Ritterkämpfe aus. Emilia lief den auf allen vieren kriechenden Erwachsenen hinterher, um ihre Kinder zur Not auffangen zu können, wenn sie abgeworfen würden.

»Entspann dich, Prinzessin«, rief der Bodybuilder ihr gerade zu, als Karolin das Ladenlokal betrat.

»Passt auf, August! Otis! Das hier ist ein harter Steinboden!«, rief Emilia und wies auf den polierten Industrieestrich aus Sichtbeton. »Ihr wollt euch doch nicht wieder den Arm brechen.«

»Oma! Guck mal«, rief August, warf seine Arme hoch und führte vor, wie er freihändig auf der keuchenden Frau ritt. Karolin beobachtete, wie ihre Mutter schon die perfekte Gelegenheit witterte, ihre Schwiegertochter mit einer Bemerkung zu attackieren – und da kam der Torpedo auch schon. Er setzte gut eingefettet Druckluft an und schoss geräuschlos hinaus in die Tiefe des Meeres.

»Toll, aber seid ein bisschen vorsichtig. Eure Mutter guckt schon ganz ängstlich! Wir wollen doch nicht, dass hier noch jemand einen Herzinfarkt bekommt.« Dann lachte sie dünn.

Komischerweise konnte Karolin sich nicht erinnern, dass ihre Mutter in Erziehungsdingen selbst so locker gewesen war. Im Gegenteil, sie hatte sie als ängstlich und besorgt in Erinnerung. Woran lag es, dass sie jetzt als Großmutter dazu tendierte, sich zum Verbündeten der Enkelkinder zu machen und damit die Methoden ihrer eigenen Kinder zu unterlaufen? Oder war das einfach das Alter? Werden Menschen im Alter gelassener? Sie hatte den Mund bereits geöffnet, um ihre Mutter zu fragen, seit wann sie eigentlich so sorglos gegenüber Kindern war. Doch dann fiel ihr ein, dass sie ihre Mutter gerade brauchte, um den Schmerz, den sie verspürte, verschwinden zu lassen, oder besser: unter den Teppich zu kehren. Sie würde ihre Mutter als jene Kraft brauchen, die die Geschichte der letzten Nacht überschreiben helfen würde. Darin hatte ihre Mutter einige Erfahrung. Karolin wusste, sie würde das nicht für immer durchziehen können. Irgendwann würde sie die Mutter stellen müssen, doch nicht jetzt, denn für den Moment war Verdrängung perfekt.

Also kam etwas anderes aus ihrem Mund. Etwas, von dem sie einen Augenblick später selbst nicht mehr erklären konnte, wo es herkam, der unterschwellige Hass darin, die Ressentiments, die Bitterkeit. »Wem gehört denn da draußen der fette schwarze Mercedes? Sind die Araberclans schon da und verlangen Schutzgeld? Die sollen sich hintanstellen. Wir müssen uns erst mal mit den Instagram-Kids auseinandersetzen. Die die Araber wahrscheinlich auch erst mal fragen würden, wo deren Geld eigentlich so herkommt. Also, eigentlich können die gleich wieder fahren, hier gibt's im Augenblick nichts zu holen.«

»Oha, da gäbe es jetzt vieles zu sortieren von dem, was du gerade gesagt hast«, sagte Benni. »Araber, zumindest der kleine Teil, den du vermutlich meinst, fahren, wie jeder weiß, AMG Mercedes. Das Ding, das vor der Tür steht, ist ein Maybach, auch ein Mercedes-Derivat, aber deutlich eleganter.«

»Seit wann kennst du Autos, auf denen nicht Renault Berlingo steht?«, fragte Karolin.

»Seitdem ich zufällig der Fahrer dieses Maybach bin.«

»Benni, du bist der einzige Mensch, der noch Autos mit

Schaltgetriebe fährt und nicht mal weiß, wie man Automatik bedient!«

»Jetzt weiß ich's. Eduard, der Fahrer von Thomas, hat's mir erklärt. Es ist Thomas' Auto. Oder zumindest das Auto, das er benutzt, wenn er in Deutschland ist. Es gehört auch noch ein Chauffeur dazu, aber den habe ich nach Hause geschickt.«

»Thomas. Was für ein komischer Name für einen Vater.« Karolin wusste selbst nicht, warum sie das sagte. Die Väter ihrer Generation jedenfalls hießen Harry und Uwe, Peter und Dieter. Thomas klang in ihren Ohren zu jung für einen Vater. Im Regal an der Längsseite des Verkaufsraums, unter der Rubrik »Klassiker der queeren Literatur«, stand *Der Tod in Venedig*. Thomas Mann, auch ein Vater, von wie vielen Kindern? Vier mindestens, überlegte Karolin, von denen sich einige umgebracht haben, möglicherweise auch wegen der übermächtigen Eltern. Sie könnte ihre Mutter fragen.

»Der Name ist noch das am wenigsten Komische an ihm, das könnt ihr mir glauben«, sagte Emilia. Benni hatte schon öfter erwähnt, dass sie einen äußerst kritischen Blick auf ihren Vater hatte, und fügte genauso oft hinzu, dass er nicht genau sagen konnte, warum. Auf ihn mache Thomas eigentlich einen sehr umgänglichen Eindruck.

»August, Otis, wir wollen gleich ein bisschen Bötchen fahren! Das wäre doch was für euch, oder?«, sagte sein Vater, der sich im Buchladen zu langweilen begann.

»Benni, warum hast du sein Auto?«, fragte Karolin.

»Er war bei uns zu Besuch. Gestern ist er nach Salzburg geflogen, zur Premiere vom neuen *Jedermann* und hat das Auto bei uns stehen gelassen, weil die Jungs so drauf abfahren: Da ist hinten ein Kino drin und eine Sauna.«

»Da ist keine Sauna in dem Auto.«

»Gut, keine Sauna, aber ein Kino ist da wirklich drin. Und aus irgendeinem Grund lieben es die Jungs, durch Brandenburg zu gondeln und dabei *Ninjago* zu gucken. Ist so.« Er verschwieg, dass er, bevor er seine Söhne auf ihre *Ninjago*-Watch-Tour durch die uckermärkischen Dörfer mitgenommen hatte, allein mit dem Auto losgefahren war. Hinein in die Brandenburger Ödnis, vorbei an den immer noch grauen DDR-Häusern, an vereinzelten AfD-Wählern, den Impfgegnern sowie sonstigen Ossis – und dass er dann dem monstermäßigen Maybach-Soundsystem Michael Jackson zugeführt hatte; Musik, die er zu Hause nicht hören durfte, die, sobald die ersten Takte von »Beat It« erklangen, von Emilia – begleitet von einer lautstarken Simulation unbestimmter Würgegeräusche – nicht nur ausgestellt, sondern regelrecht erdrosselt wurde. Sie schien Benni anstelle von Jackson für die Taten, die dem verstorbenen Popstar vorgeworfen wurden, büßen lassen zu wollen.

»Ich möchte eure PS-Party nicht stören«, meldete sich Alina, die aus dem kleinen Büro aufgetaucht war, das sich an den hinteren Verkaufsraum anschloss. Sie hatte sich dort mit Leuten aus dem Aktionskomitee und von den Pink Panthern zu einer Krisensitzung zurückgezogen, zu der Karolin, wie sie jetzt feststellte, nicht eingeladen gewesen war.

»Das Auto jedenfalls sollte da jetzt mal weggefahren werden. Wir sind ein queerer und progressiver Buchladen. Das beinhaltet auch, dass wir antikapitalistisch sind und natürlich auch antideutsch. Und Maybach-Mercedes, wenn ich das richtig verstehe, repräsentiert nichts anderes als genau diese beiden Themen: Deutschland und Kapitalismus. Thyssen, Flick, Schleyer, die Fabrikantenvilla in Essen – und wo uns das hinführt, das haben wir ja gestern Abend gesehen, ganz abgesehen von der Klimasünde, die dieses Auto darstellt.«

»Ist ein Hybrid«, murmelte Benni.

»Mir egal, Auto weg bitte, und ehrlich gesagt ist dies hier auch nicht der geeignete Rahmen für eine Familienaufstellung. Karolin, krieg du mal alles mit eurer Familie und ihrer Vergangenheit in den Griff, danach sehen wir mit dem Laden weiter. Hier gibt's gerade nichts zu tun.«

Alina hatte sich bis zum Vortag nicht dafür interessiert, wo das Startkapital für ihr Geschäft hergekommen war, irgendwie aus Karolins »Familie in Westdeutschland«, wie sie immer sagte, eine Erbschaft oder so. Karolin hatte ihr nicht genau erzählt, wo es herkam. Oder sie hatte nicht zugehört. Oder sie hatten nie darüber geredet. Möglich, dass Alina ihr jetzt die Schuld gab an dem Desaster. Weil sie glaubte, dass Karolin nicht nachgefragt hatte. Weil Karolins Familienprobleme, die Sprachlosigkeit, die hier herrschte, Alina all dies eingebrockt hatte, und sie nun blöd dastand vor ihren strengen Freunden, den Aktionskomiteelern und den Panthern.

Karolin versuchte, sich zu erinnern: Nach dem Anschlag gestern hatten sie in der Nacht noch zusammengesessen und eine Flasche des Eröffnungschampagners getrunken. Da hatte sie Alina nichts angemerkt. Allerdings hatte Alina nicht, wie sonst eigentlich immer, wenn sie etwas getrunken hatten, gefragt, gebeten, mit Karolin nach Hause gehen zu dürfen. Sie hatte sie noch umarmt, erinnerte Karolin sich. Dann war sie einen Schritt zurückgetreten, hatte ihr scharf in die Augen geguckt, schweigend genickt und war ins Taxi gestiegen. War das ein Abschied gewesen? Hatte Alina sie verlassen? Zu allen Unsicherheiten, mit denen Karolin seit dem Aufwachen kämpfte, war nun noch eine dazugekommen. Sie spürte, wie Tränenflüssigkeit sich den Weg in ihre Augen bahnte, und rückte sich die schwarze Baseballkappe mit dem Aufdruck der L. A. Dodgers tiefer in ihr Gesicht, Chris hatte sie ihr bei ihrem letzten New-York-Besuch geschenkt.

In dem Moment trat ihre Mutter auf sie zu. Sie hatte im hinteren Teil des Ladens abwesend in einer der »Contemplate Areas« gesessen, in Christopher Isherwoods Berlin-Buch geblättert und manchmal in Richtung ihres Mannes etwas wie »Ach guck mal hier, Nollendorfplatz« gemurmelt. Und aus dem Nichts heraus hatte sie das unschuldige Isherwood-Buch auf einen grünen Marmor-Coffeetable geknallt, war aufgestanden, diesmal ohne das Gesicht zu verziehen, und war Alina entgegengetreten.

»Nun hören Sie mal zu. Wir werden uns von Ihnen nicht aus unserem Laden vertreiben lassen. Das verbitte ich mir. Mir wäre nicht bekannt, dass Sie hier finanziell irgendetwas beigetragen hätten. Also, wenn Ihnen meine Familie nicht passt oder die Autos, mit denen wir hier erscheinen – ist ja noch nicht einmal unser Auto, wir fahren einen einfachen Audi –, dann können Sie und Ihre fidelen Freunde, von denen ohnehin nicht klar ist, welche Funktion sie hier ausüben, sich gern absentieren.«

Emilia blickte überrascht auf. Seit Jahren war sie die designierte Empfängerin von Ruths beißender Verachtung und ihren Kommentaren gewesen, nach denen Emilia sich immer fühlte, als hätte jemand ihre Seele wie ein nasses Geschirrtuch ausgewrungen und in die Spüle geworfen. Sie hatte einige Male versucht sich zu wehren und sich auf ein Wortgefecht eingelassen. Vergeblich, Benni hatte gelitten, und in den Augen von Harry, den sie wirklich mochte, ja mehr mochte als ihren eigenen Vater, in Harrys Augen also, Augen eines ehemals gestandenen Staatsanwalts, glaubte sie echte Angst gesehen zu haben.

»Täusche ich mich, oder sind Sie es, die uns das hier alles eingebrockt hat?«, erwiderte Alina relativ cool.

Oh!

Und fuhr fort: »Sie haben recht, Frau Schönwald. Aber anders als Sie habe ich tatsächlich kein Nazigeld zur Verfügung gestellt.«

Woah, woah.

»Weil ich nämlich keins habe. Mein Opa war Kommunist und wurde im Dritten Reich verfolgt. Und nach dem Krieg gab's in Ostdeutschland keine Kontinuität zu Nazideutschland. Anders als bei Ihnen in Köln. Ich sage ja nicht, dass die Kids von gestern Abend recht haben. Aber Sie, Frau Schönwald, sind die Einzige, die uns jetzt noch helfen kann.«

Emilia war echt gespannt, wo das enden würde.

»Ich bin sicher, dass Ihr Vater den Grundstein seines Reichtums nicht im Dritten Reich gelegt hat. Aber: Sie müssen das jetzt beweisen. Und zwar so schnell wie möglich. Wir sind hier auf Sie angewiesen. Wir müssen damit an die Öffentlichkeit. Es muss auf Instagram, auf Twitter und auf unsere Website. Insofern, hier können Sie nichts tun, Frau Schönwald. Gehen Sie los, und helfen Sie uns!«

»Das muss ich mir nicht sagen lassen«, murmelte Ruth und verließ ohne ein weiteres Wort das Geschäft.

»Ruth, warte doch mal …«, war Harrys Stimme in seinem üblichen Verzweiflungston, in den er in Konfliktsituationen verfiel, zu hören. »Wir können doch über alles …« Wir können doch über alles – was? Reden, hatte er sagen wollen. Aber das schien selbst ihm lächerlich vorzukommen in dieser Situation. Man konnte mit Ruth nicht reden, schon gar nicht über ihren Vater. Harrys kurz gehegte Hoffnung auf Harmonie, darauf, die Eröffnung schnell abhaken zu können und vielleicht ein bisschen Bötchen zu fahren, schien zerstoben.

»Dass du mich das wieder machen lässt«, sagte Alina scharf. »Das ist deine Familie! Offenbar hast du noch immer nichts geklärt, gar nichts. Ist dir klar, dass die Sache total viral gegangen ist? Jede Stunde, die wir warten, macht die Sache nur schlimmer. Wir müssen mit irgendwas rauskommen.«

Karolins Nerven waren zu brüchig, um Alina die komplexen, für Außenstehende unmöglich zu verstehenden Charakterzüge ihrer Mutter zu erklären (und wer war Alina Schröder überhaupt mit ihrer DDR-Mutter im Haushaltskittel in Bernau, hatte sich schon jemand mit deren Vergangenheit befasst?), aber sie wusste, Alina würde zu einem Problem werden. Sie würde sie nicht davonkommen lassen. Sie roch die Scheinheiligkeit und Arroganz. Als Underdog hatte sie ihr Leben lang nichts anderes gemacht, als auf eine offene

Flanke bei den von ihr als privilegiert Empfundenen zu warten.

Ihre Mutter war jetzt ein angeschossenes Reh. Karolin brauchte einen neuen Retter. Chris. Wo war Chris?

4 Transatlantik

Chris Schönwald war es in der Lufthansa-Lounge am Newark Airport gelungen, bei einer älteren Angestellten hinter dem Counter ein Business-Upgrade auszuhandeln, und wertete das als gutes Omen. Er hatte sich die Frau sorgsam ausgesucht, und sie war perfekt. Auf ihrem Namensschild stand Dagmar. Chris hatte nach all den Jahren, die er unter einem Business-Class-Komplex litt, einen Blick für die richtige Ansprechpartnerin entwickelt (niemals Männer fragen, außer Schwule, die aber auch nur unter bestimmten Bedingungen, deren Erläuterung hier zu weit führen würde). Dagmar war Mitte fünfzig, immer noch äußerst gut aussehend, eine ehemalige Flugbegleiterin aus einer Zeit, als der Beruf noch Stewardess hieß. An ihrem mühelosen Englisch und leicht unbeholfenem Deutsch hörte er, dass sie bestimmt seit über zwanzig Jahren in den USA lebte. Wahrscheinlich hatte sie es als Stewardess bis zum Purser Langstrecke geschafft und war dann in den Bodendienst gewechselt, an einem der attraktivsten Auslandsposten der Lufthansa: Newark Airport, neben LAX in Los Angeles das Beste, was die Fluglinie zu bieten hatte. Dagmar konnte in Manhattan wohnen, bezog die großzügigen Auslandszuschüsse, die die alten Verträge noch boten, und war Schichtleiterin in der Senator Lounge. Diese Position kam ihrer Idee des Fliegens am nächsten, denn Dagmar stammte aus einer Zeit vor dreißig, vielleicht fünfunddreißig Jahren, also aus den späten Achtziger-, frühen Neunzigerjahren, den Ausläufern des Goldenen Zeitalters der kommerziellen Luftfahrt, als die Jobbeschreibung für Kräfte wie sie darin bestand, Champagner auszuschenken, ein paar weltläufige Restauranttipps für den Zielort zu geben und mit den Fluggästen in der C-Klasse (Profivokabular für Business) ein bisschen zu flirten. Chris vermutete, dass Dagmar dieser Zeit hinterhertrauerte und dass sie versuchte, sie in ihrer Senator Lounge im Terminal B auf Level 3 noch einmal aufleben zu lassen. Da kam ihr jemand wie Professor Schönwald, der eine Visitenkarte der Columbia University auf den Counter legen konnte, genau recht. Einer jüngeren Airline-Angestellten würde diese Ivy-League-Institution nichts mehr sagen, doch für jemanden wie Dagmar, die das Fliegen noch als eine Kulturtechnik begriff, war diese New Yorker Universität ein Fixstern ihres Referenzenfirmaments.

Chris hatte sich in einen lockeren marineblauen Sommeranzug gekleidet, dazu ein weißes Hemd mit spitzem Kragen, die Sonnenbrille ins Haar gesteckt, sockenlose Loafers (es waren die vor dem ersten Treffen mit Graydon vom Regen zerstörten Gucci-Schuhe, die er für 185 Dollar hatte neu besohlen lassen). So sah er sonst nie aus, aber jetzt spielte er den weltläufigen Fluggast, der leider ein kleines Problem hatte, weil seiner Sekretärin an der Universität (jener Universität, die ihn streng genommen vor mehr als einem Jahr gefeuert hatte) ein Versehen unterlaufen war und sie es versäumt hatte, Business für den Professor zu buchen. Woraufhin Dagmar in der Rolle der Hüterin des heiligen C-Klassen-Reichs reagieren konnte, um mal zu »sehen, was sich machen ließe«. Plötzlich hatte alles wieder Sinn ergeben.

Für einen Moment am Counter der Senator Lounge waren Dagmar und Chris das perfekte couple. Sie waren eine Symbiose eingegangen, die es beiden erlaubte, jemand zu sein, der oder die sie nicht mehr – oder im Falle von Chris vielleicht nie – gewesen waren.

Nicht immer klappte das so perfekt wie an diesem Abend.

Aber hier hatten einige Faktoren in nahezu vollkommener Anordnung zusammengefunden: Der erste war der Phantomschmerz über den Verlust der durch Pop geprägten Kulturhegemonie des 20. Jahrhunderts. Bret Easton Ellis, dessen Romane Chris in seinen Erfolgsseminaren früher behandelt hatte, hatte für dieses halbe Jahrhundert des habituellen und kulturellen Maximalismus von 1950 bis 2000 den Begriff »Empire« geprägt – und tatsächlich, das fiel Chris jetzt ein, war die Senator Lounge ein exemplarischer Empire-Ort.

Der zweite Faktor bestand in einer typischen Expat-Verbundenheit, zwei Westdeutsche in New York (Dagmar kam aus Krefeld), die mit der gleichen Amerikasehnsucht aufgewachsen waren und sich nun gegenseitig zeigen wollten, dass sie es ebendort geschafft hatten: als Professor an einer Ivy-League-Institution (auch Empire) oder Senator-Lounge-Schichtleiterin. Und der dritte Faktor war ein so unausgesprochener wie aussichtsloser Wunsch nach Restauration, wenn man so tun konnte, als wäre mit der Hochstufung in die Business Class die alte Ordnung für acht Flugstunden wiederhergestellt.

Und deshalb saß Chris dank Dagmar einige Stunden später auf Platz 6D und trank sein drittes Glas Champagner. Endlich allein. Was für ein Glück, dass Kimberley nicht dabei war. Er hatte alles richtig gemacht, und im Rückblick schien ihm der Streit mit ihr auch gar nicht mehr so wüst. Gleich zum Abendessen würde er auf Chardonnay umsteigen und nach dem Dinner zum langsamen Einschlafen auf Rotwein. Mit dem dritten oder vierten Rotwein würde er seine 10 mg-Tablette Melatonin einwerfen, den Sitz in ein Bett verwandeln und dann hoffentlich die verbleibenden circa fünf Stunden bis Frankfurt schlafen. Die nordatlantische Nacht da draußen war kalt und dunkel, doch hier drinnen in der Kabine der C-Klasse herrschte eine sehr angenehme Temperatur. Er war allein und schlief in dem Gefühl ein, die Kontrolle zurückgewonnen zu haben.

Einige Stunden später schreckte er schreiend auf. Er versuchte, mit den Händen sein Gesicht zu schützen. Kimberley musste ihn, quer neben ihm im Bett liegend, mit der Ferse ins Gesicht getreten haben. Es war noch dunkel. Er konnte sie nicht sehen, musste versuchen, sie mit aller Kraft wegzustoßen. Warum tat sie das? Weil sie nicht mit nach Deutschland kommen wollte? War in Ordnung, er schaffte es auch allein.

Als endlich irgendjemand das Licht anknipste, war es nicht Kimberley, die auf dem Flugzeugbett neben ihm lag, sondern eine fremde Frau. Eine Flugbegleiterin rüttelte sanft an seinem Arm.

»Mister Schönwald, alles in Ordnung? Tut Ihnen etwas weh? Sie haben geschrien.«

»Die Frau hat mich getreten …«

Die Passagierin auf 6 D sah Chris an. Eine Mischung aus Befremden und Besorgnis stand in ihrem Gesicht. Sie sah ein bisschen aus wie Kimberley, blond mit Bluse und Business-Hosenanzug, allerdings jünger und irgendwie seriöser, ohne das typische Kimberley-Dekolleté. Bestimmt auch eine Anwältin.

»Äh, nein«, sagte die Kimberley-in-seriös. »Entschuldigung?«

»Vielleicht täusche ich mich«, murmelte Chris.

»Vielleicht täuschen Sie sich? Sie sind echt gut.«

Erst jetzt merkte Chris, wie sein Kopf hämmerte. In seinem Mund schmeckte es nach altem Fahrradschlauch, außerdem hatte sein Körper offenbar die Speichelproduktion eingestellt. Er wusste, wenn sein Mund so schmeckte, hatte er fürchterlichen Mundgeruch, er suchte seine Hosentaschen mit wachsender Unruhe nach Fisherman's-Friend-Pastillen ab. Am besten, er spräche gar nicht, es würde sonst sicherlich für Kimberley-in-seriös und die junge Flugbegleiterin furchtbar riechen.

Ihm fiel auf, dass er seine Füße nicht spüren konnte, es

fühlte sich an, als endeten seine Beine am Sprunggelenk. Darunter hingen nur noch Holzblöcke, die sehr schwierig zu bewegen waren und die er nun in die Lederslipper zwängen musste. Wenn doch nur Kimberley da wäre. Sie würde ihm helfen können beim Anziehen der Schuhe.

Zwanzig Minuten bis zur Landung, nuschelte der Kapitän durch die Lautsprecher, wie immer betont nachlässig und undeutlich, the weather in Frankfurt this morning 17 degrees Celsius slightly overcast … Die Frau auf 6 D, die sich zum Glück wieder in die Tabellen auf ihrem Rechner vertieft hatte, zog sich eine Kostümjacke über. Was war mit der echten Kimberley? Würde sie in Frankfurt am Gate stehen und ihn vielleicht erwarten? Das wäre zu forsch, beruhigte Chris sich, das würde selbst Kimberley nicht wagen. Andererseits hatte er – leider – keinen Zweifel daran, dass sie wirklich nach Deutschland geflogen war, wie sie gesagt hatte. In all den Monaten, die sie zusammen verbracht hatten, hatte sie nie etwas angekündigt, das sie nicht eingelöst hätte. Kimberley hatte damit dieser ohnehin schrecklichen Expedition nach Deutschland eine weitere Variable hinzugefügt. Sie konnte jederzeit überall auftauchen und ihn damit vor seiner Familie, von der ohnehin unklar war, was sie von seinem neuen Leben unter Rechten wusste, in Erklärungsnöte bringen.

In Frankfurt aß er in der Senator Lounge sechs kleine Bratwürste mit Kartoffelsalat und trank dazu zwei König Pilsener. Danach erschien es ihm möglich, mit etwas mehr Glaubwürdigkeit zu sagen, dass es schön ist, wieder in Deutschland zu sein. Während der knappen Stunde Flug nach Berlin Brandenburg, jetzt in der Economy Class, sackte sein Kopf immer wieder auf die Brust oder schmerzhaft zur Seite, wovon er jedes Mal aufschreckte. Diese letzte Stunde der Reise war immer die schlimmste. Er hätte den Direktflug nach Berlin nehmen sollen, dann wäre er jetzt schon dort. Das dachte er jedes Mal. Doch den Direktflug gab es nur von United. Und bei United war es für ihn nahezu unmöglich upzugraden. Er hielt eine Flugbegleiterin an und bestellte ein kleines Flugzeugfläschchen Rotwein von der Mosel. Er hatte erwartet, es bezahlen zu müssen, doch es war umsonst.

Am Abend würde die Eröffnung seiner Schwester sein. Im Moment schien es ausgeschlossen hinzugehen. Karolin hatte all seine alten Freunde eingeladen, die er ihr über die Jahre vorgestellt hatte, darunter auch Sten. Die würden da ab acht in dem Buchladen stehen und auf ihn warten. Und Sten wusste von seiner Kündigung, er wusste von seinem Podcast bei Graydon. Hatte er Sten ausreichend klargemacht, dass niemand anders dort von alldem wusste, auch die anderen Freunde nicht? Obwohl, wer weiß, wer von denen auf welchen Wegen auch immer schon von den Wendungen in Chris' Leben gehört hatte? Sie waren, wenn man ehrlich war, zu spektakulär, um sie bei so einer Buchladeneröffnung – natürlich nur unter dem Siegel absoluter Verschwiegenheit – nicht weiterzuerzählen, wenn man so dastand und wartete und nichts passierte und sich alle nach so langer Zeit endlich mal wiedersahen.

Er musste als Erster dort sein. Um zu verhindern, dass Sten und Ian und Dylan und Constantin eben dastanden und in die Verlegenheit gerieten, über ihn, Chris, das Bindeglied dieser Clique, zu sprechen. Wie konnte es sein, dass er daran bisher noch gar nicht gedacht hatte? Er musste, streng genommen, von Anfang an jedes Gespräch kontrollieren. Und wenn die Gespräche in unterschiedlichen Grüppchen stattfanden, würde er zwischen den Gesprächsgruppen pendeln müssen. Nur so ließe sich verhindern, dass Chris Schönwald zum Hauptgesprächsthema dieses Abends würde und es nur noch eine Frage der Zeit wäre, bis Gesprächsfetzen bei Mitgliedern seiner Familie ankämen. Zu viele Variablen, wie sollte das gut gehen?

Sixt bot einen neuen Chauffeurservice an, mit einem

schwarzen Mercedes vom Flughafen Schönefeld zum Hotel für 85 Euro, ein Spottpreis nach New Yorker Maßstäben. Chris entschied, dass er sich diese Annehmlichkeit durch die Qualen der letzten Stunden (welche Qualen nochmal?) verdient hatte. Im Hotel setzte er sich in der Dusche auf den Natursteinboden, er konnte nicht mehr stehen. Er blieb eine halbe Stunde sitzen, ließ das heiße Wasser auf den Hinterkopf und den Rücken prasseln. In seinem Kopf wurde es endlich still. Als seine Haut so richtig aufgeweicht war, nahm er sich ein Astra-Bier aus der Minibar (das Hamburger Billigbier, was für eine verrückte Idee des Hotels), legte sich nass in ein Handtuch gewickelt aufs Bett.

Mit etwas Glück würde er die unselige Eröffnung verschlafen. Er könnte dann immer noch irgendetwas von verspätetem Flug, hängen geblieben beim Umsteigen oder Jetlag erzählen. Jeder würde Verständnis haben. Dass er überhaupt gekommen war! Der arme Chris hatte solch ein Pech auf seiner Anreise gehabt, hörte er schon die Stimme seiner Mutter in seinem Kopf, hat stundenlang auf dem Flughafen gesessen, und die Airline hat sich um nichts gekümmert. Dann schlief er ein.

Ärgerlicherweise erwachte er, als es noch hell war. Viertel vor acht. Die Eröffnung hatte schon begonnen, aber es war nicht zu spät, noch hinzugehen.

Also zog er sich an, verließ das Hotel und fuhr mit Dealern, Junkies und Scientologen in der U 8 Richtung Kreuzberg. In ganz New York würde man wohl keinen Subway-Zug finden, glaubte Chris, in dem eine derartige kriminelle Energie zu spüren war wie in dieser Berliner U-Bahn-Linie. Gegen halb neun stieg er zusammen mit einer Gruppe sechzehnjähriger Drogenverkäufer in Baggy Jeans, oversized Hoodies und Sneakers so groß wie Kähne aus und schlich hinter ihnen vorsichtig die Treppen hinauf. Er beschloss, geschützt durch seine ins Gesicht gezogene L.A.-Dodgers-Kappe, erst mal an der Fensterfront von They/Them entlangzuschlendern und die Lage zu erkunden. Im Vorbeihuschen sah er seinen Vater fröhlich gestikulierend etwas erzählen, ein Weinglas in der Hand balancierend. Die Stimmung schien gut zu sein, es war voll. Weiter hinten, am Übergang in den zweiten Raum, sah er die Gruppe seiner Freunde lachen. Dylan schien laut und ausschweifend, ja genüsslich, eine Geschichte zu erzählen. Über ihn? Chris bemerkte, wie ihn Unsicherheit ergriff, und beschloss, dass er noch nicht reingehen konnte. Jetzt noch nicht. Er begann zu joggen, drei Häuser weiter landete er vor einem offenbar ebenfalls neu eröffneten Laden mit dem Namen Döner With Attitude. Vielleicht konnte er dort einen Raki zur Beruhigung bekommen oder wenigstens ein Efes Bier.

Zur Sicherheit bestellte er sich ein Bier und einen Raki und setzte sich an die kurze Theke. Fast alle anderen Gäste tranken Tee oder grün schimmernde Smoothies. Chris fiel auf, dass er mit Abstand der Älteste war. Auf einer Schiefertafel neben dem Tresen waren vegane Döner in zwölf verschiedenen Ausführungen verzeichnet, außerdem eine Sektion mit den »Superfoods«, Kale, Chia und Açaí. An einem langen Holztisch links neben dem Eingang saß eine Gruppe Zwanzigjähriger, es waren auffallend gut aussehende Menschen, die Männer trugen die Haare lang, hatten sich Oberlippenbärte stehen lassen und gelben, blauen oder schwarzen Nagellack an Fingern und Zehen aufgetragen; von den Frauen waren einige etwas fülliger, stellten aber ihre Korpulenz mit einer Würde, ja Stolz aus, wie Chris es noch nie gesehen hatte. Ein vielleicht indisch oder pakistanisch aussehender Mann mit Schnauzbart und Stetson führte erregt das Wort. Worüber er sprach, konnte Chris nicht genau verstehen. Möglicherweise ging es um einen Ikea-Einkauf, den die Gruppe zusammen unternommen hatte, jedenfalls führte fast jeder von ihnen eine große blaue Tragetasche des Möbelherstellers mit sich.

Chris zog mit seinem Efes und dem Raki an das linke

Ende des Tresens, wo er fast neben der Ikea-Truppe stand. Schon als Professor hatten ihn die Zwanzigjährigen interessiert: wie sie sprachen, was sie lasen, wie sie sich kleideten, mit wem sie Sex hatten, welche Apps sie benutzten. Er rutschte auf den Barhocker, nahm einen tiefen Schluck Bier und merkte, wie sich seine Nackenmuskeln entspannten. Er hatte Zeit. Hier war er sicher, hier konnte er sogar sitzen bleiben, wenn er wollte, und nicht zur Eröffnung gehen. Er versuchte zu verstehen, worüber die Kids sprachen. Er hörte, wie gewählt sie sich ausdrückten, und sah, wie sie nickend einander ausreden ließen. Das kam Chris bekannt vor. Woran erinnerten sie ihn? Dann fiel es ihm ein. Sie sprachen wie seine früheren Erstsemesterstudenten an Columbia in Seminaren mit Titeln wie »Perspektiven und Bewusstsein einer postkolonialen Literatur«. Die Worte der Kids begannen, an Chris vorbeizurauschen. Kapital und Rassismus … heteronormative Menschen mit Genozidhintergrund … oder sogar mit Nazihintergrund … politische und ökonomische Macht … Wir Kinder von Geflüchteten fangen jetzt an, die biodeutsche Elite anzugreifen … Nazierbe … Deutsche mit Nazihintergrund …

Der Sound der Kids gefiel Chris. Ihre sperrigen Worte fügten sich zu Songs in seinen Ohren, Lieder, die ihn an ein abgelegtes Leben erinnerten. Eine Erinnerung, wie nur Musik sie hervorrufen konnte. Die Kids waren Künstler, Blogger und Aktivisten, und sie hatten sich viel zu sagen. Sie tranken Tee und Smoothies, keiner von ihnen Alkohol. Die Deutschen sind ein Täter:innen-Volk … Solange sie sich nicht als unschuldig erweisen, sind sie schuldig. Aktive Partizipant:innen … Revisionistische Politik … Reparationsleistungen … Greenwashing … Kontinuität mit dem NS-Regime … Enkelkinder, die unwissend das Erbe weitergeben … Blutgeld …

Und dann fiel sein Name. Es riss Chris abrupt aus seinen

Wortsound-Träumereien. Er nahm einen zu großen Schluck Bier, es rann an seinem Kinn herunter. Kein Zweifel. Chris hatte seinen Namen gehört. Schönwald. Der dunkelhäutige Mann mit dem Stetson und dem Schnauzbart hatte ihn ausgesprochen. Jetzt hörte Chris genau hin. Der Schnauzbärtige erzählte den anderen, er habe recherchiert, er habe versucht, die Gründerin Karolin Schönwald im Internet zu finden. Und da sei er schnell auf ihre Familie gestoßen und »auf Familienmitglieder, die im Nationalsozialismus aktiv waren«.

What? Verrückter als der Inhalt dieser Behauptung erschien Chris ihre Formulierung: »Im Nationalsozialismus aktiv.« Wer redet denn so? Und wen meinte der Schnauzbärtige? Ihn? Nur weil er ein paar rechte Amerikaner in seinen Podcast eingeladen hatte? Es stimmte, Richard Spencer, der vor ein paar Monaten sein Podcast-Gast war, wird von manchen wirklich als Neonazi bezeichnet. Das Interview mit ihm war bisher das einzige gewesen, bei dem Chris sich nicht wohlgefühlt hatte, Graydon jedoch hatte es unbedingt haben wollen. Aber deswegen konnte man doch nicht sagen, dass er, Chris Schönwald, im »Nationalsozialismus aktiv« gewesen sei. Und was sollte seine Schwester damit zu tun haben? C'mon, Schnauzbart. Doch der redete weiter:

»Ganz spezifisch: ihr Urgroßvater und Großvater. Der Urgroßvater war beim Überfall auf Polen beteiligt. Der Großvater am Krieg mit der Sowjetunion und anderen Ostländern. Wahrscheinlich haben beide an Massakern gegen die Zivilbevölkerung und gegen ethnische Minderheiten teilgenommen und so weiter und so fort.«

Okay, es ging nicht um ihn. So viel hatte Chris jetzt verstanden. Doch was er hörte, beunruhigte ihn dennoch. Zweiter Weltkrieg? Den hatte Chris vor lauter Poststrukturalismus und Trump überhaupt nicht mehr auf dem Radar gehabt. Er wusste, dass sein Großvater als sehr junger Mann in den Zweiten Weltkrieg gezogen war, wie wohl fast alle Männer damals. Von seinem Urgroßvater wusste er eigentlich überhaupt nichts. Im Moment konnte er sich nicht einmal erinnern, wie der mit Vornamen geheißen hatte. Hugo? Aber hatte der auch im Krieg gekämpft? Jetzt rächte sich, dass er sich in seiner Ablehnung gegen alles Deutsche für das NS-Regime höchstens als Parodie oder Provokation interessiert hatte. Ein ernsthafter historischer Blick war ihm immer uninteressant, ja unerträglich erschienen, die Erklärungsversuche der gymnasialen Geschichtslehrer papiern und hilflos. Es gab da nichts zu lernen, weil es nichts zu verstehen gab. Zumindest nicht für einen dreißig Jahre nach Kriegsende in Westdeutschland Geborenen wie ihn. (Verrückt, das fiel ihm in diesem Moment zum ersten Mal auf, dass er nur drei Jahrzehnte nach der Naziherrschaft zur Welt gekommen war. Dreißig Jahre, das war aus heutiger Sicht nichts. Dreißig Jahre war es her, dass Nirvanas *Nevermind* herausgekommen war, die Chris sich sechzehnjährig bei Musicland hinterm Hauptbahnhof am ersten Erscheinungstag gekauft hatte – und das schien wirklich nicht lange her.)

Das Antiintellektuelle, das Spießige, die Sprache, das Gekreische, die lächerlich ausrasierten Frisuren, die heute übrigens von einigen der Migrantenkids am Nachbartisch getragen wurden, wie ihm spontan auffiel, kurz, das unmenschliche Kalte und Barbarische der Nazis: Der einzige Weg, darauf zu reagieren, war, wie es Charlie Chaplin getan hatte oder später Quentin Tarantino – mit Albernheit, Hohn und Ironie für ein Zombiespektakel, ein irgendwie von der Realität entkoppeltes Phänomen. An Deutschland hatte Chris nie die NS-Vergangenheit gestört. Sie war, als er in den späten Achtzigerjahren anfing zu denken, zu abstrakt (und dann kamen zum Glück schon die Neunziger, in denen Chris lernte, die Welt nur noch gebrochen und uneigentlich zu betrachten, eine Perspektive, die ihn später in seinen ersten Seminaren an der Universität auch der Poststrukturalismus lehrte).

Nicht abstrakt hingegen waren die Vorgärten und Fußgängerzonen Westdeutschlands, das mangelnde Stilempfinden seiner Bewohner, die Abwesenheit jeglicher Popkultur.

Wenn Chris in New York gefragt wurde, wo er herkam, sagte er nicht: aus Deutschland. Er sagte: aus Berlin. Obwohl er nie in Berlin gelebt hatte, die Stadt ja gar nicht kannte. In New York aber löste ihre Erwähnung gleich den Berghain-Reflex aus. Jeder New Yorker, mit dem Chris sprach, kannte das Berghain und andere Clubs mit merkwürdigen Namen irgendwo im Osten, von denen Chris noch nie gehört hatte, aber natürlich nickte er.

»We just think you are boring.« Der Satz von Sten hatte ihn nie verlassen.

Natürlich wäre es – und dieser Gedanke kam Chris an diesem Abend zum ersten Mal – interessant gewesen, seinen Großvater zu fragen, wie es war, 1936 zwanzig zu sein und mit dreiundzwanzig in den Krieg ziehen zu müssen. Und wie hatte es dessen Vater gesehen, der mit Mitte vierzig wahrscheinlich schon seinen zweiten Weltkrieg als Soldat durchmachte? Haben sich Vater und Sohn ausgetauscht über ihre Erlebnisse? Chris wusste all dies nicht.

Der junge Mann am Nebentisch hingegen schon.

»Interessant, wie schnell im Internet zu finden war, dass die Familie so nah und direkt mit den Nationalsozialist:innen verbunden war ...«

Der Schnauzbärtige hatte es tatsächlich gegendert, was Chris an der Theke vernehmbar auflachen ließ, das war echt gut, und der Schnauzbärtige hatte ja recht, Leni Riefenstahl, Eva Braun – natürlich hatte es auch Nationalsozialistinnen gegeben.

»... und gleichzeitig in den Interviews mit der Gründerin Karolin Schönwald von diesen Naziverstrickungen nichts zu lesen war. Auch nicht in den Porträts, die von den deutschen Journalist:innen angefertigt wurden. Da kommt quasi nichts über die Familiengeschichte!«

»Ist ja so lange her ...«, sagte mit Spott in der zarten Stimme eine auffallend schöne junge Frau. Sie hatte schwarzes Haar, hellen Teint und beinahe schwarze Augen, die von schweren Lidern zur Hälfte verdeckt wurden. Sie erinnerte Chris an ein Mädchen auf einer Fotografie, die mal in seiner Brooklyner Wohnung gehangen hatte. Auf dieser Fotografie war eine Gruppe europäischer Grateful-Dead-Fans zu sehen, die sich vor einem VW-Bulli mit dem Nummernschild HH-GD-666 aufgestellt hatte, aufgenommen in Kabul 1970. In ihre Mitte hatten die Deadheads ein etwa achtzehnjähriges afghanisches Mädchen genommen. In ihrer paschtunischen Landestracht strahlte sie inmitten der abgespaceten Deadheads eine unglaubliche Ruhe aus. Chris hatte sie sich immer wieder angesehen, wenn es ihm nicht gut ging, und das Mädchen aus Kabul hatte ihm stets geholfen, sich zu beruhigen. Die junge Frau am Nachbartisch hatte dieselbe Wirkung auf ihn, selbst wenn ihm ihr Spott nicht besonders intelligent vorkam.

Er hätte sie gern gefragt, ob sie ihn zur Eröffnung des queeren Buchladens seiner Schwester begleiten wollte, aber offenbar schienen sie und ihre Freunde ja ein Problem mit seiner Schwester zu haben wegen ihrer Groß- und Urgroßväter. Dabei müsste der Buchladen doch voll ihr Ding sein: hip, queer und transgender, antiimperialistisch, inklusiv.

Der Schnauzbart sagte: »Aber es ist auch uninteressant, was die da jetzt machen wollen. Das ist ja durchaus eine linke Schiene, die nicht unbedingt mit dem Nationalsozialismus verbunden wird. Man schafft gar nicht den mentalen Spagat. Es scheint gar nicht möglich, diese beiden Dinge miteinander in Verbindung zu bringen, queere Literatur und Nazis.«

Eine linke Schiene, die nicht unbedingt mit dem Nationalsozialismus verbunden wird – so kann nur jemand sprechen, fiel Chris auf, der zwei Tage zuvor zum ersten Mal bei Wikipedia nachgesehen hat, was Nationalsozialismus eigentlich bedeutet.

»Das sind die mafiösen deutschen Abgründe. Wenn man nur ein paar Nachnamen googelt, das ist gleich so krass, ey«, sagte das Mädchen aus Kabul.

»Uns geht es gar nicht um die Inhalte. Wir wollen ja nicht die feministische und queere Politik, die der Buchladen und seine Autor:innen vertreten, kritisieren. Nein, wir wollen die Qualität des Kapitals in den Blick rücken, die Kontinuität des Kapitals. Karolin Schönwald hat im Interview gesagt, sie will ihre Privilegien thematisieren. Aber warum thematisiert sie das eigentliche Privileg nicht? Dass sie in direkter Linie zum NS-Regime steht, dass sie ein Kontinuum zu diesem Regime schafft? Warum erklärt sie nicht, wie ihre Familie finanziell vom NS-Regime profitiert hat? Das ist meine Frage.«

»Du wirst darauf niemals eine Antwort bekommen, Habibi«, sagte jetzt ein großer dunkelhäutiger Mann mit Dreadlocks. »Sie wird dir nicht zuhören, weil du ein verdammter POC bist. Deswegen werden wir uns jetzt mit anderen Mitteln Gehör verschaffen.«

»Ich weiß nicht, Kubilay«, sagte der Schnauzbart, »ich bin gegen jede Form von Gewalt. Die anderen sind doch diejenigen, die auf der Seite der Gewalt stehen. Die mit den Nationalsozialist:innen paktiert haben. Wir können fett Druck über die sozialen Netzwerke ausüben, das reicht doch. Ganz Deutschland spricht doch schon über den queeren Nazi-Buchladen.«

»Wir hatten alles besprochen, Azhar. Wir waren uns einig. Wir sind jetzt bereit. Haben die Farbbeutel und Steine. Es ist zu spät, es geht los.«

»Keine Steine, hatten wir gesagt!«

»Die Eröffnung läuft seit Stunden. Die ersten Besucher gehen schon wieder. Los jetzt, Habibi!«

Zu Chris' Entsetzen erhob sich der mit den Dreadlocks, andere folgten ihm, schulterten ihre blauen Ikea-Taschen. Farbbeutel und Steine? Spinnen die?

Das waren Kids, Chris war doppelt so alt, geschult von zwanzig Jahren New Yorker Straßen, er hatte keine Angst vor ihnen, er könnte sie aufhalten, er wusste, wie man mit ihnen reden musste. Andererseits, vielleicht hatte ja der Himmel diese Kids geschickt, um all seine Probleme zu lösen. Niemand würde sich mehr für Chris interessieren, er könnte einfach in die Situation hineinsliden, und die nächsten Tage würde es um die Farbbeutel gehen.

Es waren nur Farbbeutel. Was sollte passieren? Der Typ hatte auch von Steinen gesprochen. Aber in den Ikea-Tüten konnten keine gewesen sein, dafür haben die Kids sich die zu leicht über ihre Schultern gehängt. Falls es doch zu arg würde, könnte er immer noch eingreifen. Und für Karolin würde es PR-technisch ein Riesenerfolg werden, die ganze Welt würde über ihren Laden sprechen, nicht nur die Gestörten auf den sozialen Netzwerken. Und Karolin und die ganze Familie Schönwald wären ja im Recht, niemand von ihnen war Nazi; der Urgroßvater war Grundschuldirektor gewesen oder sogar Pfarrer, meinte Chris sich zu erinnern, jedenfalls kein Nationalsozialist – obwohl, wusste er das wirklich? Das nicht, aber er vertraute darauf, dass alles gut werden würde, hätte doch sonst jemand mal etwas erwähnt. Der einzige Großvater, der tatsächlich im Verdacht stand, mit den Nationalsozialist:innen, wie die Aktivisten sagten, sympathisiert zu haben, der auch schon Mitglied beim Stahlhelm gewesen war, dieser Großvater väterlicherseits war aus Russland nie zurückgekehrt und hatte deswegen die gesamte Nazilast zu tragen. Er war der NS-Blitzableiter, sozusagen.

Chris folgte weiter den Ikea-Leuten, damit er zur Not eingreifen könnte, falls etwas aus dem Ruder liefe. Sie überquerten die Straße und liefen auf der dem Laden gegenüberliegenden Seite. Als sie auf Höhe des Geschäfts waren, blieben sie stehen. Chris blickte wie sie hinüber auf den Laden und konnte seinen Vater immer noch lachen und gestikulieren sehen. Stand er weit genug weg von den Scheiben?

Auf das Kommando von Kubilay (er schien so etwas wie den militanten Flügel der Aktivisten zu verkörpern) trat der Pulk auf die Straße, überquerte sie und schritt auf Karolins Geschäft zu. Kurz bevor sie den Bordstein auf der anderen Seite erreichten, hielten sie an. Der Verkehr stockte, die Fahrer hinter den Lenkrädern ihrer Mercedes-Taxen hauten auf ihre Hupen. Chris sah, wie die Farbbeutel aus einem Abstand von vier, fünf Metern auf die Schaufensterscheiben zuflogen, die rissen, aber nicht zerbrachen. Die Farbe lief am Glas hinunter und klatschte in dicken Tropfen auf den Gehweg. Chris war überrascht, wie viel Gewalt von dieser Aktion ausging. Der Knall vom Einschlag des ersten Beutels fuhr wie ein Blitz durch seinen Körper, erzeugte ein Kribbeln, das von seiner Brust bis unter die Kopfhaut lief und eine Lähmung in ihm auslöste. Was wäre, wenn er gleich losrennen müsste, um seine Schwester zu retten?

Dieses Geschäft war ihr Lebenstraum gewesen. Wie oft hatte sie ihm am Telefon mit aufgekratzter Stimme davon erzählt. Sollte es eine kleine Kaffeetheke einer hippen australischen Third-Wave-Coffee-Kette geben, wie fände er den Namen »She Said«, aber so hieß ja schon das berühmte Me-Too-Buch der New-York-Times-Journalistinnen, und was für einen Einrichtungsstil würde er wählen, kühl skandinavisch oder plüschig Englisch? Oder wenn sie ihm mit tonloser Stimme ihre steten Zweifel geschildert hatte, dass es nicht liefe mit Alina, die keinen Sinn hätte für ästhetische Fragen, der es nur um lesbischen Aktionismus ginge, nur um Schwanz ab, wenn er verstehe.

Er verstand und lächelte still am Telefon.

Sie rief immer nur spät in der Nacht an, wenn sie im Bett lag, während er am anderen Ende des Ozeans noch in seinem Columbia-Büro an der 118th Street saß, die mittelmäßigen bis schlechten Seminararbeiten seiner Studenten über David Foster Wallace oder W. G. Sebald las und sich über die Unterbrechung freute.

Chris beschloss, sich ein wenig zurückzuziehen, bevor ihn die ersten aus dem Geschäft strömenden Gäste sahen.

Sicher würde gleich sein Vater als einer der Ersten auftauchen und den Bürgersteig zum Tatort erklären. Chris musste seinen Auftritt gut timen. Am besten, er wäre schon da und in einen Streit mit den Angreifern verstrickt, wenn seine Eltern rauskamen. Die Aktivisten hatten mittlerweile bemalte Sperrholz-Schilder aus ihren Ikea-Taschen genommen und hielten sie hoch. Offenbar hatten sie das Gefühl, auf diese rudimentäre Form des Protests zurückgreifen zu müssen, um sich gegenüber den Angegriffenen zu erklären. Eine Traube von Menschen hatte sich um sie gebildet, einige junger Araber waren stehengeblieben, hatten ihre Telefone gezückt, verstanden aber nicht, worum es ging, flachsten und hofften auf ein bisschen Ärger oder wenigstens eine spektakuläre Szene für TikTok.

Die Bloggerkids skandierten irgendwas mit Nazigold. Chris musste sich jetzt beeilen, die Leute strömten schneller aus dem Laden, als er erwartet hatte (offenbar hatten die Eröffnungsgäste gemerkt, dass von den Aktivisten keine echte Gefahr ausging), jeden Moment konnten die ersten Bekannten vor ihm stehen. Er zählte im Geiste kurz bis drei und rief dann:

»Hey guys, what are you morons talking about?«

Englisch war die richtige Sprache für diese Auseinandersetzung, fand er. Erstens war er als Alt-Right-Podcaster geübt darin, sich auf Englisch verbal zu kloppen, und zweitens erlaubte ihm die Fremdsprache immer noch eine gewisse Distanz zu sich selbst, und die schien hier dringend nötig.

Zu seiner Überraschung beachteten ihn die Aktivisten gar nicht. Das war er anders gewohnt. In den USA wartete der politische Gegner nur darauf, dass jemand das Feuer eröffnete. Oft war der Eröffnungszug eine simple rhetorische Figur. What are you talking about – was redest du da? – war sozusagen Bauer von d 2 auf d 4, Standarderöffnung. Chris spitzte sie lediglich mit einer Invektive an. Wenn auch mit einer heftigen. Das englische Wort »moron« ließ wenig Spielraum für guten Willen. Es enthielt kein Fünkchen Humor, kein Augenzwinkern. Es war simpel, gab sich keine Mühe, raffiniert zu sein. Das Wort war ein Frontalangriff, und seine Grobheit setzte seinen Benutzer bewusst ins Unrecht – was ein Vorteil sein konnte. Man hatte jetzt nicht mehr viel zu verlieren, der Weg zu einer Versöhnung war abgeschnitten. Diese Heftigkeit schüchterte 90 Prozent potenzieller Kontrahenten derart ein, dass man die Auseinandersetzung schon gewonnen hatte. So zumindest hatte Graydon es ihm erklärt in seiner Einführung über die »MAGA Techniques of Verbal Nuclear Combat«, in der er Chris in den ersten Wochen von »The prof who's had it«, wie sie Chris' Podcast schließlich genannt hatten, ein paar »rhetorische Nuklearschläge« für die Diskussionsrunden auf CNN oder Interviews mit der New York Times beigebracht hatte.

Doch hier in Deutschland war die Debattenkultur offenbar noch nicht kaputt genug, der Umgang noch nicht so verroht. Jedenfalls bekam Chris keine Reaktion. Hatte er diese so vielfältig und kosmopolitisch daherkommenden Blogger falsch eingeschätzt, und am Ende konnten die gar kein Englisch? Hatten die ihr Leben einfach nur zwischen Kottbusser Damm und Görlitzer Park verbracht und warfen jetzt mit Personalpronomen- und Gendergenerika umher, weil sie das auf Instagram irgendwie mitbekommen hatten? In Deutschland, merkte er, fiel es ihm schwerer, seine Gegner einzuschätzen, weil hier die amerikanischen Moden leicht verschoben ankamen.

Er versuchte, die Aufmerksamkeit des Mädchens von der Postkarte aus Kabul auf sich zu lenken. Die Männer würden ihn eh ignorieren. Aber bei jungen Frauen wirkte sein Professorencharme eigentlich immer. Wie ging das noch mal, in seinen Seminaren hatten doch gerade die weiblichen Studierenden an seinen Lippen gehangen.

»Hello! It's a queer bookstore! Are you crazy? They aren't Nazis! Maybe you should go back to school and learn your history lesson before you come out all yellin' and screamin'. How about that?«

O Gott, war das peinlich. Wie lange sollte er das noch durchziehen? Es war superpeinlich. Wie im Restaurant nach dem Kellner zu winken, der nicht kam, während alle anderen Gäste die vergeblichen Versuche mitbekamen. Hoffentlich erschien bald jemand aus seiner Familie, am besten seine Mutter oder seine Schwester, und sah ihn bei seinem Einsatz, dann könnte er wenigstens bald mit diesem würdelosen Theater aufhören. Warum musste er immer als Kameramann seines eigenen Ichs fungieren, neben sich stehen und sich dabei filmen, wie er unglaubliche Peinlichkeiten hinlegte?

Es half nichts, er musste weiterspielen und begann wieder, auf Englisch zu brüllen. Endlich sah er seine Mutter aus dem Geschäft kommen und schrie noch lauter auf die Ikea-Typen ein. Zum Glück entdeckte seine Mutter ihn sofort, er musste jetzt etwas besonders Prägnantes rufen. Aber ihm fiel nichts mehr ein. Er entschied sich für ein »Are you calling me a Nazi, too?«.

Na ja. Chris drehte noch ein bisschen auf, rief weiter, bis er endlich seine Mutter sah, wie sie ihre berühmte Geste vollführte: Hand auf Hüfthöhe auf und ab bewegend, als würde sie auf Wasser schlagen. Endlich. Er konnte aufhören.

Mit einem letzten »It's not a Nazi store!« drehte Chris ab, um durch das Gedränge, die Menschenmenge, sich zu seiner Mutter zu kämpfen. Doch in dem Moment trat der Schnauzbart aus der Gruppe hervor. Er fixierte Chris mit seinem Blick, eine Spur von Wiedererkennen blitzte in seinen Augen auf, nur eine kurze Irritation. Und dann erklärte dieser junge Mann in seinem ruhigen Ton, den Chris schon aus der Dönerbar kannte, dass er wisse, was das für ein Laden sei. Und Chris meinte sogar zu hören, dass er etwas von

Judith Butler sagte (Bring it on, dachte Chris, der sich, zu Recht, für einen der weltweit Top-50-Butler-Experten hielt); dass er diese Philosophin ebenfalls kenne, auch wenn jemand wie Chris sich das vielleicht nicht vorstellen könne, weil er, der Schnauzbart, braun sei, so oder so ähnlich. Chris erinnerte sich später nur, dass er das Wort braun dümmlich wiederholte.

Schließlich sagte der Schnauzbart den einzig wichtigen Satz, nämlich dass Karolins Buchladen von Nazigeld bezahlt sei. Und plötzlich ergriff Chris echtes Grausen, ein wahres Gefühl. Am Kebabtresen war sein Kopf mit all den anderen Problemen und Ängsten zu sehr beschäftigt gewesen, als dass der Nazivorwurf irgendetwas in ihm hätte auslösen können. Hier aber traf ihn dieser Satz mit ganz anderer Wucht.

Er stellte sich zu seiner Mutter. Jetzt sollte sie übernehmen. Die Kids wussten ja noch nicht, mit wem sie es zu tun hatten. Er würde sich hier so schnell, wie er hineingeraten war, wieder herausziehen. Doch da kam schon Karolin mit ihrem nervig-sorgenvollen und sogleich vereinnahmenden Blick, und Chris wusste, sie würde ihren Halt in ihm suchen, nicht in ihrer Mutter.

Am Telefon aus New York war es leicht gewesen, Stärke vorzutäuschen, jetzt stand er vor ihr, und seine Zerschossenheit wurde zu offenbar. Er musste hier weg, sich verabschieden, den Jetlag vorschieben, da sagte Ruth: »Ja, ruh dich aus. Du hast dich ja so verausgabt. Danke noch mal, dass du so für die Familie eingestanden bist.«

Warum ging das so einfach, fragte er sich, sieht sie die Dinge anders als ich? – und in dem Moment stellte sich die junge Frau aus dem Dönerladen neben ihn. Sie hatte ein offensichtlich mit viel Hingabe selbst gebasteltes Schild unter den Arm geklemmt.

»Hey.«

»Hey?«

»Du warst doch eben auch im DWA.«
»Wo war ich?«
»DiDoublejuÄi. Döner With Attitude. Du saßt neben unserem Tisch am Tresen. Du hast Bier und Schnaps getrunken!«
»Sag mal ... Chris?«, fragte Karolin mit sogleich anschwellender Empörung.
»Du kennst die junge Dame?«, fragte seine Mutter. »Hören Sie mal, ich habe Sie eben gesehen, wir möchten von Ihnen nicht weiter belästigt werden.«
»Nein, Mama. Ich kenne sie nicht.«
»Du hast Bier und Schnaps gleichzeitig getrunken, Mister«, sagte die junge Frau mit amüsiertem Blick auf Chris, während Ruth für sie offenbar nicht existierte.

Chris sah, wie jetzt auch Sten, Dylan und Ian zu ihnen herüberkamen. Er hatte sie nicht in Gegenwart seiner Mutter und Schwester treffen wollen, nur eine hingeworfene, geistreiche, flachsende Bemerkung reichte, und alle Verschleierungsmühen wären umsonst gewesen. Doch jetzt in dieser Situation kamen sie genau richtig: in ihren lockeren Anzügen, den offenen Hemden, Segelbootschuhen, es fehlte nur, dass sie Sonnenbrillen trugen. Sie wirkten gänzlich unbeeindruckt von dem Vorfall, allenfalls neugierig und interessiert. Nichts, das man nicht handeln könnte, sagten ihre Gesichter. Und vielleicht hatten sie recht.

Dann wandte sich das Postkartenmädchen ab, flüsterte in der Drehung »Psycho« zu Chris – und ging lächelnd davon.

Als er am nächsten Morgen erwachte, lagen seine Nackenhaare klitschnass auf dem Hotelkissen. Auf dem Kissen war der Satz »Let's spend the night together« eingestickt. Chris zog die Vorhänge beiseite. Aus dem Fenster im siebten Stock konnte man in das Affengehege des Berliner Zoos blicken. Die Tiere waren auch schon wach und schienen ihm zuzuwinken. Komm runter, komm zu uns, du bist doch einer von uns, riefen sie. Chris rüttelte am Fensterhebel, die Scheibe ließ sich nur minimal kippen, wahrscheinlich damit Leute wie er nicht rausspringen konnten. Er presste den Mund an den Fensterschlitz und schrie so laut er konnte hindurch: »Ich bin kein Affe!«

Was hatte er gestern Abend getan? Wie hatte er den Angriff geschehen lassen, wie seine Familie dieser Verleumdung aussetzen können? Er hätte in dem veganen Dönerladen den Kids erklären sollen, dass sie falschlagen; dass sie sich blamieren würden mit ihrer naiven Perspektive auf die NS-Zeit (obwohl er natürlich von Graydon wusste, dass es das nicht gab: Blamieren in den sozialen Netzwerken, und die Aktivistenkids wussten das natürlich auch, aber egal). Er hätte ihnen anbieten können, mit ihm über ihre Fragen zu diskutieren, gern auch öffentlich, wenn sie dafür auf den Angriff verzichteten. Er hätte sich stellen sollen, aber er hatte nicht gekonnt, weil er selbst verstrickt war in ein Netz aus, wie würde man heute sagen? – Narrativen. Er wollte wieder frei sein, und diese Freiheit sollte am besten jetzt beginnen. Vielleicht könne er sich immer noch stellen? Was wäre, wenn er die Blogger – wie er inzwischen wusste – zu einer öffentlichen Diskussion über ihre Vorwürfe herausforderte? Es war ja nicht so, dass er in verbalen Auseinandersetzungen nicht geübt wäre. Nichts anderes tat er jede Woche, eine Zeit lang sogar auf CNN, bis sie aufgehört hatten, ihn einzuladen, weil dem Sender die Meinungen vom »Former liberal Professor Chris Schonwald« zu den Themen Wahlfälschung, Kapitolsturm oder Abtreibung bald zu krass geworden waren. Das wollte schon etwas heißen, Kellyanne Conway, Steve Bannon, sogar Alex Jones – sie alle durften dort die trumpschen Talking Points verbreiten. Chris vermutete, dass es seine Äußerungen zum Recht auf Schwangerschaftsabbruch waren, die ihn ins Abseits befördert hatten. Er war natürlich wirklich nicht gegen Abtreibung, trotzdem hatte er sich in der Show von Chris Cuomo zu dem Satz hinreißen lassen: »When you do a 100 miles an hour on a German Autobahn, you know, you've gotta be careful. It's the same with making out. If you can't pay attention, deal with the consequences. But you shouldn't be allowed to kill an innocent life just because you screwed up paying attention.« Die Sätze waren sofort viral gegangen, wurden Vorlage für unzählige Memes, und in Alt-Right-Foren wie konservativen Republikanerzirkeln gleichermaßen gelobt. Die Deutschen dächten halt ans Autofahren, wenn es um Sex ginge, aber man müsse zugeben, der Mann habe hier einen Punkt – so hatte ein Senator aus Kentucky es ausgedrückt, während der Rest des Landes nur den Kopf schüttelte.

Man könnte also sagen, Chris hatte zwar keine Ahnung vom Dritten Reich und erst recht keine von der Verstrickung seiner Familie darin, aber er hatte viel Ahnung davon, wie man sich in vulgärpolitischen Diskussionen behauptet. Und wenn schon, was hatte er noch zu verlieren? Er war so euphorisiert von seiner Idee, er musste sofort Karolin finden. Redemption, dachte er. Es gibt kein gutes deutsches Wort dafür. Erlösung, Rettung, Wiedergutmachung, ja, das alles sah er für sich. Auf Wiedersehen, ihr Affen, rief er, als er aus dem Hotelzimmer rannte. Ich bin vieles, aber keiner von euch!

Karolin war am Telefon nicht zu erreichen, wie immer. Er nahm sich vor dem Zoo ein Taxi und fuhr zu ihrer Wohnung in die Reichenberger Straße. Ebenfalls wie immer saß ein Alkoholiker im Hauseingang, hielt Chris seine offene Hand entgegen und redete in einer slawischen Sprache auf ihn ein, während Chris einmal, zweimal und schließlich im Sturm die Klingel drückte. »Woman not here«, sagte der Alkoholiker plötzlich auf Englisch. »Gone with Babusch.« Wie schon in der U-Bahn am Tag zuvor stellte Chris fest, dass es das in New York nicht geben würde; dass die irgendwie dystopischen Signifikanten in Berlin präsenter waren.

Chris konnte sich nicht vorstellen, dass Karolin zu jener

klaffenden Wunde zurückgefahren war, die ihr Buchladen nun für sie darstellen musste. Doch er wusste auch keinen anderen Ort, an dem sie sonst sein könnte. Zudem verspürte er selbst einen Drang, den Ort noch einmal bei Tag aufzusuchen, um vielleicht ein besseres Gefühl dafür zu bekommen, was genau am Abend zuvor passiert war.

Als er vor dem Geschäft aus dem Uber stieg, sah er seine Mutter, die an einem großen schwarzen Mercedes lehnte: ein, wie er fand, ganz und gar absurdes Bild.

»Hast du ein neues Auto? Ich habe dir immer gesagt, du solltest dir auch mal was gönnen.«

»Christopher! Hallo! Nein, Benni ist mit diesem Wagen hier. Na, bist du auch gekommen, um deine arme Schwester zu unterstützen?«

»Natürlich. Das ist Bennis Auto?« Der Gedanke beunruhigte ihn. Chris hatte unter den Geschwistern den Anspruch auf Luxusgüter für sich reklamiert, teure Kleidung, teure Hotels, komfortable Mietautos, ja, Uber Select. Benni hatte sich daraus nie etwas gemacht, deswegen irritierte es Chris, dass er ihn nun aus dem Stand mit einem Auto überflügelte, das eine Viertelmillion kostete.

»Irgendwie von Emilias komischer Familie, vom Vater, glaube ich, und seiner jungen Geliebten. Protzig.«

»Wo sind die anderen? Wo ist Karolin? Warum bist du hier draußen?«

»Dein Vater will mit den Enkeln unbedingt Bötchen fahren gehen, kommst du mit? Ich bin schon mal rausgegangen. Ich muss mir die Frechheiten von Karolins Partnerin nicht länger anhören.«

»Noch mehr Ärger? Ich weiß, dass sie ein bisschen kompliziert sein soll.«

»Unerzogen. Die nimmt doch Karolin aus – und indirekt damit auch uns.«

»Was hat sie denn getan?«

»Sie besitzt die Unverfrorenheit, uns die Schuld an dem

Vorfall zu geben, und redet auch irgendein Nazizeugs, von dem sie nichts versteht.«

»Schwierig. Aber, hör mal, ich habe nachgedacht. Wir müssen uns in dieser Sache äußern, wir müssen uns wehren, und ich werde das übernehmen.«

»Christopher, das halte ich für keine gute Idee. Genau das wollen die doch nur. Ich würde denen gar nicht die Aufmerksamkeit schenken! Das sind Fanatiker. Die haben es im Leben zu nichts gebracht und kompensieren das nun eben so, weil sie wissen, so bekommen sie Aufmerksamkeit.«

»Wir können das nicht so stehenlassen und vor denen kuschen.«

»Wir haben mit Karolin schon alles besprochen. Sie macht den Laden jetzt erst mal zu, erholt sich von den Strapazen – die letzten Wochen waren sehr anstrengend für deine Schwester –, und dann muss man ja auch erst mal sehen, was mit dieser Alina ist, denn ob das mit der noch so weitergeht, weiß ich nicht. Wenn sich die Wogen irgendwann geglättet haben, in einem Monat oder zwei, und wenn sie dann noch dran hängt, macht Karolin den Laden ohne großes Brimborium wieder auf. Oder wir verkaufen ihn, Hans-Harald hat sich da schon mal umgehört. Die Marktsituation ist günstig. Erstaunlicherweise will anscheinend gerade jeder in dieser furchtbaren Gegend ein Geschäft aufmachen, ich verstehe das ja nicht«, sagte Ruth und schickte ihr dürres Lachen hinterher. »Auf jeden Fall könnte man den Laden problemlos loswerden, und dazu würde ich – und ich sage das erst mal unter uns, Christopher – auch sehr raten. Aber das muss Karolin am Ende selbst wissen. Da rede ich ihr natürlich nicht rein.«

Chris hatte Probleme, all diese neuen Informationen in seinem Kopf zu sortieren. Seine Mutter hatte bereits alles beiseitegeräumt – im Stile einer Cleanerin, wie Verbrecherkartelle sie beschäftigten, die Tatorte aufräumten und Spuren vernichteten, bevor die Polizei eintraf. Doch hier durfte nichts beiseitegeräumt werden. Dieser Konflikt hatte gerade erst begonnen, und solange er anhielt, müsste Chris sich nicht den anderen Ungereimtheiten seines Lebens widmen.

»Und Karolin hat alldem zugestimmt?«

»Karolin ist froh, wenn die ganze Sache vorbei ist. Vielleicht war das einfach nur eine Schnapsidee.«

Und in dem Moment kamen lärmend und lachend, sich an die Beine zweier Lederschwuler klammernd, August und Otis aus dem Laden, gefolgt von Emilia, die die Strickjacken für beide Jungen vor sich hertragend ihren Söhnen hinterherlief und rief, dass es draußen schon kalt sei und sie nicht Boot fahren könnten, wenn sie sich jetzt erkälteten.

Chris, ihr Onkel aus Amerika, schien den Jungs noch interessanter als die Männer in der Lederkleidung. Sie stürzten sich auf ihn, kletterten an ihm hoch, hielten sich an seinen Haaren fest.

»Hey, guys«, sagte Chris, ohne seine Neffen richtig wahrzunehmen.

Er hatte keine Zeit, er musste sofort Karolin finden, bevor hier der Vorfall des Vortages komplett abmoderiert wurde. Er versuchte, August und Otis ihrer Mutter zu übergeben. Als sie sich wehrten, lud Chris sie wieder bei den Lederzeugträgern ab.

»Wer sind die Männer überhaupt?«, fragte er August noch schnell.

»Mann, Onkel Chris, Purple Panther!«

Im Laden kam ihm Karolin entgegen.

»Boot fahren? Seriously?«, sagte er.

»Frag nicht«, meinte Karolin, »geht alles ein bisschen durcheinander, nervt alles. Insofern wäre es schön, wenn du jetzt nicht auch noch kompliziert würdest.«

Er versuchte, mit seiner Schwester Schritt zu halten, die unter den Rufen Alinas, sie solle doch mal warten, nach draußen drängte. Als er Karolin seinen Plan von der öffentlichen Diskussion mit den Bloggern erläuterte, sagte seine Schwester nur, er sei verrückt, er habe keine Ahnung, auf was er sich da einließe und ob er nicht genügend eigene Probleme hätte.

Emilia sagte, sie habe keine Lust auf eine Bootstour, diese blau-weißen Plastiktretboote verursachten ihr Depressionen, quittiert von einem Schnauben Ruths und der genuschelten Bemerkung, ja, ein Tretboot sei keine Luxusjacht, wie sie es wohl gewohnt sei, und auch kein Maybach. Emilia ignorierte ihre Schwiegermutter, redete weiter auf Benni ein. Er müsse ihr versprechen, die Kinder keine Sekunde aus den Augen zu lassen. »Okay? Deine Eltern sind zu alt und deine Geschwister zu sehr mit ihren Problemen beschäftigt, als dass sie richtig aufpassen könnten. Schaffst du das? Und auf dem Wasser ist es kalt, pass auf, dass sie ihre Cardigans anhaben und darüber die Schwimmweste! Ohne Schwimmwesten steigen sie nicht ins Boot! Im Wannsee gibt es Strömungen, da ertrinken jedes Jahr Kinder.«

»Das ist kein sehr wahrscheinliches Szenario«, sagte Benni kraftlos.

»Wahrscheinlichkeiten sind egal, wenn dein Kind tot ist. Am Tag der ersten Trump-Wahl lag die Wahrscheinlichkeit eines Wahlsiegs bei sieben Prozent, und alle dachten, deswegen wird er nicht gewählt. Aber er ist gewählt worden, weil sieben Prozent eben nicht nichts ist.«

Als er den Namen Trump hörte, wollte Chris reflexartig in das Gespräch einsteigen. Die Wahrscheinlichkeit hatte höher gelegen, sie war bloß von den Umfrageinstituten unterschätzt worden. Wie gern hätte er einfließen lassen, der Ex-Präsident habe ihm persönlich erzählt, dass er selbst nicht an den Wahlsieg geglaubt habe – aber das ging ja leider nicht. Er hatte übrigens auch keine Lust auf eine Bötchentour, und er wünschte, er könnte sich so frei fühlen wie Emilia und hätte den Mut, zu seinen Ansichten und Gefühlen zu stehen. Aber das würde sich jetzt alles ändern. Das

Streitgespräch mit den Bloggern würde seine Redemption, und wenn er es gut machte, dann, vielleicht, könnte er sich einen Schritt weiter wagen und seinen Familienmitgliedern weitere Bits der Wahrheit zumuten. Falls sie die noch nicht kannten. Auch deswegen musste er jetzt mit aufs Boot und unterwegs Karolin von seiner Idee überzeugen. Seine Mutter würde wie immer dagegen sein, aber darüber würde er in diesem Fall hinweggehen.

Sie quetschten sich in die Maybach-Limousine. Die war zwar groß, aber in Wirklichkeit nur auf zwei Passagiere ausgelegt, Chauffeur und Chauffierter. Zu siebt wurde es eher eng. Hinterm Steuer Benni, auf dem Beifahrersitz seine Mutter, hinten Karolin, Chris und sein Vater, die Kinder zwischen den Beinen, die sofort anfingen, auf großen LED-Bildschirmen, in die sich die Rückseiten der Vordersitze sowie der Fahrzeughimmel verwandelten, *Frozen* zu gucken.

Der Wagen surrte los, und Chris blickte durch die Heckscheibe Emilia auf dem Bürgersteig hinterher. Wie hübsch sie war und wie reich. Interessant, dass sie sich jemanden wie Benni ausgesucht hatte. Er sah Emilia, wie sie zurück in den Laden ging, und wunderte sich. Nicht gut, dachte er, nicht gut. Alina und Emilia zusammen. Die Familie musste zusammenhalten, aber bei Emilia war eine offene Flanke. Benni hätte sie stärker in die Pflicht nehmen müssen mitzukommen. Oder hätte bei den Kindern für nichts garantieren sollen, es sei ihm zu anstrengend. Stattdessen war Emilia nun Alina ausgesetzt, die eine innige Ablehnung von Ruth miteinander verband, die beiden Schwiegertöchter, wenn man so wollte (obwohl er das bei Alina ja gar nicht wusste und eigentlich nicht mal denken durfte). Gar nicht gut, wiederholte Chris innerlich, warum fällt es Benni so schwer, einmal strategisch zu denken?

Sein eigenes strategisches Denken sagte ihm, dass er auf diesem Ausflug nur wenige Minuten hatte, seine Schwester von dem Battle mit den Bloggern zu überzeugen. Battle, das war es! Ein sinnloser Kampf, Mann gegen Mann (oder Frau gegen Frau, wie es heute heißen müsste) im Dickicht der Städte. Fest stand, jede Situation, in der seine Mutter zugegen war, schied als Gesprächssituation zwischen ihm und Karolin aus. Damit fielen die im Auto oder auf dem Tretboot schon mal weg. In ihrer Gegenwart würde Karolin es nicht wagen, seinem Battle zuzustimmen.

»Wir könnten ja vor dem Bootfahren noch einen kleinen Spaziergang machen, ich kenne den Grunewald gar nicht richtig, vielleicht irgendwo noch einen Kaffee trinken«, sagte Chris beiläufig.

»Ja, prima«, sagte sein Vater, »ein paar Schritte laufen und eine Tasse Kaffee werden uns guttun.«

»Hans-Harald, das wird doch zu knapp. Die Bootsverleihe machen sicher um 18:00 Uhr zu, das wird doch zu viel, auch mit den Kindern«, sagte Ruth.

Benni sah mitgenommen aus, fand Chris, mitgenommener als er selbst. Er hatte sie alle auf der Autofahrt betrachtet. Ihm war aufgefallen, wie lange er sie nicht gesehen hatte; dass die kleine Schwester ihm gefehlt hatte in diesem letzten turbulenten Jahr. Natürlich hatten sie gesprochen am Telefon, in den nächtlichen Gesprächen, in denen es Chris gelang, mit seiner Schwester zu reden, ohne je etwas von sich zu erzählen, ganz anders als früher, wo er eigentlich nur von sich geredet hatte und seinem Leben in New York. Vielleicht könnte er wenigstens ihr alles gestehen, vielleicht wäre sie die Einzige in der Familie, die ihn verstünde. Sie würde nachvollziehen können, wie man in Situationen hineingeriet und nicht mehr hinausfand. Die Fähigkeit, aus Situationen einfach herauszuspringen – Karolin wusste, wie das geht. Sie hatte bereits eine gescheiterte Ehe hinter sich, die nur ein paar Monate gehalten hatte, das war über zehn Jahre her. Sie hatte eines Tages verkündet, alles sei vorbei und sie werde keine Fragen dazu beantworten.

»Wir wollen das alles auch gar nicht so genau wissen«,

hatte ihre Mutter noch gesagt, und damit war die Sache vergessen. Was war daran so schwer? Was war bei ihm falsch gepolt, dass er über diese Fähigkeit nicht verfügte?

Auf der Fahrt im Auto hatte er kurz überlegt zu bluffen: So zu tun, als wisse er Bescheid über Alina. Und sich auf diese Art rückzuversichern, dass Karolin ihrerseits nichts von den Ungeheuerlichkeiten weitererzählte, die er ihr über sein Leben (vielleicht) anvertrauen würde. Aber den Plan würde er erst nach dem Battle umsetzen können, erzählte er ihr vorher davon, würde sie ihn, wahrscheinlich zu Recht, für seelisch instabil halten und wäre den messerscharfen unversöhnlichen Bloggerkids nicht gewachsen. Doch er wusste inzwischen, er würde sich nicht mehr abhalten lassen. Er spürte eine Unerbittlichkeit in sich, die er nicht kannte. Er würde sich den Bloggern stellen, und diese Auseinandersetzung wäre der erste Schritt seiner Redemption. Was würde Graydon tun?

»Obliterate them.« Lösch sie aus.

Chris erinnerte sich, wie ihn Graydons Anweisung schockiert hatte, als er sie ihm in seiner Einführung in die »MAGA Techniques of Verbal Nuclear Combat« ohne jede Ironie vorgetragen hatte. Aber jetzt war er so weit. Er hatte endlich einen Grad an seelischer Not erreicht, dass er es spüren konnte.

Obliterate them. Fuckers.

Benni kannte am Wannsee einen Bootsverleih, weil Benni solche Sachen immer kannte. Chris hätte in New York nie einen Bootsverleih gewusst, und das obwohl er ja sogar am Meer wohnte. Er kannte nur Restaurants und die besten Bootcamp-Workouts. Sie bekamen das letzte Tretboot, es hatte die Form eines Schwans, das weiße Plastik seines Halses war schon bräunlich angelaufen. Es war später Nachmittag, ein kühler Wind war aufgekommen, fast wie Emilia es prophezeit hatte. Chris wünschte, er hätte ebenfalls eine Strickjacke, wie die fürsorgliche Mutter sie ihren Jungs mitgegeben hatte. Hätte sie nicht auch eine für ihn gehabt? Er trug nur ein dünnes Leinenhemd über der schmalen Brust und musste beim Einsteigen aufpassen, mit seinen Slippern nicht auszurutschen. Benni sollte den Jungs wirklich ihre teuren Strickjäckchen in Herbstfarben anziehen, dachte Chris, doch natürlich vergaß sein Bruder es, vertieft in ein Gespräch mit ihrem Vater über die Vorteile eines Forward-Darlehns für sein Fertighaus in Brandenburg, dessen zugrunde liegender Kredit anderthalb Jahre später auslaufen würde. »Die Zinsen werden bis dahin weiter gestiegen sein«, sagte ihr Vater und zog aus seiner Blousontasche fünf aus Stiftung Finanztest herausgerissene und mit krakeligen Kugelschreiberunterstreichungen bearbeitete Seiten, die er Benni reichte. »Hier steht alles drin, die verschiedenen Modelle, Laufzeiten, Zinsbindung, Tilgungsrate. Da kannst du jetzt noch viel Geld sparen.«

Das Gespräch, von dem Chris nur hergewehte Fetzen mitbekam, beruhigte ihn. Angenehme Normalität, first world problems, sagten seine Freunde in New York dazu. Solange Dinge dieser Art in seiner Gegenwart verhandelt wurden, war alles in Ordnung. Karolin hatte zunächst weiterhin versucht, ihn von dem Battle mit den Bloggern abzuhalten. Sie hatte offenbar Angst um ihn, was Chris kränkte. Doch als sie merkte, dass er sich nicht abbringen ließ, dass das Angebot ihres Bruders überhaupt nicht wie sonst halbherzig war, hatte sie begonnen, sich mit der Vorstellung anzufreunden. Chris hatte immer wieder gebeten, »bitte lass mich dir helfen«, das hatte sie gerührt, und doch fürchtete sie, dass ihr Bruder in der von ihm etwas affektiert Battle genannten Auseinandersetzung nicht würde bestehen können. Das hatte sie noch mehr gerührt und gleichzeitig traurig gemacht.

Er war ihr großer Bruder, er hatte sie von den frühen Schultagen an immer beschützt, am Büdchen auf dem Schulhof. Wenn es in der den Regeln Darwins folgenden Gedrängechoreografie darum ging, eine Packung Ringli-Chips zu erwerben, war Chris erschienen, aus der anderen Ecke des Hofs, von den Rauchern, Schwänzern und sonstigen Coolen, als hätte er sie die ganze Zeit im Blick gehabt, um da zu sein, wenn sie Hilfe brauchte. Sie war die einzige Sextanerin, die je mit einer Packung Ringli auf dem Schulhof gesehen wurde. Dann ihr achtzehnter Geburtstag, als niemand in der Familie Zeit hatte – Benni beim Basketballspielen und Biertrinken auf einem Austauschjahr in Wisconsin, die Eltern auf einer Studiosus-Reise (oder mit der evangelischen Kirchengemeinde?) in Israel – und sie deswegen zu Chris nach Hamburg kommen durfte, um dort ihre Volljährigkeit mit ihm zu feiern, Mitte der Neunzigerjahre, das beste Hamburg aller Zeiten, Chris hatte sie am Vorabend des Geburtstags mit auf ein Tocotronic-Konzert genommen mit anschließendem Besuch backstage bei den Musikern, die Chris irgendwie kannte und die ihr alle zum Geburtstag gratulierten. Gerade rechtzeitig, kurz bevor es Mitternacht wurde, hatte sie mit Chris in der gläsernen Bar des Hotels Hafen Hamburg gesessen und mit einem Mojito, oder was immer man damals so trank, auf ihren Geburtstag angestoßen. Ausgerechnet in Hamburg. Sie erinnerte sich an die Dankbarkeit und, ja, Liebe, die sie damals für ihren Bruder empfunden und die sie nie verlassen hat, auch als er längst in den USA wohnte und sie nur noch relativ abstrakte Vorstellungen von seinem Leben hatte. Und da stand er jetzt wieder und wollte ihr helfen wie damals, alle beiseiteschubsen, ihr den Weg freiräumen. Früher hatte sie an seinen Fähigkeiten nie gezweifelt. Dass sie es jetzt tat, das war es, was ihr wehtat.

Vom Ufer aus winkte die Bootsvermieterin mit beiden Armen. Offenbar wollte sie den Laden für heute zumachen und brauchte ihr Boot zurück. Chris stieß Benni an, der am Plastiksteuer des Schwans saß. »Sieht so aus, als müssten wir zurück«, sagte Chris, klang erleichtert und trat mit Schwung in die Pedale, wobei die Ledersohle eines Slippers abrutschte und sein Schienbein gegen die Pedale stieß. Doch auch das verdarb seine Laune nicht. Er hatte Karolins Einverständnis und konnte es nicht erwarten, endlich wieder Handyempfang zu haben und auf Instagram die Blogger/Künstler/Aktivisten/Influencer/Whatevers zu einem Streitgespräch herauszufordern.

Die Bootsverleiherin ruderte noch immer mit den Armen.

»Ich finde, die Frau könnte sich jetzt mal beruhigen«, sagte Benni, »wir kommen ja schon.«

»Es ist auch gar nicht die Frau, die uns das Boot vermietet hat. Vielleicht die Chefin«, sagte Karolin.

»Worüber ihr euch alles Gedanken macht«, sagte Chris. »Ist doch völlig egal, was die veranstaltet.«

»Die sieht einfach nicht aus wie eine Bootvermietungsfrau.« Karolin schien mal wieder nicht loslassen zu können. »Die trägt Pumps.«

Chris, der in den Versuch vertieft war, mittels Hypnose die Empfangsbalken auf seinem Telefon von einem auf zwei zu bewegen, blickte auf.

Die Frau am Ufer war groß und blond und trug nicht nur Pumps, sondern auch ein Businesskostüm. Sie sah tatsächlich nicht aus wie eine Bootsverleiherin, sondern wie eine Fernsehansagerin. Mit ein bisschen Fantasie hätte man sie mit Kimberley verwechseln können, dachte Chris. Kimberley hatte er fast vergessen. Ihr Abgang im Beach House war erst zwei Tage her, seitdem hatte er nicht mehr an sie gedacht, ihr keine Nachricht geschrieben. Er hatte erfolgreich verdrängt, dass sie angekündigt hatte, nach Deutschland fliegen zu wollen. Seine Beine begannen zu kribbeln, von seinen Füßen auf den Pedalen aufwärts. Nein, es war nicht Kimberley, zum Glück, ich kann euch beruhigen. Er wandte seinen Blick ab und fing an, seinen Vater in ein Gespräch über die FDP zu verwickeln, um nicht weiter darüber nachdenken zu müssen, ob die Frau doch Kimberley sein könnte. Nach wenigen Sätzen aber unterbrach sein Vater das Gespräch, als er sah, dass Ruth leicht schwankend versuchte, allein den Schritt von dem kippligen Schwanenboot auf den Holzsteg zu wagen. »Warte mal, Chris, wir müssen gleich weiterreden«, sagte er und beeilte sich, hinterherzukommen, um Ruth zu helfen – als ihnen vom Steg die Frau entgegenkam, ihre Hand ausstreckte und dabei lächelte wie eine Fernsehansagerin.

»Oh, das ist aber ein Service hier«, versuchte sein Vater den merkwürdigen Augenblick zu überspielen. »Vielen Dank, vielen Dank!«

»Mr. and Mrs. Schoooonwald, you don't know me. I'm Kimberley Conway, an acquaintance of your son's, er, Chris, you know, from the U.S. It's so great to finally meet you! How are you folks? Did you have a great boat trip?«

Chris sprang vom Boot an Land, rutschte mit den Ledersohlen ab, das Schwanengefährt geriet bedenklich ins Schaukeln. Er drängelte sich zwischen Kimberley und seine Eltern.

»Das ist Kimberley, eine Kollegin und Bekannte aus New York.«

Oh, Mann. Die Redemption, sein Neuanfang. Er wollte doch raus aus der Verstrickung der Parallelerzählungen. Morgen beginnt die neue Zeit, sagte er sich wie ein Alkoholiker, der sich noch einen genehmigt, bevor er endgültig aufhört.

»Washington«, sagte Kimberley. »Ich lebe in Washington.«

»Sind Sie auch im akademischen Betrieb?«

»Ich bin Juristin«, sagte Kimberley knapp, aber freundlich.

»Georgetown?«, fragte sein Vater, stolz darauf, seine Kenntnis von US-Universitäten ausstellen zu können. Da er seit fast zwanzig Jahren, mindestens seit seiner Pensionierung, jede Arbeit, jedes Paper, jeden Essay, jede Gastprofessur seines ältesten Sohnes dokumentiert und im Hobbykeller in alten Kinderkleiderschränken archivierte, hatte er sich einen umfangreichen Überblick über den amerikanischen akademischen Kosmos erarbeitet.

»Ja, nicht ganz Georgetown. Ich wohne am Rande, an der Grenze zu Foggy Bottom, im Watergate Gebäude, das kennen Sie bestimmt.«

Hatte sie ihn falsch verstanden? Sein Englisch war doch eigentlich in Ordnung, er hatte natürlich nach der Universität gefragt und nicht, wo sie wohnte. Er entschied, das Missverständnis zu übergehen.

»Watergate. Kenne ich natürlich. Richard Nixon, das war ja ganz schlimm damals. Ich habe in dem Jahr gerade in Cologne als Staatsanwalt angefangen, da hat mich das ganze Rechtsverfahren zu Watergate natürlich wie verrückt interessiert.«

»Ich habe einen Freund, der hat sich das Antlitz von Nixon auf den Rücken tätowieren lassen, Roger Stone, kennen Sie vielleicht«, sagte Kimberley in ihrer freundlichen, aber gänzlich unbeteiligten Fernsehstimme. Dreißig Sekunden waren vergangen seit ihrem Wiedereintritt in Chris' Leben, und es begann schon wieder kompliziert zu werden. Roger Stone war einer von den MAGA-Leuten.

»Entschuldige, Kimberley, ich hatte bei dem Ausflug mit meiner Familie – by the way, das sind meine Eltern Harry und Ruth, meine Schwester Karolin und mein kleiner Bruder Benni – die Zeit vergessen.«

»Toll, euch alle kennenzulernen! Ich habe von jedem von euch schon so viel gehört. Es tut mir so leid, was bei der Eröffnung passiert ist! Es ist so ein süßer Laden, ich komme gerade aus ihm, deine Partnerin hat mir eine kleine Tour gegeben!«

»Alina?«, fragte Karolin.

Oh, fuck, dachte Chris, redete aber weiter: »… und dass ich dich ja zu deinem Termin begleiten wollte, um zu übersetzen und so.«

»Wann ist der Termin denn?«, fragte seine Mutter. Sie

war sofort im Krisen- und Problemlösemodus und hatte ihr Samsung-Gerät schon in der Hand. »Um sieben? Das schafft ihr kaum noch. Dann geht mal! Christopher, hilf deiner Bekannten bei ihrem Termin.«

»Soll ich euch schnell fahren?«, fragte Benni, der Gefallen zu finden schien am Auto seines Schwiegervaters. Chris überlegte kurz. Bennis Auto würde sicherlich helfen, das ramponierte Bild zu reparieren, das Kimberley seit der Nacht im Beach House von ihm hatte. Sie würde alles, was er ihr bisher über seine Familie erzählt hatte (mehr oder minder die Wahrheit), zwangsläufig für einen Ausdruck seiner Bescheidenheit halten, wenn jetzt ganz nebenbei ein Auto für eine Viertelmillion ins Spiel käme. A powerful German dynasty taking out the Maybach on a Sunday afternoon trip. Doch der potenzielle Schaden, den Kimberley während einer vierzigminütigen Autofahrt im Gespräch mit Benni anrichten konnte, war immens. Schweren Herzens entschied er sich gegen den Maybach.

»Wir nehmen die S-Bahn. Ist schneller im Sonntagsverkehr zurück in die Stadt.«

»Ich glaube, ich habe da vorne die Station gesehen«, sagte seine Mutter, die auf Google Maps schon die gesamte Umgebung kartografiert hatte.

»Schöner Name, Ruth«, sagte Kimberley. »Ich kenne nur eine Ruth. Ruth Bader Ginsberg.«

»Ja, eine beeindruckende Frau«, erwiderte Ruth, die gerade, nachdem es ihr in tagelanger Arbeit gelungen war, Netflix auf dem Fernseher in Köln zum Laufen zu bringen, einen Dokumentarfilm über die verstorbene Supreme-Court-Richterin gesehen hatte.

»Ja, sehr nette Frau, leider eine Katastrophe für unser Land, aber wir haben es ja gerichtet«, rief Kimberley über einen entsetzten Chris hinweg, während sie zur S-Bahn aufbrachen, und hinterließ eine ratlose restliche Familie Schönwald.

Sie nahmen tatsächlich die S-Bahn. Chris konnte nicht mehr, es war alles egal, er fand nicht einmal die Kraft, einen Uber zu bestellen. Wäre Kimberley nur einen Tag später aufgetaucht, dann hätte er den Battle mit den Kids vielleicht schon erfolgreich hinter sich gebracht, und er wäre bereits der neue Chris. Der, der reinen Tisch gemacht hätte und frei war. Dann hätte er Kimberley jetzt einfach wegschicken können. Du, ich bin hier mit meiner Familie, servus, Schatz.

Doch stattdessen saß sie völlig aufgeräumt in der S-Bahn und schien zufrieden mit allem. Sie schwiegen.

Auf Instagram schickte er eine Nachricht an das Mädchen von der Postkarte. Es war nicht schwer, sie zu finden. Das Internet war tatsächlich voll von ihrem und Schnauzbarts Protest gegen Karolins Laden.

»Ich habe Alina und Emilia kennengelernt«, sagte Kimberley in die Spätsommer-Sonntagnachmittag-Schwere hinein, die den S-Bahn-Waggon erfüllte. Sie lächelte vielsagend. Vor allem Alina hatte es ihr offenbar angetan.

»Emilia sagte, dass du diese diverse kids zu einem Instagram-Battle herausfordern willst? Chris, das ist eine großartige Idee. Ich habe an dir gezweifelt neulich Nacht. Aber das bist du! Die wollen deiner Schwester kommen mit the big Nazi gun? Okay, bring it on! What a bullshit, what a Nothing Burger!«

Chris musste lächeln. Sie war nicht Graydon, aber fast so gut. Nothing Burger, den Begriff hatte er fast vergessen. Er stammte aus der Zeit des Sonderermittlers Muller, falls sich noch jemand an den erinnerte, dessen Erkenntnisse über Trumps Verstrickungen mit der russischen Regierung Leute wie Graydon und Kimberley immer als Nothing Burger bezeichnet hatten.

»Das ist so ein fantastischer Buchladen, ich liebe deine Schwester schon jetzt. Und ihre Freundin, Alina, coole Braut, die weiß, was sie will.«

Sie ist nicht ihre Freundin, dachte Chris.

»Und Emilia! Endlich mal eine Deutsche, die perfektes Englisch spricht.«

»Sie ist bei San Francisco aufgewachsen, deswegen«, sagte er müde. »Ihre Familie ist sehr reich.« Chris spürte, wie sein alter Komplex ihn wieder in die Brust stach. Er wollte derjenige sein, der nach zwanzig Jahren USA perfektes Englisch sprach.

»Emilia hat mir gesagt, wo ich euch finde. Sie meinte, Benni kenne in Berlin exakt einen einzigen Bootsverleih. Sie war so gelangweilt davon, dass ihr Mann immer zum selben Bootsverleih fährt. Sie sagt, früher habe Benni sie gezwungen, bei diesen Veranstaltungen dabei zu sein, aber inzwischen habe die Familie akzeptiert, dass Emilia raus sei. By the way, what does Spießer mean?«

Offenbar war es Kimberley gelungen, in wenigen Minuten tief in die Psyche seiner Familie vorzudringen. Die drei Schwiegertöchter, Emilia, Kimberley und Alina, wenn man Letztere jetzt entgegen aller Beteuerungen Karolins mal mitzählte: ein Trio aus der Hölle, dachte Chris, eine Milliardärin, eine Kampflesbe und eine Trump-Anwältin.

»Anyway«, sagte Kimberley, als sie kurz vor der Station Savignyplatz aufstand. »Go out and get them. Smash those fuckers. Okay, Chrissy-Boy?« Komischerweise schien sie keine Sekunde an ihm zu zweifeln. Von Station zu Station war er tiefer in den S-Bahn-Sitz gesunken. Solange ihm alle abgeraten hatten von der Konfrontation mit den Kids, hatte ihn der Mut der Verzweiflung getrieben. Kamikaze, egal. Aber jetzt, wo Kimberley sein Vorhaben wie einen rationalen Plan mit Aussicht auf Erfolg behandelte, ergriff ihn die Angst zu versagen. »Wo gehst du hin?«

»Steige aus. Savignyplatz. Mein Hotel ist hier. Mach's gut, Chris.«

»Ich dachte ... Warum bist du dann überhaupt gekommen?«

»Ich hatte aus Interesse queer bookstore opening Berlin

gegoogelt und so von dem Anschlag gelesen. Wollte wissen, ob du okay bist. Und dir sagen, dass du das nicht so stehen lassen kannst. Du bist Chris Schönwald, eine der wichtigsten Alt-Right-Stimmen des neuen Amerika. Du kannst dir das nicht gefallen lassen. Es wird dir bei deinen Supportern auf die Füße fallen, wenn du einen solchen Angriff auf deine Familie durchgehen lässt. Wir wollen nicht, dass du schwach bist. Hey, begreifst du, es geht hier nicht nur um deine Schwester. Es geht auch um deine Karriere. Du bist The prof who's had it. Und ein Professor, der die Schnauze voll hat, lässt sich so etwas nicht bieten. Get off my lawn, wie Graydon sagen würde. Und diese fucking Kids aus Sri Lanka oder woher auch immer sie kommen, trampeln heftig auf deinem Rasen rum! Aber du tust ja was. Gut. Das wollte ich nur überprüfen. Ciao!«

Doch die Türen hatten sich während Kimberleys Vortrag wieder geschlossen. Chris war gerührt, aber jetzt ernsthaft beunruhigt. Dass es hier auch um seine (neue) Existenz ging, darauf war er nicht gekommen. Aber Kimberley hatte auf ihn achtgegeben.

»Ich schaffe das nicht allein«, sagte er.

Später hatte Kimberley die Pumps ausgezogen, das verhasste CNN angeschaltet und sich auf Chris' Bett gelegt. Irgendwie war es ihm doch noch gelungen, Kimberley davon zu überzeugen, mit ihm in sein Hotel zu kommen. Nun saß er vor dem Fenster an einem kleinen Schreibtisch aus Beton und hackte Google-Begriffe in die Tastatur:

Schönwald NSDAP

Schönwald Kriegsverbrechen

Schönwald zweiter Weltkrieg

Rupert Wartenburg Wehrmacht

Schönwald genocide

Aber er fand nichts, bloß zu Schönwald Nazigeld kam eine Menge, aber das war alles neu und stammte von den

Bloggern. Die junge Frau von der Postkarte hatte ihm inzwischen geantwortet:

Hey. Gern eine Diskussion. Endlich. Danke. Mutig von dir. Aber es ist wichtig, dass wir die Taten deiner Familie transparent machen. Wie wäre es gleich morgen, live per Videotelefonat auf Instagram mit mir und Azhar, vielleicht 18:00 Uhr? Sag bitte schnell Bescheid, wir würden die Veranstaltung sofort über unsere Kanäle ankündigen.

Die Nachricht hatte ihm noch mehr Angst gemacht. Was sollte er denen denn sagen? Er wusste schlicht nicht, ob die Vorwürfe stimmten oder nicht. Er überlegte, seine Mutter anzurufen. Aber die hätte ihn nur zurückzuhalten versucht, was ihn noch stärker verunsichert hätte.

»Komm, wir machen die Sache auf Englisch, und du bist mit dabei«, sagte er zu Kimberley. »Die sind doch auch zu zweit. Kim und Kris, das alte Dream Team«, sagte er, doch seine Worte klangen kraftlos.

»Das schaffst du alleine«, sagte Kimberley, ohne den Blick von Anderson Cooper auf CNN abzuwenden.

»Nein, ich schaffe es nicht! Ich weiß doch gar nichts!«

»Chris, was ist mit dir hier in Deutschland geschehen? Hast du alles vergessen? Du spielst natürlich nach unseren, nach den amerikanischen Regeln. Natürlich weißt du nichts! Trump wusste auch nie irgendetwas. Er hat die meisten Vorwürfe gegen ihn gar nicht verstanden! Und trotzdem hat er sie meisterhaft pariert. Du weißt doch, wie es geht: Attack the facts! Du streitest alles ab. Du fällst ihnen ins Wort, du entnervst sie. Dann behauptest du etwas völlig Haltloses, entweder über sie oder über deine Familie – zum Beispiel, dass dein Großvater aktiv im Widerstand war oder so was, egal. Ihre eigene kleine Welt muss komplett auseinanderfallen, sie dürfen überhaupt nicht mehr wissen, was stimmt und was nicht. Fordere immer wieder Beweise. Wahrscheinlich haben sie keine, jedenfalls keine, die man überzeugend auf Instagram präsentieren könnte. Und wenn sie doch welche haben sollten, was ich stark bezweifle, dann erklärst du sie einfach für nichtig: Fake News, das wisse doch jeder. Eine Kampagne, gesteuert von Rechten, die was gegen Schwule und Transgender People haben! Stell sie in die homophobe- und transgenderfeindliche Ecke. In der überlebt auf Instagram keiner. Also echt, Chris, es ist so einfach. Das ist eine Kindergarten-Übung für jeden MAGA-Kommentator. Ich habe mir ein bisschen angeguckt, was die Kids so behaupten. Aber das ist alles in zehn Minuten zusammengegoogelt. Diese Generation nennt das recherchieren, aber es ist absolut nichts, komplett lächerlich. Ey, ich freue mich auf das Ding heute Abend. Und wir werden natürlich alle da sein, die ganze MAGA-Gang, vielleicht ein paar neue Bekannte aus der AfD, sie werden dich pushen. Ich sage The Donald Bescheid und Don Jr., der wird auf jeden Fall dabei sein, der liebt das.«

»Danke, Kimberley. Danke. Nur die AfD nicht, bitte. Das würde mich und die Familie diskreditieren. Glaub mir, das ist hier anders als bei uns.«

»Wie du willst. Dabei sind die doch total harmlos. Verglichen mit den meisten von uns sind die doch beinahe links. Aber ich weiß, was du meinst. Die haben einfach keinen swagger. Und jetzt lass uns was essen gehen.«

Als Chris sich am nächsten Abend in den Instagram Live Room einwählte, stellte sich Azhar, wie Chris vermutet hatte, als der Schlaumeier mit dem Schnauzbart und dem Stetson heraus, den er auch jetzt wieder trug. Chris hatte sich unter Kimberleys Anleitung ganz in Schwarz gekleidet, mit Rollkragenpullover und Fensterglas-Brille mit dickem schwarzem Rand. Seinen Fünftagebart hatte er zu einem MAGA-typischen Kinnbart gestutzt, wie ihn auch Graydon trug. So saß er nun vor der Kamera seines Rechners an seinem Betonschreibtisch im Hotelzimmer. Im Schneidersitz auf dem Bett mit großen roten Beats-Kopfhörern von Dr. Dre, ansonsten in Jogginghose und Harvard-Kapuzenpulli, saß Kimberley, ihren Computer auf dem Schoß balancierend. Neben sich auf einem Tablett hatte sie noch ein iPad und zwei Handys aufgestellt, jedes Gerät mit anderen digitalen MAGA-Kanälen verbunden.

Die junge Frau von der Postkarte, die, wie Chris inzwischen erfahren hatte, Malala Noorzai hieß, sprach eine ungelenke Einleitung. Über den Buchladen, über ihre Recherchen zur Familie Schönwald, über die »Intransparenz der Kapitalströme« sowie über Chris, den sie zu seiner Erleichterung als Professor für Literaturwissenschaft der Columbia University vorstellte. Chris hatte noch in der S-Bahn, sofort nachdem er Malala Noorzai geschrieben hatte, seinen Wikipedia-Eintrag geändert, zum achten Mal bereits. Nun war die Sektion über seinen Skandal an Columbia gelöscht, genauso wie der über seine MAGA-Karriere (was er jedes Mal schade fand, denn die las sich gut). Stattdessen hatte er wieder reinkopiert: lange Absätze über seine akademischen Erfolge und Publikationen. Er wusste, das würde nicht lange halten. Die Wikipedia-Profis waren immer und überall. In ein paar Tagen wäre der Eintrag wieder korrigiert und Chris' Pseudoaccount gesperrt. Aber er wusste jetzt noch etwas: dass sie ihn als Professor vorgestellt hatte, bewies, dass sie tatsächlich nicht besonders gründlich recherchierten. Ein paar Klicks weiter hätten Malala und Azhar die Wahrheit finden können. Aber so weit waren sie offenbar nicht gekommen, und das machte Chris ein bisschen Mut.

Während Malala noch die Einleitung sprach, schien es Chris, als wäre Kimberley tatsächlich mit Don Jr. am Telefon. Jedenfalls hatte sie einen Mann, der wie Don Jr. klang, auf Lautsprecher gestellt und sprach in ihr Handy wie in ein Walkie-Talkie. Don hatte offenbar angerufen, um Einzelheiten über die Farbbeutelattacke zu erfahren. Worum es da genau ginge, und wer die Gegner seien. Sein Deutsch sei nicht so gut.

»Du kannst gar kein Deutsch«, sagte Kimberley, »und außerdem: Das alles willst du nicht wissen. Die einzige Information, die du brauchst, ist: Chris' Familie wird attackiert – das Gefühl kennst du ja, Don –, und er braucht jetzt all unseren Support.«

»In Ordnung«, sagte der Mann, den Chris für Don hielt. »Ich habe unsere Cyber-Leute informiert und die Jungs von Cambridge Analytica. Mal sehen, was die für einen damage anrichten können. Also, Kim, later!«

Chris schaute auf seine Armbanduhr, eine Omega, die seine Eltern ihm vor einem Vierteljahrhundert zum Examen geschenkt hatten. Er stoppte exakt eine Minute runter, überflog dabei noch den Wikipedia-Eintrag des Simon Wiesenthal Centers – was hatte Kimberley gesagt? Etwas absolut Unerhörtes behaupten! –, dann unterbrach er Malalas hölzernen, um akademische Diktion bemühten Vortrag, um seine erste Nebelkerze zu werfen.

Es sprach jetzt der nachsichtige Professor zu einer Erstsemesterstudentin: »Vielen Dank bis hierhin, Malala. Aber wenn ich hier einmal kurz einhaken darf. Ich denke, ich spreche für alle ... Zuschauer und sicher auch für Azhar, wenn ich mich für deine tolle Einleitung in unser Thema bedanke. Da waren schon interessante Aspekte dabei, und es freut mich, dass ihr mich hinzugezogen habt, damit ich euch vielleicht ein bisschen dabei helfen kann, die vielen verschiedenen Narrative zu entwirren. Die Themen Faktentreue und Transparenz sind hier sicherlich ganz wichtig, die – kein Vorwurf! – in der bisherigen Diskussion möglicherweise ein bisschen vernachlässigt wurden.«

Das stammte aus Graydons »MAGA Techniques of Verbal Nuclear Combat«, aus dem er Chris damals zwei Eröffnungszüge vorgeführt hatte: Erstens, Shock and Awe, das war in den Grundzügen die Strategie, die Chris zwei Abende zuvor mit dem Diminutiv »moron« verfolgt hatte: sich selbst durch massive Beleidigung ins Unrecht setzen, um dann frei zu sein und dem Gegner zu zeigen, dass es wehtun wird. Graydon schrieb, man solle zunächst einmal mit dieser Eröffnung agieren, denn die zweite sei komplexer und eher für Fortgeschrittene geeignet. Im Kern bestand sie darin, den Kontrahenten durch den Einsatz wechselnder Rollen zu verwirren. Freundlich anfangen, patronisieren, loben, Vertrauen aufbauen, Beißhemmungen schaffen. Später dann abrupter Wechsel und brutal zuschlagen.

Bis hierher funktionierte Chris' Eröffnung. Malala und Azhar warfen sich fragende Blicke zu und schienen zu glauben, dass Chris dies nicht bemerkte. Er wusste natürlich, dass sie neben der Videokonferenz mit ihm einen zweiten Kamera-Chat offen hatten, in dem nur die beiden sich sehen konnten, über WhatsApp wahrscheinlich oder FaceTime. Chris achtete genau auf die kurzen Seitenblicke in ihre zweite Kamera, besonders Azhar schien genervt. Verständlicherweise, denn Malala hätte sich niemals unterbrechen lassen dürfen, koste es, was es wolle. Chris wusste jetzt, die beiden waren eloquent, aber sie waren keine Profis. Für einen Profi wäre es ein Leichtes gewesen, Chris' durchsichtige Unterbrechung freundlich zu unterbinden. Aber sie kannten eben nur den englische Schimpfwörter brüllenden Chris vom Samstagabend. Den hatten sie hier erwartet. Einen angry white man. Der wäre schnell zu knacken gewesen.

»Ist ja schön, dass Sie für Transparenz sind«, sagte Azhar jetzt. »Denn das ist ja genau das, was bisher überhaupt nicht stattgefunden hat. Aber von Transparenz reden, reicht nicht. Sie oder Ihre Familie müssen sie auch liefern.«

»Ich denke, das haben wir getan, Azhar. Es war ja meine Schwester Karolin selbst, die die Herkunft ihres Kapitals öffentlich gemacht hat. Das hätte sie nicht tun müssen. Im Gegenteil, wie du vielleicht weißt, ist es in Deutschland kaum üblich, die Herkunft von Privatkapital offenzulegen.«

»Es sei denn, das Geld stammt aus Kriegsverbrechen. Was bei Ihnen offensichtlich der Fall ist.«

»Und siehst du, Azhar, das ist es, was mich ein bisschen enttäuscht. Auf dem Feld Recherche müsst ihr noch stärker werden! Ich verstehe euch doch, ihr wollt einen Scoop landen, und ihr seid gut darin! Wir brauchen genau solche Scoops!«

Er sah Azhar und Malala über ihre zweite Kamera wieder Blicke tauschen: Hat der Typ einen an der Waffel? Das von Malala geflüsterte »Psycho« hallte in Chris' Kopf immer noch nach. Damals hatte es belustigt geklungen, neugierig sogar. Jetzt schien Malala gar nicht mehr belustigt.

»Ihr wisst, ich lehre in den USA«, fuhr Chris fort. Er vermied bewusst die Formulierung, er sei dort Professor, das könnte womöglich justiziabel sein – »und arbeite dort eng mit dem Wiesenthal Center zusammen, das ja bis heute zu Naziverbrechen ermittelt und ihre Täter aufspürt. Ich nehme an, ihr kooperiert mit denen auch, und deswegen würde mich tatsächlich interessieren, wo der glitch, der Fehler, hier liegt. Irgendwo müsst ihr da falsch abgebogen sein. Erzähl doch mal unseren Zuhörern ein bisschen von euren Recherchen, Azhar.« Inzwischen tat Chris so, als sei er das Mitglied eines Prüfungsausschusses, das zwei vielversprechende Studenten bei einer Stipendienbewerbung befragt.

Bis hierhin einfacher als gedacht. Kimberley hatte sich auf dem Bett ausgestreckt und simulierte ein mächtiges Gähnen: Habe ich dir doch gesagt. Sie hob träge ihren Daumen. Langweilig war gut. Allerdings begannen die zahlreichen MAGA-Trolle, die Kimberley und angeblich Don jr. organisiert hatten, sich bereits zu verabschieden, da die erhoffte Prügelei schon seit mehreren Minuten auf sich warten ließ. Das machte Chris nervös. Was, wenn er sie noch brauchte?

»Das sind doch Ablenkungsversuche. Wir müssen Simon Wiesenthal nicht herbeizitieren, denn die Sache stellt sich ganz einfach dar. Erstens: Ihre Schwester Karolin hat zugegeben, dass sie den Laden durch eine Erbschaft ihres Großvaters finanziert hat. Zweitens: Ihr Großvater war als deutscher Soldat am Angriffskrieg gegen Polen und später Russland beteiligt. Am Ende war er als junger Offizier bei den Kriegsverbrechen und Genoziden gegen die Zivilbevölkerung dabei und hat später durch die Kontinuität des Kapitals ökonomisch davon profitiert. Genauso sein Vater, also ihr Urgroßvater.«

»Das ist ein schwerer Vorwurf, Azhar. Einer der schwersten, den man machen kann. Kriegsverbrechen, woha! Genozid, woho! Da möchte ich jetzt auf der Stelle eure Beweise sehen. Ansonsten wird es schwer für mich – so gern ich euch mag –, meine Anwältin zurückzuhalten, die neben mir sitzt und mich bekniet, euch endlich eine Verleumdungsklage zustellen zu dürfen. Wir alle wissen, wie Anwälte sind. Lasst mich deswegen kurz das konkrete Szenario skizzieren, damit es später nicht zu Enttäuschungen kommt: Der Streitwert würde alle gegenwärtigen und in Zukunft durch die Verleumdung entstehenden finanziellen Verluste und Schäden berücksichtigen, für meine Eltern sowie für uns drei Kinder und unsere Familien. Hinzu kämen Schmerzensgeldforderungen mindestens für meine Eltern, die das alles leider sehr belastet, eventuell auch für meine Geschwister. Als Laie würde ich von einem geschätzten Streitwert von fünf bis zehn Millionen Euro ausgehen. Tut mir wirklich leid, ich habe nichts gegen euch, ich mag euch sogar! Aber ihr habt Verständnis, nehme ich an, dass ich meine Interessen schützen muss. Genauso die meiner Familie.«

Azhar schien endlich wütend zu werden. Mit Drohungen konnte er nicht umgehen. Er hatte zu viele gehört als Kind von Einwanderern, von den Hausmeistern in den Unterkünften, von den Lehrern, den Behörden, kurz: der weißen Mehrheitsgesellschaft, wie er es ausdrücken würde. Seit ein paar Jahren war das erst vorbei, die Stimmung hatte sich im Zuge der Minderheiten- und Identitätspolitik auch in

Deutschland gedreht. In den USA war dieser Paradigmenwechsel mindestens schon zehn Jahre früher vollzogen worden. Chris glaubte deswegen, genau zu wissen, wie Azhar sich fühlte. Er kannte diese Studenten, ihre Sensibilitäten, ihren Stolz, aber auch ihre Triggerpunkte. Die amerikanischen Eliteinstitutionen hatten vor ungefähr zehn, zwölf Jahren eine Hundertachtziggradwende vollzogen und es in einer Art Überkompensation Angehörigen von Minderheiten einfacher gemacht. »Affirmative Action« hatte es gegeben, seit Chris denken konnte. Die aber betraf lediglich afroamerikanische Studenten, die im Rahmen dieses Wiedergutmachungsprogramms beim Aufnahmeprozess bevorzugt wurden. In den Nullerjahren weiteten viele Universitäten die Minderheitenförderung aus, und nicht nur Aspekte wie Hautfarbe und Herkunft, sondern auch sexuelle Identität und Orientierung sowie körperliche Merkmale wie Fettleibigkeit wurden inzwischen berücksichtigt.

Das Ergebnis waren Leute wie Azhar und Malala: oft sehr intelligente und talentierte Studierende, die nun die lang herrschende Mehrheit, repräsentiert durch ihren Kampfbegriff alter weißer Mann, bei jeder Gelegenheit infrage stellten. Und Karolin Schönwald bot eine perfekte Gelegenheit, sie stand für die Ausweitung der Kampfzone, denn sie war offensichtlich kein alter weißer Mann, sondern eine womöglich lesbische, sicherlich aber progressive Frau. Bei allem Selbstbewusstsein jedoch hatten auch Leute wie Azhar und Malala ihre wunden Punkte. Und Chris, das fiel ihm jetzt erst auf, kannte sie. Zufrieden stellte er fest, dass Azhars Stimme bebte.

»Wir müssen hier gar nichts beweisen! Ich habe nämlich nichts getan. Sie entstammen der Tätergeneration, auch wenn Sie das vielleicht erfolgreich verdrängt haben. Sie müssen uns beweisen, dass Ihre Familie nicht in die Naziverbrechen verstrickt war. Im Moment sieht es nämlich so aus. Ihr Großvater war Nazisoldat. Genau wie Ihr Urgroßvater!«

Wenn Chris sich doch nur erinnern könnte, wie der geheißen hatte. Hugo? Aber es war zu gefährlich, den Namen jetzt einfach reinzuwerfen, Azhar würde es besser wissen.

Von unten schwebten über den Bildschirm kotzende Emojis nach oben, stiegen auf wie Luftblasen im Wasser. Dampfende Fäkalhaufen kamen dazu, gesenkte braune Daumen. Die MAGA-Trolls waren zurück, Chris war sich nicht sicher, ob ihm das half.

»Wie kommst du denn darauf?«

»Wie wir darauf kommen?« Malala kam Azhar zu Hilfe. »Das steht auf Wikipedia, du Professorengenie!« Malala blieb der gefährlichere Gegner. Er spürte, dass sie ihn irgendwie durchschaute. Nicht bewusst, aber sie hatte ein Gefühl für seine Unaufrichtigkeit, schon bei ihrem ersten Aufeinandertreffen hatte er es gespürt.

»Ich bitte euch. Da hätte ich jetzt ein bisschen mehr erwartet. Auf Wikipedia steht so einiges, was nicht stimmen muss.«

»Wikipedia hat ein 98 Prozent Akkuratesse-Rating. Das, was dort zum Beispiel über Sie steht, stimmt ja wohl auch, oder? Wie auch immer, Sie behaupten also, Ihr Großvater habe im Zweiten Weltkrieg nicht auf NS-Seite gekämpft. Komisch, dass er in Polen gleich –«

»Das behaupte ich nicht. Dazu treffe ich gar keine Aussage. Ich behaupte, er hat keine Kriegsverbrechen begangen. Denn er wurde anders als viele andere nie angeklagt, geschweige denn verurteilt. Trotz zahlreicher Prozesse und massiver historischer Aufarbeitung der Deutschen Schuld, wenn ihr so wollt. Es wurde nicht einmal gegen ihn ermittelt! Im Gegenteil, in den Fünfzigerjahren ist die US-Verwaltung auf ihn zugekommen und hat ihn gebeten, beim Wiederaufbau unseres Landes und der Infrastruktur, von der ihr übrigens bis heute profitiert, eine tragende Rolle zu spielen. Und die Amerikaner – glaubt mir, ich habe dazu viel geforscht – haben vorher jeden Stein umgedreht, um sicherzugehen, dass er keine Schuld trägt.«

Chris wusste nicht, ob irgendetwas von dem stimmte, was er gerade behauptet hatte. Aber es schien den MAGA-Trollen zu gefallen. Gereckte Thumbs-up-Daumen flogen über den Bildschirm. Nur wenige waren wie üblich gelb, die meisten kamen in brauner Hautfarbe. Es war, wie Chris inzwischen wusste, ein beliebter Witz in der größtenteils weißen MAGA-Bewegung, bei Emojis die Hautfarben von Minderheiten zu verwenden. Chris mochte das anders als Graydon oder Kimberley nicht. Er empfand es auf eine schwer erklärliche Weise als abartig böse. Der Beifall kam von Accounts mit Namen wie trumpsavesamerica, theproudofamerica, afdrules_stadtroda, homegrownterrorist, kekforpresident, hammerskins_sachsen oder melaniatrumpofficialfan.

Wenn er hier erfolgreich rauskam, würde hoffentlich niemand mehr genau hinsehen, wer ihm applaudiert hatte. Jetzt noch ein letztes Mal auf den Gegner zugehen und ihn dann finishen.

»Aber hey, ich versteh schon, was ihr meint, auch klar, die deutsche Kollektivschuld, wir haben das an den historischen Seminaren in den letzten fünfzig Jahren zur Genüge debattiert – aber man muss da schon etwas differenzieren, und mit uns Schönwalds meint ihr definitiv die Falschen. Aber ihr habt einen interessanten Ansatz, da kann man sicherlich was draus machen, und ich helfe euch natürlich gern mit ein paar Kontakten oder Ressourcen.«

Chris war sehr zufrieden mit sich. Kimberley hatte recht gehabt, das war ein Spaziergang, er musste gar nicht in den Nahkampfmodus. Azhar verdrehte entnervt die Augen, dann ergriff Malala endlich mal wieder das Wort.

Chris redete doch lieber mit ihr. Er fühlte sich nicht mehr durchschaut, sondern wohlwollend verstanden von ihr.

»Ja, genau, du sagst es, du Wortverdreher, du Faketyp! Deutsche Schuld! Ihr habt Schuld. Punkt. Aber ihr tut so, als hättet ihr keine. Aber hier ist jetzt eine Generation, die lässt euch das nicht mehr durchgehen. Wir wollen einfach wissen, wie es mit der Kontinuität der Kapitalströme seit dem Dritten Reich aussieht. Ihr denkt, man muss sich für nichts rechtfertigen. Falsch! Auch ihr habt euch zu rechtfertigen, genau wie wir. Jeden einzelnen scheiß Tag muss ich mich verteidigen. Dabei bin auch ich Deutsche. Nur eben ohne deinen fucking Nazihintergrund. Komischerweise schadet mir das, dass der mir fehlt. Dabei sind wir die besseren Deutschen, nicht ihr! Erst wenn ihr das begreift, werdet ihr klüger werden können.«

Für einen Moment war Chris sprachlos. Azhar ebenfalls. Nur die MAGA-Trolle schossen weiterhin aus allen Rohren. Sie hatten zwar nicht verstanden, was Malala gesagt hatte, doch den Anstieg der Erregung in ihrer Stimme hatten sie registriert und entsprechend ihr Emoji-Feuer verstärkt. Die dampfenden Kackhaufen kamen jetzt häufiger als der gesenkte Daumen und der kotzende Emoji.

Und auch Kimberley, die ihren Lautsprecher an die DeepL-App angeschlossen hatte und in Echtzeit eine englische Übersetzung auf einen ihrer drei Bildschirme lesen konnte, war jetzt hellwach. Chris las in ihrem Blick etwas Alarmiertes. So schlimm? Hatte er jetzt verloren? Hatten sie ihn eingelullt und dann so hart vor die Fresse gehauen, dass er umgekippt war und sich nicht mehr erholte?

War er umgekippt?

Wie hatte er in diesen Konter laufen können?

Kimberley zog ihre gestreckte rechte Hand an ihrer Kehle von links nach rechts. Jetzt Hals abschneiden. Graydons Stimme hallte dröhnend in Chris' Kopf wie in einem Horrorfilm: Obliterate them. Ab jetzt, sagte Chris sich, würde hier keiner mehr ausreden dürfen gegenüber dem Professor Who's had it.

Die Pause dauerte schon zu lang. Kimberley formte mit den Lippen ein Wort. Er brauchte einen Moment, bis er verstand: »Toddler«, Kleinkind. Aha. Er musste darauf etwas improvisieren.

»Was bist du, ein Kleinkind? Du fühlst dich nicht genügend gesehen? Du möchtest, dass auch wir uns schinden? Für etwas, das fünfunddreißig Jahre vor meiner Geburt geschehen ist? Und willst verhindern, dass in unserer durchkapitalisierten und -globalisierten Welt ein unabhängiger local bookstore entsteht? Ein Laden, der tatsächlich geschundenen Minderheiten – und nicht irgendwelchen Snowflakes, die sich wichtigmachen – zu ihrem Recht verhilft? Ihr solltet euch schämen ... «

»Greenwashing, ihr queer store ist nichts als Greenwashing«, rief mit heller Stimme Azhar. »Weil Sie wussten, dass Ihr Kapital dreckig ist, dachten Sie sich: Stecken wir die Kohle in einen schwul-lesbischen Buchladen. Dabei ist Ihre Schwester nicht mal lesbisch. Da ist ja nichts authentisch, gar nichts. Gar nicht zu reden von den Gentrifizierungseffekten, die Sie auslösen mit Ihrem feinen Laden.«

»Azhar, Azhar. Schon wieder nichts als ausgedachte Fakten. Das geht so nicht, das mussten schon eure Gesinnungsgenossen in Amerika bitter lernen, als sie Trump immer wieder der Lüge bezichtig...«

Chris stockte. Falscher Kanal. Fast hätte er Trump als leuchtendes Beispiel angeführt, wie er das in den USA tat, um seine Gegner aus der Fassung zu bringen.

»Was bitte? Was haben Sie da gesagt von Trump? Wer musste was lernen und hat Trump bezichtigt? Und was hat das alles mit uns zu tun?«

»Vergiss es, Azhar. Die Frage ist doch: Findest du es selbst nicht ein bisschen lächerlich, über die sexuelle Orientierung meiner Schwester zu spekulieren und das hier als Fakt zu verkaufen? Bisschen googeln, bisschen was ausdenken, das als Wahrheiten verkaufen? Und beleidigt sein, wenn andere

Menschen darauf nicht eingehen. Und am Ende Steine werfen.«

»Wir haben nur Farbbeutel geworfen ...«

»Oh, oh. Habe ich da ein Geständnis gehört? Da wird meine Anwältin hellhörig und sicher auch die Staatsanwaltschaft ...«

»Farbbeutel sind nichts gegen sechs Millionen Juden ... Außerdem habe ich keinen geworfen.«

Chris merkte, er war zurück im Game, was hatte Kimberley gesagt? Ach ja, drück sie in die homophobe Ecke!

»Ich kann einfach nicht verstehen, dass man Steine oder meinetwegen nur Farbbeutel gegen Menschen schmeißt, nur weil sie eine andere sexuelle Orientierung haben. Oder sich in ihrem biologischen Geschlecht nicht wohlfühlen. Solche Menschen, die schon mit so viel ... äh, kämpfen müssen, noch physisch anzugreifen: Wisst ihr, wie man das nennt? Einen Pogrom!«

»Wir haben nicht die queere Politik des Buchladens kritisiert. Sondern seine Finanzierung. Hätten Sie eine Minute recherchiert, hätten Sie erfahren können, dass ich mich selbst auch keinem eindeutigen Geschlecht zugehörig fühle. Meine Personalpronomen sind non-binär, also they ...«

»Bitte, Azhar, das gehört jetzt nicht hierher. Bitte erspar mir den Unsinn mit den Personalpronomen. Das mag für dich neu und interessant sein. Ich habe damit seit zehn Jahren zu tun in der akademischen Welt in den USA. Dort ist das übrigens schon wieder out. Leute sind zu ihren ursprünglichen Pronomen zurückgekehrt. Er und sie. Ganz einfach. Aber das nur am Rande. Ich halte fest: Ihr habt keine Beweise für die Behauptung, dass Vorfahren von mir an Verbrechen der Nationalsozialisten beteiligt waren. Alles, was ihr habt, ist ein ... Wikipedia-Eintrag eines anonymen Autors, in dem zu lesen ist, dass Mitglieder der Familie Schönwald – wie Millionen anderer Deutsche – ihren Wehrdienst abgeleistet haben für das Land, in dem sie nun mal unverschuldet geboren wurden. Und in dem es damals nicht so leicht war, sich zu entziehen, wie heute, wo Menschen wie ihr so etwas natürlich nicht verstehen, da ihr ja glaubt, ihr könnt euch alles aussuchen, sogar euer Geschlecht!«

Chris hatte sich wieder in seine MAGA-Persona reingeredet. Das war gefährlich, aber es fühlte sich gut an. Azhar hatte er gebrochen, das wusste er. Fehlte noch Malala.

»Ein letztes Mal: Könnt ihr meine fürchterliche Vermutung widerlegen, dass ihr diesen Angriff auf meine Schwester gestartet habt, ohne einen einzigen historisch belegbaren Beweis zu präsentieren, dass Mitglieder der Familie Schönwald an Verbrechen des NS-Regimes beteiligt waren?«

»Chris, wir sind hier nicht in der Bringschuld.«

»Ja oder nein?«

»… und bei allen Fragen, die damit zusammenhängen, waren wir stets in der Bringschuld: Aufenthaltsgenehmigungen unserer Eltern, Behördengänge, Duldungen, Sprachtests, Stirnrunzeln bei der Aussprache unserer Nachnamen, Veralberung unserer Namen, ständige Fragen, ›wo kommst du denn her?‹, Antwort: ›aus Berlin‹, Nachfrage: ›Nein, wo kommst du denn wirklich her?‹ und so weiter. Ich, lieber Chris Schönwald, bin eine ordentliche Deutsche, und ich muss dir gar nichts beweisen. Denn du bist ein Psycho, der sich während der Eröffnung des Buchladens seiner Schwester in einen Dönerladen nebenan stellt und Bier und Schnaps trinkt, weil du es nicht aushältst, Deutscher mit Nazihintergrund zu sein. Deshalb spielst du dich hier als der amerikanische Professor auf!«

Der du ja gar nicht mehr bist. Er hatte befürchtet, dass dieser Nachsatz noch käme. Doch Malala verstummte. Sie schien erschöpft. Das reichte Chris. In einer anderen Welt wäre das, was Malala gesagt hatte, durchaus bedenkenswert gewesen. Aber unter diesen Umständen war alles, was Chris jetzt noch brauchte, das Eingeständnis, dass sie keine Beweise hatten, und die Zusage einer öffentlichen Entschuldigung. Daran würde für die Familie sein Erfolg gemessen werden.

Also bellte er noch ein »Ja oder nein?«, und Malala gestand schließlich ein, dass sie über keine konkreten Beweise verfügten. Dann holte Chris Kimberley als seine Anwältin vor die Kamera. Die Idee war ihm spontan gekommen, und er hatte sich auf Kimberleys Geistesgegenwart verlassen müssen. Und sie lieferte, entschuldigte sich bei Azhar und Malala für ihren Aufzug in einem Harvard-Kapuzenpulli, sie käme direkt aus dem Flieger aus Washington. Sie sei sofort aufgebrochen, als Chris sie über die bedauerlichen Verleumdungen informiert habe. Sie sei mitnichten Expertin für deutsches »Libel law«, wie sie sagte, aber sie könne nach jahrzehntelanger Arbeit für die US-Regierung – in viel instabileren Staaten als Deutschland – mit relativer Sicherheit sagen, dass es auch hierzulande justiziabel sei, andere Menschen öffentlich und ohne jeglichen Beweis irgendwelcher Kriegsverbrechen zu bezichtigen. Ihre Eloquenz, ihre Aufgeräumtheit, ihre, ja, sympathische Ausstrahlung: Chris spürte Bewunderung in sich aufsteigen, und auch, täuschte er sich?, so etwas wie Liebe.

Kimberley schaute auf die Uhr oben rechts auf dem Display des Rechners und sagte, sie wolle Malala und Azhar gern noch eine Chance geben. Denn auch sie schätzte das Ehrenwerte ihres Engagements, nur seien sie eben übers Ziel hinausgeschossen, und das könne durchaus dem jugendlichen Eifer geschuldet sein. Kurz, sie gewähre eine Frist von achtundvierzig Stunden, in der Malala und Azhar bitte alle Statements zur Familie Schönwald, ob in Schrift, Ton oder Bewegtbild, von ihren Publikationskanälen löschten und eine von beiden vorgetragene Entschuldigung einstellten, in der jeder geäußerte Vorwurf zur Familie Schönwald und ihrer angeblichen Verstrickung mit dem NS-Regime explizit als Irrtum gekennzeichnet wurde. Geschah dies nicht, würde Kimberley am Mittwoch um exakt 18:51 Uhr ihre deutschen Kollegen beauftragen, eine Klage vorzubereiten.

Mit diesen Worten verschwand Kimberley wieder vom Bildschirm, und Chris gönnte sich eine professorale Abmoderation. Azhar schien Mühe zu haben, seine Wut zu zügeln, und sagte immer wieder, es hätte keinen Sinn, mit Leuten wie den Schönwalds zu reden, doch Malala lächelte. Chris meinte sogar in ihrem Gesicht Mitleid oder Güte zu erkennen. Doch Mitleid, dachte Chris, war ja nun wirklich fehl am Platz, eher müsste er doch Mitleid mit ihr haben, aber das hatte er nicht. Er wollte Trost von ihr, umarmt und gestreichelt werden, denn ihr hätte er vielleicht sagen können, wie er sich wirklich fühlte. Malala, das Mädchen aus Kabul, das Mädchen mit den dunklen Augen, hätte ihn verstanden, so wie sie ihn all die Jahre verstanden hatte, als sie ihn von der Wand in seiner Wohnung in Brooklyn angeschaut hatte. Sie wirkte so fein, so zerbrechlich, er wollte sie festhalten.

Stattdessen musste er Sex haben mit der mächtigen alliierten Siegermacht. Sie waren so ein perfektes Team gewesen, Doppelpartner in Crime, der deutsche Lehrling und seine amerikanische Supervisorin. Kimberley hatte noch in der Sekunde, in der Chris die Kameraverbindung gekappt hatte, angefangen sich auszuziehen und aus ihrer Handtasche den Double-Sided Wand Vibrator von Goop, der Wellness-Marke von Gwyneth Paltrow, gezogen und ihn schweigend Chris hingehalten. Das Gerät hatte eine Art Tischtennisball an einem Ende und war schwieriger zwischen Kimberleys Schamlippen zu manövrieren, als Chris sich das vorgestellt hatte. Doch Kimberley hatte ihn mit geduldiger Stimme angeleitet. Die Session mit den Influencern hatte ihn schon völlig erschöpft, nun fiel der ganze Druck von ihm ab, er versuchte sich auf Kimberleys Wegbeschreibungen zu konzentrieren, vorgetragen in der angenehm austarierten Tonalität eines Navigationsgeräts. Das gleichmäßige Surren der kleinen Maschine in seiner Hand machte schläfrig und senkte Chris' Puls, während Kimberleys Puls weiter anstieg. All das beruhigte ihn, und für Chris hätte es ewig so weitergehen können, nicht mehr denken, den Links/höher/mehr Druck/langsamer-Anweisungen wie in Trance folgen, wahrer Frieden. Und als es schließlich nach Stunden – oder waren es nur 45 Minuten gewesen? – doch vorbei war und Kimberley nahezu auf der Stelle einschlief, empfing Chris' Telefon eine WhatsApp.

Sie kam von Malala und enthielt nur einen Satz: »Ich weiß, dass du kein Professor bist.«

5   Europa

Benni hatte, wenn er ehrlich war, nie wirklich verstanden, welches Problem Emilia mit Familien hatte. Dass sie so gar nichts mit seiner, aber noch viel weniger mit ihrer eigenen Familie zu tun haben wollte. Er hatte mit einigem Schaudern dabei zugesehen, wie sie bis zuletzt versuchte, den Besuch ihres Vaters zu verhindern, erfolglos am Ende, zum Glück, wie Benni fand. Er hatte gehofft, der Besuch würde das Verhältnis zwischen Emilia und ihrem Vater neu beleben, hatte aber schnell einsehen müssen, dass es dazu wohl nicht mehr kommen würde. Sobald sie mitbekommen hatte, dass Thomas erstens seine neue Frau oder Freundin mitbrachte, zweitens gekommen war, um sich, angeblich von Elon Musk persönlich, eine Führung durch das neue Tesla-Werk in Grünheide geben zu lassen; er drittens mit seiner neuen Frau-Schrägstich-Freundin-Schrägstich-Geliebten auf Real Estate Hunt gehen wollte, wie Thomas und Stella (so hieß sie) es nannten, und an vierter Stelle erst eine Stippvisite bei seiner Tochter und deren Mann und Kindern stand – spätestens da hatte Emilia das Interesse an ihrem Vater wieder verloren. Seitdem wurde der Besuch von Thomas Papenbrinck wie eine Belästigung behandelt, und obwohl es Benni ja eigentlich egal sein konnte, fühlte er sich dafür verantwortlich, Thomas und Stella eine zumindest erträgliche Zeit bei ihnen in der Uckermark zu bereiten.

Soweit Benni wusste, hatte Thomas sich als Vater nichts wirklich Schlimmes zuschulden kommen lassen. Er hatte seine Tochter nicht misshandelt oder missbraucht, und auch von anderen seelischen Grausamkeiten war Benni nichts bekannt. Vielleicht war sein Schwiegervater ein etwas egozentrischer Typ, der sich vor zwanzig Jahren mehr für sich, seine Firmengründungen und *the high life* interessiert hat als für seine elfjährige Tochter. Vielleicht war er aber auch einfach zu früh Vater geworden, damals als Anfangzwanzigjähriger. Jetzt, mit Mitte fünfzig jedenfalls, wollte er alles wiedergutmachen, und anders als Emilia hatte Benni dafür totales Verständnis. In erster Linie bestand Thomas' Wiedergutmachung darin, seine Tochter mit Luxuswohnungen und -häusern zu beschenken. Er wollte nicht verstehen, dass Emilia und Benni in einem Fertighaus für 290 000 Euro wohnten. Warum, fragte er immer wieder, hatten sie nicht wenigstens einen historischen Vierseitenhof gekauft und umfänglich restauriert, Pool, Sauna, Tiefgarage, Gästehaus? Und wenn sie sein Geld dafür nicht wollten, akzeptiere er das – er selbst habe auch niemals nur einen Cent von seinen Eltern genommen, abgesehen davon, dass sie sowieso nichts gehabt hätten. Aber mit einem Vierseitenhof oder vielleicht noch etwas Feudalerem, irgendwas von den Hohenzollern (schließlich sind wir doch hier in Preußen), sei es wohl schwierig, das zumindest habe auch Elon gemeint, der schon seit über einem Jahr in Brandenburg suchte. In keinem anderen westlichen Land wäre es doch vorstellbar, soll Elon zu Thomas gesagt haben, dass in der Peripherie der Hauptstadt zwar überall Streuobstwiesen, Scheunen und Höfe zu finden seien, aber keinerlei Infrastruktur: keine Hotels, keine Restaurants, keine Heliports, auch keine Baugenehmigungen, keine flexiblen Behörden und wenig willige Verkäufer. Also insofern Chapeau, hatte Thomas zu Benni gesagt, zu dem tollen Grundstück mit dem Blick auf den Wald und den See, der dahinter durchschimmerte, aber dieses Fertighaus, das sei doch etwas gewöhnungsbedürftig und vor allem: zu klein für eine vierköpfige Familie.

»Aber es ist skandinavisches Design« war alles, was Benni dazu eingefallen war.

»Was macht denn überhaupt dein Gottesbeweis«, fragte dann Thomas meist. »Hast du die Million Dollar Preisgeld jetzt mal eingeloggt?«

Sein Schwiegervater spielte auf den Beweis der Riemannschen Vermutung an, an der Benni seit einigen Jahren arbeitete. Die Riemann'sche Vermutung zählte zu den noch ungelösten Problemen der Mathematik, den sieben sogenannten Milleniums-Problemen. So hatte sie das Clay Mathematics Institute in Cambridge, Massachusetts, gelabelt. Das Institut hatte zudem eine Million Dollar ausgelobt für jeden, dem es gelang, eine dieser Vermutungen in einem mathematischen Beweis zu verifizieren. Benni hatte, nachdem er sowohl sein Jura- als auch Mathematikstudium mit summa cum laude abgeschlossen hatte, die Angebote der großen Rechtsanwaltsfirmen abgelehnt, die ihn mit sechsstelligen Gehältern und der Aussicht, Partner zu werden, lockten: zu viel Arbeit, keine Lebensqualität, null Familienleben, stattdessen toxisches Arbeitsklima. Doch auch die Aussicht, als Mathematiker an irgendeinem Max-Planck-Institut die schöne Reinheit der Mathematik in den Dienst eines Algorithmus für einen Fahrkartenautomaten zu stellen, hatte ihn regelrecht angewidert. Aber er konnte ja auch nicht keinen Job haben. Er konnte ja nicht von Emilia, oder noch schlimmer, von Thomas leben. Also hatte er kalkuliert, dass selbst wenn er zehn Jahre für den Beweis einer der sieben ungelösten Probleme bräuchte, er mit einem Preisgeld von einer Million immer noch hunderttausend im Jahr verdienen würde. Und Benni war sich sicher, dass die Riemann'sche Vermutung sich in zehn Jahren lösen lassen würde. Er war inzwischen im achten Jahr und seine Gleichung erstreckte sich schon über 167 Seiten. Es war kein schöner, klarer, zielstrebiger Beweis mehr. Es war ein Konvolut aus verschiedenen mathematischen Methoden und Themenfeldern – aber innerhalb der nächsten zwei Jahre würde er ihn fertigstellen und vom Clay Institute sein Gehalt bekommen. Ob ihn die Tatsache, dass genau in diesem Moment ganz andere Genies als er, mit ganz anderen Mitteln ebenfalls an der Riemannschen Vermutung rumdoktorten, nicht störte, hatte Thomas ihn gefragt. Nein, war Bennis Antwort gewesen. Das störe ihn nicht. »Du weißt ja», hatte Thomas es noch einmal probiert, »ich war früher im Silicon Valley, habe die ersten Apps dort programmiert. Da ging es ja auch viel um Mathe, und du erinnerst mich an den kleinen Thomas. Lass doch mal sehen, deinen Schlamassel, vielleicht macht's Bingo bei mir. Vier Augen sehen mehr als zwei!«

»Auf gar keinen Fall«, beschied Benni, und das waren die Momente, in denen auch er ahnte, dass Emilia mit ihrer Ablehnung des Papenbrinck-Vibes, wieder so ein Wort von ihr, vielleicht doch nicht ganz falschlag. Er sollte sich da nicht einmischen, andererseits jedoch sehnte er sich nach Schwiegereltern. Und nach Schwiegergeschwistern, Schwiegeronkeln, einem ganzen Schwiegerkosmos, denn mit der Schwieger-Präposition schien ihm das Konzept Familie theoretisch perfekt: Die Schwiegerfamilie bot alle Vorteile des Familienlebens, aber ohne den emotionalen Ballast. Denn es war ja nicht die eigene Familie, nicht die eigenen Eltern, die komisch waren; nicht die eigenen Geschwister, die nervten, sondern eine fremde Familie, deren Schrulligkeiten man zurückgelehnt beobachten konnte.

Emilia sah das nicht so. Sie fühlte sich von der Schwiegerfamilie, also von Bennis, fast noch mehr gestresst als von ihrer eigenen, die eigentlich nur aus Thomas und seinen drei Ex-Frauen bestand, eine davon Emilias Mutter, eine Amerikanerin, die in Los Angeles lebte und laut Emilia schwer alkohol- und tablettenabhängig war. Mit der Verbindung zu seiner Familie, fand Benni, hatte seine Frau eigentlich einen guten Deal gemacht: mit seinem schillernden Bruder Chris, seiner coolen Schwester Karolin und den sehr angenehmen

Eltern, die trotz ihres Alters fit waren und unternehmungslustig, interessiert und zugewandt, ohne aufdringlich zu sein, großzügig, aber nicht protzig; Leute, die man trotz ihrer achtzig Jahre in ein Restaurant mitnehmen konnte, wo sie nicht in der beigefarbenen universalglobalen Rentnerkluft auftauchten, sondern gut angezogen, dabei interessante Gesprächspartner waren und am Ende die Rechnung übernahmen. Kurz, sie waren fast alles, was Emilia an ihren eigenen Eltern vermisste (von Geschwistern wusste Benni gar nichts, es gab wohl einige Halbgeschwister, die Emilia aber selbst kaum kannte).

Und trotzdem war sie mit der Familie Schönwald auch nicht glücklich. Im Gegenteil, sie sträubte sich gegen alles, was sie mit ihr in Verbindung brachte.

Benni hatte den Punkt überschritten, an dem ihn das verletzte. Inzwischen fand er es nur noch anstrengend. Dass sie nicht mitmachte, dass sie nicht mitkam, dass alles schwergängig war, dass sie sich keine Mühe gab, ja, die Unverschämtheit besaß, sich Freiheiten herauszunehmen: nicht aufzutauchen bei gemeinsamen Essen, Spaziergänge zu verweigern, Gruppenveranstaltungen zu boykottieren. Benni konnte sich nicht erinnern, dass Emilia auch nur an einem gemeinsamen Frühstück teilgenommen hatte, weil sie es eklig fand, morgens mit fremden Leuten am Tisch sitzen und reden zu müssen. Sich diese Freiheiten nehmen zu können, war natürlich bewundernswert. Sie machten das Leben schöner und, auf eine Art, komisches Wort: echter. Ja klar, es war ja eine Binsenweisheit, und die Weltliteratur war voll davon, dass Familien kaputt, zwanghaft und verlogen waren. Aber wer das nur so sah, machte es sich zu einfach.

Über all das hatte Benni nachgedacht in letzter Zeit. Erstens, weil ein zynischer Dirigent des Universums den seltenen Besuch von Emilias Vater mit einem Aufenthalt seiner Eltern in die gleiche Woche gelegt hatte und diese beiden Ereignisse nun alles bestimmten. Die Eröffnung des Buchladens seiner Schwester hatte eigentlich so etwas wie der Höhepunkt dieser Doppel-Großeltern-Woche werden sollen, wie Benni diese Tage gegenüber August und Otis bezeichnet hatte. Dass Opa Thomas jetzt gar nicht dabei war, weil er glaubte, auf eine Premiere in Salzburg zu müssen, hatte Benni enttäuscht, und auf einmal hatte er ganz genau gewusst, wie Emilia sich schon ihr Leben lang fühlen musste.

Ich weiß, hatte Thomas gesagt, ich würde auch viel lieber zu eurer Buchladen-Eröffnung als zur Opernpremiere. Sind ja beides, wenn du so willst, Schwulenveranstaltungen, haha, aber Stella, du weißt schon, sie hat doch so ein Opernfaible. An diesem einen Satz gab es für Benni einiges zu sortieren: Erstens, nein, er wusste nicht, dass Stella ein Opernfaible hatte, was für ein fürchterliches Wort, er kannte Stella ja gar nicht; und das mit den Schwulenveranstaltungen – sollte das ein Witz sein, oder dachte sein Schwiegervater wirklich so? Und Stella hin oder her, er hatte nichts gegen sie und ihr angebliches Opernfaible, aber das hier war Familie, und es wäre für Thomas eine Gelegenheit gewesen, seine Familie ein bisschen besser kennenzulernen. Was sie denn in Salzburg sähen, hatte er Thomas gefragt. Ach, wisse er jetzt gar nicht so genau, hatte Thomas geantwortet und versucht, die Aufführung in seinem Handy zu finden.

Da wusste Benni, er musste sich bei Emilia entschuldigen. Thomas' Desinteresse an ihrem Leben, ihrem Mann und ihren Kindern war vielleicht doch nicht so eingebildet, wie Benni es ihr immer unterstellte. Was er trotzdem nicht verstand, war, warum seine Frau auch seine Familie ablehnte. Denn in dem gleichen Maße, in dem Thomas und Stella (oder Stella-Nachfolgerin/Vorgängerin) desinteressiert waren, waren seine Eltern interessiert. Und zwar an allem. An ihr, an ihrem Leben, ihrem neusten Aufsatz in einer elitären Kunstzeitschrift und sogar an den Projekten, die sie als Influencerin auf Instagram machte (diese »Kunstprojekte« hätte man früher wahrscheinlich schlicht Werbung genannt, aber das sagte Benni seinen Eltern nicht). Und theoretisch waren sie auch an Emilias Familie interessiert, hätte Emilia diese seinen Eltern nicht in den abschreckendsten Farben ausgemalt: von den Luxus- und Fraueneskapaden ihres Vaters, von denen sie wusste, dass Ruth sie zutiefst ablehnen würde, und der Alkohol- und Tablettensucht ihrer Mutter, die seine Eltern zwar niemals verurteilen, aber sicher doch bedenklich finden würden. Die Hingabe seiner Eltern an alles, was ihre beiden Enkel betraf, missverstand Emilia hingegen als Einmischung, gar als Bevormundung, als Herabsetzung ihrer Autorität als Mutter. Ständig fühlte sie sich unter Druck gesetzt, was wiederum Benni nicht nachvollziehen konnte.

Und das berührte den zweiten Grund, dessentwegen Benni in letzter Zeit viel nachgedacht hatte. Er konnte bei diesem Thema mit Emilia keine Übereinkunft finden, seit Jahren nicht, seit dem Tag ihrer Hochzeit, verschärft seit der Geburt von August. Und wenn sich in einer Beziehung ein Knoten bildet, der nicht gelöst werden konnte, wie auf einem verspannten Nacken, der sich stattdessen immer weiter verhärtete, brachte er irgendwann die gesamte Statik des Körpers in Schieflage. Er gefährdete die Beziehung, ja die Ehe, die einstmals große Liebe. Benni fühlte sich ausgelaugt von der Schwergängigkeit seiner Frau in allen Familienbelangen. Häufig in letzter Zeit hatte er seine beiden Geschwister beneidet, die mit ihren wechselnden oder gar nicht existenten Partnern mit dieser ganzen Scheiße nichts zu tun hatten, ja nicht einmal davon wussten, dass diese Scheiße überhaupt existierte.

Schon früh am Morgen hatte Thomas aus Salzburg angerufen. Emilia und die Jungs schliefen noch, während Benni vor der Terrasse des Fertighauses auf seiner Yogamatte gesessen hatte: keine Frau, keine Kinder, Ruhe. Die schönste Zeit des Tages. Doch anstatt sein von einer App gesteuertes Sportprogramm zu absolvieren, hatte er nur auf der Matte gesessen und einen Filterkaffe getrunken und gehofft, sich das später trotzdem als Sport verkaufen zu können.

Thomas sagte am Telefon, er hätte von dem Angriff der Instagram-Kids gehört und nur kurz in »den lösungsorientierten Teil der Diskussion einwerfen« wollen, dass sein Tennispartner in London ein gut laufendes Start-up damit betreibe, Troll-Armeen for hire zur Verfügung zu stellen. Eine schlagkräftige Truppe, sagte sein Tennisfreund, koste zwischen 50 000 und 100 000 Pfund für einen einmaligen Einsatz über drei bis vier Tage. Er würde einen ausgeben, hatte Thomas gesagt, ob Benni wolle, dass er die Trolls losschicke?

Da müsse er erst mit seiner Schwester sprechen, hatte Benni lahm entgegnet, aber sofort gewusst, dass weder seine Schwester noch er das wollen würden. Aber interessant war es doch, dass Thomas wenigstens Hilfe anbot, während seine liebe Frau, die ja in den Medien stets als Influencerin bezeichnet wurde und über fast hunderttausend modeinteressierte Instagram-Jüngerinnen verfügte, keinerlei Anstalten unternommen hatte, Karolin beizustehen, wenigstens was jenen Teil des Krieges betraf, der sich in den sozialen Medien abspielte.

Benni spürte, wie Düsterkeit seine Seele umschloss wie ein kalter, stinkender Lappen, als Emilia im Rahmen der Terrassentür erschien. Sie trug einen Pyjama aus roter Seide mit grün-weißen Blumenmustern. Hinter ihr, im Haus, hörte man August und Otis die Treppe aus skandinavischem Holz auf einem Kissen johlend herunterrutschen.

Dass Emilia nicht sofort eingriff, war kein gutes Zeichen.

Es deutete darauf hin, dass irgendetwas Wichtigeres als die Unversehrtheit der Kinder ihren Kopf beschäftigte. Auf der anderthalbstündigen Autofahrt gestern Nacht zurück in die Uckermark hatten sie geschwiegen. Das war selten. Vor allem als August und Otis endlich eingeschlafen waren, hätten sie Zeit zum Reden gehabt. Doch Emilia erweckte den Anschein, als würde sie Benni verantwortlich machen für die Gefahr, der er die Familie durch die Eröffnung ausgesetzt hatte. Es war seine Schwester, die die Eskalation so weit hatte kommen lassen, indem sie die Proteste im Vorfeld ignoriert hatte, davon war Emilia überzeugt.

Sie wolle sofort gehen, hatte sie unmittelbar nach dem Angriff gezischt. »Ich möchte auf keine Veranstaltungen deiner Familie gehen, auf denen meine Kinder tätlichen Angriffen ausgesetzt werden. Und es sind deine Leute, die sich mal wieder selbst zu geil finden, um auf die Idee zu kommen, dass sie die Situation vielleicht auch hätten entschärfen können.« Danach hatte sie nichts mehr gesagt, sich aber demonstrativ fürsorglich um August und Otis gekümmert, als wäre ihnen etwas Furchtbares zugestoßen. Dabei hatte sie stets die Formulierung »euer Vater« benutzt, wenn sie Benni meinte, und da wusste er, es würde ein Problem geben, das war das kleine Einmaleins von passivaggressivem Verhalten. Vor dem Einschlafen hatte er Emilia gesagt, dass er am Morgen mit August und Otis, am liebsten auch mit ihr, wieder nach Berlin zum Buchladen fahren wolle, um seiner Schwester zu helfen. Ansonsten war es ihm nun zwölf Stunden lang gelungen, auf die Verstimmung seiner Ehefrau nicht einzusteigen, aber jetzt würde es eng werden.

Er entspannte sich in seinem Schneidersitz, die Sonne schien tief auf sein Gesicht, die Strahlen verfingen sich in seinen blonden Haaren, ein Sonntagmorgen um halb neun. Er begann seine Muskeln zu dehnen. Hinter der Terrasse erstreckte sich eine wilde Wiese mit einem Yurt-Zelt und einem Baumhaus für die Kinder. Im hinteren Teil des Gartens hatte Benni sich eine zweite Terrasse bauen lassen für einen großen Esstisch und zwei professionelle Weber-Grills, einer für Holzkohle, der andere für Gas. Zum Einzug vor fünf Jahren hatten er und Emilia sieben dieser großen, für Profigriller entworfenen Geräte bekommen. Die beiden imposantesten mit den meisten Armaturen, Grillebenen und Edelstahlanrichteflächen hatte er behalten. Mit den fünf übrigen hatte er ein paar Monate den Schuppen verstopft und sie schließlich in einem einzigen nachmittäglichen Befreiungsschlag weit unter Wert auf Ebay verkauft. Neu kosteten die Ungetüme mehrere Tausend Euro. Sie waren allesamt von Emilias Freunden geschenkt worden, in deren Cliquen aufwendige Weber-Grills damals als *das* Einzugsgeschenk galten. In dem ersten Sommer im neuen Haus hatte sich Benni eine Profischürze von Manufactum umgebunden und sich dann durch die kompletten Anatomien verschiedener Tierarten gegrillt.

Er begann beim Beefsteak und grillte sich dann systematisch über Sirloin, Rump, Flank, Brisket, Fore Rib, Thin Rib, Thick Rib, Chuck, Neck, Silverside und Topside immer weiter in die Peripherie des Kuhkörpers und testete dabei verschiedene Angrillmethoden, Temperaturen, Rosthöhen, Grillpositionen, Kohlesorten und Gasbefüllungen und ging vor allem der grundsätzlichen Frage nach, ob Gas oder Kohle nun der bessere Brennstoff war. Die Angrillmethoden waren häufig nach amerikanischen Städten benannt, am besten gefiel ihm »Pittsburgh«, bei der man das Fleischstück mehrere Minuten richtig im Feuer anbriet. Als er nach sechs Wochen mit allen Rindercuts durch war, begann er bei Lammkoteletts wieder von vorn und ging dann quer durchs Schaf. Das Fleisch kaufte er bei ausgewählten Rinderzüchtern in Brandenburg direkt vom Gutshof zu schwindelerregenden Preisen.

Emilia hatte sich schon nach einer Woche über den Rauch beschwert, der, egal wie der Wind stand, von der Terrasse immer in das luftige Skandinavienhaus hineinblies und es in eine düstere Räucherhütte verwandelte. Quasi von Tag eins an hatte sie nicht aufgehört, darauf hinzuweisen, welch ernsthafte Krebsgefahr die polyzyklischen aromatischen Kohlenwasserstoffe für August und Otis darstellten. Benni hatte daraufhin Macek, seinen Bauarbeiter für alle Gelegenheiten, gebeten, eine zweite Terrasse am äußersten Ende des Gartens anzulegen. Um Geschirr und Speisen dorthin zu schaffen, musste man nun beträchtliche Strecken über das Grundstück zurücklegen, doch die Emissionen des verbrannten Fleischs zogen wenigstens direkt in die dunklen Nadelbäume des angrenzenden Wäldchens.

Während Macek, Pjotr und Adam hinten im Garten die Terrasse samt gefliesten Arbeitsflächen, Lagerfächern für Holz, Kohle und Gasflaschen sowie ein Waschbecken in aller Ruhe fertigstellten, hatte Emilia Jonathan Safran Foers Buch über Fleisch gelesen, und just als der Grillbetrieb wieder aufgenommen werden sollte, verkündet, sie sei jetzt Veganerin. Unterstützt wurde sie von August und Otis, die erklärten, von Papas Fleisch bekämen sie Bauchschmerzen und Krebs. Benni grillte noch den Schweinezyklus, der ihm ohnehin am wenigsten Spaß machte, vom Kotelett bis zu den Haxen zu Ende und war dann, begleitet von der Skepsis seiner Mutter (»Ich esse auch wenig Fleisch, aber dass ihr« – gemeint war natürlich Emilia – »gleich wieder so ein Dogma draus machen müsst!«), auch Veganer geworden.

Später, in einem Streit, erfuhr Benni, dass es noch etwas anderes war, das Emilia abstieß: Bennis Systematik, das Zwanghafte, eine Materie vollständig durchdringen zu wollen. Und ganz bestimmt um Benni noch mehr zu demütigen, führte sie einen bekannten Hollywoodschauspieler an, mit dem sie zu Anfang seiner Karriere mal auf ein Date gegangen war. Der hatte anschließend bei sich zu Hause zwanghaft Gin and Tonics für sie zusammengeschüttet – der richtige Gin, das richtige Tonic, die richtige Mischung, sogar das richtige Eis, herrje –, was ihr ob dieser Zwanghaftigkeit alle Lust verdorben hatte. Und so sei es ihr auch gegangen, als sie Benni bei seinen Grillexperimenten zugesehen habe – mit dem Unterschied, dass die Sache bei dem Schauspieler zehn Minuten gedauert habe (bis er ihr den Drink über den Mund geschüttet habe), bei Benni hingegen zehn Wochen.

Inzwischen fristeten die Weber-Grills als traurige Industrieruinen hinten im Garten ihr Dasein, wie jene liebevoll verrosteten Kräne, die in gentrifizierten Hafengegenden vor den Tacoläden stehen, als romantische Reminiszenz an eine Zeit, in der das Leben noch aus Handarbeit bestand: als Tiere noch erlegt, zerwirkt und auf den Grill geschmissen wurden.

»War das dein Ernst, dass wir da heute wieder hinfahren müssen?«, fragte Emilia und ließ keinen Zweifel, was sie davon hielte. »Was, wenn die Typen wiederkommen, diesmal mit Stöcken oder Steinen, und alles kurz und klein schlagen? Diese sinnlosen Kämpfe, die deine Schwester da – warum auch immer – austrägt, sind nichts für Kinder.«

»Hab' doch nicht immer so absurde Ängste. Die werden nicht wiederkommen, und wenn, werden sie bestimmt keinen Unbeteiligten, erst recht keinen Kindern, etwas antun. Das sind keine Dschihadisten. Das sind Instagram-People – wie du.«

»Ach, du hältst dich für unbeteiligt? Wie die anderen in deiner Familie?«

»Ich helfe meiner Schwester, Emilia. Dass du in dem Konzept Familie keinerlei Solidaritätspflicht oder Zusammenhalt erkennst, ist eine Störung, die bei dir vorliegt. Nicht wir sind komisch. Du bist es.«

Er wusste, dass der Streit nichts bringen würde. Emilia hingegen glaubte an Streit. Sie war überzeugt, dass sich dadurch Dinge klären ließen und so Reinheit entstünde und alle Unebenheiten beseitigt werden könnten.

Benni glaubte nicht, dass Menschen sich ab einem gewissen Alter noch ändern können. Durch Therapie vielleicht bis zu einem gewissen Grad. Aber im Grunde war das, was als Änderung wahrgenommen wird, bloß ein Unterdrücken. Ein Nicht-Zulassen. Er würde Emilia in ihrer Schwergängigkeit gegenüber allem Familiären nicht mehr ändern, davon war er überzeugt. Da waren Dinge schiefgegangen, die außerhalb seiner Reichweite lagen. Wenn überhaupt Dinge schiefgegangen waren. Vielleicht war sie einfach so. Er liebte sie, das wusste er. Er glaubte sogar, ganz im Ernst, dass die Liebe, die er ihr gegenüber empfand, die größte war, die man erreichen konnte. Seine Freunde hatten sich alle scheiden lassen oder von den Partnern getrennt, mit denen sie Kinder hatten, und die Trennung meist mit einem Achselzucken quittiert. Für ihn wäre das die größtmöglich denkbare Lebensniederlage.

Aber seit einiger Zeit war es schwieriger geworden. Wenn er nicht daran glaubte, dass Dinge sich ändern ließen, wie sollte es dann weitergehen? Er merkte, dass er litt. Jetzt zum Beispiel konnte er seine Wut oder seinen Frust oder seine Traurigkeit, er wusste gar nicht, was es war, kaum aushalten: dass sie so widerspenstig war. Dass sie nicht sagen konnte, oh, da ist was Schlimmes passiert gestern, komm, lass uns losfahren und helfen. War es vermessen, eine solche Reaktion zu erhoffen?

»Es war klar, dass es deine Mutter sein würde, die euch in den Abgrund reißen wird.«

»Wovon redest du da, Emilia?«

»Weil sie sich durch alles durchgewurschtelt hat. Sogar durch die Beziehung zu ihrem eigenen Vater. Ich finde die Annahme der Instagram-Kids, wie ihr sie so schön herablassend nennt, übrigens absolut plausibel. Bin ich für euch auch ein Instagram-Kid?«

»Durchwurschteln? Das sagst ausgerechnet du? Du wurschtelst dich doch selbst durch. Oder hast du mal versucht, dein Verhältnis zu deinem Vater zu klären? Und gibst anderen Ratschläge. Das ist so verlogen.«

»Mit meinem Vater gibt es nichts zu klären, Benni. Er weiß, was ich von ihm halte. Solange er sein Verhalten nicht ändert, möchte ich nichts mit ihm zu tun haben. Da ist alles glasklar und ausgesprochen.«

Da sie wusste, wie es jetzt weitergehen würde, rannte Emilia ins Haus, griff ihre beiden Söhne.

»Nein, Mama! Wir wollen weiter runterrodeln!«
»Ich habe das iPad für euch. Ihr könnt was gucken!«
»Was gucken?«, fragte August ungläubig. »Vor dem Mittag? Das dürfen wir doch nie!«

»Heute schon«, sagte Emilia und knallte das iPad auf den Schreibtisch und setzte beiden Jungen große dicke Kopfhörer auf, einen in Gelb, den anderen in Blau. Dann rannte sie die Treppe wieder herunter, raus in den Garten. Erst als sie den Kindern das iPad hinknallte, merkte sie, wie wütend sie war. Und wenn ihr Mann nicht an den Punkt gelangte, an dem er mal ihre Kritik annahm und endlich begriff, wusste sie nicht, ob die Ehe noch Zukunft hatte. Aber das würde sie nie sagen. Das würde sie erst sagen, wenn die Ehe keine Zukunft mehr hatte. Das Landleben besaß seine Vorteile, vor allem den, dass sie kaum soziale Verpflichtungen hatte und sich ganz der Entwicklung von August und Otis widmen konnte. Sie sollten es besser haben, als sie es als Kind gehabt hatte. Aber das Landleben, besonders in Ostdeutschland, war auch auszehrend. Sie könnte das Angebot von ihrem gestörten Vater annehmen und mit August und Otis nach London ziehen, Thomas hatte dort ein Haus in St. John's Wood mit großem Garten, das mehr oder minder leer stand. Aber das Drama ihrer eigenen Kindheit war ja gerade ein abwesender Vater gewesen, das hieß, ohne Benni ging es nicht, außerdem liebte sie ihn. Aber sie würde nicht aufhören können, ihm immer wieder seine Unfähigkeit zur Selbstkritik vor Augen zu führen. Er musste verstehen, dass dies ein Problem seiner Familie war. Sie würde davon nicht ablassen können.

»Warum fragt von euch niemand Karolin, warum sie es nicht für nötig gehalten hatte, ihre Kritiker ernst zu nehmen...«

»Sie hat ein Interview gegeben!«

»Nur um zu sagen, das Geld stamme aus einer Erbschaft. Das ist doch Pseudotransparenz. Wenn ich all die Millionen von Thomas erbe, werde ich sagen, das ist das Geld meines Vaters, das er mit Firmenzerschlagungen, Kryptowährungen und Geschäften mit Hunter Biden in der Ukraine gemacht hat, solange das noch ging. Und dass ich deswegen nichts davon haben will und alles an Extinction Rebellion, SOS-Kinderdörfer und Pro Asyl gespendet habe.«

»Ja, Emilia, es muss immer Drama sein. Weißt du, man kann auch einfach gar nichts sagen. Es geht nämlich niemanden was an. Wo dein Geld herkommt, ist Privatsache, solange du nicht für ein öffentliches Amt kandidierst.«

»Wie auch immer, Benni. Ich will auf jeden Fall nicht noch mal dahin fahren und dabei zuhören, dass sich alle fragen, wie ihnen so etwas bloß passieren konnte. Und wie ungerecht die Welt ist. Sie wollten doch so einen schönen Buchladen machen!«

Ihre Augen traten triumphierend hervor. Wie hässlich ihr Gesicht aussah, dachte Benni.

»Das sagt doch keiner! Ich will nur ein bisschen aufräumen helfen.«

»Es ist auch mein Wochenende! Wir waren gestern den ganzen Tag da, davor war mein Vater hier. Jetzt heute noch mal drei Stunden Auto fahren. Und Otis kotzt wieder. Bloß um die lächerliche Scharade deiner Eltern und Geschwister mitzuspielen. Mir ist das zu kaputt!«

»Du bist so selbstzufrieden, sitzt auf deinem hohen Ross und hast über jeden ein Urteil parat. Dabei bist du selbst nur eine verwöhnte Bratze, die immer alles haben konnte. Der alles hinterhergeschmissen wurde, die sich jetzt in der Rolle der Bescheidenen und Demütigen gefällt. Du dumme Sau.«

Es war wieder passiert. Niemand, der Benni kannte, hätte je für möglich gehalten, dass er derart entgleisen könnte; dass er voller Hass mit Kraftausdrücken um sich warf. Es war kein Tourettesyndrom, es war bloß eine Verbalmisshandlung. Er verlor nicht die Kontrolle, er geriet nicht in eine Art Trance wie Tourette-Patienten. Doch in jenen Momenten schien es, als könnte nur der Einsatz dieser hässlichsten aller Worte ihn erlösen von der düsteren Nacht, die sich über sein Gemüt gelegt hatte. Fotze. Witzfigur. Hässliche Kuh. Fette Sau. Geh scheißen. Verpiss dich.

Die Worte schnitten durch das Netz der märkischen Sonnenstrahlen und hingen für einen zu langen Moment in der unschuldigen Sonntagmorgenluft, bis sie schließlich die Gehirne der Streitenden erreichten, um dort sanft zu implodieren.

Auf dem Feld hinter dem Wäldchen schuftete der Dreitaktmotor eines Traktors. Ist das überhaupt erlaubt am Sonntag, fragte sich Benni. Als ob das jetzt wichtig wäre. Bis eben hatte er eine zumindest theoretische Chance gehabt, mit Vorteilen aus diesem Streit herauszugehen. Bis zu seinem Ausfall war er nur in der Defensive gewesen, vielleicht hätte es Emilia bald leidgetan, dass sie ihn und seine Familienmitglieder derart gemein attackiert hatte. Das war jetzt alles verspielt. Von nun an würde dieser Streit nur noch von seinen verbalen Misshandlungen handeln.

Die Muskeln in Emilias Gesicht hatten ihre Arbeit begonnen und meißelten einen Ausdruck des Entsetzens in ihre Züge. Der Traktormotor verstummte. In der Ferne hörte man die Feldarbeiter laut lachen und auf Brandenburgisch reden, der Berliner Rundfunk 91,4 spielte ein Lied von George Michael.

»Das war's«, sagte Emilia. »Scheidung. Deine Ausdrücke zerstören alles. So kann ich nicht leben.«

Benni begriff, dass er mit der Benutzung der Schimpfworte seine Würde abgab. Er verstand auch, dass niemand so genannt werden wollte, aber zugleich waren es nur Worte. Was doch wirklich verletzte, waren ruhig vorgetragene, mitleidig artikulierte Wahrheiten über den anderen.

Hießen sie nicht Kraftausdrücke, weil durch sie Kraft entweichen konnte?

Er verstand die Degradierung nicht, die in der reinen Verwendung der Ausdrücke lag. Die bloße Tatsache, dass man es tat. Der andere bedeutete einem offenbar so wenig, dass man diesen Dreck über ihm ausschütten konnte. Möglicherweise hatte Thomas das auch mit Emilia getan, als sie ein junges Mädchen war. Sie hatte so was mal angedeutet. Aber konnte man sich das bei Thomas vorstellen? Der schien emotional doch immer abwesend. Andererseits, die Leute würden das ja bei Benni auch nicht glauben, zumindest hoffte er das. Es war sein düsteres Geheimnis, eines, das sich keiner vorstellen konnte, und das waren die schlimmsten.

Als sie in das Haus einzogen und es ständig Probleme auf der Baustelle gab – Fehlplanungen, Verzögerungen mit der Baugenehmigung, Pfusch, Wasserschäden, Versicherungsfälle, dazwischen ein Säugling und ein Kleinkind –, hatten sie häufig auf der Baustelle gestritten. Emilia gab Benni für die vielen Pannen die Schuld, zumindest empfand er es so und reagierte entsprechend oft mit seinen schmutzigen Worten. Emilia behauptete bis heute, die Nachbarn direkt nebenan hätten damals jede einzelne »Fotze«, jedes »Halt's Maul« oder »Verpiss dich« gehört, obwohl sicherlich zwanzig Meter zwischen den Grundstücken lagen. Benni hielt das für unwahrscheinlich. Eher glaubte er, dass Emilia seine Scham verstärken wollte, allerdings stimmte es, dass die Nachbarn von Anfang an komisch zu ihm waren, ihn irgendwie zu meiden schienen, etwas, das der beliebte Benni nicht kannte und das ihn irritierte. Gleichzeitig behauptete Emilia, ihr würde besonders vorsichtig, ja mitleidig begegnet, ihr, der beschimpften – und womöglich auch geschlagenen? – Frau.

»Emilia, Entschuldigung, es ist mir rausgerutscht.« Vielleicht konnte er es noch retten, manchmal funktionierte das.

»Wie kann dir so was rausrutschen?«

»Wie kannst du so über meine Familienmitglieder reden? Das ist doch das eigentlich Verletzende und nicht so ein ausgerutschtes Kinderwort!«

»Du entschuldigst dich auf Knien.«

»Nein.«

»Weil ihr nie gelernt habt, euch zu entschuldigen. Und damit sind wir schon wieder beim Angriff auf den Buchladen. Merkst du das nicht? Das ist euer Grundproblem, auf das all eure Probleme zurückzuführen sind. Ob mit den Instakids oder mit mir – ihr könnt euch nichts eingestehen, nicht zugeben, dass ihr Fehler macht. Own your mistakes! Zum Beispiel, dass es vielleicht richtig gewesen wäre, nach der Provenienz des Geldes zu fragen. Stattdessen belächelt ihr nur, wenn andere damit ein Problem haben. Sollen sich mal nicht so anstellen, nicht? Und du belächelst mich, wenn ich mit deinen völlig abgründigen, unterirdischen WifeBeater-Gossenausdrücken nicht klarkomme. Da sagst du, ›stell dich nicht so an‹ sind doch nur Worte!«

»Emilia, bitte –«

»Und ehrlich gesagt, ich möchte auch nicht, dass meine Kinder in einer Familie aufwachsen, in der keiner so genau nachfragt, ob da Geld aus dem Dritten Reich weitervererbt wird ...«

»Aber Emilia, das ist doch kompletter Quatsch, mein Großvater war während des Dritten Reichs ein Teenager.«

»Nein, es ist eben nicht immer kompletter Quatsch, was andere sagen. Und dein Großvater war bei Kriegsausbruch kein Teenager, sondern ein junger Mann von vierundzwanzig Jahren, ich habe es nachgeguckt. Ich möchte, dass du in der Frage auf meiner Seite stehst und deine Mutter konfrontierst und sie fragst. Das wird ja wohl möglich sein. Wieso kannst du überhaupt nicht mit ihr sprechen? Wieso habt ihr keine Worte? Warum verleugnest du alles, wofür wir als Familie stehen? Du redest immer von deiner Familie. Schon mal gemerkt? Das hier ist deine Familie. Und wir sind vollkommen okay. Es gibt nichts, aber auch gar nichts, für das wir uns schämen müssten. Wenn ich meinen Söhnen eine Jacke anziehen will, weil ich weiß, dass es kalt wird; wenn ich aufpasse, dass sie nicht vom Rücken dieser lächerlichen, kinderhassenden Ledergestalten auf den Steinboden fallen, was garantiert passiert – dann wird das behandelt, als sei das ein Riesenskandal: Was ist mit der blöden Emilia schon wieder los? Wieso ist die so ängstlich? Ich bin aber nicht ängstlich, ich denke nur mit. Aber wenn den eigenen Eltern oder, in deinem Fall, den Großeltern vorgeworfen wird, dass sie vom NS-Regime profitiert haben, dann ist das kein Skandal. Dann wird es runtergespielt: Wie konnte uns das nur passieren? Wie ungerecht! Dabei war es total vorhersehbar, eine Folge von Fehlern deiner Eltern, die auch nicht mit ihren Eltern gesprochen haben, über deren Verstrickung mit dem Dritten Reich, bis hin zu Karolin, die es eben dann auch nicht für nötig hält, auf wichtige Fragen und Kritik einzugehen.«

Was Emilia ihm gesagt hatte, war niederschmetternd. Aber die Tatsache, dass Emilia es überhaupt gesagt hatte, gab Benni Hoffnung. Normalerweise zog sie sich, wenn er sie beschimpfte, komplett zurück und saß mit schwarzen Augenrändern apathisch auf dem Bett. Es schien eine nahezu körperliche Reaktion auf seine Worte zu sein, etwas, das Benni nicht verstand. Er selbst funktionierte immer, natürlich litt er unter ihren Streitereien, aber sein Körper veränderte sich nicht durch sie. So ein Menschenleben, glaubte Benni, ist unbegreiflich komplex, und man kann es sich unendlich kompliziert machen. Man legt immer weitere Schichten frei, und darunter liegt das nächste Set von Problemen. Man konnte so tief graben, wie man wollte, nie würde man an einer klaren Quelle ankommen. Stattdessen immer weitere Gesteinsschichten mit Höhlen und Tunneln, darin Gestrüpp, Falltüren, Sackgassen, Monster hinter Vorsprüngen. In jedem Videospiel kam man, wenn man lange genug spielte und übte, irgendwann ins letzte höchste Level. Wer es bestand, für den lag dahinter das Ende allen Mühsals.

Man musste sich also entscheiden, wann man aufhörte zu buddeln. Wann es okay war. Denn perfekt würde es nie. Emilia aber wollte immer weiterbuddeln, vor allem in ihren sozialen Bindungen. In ihrer Ehe, in ihrem Verhältnis zu ihrem Vater und selbst mit ihren Freundinnen strebte sie nach absoluter Reinheit. Alle echten und potenziellen Konflikte mussten umfassend be- und verarbeitet werden sowie ausgesprochen und angenommen sein. Geschah das nicht, weil das Gegenüber es verweigerte, wie etwa ihr Vater, dann nannte Emilia dies eine Fake-Beziehung. Für sie bestanden die Verbindungen innerhalb der Familie Schönwald nur aus Fake-Beziehungen.

Die meisten Menschen saßen in ihrem Kaninchenloch. Die einen konnten ihren Kopf ein bisschen weiter herausstrecken, die anderen weniger. Die meisten Menschen mussten ihr Schicksal ertragen oder konnten selbst daran wenig ändern. Emilia nicht, fand Benni. Sie war in der Lage, zumindest an den äußeren Umständen sofort alles zu ändern: Wenn sie wollte, konnte sie morgen in einem Palast in Marrakesch wohnen, mit den qualifiziertesten Angestellten und Erzieherinnen für die Kinder. Thomas war nicht nur reich, sondern sehr reich, er hatte in den letzten Jahren mehrere Hundert Millionen verdient; und er war nicht nur bereit, sondern bestand regelrecht darauf, einen großen Teil dieses Geldes an Emilia weiterzugeben. Er selbst bräuchte es nicht mehr in seinem Alter, er interessierte sich nurmehr noch für Yoga und Transzendentale Meditation. Er besaß Häuser, Penthouses und Châteaus rund um die Welt (seine letzte Errungenschaft war die gesamte 74. Etage des brandneuen Steinway Towers an der 57th Street in New York, auch Billionaire's Row genannt, sowie ein unterirdischer Luxus-Atombunker in Nordkalifornien), doch eigentlich verbrachte er seine Zeit nur in seiner viktorianischen Stadtvilla in London oder einem minimalistischen Strandanwesen in Malibu. Thomas hatte Benni erklärt, unter den Leuten, die wirklich Geld hatten, drücke sich Status nicht mehr durch Materielles aus. Helikopter, Flugzeuge, Jachten, alles langweilig (und bitte keine Kunst mehr, da kloppe man sich nur noch mit

Ex-Fußballern und Rappern um die besten Arbeiten). Inzwischen gäbe es zu viele, die sich alles Materielle leisten konnten, sagte Thomas. Status lasse sich nur noch an dreierlei Faktoren ableiten: der Perfektion des eigenen Körpers, der Anzahl von glücklichen Kindern und natürlich Charity. Das mit dem Körper war am einfachsten gewesen. Thomas schwamm jeden Tag eine Stunde (jedes seiner Häuser und Apartments hatte Schwimmbecken mit mindestens zwanzig Meter langen Bahnen), beschäftigte an jedem Ort einen Personaltrainer (oder, wie hier in der Uckermark, einer reiste mit ihm) und hatte seinen Körperfettanteil inzwischen auf neun Prozent runtergedrückt, was ein Spitzensportlerwert war. Die Kindersache war schon schwieriger. Als er von diesem Faktor erfuhr, hatte er nur Emilia. Also zeugte er schnell mit verschiedenen Frauen zwei von geplanten fünf weiteren Kindern (insgesamt wollte er sechs), brach dann doch wieder ab, da es sich mit den jeweiligen Müttern zu kompliziert gestaltete. Außerdem, so hatten es seine Freunde ihm erklärt, ging es nicht nur darum, die Kinder zu zeugen, sondern auch mit ihnen und den Müttern als Familie glücklich zusammenzuleben – und das war nun definitiv nichts für Thomas gewesen. Und Charity, ja gut, Thomas machte es, aber es gab ihm nichts. Vor allem die Leute in den Wohltätigkeitsorganisationen, mit denen er essen gehen und komplizierte und zugegebenermaßen superlangweilige Gespräche über Wasserknappheit führen musste (»Wow, die Themse hat den niedrigsten Stand seit 1856!«), hatte er nicht ausgehalten.

Und so würde er gern den größten Teil seines Vermögens Emilia geben, damit sie zusammen mit Benni das Projekt »adlige Großfamilie« für ihn verwirklichte. Aber Emilia nahm natürlich nichts, solange sie eine Fake-Beziehung führten, und das, musste er zugeben, erleichterte Benni. Obwohl er sich schon manchmal vorstellte, wie es wäre, vor allem in diesen Tagen, in denen er mit wachsendem Vergnügen in Thomas' Maybach durch uckermärkische Felder gefahren war. Doch wahrscheinlich würde dann alles bedeutungslos werden. Der Stolz, den er empfand über dieses kleine Fertighäuschen, auf diesem von ihm fahrradfahrend persönlich entdeckten Grundstück, wie schön alles war, die Freude, die es ihm immer noch jeden Tag bereitete – all das wäre weg, wenn sie in einer oder mehreren von Thomas' Mansions lebten.

Emilia hatte sich ohne einen weiteren Blick ins Haus zurückgezogen. Auch ihr gefielen die 140 Quadratmeter ihres Hauses. Es war eine schwedische Baukastenversion eines Case Study House, wie sie vor allem europäische Architekten in den Fünfzigerjahren in Kalifornien gebaut hatten. Es passte erstaunlich gut in die Brandenburgische Heide. Die großen geometrischen Glasfronten öffneten Blicke in die Natur, auf Distelsträucher, Kakteen, kleine Birken und Gestrüpp, das aussah, als wachse es wild vor sich hin, aber natürlich minutiös gesät war und von einer Gärtnerin einmal in der Woche sorgfältig gepflegt wurde. Was nicht aus Glas war, war aus nacktem, poliertem Beton oder hellem finnischen Buchenholz. Das erste Stockwerk verlief nicht über den gesamten Grundriss des Hauses, sodass die Wohnküche am Giebel eine Deckenhöhe von acht Metern erreichte. Vom hellen Holzgiebel hing an langen roten Seilen eine Schaukel herunter.

Emilia klappte relativ lieblos das iPad zu, August und Otis protestierten und forderten routiniert, die Folge von *Stillwate*r noch zu Ende sehen zu dürfen, einem sprechenden Pandabären, der über seinem Fell einen roten Schal trug. Doch Emilia, von der Verbalattacke ihres Mannes emotional immer noch versteinert, ließ nicht mit sich reden und begann, das Geschrei ihrer Söhne ignorierend, mit energischen Handgriffen die Jungs anzuziehen. Benni kam sich auf seiner Yogamatte schließlich lächerlich vor und schaute durch die geöffnete Terrassentür ins Haus.

»Was machst du?«

»Ich ziehe August und Otis an. Wir können in fünf Minuten los.«
»Wohin?«
»Nach Berlin. Zu deiner Familie, das wolltest du doch.«
»Warum machst du das?«
»Weil es dir ja so wichtig zu sein scheint, dass du mich dafür wieder beschimpft und beschmutzt hast. Hurensohn.«
»Emilia.«
»Da siehst du, wie es ist.«
»Emilia, ich ...«
»Halt's Maul.«
»Hey, die Kinder ...«
»Ich mache das jetzt, aber erwarte sonst nichts von mir. Sprich mich nicht an, kümmere dich um August und Otis, sei gut gelaunt.«
»Wie soll ich denn unter diesen Umständen gut gelaunt sein? Unsere Ehe geht den Bach runter, weil du es weder in deiner noch in meiner Familie schaffst, dich irgendwie einzuordnen, wie jeder andere normale Mensch.«
»Was soll das sein, ein normaler Mensch, Benni? Einer, der sich überall unterordnet, ist ein normaler Mensch? Zeig mir, wo das steht. Benni, du bist klüger als das. Whatever. I don't care anymore what you think. Hol das lächerliche Auto von meinem Vater.«
»Das sollen wir nehmen?«
»Klar. Da können August und Otis auf der Fahrt was gucken. Ich bin zu zerstört, um mich um sie zu kümmern. Lass uns zu dem dummen Buchladen fahren, in dem deine dumme Schwester sich aus Langeweile selbstverwirklichen will. Während sie es nicht einmal schafft, zu ihrer Homosexualität zu stehen.«

Karolin hatte damals in einer Bar einfach vor ihr gestanden. Das Erste, was Emilia aufgefallen war, war die Energie, die aus ihren Augen sprühte und Emilia sofort erreichte. Und der breite Mund mit den vollen Lippen, der so einladend lachen konnte. Emilia hatte sie nicht kommen sehen, Karolin stand plötzlich vor ihr. Sie war literally, wie Emilia damals in jedem Satz sagte, der erste Mensch, mit dem sie in jener Woche sprach. So lange war sie schon in Berlin und kannte niemanden.

Am Sonntag zuvor war sie aus New York geflohen, aus dieser ehemaligen Feuerwehrstation in der Nähe des Washington Square, die ihr Vater in ein Wohnhaus hatte umbauen lassen und in dem sie eine eigene Etage bewohnt hatte. In Wirklichkeit war Thomas' Anteil an dem Umbau relativ gering gewesen, er hatte das Firehouse im Grunde schon fertig umgewandelt dem CNN-Moderator (und Sohn der New Yorker Socialite Gloria Vanderbilt) Anderson Cooper abgekauft. Thomas hatte nur noch eine weitere Dachterrasse und ein paar kosmetische Veränderungen hinzugefügt. Dort, wo früher die Feuerwehrtrucks parkten, war jetzt eine Wohnküche, doch das Tor ließ sich immer noch laut fiepend hochrollen, und so konnte Thomas seinen dunklen BMW direkt vor dem Aga-Herd parken. Das war vor seiner Yogaphase gewesen, als er solche Spielereien noch cool fand.

Emilia hatte nur vorübergehend einziehen wollen. Sie hatte gerade ihren Bachelor in Philosophie abgelegt und musste aus der von der Columbia University gestellten Wohnung ausziehen. Weil sie glaubte, dass die Leere nach dem Studium in ihr eine leichte Depression auslöste, war sie die meisten Tage in ihrer dritten Etage des Firehouse einfach im Bett liegen geblieben. Irgendwann hatte sie vergessen, dass sie sich eine eigene Wohnung suchen wollte.

Doch an einem Sonntag, eigentlich ein perfekter, wie immer zu schwüler New Yorker Sommertag der frühen Zehnerjahre, waren zwei Dinge passiert, die dazu geführt hatten, dass sie innerhalb von anderthalb Stunden durchzog, was ihr zuvor über Monate nicht gelungen war: ihre Tasche zu packen, zum JFK-Airport zu fahren, ein Ticket nach Berlin zu kaufen und nicht nur auszuziehen, sondern gleich: auszuwandern. Diese zwei Vorfälle hatten beide mit dem Zwang zu tun, zumindest empfand sie es als Zwang, sich mit anderen Menschen partnermäßig zusammentun zu müssen, was Emilia naturgemäß anwiderte: Erst war am Vormittag Thomas' soundsovielte Freundin, ebenfalls eine Fernsehmoderatorin, unter lautem Getöse und mit gezischten Anschuldigungen gegen ihren Vater ausgezogen. Sie war eine Bekannte von Cooper gewesen, dem Vorbesitzer des Firehouse, und erst durch ihre Vermittlung hatte Thomas dem Moderator die Immobilie für neunzehn Millionen Dollar abkaufen können. Abgesehen davon hatten ihr Vater und diese Frau nie etwas geteilt, fand Emilia. Worüber um Himmels willen konnten sie sich derart streiten? Als die Fernsehmoderatorin die schwere Eingangstür der Feuerwehrstation hinter sich zuschlug, hatte Emilia dem metallischen Geräusch noch nachgelauscht. Dann war Stille eingekehrt, und Emilia glaubte, nun anhand des Daseins ihres Vaters die viel beschworene Sinnlosigkeit des Lebens plötzlich richtig stark spüren zu können.

Das war jetzt also das Leben. Wieder eine Geliebte, die ihren Vater verlassen hatte, während ihre Mutter an der Westküste auf einer Xanax- und Chardonnay-Diät ihr Leben fristete? Auf dem Bett in diesem riesigen Haus liegen und keinen Grund mehr zu haben, jemals wieder aufstehen zu müssen? Natürlich wollte sie, wie man so sagte, aus ihrem Leben etwas machen. Aber sie könnte auch für die nächsten dreißig Jahre in Urlaub fahren. Thomas sagte immer, sie sei seine einzige Tochter (was nicht stimmte), er habe alles nur für sie geschaffen (er meinte damit seine Häuser, Anwesen und Angestellten), sie könne das glücklichste Leben führen, sie werde nie eine Sorge haben – wer könne das schon von sich behaupten? Die Leute sagten stets, dass Glück sich nicht kaufen ließe, hatte Thomas ihr erklärt, doch das sei der Irrtum derjenigen, die selbst niemals in die Lage gerieten, über genügend Mittel zu verfügen, es tatsächlich kaufen zu können. Seine Erfahrung, sagte ihr Vater, sei, dass mit einigen Hundert Millionen sich durchaus Lebensglück erwerben ließe. Und er wolle nun – nein, er würde so weit gehen, es regelrecht zu verlangen –, dass seine einzige Tochter jetzt da rausging und anfing sich zu nehmen, was sie wollte. Ein guter Startpunkt dafür wäre erst mal der richtige Partner, ein Mann, oder seinetwegen auch eine Frau, so weit sei er inzwischen – jemand, der sie perfekt ergänze und ihr Türen öffnen könne, die auch er, Thomas, nicht so gut aufbekomme. Ein Künstler zum Beispiel, ein Galerist, ein Schauspieler oder auch ein Entrepreneur wie er.

Und so hatte Thomas mit seinen unermüdlichen Anstrengungen begonnen, seine Tochter auf Dinnerverabredungen mit jungen Männern zu schicken (einmal auch mit einer radikalen Performance-Art-Künstlerin, einer Schülerin von Marina Abramović. Letztere war natürlich, wie mit allen Milliardären, auch mit Thomas befreundet), die er auf Vernissagen, bei Real Estate Deals, beim Aikido oder im Boom Boom Room für sie aussuchte. Am Freitag zuvor war sogar ein berühmter Schauspieler dabei gewesen, der in einer Independent-Produktion mitspielte, die Thomas als »Producer« finanzierte. Wenn man sich ein Boot kaufte, hatte er Emilia erklärt, säße man darauf ja immer noch allein. Steckte man den gleichen Betrag in eine coole Filmproduktion, könne man mit den Regisseuren und Schauspielern rumhängen, das Set besuchen, auf Partys gehen und mit etwas Glück sogar mit ihnen in Cannes über den roten Teppich laufen.

Die Independent-Produktion, die er jetzt finanzierte, erzählte die Liebesgeschichte zwischen Jean-Paul Sartre und Simone de Beauvoir, und der Schauspieler, den Thomas am Freitag zuvor gezwungen hatte, seine Tochter ins Per Se auszuführen, stellte in dem Film den jungen Sartre dar. Emilia hätte das wahrscheinlich wissen können, weil Thomas ihr das sicherlich erzählt hatte, doch vermutlich hatte sie nicht zugehört, wie sie nie zuhörte, wenn ihr Vater aus seinem Leben erzählte in diesem mitleidigen Ton gegenüber seiner Aschenputteltochter, die nichts erleben wollte. Hätte sie nur besser zugehört, denn als sie nun nach der Begrüßung mit dem Schauspieler im Per Se an der Bar stand und sie auf ihren Tisch warteten, fragte sie ihn, nur um irgendetwas zu sagen, welche Rolle er denn in dem Film spiele.

»Das weißt du nicht?«, fragte der Schauspieler. Er hieß Dane Hansen, hatte ein Jungengesicht und kaum Bartwuchs, war ein aktuelles Prada-Model und wurde als eine unschuldigere und weniger aufgeschwemmte Version von Leonardo DiCaprio vermarktet. »Hat dein Vater dir das nicht erzählt? Ich dachte, deswegen treffen wir uns! Weil dich doch meine Rolle so interessierte und du vielleicht einige interessante Vorschläge für mich hättest … hat dein Vater gesagt.«

»Ja, klar, weiß ich doch. War ein Witz.«

»Oh, okay. Cool. Ich habe das nicht gecheckt, weil wir uns ja noch gar nicht kennen und ich deinen Humor nicht …«

Er brach ab und blickte sie ratlos an. Emilia schwieg. Sie hatte das hier nicht gewollt. Ihr war klar, dass der arme Dane auch nichts dafürkonnte, wahrscheinlich hatte die Agentur ihm gesagt, er müsse mit der Tochter des Geldgebers essen gehen, das gehöre halt auch zum Job heutzutage, wo die Ära des Kinos vorbei war.

Dane setzte erneut an. »Was genau interessiert dich denn so an meiner Rolle? Ich bin mit meinen Drehtagen erst zur Hälfte durch, vielleicht kannst du mir für Jean-Pauls Charakter noch ein paar Hinweise geben.«

Jean-Paul? Er spielt Jean-Paul? Jean-Paul was? Oder nur Jean-Paul? Eine Verfilmung des Lebens des deutschen Romantikdichters? Könnte schon hinkommen. Der Dichter war, soweit sie wusste, auch so ein Jüngling gewesen, und Dane wäre hier eine gute Besetzung. Was dagegensprach:

Ihr Vater würde nie eine Verfilmung des Lebens eines deutschen Romantikdichters bezahlen, das wäre ihm nicht sexy genug, Arte-Scheiß, würde er wahrscheinlich sagen.

Emilia musste jetzt etwas wagen. Sie konnte Dane nicht weiterhin etwas vormachen und im Nebel stochern.

»Na ja, er war natürlich ein guter Botschafter Frankreichs. Er hat ein viriles, lässiges und lebensfreudiges Bild des Franzosen auch hier in den USA geprägt.«

»Genau! Stimmt! Genau das wollte ich in meiner Performance ...«

»Sein Machismo wirkt heute vielleicht ein bisschen, na ja, lächerlich, aber er hat es ja auch immer mit Ironie gespielt.«

»Du fandest ihn einen Macho? So hatte ich ihn noch gar nicht gesehen. Und warum sagst du ›gespielt‹? Du meinst, er hat eine Rolle gespielt?«

Dane blühte auf, der Maître d' geleitete sie zum Tisch.

»Na ja, klar. Er war halt Schauspieler«, sagte Emilia.

»Er war ein Schauspieler! Genau! Jetzt habe ich es! Als solchen werde ich ihn porträtieren. Der große Philosoph als Schauspieler.«

»Na ja, als Philosophen würde ich Belmondo jetzt nicht gleich sehen, auch wenn er später auch mal nachdenklichere Rollen übernommen hat.«

»Belmondo?!«

»Ja. Jean-Paul. Sagtest du nicht Jean-Paul?«

»Sartre! Jean Paul Sartre! Sartre, Sartre, Sartre! Was ist los mit dir? Hat dein Vater dir erzählt, ich spiele Belmondo, oder was?«

»Ich weiß nicht mehr. Vielleicht habe ich es auch verwechselt. Manchmal höre ich nicht so genau zu, wenn mein Vater von seinem Zeugs erzählt, ich kann es nicht ertragen.«

»Zeugs?«

»Ich wollte nicht mit dir essen gehen, er wollte es. Nichts gegen dich, du scheinst nett zu sein, und wie du über deine

Arbeit sprichst, bist du bestimmt ein toller Schauspieler, und du bist sehr hübsch, aber –«

»Du auch.«

»Es tut mir leid, dass ich deine Zeit verschwendet habe. Aber ich kann auf diese Dates, die mein Vater für mich arrangiert, nicht mehr gehen. Ich war bisher zu faul, ihm das zu erklären, ich dachte, ich mache es einfach, dann lässt er mich vielleicht in Ruhe. Aber jetzt gehe ich besser. Entschuldige.«

Emilia begann, den schweren Stuhl wieder nach hinten zu ruckeln, um aufzustehen. Sofort kam ein Kellner herangestürzt, um ihr zu helfen. Sie hatten erst drei Minuten gesessen.

»Wenn du gehen möchtest, Emilia« – ihr fiel auf, dass sie sich in der Aufregung gar nicht vorgestellt hatte, trotzdem kannte er ihren Namen –, »verstehe ich das, aber dies hier ist angeblich eins der besten Restaurants der Stadt, und wo wir schon mal hier sind ...«

»Zahlt mein Vater?«

Dane schob seinen Ärmel hoch und kratzte sich am Arm. Obwohl es August war, trug er einen groben Wollpullover in Cognacfarben, der seine Haut noch heller und transparenter erscheinen ließ, als sie eh schon war. Draußen stand die schwere feuchte Luft mit einer Temperatur von 33 Grad, doch das Restaurant war auf 16 runtergekühlt, es waren die Jahre vor der Energiekrise, je kälter, desto besser. Die Frage war Dane unangenehm, und Emilia kannte die Antwort.

»Ich weiß nicht, er hat gesagt, macht euch einen schönen Abend und um die Rechnung keine Sorgen. Aber wenn es dir lieber ist, zahle ich gern.«

»Nein. Ich bleibe nur, wenn er zahlt.« Sie winkte den Maître d' heran.

»War der Tisch auf Papenbrinck reserviert?«

»Yes, Madame.«

»Haben Sie Instruktionen für die Rechnung bekommen?«
»Yes, Madame. Sie wird an Mr. Papenbrinck geschickt.«
»Gibt es ein Limit?«
»Yes, Madame.«
»Wie viel?«
»Ich weiß nicht, ob ich ...«
»Ich bin seine Tochter. Wie viel?«
»Zehntausend.«
»Okay. Wir nehmen eine Flasche Champagner.«
»Bien sûr, Madame. Ich schicke Ihnen unseren Sommelier.«
»Nein. Kein Theater. Einfach eine Flasche Ihres Standard-Champagners, der wird schon okay sein.«
»Bien sûr. Ich sage dem Kellner Bescheid. Rosé ou blanc?«
»Weiß. Danke.«
»Du bleibst?«, fragte Dane. Der plötzliche Shift der Situation schien ihn zu verwirren, genauso wie diese offensichtlich veränderte Frau, die ihm nun gegenübersaß, plötzlich selbstbewusst und bestimmt.
»Wenn du mit mir Champagner trinkst.«
»Gibt es auf einmal was zu feiern?«, fragte Dane.
»Dass dies das letzte Mal ist, dass ich zu einem von meinem Vater arrangierten Date gehe. Dass ich das nie wieder mache. Wo sind wir, in Saudi-Arabien?«
»Du musst auch dieses nicht mehr machen, wenn es dich so quält.«
»Nein, im Gegenteil, du hast mir geholfen, mich zu befreien. Lass uns Champagner trinken, das teuerste Menü bestellen, und erzähl mir von deiner Sartre-Rolle.«
»Wirklich?«
»Du weißt, dass Sartre sehr hässlich war und, bevor er berühmt wurde, keinen Erfolg bei Frauen hatte. Insofern bist du eine schlechte Besetzung. Weiß nicht, was sich der Regisseur dabei gedacht hat.«

»Ich hatte auch keinen Erfolg bei Frauen, bevor ich berühmt wurde.«
»Und jetzt?«
»Jetzt bin ich berühmt.«
Für ein so gehyptes Restaurant fand Emilia das Per Se erstaunlich lieblos eingerichtet, wie ein Konferenzsaal eines Fünfsterne-Hotels, blaugrauer Teppich, niedrige Decken. Der Ausblick hingegen war spektakulär, tagsüber sah man den Central Park, nachts glitzerten die ersten neuen Türme an der 57th Street, Billionaires' Row.
Emilia und Dane aßen das aufwendigste Menü und blieben auch hartnäckig beim Champagner, als die Kellner und irgendwann sogar der Sommelier, immer dringlicher vorschlugen, doch vielleicht mal die zu den Menügängen vorgesehenen und eigens vom Sommelier kuratierten Weinbegleitungen zu probieren. Dane äußerte die Sorge, dass die Kellner sie wegen des Champagners sicherlich für neureich hielten, woraufhin Emilia, die in Situationen wie diesen ihre Kindheit verbracht hatte, sagte, die Kellner dächten erst mal gar nichts, außer ob das Trinkgeld drei- oder vierstellig würde. Und zweitens hätten sie ja recht mit ihrer Vermutung, falls sie diese, wie gesagt, überhaupt anstellten.
»Mein Vater, der das bezahlt, ist neureich. Und du, wenn ich das alles eben richtig verstanden habe, bist es ebenfalls.«
Nachdem sie festgestellt hatten, dass sie neben einigen anderen Dingen auch verband, nicht besonders viel über Sartre zu wissen (er habe all die Biografien auf seinem Nachttisch liegen, hatte Dane gesagt, aber irgendwann sei ihm klar geworden, dass ihn das Wissen, was aus dem Philosophen später in seinem Leben wurde, bei der Verkörperung des fünfundzwanzigjährigen Sartre eher behinderte), nachdem das Sartre-Thema also sehr zu Emilias Erleichterung abgehakt war (in einem Restaurant voller adoleszenter Private-Equity-Jongleure und japanischer Touristen zu sitzen und dilettantisch über Sartre zu sprechen, das war selbst der

wenig befangenen Emilia zu viel), nachdem also das alles aus dem Weg geräumt war, hatte Dane ihr von seiner Kindheit auf einer Farm in Wyoming erzählt und von seinen Eltern, die, obwohl sie jeden Morgen um vier Uhr aufgestanden waren und dann sechzehn Stunden gearbeitet hatten, die Farm nicht hatten halten können. Sein Bruder und er hatten versucht mitzuhelfen, wo sie konnten, doch Dane war nicht wie die anderen Farmerjungs gewesen, er war blass und dünn und blieb es auch dann, wenn er den ganzen Sommer über auf dem Feld arbeitete.

Solche Eltern wie seine, sagte Emilia, hätte sie akzeptieren können, dann wäre sie vielleicht glücklich geworden.

»Aber sie haben verloren, Emilia! Sie haben es nicht geschafft. Mein Bruder und ich hatten eine harte Kindheit mit Eltern, die immer gestresst waren, immer am Rande der Erschöpfung und des Bankrotts, die keine Zeit oder emotionale Kapazitäten hatten, ihren Kindern Liebe zu geben. Es ging immer nur ums Zusammenreißen und darum, am nächsten Morgen wieder um vier Uhr aufzustehen und sich dabei nicht zu beklagen. Und all das nur, um nach Jahrzehnten dieser Mühsal zu scheitern: alles umsonst, Farm weg, Schulden, und niemand, der einem hilft. Mein Bruder hat es mit seinem Leben bezahlt.«

Das Geld hätte gefehlt, den Mähdrescher zu reparieren, nachdem sein Vater ihn übermüdet (und wahrscheinlich betrunken) an eine Bur-Eiche gesetzt hatte, und so hätte über den Messern die Abdeckung gefehlt, als sein Bruder eines müden dunklen Morgens im Januar auf der offenen Fahrerkabine einnickte, ins Messer- und Scherenwerk hinunterkippte und zusammen mit den Maispflanzen zerhäckselt wurde. »Das ist es, was meine Eltern erreicht haben, Emilia. Dein Vater macht es mit seiner Großzügigkeit möglich, dass Kunst entstehen kann, die vielen Menschen etwas bedeutet. Dein Vater erschafft. Meine Eltern haben nur zerstört: So musst du die Dinge betrachten. Und trotzdem bist du es, die ihren Vater verachtet, während ich meine Eltern trotz allem liebe. Was also stimmt hier nicht?«

Emilia hätte nicht sagen können, ob Dane zornig war oder nur ergriffen. Auf dem Tisch standen auch schon zwei leere Flaschen Ruinart, die verschiedene Kellner schon peinlich berührt versucht hatten abzuräumen, daran aber jedes Mal von Emilia gehindert wurden mit dem Hinweis, mit den Flaschen sei es schöner, nämlich dekadenter.

Tatsächlich war auch Thomas von nichts gekommen, ein Junge aus dem Ruhrgebiet. Sein Vater, Emilias Großvater, war erst in den Fünfzigerjahren aus der Sowjetunion nach Hause gekommen, aber da kannte ihn vom Rest der Familie keiner mehr. Was in Wyoming eine Farm ist, war im Ruhrgebiet der Sechzigerjahre eine Wäscherei, die Thomas' Eltern betrieben und in der er schon mit zwölf mithelfen musste, auch oft frühmorgens. Thomas lernte, die Waschmaschinen und Heißmangeln zu reparieren, und hatte ein Talent dafür. Er absolvierte als Erster in der Familie das Abitur und studierte Maschinenbau in Bochum, später noch Informatik. Weil er zudem auch Fotografie verstehen wollte, assistierte er bei einem bekannten Fotografen aus Düsseldorf, der unter anderem jedes Jahr für den Quelle-Katalog fotografierte. Bei einem Unterwäsche-Shooting verliebte sich Katrin, das hübscheste der Mannequins, wie es damals noch hieß, in Thomas, und die beiden zeugten Emilia.

Als Thomas sich mit dem Studium zu langweilen begann, nahm er Emilia und Katrin und ging mit einem Vollstipendium für Hochbegabte nach Stanford bei San Francisco, wo gerade das Silicon Valley entstand. Es war Mitte der Neunzigerjahre und Thomas Ende zwanzig, der erste Dotcom-Boom hatte gerade eingesetzt. Thomas verstand die Algorithmen genauso wie er früher Maschinen verstanden hatte, er war genau der Mann, auf den 1996 im Silicon Valley alle gewartet haben. Er half, Musiktauschbörsen zu programmieren sowie eine populäre Website für Supermarkt-Homeshopping mit Same-Day-Delivery, die bald halb San Francisco benutzte. Und während Thomas das Highlife der frühen Dotcom-Jahre lebte, saß Katrin zu Hause mit dem Kleinkind Emilia in der damals noch verschlafenen Stadt Palo Alto. Katrin hatte keinen Führerschein, konnte kaum Englisch und seit der Geburt auch nicht mehr als Unterwäsche-Model arbeiten. Sie wusste weder mit dem Kind noch mit ihrer eigenen Existenz etwas anzufangen. Als Thomas ihre Klagen darüber immer mehr nervten, begann er, mit anderen, fröhlicheren Frauen zu schlafen, und Katrin entdeckte die schmerzlindernde Kombination aus kalifornischem Chardonnay und in den USA rezeptfreien Schlafmitteln.

»Deine Eltern wollten nur Gutes«, sagte Emilia zu Dane.

»Sie haben vielleicht Fehler gemacht und sind gescheitert. Mein Vater wollte nie etwas Gutes. Auch nichts Schlechtes, das waren nicht seine Kategorien. Er hat sein Talent und seine Ausstrahlung – für beides konnte er nichts – für den maximalen Eigenprofit genutzt. Dass ich deswegen in materiellem Reichtum schwimme, ist ein Kollateraleffekt. Das wollte er nie. Und wenn er euren rührenden Film über eins der abgeschmacktesten Liebespaare der Geschichte finanziert, dann nicht, weil ihn inhaltlich daran irgendetwas interessiert, sondern weil es ihn in die Position bringt, talentierten und begehrten Menschen wie dir Dinge zu befehlen, wie zum Beispiel diesen Abend.«

»Aber mir gefällt der Abend!«

»Mir auch. Hast du als junger Sartre auch Kuss- oder Sexszenen?«

»Zwei. Ziemlich explizit, ist halt Arthouse-Kino, da geht so was noch.«

»Sieht man dich nackt?«

»Ein paar Momente gibt es. Meinen Po von hinten, und manchmal auch kurz meinen Penis, aber natürlich schlaff. Sartre liebte es offenbar, nackt durch seine Wohnung zu spazieren.«

»Das würde ich gern sehen.«
»Ließe sich wahrscheinlich machen.«
»Und wer spielt die junge Simone de Beauvoir?«
»Eine neue französische Schauspielerin, Melanie Laurent.«
»Gut aussehend?«
»Sehr.«
»Hm.«

Dane wohnte in Battery Park City, einer Art Trabantenstadt downtown am Ufer des Hudson River. Emilia wusste nicht, warum sie mit Dane dort um Mitternacht ankam. Ihre Gespräche waren seit Stunden nicht abgerissen, etwas, was ihr selten mit anderen Menschen passierte, eigentlich nie. Dane schien es zu gefallen, dass Emilia keineswegs von seiner Berühmtheit beeindruckt war, und Emilia musste das nicht vortäuschen, sie war es einfach nicht. Doch irgendwas hielt sie in seiner Gegenwart, vielleicht glaubte sie, dass er ihr irgendwie helfen konnte mit seiner Weichheit und Freundlichkeit, die Abneigung gegen ihren Vater zu überwinden, ihr ein bisschen Liebe abgeben könnte für ihre Eltern, die versagt hatten – egal, ob sie gescheitert waren wie Danes oder doch einfach nur egomanisch wie Thomas.

Der Fahrstuhl war eine spiegelnde Silberkabine und fuhr direkt in Danes Wohnung, die groß war und kalt wirkte, viel Glas, viel Beton, Marmor und ein Ausblick über den Hudson nach New Jersey. Das war die falsche Richtung, hatte Emilia gedacht. Über Manhattan in Richtung Freedom Tower, der seit einigen Jahren an der Stelle des ehemaligen World Trade Centers stand, das wäre richtig gewesen. Ein solcher Lapsus wäre ihrem Vater nicht unterlaufen, sicherlich ein Fehler des Agenten, der die Wohnung für Dane ausgesucht hatte. Sie war bisher kaum eingerichtet, sah aus wie eine große Hotelsuite. Danes Kleidung, fast alles von Prada, hing gebügelt und sortiert nach Farben auf Kleiderstangen oder ordentlich gefaltet in begehbaren Vitrinen. Er schien hier allein zu wohnen, und Emilia fiel auf, dass sie gar nicht gefragt hatte, ob Dane in einer Beziehung war. Emilia war mit ihrem Vater in unzähligen dieser Wohnungen gewesen, er selbst besaß in jeder größeren Stadt im Korridor zwischen Los Angeles und Berlin einige. Deswegen wusste Emilia, dass es deutlich besser ging als das, was Dane hier anzubieten hatte. Dane aus Wyoming war es sichtlich noch nicht passiert, dass ein Gast in seiner Wohnung nicht umgehend beeindruckt war.

Er schob die große Wohnzimmerfensterfront auf, die warme rauschende Luft der Stadt unter ihnen drückte hinein. An einem alten Vinyl-Plattenspieler legt er Fleetwood Mac auf, dann fummelte er viel zu lang an einem Louis-XVI-Servierwagen mit verschiedenen Ginflaschen herum, ließ aus der Kühlschranktür ein paar Eiswürfel in einen Schwenker purzeln und servierte dann mit vielen Worten zu den Gin- sowie Tonicsorten und der seinen Studien zufolge perfekten Mischung zwei Gin and Tonics in klimpernden Kristallgläsern. Emilia, die aus Protest gegen das damals noch ständige Getrinke ihres Vaters kaum Alkohol zu sich nahm, ließ Danes Worte über sich hinwegrauschen und sich auf ein sehr breites, viel zu weiches Sofa fallen, das vor der geöffneten Fensterfront stand. Es war eins dieser Sofas, auf denen man weder sitzen noch liegen konnte. In ihrer linken Hand balancierte sie ihr überschwappendes Kristallglas – gar nicht so einfach, auf dem weichen schwankenden Sofa. Auch New Jersey hatte offenbar inzwischen eine Skyline, jedenfalls funkelte auf der anderen Uferseite irgendwas und verschwamm vor ihren Augen. Es würde noch ein Gewitter geben in dieser Nacht, dachte sie, als die feuchte New Yorker Augustluft ihr ins Gesicht wehte, was sich in Kombination mit all dem Champagner, den sie getrunken hatte, sehr gut anfühlte. Dane hatte sein Kristallglas bereits geleert und krabbelte nun auf allen vieren vom anderen Ende des Sofas auf Emilia zu. Er hatte seinen schweren Wollpulli ausgezogen und trug nur noch ein weißes T-Shirt. Auf seinen Armen waren nicht zu viele, aber fein kuratierte Kinderkritzeleien als Tätowierungen zu sehen, eine Rakete, eine Insel mit einer Palme, ein Traktor sowie der Umriss von etwas, das aussah wie ein Land (später erfuhr Emilia, es war Wyoming, of course). Er verharrte kurz, legte ein Schauspielerlächeln auf, und krabbelte dann weiter, vorsichtig tastend auf Emilia drauf, entwand ihr das Kristallglas und kippte ihr den dabei nicht übergeschwappten Rest des Drinks über ihren geschlossenen Mund. Er flüsterte: »Du wolltest doch wissen, wie es mit Melanie Laurent war.«

Die Gin- und Tonicflüssigkeiten, die ihr nun übers Kinn auf ihren Hals liefen, versuchte Dane mit großen Zungenschlägen abzulecken. Dabei hielt er sich irgendwie an ihren Brüsten fest, was BH-los schmerzhaft war. Es dauerte einige Sekunden, bis die Übermittlung all dieser Vorkommnisse in Emilias Gehirn ankamen. Dann sprang sie auf.

Und auch wenn sich diese Vorgänge in der retrospektiven Betrachtung eklig anhörten – es war nicht abstoßend gewesen. Danes Zunge erwies sich als warm und weich, und er roch gut. Er war nicht Harvey Weinstein, mitnichten, aber darum ging es hier nicht. Sie hatte, wenn sie sich richtig erinnerte (aber was heißt in diesen Fällen schon richtig erinnern?), nicht um die Zuneigung gebeten, nicht implizit und schon gar nicht explizit. Niemals würde sie ihrem Vater diesen Triumph einer erfolgreichen Verkupplung gönnen. Wenn sie Thomas morgen sah, wollte sie ihn wie immer auf seine erwartungsvolle Erkundigung, wie es denn gewesen sei, mit einem gleichgültigen »War okay« enttäuschen.

»Oh, nein! Sorry, sorry, sorry«, rief Dane. Mehr schien ihm auf Anhieb nicht einzufallen. »Ich dachte ...«

»Ist okay, es war ein Missverständnis, du hast es nur gut gemeint. Du dachtest, du seist mir das schuldig, weil ich beziehungsweise mein Vater – aber da ich ja eh alles erbe, sofern er nicht auch seine ganzen unehelichen Kinder, die er aber kaum kennt, berücksichtigt –, also jedenfalls, da ich eh das meiste erbe, habe ja ich dich gewissermaßen eingeladen, und du dachtest, du seist mir das schuldig für mein, wie du sicher bemerkt hast, kaputtes Selbstwertgefühl. Und dann wahrscheinlich auch wegen meiner Frage nach Melanie Laurent und deinen Nacktszenen, aber das war nur, um Konversation zu machen. Also: Riesenmissverständnis, wir haben uns doch eigentlich gut verstanden.«

Dane ging wieder zum Servierwagen und rührte sich erneut äußerst umständlich und dazu jetzt auch noch verlegen einen zweiten Gin and Tonic zusammen. Er war kein Alkoholkenner, das sah man, wahrscheinlich vertrug er auch nichts, weitere mildernde Umstände für diesen netten Jungen. Dies war das einzige der arrangierten Verkupplungsdinner gewesen, bei dem sie sich nicht komplett unwohl gefühlt oder gelangweilt hatte. Und Dane hatte ihr geholfen, unfreiwillig vielleicht, dass es ihr letztes sein würde. Sie wollte nicht, dass es so endete. Er setzte sich schüchtern neben sie auf die Couch. Herrje, dachte Emilia, man hätte schon erwarten können, dass die ganze Hollywood- und Modewelt, in der er verkehrte, ihn ein bisschen abgebrühter hätte werden lassen können, aber, nun ja. Es war natürlich verkrampft jetzt. Versierte Frauenaufreißer hätten das locker überspielen können, aber so war Dane nicht. Er war ein Junge von der Farm, den man in Prada-Kleider gesteckt hatte. Es tat ihr leid, vielleicht hätte sie einfach mitmachen sollen, warum nicht, sie war Mitte zwanzig und allein, und so viele Frauen in Amerika hätten in diesem Moment mit ihr getauscht. Dane trank mit schnellen kleinen Schlucken seinen zweiten Gin and Tonic aus. Entweder war er verlegen oder jetzt wütend.

Emilia wusste, der Weg zu einem versöhnlichen Ende würde nur über Körperlichkeit führen, über Nähe. Gekünsteltes Rumgerede über Jean-Paul Belmondo, Sartre oder die Tragik der eigenen Eltern würde jetzt nicht mehr helfen. Offenbar dachte sich Dane Ähnliches, denn in dem Moment, als Emilia langsam aufstehen wollte, um sich zu verabschieden, sprang er auf sie drauf. Sein Plan war es offenbar, ihre beiden Arme auf die Couch zu drücken und sie dann zu küssen. Seine Daumen bohrten sich in das Fleisch ihrer Oberarme, drückten auf den Muskel. Es tat weh. Seine Zunge schon wieder. Doch der Gin hatte seine Bewegungen schwerfällig und kraftlos gemacht, Emilia ließ sich von der Couch auf den Boden rutschen und rollte sich unter ihm weg. Sie lief zum Ausgang, scheiße, der Aufzug. Ihr Daumen hämmerte auf den Aufzugsknopf, doch dann sah sie, dass Dane ihr nicht hinterhergekommen war, sondern immer noch auf dem Boden vor der Couch lag in seinen geringelten Socken und der tätowierten Kinderrakete auf dem Unterarm. Er bat winselnd um Entschuldigung, jämmerlich. Emilia strich sich die Haare aus dem Gesicht und stieg in den Fahrstuhl.

Sie lief durch die heiße Nachtluft zurück ins West Village. Auf der 7th Avenue war auf großen Billboard-Tafeln die Performance-Künstlerin Marina Abramović zu sehen, wie sie in einem roten Gewand auf einem Stuhl saß: The Artist Is Present, Mar 14 – May 31, 2010. Die ganze Stadt sprach über die Performance-Ausstellung, bei der der Besucher sich der Künstlerin gegenübersetzen und sie schweigend und regungslos anstarren konnte. Emilia fiel ein, dass sie da noch hinwollte, aber dafür brauchte sie Thomas' Hilfe, denn es war eigentlich unmöglich, noch einen Platz gegenüber der Künstlerin zu ergattern.

Als sie um zwei Uhr morgens in der Feuerwehrstation ankam, saß Thomas auf der riesigen Kücheninsel, daneben parkte sein BMW, die Rückseite des Firehouse war geöffnet und gab den Blick frei auf einen minutiös beleuchteten japanischen Garten. Die Fernsehmoderatorin stand neben ihm, sie war gerade von ihrer Primetime-Sendung aus dem Sender gekommen, und Thomas erklärte ihr, welche Fehler sie in ihren Interviews gemacht hatte. Sie dürfe sich von diesen ultrarechten Tea-Party-Mitgliedern nicht so angreifen lassen.

»Das ist alles Rhetorik, die machen sogar richtige Kurse, wie man on camera linksliberale Moderatoren mit komplett erfundenen Behauptungen fertigmacht. Du musst dich darauf besser vorbereiten!«

»Ich glaube, das sind Hirngespinste, Thomas, das hier ist immer noch Amerika, niemand macht Kurse, um zu lernen, wie man den politischen Gegner verbal erledigt. Und du musst vielleicht mal lernen, dass Politik aus unterschiedlichen Meinungen besteht.«

»Es ist keine unterschiedliche Meinung, Claire, wenn einer von deinen Gesprächspartnern behauptet, der amtierende Präsident sei nicht in den USA geboren, sondern in Kenia! Du hast als Moderatorin die Pflicht, diesen Lügen einen Riegel vorzuschieben. Sonst werden die irgendwann behaupten, was sie wollen.«

»Ach, das war doch nur Donald. Ich kenne ihn seit zwanzig Jahren, er ist ein Clown, und jeder weiß das, Thomas. Das musst du nicht so ernst nehmen.«

»Hey, wie war dein Date, Emilia, super Typ, dieser Dane, oder? Wieso bist du denn schon so früh wieder da?«

»War okay. Gute Nacht.«

Am nächsten Morgen hatte Emilia Thomas zum ersten Mal ein bisschen mehr erzählt von ihrem arrangierten Date, nämlich dass sie sich vielleicht wiedersehen würden und er deswegen bitte keine neue Verabredung mehr organisieren solle, sie bleibe erst mal bei Dane. Thomas hatte hocherfreut gewirkt, insgeheim hatte er wohl ebenfalls auf Dane gesetzt. Doch zwei Tage später, als er nach einem Besuch des Sets in Montreal nach New York zurückkam, hatte sich seine Stimmung verändert. Er lief kopfschüttelnd an Emilia vorbei, sprach kaum noch mit ihr, und wenn sie Blickkontakt suchte, hielt er die riesigen Seiten des New York Review of Books, den er neuerdings las, vor sein Gesicht und tat so, als verstände er auch nur ein Wort der Rezension von George Saunders' neuem Erzählband. Als er schließlich aufblickte von seiner Lektüre, verkündete er, er habe für Sonntag einen Termin mit dem Chefredakteur von GQ, doch er selbst sei verhindert, deswegen müsse Emilia gehen.

»Oh, Graydon Carter? Cool.«

»Nein. Der ist bei Vanity Fair. Will Welsh.«

»Wer soll das sein? Papa, seriously?«

»Der Termin ist wichtig für mich, du musst mich vertreten.«

»Wir wollten das doch nicht mehr machen. Deine letzte Verkupplung war doch erfolgreich. Ich habe keine Zeit, ich werde mich am Sonntag wahrscheinlich mit Dane treffen.«

»Nein, wirst du nicht. Ich habe Dane auf dem Set getroffen.«

Emilia hatte keine Schwierigkeiten, sich vorzustellen, wie ihr Vater am Filmset, wo er sich ohnehin nicht so selbstsicher bewegte, zwinker-zwinker auf Dane zugelaufen war und mit dem »Hey-mach-dir-keine-Sorgen-ich-weiß-Bescheid-Blick« in seinem Gesicht gefragt hatte: »Und netten Abend gehabt am Freitag?«, und sich dabei als der coole Vater präsentierte, der er immer hatte sein wollen, der Kumpel, der über das Intimleben seiner Tochter bestens informiert war, aber gleichzeitig auch der Buddy des Boyfriends sein wollte und am besten noch über die Qualitäten der Tochter im Bett Andeutungen machte. Es musste demütigend für ihren Vater gewesen sein.

»Und was hat Dane gesagt?«

»Dass das Treffen ein großer Reinfall war, dass du nicht einmal wusstest, welche Rolle er in meinem Film hatte, dass ihr euch nichts zu sagen hattet und du dann das teuerste und langwierigste Menü auf der Karte bestellt hast mit neun Gängen, und dass es alles in allem echt awkward war.«

Emilia hatte sich vorgenommen, ihrem Vater keine Details von dem Treffen zu schildern. Aber das ging jetzt doch zu weit.

»Hat er auch erzählt, dass wir anschließend noch bei ihm waren?«

»Ja, hat er, dass du einfach mitgekommen bist, obwohl er müde war, und du dann bei ihm rumgesessen hast, ohne was zu machen.«

»Wie, ohne was zu machen? Was soll das heißen?«

»Na, ich habe ihn gefragt, ob was gelaufen ist, und er hat Nein gesagt. Und da stellt sich dann die Frage, was wolltest du da, Emilia? Mann, das ist alles so peinlich! Warum tust du mir das an? Warum bist du so komisch, so schwergängig? Was ist so schwer daran, einfach mal einen lockeren Abend mit einem wirklich netten und interessanten Mann zu verbringen? Mach's bitte am Sonntag mit dem GQ-Heini besser, das ist echt wichtig für mich, die wollen vielleicht einen Titel zu dem Sartre-Film machen.«

Das war am Mittwoch gewesen, und als am Sonntag dann die Moderatorin auszog und das abendliche Date mit Will Welsh von GQ näherrückte, hatte Emilia ihre Sachen gepackt und war zum Flughafen gefahren.

Als Emilia also an ihrem sechsten Abend in Berlin Karolin gegenüberstand, hatte sie zunächst dasselbe Gefühl wie bei Dane Hansen. Während sie den meisten Menschen indifferent und beinahe schwermütig begegnete, schienen einige wenige einen Stecker in der Tasche zu haben, den sie jederzeit in eine von ihr bisher unentdeckte Steckdose auf ihrem Rücken anschließen konnten. Dane hatte ihn, und Karolin schien ihn auch zu haben.

So allein in einer Bar, ob sie nach Männern Ausschau halte, hatte Karolin gefragt, denn da könne sie helfen. Emilia hatte gerade vergeblich versucht, in dieser Neuköllner Bar ein Glas Champagner zu bestellen, aber es gab wie immer nur Prosecco. Sie war fasziniert, wie unterhaltsam

Karolin von ihrer gerade vollzogenen Scheidung berichtete, auf die sie ohne Umschweife zu sprechen gekommen war. Im Gegenzug hatte Emilia ausschweifend die Dane-Story erzählt, über die Karolin sich erst heftig amüsierte, am Ende aber ernst wurde und Emilia erklärte, das sei eine versuchte Vergewaltigung und sie müsse zur Polizei gehen. Darauf war Emilia noch gar nicht gekommen.

Karolin sagte, sie passe ab sofort auf Emilia auf, und noch in derselben Nacht zog Emilia aus ihrem Hotel aus und bei Karolin ein, in jene Zimmer, in denen kurz zuvor noch ihr Ex-Mann Rainer gewohnt hatte. Es war eine große Berliner Wohnung mit Fischgrätparkett, Salons und Flügeltüren, und Emilia fühlte sich auf Anhieb wohler als in der lächerlichen Feuerstation in New York. In einem von Emilias neuen Zimmern hingen noch Rainers Anzüge auf einer Kleiderstange, farblich sortiert wie bei Dane Hansen. Die Wohnung war teuer, und nach zwei Wochen, als es so aussah, als würde Emilia ein bisschen bleiben, hatte Karolin gefragt, ob sie einen Teil der Miete zahlen wolle, woraufhin Emilia sofort die gesamten 3200 Euro übernahm. Karolin hatte sich gesträubt und angekündigt, die Hälfte zurückzuüberweisen, doch tat es nie. Sie unterzog Emilia einem Berlin-Crashkurs, der jemanden, der aus Amerika kam, nur begeistern konnte: die Sonnenaufgänge vor den Clubs am Ufer der Spree, die vielen gut gelaunten von jeglichem Erwerbsdruck befreiten Menschen, die Zeit, über die jeder dort verfügte, weil kaum jemand zu arbeiten schien, das unbefangene Miteinander der Geschlechter (verglichen mit dem überreglementierten und kostspieligen Dating in New York und den Kosten dafür, die ja stets der Mann tragen musste, was Emilia unangenehm war, wenn sie merkte, wie ihr Date bei der nächsten 80-Dollar-Flasche blutete, die sie sich selbst hätte locker leisten können). Und über allem wehte immer noch und unvermeidlich der Hauch von Geschichte, Preußen, Zweiter Weltkrieg, DDR, Leben in einer

Filmkulisse, wo jederzeit Tom Hanks in Hut und Trenchcoat um die Ecke biegen könnte.

Mit diesen unterschiedlichen Kulturen erklärte sich Emilia ihre leichte Irritation darüber, dass Karolin unter Zusammenwohnen offenbar verstand, jede wache Sekunde miteinander zu verbringen, was für eine Sozialphobikerin wie Emilia eigentlich eine Zumutung darstellte. In der ersten Zeit hatte Karolin für jeden Tag Unternehmungen geplant, ständig wurden neue Leute getroffen und vorgestellt, Theater und Konzerte mussten besucht, Nächte durchgefeiert, Sonntage mit Serien oder mit arschbombenden Türkenkids in Kreuzberger Freibädern verbracht, Spaziergänge in Brandenburg unternommen werden. Das war schon anstrengend, aber noch anstrengender wurde es, als Karolin, sobald es auf Emilias ersten Winter in Berlin zuging, auf einmal nur noch zu Hause bleiben wollte. Damit hätte Emilia kein Problem gehabt – that's what people do when winter arrives –, aber Karolin wollte es mit Emilia tun. Zu Hause zusammen in fleckigen Jogginghosen auf dem Bett oder nackt in der großen Badewanne liegen, Rotwein trinken und sich gelegentlich aneinanderkuscheln. Das empfand Emilia als ungefähr genauso gruselig wie mit Thomas in der New Yorker Feuerstation zu hocken. Es kam immer weniger Besuch, die vielen jungen Männer, die in den ersten Monaten vor allem Emilias wegen ständig in der Wohnung herumlungerten, blieben weg. Und wenn doch einmal einer kam, sagte Karolin durch die Gegensprechanlage, es passe gerade nicht.

Manchmal hielt Emilia es nicht mehr aus, schlich dann allein aus der Wohnung, um in irgendeinem Café ein paar Stunden die Ruhe zu genießen. Sie schaltete ihr Telefon aus, weil sonst die »Terroranrufe« ihrer Freundin (wie Karolin ihre Kontaktaufnahmeversuche in Augenblicken der Selbsterkenntnis selbst nannte) sie im Minutentakt erreichten. Umso zermürbender trafen Emilia dann allerdings die Mikroaggressionen, sobald sie nach Hause kam. Egal zu welcher Uhrzeit, Karolin war noch wach. Die Vorwürfe handelten nie direkt davon, dass Emilia weg gewesen war, das wäre auch lächerlich gewesen. Karolin fing wegen irgendetwas anderem Streit an wie Emilias Handtasche, die sie oft auf dem Counter in der Küche stehen ließ, wo sie Karolin offenbar störte. Noch häufiger aber stellte sie ein körperliches Leiden aus, ein drohender Bandscheibenvorfall, Knieschmerzen, ein verspannter Nacken, Migräne oder Hüftschmerzen, schleppte sich damit durch die Räume und durchzog sie mit dem Gestank von Trübsal und Grauen. Unterbrochen wurde Karolins Leid eigentlich nur für jene fünfzehn Minuten am Tag, in denen sie mit ihren Eltern in Köln telefonierte. Dann verwandelte sie sich in eine erfolgreiche und gut aufgelegte Tochter, und von allem Schmerz und allem Elend war nichts mehr zu vernehmen. Kaum hatte sie aufgelegt, blies sie die Luft hörbar durch die Backen, erschöpft von der Anstrengung dieser Performance.

Gerade als Emilia so weit war, wieder ins Hotel zu ziehen (vielleicht sogar zurück nach New York, denn eigentlich gab es in Berlin auch nichts mehr zu tun), ergab sich eine Veränderung. Karolins kleiner Bruder kam zu Besuch. Er war, wie Emilia durch die besorgten, mitunter verheulten Telefonate Karolins mitbekommen hatte, in den letzten Monaten schwer an Typhus erkrankt und hatte sich gerade erst ein bisschen erholt. Jetzt wollte er sein Leben neu starten. Emilia, die immer noch die volle Miete für die Wohnung zahlte, trat ihm eins ihrer beiden Zimmer ab, da Karolin sich weiter als die Hauptmieterin betrachtete und drei Zimmer für sich beanspruchte, eins zum Schlafen, eins um ihre Magisterarbeit fertigzustellen und eins für ihre Pilatesgruppe. Emilia hoffte, dass durch die Ankunft des abgemagerten, blassen Bennis sich Karolins Aufmerksamkeit vielleicht ein wenig von ihr wegbewegen würde, und hatte deswegen sofort ihr zusätzliches Zimmer zur Verfügung gestellt.

Eine Flügeltür verband die beiden großen Räume, und so hörte Emilia den merkwürdigen jungen Mann jede Nacht unterdrückt husten. Das Husten hielt sie wach, während im anderen Flügel der Wohnung Karolin ruhig schlief. Als sie die vierte Nacht wach lag, drückte sie morgens um halb drei vorsichtig die Klinke der Verbindungstür und schob sie auf. Das blaue Licht einer Tankstelle auf der gegenüberliegenden Straßenseite schien herein und beleuchtete eine Batterie aus Medikamentenschachteln auf dem Nachttisch. Emilia glaubte zuerst, Benni sei wach, er rasselte und hustete und wälzte sich. Erst als sie sich näherte, sah sie seine geschlossenen, beinahe zugepressten Augen. Benni trug nur eine Boxershorts mit Paisleymuster, Emilia betrachtete die eingefallene nackte Brust und die fast transparente weiße Haut. Exakt dieselbe wie Danes, irgendwie irisch oder skandinavisch. Emilia setzte sich vorsichtig auf die Bettkante, nahm die zuckende Hand des beinahe fremden Mannes und hielt sie in ihrer. Das Zucken hörte auf. Stattdessen begannen sich die Lippen des Mannes zu bewegen. »Chris, Chris«, verstand Emilia und musste weggucken, so unheimlich fand sie es. Bald verebbte auch das Rasseln und Husten, Stille kehrte ein, der Körper neben ihr beruhigte sich. Emilia erhob sich vom Matratzenrand und schlich aus dem Zimmer. In ihrem Bett liegend horchte sie noch einige Minuten nach, doch es blieb still. Endlich konnte auch sie schlafen.

Dies wiederholte sich in der folgenden Nacht, die Nacht danach, und auch in der dritten schlich Emilia durch die Flügeltür.

Bald entwickelte sich die Wache zu einer allnächtlichen Routine. Emilia legte sich immer zunächst selbst in ihr Bett und horchte und bereitete sich vor. Sie ging nie direkt zu Benni, denn sie glaubte, sie musste selbst aus dem Bett kommen, damit es funktionierte. Manchmal hörte das Zittern und Zucken schon nach wenigen Minuten auf, andere Male hielt es länger als eine Stunde an, aber immer war es irgendwann zu Ende. Niemals brachte sie sich ein Buch mit, niemals ihr Telefon, nicht einmal eine Uhr. Sie nahm die Hand und saß, der Raum erhellt vom blauen Licht der Tankstelle. Sie schloss die Augen, es war wie eine Meditation. Sie wollte diese Einsätze als etwas sehen, das sie tun musste, in erster Linie damit sie schlafen konnte, aber auch um jemandem zu helfen, den es irgendwie ins Schlafzimmer nebenan gespült hatte und der sich offenkundig in Not befand. Aber wenn sie ehrlich sein wollte, war dies der Teil des Tages, auf den sie sich schon morgens freute. Manchmal, an langweiligen Abenden oder wenn Karolin sie zu sehr in Beschlag nahm, ging sie früh ins Bett, um schnell zu Benni zu kommen, der sich immer schon um halb zehn schlafen legte. Emilia aber verbot sich, ihn vor Mitternacht aufzusuchen. Außerdem durfte Karolin nichts merken. Emilia wusste nicht, ob Benni ihre Besuche mitbekam, er war noch nie aufgewacht, soweit sie wusste, möglicherweise auch eine Folge des Opioids, das er nach seiner schweren Erkrankung immer noch nahm. Jedenfalls hatten Benni und sie nie über die nächtlichen Wachen geredet, tagsüber verhielt er sich ihr gegenüber ganz normal, wobei normal bei ihm bedeutete: äußerst schüchtern und sehr zuvorkommend. Er kochte ihr in umständlichen Prozeduren unter Zuhilfenahme von Waagen und Thermometern Kaffee und brachte ihr einen seiner Pullover aus feiner Kaschmirwolle, wenn sie fror. Er bot an, kleine Besorgungen zu machen und übernahm sogar ihre amerikanische Steuererklärung, deren unendlich komplizierte Vordrucke er in hoher Geschwindigkeit und wie in Trance ausfüllte, nur manchmal kurz in Verblüffung stockte, wenn er wieder auf eine siebenstellige Summe traf, die er unter »real estate assets« eintragen musste.

Natürlich hätte sie die Erklärung von der Kanzlei ihres Vaters in New York erstellen lassen können wie sonst auch immer, aber solange sie das tat, würde Thomas die Kontrolle über ihre Finanzen behalten. Außerdem berührte es

Emilia zu sehen, wie Benni sich ohne jegliches Vorwissen scheinbar mühelos in das amerikanische Steuerrecht einarbeitete, sich auf seine Mathematikkenntnisse, sein in Mindestzeit durchgezogenes und mit Bestnote abgeschlossenes Jurastudium sowie seine analytische Intelligenz verließ. Und das Schönste war, Benni würde eine saubere Steuererklärung hervorbringen, ohne das übliche Getrickse und Geschacher ihrer New Yorker Steuerkanzlei Angstrom, Lambert & Portnoy, mit deren douchey Juniorpartnern Emilia auf Thomas' Vermittlung auch schon das ein oder andere Dinner durchlitten hatte. Manchmal bemerkte Emilia, wie Benni kurz und kaum merklich von seinen Zahlen aufblickte und sie heimlich betrachtete, aber dann tat sie so, als bemerkte sie es nicht. Karolin hingegen schien alles zu sehen. Jeden Blick, jedes schüchterne Lächeln, jedes Gespräch, das länger dauerte als über das organisatorisch Nötige hinaus.

In gleichem Maße, in dem Emilia versuchte, Karolin aus dem Weg zu gehen, suchte sie die Nähe von Benni. Er war in vielerlei Hinsicht ihr Gegenteil. Wo Karolin übersprudelnd, fordernd und übergriffig war, präsentierte sich Benni zurückhaltend, nachsichtig und fast dröge. Emilia hatte in seiner Gegenwart das Gefühl, wieder atmen zu können. Je heftiger Karolin auf sie zugriff, desto mehr schien sich Benni von ihr zurückzuziehen, als wolle er seiner Schwester nicht im Weg stehen. Karolin schien die Situation kaum auszuhalten, eifersüchtig wohl auf der einen Seite, überglücklich auf der anderen, dass es ihrem Bruder sichtlich besser ging, er regelrecht aufblühte, was vor Monaten niemand mehr für möglich gehalten hätte und was, so viel musste auch Karolin in der Lage sein zu erkennen, vielleicht mit Emilia zu tun hatte.

In den schlimmen Monaten im Sommer, als Benni im Koma gelegen hatte, war sie so sehr mit ihrem Honeymoon mit Emilia beschäftigt gewesen, dass sie, wie sie immer wieder beklagt hatte, viel zu selten nach Köln ins Krankenhaus gefahren war, während sogar ihr Bruder Chris, aus New York angereist, wochenlang geblieben war. Doch wann immer sie zu dritt in der Wohnküche saßen – einer Konstellation, der Emilia möglichst auszuweichen versuchte –, wurde Karolin immer ruhiger, und ihre Schmerzen kehrten zurück, der Rücken, das Knie, die Migräne. Es war nicht so, dass Emilia und Benni die Situation dominierten und Karolin ausschlössen, im Gegenteil, je mehr sich beide bemühten, Karolin einzubinden, desto offensichtlicher wurde ihre Ausgrenzung.

Was das denn sei zwischen Benni und ihr, fragte sie Emilia. Obwohl mit der Frage zu rechnen gewesen wäre, war Emilia überrascht. »Nichts, wirklich. It's, I don't know ... mutual understanding.« Ihr war so schnell keine passende deutsche Bezeichnung eingefallen, aber »mutual understanding« traf es, ein gegenseitiges Sehen und Verstehen, ohne dass es vieler Worte bedurfte. Dass sie sich anfangs nächtelang an das Bett eines fremden Mannes gesetzt hatte, konnte sie sich bis heute nicht erklären, und sie wagte nicht, daran zu denken, was passieren würde, wenn Karolin davon erführe. Anderseits fragte sie sich, warum eigentlich? Welchen Anspruch konnte Karolin, die sie ja auch noch nicht einmal ein Jahr kannte, an sie stellen? Warum hatte sie Angst vor ihr?

Irgendwann hörten die Geräusche auf, doch Emilia schlich weiter jede Nacht durch die Flügeltür in Bennis Schlafzimmer. Das Zittern war immer noch da. Hatte sie anfangs noch nahezu meditativ mit durchgedrücktem Rücken neben ihm gesessen, überwältigte sie inzwischen immer häufiger eine schwere Müdigkeit. Dann legte sie ihren Oberkörper vorsichtig seitlich ab, ließ die Füße jedoch auf dem Boden, sodass sie theoretisch immer noch saß. Irgendwann wurde ihr an den Füßen kalt, und sie zog sie hoch, tastete sich zentimeterweise mit ihnen unter Bennis Decke. Bewegungslos lag sie da, hörte seinen Atem, gleichmäßig, langsam und –

gesund. Sie horchte nach Hinweisen auf seinen Bewusstseinszustand. Konnte jemand wirklich so tief schlafen, dass er nicht merkte, wenn jemand in seinem Bett lag? Oder war er wach, hatte bloß Angst, ihre Zusammenkunft zu zerstören, gäbe er sich zu erkennen? Auf seinem Nachttisch standen keine Opioide mehr, aber viele andere Mittel, wer konnte schon wissen, was die mit seinem Schlaf machten? Die Nachtwachen wurden zu einem Emilias Tag bestimmenden Ritual. Schon mittags begann sie, Überlegungen anzustellen. Wie eine Feldherrin überlegte sie, welchen Millimeterschritt voran sie in dieser Nacht wagen würde. Sie hatte begonnen, behutsam ihre Hand auf Bennis nur von dünner Haut bespannten Bauch abzulegen. Lieber hätte sie mit der unverfänglicheren Brust begonnen, doch auf dem Rücken neben ihm liegend, ließ der Winkel nichts anderes zu. Wenn sie ihre auf dem Bauch ruhenden Finger vorsichtig ausstreckte, konnte sie die erste Linie seiner Schambehaarung ertasten, die sich unter dem Bund der Boxershorts hervorreckte. Emilia wusste, sie musste damit aufhören, es gab für ihre nächtlichen Interventionen keinen praktischen Grund mehr (falls es ihn je gegeben hatte), sie würde es nicht mehr rechtfertigen können, nicht vor sich selbst, erst recht nicht vor anderen und nicht einmal vor Gott. Ein paarmal war sie bereits neben Benni eingenickt (das war der Nachteil ihrer neuen Liegeposition) und eine Stunde später oder zwei wieder hochgeschreckt. Was wäre gewesen, wenn Benni in der Zwischenzeit aufgewacht wäre? Vielleicht würde ihr Verhalten ihn abstoßen, vielleicht würde er es creepy finden, mit gutem Recht.

Es endete dann abrupt. Es wurde inzwischen wieder Sommer und die Nächte kürzer, und Emilias Millimeterfeldzug war so weit vorangeschritten, dass vier Fingerkuppen ihrer rechten Hand unter seinem Hosenbund hindurchgefahren waren und sich in der Boxershorts nun regungslos im Dickicht seines Schamhaars verbargen. Emilia, zufrieden mit ihrem Vorstoß, wollte gerade ein bisschen wegdösen, da stupste etwas an ihre Finger. Sie musste sich zwingen, nicht sofort ihre Hand wegzuziehen. Sie hatte sich natürlich vorher überlegt, dass dies passieren konnte, doch sie hatte nicht darüber nachgedacht, was sie tun würde. Außer um jeden Preis nicht zu zucken. Aus dem Stupsen gegen ihre Finger wurde jetzt ein Pochen. Bedeutete es, dass er wach war? Nein, solche Dinge passierten doch ständig im Schlaf. Sie versuchte, ruhig zu atmen, wie sie es gelernt hatte. Würde es einfach vorbeigehen, oder musste dazu etwas passieren? Sollte sie die neue Situation annehmen und die Dinge, sozusagen, selbst in die Hand nehmen? Aber das würde auf jeden Fall mit seinem Erwachen enden, und dann wäre es klebrig und peinlich und jeder Zauber fort. Also schloss sie die Augen, entspannte sich und versuchte langsam und umsichtig wie beim Mikado, ihre Finger um den pochenden pelzigwarmen Penis herum zu arrangieren. Ein tiefes Gefühl von Macht und Zuneigung durchströmte sie, sie genoss es für einige lange Augenblicke, dann erst traten die Finger und schließlich ihr ganzer Körper den Rückzug an, und ein letztes Mal schlich sie durch die Flügeltür zurück in ihr Zimmer.

Am nächsten Morgen, nach dem Frühstück, gingen Emilia und Benni zusammen in die Neue Nationalgalerie. Sie hatten sich bis dahin noch kein Mal außerhalb von Karolins Wohnung gesehen. Doch an diesem Morgen sagte Benni wie selbstverständlich, da sei diese neue Ausstellung des New Yorker Skulpturkünstlers Carl Andre, und Emilia antwortete, ja klar, dann lass uns gehen, als hätten sie nie etwas anderes getan. Kein Gedanke mehr an Karolin, es musste nichts mehr besprochen werden. Komisch war es schon, dass es ausgerechnet an diesem Morgen geschah, aber Emilia ließ den Gedanken, was es zu bedeuten haben könnte, nicht zu. Es spielte keine Rolle mehr, sie wusste, dass dieses Geheimnis der Gründungsmythos ihrer Liebesbeziehung werden würde, und es würde, wenn überhaupt, erst viele Jahre später und dann nur in äußerster Not gelüftet werden.

Als sie an der Nationalgalerie ankamen, hatten sich vor dem Museum Demonstranten versammelt. Sie forderten die sofortige Schließung der Ausstellung. Carl Andres Frau, erklärte Benni ihr, war in den Achtzigerjahren aus dem Fenster ihrer gemeinsamen New Yorker Wohnung im vierzehnten Stock gestürzt. Der Künstler, der damals ein starkes Alkoholproblem hatte, sei in der Folge in Verdacht geraten, sie gestoßen zu haben, sei aber von einem New Yorker Gericht 1988 freigesprochen worden. Eine Demonstrantin spuckte vor Emilia auf den Boden. »Geht's noch? Diesen phallischen Mist von dem Opa sollte man sich echt nicht angucken«, zischte sie Emilia zu.

Im Museum erzählte Benni von der sogenannten Minimal Art im New York der Sechzigerjahre, deren schillerndste Figur Andre eine Zeit lang gewesen war mit seinen linearen Installationen aus Holz, Ziegelsteinen und später auch Metall. Er sei gerade mal vierzig Jahre alt gewesen, als das Museum of Modern Art ihm seine erste Retrospektive gewidmet hat.

»Und jetzt soll man wegen des Mordverdachts seine Kunst ignorieren«, fragte Emilia.

»Ist wie bei Michael Jackson.«

»Na ja, bei Michael Jackson ist die Beweislast schon stärker.«

»Überhaupt nicht«, lächelte Benni. »Beide wurden freigesprochen. Carl Andre von Mord, Jackson von Kindesmissbrauch.«

»Jackson hat das über Jahrzehnte systematisch betrieben, bei Andre war es vielleicht ein betrunkener Unfall.«

»Wir wissen es nicht, Emilia. Und solange das so ist, lass uns die Kunst ansehen.«

Und so ging es nun Tag für Tag weiter. Benni schlug jeden Morgen außer mittwochs eine Veranstaltung vor, von deren Natur und Inhalt Emilia erst vor Ort erfuhr: Ausstellungen, Theater, Konzerte klassisch, Konzerte modern und Pop, Oper natürlich, Kino, Wanderungen in Brandenburg. Die Unternehmungen beschränkten sich nicht nur auf Berlin, sondern beinhalteten auch Tagesexkursionen in umliegende Städte wie Dresden, Weimar, Leipzig oder Wolfsburg, bald auch Flugreisen nach Wien, Zürich, Warschau, Prag, Bilbao oder Florenz. Benni öffnete ihr die Augen für einen Kontinent namens Europa. Jede der Reisen war minutiös geplant, und offenbar bestand Bennis Ehrgeiz darin, dass sie als Tagestrip verwirklichbar waren. Emilia hatte ihr übliches Problem. Sie verabscheute den sinnlosen Reichtum ihres Vaters und genoss es, sich mit Benni den Herausforderungen und Unbequemlichkeiten des gewöhnlichen Reisens zu stellen. Doch manchmal, in Wien etwa oder in Zürich, hätte sie Hotels gekannt, in deren Suiten es nett gewesen wäre, mit Benni den Abend zu verbringen. Auch hätte sie manchmal, wenn sie sich morgens um sieben in eine überfüllte S-Bahn zum Flughafen drängten, effizientere und komfortablere Mittel der Fortbewegung gekannt, aber gleichzeitig wusste sie, dass der Zauber von Bennis Veranstaltungen genau darin lag, diese nicht zu benutzen. Denn sonst würde sie exakt das banale Leben ihres Vaters führen, in dem nichts mehr einen Wert oder eine Bedeutung hatte.

Und so hörte sie stattdessen Bennis kleinen Einführungen zu, die er zu jeder einzelnen Exkursion vorbereitet hatte oder manchmal aus dem Stegreif hielt. Meistens gab er sie gleich nach der Ankunft am Veranstaltungsort – dem Salzburger Konzerthaus, der Fondation Beyeler in Basel, dem Thomas-Mann-Haus in Lübeck oder der Gondel an der Zugspitze. Manchmal hielt er sein Referat erst, nachdem Emilia etwas gehört oder gesehen hatte, je nachdem, wie es ihm pädagogisch sinnvoller erschien. Es waren keine allgemeinen Einführungen, meistens beschränkte sich Bennis

Vortrag auf einen kuriosen Randaspekt des Kunstwerks oder seiner Genese.

Sie liebte es, ihm dabei zuzusehen, wie er etwas verkrampft dastand, in seinen dunkelblauen Stoffhosen und weißen Hemden und gänzlich unberührt blieb von dem, was er da vortrug, wie ein Museumsführer, der dieselbe Führung schon hundertmal gegeben hatte. Er schien die Kunst gar nicht zu spüren, bloß zu verstehen, und wenn es nichts zu verstehen gab, interessierte ihn das Exponat nicht. Emilia glaubte, an den meisten Kunstwerken gab es nichts zu verstehen, nur zu fühlen. Doch Benni fand immer einen Aspekt, den es zu intellektualisieren, oder eine Geschichte, die es zu erzählen gab, wie bei Carl Andre.

Bloß einmal war er wie unter Strom gewesen. Sie waren zu einer Ausstellung der Kunst des Musikers Pete Doherty nach Paris geflogen, frühmorgens in Berlin los, Lunch im Café de Flore (was Emilia unter Originalitätsgesichtspunkten ein bisschen schwach fand, aber Benni schien zu abgelenkt, um sich vernünftig um die Restaurantwahl kümmern zu können), und dann weiter zu einer Galerie im neunten Arrondissement. Schon bevor er seine übliche Einführung hielt, hatte er ihr erzählt, Doherty habe einige der Kunstwerke, die sie nun zu sehen bekämen, mit seinem eigenen Blut gemalt, was bei Emilia wenig Begeisterung auslöste.

Warum er so aufgeregt sei, fragte sie ihn, als sie im RER vom Flughafen in die Stadt fuhren. Sie wusste, dass Benni Anfang der Nullerjahre auf jedes erreichbare Konzert von Dohertys Bands, den Libertines und später den Babyshambles, gegangen war, obsessiv, wie Emilia fand, weil er irgendetwas in Doherty sah, was ihn in Bann zog.

»Pete Doherty ist unsterblich.«

»Blöde Aussage. Erst recht für einen Rationalisten wie dich. Solche Aussagen vermeidest du doch eigentlich.«

Benni antwortete nicht und machte sich stattdessen Notizen auf eine hellgrüne Karteikarte. Es war erst Herbst, doch in Paris hatte es schon begonnen zu schneien. Frischer Schnee bedeckte die grünen Deckel der Mülltonnen. Zwei Stunden später, als sie in einer Galerie namens Crash vor einem Gemälde mit dem Titel »Union Jack« standen, kam Benni auf den Gedanken zurück: »Er ist allein deswegen unsterblich, weil er nicht gestorben ist. Ich selbst wäre fast gestorben. Pete auch. Aber wir beide leben noch. Genügend Gelegenheiten für Pete wären da gewesen. Und schau, er ist auch deswegen anders als wir, die wir sterben, weil sein Blut nicht rot ist wie unseres, sondern offenbar die Farbe von braunem Zucker hat. Siehst du?«

»Eklig.«

Offenbar begann jetzt Bennis Einführung, doch etwas war anders als sonst. Sein ganzer Ton hatte sich verändert. Er hatte noch nie den Boden des Faktischen verlassen, hatte sich noch nie ins Spekulative gewagt. Sie hatte es gemocht, weil es so eine entwaffnende Ernsthaftigkeit besaß. Dies hier war offenbar sein Versuch, sich aus seiner Sachlichkeitsfalle zu befreien.

»Das Blut, es steht inzwischen beinahe für ein eigenes Subgenre in Dohertys Schaffen«, fuhr er fort. »Neben all den anderen Disziplinen der Kunstproduktion, die er beherrscht: Wusstest du, dass er schon immer Gedichte verfasst hat und Prosa geschrieben, Songs komponiert, einige davon unsterblich wie er selbst? Und hier nun seine bildende Kunst, die er seit 2005 öffentlich zeigt: Gemälde und Collagen, Blut, Farbe, Bleistift, Schreibmaschinen-Ausrisse sind seine Materialien. Totenköpfe, Spritzen, Reptilien oder Pfeifen einige seiner Motive. Du siehst, es gibt nichts zu verheimlichen. Denn sein großes Gesamtkunstwerk, in dessen Schlund er alles und vor allem sich selbst stets geworfen hat mit Haut und Haaren, für das er im wörtlichen Sinn geblutet hat, das war er immer auch selbst: Er hat seinen eigenen skin in the game, wie du vielleicht sagen würdest. Und ich würde behaupten, in dieser Eigenschaft des Sich-Hineinwerfens, des Alles-aufs-Spiel-Setzens ist Doherty einer der letzten großen Rockstars unseres vergangenen 20. Jahrhunderts. Ein aussterbender Typus, dessen Kunst stets auch in der Bedingungslosigkeit bestand, in der Komposition unmöglicher situativer Konstellationen: Ein Fremder in seiner eigenen Haut, »stranger in my own skin«, wie er in einem Song der Babyshambles gesungen hat und wie es auch in einer der hier gezeigten Collagen über ihn selbst heißt.

Wäre er dieser Fremde in sich selbst nicht gewesen, hätte er nicht versucht, diesen Fremden in sich zu zerstören. Dann hätte er sicherlich als einer der großen Lyriker und Singer/Songwriter da oben stehen können, da wo Springsteen thront oder Dylan. Aber er steht dort nicht. Er ist auch nicht zerbrochen wie so viele andere, die da oben standen und inzwischen tot sind, selbst ohne Heroin.

Man könnte also behaupten, wenn er endlich mal die Drogen loswürde, wäre er eine künstlerische Naturgewalt, mit der zu rechnen wäre. Dann hätte er Geld, Selbstrespekt und endlich mal saubere Hände. Was aber, wenn es genau umgekehrt wäre: Wenn er plötzlich Rücksicht auf sich selbst nähme, würde die Wucht seiner Arbeiten darunter leiden? Natürlich ist es eine so romantische wie zynische Perspektive auf Kunst, von ihren Produzenten die komplette Selbstaufgabe und -zerstörung zu verlangen, die Annihilation, die Auslöschung, während man selbst auf einer Low-Carb-Diät in der Galerie rumsteht oder beim Early-Bird-Pilates die Songs der Libertines hört.

›Contain yourself (seriously)‹ steht auf einem der Bilder. Halte dich zurück, und zwar ernsthaft. Womöglich ist er dann ein Fremder in seiner Haut, aber was soll er machen, wo soll er sonst hin, so geht es nämlich in dem Song weiter, es läge schließlich auch kein Sinn darin, sich selbst auszusperren, da draußen in der Kälte.«

Als er geendet hatte, sagte zunächst keiner von ihnen etwas. Es war, als sei ein rasender Bus mit quietschenden Reifen zum Stehen gekommen, der Qualm der Bremsen stand noch in der Luft. Ein paar Franzosen hatten am Ende auch zugehört, selbst wenn sie nichts verstanden, war es ein Ereignis gewesen. Emilia war sich nicht sicher. An Benni war so faszinierend gewesen, dass er alles so unbeeindruckt tat, so völlig anstrengungslos und ohne sichtliche Ambition. Benni war der erste Mann, den Emilia kennengelernt hatte, der offenbar niemandem etwas zu beweisen hatte. Das hier war druckreif gewesen. Aber es hatte auch angestrengt geklungen. Als hätte ihm zum ersten Mal, seit sie ihn kannte, ein anderer Mensch außer seinem Bruder Chris etwas bedeutet.

Auf der Rückreise hatten sie kaum mehr geredet. Der Schnee war zu braunem Matsch geworden, es hatte nur ein paar Stunden gebraucht. Emilia hatte sich den drögen, in sich ruhenden Benni zurückgewünscht. Jetzt hatte sie einen verlegenen Benni, der merkte, dass er neben sich gestanden hatte. Seine Vorträge auf den anschließenden Reisen – Knausgård in Malmö, Kraftwerk in Wolfsburg, Mahlers Vierte in München – folgten wieder Logik und Präzision und ließen in Emilias Erinnerung Bennis Trip ins Spekulative verblassen wie einen Fiebertraum. Nur der verschrobene Schriftsteller Knausgård schien ihm ebenso viel zu bedeuten wie Doherty. Warum, das hatte er ihr in seinem Vortrag noch nicht erzählt, dafür brauche er einen intimeren Rahmen, es sei eine lange Story, die »sehr emotional für ihn« sei.

Ein ehemaliger Jura-Kommilitone, dem Benni bei jeder seiner Hausarbeiten hatte helfen müssen, hatte sein Studium inzwischen abgebrochen und war Kulturredakteur bei Spiegel Online geworden. Benni bat ihn, ein paar Rezensionen zu den mit Emilia besuchten Ausstellungen, Konzerten und Theatervorführungen schreiben zu dürfen. Die Bezahlung war nicht berauschend und Bennis Texte hölzern, wie Emilia fand, im Grunde wie seine Referate, und natürlich wollte

Benni kein Kulturkritiker werden. Er brauchte die Texte lediglich, um sich bei manchen Veranstaltungen als Journalist akkreditieren zu können, was die Tür öffnete zu Premieren und Vernissagen und ansonsten auch Geld sparte. Emilia hatte ausgerechnet, dass jeder Trip im Durchschnitt 200 bis 300 Euro kostete, das machte ungefähr 1000 pro Woche, 4000 im Monat. Sie wusste nicht, wo Benni die Mittel hernahm. Da er abgesehen von den lächerlichen Rezensionen nicht arbeitete, musste er das Geld gespart haben oder bekam es, wie sie, von seiner Familie. Emilia stellte sich vor, dass seine Eltern gut betucht waren, wie man wohl sagte, aber nicht reich. Eigentlich perfekt, fand sie.

Vier Tage in der Woche waren Benni und sie unterwegs, manchmal kamen sie um Mitternacht in Karolins Wohnung zurück. Wenn sie morgens um halb sechs dann schon wieder in der S-Bahn zum Flughafen ihren müden Kopf an Bennis Brust lehnte (manchmal auch im Taxi zum Bahnhof, das spendierte Benni unter bestimmten Umständen), die kleine Hi-Tec-Thermoskanne mit heißem Kaffee, den Benni ihr machte, in den kalten Händen, spürte Emilia, wie anstrengend die Reisen waren. Erst zehn Jahre später, in einem Fertighaus in Brandenburg, würde sie wissen, dass sie nie glücklicher war als in diesen Monaten im Herbst 2011. Konnte es sein, fragte sie sich, dass sie zum ersten Mal das Leben spürte? Dass zuvor, in ihrem Dasein mit ihrem Vater, ob in San Francisco, in München oder in New York, der allgegenwärtige Komfort darauf ausgerichtet war, jedes Fühlen zu verhindern?

Sie machte sich Sorgen um Bennis Kräfte, nach anfänglich gutem Fortschritt hatte er nun aufgehört, Gewicht zuzulegen, was Emilia auf die Reisestrapazen schob. Manchmal schlief er kaum. Wenn Emilia sich abends müde ins Bett legte, klappte Benni sein Laptop auf und plante die Exkursionen der nächsten oder übernächsten Woche. Auch Karolin sahen sie überhaupt nicht mehr. Die Tagesausflüge waren ein perfekter Weg, sie zu meiden, ohne den Affront, den ein Auszug bedeutet hätte. Benni sagte immer wieder, wenn sie in Flugzeugen oder Zügen auf dem Weg nach Hause waren, sie müssten am Wochenende mal wieder für Karolin kochen, doch wenn das Wochenende kam, fühlten sich beide viel zu müde, um Karolins Klagen über ihre Examensarbeit und über ihr jüngst diagnostiziertes Rheuma zuzuhören – und blieben bis in die Nachmittage in ihren Betten. Nach einigen Monaten und weit mehr als fünfzig Tagesexkursionen erwartete sie mit dem Anbruch jeder neuen Woche, dass ihm die Ziele ausgingen; dass diese Exkursionen genauso endeten wie seinerzeit jene, die Emilia in sein Schlafzimmer unternommen hatte, nämlich abrupt und wenn es am schönsten war.

Zunächst aber wurden die Reisen immer gewagter, die Zeitpläne enger, und vielleicht bestand am Ende ihr ganzer Sinn darin, dass irgendwann die Rückfahrt am selben Tag nicht mehr glücken würde und sie zu einer gemeinsamen Übernachtung gezwungen wären. Wenn man die letzte von Emilias Nachtwachen nicht mitzählte (wofür es aus Emilias Sicht gute Gründe gab), hatten sie noch keinen Sex gehabt. Sie küssten sich, das schon, oft auch auf den Mund, das Gefühl dabei schien Emilia aber noch als Zuneigung unter engen Freunden und Geschwistern durchgehen zu können. Manchmal ließen sie nachts die Flügeltür zwischen ihren Zimmern offen, sodass sie theoretisch in einem Raum schliefen, allerdings erst nachdem jeder sich bettfertig angezogen hatte. Aber natürlich stand mit jeder neuen, wiederum gelungenen Exkursion die körperliche Frage dringlicher im Raum, und manchmal war Emilia beinahe schon beleidigt, dass Benni es offenbar mühelos gelang, ihr über eine so lange Zeit zu widerstehen. Denn dass er sie mochte, daran hatte sie, wenn sie ehrlich war, keinen Zweifel. Sie hatte es seit den ersten Blicken über ihre amerikanische Steuererklärung hinweg gewusst.

Vielleicht hatten sie den Moment verpasst.

Vielleicht war damals der Augenblick gewesen bei ihrer letzten Nachtwache, Benni war natürlich wach gewesen, hatte sich über seine körperliche Reaktion ihr offenbart, und es war sie gewesen, die einfach gegangen war. Natürlich würde er sich kein zweites Mal zeigen.

Andererseits hatte Benni für alles einen Plan, er glaubte an die mathematische Ordnung der Dinge. So wie er jede der Dutzenden von Tagesreisen inklusive eines Vortragsprogramm genau taktete, würde er vielleicht die Lösung der Sexfrage schon am Horizont terminiert haben. Aber er sollte nicht mehr so lange warten. Wie bei den Reisen ließ sie ihn alles machen, ließ ihn nächtens mühsam auf seinen Handy-Apps nach den günstigsten Flügen suchen, obwohl sie die Situation im Handumdrehen auflösen könnte: ein Anruf bei Norbert, dem Concierge ihres Vaters, und alles wäre in kürzester Zeit auf höchstem Niveau organisiert. Je gründlicher sie darüber nachdachte, desto deprimierender empfand sie die Tatsache, weil alles, was Benni tat, im Grunde sinnlos war. Sinnlos gemacht von ihrem Geld. Würde sie auch nur einmal intervenieren (und ein paarmal war sie spätabends an irgendwelchen ICE-Bahnhöfen kurz davor gewesen, schnell einen Fahrer kommen zu lassen), wäre die Vergeblichkeit von Bennis Tun entlarvt und der Zauber vorbei gewesen. Mit dem Sex verhielt es sich womöglich ähnlich. Sie könnte einfach die Führung übernehmen, es war natürlich einfacher für sie, aber eben auch banaler. Es würde der inneren Befindlichkeit ihrer Beziehung widersprechen, also versuchte sie, nicht daran zu denken.

Aber sie konnte nicht mehr. Sie konnte die matten Gesichter in den ICEs nicht mehr ertragen, die engen Flugzeuge, die ständigen Sicherheitskontrollen. Die Ausstellungen, die sie besuchten, die Konzerte, die sie hörten, erreichten sie nicht mehr. Was immer ihr da gesagt werden sollte, ihr Kopf hatte keine Ruhe mehr, sich damit zu befassen. Sie störte sich an ihren abgelaufenen Turnschuhen und hasste den praktischen Rucksack, den Benni ihr für die Reisen geschenkt hatte. Ihre Haut kam ihr von der ICE-Luft erschlafft vor, ihre Haare von zu wenig Pflege strähnig, rissig die Lippen. Ihren Körper fand sie teigig vom ständigen Fast Food und verbogen von den krummen Sitzen bei Easyjet.

Vielleicht hatte sie es deswegen drauf angelegt. Es hätte nicht in Düsseldorf passieren müssen. Aus Düsseldorf kommt man immer nach Hause, zur Not mit einem Mietwagen. Sie waren bei der Eröffnung einer Gursky-Ausstellung, auf die Benni sie über eine Spiegel-Online-Akkreditierung hineingeschummelt hatte. Als sie um 18:00 Uhr ankamen, wartete die Pressereferentin der Kunstsammlung NRW schon an der Tür. Sie freue sich sehr, dass der Spiegel sich für die Ausstellung interessierte – »Spiegel Online«, murmelte Benni –, und er habe Glück, sagte sie zu Benni in rheinischem Singsang, nach der Eröffnung hätte der Künstler noch zwanzig Minuten Zeit für ein kurzes Interview mit dem Spiegel.

»Ja, also Spiegel Online«, sagte Benni, »und leider muss ich heute noch nach Berlin zurück, das heißt, leider ...«

»Ja, wir machen es direkt nach der Eröffnungsrede, dann kriegen Sie noch den letzten Zug, den habe ich auch schon häufig genommen. Ansonsten bringen wir Sie mit Ihrer ... Freundin? Ehefrau? nett unter.«

»Bekannten«, sagte Emilia.

»Na, das sieht mir aber anders aus, wie ihr zwei da steht, das müsst ihr dann gegebenenfalls noch mal unter euch klären. Oh, da vorn ist der Andreas, da muss ich jetzt mal schnell hin, hier kommt Crémant auf dem Tablett, nehmt euch mal, und denken Sie sich ein paar schöne Fragen aus, die Bilder vom Andreas sorgen ja für genügend Gesprächsstoff, an denen lässt sich ja das ganze Panorama der Bundesrepublik runterdeklinieren. So, wir sehen uns später!«

Es dauerte dann natürlich doch alles. Die Ministerpräsidentin, der Bürgermeister, der Museumsdirektor und ein

Musiker der Toten Hosen hielten Reden. Benni zupfte die Haut von seinen Nagelbetten, Emilia nahm unauffällig seine Hand, damit er aufhörte. Das war nun wirklich schon pärchenmäßig. Als die letzte Rede endete, eilte Benni sofort los, doch beim Fotografen standen jetzt die Sammler und ein paar bekannte Leute, ein DJ, ein Schriftsteller sowie Boris Becker und Günter Netzer. Benni musste warten. Was wäre eigentlich so schlimm daran, hier zu übernachten? Hatte die Dame vorhin nicht sogar gesagt, sie würden untergebracht? Was war eigentlich sein Problem?

Als er endlich dran war mit seinem Interview, war Benni so entnervt, dass er dem Fotografen im Stakkatotempo fünf superkomplizierte Fragen zu den technischen Verfahren der Abzüge stellte; Fragen, die so noch kein Kulturjournalist gestellt hatte und für die sich der Fotograf Zeit nahm zu überlegen und zu antworten, um dann die technischen Prozesse ganz genau zu erklären. Zunächst waren Benni und der Fotograf noch von einer Traube an Zuhörern umringt, doch nach und nach verließ einer nach dem anderen die Gruppe, um lieber nach einem Glas Weißwein Ausschau zu halten.

Emilia hatte sich fünf Meter weiter an einem Stehtisch postiert und trank ein Glas Champagner, das ihr Gursky persönlich organisiert hatte, als er mitbekam, wie Emilia bei den Canapé-Trägern versucht hatte, eins zu bestellen, aber zur Antwort erhielt, es gebe einen »schönen Crémant stattdessen«, den sie brüsk ablehnte. Gursky hatte »warte« gesagt, war eine Treppe hinaufgeeilt und mit einer Magnum-Flasche Veuve Clicquot zurückgekommen, aus der er ihr eingoss. Nun, zufrieden mit ihrem Glas in der Hand, ganz im Moment, das Flirren der ausklingenden Eröffnung nachspürend, konnte Emilia sehen, wie Benni litt. Und zum ersten Mal, seit sie ihn kannte, verspürte sie kein Mitleid ob seiner Zwänge, sondern nur Zuneigung und heimliche Freude. Er würde da jetzt durchmüssen, und sie hätte nicht sagen können, ob ihn die plötzliche Unvorhersehbarkeit der bevorstehenden gemeinsamen Nacht quälte oder ihn der Kollaps seines präzise austarierten Zeitplans ärgerte. Sie würde es wohl später herausfinden.

Sechs Minuten bevor der Zug nach Berlin planmäßig den Düsseldorfer Hauptbahnhof verlassen sollte, sah sie Benni dem Fotografen die Hand reichen, verlegen lächeln, sein schwarzes Notizbuch in seiner neuen ledernen Umhängetasche (die furchtbar spießig war, wie Emilia fand) verstauen, ihr zuwinken und zum Ausgang eilen. Die nette Pressesprecherin mit der rheinischen Intonation hatte ein Taxi organisiert, das mit laufendem Motor und in Fahrtrichtung wartete. Fahrtdauer laut Google Maps elf Minuten. Benni schien trotzdem dran zu glauben, und obwohl der Taxifahrer sogar zwei Minuten schneller war, als von Google prognostiziert, standen sie neun Minuten später auf einem leeren Bahnsteig.

»Es war die wunderbarste Zeit«, sagte Emilia und trat einen Schritt auf Benni zu, der geschlagen und verloren auf dem Bahnsteig stand, die lederne Umhängetasche schlaff über der Schulter baumelnd, die dunkelblonden, lichter werdenden Haare von leichten Herbstwindstößen zerzaust.

»Aber sie endet hier. Du hast nahezu Unmögliches geleistet und mir alles geschenkt. Du bist erschöpft. Ab jetzt übernehme ich mal.«

Sie hakte sich bei Benni unter, und gemeinsam verließen sie den Bahnhof. Sie passierten die schließenden Würstchenbuden und ein paar rufende Junkies. Sie aßen Cheeseburger und Pommes frites bei McDonald's, und am Taxistand nahmen sie einen Wagen zum Hyatt am Hafen, wo Emilia eine Amex von Thomas auf den Tresen legte, was zu einem sofortigen Upgrade in eine Suite führte. Aus dem Schlafzimmer konnten sie den Rhein sehen, den ufohaften Fernsehturm und »die schiefen scheußlichen Häuser von Frank Gehry« (Benni). Sie schliefen Arm in Arm ein, und am nächsten Morgen, als die Herbstsonne über dem Rhein aufging, schliefen sie miteinander. Zu Emilias Überraschung ging es ganz einfach, und als sie danach dalagen und ein Frühstück aufs Zimmer hochtelefonierten, überlegte Emilia, dass der Aufgalopp zu diesem Moment des Glücks wahrscheinlich exakt so lange hatte dauern müssen, wie er gedauert hatte mit der Tortur der Millionen Kulturveranstaltungen, Glück musste verdient werden, es kam nicht einfach, noch nicht mal mit allem Geld dieser Welt, siehe Thomas, man musste dafür arbeiten, und das hatten Benni und sie getan.

Für jemanden, der nicht von Natur aus glücksbegabt war wie Benni und Emilia, war dies der einzige Weg gewesen, und sie hatten ihn bestanden. Jetzt konnten sie nach Hause fahren und ihr Leben beginnen. Bloß konnte sie in keinen einzigen ICE mehr steigen, forever. Über den Concierge der Amex bestellte sie einen großen Audi mit Fahrer zum Hotel. Der Fahrer hieß Marcel. Sie ließen sich in die Ledersitze der Rückbank fallen und fuhren in ihr neues Leben. Das würde Chris gefallen, dachte Benni, als der Wagen aus der Hyatt-Einfahrt heraus rollte.

Emilia würde Benni unmöglich erzählen können, was sie an diesem Nachmittag von Kimberley erfahren hatte. Wenn Chris entschieden hatte, solch große Neuigkeiten aus seinem Leben seinem kleinen Bruder vorzuenthalten, dann würde es einen gewichtigen Grund geben. Trotzdem war Emilia geschockt.

Kimberley, Chris' merkwürdige neue Freundin, war am Nachmittag, nachdem der größte Teil der Familie Schönwald zum Bötchenfahren aufgebrochen war, in Karolins Buchladen aufgetaucht und hatte sich als Chris' Lebenspartnerin vorgestellt. Gerade als Emilia das Gefühl hatte, zum ersten Mal an diesem Tag frei atmen zu können, als endlich alle gegangen waren, Mann, Kinder, nervige Schwiegereltern, alle weg. Sie war frei, sich irgendwo in Kreuzberg mit einem Glas Champagner zwischen die Drogendealer an das Kanalufer zu setzen und zu überlegen, wie das alles überhaupt weitergehen konnte. Sie hatte Benni kaum angucken können an diesem Tag. Fotze, hallte es in ihrem Kopf nach. Fotze, Fotze, Fotze. Immer wieder hatte er nach diesen Ausbrüchen versprochen, eine Therapie zu beginnen. Sie glaubte ihm, dass er es in jenen Momenten so gefühlt hatte und auch wollte. Aber er hat es eben nicht gemacht. Untypisch für Benni, der normalerweise Pläne fasste und diese dann klar exekutierte, umso schlimmer, dass er es ausgerechnet in diesem Fall, in dem es um den Fortbestand seiner Ehe ging, nicht getan hatte. Armer Benni. Sie wollte ihn nicht bestrafen. In seiner Zwanghaftigkeit hing er an einem intakten Konstrukt Familie. Sie hatte ihm noch nie gedroht, vielleicht war das unfair. Vielleicht hätte sie es einmal aussprechen sollen: einmal noch, du, und ich bin weg. Jedoch hatte sie klargemacht, wie sehr sie seine verbale Gewalt, und nichts anderes war es, traf. Wie sie danach kein Licht mehr sah, keine Freude, die Gardinen zugezogen und sie innerlich tot. Wenn ihr Vater morgen aus Salzburg zurückkäme, würde sie ihn fragen. Dann hätte er doch noch gewonnen, und sie wäre wieder Teil seines Bullshit-Game. Alle Unabhängigkeitsbestrebungen vergeben.

Sie würde ihn fragen, wie es aussähe mit dem Haus im London, das so schön lag am Eaton Square. Sie hoffte, dass ihr Vater nicht groß nachhaken, vielleicht nur antworten würde, ja klar, lass dir von Derek and Kate die Schlüssel geben, das waren die Haushälter, ein Ehepaar, das seit fünfzig Jahren um die Ecke wohnte. Sie könnte es erst mal ausprobieren für ein paar Wochen, noch waren Sommerferien, weg von Benni, dem Schlächter. Nein, er war kein Schlächter, er war die große und, da war sie sich sicher, einzige Liebe ihres Lebens, aber sie konnte nicht, sie würde verrückt werden hier in Brandenburg in dem kleinen Haus und ohne Freunde in der Nähe, stattdessen Nachbarn, die vom Prenzlauer Berg zugezogen waren und jeden Tag grillten, oder Nachbarn, die schon in der DDR dort gewohnt hatten und immer noch grillten und dazu Fascho-Rock hörten, vielleicht auch einfach Foo Fighters, Emilia wusste das nicht so genau. Benni könnte jedes Wochenende nach London kommen, wenn er wollte, das Haus dort wäre groß genug, seine Flüge würde sie bezahlen.

Über all das hatte sie nachdenken wollen, doch dann hatte sie sich von Alina überreden lassen, mit ihr noch einen Kaffee im Buchladen zu trinken. Alina hatte sich, als die Familie in Thomas' Maybach außer Sichtweite war, komödiantisch den Finger in den Hals gesteckt, als müsse sie sich sofort übergeben, und Emilia hatte lachen müssen.

Sie selbst hatte sich vor vielen Jahren anders entschieden, aber beeindruckt hatte es sie dennoch, wie unverstellt Alina der alten Ruth Schönwald entgegengetreten war. Es verging kein Zusammentreffen, ohne dass Ruth mindestens eine Provokation in Richtung Emilia schickte. Emilia hatte seit Jahren schon nicht mehr darauf reagiert. Sich mit dieser Frau auseinanderzusetzen hatte selbst für jemanden wie Emilia, die immer alles klären wollte, keinen Sinn. Es nervte alle, sogar Harry, jeder fand es bescheuert, was sollte Emilia sich da noch groß wehren. Alles an ihr schien Ruth wütend zu machen: dass sie immer nur Champagner trinken wollte (dabei gehörte Emilia, wie sie fand, zur Minderheit derjenigen Mitglieder der Familie Schönwald, die kein kleines Alkoholproblem hatten); dass sie versuchte, auf ihre beiden kleinen Söhne aufzupassen und viele Gefahren vorausahnte; dass sie keinerlei Gemeinschaftszwang verspürte und das Zusammensein mit anderen nur für sinnvoll hielt, wenn es freiwillig geschah; dass sie soziale Codes nicht beherrschte und Small Talk nicht verstand (obwohl sie mit sozialen Codes und Small Talk aufgewachsen war); dass sie sich unabhängig machte und sich niemandem, außer ihrem Mann und ihren Kindern, verpflichtet fühlte; dass sie keinen Grund sah, sich der älteren Person, der Matrone, unterzuordnen: All das schien Ruth zu hassen. Wenn Emilia ehrlich war, wusste sie nicht warum.

»Du bist also die legendäre lesbische Affäre von Karolin«, begann Alina das Gespräch. »Okay, cool, kann ich verstehen.«

»Ich bin nicht lesbisch, ich habe einen Mann und bin Mutter zweier Kinder.«

»Was ist das denn für reaktionäres Gelaber? Meinst du, Lesben haben keine Kinder, oder was? Na ja, egal, deine Schönheit entschuldigt dich, Süße.«

»Das ist allerdings auch eine reaktionäre Aussage«, sagte Emilia, »wenn ich den Feminismus richtig verstanden habe.«

Und gerade als der Kaffee durchgelaufen war und Alina anfangen wollte, über »diese Familie aus Westdeutschland« zu lästern sowie über Karolin und »ihre bourgeoise Herkunft« zu reden, und Emilia überlegte, wie sie möglichst schnell hier wegkäme, war Kimberley reingekommen. An der Art, wie sie die Tür aufgerissen hatte, wie ihre Haare frisiert waren und ihr Businessanzug saß, hatte Emilia sofort erkannt, dass sie Amerikanerin war. Nicht nur das, sie sah aus wie eine der Freundinnen ihres Vaters, Typ Fernsehansagerin. Zu ihrer Überraschung stakste die Amerikanerin klackernd sofort mitten in den Raum, blieb stehen, schob ihre Sonnenbrille aus dem Gesicht in die Haare und sagte: »Hi beautiful! You must be Emilia! I know you from the pictures Chris would not stop showing me!«

»Oh, hallo.«

»Wir beide müssen uns echt mal unterhalten irgendwann«, fuhr sie auf Englisch fort. »Ich meine, wir haben uns da beide echt was eingebrockt mit diesen Schonvald-Boys, huh? Aber was soll man machen? Sind sie nicht süß?«

Sie müsse jetzt aber sofort Chris finden, seine Karriere sei in Gefahr, sie müsse ihn einnorden.

»Seine Karriere«, fragte Emilia. »Seine Karriere als Professor? An Columbia?«

»Ja, die auch, Sweetheart. Aber die schon länger. Die ist ja quasi nicht mehr zu retten. Also eigentlich tot seit einem Jahr. Which we all agree is a good thing. Aber jetzt die schöne neue Karriere, die Beach-House-Karriere, MAGA-Chris, The Professor who's had it – die wird sich auch pulverisieren, wenn Chris die unhöflichen Instagram-Kids mit ihrem Nazi-Bullshit nicht langsam mal vor den Bus schubst. Und ich glaube, da braucht er ein bisschen Zuspruch von einer alten Fahrensfrau der politischen Kriegsführung.«

»Woah, woah, woah«, sagte Emilia und fiel auf Englisch angesichts der merkwürdigen Diktion dieser Frau in ihren alten Uni-Campus-Slang von vor zehn Jahren zurück. »Ich sage dir, wo du Chris finden könntest, aber vorher musst du mir ein bisschen von dem sortieren, was du da gerade gesagt hast.«

Und so erzählte Kimberley alles, von »Prevent the Steal 2024«, von Chris' Hit-Rede, dem Beach House, vom »Professor who's had it«-Podcast, von The Donald als »Chris' biggest fan« und dem Streit in der Nacht vor ihrem Abflug. Emilia, die von ihrem Vater einiges Auf und Ab gewöhnt war, nahm die Neuigkeiten kühl und sachlich auf, doch Alina, die mit einem knappen »Hi, ich bin die Alina« sofort hinzugekommen war, konnte sich kaum noch beherrschen vor Empörung über »diese kranke Familie, wo alle sich ständig in die Tasche lügen«.

»Karolin ist genauso! Die hat auch nie reinen Tisch gemacht, wie das zwischen euch beiden gelaufen ist, als ihr euch getrennt habt.«

Getrennt? Was Alina sagte, ergab für Emilia keinen Sinn, aber sie hatte keine Kraft, dem auf den Grund zu gehen. Offenbar hatte Karolin ihr erzählt, sie seien in einer Beziehung gewesen – warum bloß? Aber natürlich hatte Alina auch ein bisschen recht, irgendwie verheddern und verknoteten sich die einzelnen Erzählstränge der Familie Schönwald an allen Ecken und Enden.

Emilia wusste genau, zu welchem Bootsverleih im Grunewald Benni die Familie gebracht hatte, zu viele Ausflüge hatte sie dorthin selbst schon unternommen, und Benni variierte nie. Dort schickte sie Kimberley hin, nicht ohne ihr vorher versprechen zu müssen, sich in den kommenden Tagen noch einmal zusammenzusetzen und alles ausführlich zu besprechen. Dann begleitete sie Kimberley zur S-Bahn, um nicht mehr bei Alina bleiben zu müssen, noch mehr negative Energie würde sie heute nicht verkraften. Als die S-Bahn einfuhr, machte Kimberley einen schnellen Schritt auf Emilia zu und drückte sie fest. Emilia merkte, dass ihr das gefiel.

Später war die Fahrt zurück in die Uckermark wie die Hinfahrt verlaufen. Wortlos zwischen Benni und Emilia, während August und Otis glückselig ihre *Ninjago*-Folgen auf dem riesigen Bildschirm im Fond guckten, ihre dicken bunten Kopfhörer auf den Ohren, während draußen die Nacht vorbeigerauscht war. Normalerweise undenkbar, dass die Kinder so viel Schrott gucken durften. Doch es kümmerte niemanden mehr. Benni wirkte für seine Verhältnisse erstaunlich labil, jagte mit starrem Blick den schweren Wagen über die vom Fernlicht illuminierte Landstraße. Zwischendurch hatte Emilia das Gefühl, er wollte etwas sagen, aber dann hatte er weiter geschwiegen und sie auch.

Erst als er den Wagen vor das Fertighaus lenkte und den Motor abstellte, sprach Benni und sagte, dass sie vorhin in der Familie locker darüber gesprochen hatten, sich vielleicht noch einmal alle zusammen zu sehen, bevor Chris wieder nach New York fliegen und die Eltern zurück nach Köln fahren würden. Und dass es vielleicht nett wäre, wenn alle rauskämen zu ihnen in die Uckermark, am Dienstag vielleicht oder am Mittwoch. Und Thomas sei ja dann auch noch da, und vielleicht wäre es auch schön, wenn seine Eltern und Geschwister Thomas mal richtig kennenlernten.

»Auf keinen Fall«, hatte Emilia geantwortet. »I'm done. Keine Lust mehr.« Außerdem wisse sie nicht, ob sie Mittwoch noch da sein würde.

»Wo wärst du denn?«

»Keine Ahnung. Muss mal raus. London vielleicht. Wenn ich weg bin, kannst du gern alle einladen. Ist bestimmt nett.«

»Und August und Otis?«

»Die kommen mit mir. Natürlich.«

Aber wohin denn, hatte Benni noch gerufen, doch Emilia war mit den Jungs schon im Bad verschwunden. »Kommt, schnell, Zähneputzen!«

Am nächsten Morgen brachte Emilia August in die Schule und Otis in den Kindergarten. Weil die Kinder sich inzwischen weigerten, in den Renault Berlingo zu steigen, nahm Emilia den Maybach ihres Vaters. Sie war zu niedergeschlagen, um die Luxusansprüche ihrer Söhne zum Thema eines Erziehungsvortrags zu machen. Es war sowieso egal, dachte sie, wenn sie durchzog, was sie vorhatte mit London, würden die Kinder ab jetzt ohnehin verwöhnt. Anschließend fuhr sie zu einem alten Bauernhof ein paar Dörfer weiter, wo einige New Yorker Yogis, zusammen mit Clubbesitzern aus Berlin und Kaffeespezialisten aus Tokio, einen Vierseitenhof in eine Hipsterfarm mit Yogascheunen, Podcaststudios, Co-Working-Spaces, Kaffeemanufaktur, Gemüsegärten, Farm-to-Table-Restaurant, Töpferei, Streichelzoo und japanischen Zen-Badeteich mit Sauna verwandelt hatten. Sie trank zitronensauren Third-Wave-Coffee und nahm dann an einer BurningTheBarn-Yogastunde teil, ihr übliches Montagmorgenprogramm. Sie hoffte auf die normalisierende Kraft des Alltags, ein grauer, kühler Montagmorgen Ende August, vielleicht relativierte er ihre Not. Sie überlegte, mittags Thomas' Fahrer Eduard im Maybach zum

Flughafen zu begleiten, um ihren Vater mit abzuholen und vielleicht schon einmal mit ihm zu reden. Normalerweise würde Emilia ihn nie abholen, allein schon wegen Stella, der verblödeten Frau-Schrägstich-Freundin-Schrägstich-Geliebten ihres Vaters, die ein Gespräch mit ihrem Vater über ihre Ehe faktisch unmöglich machte. Sie könnte Eduard fragen, ob ein Kollege Stella mit einem separaten Wagen abholen könnte, sodass sie mit ihrem Vater allein fahren konnte, aber vielleicht ging das alles auch ein bisschen weit.

Als sie wieder nach Hause kam, war es Benni gelungen, das Display seines Telefons mit dem Beamer oben auf der Mezzanine-Galerie zu verbinden.

»Was soll das?«, fragte Emilia.

»Für heute Abend. Chris diskutiert doch mit den Demonstranten auf Instagram. So können wir's auf der großen Leinwand sehen, alle zusammen mit deinem Vater und Stella und den Kids.«

»Den Kids? Deine Söhne sollen dabei zuschauen, wie diskutiert wird, ob ihre Urgroßeltern sich am NS-Regime bereichert haben? Okaaaay, wie du meinst!«

Emilia war dann trotzdem mit Eduard in den Maybach gestiegen und zum Flughafen gefahren, nur um etwas zu tun zu haben und nicht zu Hause sein zu müssen. Mit ihrem Vater würde sie trotzdem ein anderes Mal reden, wenn Stella nicht dabei war. Um Viertel vor sechs hatten sich alle vor dem Beamer versammelt, es herrschte eine Art WM-Stimmung, als stünde ein wichtiges Fußballspiel an, und Thomas sagte, das sei aber alles süß und schnuckelig hier oben unter dem Dach, man könne ja kaum aufrecht stehen, und zog dabei sichtbar den Kopf ein. Er nahm auf einem flachen Sitzsack Platz, die Knie an seinen langen Beinen knapp unterm Kinn.

Die Verbindung zwischen Beamer und Bennis Handy brach immer wieder zusammen, jedes Mal sprang Benni auf, fummelte etwas am Telefon und am Projektor, bis das

Instagram-Bild wieder auf der Leinwand erschien. Er hatte den Nachmittag damit verbracht, mit August und Otis Tacos für alle vorzubereiten, die nun von den Kindern auf blumenverzierten Rosenthal-Platten serviert wurden. Ein gemeinsamer Viewing-Abend in der Familie, das war offenbar das Thema, das Benni sich für diese Veranstaltung überlegt hatte. Normalität, auch hier der Wunsch, dass Normalität schon alles heilen würde.

Das sei natürlich naiv, sagte Thomas, was Chris da vorhabe. Er hätte so einen Auftritt unbedingt durch gezielte Einsätze einer Trollarmee flankieren müssen, so wie es die Gegenseite sicherlich auch tat. Er habe sie ja angeboten, die Trollarmee. Spendiert sogar. Wollte aber offenbar keiner. Ob Benni das Chris überhaupt ausgerichtet habe? Aber Chris stehe natürlich komplett für die alte Welt, was mache er noch mal, an der Universität in New York?

»Ja«, sagte Benni.

»NYU?«

»Columbia«, sagte Benni nun womöglich gereizter, als es nötig gewesen wäre.

»Ah, schade. NYU ist bei den digitalen Dingen weiter. Die haben ein ganz gutes Digi-Lab, forschen zu Robotik, AI und autonomem Fahren. Ich glaube sogar für Tesla, meinte Elon. Na ja, das kann ja lustig werden.«

Als die Diskussion begann, war Thomas zunächst still, dann begann er, das Geschehen in Comicmanier zu kommentieren, erst leise, dann lauter: Bang!, Treffer versenkt!, Kawomm!, Krass – bis er schließlich anfing, Chris lautstark anzufeuern und an den richtigen Stellen zu lachen.

Als Kimberley schließlich auf dem Bildschirm erschien, war er endgültig begeistert. »Genialer Move mit der Rechtsanwältin des Weißen Hauses! Ich lache mich tot. Wo hat er die denn her? Wie geil ist die Alte denn bitte? Und die Trollarmee hat er auch! Hast du ihm doch den Tipp gegeben, Benni? Geile Show von Chris, cooler Typ. Und ich dachte, das sei so einer wie Benni! So'n eher ruhiger Vertreter!«

Benni wirkte verwirrt, er wusste, dass sein Bruder ein Draufgänger war, aber so hatte er ihn auch noch nicht erlebt. Wahrscheinlich schien es am vernünftigsten, in Thomas' und Stellas Begeisterung über Chris einzustimmen. Nur Emilia sagte nichts, rührte sich keinmal in ihrem Eames Chair (der Stuhl war das einzige Geschenk ihres Vaters, das sie zum Einzug akzeptiert hatte, auch wenn sie ihn ästhetisch abgeschmackt fand). Ihr Vater war ihr so unangenehm, das war das eine. Aber Chris – nach allem, was Kimberley ihr am Tag zuvor erzählt hatte über ihn als Trump-Surrogat –, Chris war offenbar ein Psycho, der ihre zarte Seele erschütterte. Das war auch schon ihr Eindruck gewesen viele, viele Jahre zuvor, lange bevor sie Benni kannte und sie eines Nachts in einer Bar an der Universität Chris schon einmal begegnet war.

Thomas war begeistert, als er hörte, dass Chris und Kimberley am übernächsten Tag, am Mittwoch, ebenfalls zum Grillen in die Uckermark kommen wollten, und weniger begeistert, dass die Schwiegereltern aus Köln auch kämen (»Sind die nicht schon sehr alt?«). Trotzdem beschlossen Stella und er zu Emilias Entsetzen, ihren Aufenthalt bei Emilia und Benni zu verlängern, um »diesen crazy Chris« mal kennenzulernen, vielleicht könne man mit dem auch mal ein Projekt zusammen machen, was, wie Emilia wusste, bei ihrem Vater nichts anderes bedeutete, als Chris zu kaufen, so wie er es immer tat, wenn er wollte, dass Menschen ihn mochten, die normalerweise aufgrund ihres Talents, ihrer Persönlichkeit oder Coolness für ihn unerreichbar wären.

»Guck mal«, sagte Emilia später zu Benni, kurz bevor sie ins Bett gingen. Es war das Erste, was sie zu ihm an diesem Tag sagte, »jetzt haben wir uns hier schon heute zusammen mit meinem Vater und seiner … Frau den Auftritt deines

Bruders angeguckt, und das war, da wirst du mir vielleicht zustimmen, anstrengend genug. Hältst du es wirklich für nötig oder gar für eine gute Idee, übermorgen erneut zehn Leute zu bewirten, schon wieder deine Familie und meine? Meinst du nicht, wir sollten als Familie mal zur Ruhe kommen, merkst du nicht, wie wir uns hier verlieren? Sind dir die alle so wichtig? Weißt du, was für ein Horror es wird, wenn Chris und mein Vater aufeinandertreffen, wie die sich ankumpeln werden, und dann dazwischen noch deine Mutter und die frustrierte Karolin? Bist du sicher, dass das deine Prioritäten sind? Und was willst du denen denn überhaupt zu essen anbieten?«

Zu ihrer Überraschung stimmte Benni ihr sofort zu. Er schien so froh, dass sie wieder mit ihm sprach, dass er offenbar gewillt war, sofort vor ihr zu kapitulieren. Seine Beine waren immer noch schlank und schön, fast unbehaart mit nur leichtem blonden Flaum. Emilia betrachtete sie, als Benni aus seiner beigefarbenen Stoffhose stieg und das Schlafsofa unter dem Dachfenster auf der Galerie auszog. Immer noch trug er Boxershorts wie ein Student, heute eine dunkelrote mit Paisleymuster. Benni war kein Luxustyp, er trug praktische Outdoorkleidung aus Hi-Tech-Materialien, aber die Boxershorts, Socken und Gürtel bestellte er bei einem kleinen französischen Herrenausstatter in Nizza oder Cannes.

Es sei kein Problem, alle wieder auszuladen, sagte er traurig. Wahrscheinlich habe Emilia recht, es sei zu viel. Sie müssten sich jetzt auf sich selbst konzentrieren und nicht auf Eltern, Schwiegereltern und Geschwister.

Emilia spürte sofort eine Weichheit in sich aufsteigen. Ohne dass sie es vorher gewusst hatte, waren dies genau die Worte gewesen, die sie hatte hören müssen.

»Danke, Benni. Komm, schlaf bei uns, bei Otis und mir.« Otis hatte wieder eine Phase, wo er jede Nacht ins Elternschlafzimmer kam, aber weil Emilia dringend ausschlafen musste, hatte sie ihn heute gleich im Elternbett einschlafen lassen.

Am nächsten Morgen stieg Benni mit so leichtem Gemüt aus dem Bett wie lange nicht mehr. Emilia hatte ihn nach dem Aufwachen zum ersten Mal wieder in ihr Rumgealber mit den Jungs einbezogen, und nun sah er den Weg für Emilia und ihn klar vor sich: Wenn er dieses große Abendessen morgen mit seinen Eltern und Geschwistern dafür absagen musste, dann erschien ihm das als akzeptabler Preis, um in seiner eigenen kleinen Familie zurück zum Glück zu finden. Man hatte sich doch tatsächlich jetzt oft genug gesehen, und dass es seit Dienstagmorgen regnete und auch für den Rest der Woche so bleiben sollte, kam seiner geplanten Absage entgegen. Was sollte man im Regen in der Uckermark? Er musste nur den Anruf noch machen. Oder doch besser nur eine SMS?, überlegte er, während er seine Sportmatte im Keller ausrollte und die Freeletics-App startete.

Five, Four, Three, Two, One, Go! Es ging mit Burpees los, dann Deadlifts.

Als er bei Jackknives angekommen war und schon ächzte, klingelte sein Telefon. 9:10 Uhr, wer ruft um diese Zeit an? Es war seine Mutter.

»Wir kommen dann morgen mit dem Regionalexpress nach Templin. Der fährt sogar vom Zoo direkt durch. Wir fahren schon vormittags los, wir wollten uns ja noch die Altstadt von Templin ansehen. Margot Schuler hat uns Tipps und die Adresse gegeben, wo sie als Kind gelebt –«

»Du, hier regnet es in Strömen, wir müssen dann morgen erst mal gucken, ob das so stattfinden kann, wir wollten ja grillen ...«

»Ach, sonst grillen wir in der Garage! Früher bei unseren Gartenfesten hat es fast immer geregnet, Hans-Harald hat dann den Grill in die Garage gestellt oder unter die Markise, mach dir da mal keinen Kopf. Oder ich mach uns schnell was in der Küche, habt ihr nichts von Bofrost in der Tiefkühltruhe, wir müssen ja nicht grillen. Es geht ja mehr darum, dass wir alle noch mal zusammen sind.«

»Ja, wir können dann ja morgen noch mal sehen.«

»Hans-Harald und ich haben schon den Supersparpreis gebucht!«

Benni war fest entschlossen, sich die neue Leichtigkeit nicht nehmen zu lassen, und schaltete die Freeletics-App wieder an, weiter mit den Jackknives, ihm würde schon noch etwas einfallen, um die Einladung abzusagen.

Emilia umarmte ihn trotz des nass geschwitzten T-Shirts, als er vom Sport in die Küche kam.

»Mit wem hast du beim Sport telefoniert?«

»Meine Mutter hat angerufen.«

»Und, war sie enttäuscht, dass sie morgen Abend hier nicht wieder alles dominieren darf?«

»Sie wird es verkraften.«

»Wie hattest du eigentlich vor, alle zu bewirten? Oder hattest du darauf gebaut, dass ich etwas gezaubert hätte?«

»Nein. Aber wir haben ja noch die Grills hinten im Garten. Ich hätte dann doch noch ein letztes Mal gegrillt. Frisches Gemüse und Saitan für uns, gute Steaks und Shrimps für die anderen, weißt du, mein altes Surf & Turf. Wäre doch vielleicht sogar ganz nett geworden«, sagte Benni, und Hoffnung kroch in ihm hoch, ein kleiner schüchterner Versuch, Emilias Stimmung noch einmal abzuklopfen. Das wäre natürlich der einfachste Weg. Wenn sich herausstellte, dass ihre neue Weichheit sich vielleicht sogar auf das Familiengrillen ausweiten ließ und sie verstünde, wie viel es ihm bedeutete, dann müsste er es womöglich doch nicht absagen.

»Ach, diese schrecklichen Grills. Die sind doch total verrostet. Umso besser, dass uns all das nun erspart bleibt. Ich hätte es, glaube ich, nicht noch mal geschafft. Und ich finde es so sexy von dir, dass du frei und selbstbestimmt die richtige Entscheidung getroffen hast und nicht rumgeeiert bist. Du hast echt einen Schritt vorangemacht. So hatte ich mir dich immer vorgestellt. Wenn du das nicht abgesagt hättest, ich weiß nicht, was passiert wäre. Was machen wir heute Schönes?«

Emilia benahm sich seit seiner Kapitulation, als verlebten sie die zweiten Flitterwochen, aber alles hing eindeutig an der Absage des Familienabends. Je eher er den Anruf machte, desto schneller wäre er befreit. Vielleicht könnte er anbieten, anstelle der Grillparty am Mittwoch noch einmal mit August und Otis nach Berlin zu kommen, damit die Großeltern die Jungs noch einmal sehen könnten. Aus der Anrufliste in seinem Handy drückte er die Nummer seiner Mutter. Sie ging nicht ran. Was erschwert es alten Leuten so dermaßen, eingehende Anrufe anzunehmen? Er versuchte es bei seinem Vater, aber natürlich erst recht ohne Erfolg, der Anruf ging direkt zur Mailbox, die unsichere, tastende Stimme dieses sonst so selbstsicheren Mannes: »Hallo? (Papa, wieso der fragende Ton? Es ist eine Mailbox! Da kann keiner antworten) Hier ist der Harry … Schönwald! Ich kann im Augenblick leider nicht ans Telefon …« Benni legte auf.

Die restlichen Stunden des Tages entwickelten sich zur schönsten Zeit, an die Benni sich seit Langem erinnern konnte. Thomas und Stella waren nach einer Nacht in der »Gästesuite« im Keller, wie Thomas es nannte, zum Glück noch vor dem Frühstück aufgebrochen, um erneut runtergewirtschaftete DDR-Bauernhöfe und ein paar verfallene preußische Wasserschlösser zu besichtigen und, wenn möglich, zu kaufen. Benni hatte August und Otis in die Schule beziehungsweise in den Kindergarten gefahren (unter lautem Protest der Jungs wieder im Renault Berlingo, weil der Maybach ja für die Real Estate Hunt gebraucht wurde, obwohl es, hatte Benni Thomas noch gesagt, seine Verhandlungsposition sicherlich nicht stärke, wenn er mit diesem Auto bei den Verkäufern auftauchte).

Als Benni zurückkam, trug Emilia immer noch den weißblauen Morgenmantel, den er ihr mal aus dem Hotel Stadt Hamburg auf Sylt mitgebracht hatte (ohne ihn zu bezahlen). Sie hatten zum ersten Mal wieder Sex seit sicherlich drei Monaten oder vielleicht noch länger, und danach lagen sie im Bett, während der Regen draußen an die großen Fensterscheiben klatschte. Wenn er es schaffte, Emilia nicht mehr zu beschimpfen und sie das Thema Familie komplett mieden, hätten sie vielleicht eine Chance. Vielleicht wäre es gar nicht so schwer. Wenn er Emilias Familienphobie akzeptierte, sie nicht mehr versuchte zu zwingen, käme er gar nicht mehr in die verzweifelte Lage, in der er nicht mehr anders konnte, als sie mit den dreckigsten Worten zu beleidigen. Denn meistens stritten sie nur darüber. Sie blieben auch nackt im Bett liegen, als am frühen Nachmittag Thomas und Stella zurückkamen, zogen sich die Decke über den Kopf und reagierten kichernd auf sein Rufen.

»Scheint keiner da zu sein«, hörten sie Stella sagen.

»Aber der hässliche Citroën steht doch vor der Tür. Ohne Auto kommst du doch hier in den Käffern nirgendwohin!«

Emilia schlich herunter in die Küche, um eine Flasche Champagner zu holen, und sie schauten einige Folgen *Couple's Therapy,* eine amerikanische Dokumentarserie, in der echte Menschen bei der Paartherapie gefilmt wurden. »Anderen geht es auch nicht besser«, sagte Benni zu Emilia, während von unten aus der Gästesuite im Keller unterdrückte Schreie von Stella zu hören waren, was sie nicht störte, da Emilia es gewohnt war, ihren Vater beim Sex zu hören.

Um fünf fuhr Emilia los, um die Jungs abzuholen, und Benni wollte nun endlich seine Eltern und Geschwister anrufen, um die Einladung für den kommenden Tag zu kassieren. Sowohl seine Mutter wie auch sein Vater hatten inzwischen zurückgerufen. Sein Vater hatte wie immer eine lange Nachricht auf seiner Mailbox hinterlassen, in der er mit vielen Worten sagte, dass er angerufen, aber Benni nicht erreicht hätte; was er gemacht hatte zu dem Zeitpunkt, an dem Benni ihn angerufen hatte und warum er den Anruf nicht hatte annehmen können; was er und Ruth danach gemacht hätten und was sie nun in den nächsten Stunden planten zu machen und wann der günstigste Zeitpunkt für Bennis Rückruf wäre. All das vorgetragen in einem nicht beabsichtigten, aber dennoch auch nicht zu überhörenden latent vorwurfsvollen Ton.

Benni setzte sich in Boxershorts und T-Shirt mit seinem Telefon an den Küchentisch und öffnete die Fensterfront zum uckermärkischen Spätnachmittag. Er hörte eine Knoblauchkröte neben der großen Erle quaken, sah einen Fischadler kreisen, oder war es eine Krähe? Dummerweise hatte der Regen aufgehört, und der Himmel war aufgerissen. Gerade als er die Nummer seines Vaters (er würde auf die Absage sicherlich verständnisvoller reagieren als seine Mutter) gewählt hatte, erschien Thomas.

»Du bist ja doch da!«

Benni brach den Anruf ab. Er hatte sich zurechtgelegt, was er sagen würde.

»Gerade gekommen, ich war joggen.«

»Und Emilia?«

»Mit den Kids unterwegs.«

»Hm. Freue mich schon sehr auf morgen, die große Uckermark-Party mit Chris und Kimberley! Kann ich dir eigentlich mit etwas helfen, vorbereiten, kochen, soll ich ein paar schöne Weine holen?«

»Ich dachte eigentlich, dass wir grillen, aber jetzt bei dem Wetter …«

»Ja, hab' schon gesehen. Das sind ja zwei ganz ordentliche Weber, die du dahinten stehen hast. Respekt, da kannte sich jemand aus. Müssten wir aber bisschen fit machen, die Geräte. Komm, lass mal gucken.«

»Ja, ich dachte, vielleicht verschieben wir das Ganze auch noch mal, jetzt mit dem Wetter und so.«

»Verschieben? Geht auf keinen Fall! Ich habe alle möglichen Termine in London abgesagt, um morgen dabei sein zu können, eure ganze Familie kennenzulernen und Chris natürlich. Das kannst du jetzt nicht verschieben, Benni! Komm, wir checken die Grills.«

Als Thomas gerade begonnen hatte, mit verschiedenen Besen und Bürsten, die er zielsicher den Schubladen und Klappen der Grills entnommen hatte, die Roste zu reinigen, und Benni unschlüssig und missmutig, sein Telefon in der Hand, danebenstand, kam Emilia mit August und Otis zurück.

»Was macht ihr da?«, schrie August. »Macht ihr die Grills sauber? Grillen wir?«

»Ja, morgen«, rief Thomas.

Emilia schüttelte den Kopf, kümmerte sich aber nicht weiter um ihren Vater. Sie schien immer noch im Flitterwochenmodus, winkte Benni vergnügt zu. Noch war also nichts verloren, er musste nur noch die paar Anrufe machen. Er beschloss, sie auf den nächsten Morgen zu verschieben, ob sie es jetzt erführen oder morgen, machte keinen Unterschied mehr.

Zum Abendessen ließ Thomas aus seinem Spa-Hotel, der einzigen Luxusunterkunft Brandenburgs (in dem Stella und er noch eine Suite unterhielten, obwohl sie seit Tagen bei Benni und Emilia schliefen), Essen liefern, Spreezander und bretonischen Hummer, »mal bisschen Fisch, da Benni und ich ja morgen mit Chris noch richtig schönes Weiderind auf den Grill werfen«. Auch diese Bemerkung schien an Emilia vorbeizurauschen, sodass Benni sich zu fragen begann, ob seine Frau vielleicht unter der Wirkung eines neuen Sedativums stand, von dem er noch nichts wusste. Wie damals nach Augusts Geburt, als sie »unter Stimmungsschwankungen litt«, weswegen Thomas sie an seinen Freund Dr. Römmeling verwiesen hatte, der ihr Tavor verschrieb. Benni hatte sich damals lange die neue Gelassenheit seiner Frau nicht erklären können, bis er eine Medikamentenpackung in ihrer Yogatasche fand und mit einmal googeln herausfand, dass Tavor jenes beruhigende Benzodiazepin war, das Uwe Barschel genommen hatte, bevor er in der Badewanne starb.

Vielleicht hatte Thomas ihr diesmal wieder irgendetwas mitgebracht, und Emilias Flitterwochenstimmung hatte gar nichts oder nur oberflächlich mit ihm und der Absage der Grill-Party zu tun. Dann könnte sie vielleicht einfach stattfinden, das Benzodiazepin würde schon dafür sorgen, dass es für Emilia erträglich würde. Er musste nur die Tabletten finden, um Gewissheit zu haben. Er wartete also, bis seine Frau schlief, und schlich sich dann aus dem Bett, suchte in ihrer alten Chloé-Tasche und im Yogabeutel, leuchtete mit dem Handy in Schubladen, wühlte hinter ihrer Unterwäsche. Nichts. Schade. Oder war er verrückt geworden? Was machte er da? Nach anderthalb Stunden begab er sich geschlagen wieder ins Bett. Den Kopf auf das kalte Kopfkissen gedrückt konnte er lange nicht einschlafen.

Als er am Mittwochmorgen erwachte, rief er als Erstes seine Mutter an, geh ran, ausnahmsweise, geh einfach ran. Es regnete noch immer, immerhin, es war Viertel nach acht.

»Hallo, Benni! Da bist du ja, wir hatten es gestern mehrfach bei dir probiert. Also bleibt alles dabei, nehme ich an. Wir haben schon aus dem Hotel ausgecheckt und kommen gar nicht mehr nach Berlin zurück, sondern fahren morgen von euch direkt nach Köln. Und mit dem Wetter hast du dir ja umsonst Sorgen gemacht, hier scheint herrliche Sonne, bei euch auch?«

Jetzt oder nie, Augen zu, innerlich bis drei zählen, und raus mit den Worten, es sind nur vier: Ich muss leider absagen. Oder: Emilia ist krank. Oder: August und Otis haben die Hand-Fuß-Mund-Krankheit. Ich muss Greta Thunberg zum Klima interviewen und/oder habe leider morgen eine wichtige Abgabe bei Spiegel Online.

»Ja, also nein, hier ist es noch immer ...«

»Wir sind dann um halb eins in Templin und wollen uns dort noch den Eulenturm und den historischen Stadtkern anschauen, und vielleicht könntest du uns dann ja gegen Nachmittag mit dem Auto abholen? Können dann ja in Templin noch Kaffee trinken, dann haben Emilia und du zu Hause nicht so viel Arbeit. Aber komm vielleicht mit deinem Auto und nicht in diesem protzigen Mercedes von Emilias Eltern. Vorgestern im Grunewald ist man damit ja nicht so aufgefallen. Aber bei euch da in Ostdeutschland wäre mir das ein bisschen unangenehm.«

Er musste sich sammeln. Dieser Energie hatte er nichts entgegenzusetzen.

»Du, ich habe gerade schlechtes Netz. Ich melde mich gleich noch mal.«

»In Ordnung, aber wir sind gleich im Zug, könnte sein, dass wir dann keinen ...«

Hier kam er nicht weiter, vielleicht könnte ihm Karolin helfen, sie hatte selber doch auch immer genug Stress, sie würde ihn verstehen, sie war in Berlin vor Ort und wüsste vielleicht, wie man die Eltern wieder einfing. Das Problem dabei war, dass Karolin dafür bekannt war, noch seltener an ihr Telefon zu gehen als seine Eltern. Nicht aus Unvermögen, sondern ganz bewusst, es wirkte beinahe passiv-aggressiv, wie sie es durchklingeln ließ, weil sie sich stets in einem Gefühl der Überforderung wähnte.

Doch diesmal war sie sofort dran.

»Benni, ich wollte dich auch gerade anrufen, du musst mir helfen, Alina möchte auch mitkommen heute Abend, wäre das okay?«

»Ja, natürlich, wäre schon in Ordnung, allerdings ...«

»Ja, ich weiß, ist komisch, aber weißt du, was der Grund ist? Es ist wegen Emilia! Sie ist eifersüchtig!«

»Wer?«

»Alina! Sie denkt, ich will immer noch was von Emilia!«

»Emilia ist meine Frau, sag ihr das. Und ey, ich habe echt andere Probleme als solchen Quatsch. Ich muss das heute Abend absagen.«

»Was, warum das denn? Ich glaube, Mama und Papa sind schon auf dem Weg. Das geht nicht mehr. Wieso überhaupt absagen?«

»Ach! Kompliziert. Emilia will es nicht. Ist ihr zu viel.«

»Also unsere Eltern sind jetzt nicht so oft hier und werden nicht ewig leben, also nichts gegen deine liebe Emilia, aber vielleicht kann sie sich doch ein bisschen zusammenreißen.«

»Na ja, wir haben uns jetzt schon ziemlich oft gesehen. Und dann der ganze Stress mit deiner misslungenen Eröffnung, das hat Emilia auch ziemlich mitgenommen.«

»Ach Gottchen, die Arme! Frag doch mal, wie es mir geht. Weißt du überhaupt ...«

»Komm, um dich ging es in den letzten Tagen wirklich genug. Alle, wirklich alle, und vor allem Emilia und ich, waren für dich da. Wir waren am Sonntag schon wieder in deinem Laden, als du noch gepennt hast, und haben aufgeräumt. Meinst du, Emilia hat an ihrem Wochenende nicht auch Besseres zu tun, als die Trümmer in deinem scheiß Laden aufzusammeln?«

»Weil die arme Emilia ja sonst so viel zu tun hat! Die hat doch noch nicht mal einen Job, außer die Konten ihres Vaters zu verwalten.«

»Ach ja, liebe Karolin, wer zahlt denn eigentlich seit – wie lange? – zehn Jahren die Miete deiner viel zu großen Wohnung, die du dir nicht leisten kannst? Wann ist Emilia ausgezogen, 2010? Und hat einfach die Miete weitergezahlt, damit du nicht ausziehen musstest. Und du bist nie auf die Idee gekommen, ihr mal anzubieten, deine Miete selbst zu zahlen.«

»Nachdem du sie mir ausgespannt hattest! Und du hast nie etwas dazu gesagt! Einfach so getan, als wäre nichts gewesen. Wie du es gelernt hast.«

»So siehst du das? Das wusste ich nicht.«

»Benni, lass uns nicht streiten. Ich kann Emilia verstehen. Ich hätte wahrscheinlich auch keine Lust, jetzt zehn Leute zu bewirten und unsere komplizierte Familie und Chris mit seiner Fernsehtante.«

»Ja, und es ist auch wegen ihres eigenen bekloppten Vaters. Der ist ja auch noch hier und stresst Emilia extrem.«

»Ist der echt so schlimm?«

»Keine Ahnung. Ich habe eigentlich kein Problem mit ihm.«

»Gut, du hast auch nie mit irgendjemandem ein Problem. Ich glaube aber echt, absagen kannst du das jetzt nicht mehr. Kauf Emilia doch als Entschädigung einen schönen Spa-Gutschein oder so, mit Massage und Pediküre. So was mag die doch! Dann wird sie das schon überstehen heute Abend. Sind doch nur ein paar Stunden. Ich muss sagen, ich kann das schwer nachvollziehen, dass Leute aus sozialen Veranstaltungen immer so ein Ding machen.«

Und tatsächlich, in seiner Verzweiflung meinte Benni zu erkennen, dass seiner Schwester zu glauben vermutlich unter allen schlechten Optionen die beste war. Er hatte sich in Emilias Phobien hineinziehen lassen und sich, wie sie, da in was hineingesteigert, das alles zu ernst genommen, den Maßstab verloren. Nicht wir, die wir alle noch einmal zusammenkommen wollen, sind die Geisterfahrer, sondern nur sie. Selbst wenn sie keine Lust hatte, es waren, wie Karolin meinte, ein paar Stunden, um die es hier ging. Und die seien vielleicht zumutbar, ohne dass gleich die Ehe gefährdet sein müsste. Geht's auch eine Nummer kleiner? Er war froh, dass er mit Karolin gesprochen hatte. Sie besaß den klaren Blick. Und am Ende, ein Mann, der aus Angst vor seiner Frau kuscht – vor so einem Mann hat doch keine Frau Respekt. Aber eine kleine Gentleman-Geste als Zeichen, dass er ihren Unmut verstand – auch das war eine gute Idee.

Er rief Thomas an, der wieder Vierseitenhöfe besichtigte. Er ging sofort ran.

»So früh schon wach, mein Lieber?«

»Thomas, Benni hier. Wenn ihr vor heute Abend noch mal in eurem Hotel vorbeikommt, könntest du mir einen Spa-Gutschein für Emilia mitbringen? So mit allem, Massage, Maniküre, Pediküre, und was die sonst noch so haben, für einen ganzen Tag. Ich gebe dir das Geld später wieder.«

»Mach ich. Hast du etwa Scheiße gebaut? Hat Emilia in dein Handy geguckt und ein paar verfängliche SMS gefunden? Haha! Ärger dich nicht, passiert den Besten. Ich bring' dir so einen Gutschein mit, und dann läuft die Sache schon wieder.«

Benni ging in den Keller, um nach der ollen Plane zu suchen, die man bei Regen im Garten aufspannen konnte. Aus seinem Brennholzstapel nahm er einen dicken Ast, legte ihn auf einen Baumstumpf, nahm seine Axt von Hilti, die Thomas ihm geschenkt hatte, holte aus und rammte die Axt in den Scheit. Holzsplitter stäubten durch die Luft, einer traf seine Wange.

Was hatte Chris neulich gesagt? Wenn du unsicher bist, double down. Erhöhe deinen Einsatz. Benni, der Rationale unter den drei Geschwistern, der Systematische, der Vernünftige, der Risikoaverse würde jetzt keine Angst mehr haben. Oder war es nur die Frage, was ihm mehr Furcht einflößte: die Verachtung seiner Frau oder die Enttäuschung seiner Eltern?

Draußen auf der Wiese vor dem Haus stand der Renault Berlingo, ein wirklich unansehnliches Auto. Früher hatte er immer gedacht, Geld mache Menschen langweilig. Inzwischen wusste er, Erfolglosigkeit macht Menschen ebenfalls langweilig, jedenfalls nach einer gewissen Zeit. Es war ein Mittwochmorgen um kurz vor neun, und er hatte kein Leben, und der einzigen Aufgabe, die er hatte – nämlich seiner

Familie zu sagen, dass sie morgen leider woanders zusammenkommen müsste, weil es seiner Frau nach einem Wochenende voller sozialer Verpflichtungen und Aufregung zu viel war –, war er nicht gewachsen. Das war seine Bilanz mit sechsunddreißig.

Er öffnete die Tür des Berlingo und setzte sich in den grün-grau gesprenkelten Fahrersitz. Von hinten, aus den alten Kindersitzen, wehte der säuerliche Geruch von Erbrochenem in seine Nase. August war bewegungskrank und übergab sich während der Fahrt häufig in den Sitz hinein. Einmal hatte Benni das Ding reinigen wollen und mit einem kleinen Stöckchen versucht, die getrockneten Kotzstücke aus dem Hohlraum zwischen Sitzauflage und Gestell aufzuspießen – und würgend wieder aufgegeben.

Er fuhr aus dem Ort hinaus, nahm die Landstraße Richtung A 11, Berlin. Irgendetwas musste er ja tun. Wenn er seinen widerspenstigen Familienmitgliedern gegenüberstand, konnten sie ihn nicht ignorieren, und die Sache wäre erledigt. Gegen Mittag wäre er wieder zu Hause und könnte sich endlich entspannen. Könnte die Sonne genießen, die Emilia auf ihren neuen Mann strahlen ließ, der sich erstmals gegen seine Familie durchgesetzt hat.

Doch dann verlief alles anders, als er es sich vorgestellt hatte. Kurz vor dem Autobahnzubringer lief ihm ein Reh vorne rechts vor die Motorhaube, der Scheinwerfer zersprang. Als Benni anhielt und ausstieg, konnte er das Tier nicht mehr finden. Bloß Blut und Fell klebten am Berlingo. Der Kadaver musste die Böschung hinunter geschleudert worden sein.

Benni setzte sich wieder in den Wagen, nahm die Autobahn, fuhr nach Berlin ins Hotel zu Chris. Sie frühstückten zusammen, er wollte von seinem Bruder Rat zu dem Grillpartyproblem, doch Chris erzählte ihm etwas, das für ihn alles änderte, und nach nur einer halben Stunde saß Benni wieder im blutverschmierten Berlingo und fuhr zurück in die Uckermark. Wo sollte er hin? Nach Hause? Nein, jetzt reichte es. Er hatte eine bessere Idee.

In Temmen gab es einen Gutshof, der zwei Rinderrassen züchtete, im Hofladen kaufte Benni für 240 Euro Filetsteaks, die »Temmener Queen« hießen. In Anklam besuchte er eine Garnelenfarm und kaufte fünf Kilo Scampi. Auf dem Hipsterbauernhof, wo Emilia immer zum Yoga ging, bauten bärtige Männer mittwochs stets einen »Farmer's Market« genannten Basar auf, wo Benni struppigen Grünkohl, ein Bündel Sauerampfer, Shishito-Pfefferschoten und Maiskolben erwarb. Er überlegte, noch ein ganzes, frisches Huhn für sechsundzwanzig Euro zu kaufen und es in den nächsten Tagen zuzubereiten, entschied sich aber dagegen, denn man wusste ja nicht, wie es in Zukunft überhaupt weiterging. Es gab ein Kinderzelt, in dem langhaarige Vierjährige in demonstrativ verschmutzten, aber teuren Kleidern mit Holzspielzeug hantierten, und ein Zelt für Hunde, die mindestens so viel Aufmerksamkeit bekamen wie die Kinder, aber über deutlich mehr Spielzeug verfügten. In einer Ecke im Garten hatte sich eine dreiköpfige Countryband postiert, eine Frau an Gitarre, Gesang und Mundharmonika, ein Mann am Kontrabass und einer an einem Steh-Schlagzeug. Sie spielten an diesem Mittwochmittag Klassiker des Dark Country, gerade Townes Van Zandts »Waiting Around to Die«. Die Sängerin hatte eine beinah so tiefe Stimme wie der Schöpfer des Originals, ihre einstmals blonden Strähnen waren aus dem Haar herausgewachsen, das sie in einer Art Vogelnest auf ihrem Kopf türmte. Der rote Nagellack blätterte von ihren Fingernägeln ab, doch Benni wusste inzwischen, dass dies ein gewollter Effekt war wie seinerzeit absichtlich zerrissene Jeans. Sie sah älter aus als er, vielleicht Anfang vierzig. Er stellte sich vor, dass sie seit ihrer Studienzeit mit einem alten, günstigen Mietvertrag ausgestattet in einer Anderthalbzimmerwohnung am Maybachufer in Neukölln lebte. Sie würde seit der Jahrtausendwende in kurzen

Nylonturnhosen und ausgewaschenem Nirvana-Shirt schlafen und immer noch ihre Scham rasieren, weil man das in den Nullerjahren so gemacht hatte. Seitlich unter ihrem inzwischen müden Busen hätte sie aus ihrer Zeit in Barcelona eine Tätowierung in Schreibschrift mit einer Lebensweisheit auf Spanisch. El Cielo Es El Limite. Benni stellte sich vor, ihr spätabends in ihrer Wohnung unter dem Dach, die alten Fenster weit geöffnet, die Nylonshorts herunterzuziehen und das verwaschene Nirvana-Shirt hochzuschieben. Er wollte in ihr blankes Geschlecht eindringen und würde ihr dafür erlauben, ihm von all ihrem Schmerz zu erzählen. Und niemals würde sie mehr von ihm erwarten.

In einem kleinen Holzverschlag, den zwei sehr bärtige New Yorker Naturwein-Nerds in Birkenstocks betrieben, kaufte er für hundertsechzig Euro eine Kiste ungefilterten Barolo mit Skin Contact, der zwar genauso wie der hier »Kale« genannte Grünkohl niemandem schmecken würde, aber ein gutes Statement war: Das hier ist meine Welt, ihr seid bei mir zu Gast, und ihr werdet essen und trinken, was bei mir auf den Tisch kommt. Das eher fade Brandenburger Farm-to-Table-Gemüse kostete so viel, dass es Benni obszön vorkam, doch seit er an diesem Morgen seine rebellische Seite entdeckt hatte, freute es ihn, wie sehr es seine Mutter provozieren würde, wenn er nebenbei fallen ließe, welch hohen Preis er für Gestrüpp bezahlt hatte, wo es doch alles, und das auch noch in guter Qualität, bei Edeka gäbe. Die traurige Pointe war, dass seine Mutter nicht ahnte, dass er tatsächlich einen hohen Preis für diese Einladung bezahlte, der allerdings nicht in den Kosten für das Essen bestand. Sondern möglicherweise in dem Verlust seiner Ehe, und insgeheim verschaffte es Benni eine perverse Genugtuung, dass seine Mutter, die immer nur das Beste für ihre Kinder wollte, am Ende mit ihrer Ablehnung gegenüber seiner Frau das Gegenteil bewirkte, nämlich ihren Sohn ins Unglück zu stürzen. Und wenn dies heute Abend im großen Finale passieren würde und Emilia ihn (am besten noch zusammen mit Thomas im Maybach) verließ (auf nichts anders hatte Thomas doch immer nur gewartet), wüsste seine Mutter vielleicht endlich, was sie über die Jahre angerichtet hatte mit ihren sinnlosen Sticheleien gegen einen hingebungsvollen Menschen, der als Einziger (außer Chris) für ihn da gewesen war, als es ihm am schlechtesten ging.

Doch der kleine Benni würde sich für seine Bewirtung nicht schämen müssen, dieses Fest hatte Hand und Fuß. Die letzte Frage, die es noch zu klären galt, bestand darin, ob er Emilia vorab informierte, dass der Abend doch stattfände (und zwar nicht verhalten, ängstlich und mit angezogener Handbremse, sondern so richtig) – oder ob er sie überraschte, was ihm mutiger erschien, und mutig wollte er ja sein. Er müsste dann auch vorher nicht mit ihr in einen Streit treten, von dem er, wenn er ehrlich war, nicht wusste, ob er ihm gewachsen war.

Beim Einkaufen war Benni aufgefallen, dass es furchtbar stank auf dem Bauernhof. Der Weinverkäufer, an dessen taupefarbenen Wildleder-Birkenstocks verkrusteter Fäkalienmatsch klebte, erzählte Benni, jemand hätte in der Nacht auf dem Hof einen ganzen Jauchewagen entleert. Alles mit Scheiße geflutet, dachte Benni, wenn das nicht als Omen für den kommenden Abend zu sehen war. Die Zeitungen waren voll von diesen Anschlägen in diesen Sommerwochen. Die autochthone Bevölkerung wehrte sich so gegen die Annexion ihres Landes durch die Städter. Sie kippten nicht nur Jauche aus, sie bemühten sich auch, ihre Dörfer so hässlich wie möglich zu halten, damit nicht noch mehr Städter kamen. Komischerweise fühlte Benni sich dabei nicht angesprochen. Er zählte sich nicht zu den Städtern, obwohl er klassischer Westdeutscher und erst vor ein paar Jahren hierhergezogen war. Doch er sah nicht aus wie die Städter, die auf Farmer machten. Er trug keinen Bart und keine Birkenstocks, vermied alles, was für fancy gehalten werden konnte.

Er hatte niemandem seinen Hof unter dem Hintern weggekauft, sondern sich sein Haus selbst gebaut beziehungsweise liefern lassen; er war im Gemeinderat und bemühte sich um gute Kontakte zu den einheimischen Nachbarn, selbst wenn seine Bemühungen nicht erwidert wurden. Zu den zweitschlimmsten Veranstaltungen, nach den Treffen mit Bennis Familie, hatten für Emilia immer die Abende mit den Nachbarn gehört, für die Benni Mettbrötchen schmierte, polnisches Flaschenbier auf den Tisch stellte und dabei versuchte, Brandenburgisch zu sprechen. Auch Benni gaben diese Abende nichts, auch er fand die Nachbarn bieder, aggressiv und ostig, trotzdem wollte er dazugehören, sehnte sich danach, in diesem Dorf verwurzelt zu sein. Er wünschte, er könnte Liebe für die Ortsansässigen in sich spüren und Romantik in ihrem Pilstrinker- und Country Style erkennen, so wie man das vielleicht in den Südstaaten der USA konnte, in Alabama oder Tennessee. Sein Freund Jacob schrieb für Spiegel Online immer wieder Reportagen aus Brandenburg, in denen er die Hartz-IV-Empfänger und Impfpassfälscher zu coolen Cowboys und liebenswerten Outlaws stilisierte. Ihr simpler, kompromissloser und letztlich weiser Blick auf die Welt wurde in den Texten von Jacob zu einer veritablen Alternativperspektive auf eine andernorts unverständlicher werdende Welt. Sich diesen sympathisierenden Blick ebenfalls zu eigen zu machen – darauf hatte Benni sich gefreut, als er vor einigen Jahren mit Emilia hierhergezogen war, doch statt Johnny Cash bekam er nur Böhse Onkelz.

Wenn bald alles kaputt wäre zwischen Emilia und ihm, könnte er sich hier auf der Hipsterfarm unter den Münchnerinnen, Berlinerinnen und New Yorkerinnen nach einer neuen Emilia umsehen.

Von den Frauen, die nun, ihre Handys in der Hand, die Matte unter dem Arm aus der Yogascheune in den japanischen Kaffee-Schrägstrich-Frischsaft-Schrägstrich-Smoothie-Laden strömten, hatten einige tatsächlich Ähnlichkeit mit seiner Frau. Aber eine wie Emilia würde er nie wieder finden, das wusste Benni, sie war ein galaktischer Glücksfall gewesen, damals vor zehn Jahren, als er bei Karolin in der Wohnung im Bett lag und wider Erwarten sich nicht Karolin, sondern ihre Mitbewohnerin um ihn gekümmert hatte bis hin zu seiner sexuellen Genesung, die sie behutsam vorangetrieben hatte. Er konnte es in diesem Moment besonders spüren, als die Frauen an ihm vorbeischlenderten, ohne ihn überhaupt zu bemerken, wie er dastand, mit seinem rohen Gemüse in einer Sperrholzkiste und in seinem Normcore-Outfit (ein Begriff, mit dem sein Bruder Chris seine gewöhnliche, genormte Funktionskleidung mal spöttisch bezeichnet hatte). Seine Ekzeme im Übergang von Schulter zum Nacken hatten sich in den letzten Tagen wieder entzündet, sie stammten von seiner Typhuserkrankung vor zehn Jahren, und jedes Mal, wenn Stress in sein Leben trat, wie es unzweifelhaft jetzt der Fall war, brach das Ekzem wieder auf, wurde rot und schuppig und sah unappetitlich aus. Die anderen Männer hier machten nicht unbedingt eine bessere Figur als Benni, viele waren jedoch älter, die meisten auch dicker und trugen schlecht gealterte Tattoos. Sie wirkten wohlhabender, selbst wenn sie als Farmer verkleidet in Boots und Flanellhemd kamen, während sie ihren Tesla Model Y vor der Scheune oder gleich auf dem Feld parkten.

Benni ließ sich von einer Japanerin noch einen Golden Serene Shake mischen, der laut der englischen Karte aus Tumeric, Cardamom, Black Pepper Oil, Almond Milk und einem Pulver namens Spirit Dust bestand. Er solle sich keine Sorgen machen, erklärte die Japanerin in japanischem Englisch, Spirit Dust würde seine aufgewühlte Seele beruhigen. Er lauschte der Musik. Die oberflächliche Schönheit dieses Ortes, kombiniert mit seiner inneren Kaputtheit, tat ihm gut. Als es fast drei Uhr war, lud er die Kiste Barolo und den Sperrholzkarton mit den erdigen Gemüsen in den Renault

Berlingo. Es war Zeit, nach Templin zu fahren und seine Eltern in der historischen Altstadt einzusammeln und damit das große Finale einzuläuten. Noch wäre Zeit, alles abzublasen, doch Bennis Bewegungen fühlten sich an, als liefen sie auf Schienen. Er wollte nicht mehr nachdenken, sein Kopf brannte.

Die Eltern warteten im Café am Markt in Templin an einem Tisch neben der Fensterscheibe, dessen untere Hälfte von einer weißen Spitzengardine verhangen war. Sie teilten sich ein Kännchen Kaffee und hatten beide ein Stück Kuchen vor sich auf dem Teller, Bienenstich und Zitronentorte. Neben ihrem Tisch parkten zwei Rollkoffer, einer aus bordeauxrotem Kunststoff, der andere aus türkis-grauem.

Ein paar ältliche Menschen saßen vor ihren cremefarbenen Kaffeetassen und silbernen Eisbechern und trauerten der DDR hinterher. Es hätte keinen größeren Kontrast geben können zu dem Ort, an dem Benni noch zwanzig Minuten zuvor gewesen war. Dies hier war der genau richtig deprimierende Ort für die letzte halbe Stunde seines Lebens, wie er es kannte und geliebt hatte. Danach, wenn er mit seinen Eltern zu Hause ankäme, würde er sich in freier Wildbahn befinden.

Benni setzte sich, während seine Eltern bereits mit großer Detaildichte berichteten, mit welchen Unternehmungen, Ausstellungen und Besichtigungen sie die letzten beiden Tage in Berlin verbracht hatten, Holocaust-Mahnmal, Topografie des Terrors und Neue Nationalgalerie, wo sie den Direktor Biesenbach getroffen hätten, den sie doch mal bei einem Abendessen in Chris' Wohnung in New York kennengelernt hatten. Karolins Buchladen, der Vorfall und Chris' anschließender Instagram-Triumph wurden mit keinem Wort mehr erwähnt. Die Zeit war unbeirrt vorangeschritten. Benni hielt die netten Erzählungen kaum aus. Er fühlte sich wie ein Schüler vor einer Prüfung oder in dieser Stimmung eher wie ein Islamist vor einem Selbstmordanschlag, war das ein zulässiger Vergleich? Jedenfalls wollte er, dass es endlich losging.

Karolin schickte eine SMS, Benni war dankbar für die Unterbrechung und verkündete den Eingang ihrer Nachricht, etwas zu gekünstelt und laut. »Hah, das ist Karolin! Mal sehen, was sie schreibt.« Als könnte er vor Vorfreude die Ankunft der Gäste gar nicht erwarten.

Alina und ich kommen mit Chris, Kimberley und Malala im Auto, sind gerade auf die A11 gefahren, sollten in ca. 1 Stunde da sein. Bis gleich, mach dir keine Sorgen, wird alles super! Alina kümmert sich um Emilia, haha! PS: Weißt du, wann die Eltern kommen? Erreiche sie mal wieder nicht ...

Wer ist Malala?, schrieb Benni zurück.

Wusstest du nicht, dass die mitkommt?! Sie ist eine von den Aktivist:innen ... keine Ahnung, warum die mitkommen muss, vielleicht will sie sich bei allen noch einmal entschuldigen oder so

Benni ging nicht weiter darauf ein. Er schrieb, er habe die Eltern gerade in Templin abgeholt, warum sie nicht auch in Templin vorbeikämen, liege auf dem Weg, und dann führen sie alle gemeinsam zu ihm. Er glaubte, es würde umso einfacher mit Emilia werden, je mehr Leute in dem Moment, in dem sie es erführe, dabei wären. Käme er nur mit seinen Eltern, wäre die Wahrscheinlichkeit groß, dass es vor ihnen zum Eklat käme. Würden seine Geschwister mit ihren Partnern vor ihm ankommen, noch schlimmer, dann hätte er nichts unter Kontrolle.

Eine weitere SMS von Karolin. *PS: Ich habe den anderen im Auto von deinem Stress mit Emilia erzählt, hoffe, das war ok. Dachte aber, besser wenn sie es wissen, falls es nachher zu bad vibes kommt*

Benni wusste inzwischen nicht mehr, was gut oder besser war, es passierte, was passierte. Er wusste nur, es konnte kein Kapitalverbrechen sein, seine Familie zu sich nach

Hause einzuladen. Und wenn das ein Grund für eine Scheidung war, dann konnte er aufrecht daraus hervorgehen. Wenn nur das Gewarte nicht wäre. Sein Vater hatte die Süddeutsche Zeitung aus der Außentasche des Rollkoffers gezerrt, seine Mutter ein Sudoku-Heft. Benni schlug einen Spaziergang durch die Altstadt vor, weil er unmöglich noch länger sitzen konnte.

»Du, da waren wir jetzt überall schon. Das ist nicht so –«, Benni unterbrach seine Mutter vehement. Er wolle das sehen, sagte er, er sei noch nie dort gewesen, was natürlich nicht stimmte. Mit erschrockenem Blick willigten seine Eltern ein, und so stiefelten sie los.

Um kurz vor halb fünf tauchte endlich ein schwarzer Carsharing-Audi-Kombi mit der Aufschrift »Miles« an der historischen Stadtmauer auf. Benni winkte sofort.

»Da seid ihr ja, lasst uns fahren, ich hole meinen Wagen.«

»Wo wir schon mal hier sind, wollen wir nicht noch einen Kaffee ...«

»Ne, hier gibt's nichts, lass uns fahren«, rief Benni und rannte los. Im Vorbeilaufen sah er, wie seine Mutter mit zusammengekniffenen Augen aus der Ferne den Audi taxierte und dann seinem Vater etwas zuflüsterte, wahrscheinlich hatte sie Alina oder Malala oder beide entdeckt, was sich bestätigte, als er seine Mutter sagen hörte: »Die habe ich eigentlich nicht so gern dabei bei einem privaten Familientreffen.«

Als die beiden Autos vor Bennis Fertighaus vorfuhren, sah er von Weitem schon Emilia mit August und Otis auf der Veranda im Vorgarten. Jeder von ihnen hatte ein Glas mit Limonade in der Hand, die Emilia mit den Jungs immer selber machte. Ein viertes Glas stand unberührt auf dem Terrassentisch. Es war wahrscheinlich für Benni gewesen. Chris, in seinem Audi, hupte und winkte durch das Schiebedach in Richtung seiner Schwägerin im Vorgarten.

Benni sah, wie Emilia sich langsam erhob und ihren Söhnen etwas zuflüsterte. Die Kinder verschwanden im Haus. Emilia stand die Arme verschränkt vor der Eingangstür. Chris hatte am Straßenrand geparkt und war als Erster ausgestiegen. Karolin und Alina folgten ihm. Benni parkte absichtlich umständlich ein, während Kimberley seine Eltern überschwänglich umarmte und Malala lächelnd danebenstand. Sogar Alina ging zu seinen Eltern und begrüßte sie höflich. Na klar, dachte Benni, sie wechselt das Team. Sie ist eifersüchtig auf Emilia, also läuft sie ins Team Schönwald über.

Inzwischen hatten sich alle an der Pforte zum Vorgarten gesammelt. Chris vorne in der Mitte, er machte keine Anstalten weiterzugehen. Neben ihm Kimberley, die affektiert, aber immerhin nett zu Emilia herüberwinkte, daneben Benni, undurchsichtig lächelnd. In der zweiten Reihe seine Eltern und hinten Karolin und Alina. Acht gegen eine. Zwischen ihnen lagen knapp zehn Meter. High Noon in der Uckermark.

Endlich sprach Chris, der sich seit seinem Instagram-Auftritt offenbar unbesiegbar fühlte: »Hey, Emilia, gönn deinem alten Schwager doch seine kleine Siegesfeier! Hast du es am Montag geguckt? Komm, wir halten doch alle zusammen. Ich verspreche dir, wir sind auch in ein paar Stunden wieder ...«

Chris unterbrach und drehte sich um. Hinter ihnen war ein Maybach fast lautlos zum Stehen gekommen, der Chauffeur deutete einen Gruß an, indem er den Zeigefinger an die Schläfe tippte. Das hintere Fenster surrte herunter. »Du musst Chris sein! Ich bin's, Thomas! Geiler Auftritt vorgestern!«

Thomas stieg aus. »Guten Tag, allerseits. Thomas Papenbrink«, sagte er und streckte Ruth seine Hand hin. »Warum warten Sie hier? Stehen Sie nicht auf der Liste? Haha! Emilia, hol mal Champagnergläser, falls ihr so was habt«, rief er und zwinkerte Ruth zu.

Doch Emilia rührte sich nicht. Sie stand mit verschränkten Armen, als müsse sie ihr Haus beschützen. Dann sagte sie: »Champagnergläser? Siegesfeier? Chris, du bist doch gefeuert worden.« Das Letzte, woran Benni sich erinnerte, war, wie seine Mutter zu Chris ging und ihn am Hinterkopf tätschelte.

6 Beethovenhalle

Gerade als Hans-Harald Schönwald empört hatte nachfragen wollen, woher seine Schwiegertochter wissen konnte, dass sein Sohn gefeuert worden war – wenn nicht einmal er offiziell davon Kenntnis hatte! –, beugte sich Kimberley zu ihm herüber. Sie legte ihre Hand mit den aufgeklebten dunkelroten Fingernägeln auf seinen Unterarm. Die Hand bebte leicht. Kimberley musste in Chris' Gesicht etwas gesehen haben, das ihr Angst gemacht hatte.

»Was hat sie gesagt? Könnten Sie mir das übersetzen? Mein Deutsch ist nicht so gut«, sagte sie auf Englisch.

»He said that Chris was fired.«

»Uh.«

»Stimmt es also wirklich? Wer weiß denn noch alles davon? Mir hat er nichts gesagt. Ihnen?«

»Er hat was gesagt, aber ich weiß nicht, ob es stimmt. Bei Chris weiß man nie, ob etwas stimmt. Haben Sie ihn gesehen am Montag bei der Show auf Instagram?«

»Ja, ganz starke Leistung, oder? Für mich als Staatsanwalt interessant, wie da alle im Raum stehenden Vorwürfe auf einen Schlag abgeräumt wurden. Guter Auftritt natürlich auch von Ihnen, wobei ich doch annehmen darf, dass Sie in juristischer Hinsicht geblufft haben. Aber Chapeau, Frau Kollegin, das gehört ja auch dazu.«

In Wirklichkeit hatte Harry die Übertragung gar nicht gesehen. Er hatte sich die Ergebnisse lediglich von Karolin zusammenfassen lassen. Nachdem er ursprünglich vorgehabt hatte, sich den Auftritt seines ältesten Sohns selbstverständlich anzusehen, hatte Ruth ihm geraten, es nicht zu tun. Er hatte das zunächst brüsk abgelehnt, bis er merkte, dass Ruth ein merkwürdig unwohles Gefühl in ihm getroffen hatte. Wenn er ehrlich war, hatte er vielleicht sogar Angst davor gehabt, Chris dabei zuzusehen, wie er versuchen würde, zu etwas Stellung zu beziehen, von dem er keine Ahnung haben konnte. Chris hatte in den vergangenen zwanzig Jahren in den USA gelebt und sich mit der Familiengeschichte nach Harrys Wissen nicht sonderlich beschäftigt, und alle Großeltern waren seit mindestens zwanzig Jahren tot. Chris war ein Gewinnertyp, das schon, aber hier konnte er eigentlich nur verlieren. Auch Harry hatte sich lediglich mit den strafrechtlichen Konsequenzen des Angriffs auf den Buchladen auseinandergesetzt. Es interessierte ihn natürlich allein von Berufs wegen, wie die Täter zu belangen waren, aber er spürte, dass er damit allein stand. Die möglicherweise viel wichtigeren familiär-historischen Konsequenzen hatte auch er bisher ausgeblendet.

Im Übrigen hatte er sich diese ganze Reise anders vorgestellt. Seit sie hier waren, wurde er von Ereignissen überrollt, auf die er nicht oder kaum vorbereitet war und die er nicht verstand. Es fühlte sich an, als würde ihm nur ein aus dem Zusammenhang gerissener isolierter Ausschnitt der Wirklichkeit präsentiert. Erst allmählich wurde ihm klar, wobei es bei der Buchladen-Attacke gegangen war. Aber wenn Karolin in den Tagen vor der Eröffnung vielleicht einmal mit Ruth und ihm geredet, von den Schwierigkeiten, den Vorwürfen und Drohungen berichtet hätte, dann hätte er, wenn schon nicht helfen, so doch wenigstens vollumfänglich in der Situation sein können. So aber hatte er dämlich danebengestanden wie ein Abgehängter, der die Ereignisse um ihn herum nicht mehr begriff. Das Interessante war, es lag nicht an ihm. Es lag daran, dass keiner mit ihm sprach.

Harry hatte lange darüber nachgegrübelt, warum das so war; warum also insbesondere, wie er als Jurist gern sagte, Karolin nicht einmal den kleinsten Hinweis gegeben hatte, dass möglicherweise Ärger anstand. Weil sie die alten Eltern nicht belasten wollte? Ruth und er hätten ja wirklich helfen, hätten Stellung zu den Vorwürfen beziehen können, schließlich ging es um ihre eigenen Eltern.

Oder hatte sie nichts gesagt, weil sie glaubte, vor ihren Eltern eine strahlende Version ihrer selbst präsentieren zu müssen? Jemanden, der keine Probleme hatte, den keinerlei Kritik traf? Oder lag der Grund darin, und das wäre die schlimmste Erklärung, dass Ruth und er ihren Kindern beigebracht hatten, Kritik nicht so ernst zu nehmen?

Das doch wohl kaum.

Er hatte sich selbst immer als kritikfähig gesehen.

Obwohl er ahnte, dass sich der Umgang mit Kritik in den letzten Jahrzehnten geändert hatte. Zu seiner Zeit, das hieß im 20. Jahrhundert, hatte man ebenfalls Kritik akzeptieren müssen, allerdings nur solche, die als »berechtigt« empfunden wurde, was immer das heißen mochte. Das hatte sich geändert. Heute wurde erwartet, dass man auch jene Kritik akzeptierte, die auf den ersten und vielleicht auch auf den zweiten Blick, nicht »berechtigt« schien.

Wie die Nazivorwürfe im Zusammenhang mit Karolins Buchladen zum Beispiel. Und trotzdem ließen sie sich vielleicht doch nicht ignorieren, wie es offenbar Karolins Plan gewesen war. Das hätte Harry ihr sagen können, mit all seiner Erfahrung, hätte sie ihn gefragt.

Und was war jetzt hier an Bennis Gartenpforte los? Erneut eine nicht durchschaubare Situation. Woher kam die Spannung? Warum stand die ansonsten so liebenswerte Emilia mit verschränkten Armen da und wollte ihn und die Familie – wirklich? – nicht reinlassen?

Das war unerhört.

Das grenzte für Harry an einen Zivilisationsbruch. Und

wieder stand er hier und musste eine nahezu völlig fremde Frau fragen, was vor sich ging und wer alles wusste, dass Chris »gefeuert« sei. Die Situation blieb rätselhaft. Und wieso benahm sich diese zugegeben sehr freundliche Kimberley so merkwürdig? Woher kannte Chris sie noch mal? An welcher Universität, hatte sie gesagt, lehrte sie? Er musste Chris dies alles fragen, aber nie schien Zeit. Dass man einfach mal als Familie zusammensaß und »klönte«, wie das früher hieß, dafür schien es keine Gelegenheit mehr zu geben, das war wohl abgeschafft. Dieser Abend, so hatte er es sich vorgestellt, hätte so eine Gelegenheit sein sollen, aber jetzt gab es offenbar schon wieder irgendein Problem. War die Welt früher auch so gewesen?

Um die Situation endgültig der Absurdität preiszugeben, hatte eine der Straftäterinnen, diese junge Frau aus dem Mittleren Osten, Malala, die Chuzpe, hier zu erscheinen. Er wusste nicht, welche Ausformung des Stockholm Syndroms hier genau zum Tragen kam, aber er würde der Dame schon einmal sagen müssen, dass sie im Fokus strafrechtlicher Ermittlungen stände und deswegen jedes Verhalten und jede Äußerung von ihr gegen sie verwandt werden könne.

Und wo wir schon beim Strafrecht sind, dieser Thomas, der jetzt hier aufgetaucht war, Emilias Vater: Der erinnerte ihn in seinem ganzen aufgeplusterten Auftreten an jene Betrüger, die er angeklagt hatte, als er noch im Dezernat für Wirtschaftskriminalität war. Eine weitere offene Frage blieb, warum Karolins Geschäftspartnerin gekommen war, Alina, nichts gegen sie, jeder war willkommen, aber er würde dann schon gern erfahren, in welcher Funktion sie hier war. Sie war ja offenbar der lesbische Teil von They/Them, dem Buchladen, jener Teil, der die in den Büchern des Geschäfts propagierten Existenzen auch lebte. Auch hier hatte er sich ein klärendes Gespräch vorgenommen, doch seine Liste an Kandidaten, die er vernehmen musste, um wieder zu einem klaren Realitätsbild zu kommen, war inzwischen ziemlich lang: Karolin (warum nichts gesagt?), Chris (wieso gefeuert?), Kimberley (an welcher Universität?), Malala (Geständnis?), Thomas (vertrauenswürdig?), Alina (Lebenspartnerin seiner Tochter?), Emilia (warum dürfen wir nicht rein?).

Er hoffte, dass die Einlasssituation bald geklärt würde, er seine Arbeit aufnehmen konnte und somit in ein kausal funktionales Koordinatensystem zurückfände. Andernfalls würde er vorzeitig abreisen, hatte er sich überlegt, er würde Ruth fragen, ob sie ihn begleitete, aber auch allein fahren, zu sehr quälte ihn diese Reise inzwischen.

Der einzige Teil, der so gewesen war, wie er es sich vorgestellt hatte, waren die drei Stunden der Buchladeneröffnung gewesen bis zu dem Moment, in dem die Farbbeutel flogen. Man hatte sich unterhalten, etwas getrunken, die Kinder waren da samt ihrer vielen interessanten (und in weiblicher Ausführung oft attraktiven) Freunde. Sogar Ruth hatte sich wohlgefühlt, und er wusste nicht, wann er das letzte Mal so glücklich gewesen war. So hatte er sich seinen Lebensabend immer vorgestellt.

In den dann folgenden Tagen hatte er bei der von Ruth angeschobenen Normalitätssimulation mitgemacht, hatte mit ihr in einer Retrospektive von Marina Abramović in der Neuen Nationalgalerie über ihre Performances gestaunt – und zu seiner großen Überraschung in der Ausstellung ein Porträt von Chris entdeckt, wie er im MoMA 2010 der Künstlerin in ihrer bekanntesten Performance auf einem Stuhl gegenübergesessen hatte; er war mit Ruth in das ehrwürdige Künstlerlokal Diener gegangen und hatte so getan, als würde es ihn an seine Studienzeit erinnern, die mehr als ein halbes Jahrhundert zuvor in einem anderen Land stattgefunden hatte. Er hatte bei diesem »Durchfaken«, ein Wort, das er von Emilia gelernt hatte, ein ungutes Gefühl gehabt, war aber leider auch ratlos gewesen, wie man diese Tage anders hätte überstehen können.

Eigentlich war klar, was hätte getan werden müssen: Sie hätten den Vorwürfen auf den Grund gehen müssen. Aber eben nicht juristisch, sondern familiengeschichtlich. Als eine Art Übersprunghandlung wäre er, wie gesagt, bereit gewesen, sich erst mal in die strafrechtlichen Aspekte zu stürzen, aber keiner hatte ihn unterstützt, und er wollte sich nicht lächerlich machen: ein seit fünfzehn Jahren pensionierter Staatsanwalt, der, am besten auf alten beigefarbenen Wählscheiben-Telefonen, alte Kollegen in den Dienststellen anrief, um jugendliche Farbbeutelwerfer zur Fahndung auszuschreiben. Wenn Karolin nicht wollte, er würde sich die Blöße nicht geben.

Zwei Wochen zuvor hatte er seine letzte Beratungsstunde bei Dr. Vesterman absolviert. Aber niemand wusste davon, nicht einmal Ruth hatte er es gesagt. Ihm ging es nicht schlecht. Im Gegenteil, mit achtzig war er gesünder und fühlte sich fitter und zufriedener als die meisten seiner Altersgenossen. Und doch war da am Ende dieses Lebens eine Sehnsucht. Eine Sehnsucht nach Austausch, nach Kommunikation. Er wollte mit jemandem über sein Leben sprechen, es zu etwas Sinnvollem zusammenfügen. Was hatte das jetzt alles bedeutet, und war er wirklich glücklich oder nur gut darin, sich das einzureden? Ruth hatte seine mehrfachen vorsichtigen Versuche, ein Gespräch über ihrer beider Leben zu beginnen und die gemeinsamen fünfzig Jahre zu bilanzieren, mit dem Hinweis geblockt, das reiße doch nur alte Wunden auf, worauf er gefragt hatte, was für Wunden, er habe keine, bis Ruth die Unterhaltung mit den Worten, »ach, was soll das denn jetzt noch, Hans-Harald«, beendet hatte.

Er hatte überlegt, wer von seinen Kindern infrage käme, für solche Bilanzgespräche. Kurz hatte er die Idee, sie alle drei einzuberufen, doch Chris war als Professor in den USA, und Karolin schien immer so gestresst von allem in ihrem Leben (dabei hatte sie noch nicht einmal Kinder!). Benni war wohl noch der am ehesten geeignete Gesprächspartner, seine Ruhe, seine Sachlichkeit, die Fähigkeit zuzuhören, die ausgeprägte analytische Intelligenz. Er hatte als jüngstes Kind das Beste beider Elternteile abbekommen: die außergewöhnliche soziale Kompetenz von ihm, die schnelle Auffassungsgabe von Ruth. Und doch war er auf dem Papier, wenn man so wollte, der am wenigsten Erfolgreiche von den Kindern, jemand, der mit Mitte dreißig, soweit Harry wusste, außer ein paar Artikeln für Spiegel Online und einem jahrelang ausgearbeiteten und immer noch nicht vollendeten mathematischen Beweis beruflich noch nicht viel erreicht hatte. Er war nicht antriebslos, aber er verfügte auch nicht über den Ehrgeiz von Christopher oder Karolin, vielleicht eine weitere Eigenschaft, die er von ihm geerbt hatte. Harry hatte nie das Gefühl gehabt, sich besonders anstrengen zu müssen, um eine »gute Stelle« zu bekommen. Sein juristisches Examen hatte er mit »ausreichend« bestanden, eine relativ folgenlose Promotion drangehängt, und dennoch war es kein Problem gewesen, anschließend bei der Staatsanwaltschaft Köln anzufangen und dort schnell aufzusteigen. Harry war es immer so vorgekommen, als würden seine Vorgesetzten und Kollegen ihn gern um sich haben. Als Staatsanwalt war er bekannt und beliebt, sowohl bei den Richtern, die seine Umsicht und sein Augenmaß schätzten, als auch bei den Rechtsanwälten, die wussten, dass man mit Harry Schönwald immer reden konnte. Ausgestattet mit Christophers oder Karolins Ehrgeiz hätte er damit sicherlich mehr werden können als nur Oberstaatsanwalt, doch ihm war es wichtiger, zweimal in der Woche morgens Tennis zu spielen und abends spätestens zum Vorlesen bei den Kindern zu sein.

Er vergaß manche Dinge inzwischen und verwechselte manchmal Namen oder konnte sich gar nicht erst erinnern. Doch Dr. Kröck, sein Neurologe, hatte nichts Beängstigendes finden können. Bei einer der letzten Routineuntersuchungen hatte Harry ihm von seinem diffusen Verlangen nach einer Lebensbilanzierung erzählt und gefragt, ob das seltsam sei; ob mit ihm etwas nicht stimmte. Er sei kein Psychologe, hatte Dr. Kröck geantwortet, doch Harry Schönwald sei nicht der Erste, der ihm von einem solchen Wunsch berichtete. Es würde sicherlich nicht schaden, sich damit mal an einen Spezialisten zu wenden, »und wenn Sie es nur spaßeshalber machen, das haben Sie sich verdient«, hatte Dr. Kröck gesagt. In den USA, wo er das Glück gehabt habe, einige Jahre an einem Krankenhaus in Seattle als Neurochirurg assistieren zu dürfen, sei das vor zwanzig Jahren schon gang und gäbe gewesen, hatte Dr. Kröck gesagt. Dass gerade ältere Menschen zum Ende ihres Lebens mithilfe einer Psychotherapie oder sogar Psychoanalyse, wobei er damit vorsichtig wäre, in der Seele noch einmal aufräumen wollten. Man müsse sich das vielleicht so vorstellen, als würde man sein Haus in Ordnung bringen, bevor man ging. »Closure«, sagten die Amerikaner dazu.

So sei das nicht gemeint gewesen, hatte Harry geantwortet. Er glaube nicht, dass er bald sterbe, es sei nicht als letzte Vorkehrung, oder wie man das nannte, gemeint, sondern lediglich als etwas, das ihn verstärkt umtreibe. Andere wollten mit zunehmendem Alter zu Gott finden, er lieber zu sich selbst. Ja, Closure, das sei es, das ergebe Sinn. Dr. Kröck hatte ihm dann eine Visitenkarte gereicht, auf der nur Dr. Alma Vesterman, Gesprächstherapie, Psychoanalyse und Healing stand, darunter eine E-Mail-Adresse.

»Und die ist gut?«

Das Wort Healing hatte Harry ein bisschen nervös gemacht.

»Die ist die Beste«, hatte Dr. Kröck geantwortet. »Sie werden sehen. Sie müssen ihr schreiben, dass Sie von mir kommen. Sie nimmt eigentlich seit Jahren keine neuen Patienten mehr an.«

Eine Woche später war Harry einmal quer durch Köln

gefahren, eine Dreiviertelstunde, von einem Stadtrand zum anderen. Er hatte dafür sein Tennis ausfallen lassen, weil ihm nichts anderes eingefallen war, was er Ruth hätte sagen können, wo er plötzlich hinmusste. Irgendwie war ihm klar, dass er – falls er sich entschied, die Stunden bei Dr. Vesterman zu nehmen – Ruth davon nicht erzählen konnte. Sie hätte versucht, es ihm auszureden, und wenn ihr das nicht gelungen wäre, hätte sie die Ergebnisse der Therapiestunden belächelt. Sie hätte gesagt, dass das doch alles Geldschneiderei wäre und sie nur hoffte, dass die Versicherung die vollen Kosten trage. Harry war kein Typ für Geheimnisse, das war er nie gewesen, aber dies hier musste sein Projekt bleiben, sollte es irgendwas bringen.

Dr. Alma Vesterman war vielleicht Ende fünfzig, trug eine dunkelblaue Jeans aus steifem Denim und ein, wenn Harry sich nicht täuschte, kariertes Männersakko. Sie erwartete ihn in ihrer Praxis im Parterre einer Gründerzeitvilla in einem Vorort südlich von Köln. Tatsächlich stand in drei Metern Entfernung von ihrem Schreibtisch eine Couch, fast so klischeehaft, wie Harry sie aus den Woody-Allen-Filmen kannte, die er in den Siebziger- und Achtzigerjahren des vergangenen Jahrhunderts oft nach Dienstschluss begeistert im Kino gesehen hatte. Außer dem Schreibtisch und der Couch befand sich in dem Sprechzimmer noch eine beeindruckende Sammlung afrikanischer Statuen, Skulpturen und Masken, deren teils Furcht einflößende Gesichter eine Art schweigendes Auditorium bildeten, wie der Chor in einem griechischen Drama.

Die erste Stunde bei Dr. Vesterman war gut gelaufen. Es hatte Harry dabei am meisten überrascht, dass es möglich war, fünfzig Minuten lang ununterbrochen über sein Leben zu sprechen, das, wie Harry fand, in keiner Weise bemerkenswert gewesen war; dass Harry Schönwald nach achtzig Jahren offenbar doch jemand war, dessen Leben eine derart ausführliche Betrachtung verdiente und die ungeteilte Aufmerksamkeit einer so hingebungsvollen wie nachsichtigen Zuhörerin. Ihr Kinn stets leicht gesenkt, die Augenbrauen zusammengezogen, mit einer ausgeprägten Nase wie Harry selbst, erinnerte sie ihn an einen Raubvogel, in dessen Fadenkreuz er geraten war und dessen Adlerblick sich direkt in seine Seele zu bohren schien. Vielleicht war das zu pathetisch formuliert. Aber er würde vor dieser Frau nichts beschönigen können, er würde mit seinen manchmal zu oberflächlichen Antworten zu bestimmten Aspekten seines Lebens, wie er selbst ahnte, bei ihr vielleicht nicht durchkommen. Zweifel stiegen in ihm auf. Warum wollte er an etwas rühren, das eigentlich funktionierte?

»Lassen Sie mich ehrlich sein ...«

»Das ... ist schon mal ein guter Anfang, Herr Dr. Schönwald.«

»Ich bin eigentlich zufrieden. Ich möchte dazu sozusagen nur eine zweite Meinung einholen. Deswegen bin ich zu Ihnen gekommen. Aber jetzt, wo ich hier sitze und Ihren Blick sehe und die ganze Atmosphäre auf mich wirken lasse, da kommt mir die Befürchtung, dass sich wahrscheinlich bei jedem was finden lässt. Irgendein Problem, auf das längst hätte eingegangen werden müssen und dessen Existenz nun als Beweis dafür dient, dass die eigene Zufriedenheit doch eine Illusion war. Das möchte ich auf keinen Fall. Mir geht es gut.«

Dr. Vesterman lächelte ihn herzlich an. Oder war sie belustigt?

»Was möchten Sie dann, lieber Herr Dr. Schönwald?«

»Sehen Sie, ich war über dreißig Jahre lang Staatsanwalt. Ich möchte wissen, ob die Beweise, die ich vor mir sehe, dass ich ein zufriedenes Leben geführt habe – mit meiner Frau, meinen Kindern, meinem Beruf, meinem Haus im Grünen –, dass diese Beweise belastbar sind.«

»Verstehe. Aber ich weiß nicht, ob es für Zufriedenheit Beweise gibt.«

»Es gibt für alles Beweise. Sogar für die Dinge, die nicht bewiesen werden können wie mathematische Axiome oder ... Gott.«

»Das werden Sie besser wissen als ich. Aber mal sehen. Präsentieren Sie mir doch Ihre Beweise, und ich sage Ihnen, für wie ›belastbar‹ ich sie halte. Aber wenn ich Ihnen eine Sache noch vorher mitgeben darf: Die Tatsache, dass Sie an Ihrer eigenen Zufriedenheit zu zweifeln scheinen – denn sonst wären Sie ja nicht in diesem Alter noch einmal gekommen –, könnte ein Hinweis darauf sein, dass da vielleicht doch etwas ist, was Sie eventuell gar nicht wissen wollen. Dann könnte ich Sie verstehen, wenn Sie sagen, wir geben uns die Hand, trinken unseren Kaffee aus und sagen, schön, dass wir uns kennengelernt haben, aber für eine Therapie kommen wir lieber nicht zusammen. Ich würde möglicherweise anders reagieren, wenn Sie noch einen größeren Lebensabschnitt vor sich hätten. Dann wäre es für eine zukünftige Zufriedenheit sicherlich wichtig, der Sache auf den Grund zu gehen. Aber Sie sind ja mit dem Zustand, wie er ist, weit gekommen. Vielleicht müssen Sie es tatsächlich nicht wissen, wenn da etwas gewesen wäre.«

»Ich bin zufrieden. Wie könnte ich auch nicht zufrieden sein? Meine Frau, die tollen Kinder, ich war erfolgreich im –«

»Ja. Sie erwähnten es.«

»Aber da ist trotzdem eine Unruhe in mir. Als wüsste oder verstünde ich etwas nicht. Ein Unbehagen.«

»Wenn Sie mich fragen, Sie sollten es versuchen. Was haben Sie zu verlieren?«

»Meine Zufriedenheit.«

»Nein. Ich glaube nicht.«

»Können Sie mir versprechen, dass Sie mir nichts einreden?«

»Warum sollte ich?«

»Weil es Ihr Beruf ist.«

»Sie haben vielleicht ein falsches Verständnis von meiner Tätigkeit. Haben Sie sich schon mit Psychotherapie, kognitiver Verhaltenstherapie, Psychoanalyse oder Lacan befasst?«

»Nein. Also Lacan, den kenne ich. Jacques Lacan, wenn Sie den meinen.«

»Den meine ich! Den kennen Sie?«

»Mein Sohn hat mal einen Aufsatz über ihn in einer Fachzeitschrift veröffentlicht. Chancen, Limitation und schwarze Löcher in der Interpretationshermeneutik nach Lacan.«

»Oh, Ihr Sohn ist vom Fach?«

»Literaturwissenschaftler. Lehrt an der Columbia in New York.«

»Ja, die Literaturwissenschaftler und Philosophen sind ganz verrückt nach Lacan. Ich glaube, für die hat der mehr getan als für uns.«

»Ich archiviere all seine Veröffentlichungen …«

»Von Lacan?«

»Nein, von meinem Sohn. Und versuche sie auch zu lesen. Mir ist nicht immer alles klar.«

»Sie scheinen ein guter Vater zu sein. Ihr Sohn weiß das sicherlich zu schätzen.«

»Ich weiß nicht. Haben Sie Kinder?«

»Das sage ich Ihnen lieber nicht. Je weniger Sie über mich wissen, desto besser kann ich Ihnen helfen.«

»Aha. Wie beim Zeugenschutzprogramm. Von Psychoanalyse hatte Dr. Kröck mir übrigens abgeraten.«

»Ach, wissen Sie, ich mag den Lothar Kröck. Er ist ein großartiger Neurologe. Wir kennen uns seit über dreißig Jahren. Aber die Schulmediziner haben immer Vorbehalte gegen die Psychoanalyse. Die dauert ihnen zu lange. Ärzte wollen schnelle Besserung, die können nicht neun Jahre warten, bis ein Patient genesen ist.«

»Ich auch nicht.«

Von da an fuhr Harry einmal in der Woche zu Dr. Vesterman. Weil er auf das Tennis nicht dauerhaft verzichten konnte, hatte er über verschiedene Veranstaltungen oder Verpflichtungen nachgedacht, die er Ruth als Grund für seine wöchentliche gut zweistündige Abwesenheit präsentieren könnte: Skat mit ehemaligen Kollegen, ein Mentorprogramm in seiner alten Studentenverbindung, irgendwas in der Kirchengemeinde, doch sein Staatsanwaltssinn sagte ihm, dass jedes dieser Alibis weitere Fragen aufwerfen könnte (Skat mit welchen Kollegen? War er für das Mentorprogramm nicht zu alt? Und in der Gemeinde kannte Ruth zu viele Leute). Am Ende erfand er ein zweites wöchentliches Tennistraining und fragte sich, ob es andern Menschen müheloser gelang, solche Lügengebilde aufrechtzuerhalten.

Anfangs stellte Dr. Vesterman vor allem Fragen, auf die es ihm bereits in der zweiten Stunde Mühe machte, sinnvoll oder glaubwürdig zu antworten. Es überraschte ihn, dass ihn das überraschte. Er selbst hatte wahrscheinlich Tausende von Befragungen durchgeführt, vor Gericht und in geschlossenen Vernehmungen, er war geschult darin und wusste, wie man Befragte dazu brachte, Dinge preiszugeben, über die sie nicht sprechen konnten oder wollten. Dr. Vesterman wollte wissen, was genau er meinte, wenn er von den Säulen seiner Zufriedenheit – die Ehefrau, die Kinder, der Beruf, das Haus – sprach; was im Einzelnen ihn daran glücklich machte. Sie fragte nach der Bindung zu den Kindern, vor allem zu seinem ältesten Sohn, und ob sich da in letzter Zeit Veränderungen ergeben hatten. Als er dies verneinte, hatte Dr. Vesterman ihn durchdringend angesehen, währenddessen eine Pause entstanden war.

»Nichts, gar nichts?«, hatte sie gefragt, »auch keine spezifische Veränderung im Leben seines Sohnes?«

Nein, eine neue Partnerin vielleicht, hatte er geantwortet, die wechselten leider, da sei keine Stabilität in Sicht und leider wohl auch keine Enkel. Aber das sei, wie es sei, er habe inzwischen genügend Erfahrung, um keine überzogenen

Erwartungen zu hegen, außerdem gäbe es ja vom jüngsten Sohn zwei Enkel. Bei weiteren Nachfragen zu Details in Chris' Leben merkte er, wie er trittfesten Boden verließ und spekulieren musste. Auch dass Dr. Vesterman ihn zwang, emotionale Bindungen präzise zu benennen, bereitete ihm Mühe.

»Sie fühlen was«, sagte Dr. Vesterman, »doch Sie haben keinerlei Übung darin, es zu artikulieren. Es wirkt fast so, als sei dies Ihr erstes Mal.«

Als Hausaufgabe nach der zweiten Stunde hatte sie ihm mitgegeben, Begriffe für die Gefühle zu finden, die er für seine nächsten Bezugspersonen empfand, vielleicht sogar schriftlich. Er sollte dabei versuchen, die Worte wirklich zu fühlen und nicht in vorgefertigte und jahrzehntealte Wortstanzen zurückzufallen. Und so hatte Harry am Sonntagvormittag eine Miles-Davis-Schallplatte (*Bitches Brew,* sein vielleicht bestes, aber eigentlich unhörbares Album) auf seinem in die Jahre gekommenen High-End-Plattenspieler von NAD gelegt, ein weißes Blatt Papier aus dem Drucker gezogen, einen angekauten Kugelschreiber zur Hand genommen, kurz überlegt, den alten Kuli wieder weggelegt, stattdessen seinen Füllfederhalter in den Schubladen des Sekretärs gesucht, irgendwann gefunden, mit Tinte betankt und schließlich »Chris« auf das leere Blatt Papier geschrieben. Dann innegehalten, nachgedacht und das Wort Chris mit zittriger Hand unterstrichen. Es sah jetzt schon krakelig aus. In die nächste Zeile zeichnete er einen Spiegelstrich, dahinter schrieb er »gutes Verhältnis«. Nächste Zeile Spiegelstrich, dahinter »können offen über alles reden«, dritte Zeile, Spiegelstrich, »interessanter Austausch«. So weit. Waren das Gefühle, oder was war das?

Er strich die drei Eintragungen hinter den jeweiligen Spiegelstrichen wieder durch. Dann schrieb er »Liebe« und unterstrich es doppelt. Ja, das war es, was sollte er noch mehr schreiben? Das brachte nichts. Das war Unsinn. Er wusste plötzlich wieder, warum er sein ganzes Leben lang skeptisch gegenüber jeglicher Therapie gewesen war (obwohl er sie, erinnerte er sich, in den bösen Achtzigerjahren in seiner Verzweiflung Ruth immer wieder nahegelegt hatte). Die erste Seite des Miles-Davis-Albums war inzwischen durchgelaufen, die Nadel kratzte am Ende der Platte, er konnte sich an keins der Stücke erinnern, die er gerade gehört hatte. Es waren tatsächlich zwanzig Minuten vergangen. Er hob mit dem Zeigefinger den Tonarm an, nahm das Stück Vinyl vom Plattenteller und schob es in seine Hülle, wo die Platte für die nächsten Jahre ihr Dasein fristen würde. Er hatte sich das alles anders vorgestellt, mal wieder. Jazz, Gefühle, Notizen, die er stolz hätte Dr. Vesterman präsentieren können. Er konnte sich nicht erinnern, dass er sich jemals in seinem Berufsleben so hatte anstrengen müssen.

Weil er nichts anderes hatte, brachte er am darauffolgenden Dienstag den Zettel mit den durchgestrichenen Begriffen mit in die Stunde zu Dr. Vesterman. Er hatte ihn zusammengefaltet in die Innentasche seines dunkelbraunen Cordsakkos gesteckt, das Chris ihm vor einigen Jahren mal zu Weihnachten geschenkt und erklärt hatte, es sei von einem Mann namens Marc Jacobs gemacht, einem New Yorker Modedesigner, und es sei eigentlich unbezahlbar, aber er hätte es mit großem Preisnachlass bekommen, ihm sei es aber nun zu kurz. Seitdem war es Harrys Lieblingssakko, und heute hatte er es vielleicht ein bisschen für Frau Dr. Vesterman angezogen. Nachdem sie die Auskunft über jegliches Private verweigert hatte, hatte er darüber nachgedacht, ob sie möglicherweise lesbisch war. Er hatte sich das, ehrlich gesagt, bei vielen Frauen in letzter Zeit gefragt, seitdem Ruth und er durch Karolin und ihr lesbisches Buchladenprojekt (sowie die völlig offene Frage nach ihrer eigenen Sexualität) für dieses Thema sensibilisiert worden waren. Plötzlich sah er überall potenziell lesbische Frauen, und er träumte davon, sich ihnen zu zeigen als einer der ihren; als einer, der sich auskannte, dessen Tochter in Berlin einen queeren Buchladen zu eröffnen plante, in dem »weiblichen Stimmen zu ihrem Recht verholfen wurde«. So hatte Karolin es formuliert, als sie ihm und Ruth das Projekt präsentiert hatte; er hatte sich die Formulierung eingeprägt und versuchte, sie möglichst oft an den Mann oder an die Frau zu bringen.

Doch Dr. Vesterman hatte bisher fast nur nach Chris gefragt. Harry hatte sich schon gewundert, wieso der Fokus so stark auf seinem ältesten Sohn lag, es kam ihm sogar manchmal so vor, als wüsste sie etwas über Chris, sagte es aber nicht, sondern wollte, dass er es ausspräch (er kannte diese Technik von Verhören: Man weiß die Wahrheit längst, möchte aber herausfinden, ob der Befragte sie auch kennt. Er konnte sich allerdings nicht vorstellen, was diese Wahrheit in Bezug auf Chris sein könnte). Aber wenn sie erst einmal zu Karolin kämen, hätte er Gelegenheit, in Zusammenhang mit ihrem geplanten Buchladen vielleicht auch Dr. Vestermans sexuelle Orientierung abzuklopfen. Sie kleidete sich jedenfalls wie ein Mann, fand Harry, vor allem die dunklen Jeans aus steifem Denim, die sie am Saum breit umgeschlagen hatte, und die feinen bordeauxroten Budapester Herrenschuhe dazu kamen Harry komisch vor.

»Lassen Sie mal sehen«, sagte Dr. Vesterman und nahm den Zettel. »Da ist ja alles durchgestrichen. Das ist interessant. Ihnen ist also zuerst etwas eingefallen, aber dann schien es doch nicht richtig?«

»Ja.«

»Warum erschien es Ihnen falsch?«

»Das sind ja keine Gefühle.«

»Aber Sie dachten erst, es seien Gefühle?«

»Ja.«

»Vielleicht dachten Sie das schon sehr lange? Und erst jetzt, wo Sie sich zwingen, darüber nachzudenken, kommt es Ihnen komisch vor?«

»Sie zwingen mich doch.«

Harry war das jetzt alles sehr unangenehm, aber Dr. Vesterman sagte, dies sei für die dritte Stunde doch schon eine tolle Erkenntnis. Das doppelt unterstrichene »Liebe« sei ein echtes Gefühl, nur habe Harry nicht gewusst, wie er es füllen sollte. Er hätte in sich keinerlei konkreten Gehalt für dieses Gefühl identifizieren können. Was nicht konkret sei, sei für ihn nicht belastbar. Unter seine ersten Eintragungen hingegen – »interessanter Austausch«, »offen über alles reden«, und selbst »gutes Verhältnis« – habe er sich etwas vorstellen können und mehr noch, diese Eintragungen stünden für Werte, die ihm wichtig waren. Alles schön und gut, hatte Dr. Vesterman am Ende ihres kleinen Vortrags gesagt und Harry mit ihrem Raubvogelblick duchbohrt, das seien wichtige Aspekte zwischenmenschlicher Beziehungen. »Aber keine Gefühle, Herr Schönwald.« Man könne tiefe Gefühle für andere Menschen aufbringen, aber trotzdem keine gute oder tiefe Beziehung zu ihnen haben. Harry glaubte nicht, dass dies auf ihn zutraf, hatte er der Psychologin gesagt, die sich jetzt für seinen Geschmack ein bisschen zu wohl fühlte in ihrer Therapeutenrolle und sich selbst zu gern reden hörte. Sie erinnerte ihn an manche psychologische Gutachterin, die ihm früher im Auftrag der Verteidigung vor Gericht die Funktionsweisen der menschlichen Seele meinte erklären zu müssen. Er spürte, wie das Gerede über Gefühle und »wichtige Aspekte zwischenmenschlicher Beziehungen« ihn durcheinanderbrachte, und ihm gefiel die Richtung nicht, die die Gespräche mit Dr. Vesterman nahmen.

Alma Vesterman war ihm zu belehrend. Er war kein Kind. Er brauchte kein Lob von ihr, und er wollte nicht hören, dass er »tolle Fortschritte gemacht« habe. Er hatte vorgehabt, ihr ein paar Fragen zu stellen, und sie sollte, wenn sie konnte, antworten, wie es ihre Aufgabe war, wofür er 260 Euro für 50 Minuten bezahlte ohne jegliche Gewissheit, ob seine private Krankenversicherung die Kosten übernahm. Nun aber stellte sie ihm die ganze Zeit Fragen, was ihm, zugegeben, anfangs gefallen hatte. Die Gespräche hatten eine Leichtigkeit gehabt, vielleicht sogar etwas Flirthaftes, das Interesse dieser mehr als zwanzig Jahre jüngeren Frau hatte ihm geschmeichelt. Nun aber lagen ihre Fragen schwer auf seiner Seele und waren offenbar Teil einer Beweisführung zu seinen emotionalen Unzulänglichkeiten. Er dachte darüber nach, die Therapie abzubrechen. Er würde ja alle drei Kinder bald sehen, in Berlin bei der Eröffnung von Karolins Buchladen, für die es jetzt nach langem Hin und Her endlich einen Termin gab. Vielleicht hatte er sich hier verrannt, ein Pensionär, dem langweilig war. Könnte er nicht einfach all seine Unsicherheiten seinen Kindern schildern? Sie würden lachen und sagen, ach, Papa. Ruth könnte er von seinen Zweifeln nicht erzählen. Sie hätte diese Therapie machen müssen, vor dreißig Jahren. Dann säße er jetzt nicht hier.

Als sie damals aus Hamburg zurückkam, hatte sich alles verändert. Er hatte sie gelassen, wochenlang. Sie hatte sich noch einmal ausprobieren wollen, und Harry verstand, dass es wichtig für sie gewesen war. Also hatte er keinen Stress gemacht, dass sie mit dem Kind einfach gegangen war; dass er nicht wusste, wo sie war; dass das Kind nicht zur Schule ging und sie sich als Eltern strafbar machten; dass er mit einem Kleinkind allein zu Hause war, während er das große Thyssen-Verfahren am Hals hatte; dass er nachts arbeitete, wenn Christopher schlief, während er selbst mit durchschnittlich vier Stunden auskommen musste.

Er hatte seiner Frau diesen Kredit gegeben. Es war selbstverständlich für ihn gewesen, denn natürlich, er hatte die Karriere gemacht, und sie hatte zurückgesteckt, obwohl Ruth sicherlich in ihrem Fach ungleich talentierter war als er in seinem. Sie war brillant, aber eben auch Mutter. Er war kein Mann der Fünfzigerjahre, er hatte bei Achtundsechzig zwar nicht mitgemacht, viele Forderungen waren ihm zu weit gegangen, aber er hatte das Grundanliegen verstanden: dass nach zwei Nachkriegsjahrzehnten verzagter Kontinuität und Modernitätsverweigerung ein Neuanfang hermusste, nicht politisch, er wählte weiter CDU oder FDP, aber habituell, und da insbesondere in der Frage, wie Mann und Frau zusammenleben und eine moderne Familie aussehen sollte.

Schon seine Mutter war keine Hausfrau mehr gewesen, sondern Ärztin (so lautete zumindest die Familienversion, obwohl sie seit den Fünfzigern nicht mehr praktiziert hatte), doch die reine Hausfrau als Ehegattin war für Harry nie attraktiv gewesen. Er hatte Ruth auch geheiratet, weil sie ein brillanter Kopf war. Weil sie ihn, den Pragmatiker, in die Welt des Spekulativen eingeführt hatte, namentlich in die der Literatur und Philosophie, sie hatte ihm von Nietzsche erzählt und dass er falsch gesehen wurde, von den großen russischen Erzählern und ihren französischen Pendants, den skandinavischen psychologistischen Dramatikern, den Schweizern Dürrenmatt und Frisch, von der verrückten Ingeborg Bachmann, aber auch den modernen deutschsprachigen Schriftstellern, Wolfgang Koeppen, mit seinem Roman über Bonn als Bundeshauptstadt, Böll und Grass, Handke – und natürlich Thomas Mann, immer Thomas Mann. In Los Angeles, in Pacific Palisades, hatten sie im Urlaub vor dem Thomas-Mann-Haus am Eisengitter gerüttelt, wie einst Gerhard Schröder am Kanzleramtszaun in Bonn.

Er hatte sich immer vorgestellt, wie sie Professorin werden würde und er heimlich die Vorlesungen besuchte, sich in die letzte Reihe des Auditoriums setzte und sie für ihre Klugheit bewunderte. Er hatte sich hingegen nie vor Augen geführt, wie das Familienleben mit drei Kindern dann aussehen könnte. Und ja, er hatte Schwierigkeiten damit, dass diese Karriere angeblich nur in Hamburg möglich war. Dass sie, mit ihren herausragenden Qualifikationen, nichts an der

Universität Köln oder Bonn oder seinetwegen Bochum finden könnte, Bielefeld; dass es nur bei oder mit diesem einen Professor in Hamburg ginge. Sie hatte es dann in einer Nacht-und-Nebel-Aktion durchgezogen. Die meisten Ehemänner, die er kannte, seine Freunde auf jeden Fall, hätten das nicht mitgemacht, das hatten sie ihm deutlich mitgeteilt. Er aber hatte Ruth vertraut. Ihr geglaubt, dass sie diesen Ausbruch jetzt unternehmen musste, um eine Lösung zu finden; er hatte stillgehalten, in der Überzeugung, dass Ruth mit ihrer Klugheit eine Lösung fand und diese dann bei der Rückkehr präsentierte.

Doch als sie wiederkam, hatte sie keine Lösung. Stattdessen hatte sie leer gewirkt und nachdenklich, abwesend. Keine Dankbarkeit ihm gegenüber, dass er dieses lost weekend, so hatte Chris es viel später mal im Spaß genannt, geduldet hatte. Kurz darauf hatten die bissigen oder resignativen Kommentare begonnen, die ihre Beziehung für viele kommende Jahre begleiten sollten; die Schlafstörungen, die leeren Blicke, das fast schon Lebensfeindliche. Sie begann ein stilles Leiden, das trotzdem jeder sehen sollte. Nach zehn Ehejahren lebte Harry plötzlich mit einer neuen Frau zusammen, und er nahm sich vor, auch diese zu lieben. Einfacher wäre es gewesen, nach jemand Neuem Ausschau zu halten, er war Anfang vierzig, erfolgreich, beliebt und unterhaltsam, fuhr einen grünen Mercedes (wenn auch das T-Modell wegen der Kinder). Seine Freunde guckten sich im Tennisclub nach den unzufriedenen Ehefrauen der anderen um oder sogar in der Dienststelle, die inzwischen mehr und mehr junge, attraktive Staatsanwältinnen einstellte. Die Achtzigerjahre hatten den moralischen Makel, der mit einer Scheidung einherging, vollkommen unbedeutend gemacht. Sie war auch kein politisches Statement mehr wie in den Siebzigern, eine demonstrative Verweigerung des sozial Erwünschten. Die Scheidungsraten stiegen, weil es bequem war, die aus der Liebe Gefallenen zuckten mit den Schultern. Und seine Studienkollegen, die Familienrechtler und späteren Scheidungsanwälte hatten noch nicht jene Tricks entwickelt, die das Recht dehnten und es ermöglichten, einen scheidenden Ehemann finanziell derart zu ruinieren, dass er am Ende wünschte, sich seine Tennisclub-Eskapade verkniffen zu haben und stattdessen lieber in die innere Immigration gegangen wäre. Aber Harry war ein Illusionist, gesegnet mit der Gabe, Realitäten nicht als das Debakel zu erkennen, als das sie sich manchmal präsentierten. Er war in den Straßen eines zertrümmerten Deutschlands aufgewachsen, als Kleinkind und Halbwaise zu Fuß nur mit seiner Mutter auf der Flucht gewesen, hatte sich auf den Bolzplätzen im Westdeutschland der Fünfzigerjahre durchgesetzt und sich dabei einen selektiv-optimistischen Blick auf die Welt erarbeitet, den auch Dr. Alma Vesterman siebzig Jahre später nicht würde zerstören können.

Als er mit Mitte zwanzig Ruth kennenlernte, hatte er sein Glück nicht fassen können. Es war auf dem Ball des Heeres gewesen, wo Harry als Offizier der Reserve und über seinen Stiefvater, der General war, zwei Tickets ergattert hatte, um sich mit seinem Korpsbruder Wilhelm von Berg, genannt Willy, auf »Ischenjagd«, wie sie das damals nannten, zu begeben. Nur welche Ischen sollte sie auf einem Ball jagen, hatte Harry Willy gefragt. Da kommen doch bloß Ehefrauen. Welche Frau ginge denn alleine auf einen Ball? Erstens hätten die hohen Militärs ja alle Töchter, die sie auf die Bälle mitbrächten (ob Harry wusste, dass Soldaten meistens Töchter und keine Söhne hätten, hatte Willy noch hinzugefügt, das läge irgendwie an Einsätzen im Krieg und dem Einfluss, den diese auf die Spermien haben, oder so ähnlich, Harry hatte nicht mehr richtig hingehört).

»Und zweitens ist es 1968, Harry, und auch die Bundeswehr ist nicht doof. Die wissen doch, dass gerade für junge Offiziere ein Ball ohne unbegleitete Frauen komplette Zeitverschwendung ist. Also haben alle halbwegs gut aussehenden Sekretärinnen im Ministerium, alle Sanitäterinnen unter vierzig und attraktiven Einsatzstellentelefonistinnen Freikarten für den Ball bekommen.« Harry hatte keine Ahnung, ob irgendetwas von dem stimmte, was sein Freund da behauptete. Aber es klang plausibel, vor allem in dieser sich verändernden Welt.

Draußen auf den Straßen, vor allem in Westberlin, wo Harry gerade ein Gastsemester verbrachte, tobte Achtundsechzig, demonstrierten seine Altersgenossen gegen den Krieg ihrer großen Brüder, der Amerikaner, in Indochina und probierten dabei ein neues Leben aus und eine neue Sexualität. Doch Harry ging weit weg von den Zuständen in Berlin lieber in die Hauptstadt Bonn, wo seine Eltern lebten, auf einen Militärball, vor dessen Veranstaltungsort, der Beethovenhalle am Rhein, auch immerhin zwei Dutzend Hippies erschienen waren und Ho-Ho-Ho-Chi-Minh skandierten, als Harry und sein Freund Willy aus Harrys eierschalenfarbenem VW-Käfer stiegen. Die beiden würden später noch ausknobeln, wer ein bisschen weniger trinken und zurückfahren musste, wobei der Unterschied in puncto Nüchternheit trotzdem nicht besonders groß sein würde. Glatt rasiert, nach Eau de Cologne riechend, im Smoking und in ihren Lackschuhen, sich mit einem Regenschirm gegen den leichten Niesel schützend, tänzelten die beiden Juristen an den Langhaarigen vorbei. Harry hatte sich für den späteren Abend noch eine Meerschaumpfeife in einem Lederetui und einen Tabakbeutel mitgebracht. Dann sagte er zu Willy, er wolle keine Revolution starten, sondern endlich sein Leben beginnen, dreiundzwanzig Jahre nach Kriegsende.

Am Tisch 18, an dem sie ihre Tischkarten mit den Aufschriften Oberleutnant d. R. Schönwald, Leutnant d. R. von Berg entdeckten, saßen sie zwischen einem Major der Gebirgsjäger, einem Staatssekretär aus dem Verteidigungsministerium und dem Chef der Fahrbereitschaft, alle begleitet von ihren Ehegattinnen, sowie zwei jungen Offiziersanwärtern, auf die das Adjektiv schneidig passte. Keine brauchbaren Ischen. Das war ein strategischer Nachteil, sie würden nun einige Stunden vergeuden müssen, die in einer glücklicheren Tischkonstellation schon zur Anbahnung späterer Tanzvergnügen hätten genutzt werden können. Anders als Willy, der sein Pech nicht fassen konnte, hatte Harry keinerlei Probleme, sich dieser Situation anzupassen. Ihm fiel es nicht schwer, es machte ihm sogar Freude, mit dem Major der Gebirgsjäger über die harten Ausbildungsanforderungen seiner Eliteeinheit zu sprechen, während er sich mit dessen Ehefrau, einer patenten Oberbayerin, über die geeignete Ofentemperatur für jene Wildbeute austauschte, die der Major an den Wochenenden als Hobbyjäger schoss.

»Jagen Sie auch?«, hatte der Major gefragt.

»Nur Ischen, haha«, rief Willy, sein Gespräch mit einem der schneidigen Offiziere unterbrechend, und löste damit großes Gepruste aus am Tisch, am lautesten von der oberbayerischen Wildköchin, mit leichten Abstrichen bei Harry, der nur höflich mitlachte.

Der Mann aus dem Verteidigungsministerium war ebenfalls Jurist und interessierte sich für Harrys Referendarsstelle beim Verwaltungsgericht. Am Ende des Abendessens würde Harry wieder drei, vier Telefonnummern mehr in seinem ledernen Notizbuch stehen haben, und anders als die meisten würde er völlig unbefangen jede einzelne dieser Telefonnummern anrufen, und der Oberbayerin des Gebirgsjägers würde er sein Wildrezept nach Mittenwald schicken.

Aber keine Telefonnummer einer Ische.

Harry hatte es Willy nicht gestanden, aber er suchte keinen Flirt, kein Abenteuer, keine Ablenkung, keine Trophäe zum Angeben. Wie gesagt, er war auf der Suche nach einem Leben, und mithin nach einer Frau, mit der er es führen könnte.

An eine wie Ruth Wartenburg hatte er dabei nicht unmittelbar gedacht. Andererseits gab es für Harry in seiner Unbefangenheit und seinem inzwischen gewachsenen Selbstbewusstsein auch nichts, was er sich nicht hätte vorstellen können. Sie hatte am anderen Ende des Saals gesessen, Harry hatte sie trotzdem gleich zu Anfang bemerkt.

Während des Essens fragte er sich, wie er es wagen konnte, sie anzusprechen.

Anders als Willy und er saß sie nicht mit Gebirgsjägern und Fuhrparkleitern am Tisch, sondern fast ausschließlich mit Generälen und deren Familien. Wenn die Generäle dort sitzen blieben, würde es schwierig sein für Harry, die junge Frau an dem Tisch zum Tanz zu bitten. Er würde erst mal jeden einzelnen General förmlich begrüßen müssen. Erst dann könnte er sich an die junge Frau wenden, die ihn dann vor der versammelten Generalität mit einem abschlägigen Bescheid bloßstellen könnte. Sie musste eine Tochter einer der Generäle sein. Ein paar von ihnen kannte er flüchtig über seinen Vater, war sich aber nicht sicher, ob sie sich an ihn erinnern würden. Er ärgerte sich, dass seine Eltern, die sich sonst keinen Ball entgehen ließen, ausgerechnet an diesem Abend nicht gekommen waren. Sein Vater hätte ihm ein einfaches Entree geben können, er war auch Generalmajor, wenn auch bei der Luftwaffe, doch er befand sich zu Gesprächen über deutsch-amerikanische Rüstungsprojekte in Washington. Harry überlegte, sich die Tischkarte mit seinem Namen ans Revers des Smokings zu stecken. Vielleicht kämen sie darauf, wer er war, wenn sie seinen Namen läsen; dass hier nicht ein Nobody am Generalstisch um einen Tanz bat, sondern jemand, der sozusagen fast zum Club gehörte. Doch die ans Revers geheftete Tischkarte sah albern aus, und Willy von Berg begann schon wieder loszuprusten. Ob Harry hier später noch ein Vorstellungsgespräch habe, fragte er.

Harry blieb auch nach dem Nachtisch in ihrer Runde sitzen, als Willy schon ausschwärmte. Harry hatte einen Pfälzer Weißwein vor sich und süßlich riechenden Tabak in seine Pfeife gestopft. Am Generalstisch saßen noch alle und schienen sich blendend zu unterhalten. Es war doch ganz einfach, dachte sich Harry. Er würde den schwierigen Anfang jemand anderen machen lassen. Wenn sein Zielobjekt erst mal auf der Tanzfläche wäre, würde er warten, bis sie einen Tanz beendete und dann gleich am Rande der Tanzfläche abfangen: Wo wir uns hier gerade zufällig begegnen – darf ich bitten? Oder er würde sie mittendrin auf dem Parkett bei ihrem Tanzpartner auslösen, die deutlich aggressivere Variante. Ihm auf die Schulter hauen und sagen, nun lass mich mal. Das wäre ein Aufschlag, ein kraftvoller Auftritt, mit hohem Einsatz und potenziell großer Rendite, aber auch von beachtlichem Risiko. Ein derart draufgängerisches Auftreten könnte eine so feine Frau abstoßen. Sicherlich ist sie die Gesellschaft von Männern gewohnt, die so etwas nicht nötig hatten, und auch zu Harry würde es nicht passen, sein Selbstbewusstsein war echt, seine Autorität, auch als Sechsundzwanzigjähriger, schon natürlich. Dies wäre eher ein Vorgehen, zu dem jemand wie Willy neigen würde. Außerdem dürfte der vom Parkett Gedrängte auf keinen Fall einen höheren Dienstgrad haben als er. Er wollte die Idee verwerfen, doch die Alternative, an der Tanzfläche zu lauern wie ein Aasgeier, schien ihm ebenso unangenehm.

Willy kam zurück an den Tisch und wollte Harry hochzerren. Er hatte sich zunächst den beiden schneidigen Offiziersanwärtern angeschlossen, doch die waren ihm schnell zu langweilig geworden, zu formal, zu gehemmt, zu sehr auf das richtige Erscheinungsbild erpicht, schließlich sahen ja ihre Vorgesetzten zu. Das Problem hatte Willy nicht, er war wie Harry seit sechs Jahren aus dem Dienst ausgeschieden, nachdem er einen freiwillig auf zwei Jahre verlängerten Wehrdienst mit Aussicht auf eine Offizierslaufbahn abgeschlossen hatte. Aber er brauchte Harry jetzt, er brauchte eine Projektionswand für seine Witze und Zoten, einen Adjutanten, den zu spielen Harry stets bereit war. Außer an diesem Abend.

Harry trank seinen Wein aus, erhob sich, die Pfeife im Mund, aus dem Stuhl und sagte zu Willy, er begleite ihn zur Tanzfläche. Willy schlug ihm vor Begeisterung auf den Rücken, so kenne er seinen Harry, er habe sich schon Sorgen gemacht, dass er vielleicht krank sei! Harry ging voraus, bahnte sich den Weg einmal quer durch den Saal bis zu jener Ecke des Tanzparketts, das dem Tisch der Generäle am nächsten lag, wo sie immer noch saß und Konversation machte. Während Willy auf ihn einredete, blickte Harry sie an. War vielleicht Quatsch, dass er überhaupt drüber nachdachte. Sie war außergewöhnlich groß, so kam es ihm vor, schlank natürlich, trug ein hellgrünes Paillettenkleid, in dem sich das Licht der Deckenstrahler glitzernd brach. Aber am meisten fiel Harry ihr Blick auf. Er war so aufgeladen, in ihm schienen so viele Gedanken und Anspielungen Platz zu finden, von denen Harry sofort erfahren wollte. Die meisten Menschen schauten doch leer in die Welt hinaus, aber diese Augen waren satt und voll und zärtlich braun. Warm und klug zugleich. Er müsste keine Angst haben, dass sie ihn vor den Generälen blamierte, wenn er sie um einen Tanz bat. Sie wäre zu fein dafür.

Willy war von seiner Seite verschwunden. In Harrys Kopf kehrte Ruhe ein. Die Kapelle spielte »Strangers in the Night« von Frank Sinatra. Frankieboy, dachte Harry, Frankieboy hat mir immer Glück gebracht, doch die Musik der Band drang nur noch von Ferne zu ihm. Als Willy zurückkam, hielt er zwei junge Frauen im Arm. »Gestatten: Gisela und Monika aus dem Ministerium. Was fällt dir hier mathematisch auf, Harry? Zwei Frauen, ein Mann, was fehlt da? Genau. Du! Los, schwofen jetzt! Komm, Harry!«

Harry hatte sich kurz darauf mit Gisela auf der Tanzfläche wiedergefunden. Ihr Kopf war auf seine vordere Schulter gefallen, während Harry versuchte, ihr rechtes Ohr, das sich in etwa auf Höhe seines Mundes befand, mit seiner bewährten Konversation zu beschallen: in welchem Referat des Ministeriums sie arbeitete, was da ihre Aufgaben wären, wie lange sie das schon machte und welche Hobbys sie habe. Wenn das Gespräch, dem zu folgen Gisela ohnehin Mühe zu haben schien, drohte zu versiegen, begann Harry, die Melodie der Musik mitzupfeifen, direkt in ihr Ohr. Als Gisela schließlich auf gar keine Frage mehr antwortete und auch das Pfeifen keine Wirkung entfaltete, sagte er: »Na ja, wollen wir hier nicht von diesen Dingen reden. Sondern einfach mal ein bisschen schwofen.«

Nach dem dritten Lied übergab er Gisela in die Obhut der schneidigen Offiziersanwärter von seinem Tisch, die erstaunlicherweise noch immer in makelloser Ausgehuniform am Rande des Parketts ausharrten. »Würden Sie sich bitte um die junge Dame ein wenig kümmern«, bat Harry sie, »und ihr ein Taxi rufen, hier sind fünf Mark.«

»Sehr wohl, Herr Oberleutnant.«

Willy war nirgendwo mehr zu sehen. Es ging gegen Mitternacht, das Zeitfenster schloss sich. Harry glaubte nicht, dass sie noch da war. Er wäre jetzt vielleicht gern nach Hause gefahren, zehn Minuten im Käfer durch die verlassene Stadt ins leere Haus seiner Eltern, die sich in Washington befanden. Vielleicht bekäme er am Bahnhof schon die Sonntagszeitung für die Fußballberichte, falls seine Kommilitonen in Berlin nicht schon wieder die Druckerei des Verlags blockiert hatten.

Und da war sie. Stand da einfach, allein, lächelnd. Kein General weit und breit. Sie hatte ihn wohl beobachtet. »Das war sehr kavalierhaft von dir. Ich hatte dich mit ihr auf dem Tanzparkett gesehen und mich gefragt, wie die Situation wohl weiterginge. Du sahst eigentlich nicht aus wie jemand, der sie ausnutzen würde. Aber man weiß ja inzwischen nie.«

Sie duzte ihn, was auf einem Ball nicht üblich war unter

einander nicht bekannten Erwachsenen. Das Paillettenkleid blendete ihn. Jedes Mal, wenn er zu ihr geblickt hatte an diesem Abend, hatte er geglaubt, sie sei ins Gespräch vertieft, fest verankert in ihrem Grüppchen.

Doch in Wirklichkeit hatte sie ihn beobachtet, wie merkwürdig, wie lange vor allem schon?

»Ruth Wartenburg«, sagte sie.

Harry hatte vieles erwartet, aber das nicht: eine der Wartenburg-Töchter, von denen Willy vorhin noch gesprochen hatte. General Rupert Wartenburg hatte nicht nur drei Sterne auf der Schulter, er war der Star der jungen Bundeswehr. Nach innen und nach außen verkörperte er den Typus des neuen bundesdeutschen Soldaten. Prinzipienstark, doch nicht sinnlos streng; kein harter Hund, sondern ein Mann von Güte und Empathie und mit natürlicher Autorität. Gut aussehend und austrainiert, doch nicht auf die Herrenmenschenart der Nazis. Sich gewählt und bedächtig artikulierend, Verzicht auf Kasernenton. Er hatte sich habilitiert in Reiner Mathematik, und es hieß, er hätte auch eine akademische Karriere machen können. Oder eine als Konzertbratschist. Doch er hatte sich für die Pflicht gegenüber seinem Land entschieden, vor allem nach dessen Katastrophe zwanzig Jahre zuvor, an der er als junger Offizier der Wehrmacht auch beteiligt gewesen war, aber anders als viele seiner Gefährten mit einem unerschütterlichen Abstand zum Regime, so lautete die offizielle Version, an der Harry auch keine Zweifel hatte.

Wartenburg hatte mehrere Töchter, die der General bei jeder Gelegenheit mitbrachte und die unter den Soldaten schon eine Art Legendenstatus genossen. Alle drei oder vier, so genau wusste Harry es nicht, waren zwischen Anfang und Mitte zwanzig und sollten nicht nur bestürzend schön sein, sondern auch Wunderkinder, hochbegabt, jede auf einem anderen Feld.

Seine beiden Söhne, die ein bisschen älter waren als die

Mädchen, waren nicht minder berühmt – oder musste man sagen berüchtigt? –, jedenfalls soll der ältere von seinem Grundwehrdienst, den er seinem Vater zuliebe absolviert hatte, so verstört gewesen sein, dass er sofort danach nach Indien gegangen war, um in Rishikesh beim Maharishi die Transzendentale Meditation zu lernen. Dort habe er John Lennon, George Harrison und Sharon Tate kennengelernt, hieß es, und plane erst mal keine Rückkehr. Und der Jüngere sei nach den Erfahrungen seines Bruders gleich nach Westberlin geflohen, wo er in einer Kommune lebte und durch eine Reportage im Stern ein paar Monate zuvor bekannt geworden war.

»Hans-Harald Schönwald, freut mich. Ich bin Oberleutnant der Reserve.«

Warum hatte er das gesagt? Warum sollte sie sein Dienstrang interessieren?

In Ruths Blick meinte Harry ein Erkennen aufblitzen zu sehen. Wusste sie, wer er war? Dass er herkunftsmäßig (fast) auf Augenhöhe war?

»Ich weiß.«

»Also, das mit der jungen Dame war doch das Mindeste. Das Verrückte war, ich kannte die gar nicht! Ein Freund hatte sie mir übergeben. Ich hatte gar keine Lust.«

»Das sah aber anders aus.«

»Na ja. Darf ich dich bitten? Wir sagen doch Du, oder?«

»Ja und ja, Herr Oberleutnant.«

Harry hielt sich eigentlich für einen guten Tänzer, wenn auch unkonventionell. Leichte Unsicherheiten im Rhythmus hatte er gelernt, mit einem Übermaß an Schwung zu kompensieren. Partnerinnen, die in den Genuss seiner Tanzkünste gekommen waren, hatten nachher Adjektive wie fetzig und flott benutzt, um die Erfahrung zu beschreiben. Harry war damit zufrieden. Und während seine Füße die Tanzschritte ausführten und sein Oberkörper hin und her zuckte, formten sich seine Lippen zu einem Pfeifen, mit der er die Musik begleitete und somit zum Ausdruck brachte, wie froh es ihn machte zu tanzen und wie leicht es ihm gleichzeitig fiel.

Ruth war in vielerlei Hinsicht als Tänzerin das Gegenteil. Ihr Stil war musikalisch präzise, die Haltung anmutig, doch was Harry an Euphorie im Überschuss hatte, ließ sie bei genauem Hingucken vermissen. In anderen Worten: Harry schluderte sich durch und ließ es gut aussehen, während Ruth im Recht war, doch dabei verzagte.

Und so war in diesem ersten Tanz bereits alles zu sehen gewesen, was ihre Beziehung in den kommenden fünfundfünfzig Jahren bestimmen, befeuern und belasten würde.

7 Hahnwald

Als Ruth ihre Tochter am zweiten Abend in Hamburg in der dunklen Wohnung hatte liegen sehen, zusammengekrümmt auf dem Schlafsofa in ihrem pinkfarbenen Schlafanzug mit den weißen Schwänen darauf, hatte sie es kaum ausgehalten. Sie tat so, als ginge sie ihre Unterlagen durch, in Wirklichkeit aber beschloss ihr rasender Kopf, dass sie dies hier am nächsten Morgen abbrechen würde, was für eine Idee war das überhaupt gewesen, wie hatte sie so träumerisch sein können, so wirklichkeitsfremd. Dass sie Martin angerufen und um die Stelle gebeten hatte, war ein Fehler gewesen, ein kurzzeitiger Kontrollverlust.

Sie hatte wach gelegen, zwei Nächte zuvor im Haus in Köln, um auf Hans-Harald zu warten, da war es wohl zu dem Kurzschluss in ihrem Kopf gekommen. Hans-Harald hatte sich nachmittags um halb drei zu einem Medenspiel mit seiner Tennismannschaft verabschiedet, Einzel, Doppel, dann noch ein Bier, er hätte um neun wieder zu Hause sein können. War er aber nicht, und auch um Mitternacht nicht, ein Uhr, ein Uhr dreißig, zwei Uhr: nichts. Ruth hatte den Tennisclub schon länger als größte Bedrohung ihrer Familie identifiziert. Der Mann ihrer Freundin Christa König, Helmut, ebenfalls Staatsanwalt und Harrys bester Freund, hatte dort eine Affäre mit der Frau eines Mannschaftskameraden angefangen und damit seine Ehe (und die des Mannschaftskameraden) zerstört sowie das Verhältnis zu seinen Kindern auf Jahrzehnte vergiftet. Der Club lag am Rande der

Stadt, in schon dörflicher Umgebung, wo alle gerne feierten, es waren Bauunternehmer und Markisenhersteller und Hans-Harald und Helmut König die einzigen Akademiker. Hans-Harald hatte sein Leben lang Tennis gespielt, schon seit den Fünfzigern, doch jetzt in den Zeiten von Boris Becker tauchten plötzlich Männer, die man bis dato im Fußballverein verortet hatte, beim Tennis auf. Ruth hatte sich da nie wohlgefühlt, der stets schlüpfrige Humor des Vereinsvorsitzenden, des Tiefbauunternehmers Hubert Herberich, das Gesaufe sowie ein Poster im Vereinsheim, das eine Frau von hinten auf einem Tennisplatz zeigte, die sich gedankenverloren am Hintern kratzt, dabei das extrem kurze Tenniskleid hochschiebt und ihren unterwäschefreien Po entblößt – all das war Ruth zuwider.

Als Hans-Harald nach Hause kam, hatten sie sich gestritten, und während er im Arbeitszimmer seinen Rausch ausschlief, beschloss Ruth, dass das Leben so nicht weitergehen konnte; sie wäre fast Professorin geworden, sie war eine in Germanistenkreisen bereits bekannte Thomas-Mann-Forscherin, doch nun saß sie zu Hause mit den Kindern, mit den langweiligen Ehefrauen von Hans-Haralds Freunden, in einem Haus im Grünen, wo die Nachbarn rheinisch sprachen. Und Hans-Harald machte Karriere als Staatsanwalt und vergnügte sich im Tennisclub.

Am nächsten Morgen hatte sie kein Wort mit ihm gesprochen und unter seinen misstrauischen Blicken die Verlängerungsschnur des Telefons entwirrt und entknotet und schließlich den behördenbeigen Apparat in ihr Arbeitszimmer gezogen, das seit zwölf Jahren, seit Christophers Geburt, als Wäschezimmer genutzt wurde, der Schreibtisch verschüttet von Christophers dreckigen Fußballtrikots, Karolins pinker Bettwäsche und Hans-Haralds Unterhosen.

Ruth blätterte in ihrem Telefonbuch aus knallrotem Leder nach Martins Nummer. Sie versuchte es zuerst in der Fakultät, vielleicht arbeitete er wie häufig am Sonntag. Als niemand abhob, wählte sie seine Privatnummer in Othmarschen. Für den Fall, dass seine Frau ranging, würde sie schnell auflegen. Doch Martin war direkt dran.

»Ruth?«

»Du hast gesagt, ich könnte jederzeit zurückkommen.«

»Äh, ja?«

»Jetzt ist jederzeit.«

»Deine Habilitation?«

»Ja. Christopher wird zehn, Karolin kommt in die Schule. Ich könnte also loslegen.«

»Es ist zehn Jahre her, Ruth. Du wolltest damals ein Jahr aussetzen, ein Jahr Babypause. Ich weiß gar nicht, du müsstest dein Thema anpassen, die Forschung hat sich weiterentwickelt ...«

»Nicht bei Thomas Mann.«

»Stimmt auch wieder. Okay. Großartig. Du weißt, ich bin dein größter Fan. Aber das ist ein riesiges Unterfangen, was dir da vorschwebt. Und die Situation hier im Seminar hat sich auch verändert. Welches Semester schwebt dir vor, um wieder einzusteigen?«

»So schnell wie möglich.«

»Die Stellen für die nächsten Semester sind alle so gut wie besetzt.«

»Mach was möglich, Martin.«

»Weißt du, welcher Tag heute ist?«

»Heute ist Sonntag.«

»Ja. Der Tag bevor der finale Auswahlprozess für die Habilstellen beginnt. Morgen um neun geht's los. Vielleicht kann ich dich noch reinschmuggeln. Aber du müsstest morgen vor Ort sein, alle Formalien regeln. Hast du dein Proposal?«

»Ich denke mir etwas aus. Ich bin morgen da. Wo?«

»Wie immer. Von-Melle-Park 6, 13. Stock. Aber sehen wir uns nicht vorher noch? Wann kommst du denn? Du müsstest eigentlich jetzt los. Schaffst du es, zum Abendessen hier zu sein? Dann kann ich dich noch ein bisschen vorbereiten. Acht Uhr, der Italiener am Grindel? Wie früher?«

»Gibt's den noch?«

»Natürlich. Ist jetzt ein In-Laden. Wirst sehen. Viele Leute von Werbeagenturen. Und wo wohnst du?«

»Ich finde ein Hotel.«

»Geh in meine Wohnung am Grindel, die ist frei. Ich freu mich, Ruth, das wird eine tolle Zeit!«

»Wenn ich die Stelle kriege.«

»Kriegst du. Und dann kommst du mit der ganzen Familie, kann dein Mann nach Hamburg wechseln?«

»Mal sehen.«

»Du weißt, das ist Wahnsinn, was du vorhast, so Hals über Kopf nach zehn Jahren Abstinenz.«

»Ich sage dir nachher Bescheid, wann ich in Hamburg ankomme.«

Ruth legte den Hörer still auf die Gabel. Sie hatte das Ende des Gesprächs gerade noch ohne Zittern in der Stimme überstanden. Sie stöhnte laut. Christopher und Karolin werden es überleben, sagte sie sich, wieder und wieder. Sie würde am Anfang häufig in Hamburg sein müssen, später dann sicherlich auch mehr von zu Hause aus machen können. Sie würden vielleicht eine Kinderfrau einstellen oder ein Au-pair. Hans-Harald müsste seine Akten öfter von zu Hause aus lesen oder zeitweilig kürzertreten. Oder sie würden tatsächlich nach Hamburg ziehen, wie Martin überlegt hatte.

Aber jetzt musste sie los. Im Wohnzimmer fand sie Karolin. »Wo ist Papa?«

»Mit dem Auto weggefahren, ich glaube zu Opi. Der hat doch heute Geburtstag«, sagte Karolin.

O nein, o nein, stimmt, sie hätte mitgesollt, aber Hans-Harald hatte gar nicht mehr gefragt nach gestern Abend. Sie wäre auch nicht mitgegangen, allein um ihn zu bestrafen. Er würde seine heile Welt vor seinen Eltern hier nicht mehr auf ihre Kosten aufrechterhalten können.

»Und Christopher?«

»Der hat doch heute ein Spiel. Der Vater von Michael hat ihn gerade abgeholt. Die kommen erst nach dem Abendessen zurück, hat er gesagt.«

Ruth überlegte kurz. Auf keinen Fall durfte sie sich von diesen Banalitäten zurückhalten lassen. Sie wählte die Nummer der Fahrplanauskunft. Intercity nach Hamburg um 13:21 Uhr, Ankunft 18:12 Uhr. Harry musste sofort kommen. Erst das von letzter Nacht, und jetzt meinte er, einfach verschwinden zu dürfen und ihr die allerletzte Chance zu nehmen, dem zu entkommen, was sonst der Rest ihres Lebens wäre. Musste sie sich schämen? Sie hatte zwei gesunde Kinder, einen guten, klugen, humorvollen, liebenden Mann, der sie nicht herging. Sie lebte in einem Haus mit großem Garten in der Nähe des Rheins, sie hatte Freunde und gute Beziehungen zu ihren eigenen Eltern, zumindest empfand sie es so.

Sie rief bei Hans-Haralds Vater an, aber niemand nahm ab. Natürlich, sie hatten Mittagessen gehen wollen, wie an jedem Geburtstag ihres Schwiegervaters, das berühmte Forelle-blau-Mahl. Wie hieß noch mal das Restaurant? Ein Ausflugslokal irgendwo außerhalb. Hans-Harald hatte ihr tausendmal davon erzählt. Man konnte auch mit dem Fahrrad hinfahren. Warum hatte sie sich nicht stärker dafür interessiert?

Jemand musste kommen und auf Karolin aufpassen, und das innerhalb der nächsten halben Stunde. Aber selbst dann, was wäre morgen früh? Hans-Harald hatte einen großen Wirtschaftsstraffall, der ab morgen früh wieder vorm Landgericht verhandelt wurde. Christopher führe mit dem Fahrrad zur Schule, und Hans-Harald würde um halb neun Uhr das Haus verlassen müssen.

»Komm«, hörte sie sich selbst zu Karolin sagen, »wir machen einen Ausflug mit dem Zug.« Wie lange würden sie bleiben, was würde sie Hans-Harald sagen? Würde sie sich von Hans-Harald trennen? Sie musste noch herausfinden, was er vergangene Nacht bis halb vier gemacht hatte, aber wollte sie es wissen? Einen Betrug würde sie in ihrer aktuellen psychischen Fragilität nicht verkraften, das wusste sie. Das Kind nehmen und erst mal weg, das eigene Leben wieder aufnehmen, nach zwölf Jahren. Die Ehe ist jetzt erst mal zweitrangig. Sie hatte vielleicht Depressionen, und das würde sie nicht für den Rest ihres Lebens aushalten. Hans-Harald sagte immer, geh doch mal zum Psychologen, es gäbe doch Hilfe. Was man so sagte, denkfaul, ohne sich wirklich Mühe zu geben, denn sonst käme er ja vielleicht darauf, dass er es war, der – sicherlich ungewollt – der Grund für ihre Traurigkeit war. Sie hatte immer Mutter sein wollen, das hatte immer festgestanden, und trotzdem hasste sie ihr Leben inzwischen. Nachts, wenn sie nicht schlafen konnte, stand sie manchmal auf und wusch den verhassten Abwasch ab, ließ die Teller und Pfannen morgens um halb vier im Geschirrbecken klirren und rumpeln und den Wasserhahn tosen. Das ganze Haus wusste dann, sie war wach, und sie schuftete immer noch im Haushalt. Sogar ihre über sechzigjährige Mutter ging zur Uni, setzte sich als Gasthörerin in Germanistik-Vorlesungen, weil nach fünf Kindern und vierzig Jahren hingebungsvoller Ehe selbst sie, eine Frau der Fünfziger, gemerkt hatte, dass sich wider Erwarten Ehemann und Kinder im Jahr 1985 nicht mehr vollumfänglich zu einem erfüllten Leben addierten.

Ruth konnte die Gleichung vielleicht noch ändern, aber dafür müsste sie ihren Mut und ihr Kind nehmen und in den 13:21-IC nach Hamburg steigen. Sie schrieb Hans-Harald eine Nachricht: »Mache mit K. eine kleine Reise. Macht euch keine Sorgen.«

Zunächst lief es gut. Solange sie noch Zeit hatte, gab sie Karolin all ihre Aufmerksamkeit. Solange sie es schaffte, für ihr Kind die Illusion aufrechtzuerhalten, eine spezielle Reise mit ihrer Mutter zu unternehmen, könnte es funktionieren.

Doch schon am Abend des ersten richtigen Tages, nach zehn Stunden an der Uni, hatte das Kind sich in den Schlaf geweint. Da hatte Ruth aufgeben und den Zug am nächsten Morgen zurücknehmen wollen. Auch die Präsentation vor der Kommission war nicht gut gelaufen, Ruth hatte ein Konzept vorgetragen, das sie kurz vor Karolins Geburt geschrieben hatte, fast neun Jahre alt: »Die Funktion der Meeres-Allegorie in Thomas Manns Frühwerk«. Sie hatte die zwölf Seiten im Zug noch einmal überflogen, während Karolin auf Christophers Walkman, den er wütend vermissen würde, die *Abenteuer des Huckleberry-Finn* gehört hat.

Martin war nicht begeistert gewesen, aber noch am selben Abend, als Karolin endlich schlief und Ruths Herz von ihrem Geweine erlöste, hatte er angerufen und gesagt, sie bekomme die Stelle. Ruth hatte nichts gesagt. Martin hatte gefragt, ob sie sich denn gar nicht freue.

»Doch, doch. Ich muss das nur erst mal alles verarbeiten.« Da hatte sie gerade entschieden, dass sie am nächsten Morgen abbräche. Sie würde Martin nichts sagen und ihn nie wieder anrufen. Das wäre auch aus verschiedenen anderen Gründen vielleicht besser.

Doch am nächsten Morgen schien die Sonne in die düstere Wohnung. Karolin aß einen Honigtoast, es roch nach Kaffee, im Radio lief NDR 2. Karolin verbrachte den Tag und den nächsten und den übernächsten wieder an der Universität. Die Sekretärinnen begannen, mit ihr zu sprechen, sie spielten Vier Gewinnt. Karolin wanderte durch die Gänge des 12., 13. und 14. Stockwerks des Uni-Hochhauses. Sie saß stundenlang an den Fensterscheiben und guckte in alle Himmelsrichtungen, nach Osten zur Alster, nach Süden mit der Innenstadt und dem Hafen, nach Westen zum Fernsehturm und nach Norden zum Stadtpark. Sie zählte Häuser und Straßen und die Züge am Dammtor-Bahnhof, suchte geometrische Figuren und Muster in den Bewegungen der kleinen Menschen.

Ruth rief in Karolins Schule an und sagte, ihre Tochter habe Keuchhusten, sei hochgradig infektiös und könne die nächsten Wochen nicht kommen. Sie hoffte, Hans-Harald hatte dort noch keine andere Version verbreitet oder gar die Wahrheit: dass seine Frau einfach ausgerissen war und das Kind mitgenommen hatte, während er keinerlei Ahnung hatte, wo sie sich befand. Sie hatte ihn immer noch nicht angerufen. Denn was sollte sie ihm sagen? Er würde alles verstehen und wohlmeinend nach Lösungen suchen, wo es keine gab. Das wusste Ruth, denn anders als Hans-Harald dachte sie seit Jahren darüber nach. Doch er würde irgendwann seine Hebel in Bewegung setzen und wenn nicht Ruth, so doch auf jeden Fall seine Tochter suchen lassen. Ging das, was sie getan hatte, juristisch schon als Entführung durch?

Am Ende war es nicht Hans-Harald gewesen, der ihre Rückkehr erzwang. Es waren die verfluchten Massagen dieser sonderbaren Sekretärin. Martin hatte sie zu einem ernsten Gespräch gebeten, danach war ihr klar, dass das in Hamburg nicht weitergehen konnte. Sie war nicht hysterisch gewesen bei dem Gespräch wie Martin und seine Frau, sondern ruhig und gefasst, was Martin zu verstören schien.

»Seien wir doch froh, dass nichts Schlimmes passiert ist.«
»Ruth, wir wissen nicht, was passiert ist!«
»Ja, aber man muss nicht gleich den Teufel an die Wand malen«, erklärte sie Martin. Da sei auch Hysterie dabei, seinerseits. Wenn ihre Tochter diese Frau massiert hat – und sie sagt, dass es mehr nicht war, was erst mal zu glauben sei –, dann gäbe es keinen Grund, derart überzureagieren. So kannte sie Martin gar nicht. Und wahrscheinlich war es nicht er. Es war seine Frau, diese Elenore, die er als Doktorand bei einem Gastsemester in der Schweiz kennengelernt hatte, sie war Anthroposophin und machte sich, wie Martin früher oft beklagt hatte, stets über alles Sorgen. Sie war es, sie hatte ihm den Floh ins Ohr gesetzt von wegen Miss-

brauch. So waren die Zeiten jetzt. Als Ruth ein achtjähriges Mädchen gewesen war, Mitte der Fünfziger also, da wurden viele Kinder in Obhut von irgendwem gegeben, Kriegswitwen, Trümmerfrauen, Zugehpersonal, wie man das damals nannte, da hatte niemand Zeit oder Muße, sich den Kopf zu zermartern, ob irgendjemand irgendwen massierte. Ruth war klar, dass sie Martin und seine Frau jetzt wieder einfangen musste, bevor die Sache außer Kontrolle geriet.

»Ich weiß«, versuchte sie es mit einem Appeasement-Angebot, »nach den Kinderladen-Geschichten, die in den letzten Jahren rausgekommen sind, seid ihr besonders wachsam, und das ist auch richtig. Nur hat das, was Karolin gemacht hat, damit nichts zu tun. Sie ist ein neugieriges, empathisches und leicht altkluges Kind und fühlte sich von einem bemitleidenswerten Menschen gebraucht. Daran ist nichts falsch, und mehr hat es damit nicht auf sich.«

Und selbst wenn. Dann war es passiert. Dann war jetzt daran nichts mehr zu ändern. Dann musste man nach vorn schauen.

Auf Drängen von Martin und Elenore stimmte sie zu, eine Kinderpsychologin hinzuzuziehen. Sie hätte es Karolin gern erspart, denn was soll so eine Psychologin herausfinden? Sie selbst kann im Zweifel besser erkennen, ob ihr Kind etwas verschweigt oder nicht. Elenore hatte natürlich die Psychologin empfohlen, sie sei auf Fälle von Kindesmissbrauch – wie das schon klang – spezialisiert und könne, so hatte Elenore sich ausgedrückt, evaluieren, inwiefern es hier zu einer Traumatisierung gekommen war.

Ruth glaubte nicht, dass da was war. Konnte sie es wissen? Ging es darum, es zu wissen? Kam es nicht vielmehr darauf an, nun eine Version zu schaffen, mit der Karolin – und, ja, auch Ruth – halbwegs gut weiterleben konnten? Also hatte sie noch am selben Abend mit Karolin gesprochen, nachdem Martin sie mit dem Verdacht konfrontiert hatte. Sie hatte Karolin an jenem Tag früher von Martin und Elenore abgeholt. Martin war schon nach Hause gekommen, was er sonst nie tat. Er habe etwas Wichtiges zu besprechen, hatte er Ruth eröffnet, und das ginge besser zu Hause als in der Universität. Nachdem er ihr, angetrieben und souffliert von seiner Frau, erzählt hatte, was er glaubte, das ihrer Tochter passiert war, war sie mit Karolin in der S-Bahn nach Hause gefahren. Zuerst hatten sie geschwiegen. Dann fragte Karolin leise: »Darf ich Frau Maternus wirklich nicht mehr sehen?«

»Wir reden gleich«, hatte sie zu ihrer Tochter gesagt und sich bemüht, es liebevoll klingen zu lassen. Sie war nicht wütend, wie konnte sie? Auch wenn es bedeutete, dass hier, falls sie alles richtig berechnet hatte, Ruth Schönwalds letzter Versuch endete, sich ein erfülltes Leben zu schaffen. Sie war erst achtunddreißig. Sie war zu intelligent, sich weiter Illusionen zu machen. Wenn sie Glück hatte, war dies ein Warnschuss gewesen. Es würde immer ihre Schuld bleiben, sie hatte sich selbst, namentlich die Angst vor ihrem eigenen Unglück, vor das Kind gestellt. Die Me-Decade war seit ein paar Jahren angebrochen. Als der Essay von Tom Wolfe zehn Jahre zuvor erschienen war, hatte das halbe Literaturwissenschaftsseminar darüber diskutiert, und Martin, damals auf der Höhe seines Ruhms als junger moderner Literaturwissenschaftler, hatte im Audimax der Universität ein Gespräch mit Tom Wolfe im Anschluss an dessen Lesung moderiert. Ruth erinnerte sich so gut, denn es war während ihrer letzten Wochen an der Uni gewesen, bevor Christopher geboren wurde. Sie hatte sich nicht trennen können, sie wollte nicht gehen. Sie wollte bei Martin bleiben, wie sexy und lässig er da saß neben Tom Wolfe und kein bisschen schlechter aussah. Sie wollte alles umarmen und nicht mehr loslassen.

Für einen Moment war sie erschrocken bei dem Gedanken an die Schuld, die sie womöglich auf sich geladen hatte, falls es stimmte, was Martin und Elenore befürchteten: wenn diese Sekretärin Karolin wirklich etwas angetan haben sollte. Was immer passiert war in dem verrauchten Geschäftsstellensekretariat, durfte niemals zu einer überhaupt nur denkbaren Wirklichkeitsversion werden. Auch Karolin würde es in ihrer Zukunft nicht wollen, dass ihr als Kind so etwas zugestoßen sein könnte. Sie würde es Ruth später danken, dass sie, in Ausübung ihrer mütterlichen Pflichten, diese Geschichte zum Verschwinden gebracht hatte, ausradiert aus ihrer Biografie. Wir sind, was wir uns selbst über uns erzählen. Obwohl Karolin erst acht war, würde sie die Episode in Hamburg nur als Scheitern verstehen können; als ihren ersten Versuch von Selbstständigkeit, der in eine Katastrophe gemündet wäre. Diese Erkenntnis würde ihr in ihrer Entwicklung wahrscheinlich mehr schaden als alles, was immer ihr in all den Schreckgespinsten mit dieser Maternus zugestoßen sein könnte. Noch schlimmer, aber auch das würde die Tochter erst später verstehen, durch ihr Scheitern hatte sie möglicherweise obendrein den letzten Versuch ihrer Mutter zunichtegemacht, Zufriedenheit in ihrem Leben zu finden. Ihr beider Schiffbruch würde für immer untrennbar verbunden sein. Das Versagensgefühl des Kindes nun zu minimieren, indem Dinge, die passiert waren oder auch nicht, in ihrer Erinnerung getilgt, verleugnet oder überschrieben würden (wie immer man diesen Vorgang nennen wollte), war in diesem Moment das Allerwichtigste.

Bisher wussten nur ein achtjähriges Kind und eine resozialisierte Straftäterin, was wirklich passiert war. Und eine überreizte Anthroposophin hatte ihre Theorien, das war alles. Noch war alles unter Kontrolle. Trotzdem konnten sie nicht hierbleiben. Sie mussten aus dem Einflusskreis von Martin und seiner hysterischen Frau raus. Weg von Kinderpsychologen, einem möglichen Verfahren gegen Bärbel Maternus, in dem Karolin vermutlich würde aussagen müssen.

Das wäre es dann gewesen. So viel also zu einer, die heute

noch zu den, laut Martin (aber war der objektiv?), interessantesten jungen Germanistinnen des Landes gehörte; die sich auf faszinierende Weise mit Autoren beschäftigte, die in der Postachtundsechziger-Germanistik nicht gerade en vogue gewesen waren, Wolfgang Koeppen, Paul Celan und natürlich Thomas Mann.

Es hatte nicht funktioniert. Dabei hatte sie alles in die Waagschale geworfen, sogar die Unversehrtheit ihrer Tochter. Naiv. Es hatte doch eh nie eine Perspektive gegeben. Sie war zuvor schon in Panik geraten, auch ohne die Maternus-Sache. Eines Nachts, es muss in der dritten Woche in Hamburg gewesen sein, als sie wach gelegen hatte, den Kopf voll mit Sorgen, war sie plötzlich sicher, dass Hans-Harald zumindest seine Tochter und vielleicht auch seine Ehefrau, auch wenn er sie im Tennisclub betrog, zur Fahndung hatte ausschreiben lassen. Da hatte sie ihn angerufen. Hans-Harald war nicht sauer gewesen. Sie hatte ihn noch nie so erleichtert erlebt, er hatte am Telefon geweint. Er sagte, er verstehe sie, doch sie wusste, dass das nicht stimmte. Er glaubte, er verstünde sie, und wollte es auch, aber natürlich konnte er es nicht. Er hatte sogar gesagt, er rede mit seiner Behörde, vielleicht könne er sich mittelfristig nach Hamburg versetzen lassen. Doch nun müsse Ruth erst mal zurückkommen, Karolins wegen, vor allem. Sie könne nicht noch mehr Schule verpassen, sie machten sich als Eltern strafbar, nicht zuletzt. Natürlich machten sie das, Ruth war die Erste, die bei der Schule keine Kompromisse duldete. Sie dachte an den Sonntag, an dem Boris Becker im Sommer zuvor Wimbledon gewonnen hatte. Sie hatten auf der Rückreise aus dem Italienurlaub in der Schweiz Station gemacht und das Spiel mit Freunden in Basel gesehen. Nachdem Becker gewonnen hatte, wurden die ersten Biere aufgemacht. Hans-Harald hatte deswegen sogleich vorgeschlagen, erst am Montag weiterzufahren, doch für Ruth war das nicht infrage gekommen. Die Kinder mussten am nächsten Tag ins

Sommercamp, und Hans-Harald solle bitte nur ein Bier trinken und dann würde nach Hause gefahren, vier Stunden noch. Wo käme man denn da hin, wegen Tennis und Bier die Kinder zu spät zum Ferienlager kommen zu lassen.

Am Telefon hatte Hans-Harald noch gesagt, sie solle so schnell wie möglich zurückkommen, er verspräche, eine Lösung für ihre Habilitation zu finden. Maximal zwei Wochen noch, dann erwarte er sie und vor allem Karolin in Köln. Ruth hatte die Zwei-Wochen-Frist inzwischen um einige Tage überschritten. Sie hatte vorgehabt, Karolin in der kommenden Woche an der Isabel-Allende-Grundschule am Grindelhof einschulen zu lassen, doch seit der Maternus-Geschichte fehlte ihr jeglicher Mut für einen solchen schwerwiegenden Schritt. So viel zu einer, die ausgezogen war, um ihrer Umgebung, besonders ihrem Mann und ihren Kindern, zu ersparen, die kommenden vierzig Jahre mit jemandem verbringen zu müssen, der am abendlichen Familientisch ins Leere starren würde. Sie würde in den kommenden Jahren auf Karolin achten müssen, den Kontakt zu ihr nicht verlieren dürfen, und was Hans-Harald betraf, war ihr schon klar, dass sie irgendwann wiedergutmachen musste, was sie ihm zugemutet hatte. Noch konnte sie nicht.

Er sei es doch sicherlich gewohnt gewesen, als Staatsanwalt bei Ermittlungen ganz genau hinzusehen, hatte Dr. Vesterman ihn in der vierten oder fünften Therapiestunde gefragt. Harry empfand das schon als eine provokante Frage, selbstverständlich habe er genau hingesehen, das sei die Definition seines Berufs gewesen. Er hatte Dr. Vesterman Ruths und seine Geschichte in Grundzügen erzählt, obwohl er nicht wusste, was das sollte, er war ja nicht da, weil er Eheprobleme hatte. Das war vielleicht mal, aber sie hatten es ja geschafft, und das bedeutete doch wohl, dass es in diesem Lebensbereich bei ihm kein Problem gab. Er hatte von dem ersten Stadium ihrer Beziehung erzählt, vom Ball des Heeres, seiner Rückkehr von Berlin im folgenden Semester, Ruths Umzug nach Tübingen, die langen nächtlichen Fahrten im VW-Käfer, die Verlobung 1970, die Hochzeit 1972, die erste gemeinsame Wohnung in Köln, das erste Kind 1975, bis hin zu Ruths Flucht nach Hamburg 1985 und dem folgenden Bruch.

Sie frage nur, hatte Dr. Vesterman gesagt, weil er ja bei seiner Frau und ihren Motiven, nach Hamburg zu fliehen, nicht genau hingeschaut habe. Und ob das einen Grund gehabt hatte?

Harry hatte nicht verstanden, was sie meinte. Wie, nicht genau hingesehen?

Hätte er sich als Staatsanwalt mit der Erklärung zufriedengegeben, sie habe beruflich noch einmal etwas ausprobieren wollen, doch es habe sich als zu schwierig herausgestellt, also sei sie zurückgekehrt, und nun konnte alles weitergehen wie gehabt? Oder war dieses Ermittlungsergebnis einfach nur das, mit dem sich vermeintlich am besten hatte weiterleben lassen – was sich später als falsche Annahme herausstellte, denn die Ehe kam ja in den Folgejahren erheblich ins Schlingern.

Es sei sein Pech gewesen, dass seine Frau offenbar nicht in der Lage gewesen war, ihm ihre Nöte anzuvertrauen, sagte Dr. Vesterman. Man könnte das ungerecht nennen, aber vielleicht wäre es Harrys Aufgabe gewesen, genauer hinzusehen. Was hatte ihn davon abgehalten? Dass er seine Frau so schlecht kannte? Dass er sich so sehr um sich selbst drehte und sie nicht sah? Oder dass er die harte Arbeit scheute, die die Aufarbeitung und Lösung des Unglücks seiner Frau bedeutet hätten? Dass er zu faul gewesen war?

Nach ihren bisherigen Erkenntnissen, sagte Dr. Vesterman, träfe wahrscheinlich das letzte Motiv zu. Harry mache nämlich weder einen dummen noch egozentrischen Eindruck. Aber er wollte es vielleicht – nicht in seinem Job, aber womöglich bei Dingen, die ihn emotional betrafen –

nicht so genau wissen. Vielleicht könnte es lohnend sein, mit vierzig Jahren Verspätung die Wahrheit doch noch ans Licht zu holen.

»Vielleicht sogar mit Ihrer Frau zusammen, Herr Schönwald.«

»Auf keinen Fall.«

»Sehen Sie, es ist die gleiche Angst wie damals. Sie haben Angst vor den Antworten Ihrer Frau. Dabei wollen Sie ihr helfen. Wovor fürchten Sie sich?«

Wovor er sich fürchtete? Das wusste er. Sich an all das noch einmal erinnern zu müssen, was sein Leben ein paar Jahre lang wie eine kochende Hölle hatte erscheinen lassen. Wie durch ein Wunder war er irgendwann wieder rausgekommen, ohne dass er an etwas gerüttelt hätte; er hatte bloß stillgehalten. Als hätte ein riesiges Insekt auf ihm gesessen, das, sobald er sich bewegte, ihm seinen Giftstachel unter die Haut jagte und ihn endgültig vernichtete. Besser nicht bewegen, hatte er sich gedacht und morgens den Regionalzug in sein Büro bei der Staatsanwaltschaft genommen, sich dort in seinem herrschaftlichen Zimmer in einem Prachtbau aus dem 19. Jahrhundert eine Pfeife gestopft, sich von der Dame der Geschäftsstelle einen schwarzen Kaffee ohne Zucker bringen lassen und begonnen, seine Akten zu lesen. Um zehn kamen die Staatsanwälte seines Dezernats zur Besprechung der laufenden Verfahren, um eins Mittagessen mit den Kollegen in der Kantine des Regierungspräsidenten oder an einer Würstchenbude in der Fußgängerzone.

Die Arbeit fiel ihm leicht, er war schnell und effizient und hatte sich ein gutes Dezernat zusammengestellt, in dem jeder Einzelne für ihn durchs Feuer gehen würde. Sein Stellvertreter war ein alter Hase, ein gemütlicher Kölner fünf Jahre vor der Pensionierung, der alles schon gesehen hatte. Der Rest des Dezernats bestand aus Anfang Dreißigjährigen, vor Ehrgeiz brennenden, rhetorisch brillanten Einserjuristen, sein Wolfsrudel, wie er sie nannte, das er losschicken konnte, um es im Gerichtssaal mit grauenhafter Kälte die affektierten Wirtschaftsstrafverteidiger mit ihren Rolex-GMT-Master-Uhren am Armgelenk auseinandernehmen zu lassen. Harry machte es Spaß, diese Spezialisten aus seinen Referendarkursen zu rekrutieren, und er brauchte häufig Nachschub, denn es war klar, dass diese Hochbegabten Harry nach einiger Zeit wieder verließen, meist auf die andere Seite, in die großen Wirtschaftskanzleien, wo sie Partner wurden und sich auch bald eine GMT-Master um ihre Handgelenke banden. Nur die ganz Standhaften legten noch eine Zwischenstation in einem Ministerium in Bonn ein. Aber fast alle hielten über die Jahre und Jahrzehnte den Kontakt zu Harry, ihrem Mentor, der mit leicht gespielter moralischer Empörung den Verrat an der guten Sache beklagte, sie aber in Wirklichkeit verstand – wer weiß, was er gemacht hätte mit einem »Sehr gut« oder einem »Gut« im Staatsexamen (wahrscheinlich trotzdem das, was er jetzt machte, er konnte sich wirklich nichts anderes vorstellen und hatte keinerlei Sinn für kostspielige Armbanduhren oder Sportwagen).

Und wenn Harry einmal im Jahr all seine aktuellen und ehemaligen Dezernatsmitarbeiter in sein Haus am Stadtrand von Köln einlud, kamen mehr als zwei Dutzend Juristen (und über die Jahre waren es auch exakt drei Juristinnen) aus Düsseldorf, Frankfurt oder München angereist und parkten mit ihren zahlreichen Porsches die beschauliche verkehrsberuhigte Straße am Stadtrand zu, und man konnte an jenen Abenden Harrys ältesten Sohn sehen, den ungefähr zehnjährigen Christopher, wie er sich im Anorak aus dem Haus stahl und einen nach dem anderen der auf dem Bürgersteig versammelten Sportwagen inspizierte und begutachtete. Einmal hatte er am nächsten Tag seinen Vater gefragt, warum all seine Kollegen, die ja die gleiche Arbeit machten wie er, diese Autos hätten, und Harry nicht. Harry, der ein paar Wochen zuvor Christopher in den *Star-Wars*-Film *Die Rückkehr der Jedi-Ritter* begleitet hatte, antwortete, das sei wie mit Darth Vader: Der sei eigentlich auch ein netter Typ, trotzdem sei er auf die böse Seite gewechselt, wo es unter anderem schnellere Autos gäbe. Aber er sei dann eben auch Diener einer dunklen Macht, und dort wolle Harry nicht hin. Christopher nahm sich vor, diese Frage, wenn er groß wäre, anders zu entscheiden, nämlich wie die Porschefahrer, die ja trotzdem sehr nett schienen und ihm und seinen Geschwistern manchmal kleine Geschenke mitbrachten. Familienintern hieß von nun an das alljährliche im November stattfindende Matjesessen (Harrys Leibspeise) die »Darth Vader Party«, die von Jahr zu Jahr größer wurde, weit über Harrys Pensionierung hinaus gepflegt wurde und irgendwann ein stattliches Who is Who des Wirtschaftsstrafrechts darstellte, angereichert, für ein bisschen Kolorit, mit ein paar Ermittlern der mit Harry zusammenarbeitenden Strafverfolgungsbehörden, vor allem Hauptkommissare des LKA und Steuerfahnder.

Wenn Harry um 17:30 Uhr wieder in den Regionalexpress an den Stadtrand stieg, hatte er noch zwanzig Minuten, um die Süddeutsche zu lesen, dann brach die Hölle los. Seine Schritte verlangsamten sich auf dem Fußweg vom Regionalbahnhof nach Hause, aus ursprünglich zwölf Minuten wurden oft zwanzig oder mehr. Einige Wochen, nachdem Ruth von ihrer Hamburg-Odyssee zurückgekehrt war, hatten sie erfahren, dass sie ein drittes Mal schwanger war. Das Kind war nicht geplant gewesen, und das Wissen um das werdende Leben in ihrem Bauch hatte Ruths Krise verschärft. Es schien ihr jede Illusion genommen zu haben, falls sie noch eine genährt hatte, dass sie beruflich aus ihrem Leben noch etwas machen könnte; dass sie sich vielleicht doch noch habilitieren würde. Sie hatte laut über einen Abbruch nachgedacht, was Harry kaum ausgehalten hatte. Doch sie sagte, was würde es bringen, das Kind zu gebären und anschließend körperlich und seelisch kaputt zu sein?

»Kaputt«, hatte Harry wiederholt, »kaputt, jetzt übertreib doch nicht so maßlos«, es sei doch nur ein Kind, das würde man ja wohl noch schaffen, wie es alle anderen auch schafften. Harry wusste, dass Ruth heimlich auch so denken musste. Sie hasste es eigentlich, Schwäche zu zeigen.

In ihrem Herzen war Ruth keine gläubige Christin, und das zu einer Zeit, als Religion in Deutschland noch eine größere Rolle spielte, zumal im katholischen Köln. Christopher und Karolin waren getauft und sollten konfirmiert werden, das schon, und sonntags begleitete Ruth ihn mit guter Miene zwar und doch widerwillig in die Kirche beziehungsweise, wie sie immer betonte, ins Gemeindezentrum, das aussah wie eine SPD-Gesamtschule und aus Ruths Sicht sicher vieles, aber nicht Kirche genannt werden konnte. Ruth hatte Harry gestanden, dass ihr die meisten Leute dort affektiert und selbstgerecht erschienen, mit ihren breiten Birkenstock-Entenfüßen und ihren schrecklichen Dritte-Welt-Läden, die sie später schuldbewusst in Eine-Welt-Läden hatten umbenennen müssen.

In dieser Zeit schien Ruth immer häufiger zu bemerken, dass das durchgehend wertkonservative Umfeld, das ihr Leben automatisch ummantelt hatte, sich womöglich veränderte. Sie kam aus einem Elternhaus, das konservativ gewesen war, und die Freunde der Eltern, die Nachbarn und die Vor-Achtundsechziger-Lehrer auch. Bürgerlich bedeutete damals noch schwarz, und nicht wie später grün. Die Zeitung, die morgens durch den Briefkastenschlitz fiel, war konservativ und das Fernsehen auch, solange man den WDR mied. Und so sehr das auf Ruths tägliches Leben zutraf – für ihre geistige Welt galt das nicht: Die Autoren, die sie las, Handke, Grass, Böll waren links, und selbst der späte Thomas Mann schien auf seine alten Tage ein Linker geworden zu sein. Er hatte sich in der DDR feiern lassen, und als die Amerikaner ihn nicht mehr wollten, weil sie ihn, und das ging nun wirklich zu weit, für einen Kommunisten hielten, eine Rückkehr in die Bundesrepublik abgelehnt. Er hatte den Deutschen, und zwar allen Deutschen, nicht verzeihen können. Er glaubte nicht, dass sie einfach so weitermachen konnten (und nahm damit im Grunde jene Position vorweg, mit der die Familie Schönwald erst viele Jahrzehnte später durch Malala und Azhar konfrontiert werden sollte).

In den Achtzigern begann es, dass Nachbarn, die Ruth durchaus mochte, plötzlich Umweltschützer wurden, gegen Atomkraft demonstrierten, gegen Volkszählungen, stachelige Wollsocken strickten und SPD wählten und später, ab den Neunzigern, sogar die Grünen. Ruth hatte überhaupt nur einmal die SPD gewählt, und das war 1972 gewesen, Willy Brandt, der von seinem Auftreten her auch in der CDU hätte gewesen sein können, genauso wie Helmut Schmidt, doch der war ihr zu arrogant gewesen. Und so war auch Ruth politisch für die Abschaffung des Paragrafen 218 gewesen und damit für das Recht auf Schwangerschaftsabbruch, doch moralisch wäre eine Abtreibung für sie selbst nie infrage gekommen. Trotzdem hatte sie Harry mit der Möglichkeit konfrontiert, vielleicht nur, um ihn zu schocken; um ihm zu signalisieren, dass nichts mehr selbstverständlich leicht und von selbst ging, weder in der Ehe noch in seinem Beruf noch mit den Kindern. Er würde jetzt mit ihr verhandeln müssen, sich daran gewöhnen, dass die erzielten Lösungen nicht mehr automatisch jene waren, die ihm am meisten entgegenkamen, wie es die ersten zehn Jahre in ihrer Ehe der Fall gewesen war.

Sie wollte das dritte Kind nicht, das erst schreiende, dann krabbelnde, dann in die Hose pinkelnde Mahnmal ihres beruflichen Scheiterns. Es hatte schon mit der Schwangerschaft begonnen. Hatte sie die ersten beiden mit Leichtigkeit genommen und genossen, hasste sie diese. Sie entwickelte Präeklampsie, früher Schwangerschaftsvergiftung genannt, und musste zweimal am Tag ihren Blutdruck messen. Sobald ihr systolischer Wert 130 überschritt, musste sie sich umgehend in die Notaufnahme begeben, wo eine Frühgeburt eingeleitet werden müsste, falls der Blutdruck nicht gesenkt werden könnte. Meistens kam der hohe Blutdruck am späten Nachmittag oder abends. Ruth rief dann Harry im Dienst an – oder einmal, als es ganz blöd lief, beim Tennis – der Wert sei zu hoch, er müsse sofort in die Notaufnahme kommen. Er müsse ihr Christopher und Karolin abnehmen und beten, dass sie ihren jüngsten Sohn nicht in der 29. Woche auf die Welt bringen müsste.

Manchmal war Chris beim Fußballtraining und Karolin beim Schwimmen, und Harry konnte organisieren, dass sie anschließend zu Freunden mit nach Hause gingen, was seinen Einsatz bei Ruth in der Notaufnahme allerdings nur schwieriger machte, denn in Abwesenheit der Kinder erlaubte sich Ruth, sich gehen zu lassen. Dann beschimpfte sie ihren Mann, denn irgendwie hatte man sich darauf geeinigt, dass das alles auch seine Schuld war. Harry harrte aus an ihrem nur durch einen Vorhang vom restlichen Raum abgetrennten Bett; versuchte, sich auf die blutdrucksenkenden Flüssigkeiten zu konzentrieren, die durch die Infusionsschläuche tröpfelten, und hoffte, dass nebenan niemand die Beschimpfungen hörte. Das ging ein paar Stunden so, bis der verdammte Blutdruck runterging, was er immer tat. Danach fuhren sie völlig fertig nach Hause, und Harry verspürte einen starken Drang nach Ablenkung und Alkohol. Ruth legte sich stets sofort ins Bett, Harry las beiden Kindern noch fünf Seiten aus der *Unendlichen Geschichte* vor, die Worte schienen von seinen Augen direkt in seinen Mund zu wandern ohne Zwischenstopp im Gehirn, er hätte nicht sagen können, was er da las. Als er fertig war, löschte er das Licht (Karolin hatte kurz zuvor zu Chris ins Zimmer ziehen müssen, damit Platz für ein Babyzimmer wäre, was Karolins Vorfreude auf ihren jüngeren Bruder nicht gerade befeuert hatte) und befahl den Kindern zu schlafen. Dann ging er in die Kneipe und bestellte eine Flasche Wein und fragte sich, was und wann alles so schiefgegangen war.

»Vielleicht wäre es gut gewesen, wenn Sie damals schon zu mir gekommen wären«, sagte Dr. Vesterman. »Dann hätten wir die Antworten vielleicht gemeinsam finden können.«

»Vielleicht ist es gut gewesen, dass Sie damals noch in Lausanne oder Bologna studiert haben und ich nicht bei Ihnen war. Wir wissen nämlich nicht, was dann passiert wäre. So aber weiß ich: Ruth und ich haben es geschafft und sind glücklich heute. Ihre Antworten, Frau Dr. Vesterman, hätten vielleicht zu einer Trennung geführt, die aus damaliger Perspektive und innerhalb des Systems von Leuten wie Ihnen zwingend erschienen wäre. Und doch: sitzen wir jetzt, fünfunddreißig Jahre später, hier und wissen, dass es die falsche Entscheidung gewesen wäre.«

»Die falsche Entscheidung? Die falsche Entscheidung wäre es vielleicht gewesen, wenn Sie heute nicht hier säßen. Aber Sie sind ja hier! Sie setzen sich jede Woche eine Stunde ins Auto und fahren hierher. Das täten Sie nicht, wenn Sie keine Not hätten.«

Harry fragte sich, ob Leute wirklich immer nur in Not kamen. Was wäre, wenn man einfach interessiert war? Aber die Frage, was passiert wäre, wenn er damals nicht einfach alles ausgehalten hätte, sondern, seinetwegen mit professioneller Hilfe wie von Dr. Vesterman, Fragen gestellt hätte? Und zwar – und das war eine neue Erkenntnis, die er vielleicht tatsächlich der Frau mit der großen Brille ihm gegenüber verdankte – Fragen nicht an Ruth, sondern an sich. Er wollte damals immer nur Ruth fragen: Was ist denn los mit dir? Was ist es? Wir können doch für alles eine Lösung finden. Wenn sie arbeiten wollte, er wäre irgendwann bereit gewesen, einen Schritt zurückzutreten. Aber die Universität Köln war ja lange nicht gut genug für sie. Es musste immer Hamburg sein, kein Mensch verstand, warum.

»Haben Sie Ihre Frau damals gefragt, was genau in Hamburg passiert ist?«

»Natürlich.«

»Und?«

»Meine Frau sagte, da sei eine Professorenstelle frei geworden, sehr kurzfristig, und sie hatte ausloten wollen, ob das etwas für sie wäre. Sie hatte wohl Angst gehabt, dass, wenn sie gezögert und mich involviert hätte, die Stelle weg gewesen wäre. Und dass sie außerdem der Mut verlassen hätte.«

»Hat sie Ihnen das so gesagt?«

»Ja. Also nicht so direkt. Aber es ging aus alldem hervor. Gesagt hat sie eigentlich nicht viel.«

»Das kann es nicht gewesen sein. Ich glaube, Sie geben sich zu leicht zufrieden. Hamburg war der Nukleus Ihrer zweiten Ehephase. Sie sollten Ihre Frau mitbringen. Wir könnten sie fragen.«

»Auf keinen Fall.«

»Hm.«

Das führte zu nichts mehr, da war Harry sich inzwischen sicher. Er wollte Ruth nicht in seine Erforschungen involvieren. Das hatte er damals versucht, halbherzig, vielleicht sogar alibihaft, aber heute war es dafür endgültig zu spät. Einen Frieden am Ende des Lebens aufreißen, wofür? Aber er könnte sich heute die Fragen stellen, auf die er damals nicht gekommen war. Oder war das wieder nur feige? Sich selbst Fragen zu stellen, konnte wenigstens nicht zum Streit führen. Wie würden diese Fragen lauten?

Als der kleine Benjamin nach einigen weiteren Notaufnahme-Aufenthalten schließlich nur zwei Wochen zu früh geboren wurde, schien Ruth sich nicht freuen zu können wie bei den beiden ersten Kindern. Vielleicht lag es daran, dass sie bei Christopher und Karolin elf beziehungsweise acht Jahre jünger und grundsätzlich ein fröhlicherer Mensch gewesen war. Aber je mehr Aufmerksamkeit der Säugling verlangte, desto mehr wandte sich Ruth von ihm ab. Stattdessen war sie absolut fixiert auf Karolin und band die Achtjährige intensiv in die Säuglingspflege und -betreuung ein. Karolin wechselte Windeln, badete das Baby, und als Ruth nach wenigen Wochen entschied, das Kind nicht mehr stillen zu können, weil ihre Brustwarzen so entzündet waren, dass sie bei der kleinsten Berührung schrie, war es Karolin, die dem armen Baby die Flasche gab. Ruth las währenddessen demonstrativ literaturwissenschaftliche Aufsätze und nahm mit Bleistift Markierungen vor.

Die Entzündung der Brustwarzen hatte schon eine Woche nach der Geburt begonnen und zu sukzessive eskalierenden Heul- und Schreiarien bei Kind und Mutter geführt, sodass Harry Ruths Stillversuche von Tag zu Tag mehr fürchtete und sich fragte, was schieflief. Und da er seinem erst wochenalten kleinen Sohn nicht die Schuld geben konnte, suchte er sie bei seiner schreienden Frau.

Am schlimmsten waren die Abendessen. Früher hatte er alles dafür getan, kein Abendessen mit der Familie zu verpassen, Karolin erzählte Witze ohne oder mit falsch vorgetragener Pointe, die sie von Spaßkassetten hatte, die sie in ihrem Zimmer rauf und runter hörte, Christopher musste er jeden Abend aufs Neue mit kunstvoll zu Booten, Flugzeugen und Autos geschnittenen Brotscheiben und dazugehörigen Geschichten überlisten, wenigstens ein bisschen was zu essen, das war der normale Familienwahnsinn gewesen. Doch jetzt traute er sich nicht einmal mehr, sich ein Bier aufzumachen, damit es nicht so aussah, als ginge es ihm zu gut inmitten all dieser Bedrückung. Inzwischen schob Chris völlig unbeobachtet die schon leicht schwitzende Schinkenscheibe an den Tellerrand, beschmierte sie mit Butter und legte die Brotscheibe obendrauf, goss Milch und Sprudel auf den Essensberg, bis sich der Schinken in der Flüssigkeit wellte. Karolin war indes vollauf mit der Erziehung des Säuglings im Babystuhl beschäftigt, belehrte ihn, korrigierte ständig seine Haltung, drückte ihm die Flasche in den Mund, wischte aggressiv Lippen und Kinn des Säuglings ab. Welche Frustrationen und Ängste sie auch immer davontrug aus der angespannten Familiensituation – in dem Baby hatte sie das perfekte Ventil gefunden. Es war die häusliche Verlängerung der in Hamburg erlangten Altklugheit. Ruth ließ Karolin als ihre Assistentin gewähren und senkte ihren Blick, um auf dem langen nicht mehr schönen, geschweige denn modernen Perserteppich vielleicht ein Korn zu entdecken, das ihr den Weg aus dieser Misere weisen konnte. Manchmal stand sie auch vom Tisch auf und legte sich im Wohnzimmer ächzend auf die Couch. Immer häufiger, wenn Harry vom Esstisch aus in ihr Gesicht blickte, hatte seine Frau die Augen geschlossen.

Hatten die Kinder vor dem Essen überhaupt ihre Hände gewaschen? Es war das Erste, was Ruth an diesem Abend sagte. Nein? Nein. Harry sprang auf, er wusste, was kam. Kommt schnell, wir gehen ins Bad, rief er und zog Karolin von dem Baby weg, das sofort zu schreien begann, und Christopher von seiner Tellermatsche, doch es war zu spät: »Hans-Harald, was ist daran so schwer zu überwachen, ob die Kinder Hände waschen? Was verstehst du nicht daran?« Es dröhnte in seinem Kopf. »Und warum haben die Kinder keine Hausschuhe an, der Boden ist kalt, wenn sie jetzt auch noch krank werden, Hans-Harald, du bist ihr Vater, benimm dich doch auch mal wie einer!« Harry spürte die mitleidigen Blicke seiner beiden älteren Kinder auf ihm ruhen, wahrscheinlich hatten sie sich absichtlich weder die Hände gewaschen noch Hausschuhe angezogen, um ihn in diese Schreifalle zu locken, weil auch sie glaubten – auf jeden Fall Karolin, bei Christopher bestand vielleicht noch ein bisschen Hoffnung –, dass er an allem schuld war. Zum Glück verstand das Baby noch nichts, bei ihm war sein Ansehen noch intakt, bei dem Säugling hätte er noch die Chance, seine Würde zu behalten.

Vielleicht hätte er Ruths Bedenken diesem dritten Kind gegenüber ernster nehmen sollen. Mütter verfügten über eine Intuition, heißt es ja. Aber sie beide, vor allem Ruth, waren mit einer »Stell dich nicht so an«-Haltung ausgestattet. Man erlaubte sich nicht, was nicht sein sollte. Aber Ruth hatte trotzdem gesagt, sie schaffe das dritte Kind nicht, nicht jetzt, nicht in dieser Lebenssituation.

Die Ablehnung des Babys hatte etwas mit ihren Wochen in Hamburg zu tun, aber was? War es nicht von ihm? Selbst dieser böse Gedanke war ihm gekommen, aber das kam zeitlich eigentlich nicht hin.

Als er vor Dr. Vestermans Villa in sein Auto stieg, fasste er einen Plan. In wenigen Wochen würde er mit Ruth nach Berlin fahren zur Eröffnung von Karolins Buchladen, Harry hatte sich schon seit Monaten auf diese Reise gefreut, in seine alte Stadt, wo er in Dahlem studiert hatte, sogar Chris würde aus New York kommen, Emilia und Benni und die Enkel, das Wetter würde hoffentlich gut sein, vielleicht könnte er endlich einmal seinen Traum vom Bötchenfahren auf dem Wannsee durchsetzen, sie würden sitzen und klönen, bei Benni draußen in der Uckermark schön grillen, sogar Emilias Vater, der etwas komische Millionär, hatte sich angesagt. Und vielleicht, und darin bestand jetzt sein Plan, würde er in einer ruhigen Minute mal mit Karolin sprechen, was sie noch erinnerte aus Hamburg, damals 1985. Sie war acht gewesen. Sie musste Erinnerungen haben. Er hatte sie nie gefragt.

Dr. Vesterman aber reagierte zurückhaltend, als Harry ihr, stolz darauf, endlich aktiv zu werden, in der darauffolgenden Therapiestunde von seinem Vorhaben berichtete. Es sei nicht ungefährlich, wenn Harry seine Tochter konfrontierte. Sie scheint ja auch verstrickt in eine Loyalität zu ihrer Mutter, das jedenfalls lege ihr Verhalten nach der Rückkehr aus Hamburg nahe. Könne man nicht erst mal woanders ansetzen? Gebe es außer seiner Frau und Karolin nicht noch jemanden, der wissen könnte, was in Hamburg geschehen sein könnte.

»Es gibt ihren Doktorvater«, sagte Harry. »Bei dem sie

sich habilitieren wollte, damals; der ihre Flucht nach Hamburg womöglich eingefädelt hatte.«

»Wie heißt der?«

»Sie hat immer von einem Martin gesprochen. Nachnamen weiß ich nicht.«

»Professor Martin? Sie war mit ihrem Professor per du?«

»Na ja, sie kannten sich lange, hatten viel zusammengearbeitet, zusammen veröffentlicht.«

»Sie sind hier der Staatsanwalt. Wollen Sie den Nachnamen ermitteln, oder soll ich?«

»Ach, lassen Sie mal. Ich möchte meiner Frau nicht hinterherschnüffeln. Ich kann sie doch einfach fragen.«

»Prima, dann machen Sie das. Erzählen Sie mir nächste Woche, was sie gesagt hat.«

Als Harry am darauffolgenden Dienstag wieder in seinem Audi zu Dr. Vesterman fuhr, hatte er Ruth nicht gefragt. Am Mittwoch war sie vormittags beim Walking gewesen, am Nachmittag hatte sie ihren Buchclub zu Gast gehabt bis in den frühen Abend. Sie hatten über *Der Zauberer* gesprochen, eine neue Biografie über Thomas Mann, und Harry hatte den Damen dabei zugehört, wie sie darüber diskutierten, dass der Autor das Buch als Roman deklarierte und sich damit die Freiheit verschaffte, basierend auf Briefen und Tagebucheinträgen Szenen und Dialoge auszuschmücken und zu erfinden. Ruth hatte dieser Hybridform kritisch gegenübergestanden, Fiktives und Faktisches ließe sich nicht mischen, es sei unfair Mann und seiner Familie gegenüber und im Übrigen ein Betrug am Leser. Sie würde es ja auch nicht wollen, dass jemand ihr Leben nähme und einfach ein paar Sachen dazuerfinde.

»Du wärst aber eine tolle Romanfigur, Ruth«, hatte da Christa König gesagt.

»Ach, über mich gäbe es doch nichts zu erzählen. Glückliche Ehe, drei Kinder, auch da keine Dramen, zwei Enkelkinder immerhin, aber sonst?«

Als Harry das hörte, dachte er, genau so, wie Ruth es sagte, ist es. Auf welche Abwege war er hier geraten? Welches Drama suchte er hier – in einer Periode, die über dreißig Jahre zurücklag? Er schob es lieber erst mal auf, Ruth nach Hamburg zu fragen.

Am Donnerstag unternahmen sie eine Tour auf ihren Pedelecs, ihren neuen Elektrofahrrädern, auf denen sie geschützt durch nagelneue Helme gemeinsam mit anderen Rentnern und Essenslieferanten mit einem Affenspeed durch die Stadt düsten. Sie fuhren am Rhein entlang Richtung Bonn und glitten dann mit großer Leichtigkeit das Siebengebirge hinauf nach Rolandseck zum Hans-Arp-Museum, tranken zwei Radler im dortigen Biergarten, und am Ende war es ein solch netter Tag, dass Harry nicht mehr fragen mochte.

Der Freitag dann stand ganz unter dem Eindruck der Vorbereitungen der Berlinreise. Die Supersparpreis-Tickets mussten auf der unendlich komplizierten Website der Bahn gebucht werden, nachdem Harry daran gescheitert war, die App aus dem Store herunterzuladen. Als er irgendwann so weit war, lieber mit dem Pedelec schnell zum Bahnhof zu fahren, um die Fahrkarten dort bei einer freundlichen Schalterangestellten zu besorgen, anstatt weiterhin zu versuchen, die widerspenstige und »völlig unlogisch aufgebaute Website« zu überlisten, da war es ihm doch noch gelungen, die Kreditkartennummer einzugeben. Bei dem Hotel am Gendarmenmarkt versuchte er es gar nicht erst auf der Website, es war schon schwierig genug gewesen, im Internet die Telefonnummer des Hotels herauszufinden. Als er sie endlich hatte, freute er sich auf den Anruf in Berlin. Er stellte sich vor, mit einem Rezeptionisten erst ein bisschen zu plaudern, über Berlin und die Hauptstadtfrage, über das Wetter und die sowohl fertiggestellten wie noch in Konstruktion befindlichen Bauvorhaben in Mitte, über die er unlängst in der Süddeutschen gelesen hatte. Er freute sich auf einen dieser jovialen Berliner, wie er sie noch aus seinen Studientagen in Erinnerung hatte.

»Dr. Schönwald aus Köln!«, meldete er sich in einem Ton, als hätte das Hotel seit Tagen auf diesen Anruf gewartet und sei jetzt erleichtert, dass er endlich erfolgt war. Er hatte eine prompte Antwort darauf erwartet, doch aus der Leitung kam nur Schweigen.

»Hallo?«

»Ja? Hier Hottel am Schanndammmakk.«

»Dr. Schönwald hier! Aus Köln!« Harrys Ton klang jetzt wie der eines lange vermisst geglaubten Verwandten, der bei seiner Rückkehr von seinen Familienmitgliedern nicht gleich erkannt wurde.

»Ja. Habe Zimme bei uns?«

»Nein. Ich will eins buchen!«

»Okay. Moment.«

Klick. Verzerrte Musik erreichte Harrys Ohren. »Hallo, sind Sie noch dran?«, fragte er. Doch der Rezeptionist schien Harry in eine Warteschleife geschickt zu haben. Harry versuchte, positiv zu bleiben. Nach zehn Minuten meldete sich wieder eine Stimme. Sie klang wie die zuvor.

»Wunderschönen gute Tag, Sie wünsche?«

»Ja, Dr. Schönwald. Sind Sie das wieder von der Rezeption? Ich habe ja eben schon mit Ihnen …«

»Nein. Hier Ihr Reservierungsservice.«

»Ach ja. Dr. Schönwald mein Name, ich würde gern ein Zimmer buchen, zwei Personen, für drei Nächte übernächste …«

»Kreditkartennummer?«

Harry, in dessen imaginärer Abfolge des Gesprächs der Kreditkartenpunkt erst für viel später vorgesehen war, stockte und fummelte seine Mastercard aus seinem zerfledderten Lederportemonnaie von Bree, las laut und überdeutlich die Ziffern vor, als spräche er mit einem Kind.

»Wann Ablauf?«

»Ja, meine Frau und ich würden gern am 25. August anreisen und …«

»Von Kreditkarte.«

»Wie bitte?«

»Ablauf von Kreditkarte.«

»Ach so, ich dachte …«

»Monat, Jahr?«

Harry betete die vier Ziffern vor und ließ sie den Rezeptionisten zweimal wiederholen.

»Wie sind denn von Ihrem Hotel aus die Verkehrsverbindungen nach Neukölln? Unsere Tochter eröffnet dort ein Buchgeschäft übernächstes Wochenende, da müssen wir dann immer rausfahren. Aber das geht wahrscheinlich, Neukölln ist ja nicht jottwede, wie man so schön bei Ihnen sagt.«

»KaDeWe könne Sie mit Uber fahren. Aber viel Stau immer.«

»Ja, ach, die Telefonverbindung scheint schlecht zu sein, liegt wahrscheinlich an meinem Handy, aber wir sehen uns ja dann bald. Sagen Sie nur noch, haben Sie denn ein schönes Restaurant im Hotel oder in der Nähe? Ich mag die Berliner Spezialitäten, Buletten, Soleier …«, aber da hatte das Hotel am anderen Ende das Gespräch schon beendet.

Am Samstag ging Harry vormittags zum Tennis, trank mittags im Clubhaus mit den anderen noch ein Bier, und als er nachmittags nach Hause kam, hatte Ruth sich hingelegt, weil sie sich nicht gut fühlte, eine Erkältung vielleicht, der Covidtest war, wie immer bei ihr, negativ. Ruth war nach Jahren der Pandemie der einzige Mensch, den Harry kannte, der sich noch nie infiziert hatte, auch nicht von ihm, als er es hatte. Christa König hatte die Theorie ventiliert, es müsse an Ruths Blutgruppe 0 liegen, aber Harry war skeptisch gegenüber solchen Behauptungen.

Am Sonntag blieb Ruth im Bett, während Harry im Garten arbeitete, begleitet von den per WhatsApp aus ihrem

Krankenbett eingehenden Ermahnungen, sich im Garten nicht zu überanstrengen, und so verging das Wochenende, ohne dass Harry mit Ruth hatte sprechen können.

Und dann war schon Montag, am kommenden Tag war er wieder mit Dr. Vesterman verabredet, letzte Chance, sie würde enttäuscht von ihm sein, andererseits welches Recht hatte sie, enttäuscht zu sein? Sie wurde von Harry, wie er fand, fürstlich bezahlt, ungefähr so wie die jungen Topanwälte, die zu seinen Darth-Vader-Partys kamen, mit mehreren Hundert Euro pro Stunde. Harry überlegte erneut, nicht mehr zur Therapiestunde zu gehen. Er hatte bekommen, was er wollte, alles war in Ordnung, sie hatte nichts diagnostiziert. Klar könnte man in den Hamburg-Wochen herumwühlen, aber wozu noch mal? Er merkte, wie es ihn anstrengte. Er würde sich jetzt viel lieber auf die Tage in Berlin freuen. Morgen würde er zum letzten Mal hingehen; er würde Dr. Vesterman erklären, dass die Therapie, oder was immer das war, das Soul Searching, wie sie sagte, vorbei sei und ihre Dienste, so sehr er sie zeitweilig genossen habe, nicht mehr benötigt würden. Er war trotzdem froh, dass er es gemacht hatte: Jetzt konnte er sich sicher sein, dass alles in Ordnung war, dass es keine verschütteten Geheimnisse gab, alles rein und fein. Es wäre auch komisch gewesen, wenn etwas gewesen wäre.

Unangenehm war es ihm dennoch, als er am Dienstag Dr. Vestermans Praxis in der Kölner Gründerzeitvilla betrat, wo ihn die afrikanischen Skulpturen anstarrten, sodass Harry zügig an ihnen vorbeischreiten musste. Auf dem Weg zu ihr hatte er an seiner Bank gehalten und mehrere Tausend Euro in bar abgehoben. Er setzte sich auf die Couch. Dr. Vesterman war noch nicht da. Als sie fünf Minuten später die Praxis betrat, wedelte sie mit ein paar Zetteln in ihren Händen.

»Hier, hallo Herr Schönwald, hier sind E-Mail-Adresse und Telefonnummer von Martin Hausbruch, emeritierter

Professor der Germanistik in Hamburg und der ehemalige Doktorvater Ihrer Frau. Ich sage nicht, dass Sie ihn anrufen müssen, aber Sie hätten jetzt die Option. Wenn Sie wollen, können wir nun unsere fünfzig Minuten dazu nutzen, herauszufinden, ob Sie das wollen, und wenn ja, wie ein Gespräch mit Professor Hausbruch aussehen könnte. Wir müssten auch berücksichtigen, dass der Herr noch ein paar Jahre älter ist als Sie und auf die neunzig zugeht. Allerdings hat man mir im Sekretariat gesagt, dass es ihm gut ginge und er sogar noch regelmäßig in die Universität käme.«

»Sie haben ihm hinterhergeschnüffelt?«

»Ich habe lediglich nachgeschaut, welcher Hamburger Literaturwissenschaftsprofessor mit dem Vornamen Martin in den Achtzigerjahren Veröffentlichungen hatte. Da gab's nur einen mit dem Nachnamen Hausbruch. Dann habe ich im Sekretariat angerufen und nach seiner Nummer gefragt. Weil ich wusste, dass Sie Ihre Frau nicht fragen würden.«

Sie solle es ihm nicht übel nehmen, hatte er drauf zu ihr gesagt, aber ihm sei das alles zu übergriffig, sie habe ihn ein bisschen beraten und unterstützen sollen, aber nicht ganze Lebensentscheidungen für ihn im Alleingang treffen sollen, dies gehe ihm zu weit. Ohnehin habe er schon vor diesem Vorfall entschieden, in Zukunft auf ihre Dienste verzichten zu wollen. Sie würden jetzt in dieser letzten Stunde gar nichts mehr erörtern, sondern nur noch das Finanzielle regeln. Er könne ihr einen Scheck ausschreiben oder bar zahlen, sie solle nur bitte bloß keine Rechnung schicken, wegen Ruth. Als er die Zweihunderteuroscheine, die er am Schalter der Bank erhalten hatte, in einem Umschlag auf Dr. Vestermans Schreibtisch legte, fiel sein Blick auf die offenbar aus dem Internet ausgedruckten Din-A4-Zettel, die Dr. Vesterman mitgebracht hatte. Er sah das körnige Foto eines Mannes ungefähr seines Alters, mit deutlich fülligerem Gesicht. Intelligente kleine Äuglein, fleischige Lippen, Ansätze von vielleicht einmal vollem lockigem Haar über den großen Ohren. Als er seine Hand von dem Umschlag nahm, griff er die Zettel, faltete sie und steckte sie in die Innentasche seines Sakkos.

Er hatte die Bewegung nicht geplant, sie war über ihn gekommen, während Dr. Vesterman die Computermaus mit unwirschen Handbewegungen über die Oberfläche ihres Schreibtisches navigierte und angestrengt auf ihrem Bildschirm zu ermitteln versuchte, wie viel Geld Harry ihr nun für die abgebrochene Therapie schuldete. In den Umschlag hatte Harry 4000 Euro gelegt, acht Sitzungen à 500 Euro, er hielt das für unangemessen teuer und mehr als genug, aber plötzlich konnte er nicht mehr warten, bis die Therapeutin ihre umständliche Rechnungserhebung abgeschlossen hatte.

Er wollte raus auf die Straße, rein in sein Auto und dort auf die Zettel schauen, die er in seiner Innentasche spürte. Es hatte ihn nie interessiert, jetzt tat es das auf einmal, und er wusste nicht, warum. Kaum im Auto fuhr er um die nächste Ecke, hielt an einer Bushaltestelle an, nestelte die Papiere aus seinem Sakko, fand eine Hamburger Telefonnummer darauf und rief sie an. Es klingelte viermal, danach schaltete sich eine Mailbox an. Harry steckte sein Handy zurück in die Sakkotasche und dachte nach.

Kein Verkehr auf der ruhigen Vorortstraße in Hahnwald, rechts von ihm hinter der Bushaltestelle die Ränder des Neuen Forsts. Harry genoss die Ruhe, ab und zu fuhr ein Luxus-SUV vorbei. Hinter ihm hupte der KVB-Bus der Linie 132, Endstation Severinstraße. Harry rückte den Automatikhebel auf D. Und dann klingelte sein Handy. Er fummelte es wieder aus dem Sakko, der Bus hupte erneut und diesmal länger. Auf dem Display stand eine Hamburger Nummer.

8 Zoo

Nach seinem verstörenden Instagram-Sieg gegen Malala Noorzai und Azhar Caudhari, dem anschließenden Siegersex mit Kimberley und Malalas SMS war Chris erschöpft, aber glücklich auf dem Hotelbett eingeschlafen. Mitten in der Nacht wachte er wieder auf, Viertel vor drei, sicherlich würde er nicht wieder einschlafen können. Kimberley nackt neben ihm, schnarchend. Er hatte gewonnen. Er hatte seiner Schwester und seinen Eltern ein schwieriges Problem vom Hals geschafft. Er hatte den Namen der Familie gerettet. Er hatte Euphorie verspürt. Er war zu allem imstande. Es war alles fake gewesen, egal, ein letztes Mal.

Und dann Malalas Textnachricht: *Ich weiß, dass du kein Professor bist.* Was konnte diese Information seinem Triumph anhaben? Eigentlich nichts – solange er umgehend seiner Familie die Wahrheit über sein Leben sagte. Vielleicht war seine Position als neuer Familienheld dafür jetzt stark genug. Andererseits, Benni war zu klug und zu sensibel, als dass er gestern Abend auf Chris' Show hereingefallen wäre, und seine Mutter hatte sicherlich alles an seinem Auftritt verachtet, auch wenn sie bestimmt dankbar war für das Ergebnis.

Er würde alles erzählen. Sie würden ihn trotzdem lieben. Und er würde die von ihm geschundenen Malala und Azhar ernst nehmen und rehabilitieren, indem er ihren Vorwürfen wirklich nachginge. Als Professor war er dafür ausgebildet. Darin bestand echte Redemption. Es würde Archive geben, Briefe, vielleicht Tagebucheinträge, und wer weiß, was seine Eltern noch wussten, niemand hatte sie ja je gefragt.

Okay, man war auch nicht gerade dazu ermutigt worden zu fragen. Aber sein Vater plädierte immer dafür zu reden, und wenn's nur um des Redens willen war. Er würde Karolin fragen, ob sie ihm half, und wenn es sein müsste, würde er seinen Aufenthalt in Deutschland verlängern. Zu Hause in Amerika verpasste er ja doch nichts. Da war nur MAGA-Irrsinn.

Draußen vor dem Fenster waren diesmal keine Affen zu sehen. Die Glücklichen durften schlafen. Er suchte in seinem Necessaire nach einer weiteren Melatonin-Tablette, er musste unbedingt wieder einschlafen, andernfalls würde ihm die seelische Kraft fehlen. Für was noch mal? Für alles. Er tapste vorsichtig zum Waschbecken, hielt ein Glas unter den Wasserhahn. Hoffentlich wachte Kimberley nicht auf. Es gab kein Badezimmer mehr. Waschbecken, Badewanne und eine sogenannte Dschungeldusche in einem Glaskubus standen mitten im Zimmer. Beim Duschen konnte man den Affen draußen auf ihrem Felsen zusehen. »Ich bin keiner mehr von euch«, sagte er leise.

Am nächsten Morgen, Kimberley schlief noch, nahm er den Fahrstuhl ins oberste Stockwerk und bestellte im Restaurant eine Kanne Filterkaffee sowie einen Açaí-Bowl und stellte ihn Kimberley ans Bett. Dann trat er aus dem Hotel heraus. Ein Sommerregen hatte eingesetzt, und die ganze Woche sollte schlechtes Wetter bleiben. Er dachte an Bennis Grillparty, die seinem Bruder offenbar so wichtig war. Mehrmals schon hatte Benni ihn gefragt, ob er auch wirklich komme oder er sich vielleicht nicht doch lieber in der Stadt treffen wolle. Nein, nein, hatte er Benni immer wieder erklärt, er käme gern raus in die Uckermark, warum nicht? Nach New Yorker Maßstab waren die anderthalb Stunden Fahrt dort raus so gut wie nichts – obwohl es ihn, wenn er ehrlich war, nervte, wie ihm das ganze Kleinfamiliengetue seines kleinen Bruders auf den Geist ging und die zentrale Rolle, die das Haus, der Garten und die Enkel im familiären Gefüge einnahmen.

Es führte Chris auf eine irgendwie unangenehme Art vor Augen, dass er bald fünfzig werden würde und keine Kinder hatte, und noch nicht mal mehr einen echten Job, denn dass die MAGA-Welle ihn existenztechnisch durch die nächsten Jahrzehnte tragen würde, glaubte er nicht, es war eine Bewegung einiger kluger alter, sterbender sowie vieler dummer junger Menschen, und auch Chris wusste, dass The Donald nicht mehr der Donald von 2016 war, sondern bald achtzig und umzingelt von Anklagen und laufenden Verfahren und immer erheblicheren Zweifeln an seiner geistigen Gesundheit. Chris hatte seine Zukunft an einen Mann und dessen Bewegung verkauft, die bald schon eine unschöne Randnotiz der Geschichte sein könnte. Und danach würde es auch für Professor Schönwald schwer werden, noch irgendwo Fuß zu fassen, zumindest in den USA. Oder spann er? War er schon so vergiftet von der deutschen Nörgelperspektive? Von der deutschen Obsession mit der Boshaftigkeit Trumps gepaart mit Ignoranz gegenüber dem schillernden postmodernen Popphänomen, das MAGA ja auch war?

Ob Kimberley noch Kinder bekommen könnte? In vitro vielleicht? Sie war perfekt mit seinen Eltern, sie hatte sofort einen Draht zu Emilia gefunden, was bisher, ehrlich gesagt, noch keinem in der Familie gelungen war. Sie hatte als Anwältin einen Job, der vielleicht auch MAGA überdauern würde. Vor allem schien sie ihn ernsthaft zu mögen. Seit sie dabei war in Berlin, haben sich seine Geschicke hier zum Besseren gewandt. Sie hat ihm Sicherheit gegeben und ihn beschützt. Allerdings ist auch sie Teil jener zynischen, kontrafaktischen Macht, von der er doch eigentlich loskommen musste. Er glaubte, bei jedem MAGA-Akteur, den er kannte (sich selbst eingeschlossen, obwohl er sich natürlich nicht kannte), sagen zu können, welches Problem in der Psyche oder Biografie der jeweiligen Person dafür sorgte, dass der Trump-Virus perfekt andocken konnte: Graydon zum Beispiel, der seine Aggression und Provokationslust nicht mehr in seinem eigenen von ihm erfundenen Magazin ausleben konnte, nachdem es vom liberalen Mainstream übernommen worden war. Oder Kimberley, bei ihr war es etwas mit ihrem Vater, der wohl ebenfalls ein Immobilienspekulant gewesen war wie The Donald, bloß nicht in New York, sondern in Atlanta, wo er wegen eines Rassismus-Skandals (er hatte afroamerikanische Mieter in ihren Wohnungen heimlich filmen lassen, angeblich aus Angst vor Vandalismus, in Wirklichkeit wohl aber, um Sextapes junger afroamerikanischer Frauen zu verkaufen) in Ungnade gefallen und später wegen dem Versuch, Zeuginnen zu erpressen, sogar zu einer längeren Haftstrafe verurteilt worden war.

Die Besuche bei ihrem Vater im Federal Penitentiary Atlanta hatten die junge Kimberley erschüttert. Sie war überzeugt, dass er, der seiner einzigen Tochter alles ermöglicht hatte, dort zu Unrecht saß; dass es das Justizministerium der Clinton-Regierung war, das den Vater aus dem Verkehr ziehen wollte, nachdem er eine Kandidatur gegen den demokratischen Governor angekündigt hatte. Damals war in Kimberley der Entschluss gereift, selbst Juristin zu werden, um sich bestmöglich zu schützen vor den Angriffen der Welt dort draußen, die nur lauerte und stets Böses wollte. Das von Gangs, Drogen und Gewaltexzessen zerrüttete Gefängnis hatte ihren Vater gebrochen, und als er 2004 entlassen wurde, starb er wenige Monate später mit nur achtundsechzig Jahren. Donald Trump hatte seinen gelegentlichen Geschäftspartner in Atlanta vorher im Gefängnis noch besucht. Nach dem Tod ihres Vaters hatte er Kimberley eine einfühlsame Kondolenzkarte geschickt und sie zum Abendessen in seinen Golfclub in New Jersey eingeladen. Während des Essens hatte er ihr erzählt, ihr Vater sei Opfer eines linksliberalen Komplotts geworden, das dürfe so nicht weitergehen in diesem Land, und wenn er erst einmal Präsident sei, würde ihrem Vater Gerechtigkeit widerfahren. Kimberley, zu dem Zeitpunkt herausragende Jura-Doktorandin an der Universität Yale, nahm sich vor, alles zu tun, um den Rächer ihres Vaters zu unterstützen. Nun ja, fast alles, hatte sie zu Chris gesagt, als sie seinen Blick sah, er müsse sich keine Sorgen machen, sie habe The Donalds deutliche Avancen später an jenem Abend abwehren können, und er habe es ihr nicht übel genommen.

»Na, bist du stolz auf dich?«, begrüßte ihn Karolin, nachdem er bei ihr zu Hause geklingelt hatte. Er hatte gar nicht erst angerufen, weil Karolin nie ans Telefon ging und er es nicht hätte ertragen können, jetzt irgendwo zu sitzen und zu warten, bis sie mal zurückrief. In der Zwischenzeit hätte er nur seine neue Entschlossenheit eingebüßt, und davor hatte er Angst.

Sie trug eine Männershorts und ein schwarzes T-Shirt mit Nirvana-Aufdruck, war sie noch im Bett gewesen? Es war kurz vor halb zehn, was Chris irritierte. Genauso wie seine Mutter (und eigentlich auch Karolin) fühlte er sich, seinem Hang zum Hedonismus zum Trotz, protestantischer Härte gegenüber sich selbst verpflichtet und duldete es weder bei sich noch anderen, wenn jemand über die Acht-Uhr-Morgens-Grenze hinaus im Bett liegen blieb.

»Musst du nicht im Buchladen sein?«, fragte er sie.

»Der Glaser kann erst heute Nachmittag.«

Im hinteren Teil der großen Wohnung meinte Chris eine Tür schlagen zu hören und wollte schon nachfragen, ob sie Besuch habe, doch dann erinnerte er sich, dass der neue Chris demütig anderen ihren Raum lässt und sich ausschließlich darauf konzentriert, womit er helfen kann. Er stand tropfend im Flur und wusste nicht, ob er seine Schuhe ausziehen sollte. Karolin hatte ihn nicht weiter reingebeten. Trotzdem schien sie erfreut.

Lange war er nicht hier gewesen. Es roch muffig. Die Wohnung, die Karolin schon mit Rainer und später dann wohl auch mit Emilia geteilt hatte, war einst herrschaftlich, das konnte man noch ahnen, doch müsste sie mal renoviert werden, das Fischgrätparkett abgeschliffen, die Wände gestrichen, die Stromleitungen unter Putz gelegt, die vergilbten Bakelitschalter ersetzt, die verzogenen Kassettentüren mal gerichtet und die Fenster sowieso erneuert werden. Fünfzig- bis hunderttausend Euro schätzte Chris, die Karolin natürlich nicht hatte, jetzt erst recht nicht nach dem Debakel mit dem Buchladen. Er würde hier nicht leben können.

»Stolz? Im Gegenteil, Karo. Sag nichts! Gestern Abend auf Instagram ging es erst mal darum, die Kuh vom Eis zu kriegen und den Druck, den die auf uns ausgeübt haben, abzuschütteln. Aber war natürlich Horror, mein Auftritt.«

»Meinst du das ernst, Chris?«

»Ja.«

»O Mann, zum Glück, ich dachte schon, du wärst verrückt geworden.«

»Nein.«

»Ich bin so froh. Als es mir am Sonntagmorgen nach der Eröffnung so schlecht ging, hatte ich gehofft, du würdest kommen. Jetzt bist du hier. Sag mal, kann ich vielleicht mit dir nach New York kommen? Ich glaube, ich brauche mal eine Auszeit von allem hier. Einfach mal einen Monat in New York chillen, weg von dem Scheiß in Berlin. Außerdem kenne ich dein – oder euer? – neues Haus noch gar nicht. Wohnt ihr da zusammen? Kimberley ist übrigens echt cool.«

»Ich weiß noch gar nicht, wann ich zurückfliege, lass uns erst mal die Familienangelegenheiten hier klären.«

»Was meinst du?«

Chris hatte sich seinen Vortrag zurechtgelegt und sich ausgemalt, wie verwundert alle sein würden ob seines ernsthaften moralischen Anliegens, wie er es für sich formuliert hatte, die Verantwortung zu übernehmen und die Nazifrage in seiner Familie endgültig und historisch seriös zu klären. Doch dann war ihm eingefallen, dass er ja genau diesen moralisch einwandfreien und wissenschaftlich genauen Chris die letzten zwanzig Jahre allen vorgespielt hatte und niemand verblüfft wäre, wenn der wieder auf den Plan träte.

Er erzählte Karolin von Recherchen in Bundesarchiven, wo man personenbezogene Unterlagen militärischer Herkunft beantragen und einsehen könnte, er wolle Briefe und Tagebücher suchen, Experten und Militärhistoriker befragen.

Er wollte sich in Rage reden, damit er Karolin von etwas überzeugen könnte, woran er selbst noch nicht glaubte. Doch die winkte ab.

»Meinst du, das habe ich nicht schon längst alles getan? Lange vor der Eröffnung, als die ersten Nachfragen der Kids kamen?«

»Was? Warum hast du nichts gesagt?«

»Weil nichts war, Chris. Wenn was gewesen wäre, hätte ich natürlich an die Öffentlichkeit gehen müssen. Und selbstverständlich hätte dann die Eröffnung nicht stattfinden können. Aber ich habe keine Hinweise gefunden, dass Großvater irgendetwas anderes gemacht hat als seinen Job als Soldat.«

»Man könnte natürlich den Standpunkt vertreten, dass das allein schon reicht. Soldat einer menschenverachtenden Diktatur«, sagte Chris.

»Moralisch vielleicht. Wenn man bereit wäre, sehr moralistisch zu argumentieren. Aber ökonomisch muss man da trennen und konkret fragen: Wo und wie hat eine Familie nachweislich vom Dritten Reich profitiert?«

»Und?«

»Außer seinem Wehrsold hat er nichts bekommen vom NS-Regime«, sagte Karolin.

»Woher willst du das wissen?«

»Chris, ich habe mir im Bundesarchiv seine Personalakte als Offizier kommen lassen.«

»Offizier. Da sagst du es schon. Offizier ist etwas anderes als einfacher Soldat. Ein Offizier trifft Entscheidungen, gibt Befehle. Ich weiß nicht, ob man da überhaupt unschuldig bleiben kann.«

»Niemand, Chris, kann unschuldig bleiben im Krieg. Ich habe außerdem wehrmachtsgerichtliche Unterlagen eingesehen und Unterlagen zur Verleihung von Orden und Ehrenzeichen der Wehrmacht angeguckt.«

»Wo denn?«

»Hier in Potsdam geht das, und einmal musste ich nach Freiburg fahren.«

»Karolin, hast du richtig nachgeguckt? Oder wolltest du von vornherein nur bestätigt sehen, dass es keine Verstrickung gab? Denn dann hättest du natürlich den Buchladen mit dem Geld ja schlecht eröffnen können.«

»Kannst es gerne überprüfen, Chris. Ich wollte der Sache wirklich auf den Grund gehen. Und ich lag richtig – das war es, was mich irgendwann so wütend gemacht hat. Wo ich dann natürlich die entscheidenden Fehler gemacht habe, die zu dem Angriff überhaupt geführt haben.«

»Oh, du gibst Fehler zu? Ich verstehe nicht, Karolin?« Chris befürchtete, dass seine Schwester gleich anfangen würde zu weinen. Er hasste das, er konnte mit einigem umgehen, aber die Tränen von Menschen, die er wirklich mochte, empfand er als Belästigung.

»Es ist alles meine Schuld!« Zu Chris' Horror weinte sie jetzt doch. Es irritierte Chris, und gleichzeitig schmerzte es ihn. Er zog sein Telefon aus der Tasche und begann auf dem Display herumzudrücken. Hätte er seine Schwester doch besser angerufen, anstatt persönlich hier aufzutauchen. Tief in seinem Herzen gestand er ihr diese Gefühle nicht zu, denn sie hatte keinen Grund zu weinen. Es war doch alles in

Ordnung jetzt. Er hatte gestern Abend für sie alles geregelt. Ehrlich gesagt, hatte er erwartet, dass sie happy sein würde und erleichtert, stattdessen schien sie nur darauf gewartet zu haben, sich hier ergießen zu können. Er musste sich zurückhalten, ihr nicht zu sagen, dass sie sich zusammenreißen soll.

»Karo, was ist denn? Ist doch alles in Ordnung.« Er spürte selbst, wie kraftlos seine Worte waren. Außerdem hasste sie es, wenn man sie Karo nannte. Er wusste nicht, warum er es jetzt tat. Er müsste sie in den Arm nehmen, so einfach war es, das wusste er, aber er konnte nicht. Keine Kraft dieser Welt würde reichen, ihn die zwei Schritte auf sie zu machen zu lassen, seine Arme auseinander zu pressen und um sie zu legen. Karolin bemerkte seine Hilflosigkeit, blickte ihn erst flehend an und irgendwann entsetzt, dann sagte sie: »Ich hätte natürlich den Angriff verhindern können! Aber ich war zu arrogant. Es hat mich wütend gemacht, dass da nichts war und Malala und Azhar trotzdem solch einen Aufstand gemacht haben. Und da habe ich entschieden, sie komplett zu ignorieren. Ich wusste, das würde sie noch mehr provozieren, aber das war mir egal. Ich wollte, dass sie sich gedemütigt, nicht gesehen und ignoriert fühlten. Ich wollte sie spüren lassen, dass sie kein Recht hatten, diese Diskussion loszubrechen. Dass ihre dummen Stimmen nicht zählten. Ihr seid Schreihälse. Geht auf Instagram spielen, aber lasst die Erwachsenen in Ruhe arbeiten. Sprecht nicht von einer Geschichte, die nicht die eure ist und von der ihr exakt nichts wisst.«

»O Mann, Karolin.«

»Was, o Mann? Die hatten mich ja schon Wochen zuvor auf Social Media getrollt und mir damit wichtige Tage und Wochen gestohlen, als ich mich eigentlich auf die Eröffnung hätte konzentrieren müssen! Wo ich dann stattdessen in Archiven in Freiburg und Potsdam rumsaß, Kopfschmerzen hatte und diese staubigen scheiß Naziakten gewälzt habe.

Dafür wollte ich sie demütigen. Wollte sie schreien und quengeln lassen, wie es Erwachsene mit Kleinkindern tun. Aber damit habe ich alles kaputtgemacht. Für mich, für Alina, für unsere Eltern, die extra angereist sind – für dich, du bist sogar aus New York gekommen.«

Sie schluchzte jetzt, und Chris fiel auf, wie hässlich sie eigentlich war. Wenn sie nicht weinte, wusste sie das gut zu kaschieren. Der hübsche Benni und er, sie waren nicht im klassischen Sinne schön, aber doch attraktiv. Die Eltern sahen auch beide gut aus, Harry war für einen Mann vielleicht ein bisschen zu klein.

Als der neue Chris könnte er Karolin auf der Stelle erlösen, indem er ihr gestand, dass sie für ihn überhaupt nichts kaputtgemacht hatte; dass, im Gegenteil, er von dem Angriff und den Möglichkeiten, die sich für ihn daraus ergaben, mehrfach profitiert hatte. Er bezweifelte auch, dass ein anderes Verhalten das Attentat hätte verhindern können. Sie wären sich ja dann trotzdem nicht einig geworden. So wie er Malala und Azhar kannte, hätten sie niemals Karolins entlastende Recherchen akzeptiert, möglicherweise hätte es den Konflikt sogar verschärft.

Und natürlich könnte er ihr sagen, dass nicht sie, sondern vielmehr er derjenige war, der den Anschlag nicht verhindert hatte, obwohl es ihm möglich gewesen wäre, nachdem er Malala und Azhar in dem Dönerladen bei ihren Planungen belauscht hatte; dass er es war, der die Geschehnisse bewusst hatte laufen lassen, weil er sich Vorteile davon erhofft und mit dieser Einschätzung ja auch richtiggelegen hatte.

Ihm wurde klar, dass er jetzt die Gelegenheit hätte, in einem einzigen Satz die Situation zu bereinigen. Karo, ich habe den Anschlag auf deinen Buchladen nicht verhindert, weil er alle anderen davon ablenkte, mich nach meinem Leben zu fragen, wovor ich Angst hatte, weil es komplett entgleist ist. Bumm. Alles raus.

Schließlich gelang es ihm, seine Arme um sie zu legen. Es

fühlte sich nicht mal schlecht an. Die Worte kamen dann von allein aus ihm raus, flüsternd und fast zärtlich. Nur waren es nicht die Worte, die er geplant hatte.

»Hey, ich kenne Malala und Azhar seit gestern ja auch ein bisschen. Ich glaube nicht, dass es etwas geändert hätte, wenn du die in deine Nazirecherche einbezogen hättest. Denen ging es um etwas anderes. Die wollten es jemandem, den sie als privilegiert betrachten, ein bisschen schwerer machen. Wenn es ihnen um die konkreten Vorwürfe gegangen wäre, hätten sie sich mehr Mühe bei der Recherche gegeben.«

»Aber das meine ich doch. Die wollten gesehen werden. Das war mir klar. Und das habe ich ihnen bewusst nicht gegeben. Wenn man sich mit ihnen einmal getroffen, ihre Einwände ernst genommen hätte, dann wäre nichts passiert. Die finden mein Geschäft ja eigentlich gut. Die sind selbst geschlechterfluide. Egal, deshalb weine ich gar nicht. Jedenfalls nicht nur deshalb.«

»Warum noch?«

»Bei den Recherchen in der Vergangenheit … Es ist alles so unfassbar. So abgefuckt. Ich sage dir, in der Vergangenheit lauert nichts Gutes. Denn die guten Sachen sind natürlich bekannt. Was in der Vergangenheit liegt, ist nur Böses. Ich wollte es euch, also dir und Benni, in Ruhe sagen und euch fragen, wie wir jetzt weiter vorgehen sollen …«

»Karolin! Was denn, was ist denn los?«

»Also gut: Mama hatte jahrelang noch einen anderen Mann.«

»Das ist ein Witz! Absolut unmöglich.«

»Dachte ich auch. Aber die Briefe sprechen eine eindeutige Sprache. Da gibt es keinen Spielraum.«

»Was für Briefe?«

»Ich war in Köln auf dem Dachboden und habe Briefe von Mamas und Papas Eltern aus dem Krieg gesucht. Papa meinte, die müssten bei den ganzen Erbunterlagen sein. Aber kannst du dir wahrscheinlich vorstellen, totales Chaos, alles durcheinander. Und dazwischen waren auch Briefe von Mama an einen Professor Hausbruch in Hamburg. Den kenne ich sogar.«

»Was? Wieso?«

»Total selbstverliebter Affe. Du weißt doch noch, als ich 1985 ein paar Monate mit Mama in Hamburg war und du allein mit Papa in Köln ...«

»O ja, schönste Zeit meiner Kindheit.«

»Das war Mamas Doktorvater und, glaube ich, der Initiator dieser ganzen Schnapsidee, dass Mama mit mir nach Hamburg auswandert. Ich habe sogar eine Weile bei ihm, seiner Frau und seinen beiden schrecklichen Töchtern quasi gewohnt, weil Mama das alles nicht mehr geschafft hat, die Professur, die sie da antreten sollte und gleichzeitig ein kleines Kind. Obwohl ich es geliebt habe.«

»Also, Mama soll Briefe einer angeblichen Affäre auf dem Dachboden aufgehoben haben? C'mon, Karolin. Ausgerechnet Mama, so blöd ist die doch nicht!«

»Ich glaube, sie hat einfach nicht geglaubt, dass irgendjemand da mal nachguckt. Papa jedenfalls nicht. Und es hätte ja nie jemand nachgeguckt ohne deine neuen Instagram-Freunde.«

»Und hast du damals irgendwas gemerkt von der Affäre? In Hamburg bei eurem Lost Weekend? Der Begriff wird ja immer passender!«

»Nein. Aber, Chris, ich war acht. Ich habe nicht drauf geachtet. Wir haben den Professor natürlich ständig gesehen. Das war so ein Tütel-Opa, der immer eine Flasche Sekt dabeihatte und im Restaurant mit den Kellnern Italienisch geredet hat.«

»Horror. Und das ist auch der Beweis, dass da irgendwas nicht stimmen kann. Mama verachtet doch nichts mehr als Männer mit einer Flasche Sekt im Gepäck, die mit Kellnern Italienisch sprechen.«

»Ich habe die Briefe fotografiert. Ich kann sie dir gern schicken.«

»Und wie lange ging es?«

»Die ersten Briefe sind von 1986, kurz nach Hamburg, die letzten irgendwann aus den späten Neunzigerjahren.«

»What? So lange?!«

»Ja. Krass. Hat mich auch gewundert.«

»Die Frage ist: Wie würden wir das denn überhaupt finden, wenn es so wäre?«

»Schlimm. Natürlich. Papa gegenüber.«

»Falls er es erführe. Ja. Falls er es erführe, Karolin. Und darüber sollten wir genau nachdenken. Aber es verändert auch Mama auf eine Weise, die mir Angst macht. Andererseits – andererseits könnte es auch heißen, dass sie vielleicht weniger unglücklich war, als wir immer angenommen haben. Und das wäre auch eine Erlösung.«

»Na ja. Das hieße, es ging ihr nur bei uns schlecht. Weiß' nicht, wo du da die Erlösung siehst.«

Der Moment, in dem er Karolin die Wahrheit über sich hätte sagen können, war verstrichen. Sie waren längst woanders, wieder im Krisenmodus, wieder in einer uneindeutigen Situation. Das sind die literarischen Merkmale einer Dystopie, hatte Chris in seinen Seminaren gelehrt. Wenn sich der Leser auf nichts mehr verlassen kann; wenn die Figuren die vom Rezipienten an sie gestellten moralischen Erwartungen nicht mehr erfüllen können. Chris konnte nicht anders, als auch im Angesicht dieser Schocknachricht als ersten klaren Gedanken einen solchen zu fassen, der sich mit der Bedeutung der neuen Lage für seine eigene Situation befasste: Er war offenbar nicht der Einzige in der Familie, der ein Doppelleben führte. Das war beruhigend. Und warum überhaupt Doppelleben? Es war das Leben, es war in sich widersprüchlich wie jeder Mensch. Doppelleben war eine Tautologie wie »Arbeitskollege«: War ein Leben nicht immer doppelt, dreifach, hundertfach? Vielleicht hatte er sich wegen etwas gequält, das in Wirklichkeit jeder tat: sich das Recht herausnehmen, Dinge für sich zu behalten. So hatte es offenbar ihre Mutter gemacht, aus gutem Grund, und nichts anderes hatte er doch auch getan. Ihm fiel ein, wie oft er sie hatte sagen hören, dass nicht immer alles besprochen und gebeichtet werden müsse. Der Konfessionszwang sei auch ein Zeichen von Naivität, Dummheit gar. Diskretion hingegen ein Merkmal von Zivilisation.

Darin spiegelte sich natürlich auch ein Generationenkonflikt. Mit den Boomern auf der einen Seite des Spektrums, der Generation seiner Eltern, heute um die siebzig, die ehemaligen Lichtgestalten des westlichen popkulturell geprägten Empires, hedonistische Alphamänner und ihre – Chris erinnerte sich an eine Formulierung von Houellebecq, die er sich eingeprägt hatte – »legendären sexbesessenen Frauen mit ihren behaarten Muschis«, eine historisch sicherlich einzigartige Kohorte, hervorgegangen aus dem Weltkrieg, aufgestiegen zu den Initiatoren der ökonomischen und kulturellen Wiederauferstehung Westdeutschlands.

Auf der anderen Seite des Spektrums, die Millennials, Malala und Azhar, die heute um die Dreißigjährigen mit ihrem Moralismus und Zwang zur Konfession, zum Sharen, wie sie es nannten, ihrer moralischen, identitären und mentalen Befindlichkeiten.

Der Puffer zwischen den Boomern und Millennials war er, Chris, und seine heute um die fünfzigjährige Generation X, die Gen-Xer, wie Chris sie in seinen Vorlesungen zu der Literatur von David Foster Wallace bis Bret Easton Ellis bezeichnet hatte. Sie waren nichts Halbes und nichts Ganzes, weswegen sie sich nach hinten gegen die Boomer und nach vorne gegen die Millennials mit Ironie schützten. Ironisch war ihr Verhältnis zu den alten Boomer-Kapitänen, deren Erfolg sie nie erreichen würden; ironisch auch ihre Beziehung zu den Millennial-Emos, die ihnen moralisch immer überlegen blieben.

Er hing dazwischen. Er konnte nichts dafür. Er hatte die Wahrheit gebogen wie ein Boomer, wie Bill Clinton oder auch The Donald. Doch anders als er hatten sie es vermocht, unbeeindruckt zu bleiben von moralischen Implikationen. Die Boomer hatten nie nach Erlösung gestrebt, sie hätten gar nicht verstanden, worin die bestehen könnte. Sie waren glücklich, solange sie nicht aufflogen. Und wenn sie aufflogen, veröffentlichten sie Entschuldigungen, denen ihre Unaufrichtigkeit aus allen Poren floss – um anschließend einen hoch dotierten Buch-Vertrag zu unterschreiben, in dem sie all ihre verkommenen Entscheidungen erneut verteidigten.

Als die Hybridversion zwischen Boomer und Millennial, die er verdammt war zu sein, hatte er die Wahrheit gebogen wie die Boomer und dabei nach Erlösung gestrebt wie die Millennials. Auf einmal wurde ihm klar, dass diese Kombination aus Unaufrichtigkeit und Erlösungssehnsucht immer nur in Depressionen, Alkoholismus und komplett getwisteten menschlichen Beziehungen hatte enden können.

Um auf Ruth zurückzukommen: klassisch Boomer. Wenn auch eher männliches Boomerverhalten: Wo ist der Schaden, solange Hillary nichts erfährt? Muss man auch erst mal schaffen, einen professionellen Ermittler wie ihren Vater jahrzehntelang zu hintergehen. Herr Schönwald, wo ist eigentlich Ihre Frau gerade? Ach, ich weiß gar nicht so genau, sie wird schon irgendwo sein, Buchclub wahrscheinlich. Aha.

Kindern fällt es schwer, bei den Eltern abgeschautes Verhalten abzulegen. Er konnte nichts dafür, dass er seinen Eltern nichts von der Kündigung erzählt hatte. Sie hatten es ihm offenbar so beigebracht. Und noch ein rasanter Gedanke: Vielleicht war es ihnen als wahre Boomer sogar lieber, dass er ihnen all die entwürdigenden Details seines Title-IX-Verfahrens erspart hatte. Seinem Vater zumindest hätten diese Details sehr wehgetan, und seine Mutter hätte gesagt, dass sie doch eigentlich gehofft hatte, einen anderen Menschen erzogen zu haben. Vielleicht hatte er intuitiv alles richtig gemacht, indem er getreu seiner Konditionierung gehandelt hatte. Er hatte doch ein Jahr gut damit gelebt. Außer dass er seiner Familie exakt nichts aus seinem Leben erzählen konnte. Und darin lag vielleicht der Unterschied zwischen einer Affäre, die sich bei geschicktem Vorgehen vom Rest des Lebens isolieren ließ, und einer Kündigung, die leider alles betraf.

Aber warum eigentlich? Die Motivation für beides war Scham. Aber passte es zu seiner Mutter, dass sie eine jahrelange Beziehung zu einem anderen Mann aus Scham verbarg? Oder war es nicht eher Pragmatismus? Musste man vielleicht gar nicht alles immer so hoch hängen mit großen Begriffen wie Scham und Schuld? Vielleicht war es eine pragmatische Lösung seiner Mutter gewesen, um ihr Leben zu retten, ihre Ehe und damit auch seine Kindheit. Vor wenig hatte der kleine Christopher in den Achtzigerjahren sich mehr gefürchtet als vor einer Scheidung der Eltern. Ihre Mutter hatte mit ihrer umsichtigen Diskretion dafür gesorgt, dass dieser Albtraum für ihn nicht Wirklichkeit geworden war.

Aber was hieß das alles jetzt? Mussten er und Karolin ihre Mutter enttarnen und er im Gegenzug auch alles beichten? Und Karolin dann gleich auch? Über ihre Homosexualität etwa, vom plötzlichen Ende ihrer Ehe, von dem ja niemand irgendetwas wusste. Es wäre ein groß angelegtes gegenseitiges Sharing-Festival, und die Familie danach sicherlich nicht mehr dieselbe. Aber wäre sie auch eine bessere? Wie in einem schlechten skandinavischen Arthouse-Film würde herauskommen, dass jeder jeden hintergangen hatte. Schauderhaft. Chris weigerte sich, Teil einer so eindimensionalen und klischeehaften Wirklichkeit zu werden. Es würde genau zu überlegen sein, was von wem preisgegeben werden könnte.

Als er zurück ins Hotel kam und irgendwie mit auf einmal federnden Schritten durch die Lobby tanzte, sah er von Weitem schon Kimberley. Sie war nicht zu übersehen, ihre blonden Fernsehansagerinnen-Haare gleißten durch die schummrig beleuchtete und mit großen Loungesofas bestückte Hotelhalle. Ihre Absätze verlängerten ihre Körpergröße auf knapp einsneunzig. Einen viel zu großen quadratischen Lederkubus, der wohl ihre Handtasche war, unter den Arm geklemmt, stand sie fit und perfekt ausgerüstet an der Bar, eine Maschine ready to go. Ihr Lachen, das Chris durchaus als schrill empfand, zerschnitt die Luft und übertönte sogar die Discomusik in der Hotelhalle. Chris' Lippen deuteten ein Lächeln an. Man musste das mögen, aber er fand sie tatsächlich wunderbar. Sie war nicht allein. Eine dunkelhaarige Frau stand neben ihr und lachte. Wie nett, Chris war nach dem Gespräch mit Karolin und der Erlösung, die Ruths Geheimnis ihm bot, so guter Laune, dass er sogar Lust hatte, sich dazuzustellen. Er umarmte Kimberley vorsichtig von hinten und gab ihr einen Kuss auf den Hals, wobei er sich leicht auf die Zehenspitzen stellen musste. Erst danach bekam er freien Blick auf das Gesicht der Dunkelhaarigen, und als er sich gerade mit einem gut gelaunten: »Hi, I'm Chris«, vorstellen wollte, erkannte er Malala und steuerte blitzschnell um.

»Hey, cool und auch sportlich, dass du noch mal vorbeikommst. Freut mich. Gibt's einen ... speziellen Grund?«

»Na ja, ich habe es gerade deiner Anwältin schon erklärt. Du – ihr – habt uns ja gestern ganz schön erpresst mit euren juristischen Drohungen. Das ist okay, ihr Schönwalds hängt euch an jeden Strohhalm, den ihr erreichen könnt, das verstehe ich. Aber nach Rücksprache mit Azhar und den anderen wollen wir das so nicht stehen lassen. Ihr erpresst uns, dann erpressen wir jetzt dich: Erstens, du hast dich bei einer öffentlichen Veranstaltung als jemand ausgegeben, der du nicht bist, nämlich als Professor der Columbia Universität.

Das bist du nicht mehr. Das ist Betrug oder Anmaßung, Vorspiegelung falscher Tatsachen, Schwindel, was auch immer. Deine Anwältin wird dir sicherlich sagen können, was das für dich bedeutet. Wir geben das jetzt jedenfalls an die Behörden.«

»Werdet ihr oder habt ihr schon?« Chris ärgerte sich. Aus seiner Stimme sprach echte Angst.

»Azhar ist gerade unterwegs.«

Sie lächelte ihn gütig an. Wurde sie denn eigentlich nie sauer? Chris versuchte ebenfalls zu lächeln.

»Und zweitens«, fuhr Malala ruhig fort, »was ich fast noch irritierender finde: Es scheint niemand zu wissen, noch nicht einmal deine Anwältin oder was auch immer Kim für dich ist, dass du mit uns vor unserer Aktion bei Döner With Attitude warst. Dass du neben uns gesessen, die ganze Zeit geguckt und alles mitbekommen hast. Dass du mit uns hinüber zum Buchladen gegangen bist – und dass du komischerweise nicht versucht hast, uns von unserem Vorhaben abzuhalten. Du hast es also gebilligt beziehungsweise unterstützt. Später hast du getan, als seist du überrascht und hast dich künstlich aufgeregt. Psychopathologisch gehört das zu dem Interessantesten, was ich seit Langem gesehen habe. Und glaub mir, ich habe einiges gesehen.«

»Und?«

»Ich würde das gern deiner Schwester erzählen. Einfach nur, damit die Leute keinen falschen Eindruck von dir haben. Denk dran, man kann vieles machen. Und interessanterweise wird einem das meiste verziehen. Was einem fast nie verziehen wird, Chris Schönwald, ist das anschließende Lügen. Wie viele Bill Clintons muss es noch geben, bis ihr Boomer das versteht?«

»Ich bin kein Boomer. Ich bin Gen-Xer.«

»Der Unterschied ist doch bloß, dass ihr eure Lügen als Ironie verkleidet.«

»Malala, schau mal: Du hast eine Straftat begangen. Sachbeschädigung. Hausfriedensbruch. Körperverletzung möglicherweise. Mein Vater hatte einen Hörsturz vor Schreck. Bist du sicher, dass du das so eskalieren lassen willst?«

»Ihr beide, du und Kimberley, ich mag euch beide, ihr seid sehr amüsant, aber ihr seid eine totale Mess, ein Katastrophenkommando. Ihr seid nicht bei euch, habt den Kontakt zu euren Gefühlen verloren, und deswegen konnte ich die anderen überzeugen, es drauf ankommen zu lassen. Das Risiko, dass von euch beiden wirklich Gefahr ausgeht, schien allen überschaubar.«

»Ach ja?«

»Hm.«

»Ihr habt euch schon einmal getäuscht.«

»Einen Ausweg gibt es noch für dich, Professor Schönwald. Allerdings nur zu unseren Bedingungen. Wir werden keine deiner gestern gestellten Forderungen erfüllen: keine Entschuldigung, kein öffentliches Statement. Wir würden zusagen, keine Aktion mehr gegen den Buchladen zu fahren, keine weitere Konfrontation von Karolin Schönwald, die schon fest geplant war. Aber du, Professor Schönwald, wirst allen die Wahrheit erzählen: Erstens, dass du kein Professor mehr bist. Zweitens, dass du mitgehört hast bei unseren Vorbereitungen und ergo von dem Anschlag wusstest und ihn nicht verhindert hast.«

»Ich wüsste nicht, was es euch angeht, was ich meiner Familie von meiner Kündigung erzähle. Wer seid ihr? Familienberatung? Die Moralpolizei? Wir sind eine Familie mit über Generationen weitergegebenen Strukturen und Kommunikationsformen. Meine Mutter hatte jahrzehntelang eine Affäre mit einem ... lassen wir das, aber wie wir mit Schmerz, Enttäuschungen und Verlust umgehen, da verbitte ich mir jede Einmischung ... besonders von so familienlosen, entwurzelten Internet-Wesen wie euch.«

»Wie gesagt, das wären unsere Bedingungen.«

»Eure Bedingungen? Völlig unabhängig von euch Clowns

war es für die kommenden Tage ohnehin längst geplant, meine Familie upzudaten.«

»Ja, wie denn? Wir müssten dann natürlich dabei sein, um das zu kontrollieren. Wo und wann findet das denn statt?«

»Du ... möchtest ... dabei sein, wenn ich meine Eltern davon in Kenntnis setze, dass ich nicht mehr in einem rechtmäßigen Arbeitsverhältnis ... wir kennen uns doch gar nicht ...«

Chris konnte nicht weitersprechen. Und wie redete er überhaupt? Er hatte sich vor lauter Furcht in ein Bürokratendeutsch geflüchtet. Die Welt um ihn herum schien sich zu verengen, er blickte Hilfe suchend zu Kimberley. Doch auch ihr schien nichts einzufallen, sie starrte ihr neue Freundin Malala an.

Seit gestern Abend hatte er darüber nachgedacht, Kimberley einen Heiratsantrag zu machen, und Karolins Entdeckung über ihre Mutter hatte diesen Wunsch noch verstärkt. Ihr Doppelleben hatte ihn erst schockiert, wie konnte das sein? Dann hatte es ihn im Hinblick auf seine eigenen Probleme erleichtert. Doch schließlich hatte eine tiefe Beunruhigung von ihm Besitz ergriffen. Alles schien in ständiger Bewegung, alles volatil. Man konnte sich auf nichts, auf rein gar nichts verlassen, nicht mal auf seine eigene Geschichte und Herkunft. Aufdeckungen über das Leben der eigenen Eltern rüttelten an der Identität; rüttelten daran, wer man war und wo man herkam. Vielleicht kam es im Leben darauf an, möglichst viele Pflöcke in einen sich in permanenter tektonischer Bewegung befindlichen Boden zu rammen, um irgendwo Halt zu finden. Ihm war es immer darum gegangen, so wenige Verbindlichkeiten wie möglich zu haben. Vielleicht war das Gegenteil richtig. So viele Ankerpunkte, wie es geht. So wie Benni: Fertighaus, Ehe, Kinder, alles festzurren. Andererseits, seine Eltern hatten ja auch alles festgezurrt. Und trotzdem schwamm am Ende alles wie loses

Treibholz durch die Gegend, die Kinder orientierungslos, die Mutter eine andere, und wer weiß, was sein Vater noch für Geheimnisse hatte. Und keiner hatte mehr den Überblick, was der eine über den jeweils anderen wusste. Jedenfalls konnte Chris nicht mehr sagen, wer welche Version über ihn kannte und welche Geheimnisse er von seinen Eltern und Geschwistern erfahren hatte, die anderen Familienmitgliedern wiederum unbekannt waren.

Als er in New York nach seiner Kündigung in seiner Wohnung gesessen und jeden Tag ein bis zwei Flaschen Wein getrunken hatte und keine Freunde mehr da waren, da hatte er sich nicht einsam gefühlt. Doch jetzt tat er es. Der letzte Halt in seinem Leben schien ihm nun eine ehemalige Trump-Anwältin und inzwischen rechtsradikale Fernsehkommentatorin zu sein. Sie war nach Deutschland gekommen, um ihn zu beschützen. Sie war genau im rechten Augenblick erschienen. Wer war sonst je für ihn über den Atlantik geflogen, um ihm beizustehen? Niemand. Weil alle ihn als stark sahen, als jemanden, der keine Hilfe brauchte. Nur Graydon hatte ihn sofort durchschaut. Und später Kimberley, die ihn vom ersten Zusammentreffen auf der »Prevent the Steal 2024«-Konferenz als das gesehen hatte, was er war: hilfsbedürftig.

»Du bist hier falsch, und das macht dich so richtig« war einer ihrer ersten Sätze zu ihm, und er hatte damals gelacht, weil der Satz so gut klang. Aber er hatte nicht weiter darüber nachgedacht, dass er natürlich stimmte. Er war nicht nur dort falsch gewesen, er ist es auch hier. Aber wenn er Kimberley immer als Anker hätte, als Rammbock, als Fels, als Rechtsbeistand, dann käme er vielleicht noch unbeschadet durchs Leben. Sich maximal panzern, damit hatte Kimberley nach der Verurteilung ihres Vaters begonnen, und als Anwältin war sie deswegen gefürchtet. Graydon hatte sie einmal vor Gericht erlebt und erzählt, sie sei dort eine ganz andere Erscheinung als die Fernsehkommentatorin, die mit oft unverschämt kontrafaktischen Verdrehungen von sich Reden machte. Im Gerichtssaal war sie kalt, präzise und in ihrer Faktenkontrolle unangreifbar.

Kimberley und er könnten den MAGA-Gaul noch bis zur Wahl 2024 zu Ende reiten und als MAGA-Powercouple durch Reden, Podcasts, YouTube-Shows, Fernsehauftritte und Wahlkampfberatung ein Maximum an Geld verdienen und sich dann ins Beach House zurückziehen, sie würde wieder als Anwältin in eine Großkanzlei einsteigen und er vielleicht irgendwo an einem kleinen Eastcoast-College lehren oder selbst einen Roman schreiben, Stoff hätte er allein seit dieser Woche in Berlin schon genug.

Er hatte sich so beschwingt und frei gefühlt und gleichzeitig so bis ins Mark erschüttert, als er vor Karolins Wohnung auf die Straße trat, dass er sofort einen Uber Premium bestellte und sich auf den Kurfürstendamm fahren ließ. Dort war er zu Tiffany & Co gegangen. Die Abteilung für »Engagement Bands« befand sich im bedrückenden, fensterlosen Untergeschoss des Ladens. Es funkelte überall, doch der Raum war klaustrophobisch, ein glitzernder Käfig, wahrscheinlich bewusst so gestaltet von einem mitleidigen Innenausstatter, der, selbst viermal geschieden, in diesem Raum einen Vorgeschmack auf die Ehe schaffen wollte, eine letzte Warnung an all die frohgemuten Junggesellen, die in diesem Keller, ihr Portemonnaie umkrallt, auf der Stelle ihren Mut, wenn sie ihn denn je gehabt hatten, verlieren sollten.

Es war still im Kerker, bloß die Schritte der Verkäuferin waren tapsend auf dem Teppich zu hören, wie sie direkt auf ihn zuschritt, ihn als orientierungsloses Opfer identifizierte, dem es nun jenen zubetonierten Fünfzigerjahre-Traum zu verkaufen galt, deren Abgesandte sie war. Chris hatte auf eine alte Matrone mit viel Make-up und hängenden Augenlidern gehofft, die, geduscht von den Härten der Ehe, längst selbst erfahren hatte, dass der Traum natürlich Bullshit war und die trotzdem mit Chris nun dieses Game spielen musste, weil es ihr Job war und sie ohnehin fürchtete, demnächst einer Jüngeren, Hübscheren Platz machen zu müssen, seit der neue Leiter dieser Tiffany-Filiale davon ausging, dass es jungen, hübschen Frauen leichter fiel, den hadernden Junggesellen den Traum zu verkaufen. Dreimal das Netto-Monatsgehalt lautete die Faustregel in den USA. Im Moment, mit seinem Podcast und seinen Redeengagements, wären das um die 40 000 Dollar, überschlug Chris. Dafür musste es doch was geben hier in dem Keller.

In der Filiale am Kurfürstendamm war die erwartete Matrone offenbar längst ausgetauscht. Die Verkäuferin, die sich Chris näherte, war selbst so jung, dass sie nicht wissen konnte, was sie hier anrichtete und wobei sie mitspielte, eine noch unschuldige Abgesandte der Verlogenheitsmaschine, die wahrscheinlich selbst noch darauf wartete, dass Mister Perfect, oder wie immer man diese Spezies Männer nannte, einen kostspieligen Ring für sie bei Tiffany erwarb und ihn für sie in einer mit Wasser, Rosenblättern, Badesalz und anderen wunderschönen Produkten gefüllten Badewanne für sie versteckte. Mister Perfect würde sie für ihre Instagram-Story dabei filmen, wie sie den Ring, der auf einem besonders schönen Rosenblatt schwamm, entdeckte, und dabei darauf achten, dass der Schaum der Badewanne ihre nackte Haut weitgehend bedeckte. Sie würde die Lippen zu einer Kussmund-Schnute formen und ihren Oberarm in einem Winkel aus dem Schaum strecken, der ihn schlanker erscheinen ließ, als er in Wirklichkeit war.

Die Verkäuferin, deren Ansteckschild sie als Katrin Brömmel auswies, nahm Chris sofort in Beschlag. Er hätte gern erst einmal ein paar Minuten allein vor den Auslagen verbracht, sich ein Bild gemacht und versucht, die Beklemmung abzuschütteln, die ihn schon jetzt befallen hatte. Doch sie ließ ihm keine Chance.

»Na, soll es was für die Süße sein?«

»Ja, mal sehen. Für eine meiner Süßen.«

Katrin Brömmel entschied sich, Chris' ersten Irritationsversuch zu übergehen, und spulte weiter ihre Automatismen ab.

»Darf ich raten? Verlooobung etwa?«

Sie taxierte ihn, das unrasierte Gesicht, die längeren Haare unter der Baseballcap, die Blundstone Boots. Unteres Segment, ein Ring um die 1000 war hier drin, 1500, wenn es hoch kam.

»Soll ich dir einfach mal ein paar zeigen? Ist es okay, wenn ich Du sage?«

Immerhin hatte sie Chris' Beklemmung bemerkt und versuchte, Nähe zu simulieren. Chris erkannte den Versuch an, aber er war natürlich rührend unbeholfen. Er begann, Katrin Brömmel mehr zu mögen. Der einzige Weg, den er kannte, seine Beklemmung zu überwinden, war mit Übertreibung, Überraschung und Irritation. Wenn hier so was wie ein echter Kontakt zustande kommen sollte, musste er die Situation erst mal zerstören. Paradoxe Intervention hieße das, hatte ihm eine durchtherapierte deutsche Kollegin an Columbia mal erklärt.

»Welcher ist denn der Ring, der am wenigsten häufig zurückgebracht wird von den zukünftigen Bräuten?«

»Wie ›zurückgebracht‹?«

»Hier kommen doch bestimmt täglich fünf Frauen an, die unter Tränen ihren Ring zurückbringen. Zu billig, zu hässlich, zu enttäuschend. Riesenenttäuschung, der Ring. Hatte man sich so anders vorgestellt. Hier spielen sich doch täglich Dramen ab, oder?«

Für völlig übertrieben hielt Chris diese Vermutung im Übrigen nicht.

»Sind Sie überhaupt seelsorgerisch geschult?«, fragte er.

»Natürlich ist auch mal eine Kundin nicht so zufrieden, oder der Ring trifft nicht so ganz ihren Geschmack. Schmuck ist ja auch immer Geschmackssache, das dürfen Sie nicht vergessen.«

Sie war zurück zum Sie geswitcht, stellte Chris enttäuscht fest. Er hatte auf ein bisschen mehr Gegenwehr gehofft. Er musste den Druck erhöhen.

»Aber wie oft haben Sie hier solche Dramen? Eigentlich kann man ja gar nicht gewinnen als Mann. Die Szenarien, die Sie hier als Tiffany & Co an Träumen auffahren, wird die Frau immer enttäuscht zurücklassen, denn es wird immer ein funkelnderes, kostspieligeres Modell geben. Und da liegt das Problem, denn Liebe soll doch absolut sein! Ihre Schmuckstücke heften der Liebe aber ein Preisschild an und machen sie damit relativ. Relativ zum nächstteureren Stück. Vergleichbar! Und das führt dann zu den Debakeln, die Sie hier tagtäglich erleben müssen. Das ist auch unfair Ihnen gegenüber. Sie wollen sicherlich nie heiraten, nach allem, was Sie hier erlebt haben. Was mich betrifft: Ich brauche exakt den Ring, bei dem das am seltensten passiert. Und wahrscheinlich ist das noch nicht mal der teuerste.«

»Ich erlebe hier nicht täglich Debakel! Wie können Sie das sagen?«

»Nein, ich weiß es. Es wird nicht der teuerste sein.« Chris konnte sich nicht stoppen. Es fühlte sich zu gut an. »Denn bei den teuersten Ihrer Exponate, wie Sie die Ringe sicherlich nennen, kommen natürlich noch mal ganz andere Frauen mit viel größerem Eskalationspotenzial, viel vermesseneren Kleinmädchen-Träumen. Das ganze Drama beginnt doch schon in der Erziehung der Mädchen. Der David Copperfield kind of crap, mit dem die vollgemüllt werden.« Das mit David Copperfield war eine Zeile aus Salingers *Fänger im Roggen*, er wusste gar nicht, wer David Copperfield war und worin sein »crap« exakt bestand, aber es klang hier gut, auch wenn es sicherlich nicht passte.

Er lächelte und zwinkerte der Frau zu. Er musste aufpassen, dass sein Auftreten nicht zu aggressiv wirkte, es sollte locker sein, lustig, auch wenn ihm klar war, dass er nicht den Humor von Katrin Brömmel traf. Aber er tat es für sich und für die Story, die er später Kimberley erzählen konnte.

»Vielleicht solltest du vorher noch einmal mit einem Paartherapeuten über deine Vorstellungen von Beziehung reden«, sagte Katrin Brömmel und hatte ihren Ton verändert. Jetzt wollte sie zurückpushen, sich nicht mehr alles gefallen lassen. »Denn ich bin bestimmt die falsche Ansprechpartnerin. Wir, das Tiffany-Team, wollen den Menschen einfach nur wunderschöne Ringe verkaufen. Es gibt viele Menschen, denen das Freude macht. Aber ja, man darf vielleicht nicht zu kaputt sein im Kopf. Aber wenn du da alles geklärt hast, kannst du ja noch mal kommen.«

»Das heißt, Sie wollen mir jetzt keinen Ring verkaufen?«

»Ich glaube, das hat in deinem Zustand keinen Sinn«, sagte die Verkäuferin, zog ihre Schultern etwas übertrieben weit hoch und war, alles in allem, mit ihrer Reaktion sichtlich zufrieden. Sie hat sich, entgegen den Firmenleitsätzen zum Umgang mit Kunden, nicht zu Chris' Sie zwingen lassen und war zu ihrem ursprünglichen Du zurückgekehrt. Es war eine intuitive Entscheidung gewesen, sie hatte bei seinem Anblick angenommen, dass dieser Kunde Wärme und Zuwendung brauchte, einen Partner in Crime in Gestalt einer weiblichen Beraterin für einen augenscheinlich schon etwas älteren Mann, der die Lebensphase verpasst hatte, in der Menschen normalerweise solche Anträge aus Enthusiasmus machten. Wer als Mitte Vierzigjähriger hier reinkam, war meist vom Leben desillusioniert, stand der Idee von Ehe als einem romantischen Konzept eher skeptisch gegenüber. Die Entscheidung zu einem Tiffany-Ring war in diesen Fällen eher Ausdruck von Pragmatismus als von Verliebtheit; ein Kalkül, das den Schluss nahelegte, dass ein paar Tausend investierte Euro ein fairer Preis waren für die emotional vorübergehend ruhiggestellte Partnerin. All diese Überlegungen hatten in Katrin Brömmel in Sekundenschnelle den Entschluss reifen lassen, diesen wie aus dem Lehrbuch entsandten Kunden mit einem verschwörerischen Du zu begrüßen.

Um nicht als traurige Figur abtreten zu müssen, aber auch als eine Art Reparation für Katrin Brömmel, hatte Chris sich entschieden, finanziell an seine Grenze zu gehen. Er nahm an, dass sie eine Provision erhielt für jedes verkaufte Schmuckstück, und wenn Chris Schönwald sich jetzt für etwas Teureres entschied, hätte sich dieser Tag auch für Katrin Brömmel gelohnt. Und morgen oder übermorgen, wenn sie vielleicht mal freihatte, könnte er immer noch zurückkommen und den Ring retournieren.

»Also: Zu welchem Exponat würden Sie mir raten? Dem, der das geringste Drama garantiert? Dem sicheren Schuss.«

»Man kann das so nicht sagen. Eine Preziose ist immer auch Geschmackssache. Wie viel Geld würdest du denn anlegen wollen?«

»Dreifaches Monatsgehalt. Circa 40 000? Platin gern, mit Diamant. Nicht zu groß. Dezent, aber edel. Kein Billokram.«

Zehn Minuten später hatte Chris das Geschäft verlassen mit einem Cushion Cut Ring aus der Tiffany Soleste Edition, Platin mit einem 1,30 Karat-Diamanten, Color F, Clarity VVS1, Cut Excellent, 30 500 Euro. »So wie die Sonne nach außen strahlt und Licht in alle Richtungen streut, so leuchtet auch der Tiffany Soleste Verlobungsring«, stand in einem Informationsblatt, das er dazu erhielt.

Er hätte gern noch ein bisschen mehr ausgegeben, aber der nächstteurere Soleste mit 1,50 Karat hatte gleich bei 51 500 gelegen, was nicht mehr stilvoll, sondern protzig gewesen wäre.

Chris war zufrieden mit dem Kauf wie überhaupt mit dem ganzen Besuch bei Tiffany. Seine American Express Karte bot zudem gerade zehnfache Punkte für Tiffany-Käufe, das machte 305 000 Punkte, was wiederum für gut fünf Business-Upgrades reichte. Jeder von denen, überschlug Chris, hatte je nach Flug einen Wert zwischen 1000 und 2000 Euro, das heißt, er könnte möglicherweise 10 000 Euro der Kosten für den Soleste wieder abziehen.

Er hatte gerade überlegt, wie er Kimberley den Soleste überreichen würde, da entdeckte er sie in der Hotelhalle. Das war nun erst zehn Minuten her und kam ihm vor wie aus einer anderen Zeit. Er hatte drei Gläser Champagner bestellt, auch um herauszufinden, ob Malala eigentlich Alkohol trank. Als der Sieger des Instagram-Battle hatte er vorgehabt, die am Abend zuvor Unterlegene mit großer Geste gönnerhaft in seinen und Kimberleys Kreis aufzunehmen. Seine Faszination für sie, ja unbändiges Interesse an ihr war mit seiner, wie er geglaubt hatte, neuen Position der Stärke eher noch gewachsen. Und jetzt hatte sie sich auch noch mit Kimberley, wie es ausgesehen hatte, gut verstanden. Als er die Champagner bestellt hatte und dem Barkeeper beim Öffnen der Flasche zusah, stellte er sich vor, wie sie hier noch zwei, drei weitere Gläser trinken und dann auf sein Dschungel-Zimmer hochgehen würden, wie das Hotel diese Kategorie mit dem Blick über die Affen im Zoo nannte, und dort zu dritt duschten und ins Bett gingen, und alle würden sich lieben.

Doch das war längst Vergangenheit. Jetzt drehte sich schon wieder alles ums bloße Überleben. Malala hatte ihn in der Hand und würde dies ausnutzen. Wie enttäuschend, aber er hatte es immer geahnt. Fast hätte er gewonnen. Das waren die Fakten: Seine Mutter hatte mehr als ein Jahrzehnt lang einen anderen Mann geliebt. Angesichts dessen könnte er seine Charade über seine Kündigung beenden. Er würde dies ohnehin bei Bennis verdammtem Grillfest tun müssen. Wenn sie darauf bestand, Zeuge dieser Szene zu werden, könnte auch das eingerichtet werden, welchen Unterschied würde es schon machen angesichts der Monstrosität der Ereignisse? Ja, Malala, dann komm doch mit uns in die Uckermark, komm deinen Pflichten als Moralpolizei nach, und vielleicht können wir danach einen Dreier haben, ganz rein, ganz transparent, ganz nackt und offen. Aber er würde es ihr nicht leicht machen.

Er wandte sich an sie. Sie trank Alkohol. Sie hielt ihren Champagnerkelch in der Hand. »In Ordnung. Es wird mir eine Ehre sein, dich als Zeugin dabeizuhaben. Hast du morgen Zeit, wir fahren in die Uckermark, ein nettes Grillfest, es wird dir gefallen, isst du überhaupt Fleisch, sonst kaufen wir Maiskolben und Saitan für dich, dort werde ich meiner Familie alles eröffnen, und du bekommst einen Ehrenplatz bei der Show. Und pack eine Zahnbürste ein.«

»Warum eine Zahnbürste?« Chris registrierte erfreut, dass sie ausgerechnet diese Frage stellte.

»Je nachdem, wie umfassend das Drama sich entfaltet, werden wir vielleicht dann nicht mehr zurückfahren können. In dem Fall nehmen wir ein Hotel, es sei denn, du findest einen Schlafplatz in dem sehr kleinen Fertighaus meines Bruders.«

»Ich kann jederzeit einen Uber bestellen.«

»Nachts in der tiefsten DDR, wo mein Bruder wohnt: Ich weiß gar nicht, ob die dort jemals schon von Uber gehört haben. Aber klar, vielleicht geht auch das. Übrigens kannst du deine erste Pflicht als Zeugin schon jetzt erfüllen.«

Er wandte sich endlich Kimberley zu und griff in die rechte Tasche seines Sakkos. Soleste ruhte in ihrem mit Samt ausgeschlagenen tiffanygrünen Kästchen. »Malala, du bist Zeugin des wichtigsten Moments meines Lebens.«

»Wieso, was ist es jetzt, hast du wieder eine neue Version deiner selbst erfunden?«

»Wenn du so willst, ja. Aber diese ist wahr.«

Kimberley scrollte irgendwas auf ihrem Handy umher. Chris hatte mit Malala Deutsch gesprochen, deswegen wusste sie nicht, was vor sich ging. Für sie war die Sache abgeschlossen. Es gab nichts mehr zu kämpfen. Hier war die Luft raus. Theoretisch konnte man Chris' Verhalten während der Instagram-Konferenz juristisch als Täuschung auslegen, aber als Anwältin wusste sie, wie kompliziert so ein Verfahren wäre, und bis da dann irgendwas rechtskräftig entschieden wäre, würden Jahre vergehen, wahrscheinlich endete es mit einer Einstellung, oder einem symbolischen Vergleich. Nichts, worüber man sich jetzt Gedanken machen musste. Und was Chris seiner Familie über sein Leben erzählte, war seine Sache und hatte aus ihrer Sicht keinerlei Eskalationspotenzial. Ein paar alte Leute wären vielleicht ein bisschen enttäuscht. Sie würden es verkraften. In the big scheme of things, in denen Kimberley stets dachte, blieb es unerheblich, es war nichts verglichen mit dem Unrecht, das zum Beispiel ihrem Vater widerfahren war. Sie wollte Chris vorschlagen, Bennis Grillparty noch abzuwarten (sie wollte unbedingt Emilias Vater kennenlernen, der schien laut Emilias Schilderungen ja ein Suchender zu sein, vielleicht könnte sie ihn und seine Millionen für MAGA rekrutieren, vielleicht nach Mar-a-Lago schleusen, The Donald hatte ja eine Faustregel: Jeder, der mehr Geld hatte als er, bekam eine Audienz. Und da The Donald nicht nur die Weltöffentlichkeit, sondern auch sich selbst über die wahre Höhe seines Vermögen täuschte, waren das aus seiner Sicht nicht viele, aber Thomas definitiv). Aber nach dem Grillfest dann bitte sofort zurück in die USA, ins Beach House, sich erholen von diesem Trip, die neue Tiefe ihrer Beziehung zu Chris, die auch sie spürte, verfestigen.

Chris hatte sich zu ihr gedreht, seinen Champagnerkelch in der Hand, Malala sah ihn neugierig an. Es war ein merkwürdiger Vibe zwischen den beiden, fand Kimberley, schon immer gewesen, auch gestern bei dem Instagram-Theater. Da hatte es Kimberley noch belustigt, dann war dieses Mädchen hier im Hotel aufgetaucht, hatte die Rezeption in ihrem

Zimmer anrufen lassen, wo Kimberley in der Badewanne lag. Sie hatte der Rezeptionistin gesagt, Chris sei nicht da, doch das Mädchen hatte wohl darauf bestanden, hochkommen zu dürfen, was Kimberley natürlich strikt abgelehnt hatte. Dann warte sie, hatte das Mädchen gesagt, und schließlich war Kimberley heruntergegangen, wo sie Malala aufs Herzlichste begrüßte. Ihre Neugier war geweckt, sie wollte wissen, was mit dem Mädchen los war und was sie wirklich von Chris wollte. Sie hatte zwei Champagner bestellt, und Malala hatte gegiggelt, echt jetzt? Natürlich, hatte Kimberley gesagt, sie wollten sich doch kennenlernen.

»Ich freue mich, dass du gekommen bist, ich kenne hier doch niemanden.«

Malala lächelte scheu. »Ich auch nicht, nur die Leute vom Komitee.«

»Komitee?«

»Na, Azhar und so. Die Aktivisten.«

»Hm«, sagte Kimberley, »they don't look like fun to me.«

»Na ja, sie sind halt alle sehr ernst. Aber es ist ja auch eine sehr ernste Zeit, die wir durchleben.«

»Äh, ja? Warum, was ist denn passiert?«

»Na, alles. Das Klima, der Niedergang der westlichen Demokratien, die Rechtspopulisten, die Wiedererstarkung autoritärer Staatenlenker, ich meine, gerade auch bei euch in den USA, oder?«

»Ach so, das geht vorüber. Jetzt haben wir gerade einen linken Präsidenten, bald kommt bestimmt wieder einer aus der Mitte, so ist das bei uns über die Jahrhunderte gegangen, und wir sind gut damit gefahren. Bei uns läuft alles, es ist ein wunderbares Land.«

»Aber das wiedereingeführte Abtreibungsverbot?«

»Sweetheart, alles, was die Richter getan haben, ist, ein automatisches Recht auf Abtreibung aus der Verfassung zu streichen. Das hat da auch nichts zu suchen. Das heißt aber nicht, dass es verboten ist abzutreiben. Jeder Bundesstaat hat jetzt die Möglichkeit, das selbst im Sinne seiner Bürger zu regeln. Wie bei euch in Europa. Manche Staaten sind da lockerer, wie Deutschland, andere machen sich etwas mehr Gedanken, wie Polen oder Ungarn. Mach dir keine Sorgen, ich selbst hatte einige Abtreibungen und würde weiterhin welche haben, wenn ich jünger wäre.«

»Ich weiß auch gar nicht, ob ich noch Kinder in diese Welt setzen würde«, sagte Malala.

»Hier in Europe würde ich mir das auch zweimal überlegen, es scheint doch alles sehr volatil hier, das stimmt. Ständig geht ein südeuropäischer Staat pleite, der Euro fällt und fällt, und vor allem könnt ihr euch nicht verteidigen. Mein Rat, schnapp dir einen wie Chris, und geh in die Staaten, da kannst du in Ruhe und Sicherheit Kinder großziehen.«

»Chris schnappen?«

»Du magst ihn doch, das merke ich.«

»Aber seid ihr nicht …?«

»Ich bin nur seine Anwältin.«

Malala hatte den Rest ihres Champagnerkelchs geleert und auf Kimberleys Vortrag sicherheitshalber mit einem kehligen Lachen reagiert. Es fiel ihr schwer auszumachen, ob Kim, wie sie sie als Zeichen ihrer Zugewandtheit begonnen hatte zu nennen, ihre Worte ernst meinte. Sie hatte gelernt, dass man sich bei diesen beiden, diesem Katastrophenkommando, nie sicher sein konnte. Für die beiden schien alles ein Spiel.

Anders als für Azhar, bei them wusste sie vorher, was they sagen würde, wo es keine zweite Ebene gab, keine Ambivalenz, sondern nur Rigorismus. Sie hatten für einige Zeit auch versucht, ein Paar zu sein. Aber es hatte sich als zu kompliziert herausgestellt. Vor einem halben Jahr hatte Azhar ihr erklärt, dass er sich nicht mehr in der Lage sehe, sich in eins der von der weißen Mehrheitsgesellschaft vorgegebenen Geschlechterkonstrukte drängen zu lassen. Er fühle sich weder wie das eine noch das andere. Er sei kein er und keine sie. Sondern ein 3. Person Plural sie. Das nun ist im Deutschen schwierig, weil es mit dem gleichen Personalpronomen beschrieben wird wie die weibliche Form: sie. Also lässt er sich wie viele deutsche geschlechtlich Nichtidentifizierte mit dem englischen they bezeichnen. Das war zwei Tage lang komisch, aber man gewöhnte sich schnell daran.

Azhar war klug, wahrscheinlich klüger als dieser Professor Schönwald und mit Sicherheit belesener. Their Ansichten zu Geschlecht, Hautfarbe, Kolonialismus und dem Globalen Süden waren natürlich schon interessant und bedenkenswert, weil neu und progressiv und vielleicht sogar disruptiv, wie they immer sagte, und somit sicherlich sehr gegenwärtig. Und doch hatte Malala manchmal das Gefühl, dass sie die Welt in ihrer widersprüchlichen Gesamtheit nicht abbildeten und oft noch nicht einmal mit ihr korrespondierten. Sie musste sich eingestehen, dass Chris' und Kims lustvolles Abrutschen auf in ihren Augen unbetretbare Positionen sie anzog, und wenn nur, um ihre eigenen Sinne zu schärfen.

In dem Moment sah sie im Spiegel über der Bar hinter ihr Chris die Hotelhalle betreten. Zum ersten Mal schien nicht die übliche depressive Schwere auf ihm zu liegen. Er federte durch die Halle und lächelte von Weitem schon. Er schien sich zu freuen, sie und Kimberley zu sehen. Vielleicht hatte er doch ein Herz. Sie jedenfalls hatte eins, und es pochte. Sie musste ihn jetzt konfrontieren. Knallhart, hatte Azhar gesagt. Ihm die Beschlüsse mitteilen. They hatte eigentlich selbst kommen wollen, Chefsache, hatte they gesagt, Malala sei zu weich für »diesen bösen alten weißen Mann«. Was das denn für ein Chauviegelaber sei, hatte Malala them gefragt, und seit wann sie einen Chef hätten, wenn dann eine Chef:in, und warum they glaube, dass they das dann sei.

Danach hatte sie gehen dürfen, aber jetzt musste sie liefern und Azhars Forderungen hier durchsetzen. Als der unberechenbare Gegenspieler als den sie Chris inzwischen kennengelernt hatte, hatte sie undurchsichtige Verteidigungsmanöver ihres Widersachers erwartet – und war erneut überrascht worden: keine Gegenwehr, er war auf alles eingegangen – und hatte sie zu einem Familientreffen eingeladen (das könnte noch interessant werden mit all den Psychos). Dass sie somit offenbar ein Wochenende mit Chris und Kim verbringen würde, darauf freute sie sich sogar.

Arme Malala, dachte Kimberley, sie hatte keine Ahnung, in welchen Wahnsinn sie sich hier hineinbegab, und anders als sie war Malala nicht mit genügend Zynismus ausgestattet, um damit umzugehen. Was plante Chris jetzt noch? Was hatte er draufzusetzen? Malala sollte Zeugin des wichtigsten Moments seines Lebens werden, hatte er gerade eben gesagt, das verwirrte sogar sie. Sie stieß ihn an, machte eine abwägende Bewegung mit dem Kopf, die ihm bedeuten sollte, Chris, es ist gut so, wie es ist, du bist auch nicht in der besten Position, hör auf, weiter an den Dingen zu rütteln. Aber er hatte nur gütig gelächelt und begonnen, in seiner Sakkotasche zu nesteln. Dann zog er die Hand wieder hervor, winkte den Barmann heran und bestellte noch einmal drei Kelche. »Ich nicht mehr«, rief Malala und hielt ihre Hände mit den Handflächen nach außen schützend vor die Brust. »Du musst«, sagte er zu Malala, »du bist jetzt dabei.« Er reichte ihr einen Kelch, und einen Kimberley. Für einige Momente nippten alle an ihrem Champagner, niemand sah den anderen an, Malala giggelte, Chris blickte in die Ferne der Hotelhalle.

»Also, Kimberley«, begann er endlich und stellte seinen Kelch auf dem Tresen ab. Ein bisschen Champagner schwappte über den Kristallrand auf die Marmorplatte. Gott, was war los mit ihm, warum war er so nervös, fragte sich Kimberley, es war doch jetzt alles in Ordnung, die Drohungen von Malala hatte er locker genommen, das war doch alles nur noch Kinderkram. Aber er war ein labiler Mensch, egal, was er jetzt sagte, nimm es cool, sagte sie sich. Wollte er ihr jetzt sagen, jetzt wo er erstmals auf dieser Reise Boden unter den Füßen spürte, dass sie hier in Deutschland nie erwünscht gewesen war, dass sie sich hineingedrängt hatte in sein Leben, in seine Familie, und jetzt bitte gehen sollte?

Chris blickte sie verunsichert an. »Ich hatte mir Notizen vorbereitet vorhin in der U-Bahn. Aber ich bin nervöser, als ich dachte.«

»Du machst das großartig«, sagte Malala. Was ging die das an. Wusste das Mädchen etwa, was Chris vorhatte? Hatte er sie eingeweiht? Es sah so aus, als wolle er eine Art Geständnis ablegen. Es wirkte beinahe so, als hätten er und Malala vergessen, dass sie dabeisaß. Chris war inzwischen wieder verstummt, als hätte ihn der Mut verlassen oder er vergessen, was er sagen wollte. Schien mühsam Worte in seinem Gehirn zu sortieren, die dann aber nicht rauskamen, das war absolut ungewöhnlich für ihn.

»Kimberley, ich habe ein paar schwere und belastende Tage durchgemacht hier in Deutschland«, sagte er schließlich. Sie sah, wie seine Augen kurz auf ihr ruhten und dann wieder wegflatterten, Malala taxierten und schließlich den Barkeeper fixierten. »Tatsächlich waren nicht nur die letzten Tage für mich furchtbar, sondern das gesamte vergangene Jahr, zumindest große Teile davon. Bis du aufgetaucht bist, Kimberley.« Chris nannte sie niemals Kim, wie es viele andere taten. Er hatte ihr erklärt, die Abneigung gegen Spitznamen oder Abkürzungen von seiner Mutter geerbt zu haben, die würde sich eher die Zunge rausreißen, als jemanden mit einer Koseform anzureden. Chris sei aber doch auch eine Kurzform, hatte sie eingewandt, und er hatte die Achseln gezuckt und irgendetwas von Ausnahme und Kindheit erklärt.

»Ich hatte dir verboten, mit mir nach Berlin zu kommen, weil ich Angst hatte. Und ich bitte dich dafür um Verzeihung. Seitdem du hier bist, fühle ich mich sicher. Seit du an dem Bootsverleih aufgetaucht bist, meine Familie so nett begrüßt hast und wir mit der S-Bahn in die Stadt gefahren sind. Du hast mir erklärt, dass ich mich wehren muss. Du hast mir geholfen, mich aus dem Rabbithole zu ziehen, in dem ich mich verkeilt hatte. Du hast mir einen Weg gezeigt, zu mir selbst zurückzufinden. Du lebst mir jede Minute vor, wie man zu sich stehen kann, ohne Angst zu haben.«

Sie war still, wagte nicht zu atmen. Bis sie ihre Hand doch zum Gesicht führen musste, um zu überprüfen, ob es noch da war. Sie konnte es nämlich nicht spüren. Sie wusste nicht, welchen Ausdruck es zeigte, hoffte nur, kein Entsetzen. Sie war für alles gerüstet, nur nicht für solche Augenblicke. Es hatte auch keine Notwendigkeit bestanden. Seit den Besuchen bei ihrem Vater in dem schäbigen Gefängnis bei Atlanta vor mehr als zwanzig Jahren hatte es keine emotionalen Momente mehr gegeben. Noch nicht einmal bei seinem plötzlichen Tod bald nach der Entlassung hatte sie geweint. Er war so dünn gewesen, sein Gesicht so eingefallen, das rechte Auge geschwollen, nachdem ein Mithäftling ihn angegriffen hatte. Als sie ihn im Besucherraum so gesehen und seine Worte gehört hatte, war sie überwältigt worden. Der Moment hatte sie aus dem Hinterhalt erwischt, und sie wollte so etwas nicht noch einmal erleben. Sie musste, was immer Chris hier vorhatte, sofort abmoderieren, aber ihr juristisch trainiertes Gehirn fand keine Lösungen dafür. Eben war ihre Befürchtung noch gewesen, dass er sie wegschicken wollte. Das schien nicht der Fall zu sein, was sie bedauerte, denn das, was stattdessen auf sie zuzukommen schien, könnte noch unangenehmer werden.

Chris hatte schon wieder eine Pause eingelegt, um sich zu sammeln, und gewagt, sie kurz anzusehen. Immerhin war sie offenbar nicht die Einzige, der dieser Moment schwerfiel. Vielleicht gab Chris es jetzt auf, vielleicht war es nun vorbei?

Nein. Er begann wieder anzusetzen. Ihr Gehirn befahl ihren Lippen, ein Lächeln zu produzieren, aber da ihr Gesicht immer noch taub war, wusste sie nicht, ob der Befehl angekommen war.

»Wir kennen uns noch nicht so lange«, sagte er, »aber niemand kennt mich besser als du. Als wir uns das erste Mal trafen auf der Konferenz in Washington, weißt du noch, wo wir beide Redner waren, bist du nach meinem Vortrag zu mir gekommen und hast gesagt: ›Du bist hier falsch, und das macht dich so richtig‹. Was du dabei noch nicht wissen konntest – oder vielleicht hast du es auch gewusst: Seitdem ich bei dir bin, bin ich nicht mehr falsch. Ich glaube, ich bin an deiner Seite absolut richtig. Und deswegen, Kimberley Conway, wenn es dir irgendwie möglich wäre, wünsche ich mir, dass du für den Rest meines und deines Lebens dort bleibst. Ich weiß, ich bitte hier um viel, du kannst Nein sagen, ich würde es verstehen, alles würde bleiben, wie es ist. Vielleicht, wenn du Zeit brauchst, um darüber nachzudenken ...«

Niemand sagte etwas, Chris suchte lange und umständlich in allen Sakkotaschen, um schließlich ein grünes Tiffany-Etui hervorzuziehen. Er klappte es auf. Der Ring, der dann zum Vorschein kam, löste in Malala einen kurzen spitzen Schrei aus, und Kimberley, die glaubte, viel Schmuck in ihrem Leben gesehen und getragen zu haben, war verblüfft. Das war, so viel ließ sich sagen, kein ironischer Ring, wie es einem verlorenen Gen-Xer zuzutrauen gewesen wäre, kein Plastikring als lahme Kritik am Patriarchat. Nein, dieser Ring war das Patriarchat, und Kimberley liebte das. Als sie wieder aus ihrer Starre erwachte, nickte sie als Erstes Malala zu. Erde an Feministin: Siehst du, so wird das gemacht. Malala lächelte (und hatte vielleicht Tränen in den Augen?). Kimberley wandte sich an Chris, der wie eine Salzsäule vor der Bar stand, das geöffnete Tiffanykästchen auf seiner rechten Handfläche.

Kimberley wollte etwas sagen, doch weinte nur. Es war wie bei ihrem Vater. Dann sagte sie, um die verrückten sogenannten Emotionen in ihre Schranken zu weisen:

»How much, nuthead?« Ah, das fühlte sich gut an, zurück im Transaktionalen.

»Dreißigfünf.«

»Cool.«

Tränen.

»Das hat nichts mit dir zu tun, dass ich weine. Das ist ein Trigger. Du hast mich getriggert! Mein Vater im Gefängnis …«

Sie brach ab, sie wusste, wie unpassend das klang. Aber die Wahrheit in diesem schönen und schrecklichen Moment zugleich war eben auch, dass sie durchaus auf der Suche nach einem Mann zum Heiraten war; dass sie sich einen solchen Augenblick in letzter Zeit manchmal vorgestellt hatte; nur dass in diesen Vorstellungen der Mann den sie heiratete, immer um die Mitte sechzig war, jung geblieben, das schon, und braun gebrannt, ein echter Boomer mit großem Haus. Und wenn neuerdings die ganze Welt den alten weißen Mann zu verachten schien, sie sehnte sich nach ihm. Wie lange noch, bis Chris einer sein würde? Könnte sie ihn heiraten und darauf warten? Den Prozess beschleunigen, ihn mit einem Garderobenwechsel dorthin optimieren, orangefarbene Cordhosen, karierte Hemden, teure James-Perse-Cashmirpullover, Patagoniawesten und Pferdelederloafers? Wahrscheinlich würde Chris doch immer Chris bleiben.

Die Pause hielt schon zu lange an.

»Und?«, fragte Chris leise, fast schon entmutigt.

»Der Ring ist wunderschön. Was du gesagt hast, war kaum auszuhalten«, sagte sie leise. »Darf ich mich kurz sammeln und nachdenken?«

Chris blickte nun in ihr Gesicht, und es entstand eine Pause.

»Natürlich«, sagte er dann, drückte ihr das Ringetui in die Hand und stellte sein Glas auf dem Tresen ab. »Auf Zimmer 914«, rief er zum Barmann.

Malala weinte auch. Dann rief sie: »Wo willst du denn hin, Chris?«

9 Leo's

Karolin wanderte den langen Flur zurück in den hinteren Teil der Wohnung. Sie hatte Chris nicht hereingebeten, was ihn offenbar nicht gestört hatte. Stattdessen hatten sie auf Wasserkisten im Flur gesessen, über eine Stunde lang. Karolin hatte Marlboro Lights geraucht und die Asche in einen Sprudeldeckel abgestreift. Chris hatte zwei Flaschen Rheinsberger Medium während ihres Gesprächs geleert. Er war einer dieser Menschen, die ständig eine Flasche in der Hand hielten; die es befriedigte, viel Wasser zu trinken, weil sie glaubten, es sei gut für die Organe und den Stoffwechsel und mache schlank. Sie schob es auf seine Sozialisation in New York, einer Stadt, von der man auf Fotos sah, dass alle Menschen dort mit kleinen Plastikflaschen voller Wasser durch die Straßen liefen, allen voran natürlich die Models, die sich von Wasser und Watte ernährten.

Chris hatte nicht einmal gefragt, ob er reinkommen durfte, sie wusste, dass er ihre Wohnung nicht mochte, und das kränkte sie, denn sie war sehr stolz auf dieses Altbau-Ungetüm mit Repräsentationsräumen vorn und dem ehemaligen Angestelltentrakt hinten, dorthin hatte sich Alina wohl verzogen. Normalerweise würde Karolin sich die Wohnung nicht leisten können, doch Emilia zahlte immer noch die Miete, obwohl sie seit bald zehn Jahren nicht mehr hier wohnte. Anfangs hatte Karolin noch halbherzig angekündigt, sie müssten den Dauerauftrag jetzt bald mal ändern, doch darauf war nie etwas gefolgt, und irgendwann war in

Karolin die Hoffnung gekeimt, dass Emilia die Mietzahlungen vielleicht vergessen hatte. Karolin schämte sich ein bisschen, das schon, aber sie hatte kein schlechtes Gewissen. Emilia besaß ohne eigenes Zutun so viel Geld, dass sie die monatliche Abbuchung der Dreitausendirgendwas, so genau wusste sie das gar nicht mehr, sicherlich nicht spürte. Im Übrigen erkannte Karolin, wenn sie ganz ehrlich war, kein Unrecht in ihrem Handeln, sondern sah die Zahlungen als Reparationen für den Schmerz, den Emilia ihr damals verursacht hatte, als sie sich gegen sie und für ihren Bruder entschied. Es war eine Ablösesumme, die in Raten gezahlt wurde – und sich inzwischen, nach mehr als zehn Jahren, auf rund eine halbe Million Euro belief.

»Darf ich endlich rauskommen?«, fragte Alina, und ihr Ton war schon nicht mehr passivaggressiv, sondern offen feindlich. Karolin wäre jetzt gern allein gewesen. Als Chris klingelte, hatten sie mit groben Wollsocken an den Füßen im Bett gelegen und Milchkaffee-Suppen aus volumigen Schalen geschlürft. Draußen hatte es immer noch sehr stark geregnet, und Karolin hatte sogleich Gemütlichkeitsanfälle bekommen, obwohl Alina es in ihrer ostdeutschen Härte hasste, normale Dienstagmorgen im Bett zu verbringen beziehungsweise irgendwelche Morgen im Bett zu verbringen, hatte sie wahrscheinlich in der Hoffnung auf Zärtlichkeiten dem Gammelvormittag zugestimmt. Karolin war so erschöpft gewesen, dass ihr Widerstand an diesem Tag nicht sehr ausgeprägt gewesen wäre, doch in dem Moment, als sie bereit war, sich Alinas streichelndem Drängen zu ergeben, stand Chris vor der Tür, was in Karolin gleichermaßen Genervtheit wie Erleichterung ausgelöst hatte.

Nach Chris' Besuch hatte sich ihre Stimmung massiv gewandelt. Chris hatte die Neuigkeiten über ihre Mutter merkwürdigerweise eher beschwingt als schockiert aufgenommen, und im Gehen, schon im Treppenhaus, hatte er ihr mitgeteilt, er fahre jetzt auf den Ku'damm zu Tiffany & Co und besorge einen »übertrieben teuren Ring für Kimberley«, um sie zu fragen, ob sie ihn heiraten wolle, sie würde bestimmt Nein sagen, weil er zu wenig Geld habe, aber für ihn käme es auf den Versuch an, das Leben in die Hände zu nehmen, nach vorne zu gehen und nicht mehr wie sonst hinterherzurennen.

»Von Tiffany for Kimberley, von Tiffany for Kimberley«, hatte sie ihn im Treppenhaus auf dem Weg nach unten summen hören, dann war die Eingangstür ins Schloss gefallen. Für Karolin war das nach den Entdeckungen über ihre Mutter die zweite Nachricht innerhalb kurzer Zeit, die ihre Welt ins Wanken brachte. Solange der coole Chris nicht verheiratet war, keine Kinder weit und breit in Sicht, hatte sie sich als ungebundene Frau auch wohlgefühlt: Sie und Chris, die nach Freiheit und Selbstverwirklichung strebten – und auf der anderen Seite Benni, der als spätes und ungewolltes Kind, das einmal schon beinahe gestorben wäre, stets nach Sicherheit strebte.

Bennis Kleinfamilie, das wahre Leben von ihm und Emilia, hatte sie schon immer provoziert. Nicht nur, weil Benni ihr Emilia genommen hatte; auch weil deren vermeintlich relevantes Leben mit Kindern und Familie ihres als mittelalte Singlefrau in Kreuzberg mit all ihren Projekten (die dann auch noch so krachend scheiterten wie They/Them) in ihren Augen unbedeutend erscheinen ließ.

Sie durfte sich nicht in die Gefangenschaft des in einem Familiengefüge stets bessergestellten Mannes und an ihr zerrender Kinder begeben. Das war ihr klar, denn sie war mit ihrer eigenen Mutter wochenlang in Hamburg gewesen damals, und heute wusste sie natürlich, warum. Weil ihre Mutter mit dem Familien-, Kinder- und Berufsmodell ganz offenkundig gescheitert war und in ihrer Hamburg-Flucht ein letzter Akt der Verzweiflung gelegen hatte, der womöglich zu spät kam oder von vornherein aussichtslos gewesen war.

Sie erinnerte sich nur noch an Schemen aus dieser Zeit, sie kannte kein einziges Foto, obwohl in den Achtzigern die Menschen ja begannen, alles zu fotografieren oder mit den plötzlich allgegenwärtigen neuen Videokameras aufzunehmen (von Chris gab es unzählige körnige und ratternde Super-8-Videos aus den Siebzigern, aufgenommen von technik- und kleinkindbegeisterten Jungeltern; von ihr gab es nur halbherzige Versuche, die schnell wegen technischer Schwierigkeiten aufgegeben wurden, und von Benni gab es gar nichts mehr). Es war ihr in den anschließenden Jahren nie gelungen, mit ihrer Mutter über die Wochen in Hamburg zu sprechen und jene Zeit in den Achtzigern, als ihre Mutter in etwa so alt gewesen war wie Karolin heute. Was für ein anderes Leben – zwei Kinder, Ehemann, Haus und Garten. Sie selbst lebte allein, nicht in einer stabilen Beziehung, in Kreuzberg, mit Junkies vor der Tür und zahlte nicht einmal ihre eigene Miete. Wer hätte hier eigentlich mehr Grund, aus seinem Leben auszubrechen, die vierzigjährige Ruth von damals oder die Karolin von heute?

Besonders Anfang der Neunzigerjahre, als sie fünfzehn oder sechzehn war, ein Mädchen aus dem Vorort mit Coolness-Anspruch, hatte es sie plötzlich fasziniert, dass sie als Kind einige Wochen in der Großstadt Hamburg gelebt hatte. In ihren Erzählungen waren aus diesen Wochen viele Monate geworden, und ihre Kinderabenteuer auf dem Universitätscampus steigerten sich zu aufregenden Erlebnissen. Das Haus des Professors war zu einer riesigen Villa mit Pool gewachsen, das Konzert der Toten Hosen, für das sie der Tochter des Professors Karten besorgt, das sie aber selbst natürlich nicht erlebt hatte, verwandelte sich in ihren Schilderungen zu einem Treffen mit Band beim Soundcheck und späterem gemeinsamem Pizzaessen – gewissermaßen als Metapher für das schier unerschöpfliche Coolness-Erlebnispotenzial dieser Stadt und Karolins Zeit dort.

Sie brannte darauf, über diese Monate, die sich in den

Kern ihrer fünfzehnjährigen Identität geschoben hatten, mehr zu erfahren. Doch ihren Erkundungsversuchen entgegnete ihre Mutter stets mit einer banalen, rein auf den beruflichen Aspekt der Reise bezogenen Nullinformation und dem immer gleichen Abwiegelungssatz: »Aber da wollen wir jetzt nicht drüber reden«, was Karolin verstand, was aber die Frage offenließ, wann denn sonst man darüber reden könne. Sie hatte unterschiedliche Szenarien ausprobiert, alleine mit ihrer Mutter nach der Schule beim Mittagessen (Apfelreis mit Würstchen); auf gemeinsamen Einkaufstrips in die Stadt (Peek & Cloppenburg), nach Theaterbesuchen (ihre Mutter hatte ihr zu ihrem sechzehnten Geburtstag ein Abo fürs Schauspiel Köln geschenkt) oder bei den seltenen gemeinsamen Restaurantbesuchen mit Chris und ihrem Vater, in der Hoffnung, dass die Anwesenheit von Publikum in einer größeren Runde ihrer Mutter den Weg in die Ausflüchte der Nullinformationen vielleicht verbaute.

Aber nichts funktionierte. Was umso erstaunlicher schien, weil Karolin sich sicher war, dass die spezielle Bindung, die sie mit ihrer Mutter seit den Hamburg-Wochen verband, auch Ruth spüren musste. Karolin, so hatte sie es sich versucht zu erklären, musste immerhin Zeugin geworden sein, wie ihre Mutter in einen existenziellen Ausnahmezustand geraten war. Davon musste doch etwas geblieben sein, und warum würde man seiner Tochter nicht von den eigenen Nöten erzählen, auch damit die Tochter vielleicht daraus lernen und es anders machen könnte.

Karolin hatte es anders gemacht als ihre Mutter, völlig anders. Keine Kinder, kein Mann, maximale Selbstbezogenheit und -verwirklichung. Nur, was hatte sie verwirklicht? Nichts bisher. Ist das nicht die viel schlimmere Bilanz: keine Kinder und trotzdem, vor lauter Freiheit, nichts hinbekommen haben? Deswegen war They/Them so wichtig gewesen. Dass sie auch etwas vorzeigen konnte. Das hatten ihr die Spinner von Instagram genommen.

Fast wäre sie mit Ende zwanzig anders abgebogen. Wäre sie doch bloß. Wäre bei Rainer geblieben und hätte eine Familie gegründet. Rainer war okay gewesen, doch ungefähr im sechsten Monat der jungen Ehe war Karolin wieder in so eine Hamburg-Phase geraten, hatte nächtelang wach gelegen und versucht zu begreifen, warum ihre Mutter und sie wirklich dort gewesen waren. Es ergab ja alles keinen Sinn, mit einem achtjährigen Kind nach Hamburg zu gehen (um was zu tun, sich zu habilitieren, wie es immer geheißen hatte, wie sollte das gehen, was war der Plan gewesen?). In diesen Hamburg-Phasen, die sie regelmäßig alle vier, fünf Jahre heimsuchten, ging es Karolin schlecht.

Sie hatte ihrer Mutter nie davon erzählt, wollte sie damit nicht belasten. Wahrscheinlich litt sie schon genug. Sie musste doch mit großen Hoffnungen dorthin gegangen sein – und dann gescheitert sein, sonst wäre sie kaum so schnell zurückgekehrt? Anderseits, wie war das alles geplant gewesen mit der Familie? Wären Chris und ihr Vater nachgekommen – oder, schlimmer Gedanke, der sie in den Nächten am heftigsten quälte, hatten sie und ihre Mutter die beiden verlassen? Aber ihre Mutter wusste wenigstens, was und warum es passiert war. Karolin hatte einen dreimonatigen mehr oder minder blinden Fleck in ihrem Leben. Und je älter sie wurde, desto unerträglicher schien ihr dieser Fleck.

Immer wieder aufs Neue hatte sie sich vorgenommen, ihre Mutter unnachgiebiger zu befragen, sich nicht vertrösten zu lassen. Doch die Vorstellung davon, wie das ausgehen würde, beunruhigte sie noch stärker nachts im dunklen Zimmer. Sie fürchtete sich davor, dass ein Gespräch über Hamburg sofort außer Kontrolle geraten würde, wenn ihre Mutter, was Karolin vermutete, alles verdrängt hätte, und Karolins Bohren düsteren Schlick aufwirbeln würde, mit dem ihre Mutter nicht würde umgehen können. Ein paarmal war es während ihrer Kindheit zu solchen Ausbrüchen gekommen, wenn ihr Vater und später auch Chris gewagt hatten, an etwas zu rühren, das mit negativen Erlebnissen oder Gefühlen aus der Vergangenheit verbunden war. Oder wenn ihr Vater mal wieder zu leichtfertig vorgeschlagen hatte, sie solle doch mal zum Psychologen gehen wegen ihrer seelischen Erschöpfung oder vielleicht mal autogenes Training probieren gegen die Schlaflosigkeit. Alle Familienmitglieder hatten irgendwann Angst vor den Eruptionen, die dann folgen konnten, vor allem Chris, der Draufgänger, der sich sonst vor nichts fürchtete, wurde seiner Mutter gegenüber zu einem anderen, ängstlichen Menschen, der sich zu verstellen schien und sich vor den fadenscheinigsten Abwiegelungen seiner Mutter ergab.

Und so hatte Karolin versucht, mit ihrem blinden Fleck zu leben. Hatte Techniken entwickelt, ihre Gedanken abzulenken, sobald die drängenden Fragen wieder zu ihr zurückkehrten. Oder die Bilder, die paar, die übrig geblieben waren in ihrer Erinnerung, das italienische Restaurant, ein Pannacotta-Nachtisch, der gut gelaunte Professor, das Kinderzimmer einer der Professorentöchter, die Tote-Hosen-Musik dazu, ihre Mutter in einem Unibüro, die braunen Plastikbecher mit Kakao aus dem Automaten, der *Top-Gun*-Film und Spielkarten, die zu Patiencen gelegt wurden in einem anderen Universitätsbüro. Wenn die Bilder anfingen zu flackern, begann sie im Kopf ihre große Altbauwohnung neu einzurichten, transferierte Möbel von einem Salon in den nächsten, transformierte Arbeits- zu Schlafzimmern und entwarf im Geiste neue Küchenregale und -fronten. Meistens half das. Wenn es nicht half, musste sie aufstehen (die Bilder kamen nur nachts) und die Möbel tatsächlich umrücken oder am Computer zumindest neue googeln oder auf speziellen Websites entwerfen. Schon oft war einer des schwulen Paares, das unter ihr wohnte, dann sturmklingelnd im Ralph-Lauren-Bademantel an ihrer Tür erschienen, zwei Amerikaner (die ausgerechnet für RL Interiors arbeiteten und ihr eine große Hilfe hätten sein können, sich jedoch genervt und zickig beschwerten – »Prinzessin, was machst du denn?« –, es klinge, als würde sie Möbel verrücken, und Karolin entschuldigte sich und sagte nicht, dass sie genau das tat).

Sie brauchte diese Hilfen unbedingt. Sie konnte nicht noch einmal in eine solche Krise geraten wie vor zehn Jahren, als die Dämonen aus Hamburg ihre Ehe zerstört hatten. Sie war eigentlich glücklich gewesen mit Rainer, es war der Herbst gewesen, in dem sie ihr letztes Semester an der Uni begann, im Frühjahr hatte sie die Masterarbeit in Kunstgeschichte einreichen wollen. Sie hatte Rainer in einer ihrer Lieblingsbistros in Kreuzberg kennengelernt, eines jener Lokale, an dem die Gäste bis elf Uhr nachts von einer relativ kleinen Karte relativ gut zubereitete Bistrogerichte bestellen konnten (die Minestrone und das Bœuf Tartare waren berühmt), bevor sich die Szenerie später in der Nacht in eine laute Bar verwandelte.

Rainer war einer der beiden Besitzer des Lokals. Sie hatte ihn am Tresen kennengelernt, wo er manchmal spätabends nach vollbrachter Küchenarbeit auftauchte. An manchen Abenden saß er auch an 36, wie der kleine Ecktisch hinten im Raum intern bezeichnet wurde, und notierte Dinge in großen Kladden. Ursprünglich war er Koch gewesen, doch seit ein paar Jahren hatten sie einen Küchenchef eingestellt. Die harte körperliche Arbeit Abend für Abend war mit Anfang vierzig nichts mehr für Rainer, er wollte nur noch kochen, wenn er Lust hatte, und das war höchstens ein- bis zweimal pro Woche, und dann auch nur die erste Abendschicht.

Bald darauf hatte er sich in die Nähe von Kitzbühel in eine Fastenklinik zurückgezogen und wochenlang gewissermaßen nichts gegessen, dafür viel ausgeschieden und fünfzehn Kilo verloren. Anschließend war es ihm mithilfe eines unter Aufsicht eines LSD-Gurus durchgeführten Psilocybin-Trips gelungen, mit dem Alkohol aufzuhören – »zumindest mal so für ein Jahr«, wie er sagte. Als er dann auch noch mit dem Pilates anfing und sich bald täglich in diese Gummizuggeräte legte, hatte er schließlich festgestellt, dass mit diesem Lebenswandel sein bisheriges Leben keinen Sinn mehr ergab. Er saß in seinem Bistro an 36 und trank das teuerste italienische Mineralwasser, das auf dem Markt war, er las die Feuilletons aller Zeitungen von vorne bis hinten, hoffte, dass ein paar der letzten übrig gebliebenen renommierten Journalisten reinkämen, denen er die besten Tische freiräumen ließ, ihnen persönlich Filets grillte und Weine öffnete, die nicht auf der Karte standen. Dafür setzte er sich zu ihnen und erklärte ihnen die Kultur, wie sie sich ihm darstellte.

Doch in Wirklichkeit wollte Rainer nach Hause. An einem Ort seine Abende zu verbringen, an dem es ums Essen, Trinken und Lautsein ging, stellte sich als furchtbar heraus, wenn man Salat aß, Mineralwasser trank und Zeitung lesen wollte. Bloß, zu Hause war überhaupt keiner. Dort, in den drei Zimmern mit direktem Blick auf den Landwehrkanal, wartete nur eine kleine, über die Jahre, die er in seinem Lokal verbracht hatte, leicht verwahrloste und zugestellte Wohnung, in der er sich möglichst nicht aufhalten wollte.

Das war die Zeit, in der er Karolin traf. Sie war zwar keine Feuilletonistin, aber immerhin eine Kunsthistorikerin, die im Leo's klug und unterhaltsam über Donald Judd und On Kawara reden konnte, womit sie in Rainers Ansehen gleich hinter den Feuilletonisten rangierte. Außerdem zog Rainer an, dass Karolin aus einer guten, intakten Familie kam, mit zwei noch verheirateten Eltern, ordentlichen Geschwistern und einem Haus in Köln. Er selbst war ohne Vater aufgewachsen mit einer Mutter, die eine Schwäche für in Westberlin stationierte amerikanische Soldaten hatte, und so hatte Rainer noch vier Halbgeschwister, die ihre Väter ebenfalls nicht kannten, alle von anderen GIs unterschiedlicher Hautfarben. Nur eine seiner Schwestern, Minki, hatte Glück gehabt. Ihr Vater war von ihrer Geburt an vernarrt in sie gewesen und hatte versucht, Rainers Mutter Rita und alle anderen Kinder mit zurück in die USA zu nehmen, doch Rita wollte nicht. Als er in der Army erst Major und dann sogar Colonel wurde, lud er Minki jede Sommerferien für sechs Wochen ein zu sich und seiner Familie in Virginia, Arizona, North Carolina oder wo immer er gerade stationiert war, was, wie Rainer Karolin immer wieder wehmütig erzählte, Minki zum einzig mental stabilen Kind der Familie machte. Einen Sommer, als Rainer fünfzehn war, durfte er seine Schwester Minki zu ihrer Familie nach Flagstaff, Arizona, begleiten. Es wurden die schönsten sechs Wochen seines Lebens, denen er bis heute nachtrauerte. Damit Minki ihn mitnahm, hatte er drei Monate lang ihren Haushaltsdienst zusätzlich zu seinem Kochdienst übernehmen müssen.

Seine Mutter hatte sich gemüht, für alle sechs ein sicheres Zuhause zu schaffen. Aber sie arbeitete sechzig Wochenstunden in Reinigungsfirmen oder bei Lidl oder AEG, und so bekam jedes der Kinder eine Haushaltsaufgabe, zwei seiner Geschwister waren als Putzdienst der Wohnung eingeteilt, eins zum Wäschewaschen, eins zum Einkaufen und Rainer zum Kochen. Fünf Gerichte hatte seine Mutter ihm zum Start beigebracht (Tomatensauce, Buletten, Hühnersuppe, Pfannkuchen und Gemüseeintopf mit Hackfleisch), danach war Rainer auf sich gestellt. Er kaufte bei den türkischen Gemüseläden ein, bei den arabischen Fleischständen, bei vietnamesischen Supermärkten und blieb schließlich bei den afrikanischen Gewürzhändlern hängen, weil er sich dort der Herkunft seines afroamerikanischen Vaters näherfühlte. Rainer selbst hatte glatte Haare und seine Haut war nur leicht gebräunt, sodass er viel häufiger für einen Türken, Araber oder Afghanen gehalten wurde als für einen halben Afroamerikaner, was in Kreuzberg durchaus von Vorteil sein konnte.

Nachdem er Okra-Eintöpfe und Egusi-Suppen hinter sich gelassen hatte, landete er über die afrikanische Kolonialküche in Frankreich. Und das war es auch, was er schließlich im Leo's kochte: französische Bistroküche als Grundlage mit afrikanischen und arabischen Einflüssen plus ein bisschen Berliner Folklore wie Buletten oder Soleier. Das Restaurant war auf Anhieb ein Erfolg gewesen. Rainer hatte es mit seinem Freund Leo eröffnet, in einem runtergekommenen alten Hells-Angels-Clubhouse am Ufer. Leo war ein Kindheitsfreund, der angeblich sogar ein paar Jahre bei den Thirty-Sixern mit dabei gewesen war. Ursprünglich ein Türsteher war er der geborene Hustler, hatte immer drei, vier »kleene Projektchen« am Laufen und irgendwann über seine Verbindungen den Hells-Angels-Laden zur Übernahme angeboten bekommen. Die Pacht war lächerlich gering. Als klar war, dass er dort keine Autowerkstatt reinbauen konnte, fragte er Rainer, ob er dort kochen wolle. »Das ewige Schaschlik und Döner hält doch keiner mehr aus«, hatte er gesagt, »koch du doch lieber mal für uns alle was Vernünftiges.« Rainer hatte zuvor manchmal bei Partys oder Demos in Kreuzberg gekocht, und in der Szene war man sich einig, dass man, seitdem 1979 das Exil geschlossen hatte, in Kreuzberg nicht mehr so gut hatte essen können.

Sie wollten das Lokal erst in Anlehnung an die Vormieter »Hells« nennen, dann »Angels«, dann, nachdem Ersteres zu düster, zweiteres zu pathetisch klang, sollte es »Rainer und Leo's« heißen, doch Leo fand, dass das »Rainer« darin zu bescheuert klang. »Es ist sowieso schon absurd, dass jemand wie du Rainer heißt«, hatte er gesagt, »lass uns dieses Missverständnis nicht noch bis in unser Restaurant tragen.«

Nach den deprimierenden Achtzigerjahren in Kreuzberg war das Leo's in den Neunzigern wieder das erste Lokal im Bezirk, von dem so etwas wie eine Aufbruchstimmung ausging. Rainers Gerichte waren herausragend, erst schrieben die Stadtzeitschriften über das Leo's, dann der Tagesspiegel, schließlich bundesweite Lifestyle-Magazine wie Tempo oder das SZ-Magazin und eine Beilage des Spiegel.

Rainer wurde bekannt. Stolz hatte er Karolin erzählt, wie nach und nach die DJs, Musiker und Künstler kamen, dann die Journalisten und schließlich auch das Geld. Galerien richteten ihre Ausstellungeröffnungs-Dinner im Leo's aus, Joschka Fischer und Gerhard Schröder ließen sich vorfahren. Trotz einiger unschöner Steuerermittlungsverfahren und entsprechenden Nachzahlungen und Strafen wurde Rainer reich, reicher, als er es sich je hatte vorstellen können. »Rainer is rich«, sagte er zu Karolin. Sollte er mal einen Roman schreiben, werde er ihn so nennen. Rainer is rich. In den Nullerjahren bekam er Angebote, in Fernsehshows zu kochen, die er ablehnte, aber er gehörte bundesweit zu der Gang der coolen neuen deutschen Köche wie Tim Mälzer oder Tim Raue, Letzterer angeblich auch ein echter Kreuzberger und Thirty-Sixer, wobei Leo Raues tatsächliche Rolle darin immer in Zweifel zog.

Obwohl sie die Hochphase verpasst hatte, war das Leo's Karolins Stammlokal gewesen, lange bevor sie zum ersten Mal mit Rainer geredet hatte. Als er sich schließlich an einem Donnerstagabend weit nach Mitternacht zum ersten Mal zu ihr an den Tisch setzte, hatte sie das Gefühl, mehr könne sie als Vorortkind in Kreuzberg und vielleicht auch in diesem Leben nicht erreichen. Sie hatte an diesem Abend lange in der Bibliothek in Mitte an ihrer Magisterarbeit geschrieben und gehofft, im Leo's noch etwas zu essen zu bekommen. Doch um kurz vor Mitternacht hatte die Küche gerade ihre Arbeit beendet, nichts zu machen, die haben Feierabend, hatte der Schönlings-Barmann ihr leicht passiv-aggressiv gesagt, und Karolin wollte ihn gerade fragen, wie lange er denn schon hier arbeite und ob er wisse, seit wann sie hier jede Woche herkäme, weswegen sie wisse, dass ein bisschen Käse, ein paar Oliven und Brot, das reiche ihr doch schon, immer gingen. Aber da war Rainer schon erschienen und hatte gesagt, »was magst du denn?«, und keine Antwort erwartet, sondern sich schon Richtung Küche umgedreht, er wusste ja, was sie mochte, sie aß mehrmals die Woche hier. Sie hatte nur genickt, und er hatte gesagt, ich mache dir schnell was, hatte dem Barmann einen strengen Blick zugeworfen und war in der Küche verschwunden. Als er knapp zwanzig Minuten später wieder erschien, hielt er einen Teller in der Hand: ein kleines Filet, selbst gemachter Senf, Okraschoten und Süßkartoffeln. »Ich hoffe, es schmeckt.« Er setzte sich, ohne zu fragen, zu ihr, und es schmeckte herrlich, Karolin hatte ihr Glück kaum fassen können. Sie wollte etwas Kluges sagen, und so teilte sie Rainer eine Beobachtung mit, die sie schon seit Jahren irritierte und die Rainer vielleicht geistreich finden würde, nämlich dass das Apostroph in Leo's im Deutschen orthografisch falsch war.

Nach seiner Entnüchterung und der Fastenkur hatte Rainer in Karolin den sicheren Hafen erkannt, den er noch gesucht hatte. Ein Ort, an dem er gerne blieb und der nicht sein Restaurant war. Er fand eine großzügige Wohnung in der Reichenberger Straße für mehr als 3000 Euro Miete, was Karolin unglaublich viel fand, vor allem für Berlin. Doch sie befriedigte auch ihre bürgerlichen Repräsentationszwänge. Sie stellte sich vor, wie sie viele Freunde einluden in den großen Salon mit Stuck, und Rainer – der Rainer Tiede! – würde exklusiv für alle kochen in der semiprofessionellen Restaurantküche, die Rainer noch extra hatte einbauen lassen. Anschließend würden sie hinübergehen in das Tanzzimmer, wo Richie Hawtin oder ein anderer von Rainers weltberühmten DJ-Freunden gemütlichen Minimaltechno auflegen würde.

Auf Rainers Drängen heirateten sie schnell. Für Rainer war es nicht nur die Hochzeit mit einer Frau, sondern mit einem gesamten bürgerlichen Leben. Er liebte es, wenn Karolins Eltern zu Besuch kamen oder sie nach Köln fuhren und Rainer mit Harry nachmittagelang in der Küche stand und dem Schwiegervater zeigte, wie man selbst in einem nicht-professionellen Herd den perfekten Garpunkt für die

Gans erreichte. In diesen intimen Küchenmomenten zweier Männer, die sich ein Kölsch aufgemacht hatten und es direkt aus der Flasche tranken, gelang es Harry, damals noch enkelkinderlos, einige Male Rainer auf seine und Karolins Kinderplanung anzusprechen. Und lief zu seiner Überraschung offene Türen ein. Normalerweise, hatte Harry auch anhand der indifferenten Haltung seines ältesten Sohns gelernt, waren die jungen Männer von heute nicht mehr bereit, freiwillig Vater zu werden oder wenn doch, im allerletzten Moment, bevor es drohte, zu lächerlich zu werden, als Siebenundsechzigjähriger bei der Abiturfeier des potenziellen Kindes.

Dass Rainer halber Afroamerikaner war, hatte Harry nicht gestört, im Gegenteil. Harry war sein Leben lang der Überzeugung gewesen, dass er sich an die US-Soldaten erinnere, die 1945 in Deutschland auftauchten. Ruth und alle anderen hatten ihm immer wieder gesagt, das könne nicht sein, er sei 1945 gerade vier gewesen, er müsse das später von seinen Eltern erzählt bekommen und es dann in eine eigene Erinnerung transformiert haben. Doch Harry hatte immer auf die Authentizität der Bilder gepocht. Er hatte klar vor Augen, wie die Amerikaner ihm Kaugummi und Schokolade gegeben hatten. Und er erinnerte sogar mehr, nämlich dass am nettesten die schwarzen GIs gewesen waren. Eine berühmte Geschichte in Harrys Erinnerung war, wie ein schwarzer Soldat ihm einen zerfetzten Fußball geschenkt und ihn nach seinem Namen gefragt hatte.

Hans-Harald hatte Harry flüsternd geantwortet. Der GI verstand nicht.

»Was?«

»Hans – Harald.«

»The first name I didn't get. But the second one is Harold, I believe. So I call you Harry!«

Der so frisch getaufte Harry sei nach Hause gerannt und habe seiner Mutter mitgeteilt, er hieße von nun an Harry, so hätte ein amerikanischer Soldat ihn genannt. Harrys Mutter hatte die Geschichte über die Jahrzehnte immer wieder erzählt, jedes Jahr mit mehr Ornament, obwohl sie nicht einmal dabei gewesen war, was besonders Ruth genervt hatte, die es hasste, dass diese offensichtlich nicht stimmige Geschichte so begeistert und unkritisch weitergetragen wurde.

Als Harry sie Rainer erzählte, zeigte dieser mäßiges Interesse. Harry hatte gedacht, den Schwiegersohn freue es, dass, wenn man so wollte, seine Leute eine so gewichtige Rolle in Harrys Leben gespielt hatten.

Denn einmal schon, während ihrer ersten USA-Reise Anfang der Neunzigerjahre, hatte Harry bei einem schwarzen Park Ranger großen Erfolg gehabt mit seiner Harry-Geschichte. Er hatte den Familien-Van von GMC, den die Autovermietung ihm unverschämterweise in himmelblausilbermetallic ausgehändigt hatte, am Yellowstone Nationalpark versucht, etwas kreativ zu parken, wie er es nannte, weil ihm die fünfundzwanzig Dollar Gebühr des offiziellen Yellowstone-Parkplatzes obszön vorkamen und er immerhin ein Staatsanwalt aus Köln war. Der große, sehr auffällige himmelblaumetallic glitzernde Wagen stand ein bisschen quer am Straßenrand auf einem schmalen Grünstreifen, aber, Entschuldigung, liebe amerikanische Kollegen, ein Verbotsschild war weit und breit nicht zu sehen.

Unter seinen Staatsanwaltsfreunden galten diese Mikroaggressionen gegen die Obrigkeit schon als eine Art Tick von Harry Schönwald. Im Großen war Harry Schönwald sicherlich der korrekteste, fairste, unkorrumpierbarste Kollege; bei Kleinigkeiten jedoch hatte er seinen eigenen Kopf und war bereit, Regeln zu übertreten, für deren Einhaltung sein Amt doch eigentlich stand. So hatten zum Beispiel die Urlaube an der holländischen Küste Anfang der Achtzigerjahre ein abruptes Ende finden müssen, als es angesichts eines Berges von nicht bezahlten Strafzetteln auf Harrys

Schreibtisch in Köln irgendwann einfach zu gefährlich schien, ein weiteres Mal in die Niederlande einzureisen.

Nicht, dass irgendjemand traurig darüber gewesen wäre. Doch der plötzliche Ernst der Lage hatte die Kinder erschreckt und Ruth erzürnt. »Du schadest doch mit diesem kindischen Verhalten nur dir selbst. Es ist doch peinlich für jemanden wie dich, nicht mehr nach Holland fahren zu können, weil du dort zur Fahndung ausgeschrieben bist. Das kann dir die Karriere kosten!«

Allerdings profitierte auch Ruth davon, dass es von da an im Sommer nach Italien ging, ein deutliches Upgrade, und dort lief es auch besser mit der Polizei als im kleinkarierten Holland. Als gleich im ersten Jahr auf einer gottverlassenen Landstraße in Kalabrien plötzlich ein Alfa Romeo der Carabinieri aus einem Feldweg herausschoss und sich mit heulendem Blaulicht an Harrys VW Passat hängte, versuchte Harry es erst jovial, ach, die Herren Kollegen von der italienischen Bundespolizei, verwies auf vergangene Kooperationen zwischen der Staatsanwaltschaft Köln und den Carabinieri, alles übersetzt von Ruth, die allerdings eher Latein mit den Polizisten sprach (»Wer Latein kann, kann auch Italienisch«). Als alles nichts nützte, zog Harry einen alten Interpol-Dienstausweis aus der Tasche, den er von einem harmlosen Insolvenzverfahren aufbewahrt hatte, bei dem auch in Österreich ermittelt worden war. Das Verhalten der Polizisten änderte sich schlagartig, sie sprachen Harry fortan mit »Dottore« an, entschuldigten sich mehrfach, schenkten jedem der drei Kinder einen Bausatz für ein Carabinieri-Miniaturauto, verabschiedeten sich von »Signor Magistrato«, rasten los und stoppten fünfhundert Meter weiter einen kalabrischen Bauern, an dem sich nun die Wut ihrer gerade erlittenen Demütigung entlud.

Zurück zum Yellowstone-Park. Harry hatte den Van fachmännisch auf dem Grünstreifenzipfel geparkt, nur die rechte Frontseite ragte ein bisschen auf die Straße. Es sah eigenwillig aus, schien aber nicht verboten. Doch als sich die Familie mit einem zufriedenen Harry vorneweg einige Meter vom Auto entfernt hatte, schnitt ein grün-weißer Jeep der Park Ranger Harry den Weg ab.

»Sir, is this your car? You've gotta be kidding me!«

Harry wollte sich nicht geschlagen geben und behauptete, er habe nur kurz halten wollen, um die Tickets zu besorgen, der eigentliche Besuch sei erst für morgen geplant, und die paar Minuten würde er dort ja wohl stehen bleiben können.

»Sir, you have to move your car!«

Harry beschleunigte seinen Schritt Richtung Tickethäuschen. Der Ranger drehte in seinem Jeep um, warf das Blaulicht auf dem Dach an, fuhr zu Harrys himmelblau-silbermetallicfarbenem Miet-Van und blockierte ihn. Er stieg aus, riss sein Funkgerät vom Gürtel, bellte etwas in Fantasiesprache hinein und lief dabei um Harrys Van herum, inspizierte Nummernschild, Reifen und den Doppelauspuff.

Harry trieb seine schlaffen Teenager-Kinder an und zog Benni, der nach den Sommerferien in die erste Klasse kommen würde, am Arm hinter sich her.

»Das kommt davon, Hans-Harald, wenn man sich überall durchmogeln will. Wir haben das doch gar nicht nötig.«

»Officer, wait! You do not have the authority ...« Harrys Englisch war gut – wöchentlich flatterte aus der großen weiten Welt kommend die Zeitschrift Time in seinen Kölner Briefkasten –, aber es klang sehr deutsch.

»I do have the authority, Sir. Don't test me. Are you from Germany?«

»Yes.«

»Where?«

»Cologne.«

»Glad to hear you're not from the East! From the Commies. I have been to Kieser Slodderm. Best years of my life.«

»Where?«

»Kieser Sloddern.«

Harry benötigte drei weitere Nachfragen, bis Ruth ihm zuzischte: »Hans-Harald, Kaiserslautern.«

Er sei zehn Jahre dort stationiert gewesen, von 1976 bis 1986, sagte der Ranger und versuchte noch weitere deutsche Begriffe aufzuzählen, die Harry nicht verstand, die wohl irgendwelche Würste bezeichneten und ein regionales Bier.

»Thank you for your service, Officer«, sagte Harry, als würde er mit einem Gerichtswachmann sprechen. »It means a lot to us.«

Und dann erzählte er die Geschichte von dem schwarzen GI, der ihm erst den Fußball und dann den Spitznamen geschenkt hatte (das war eine Originalformulierung von seiner verstorbenen Mutter gewesen. »Er hat unserem kleinen Harry erst den Ball geschenkt und dann den Namen«) und schloss die Geschichte mit: »And so, I'm Harry!« Er streckte dem Ranger seine Hand hin.

Der Ranger griff die Hand und hielt sie fest. Er blickte Harry in die Augen und sagte dann: »You know, it was them black soldiers who freed the camps.«

Der Satz hatte Harry nie wieder verlassen. Wenn er von diesem Tag an einen Schwarzen sah, konnte er nicht anders, als zu denken: It was them black soldiers who freed the camps. Und es hatte ihn wirklich nicht gestört, dass sein Schwiegersohn schwarz war, im Gegenteil.

Missfallen hatte ihm lediglich, dass Rainer schon Mitte vierzig und damit mindestens zwölf bis fünfzehn Jahre älter war als seine Tochter. Es schien ihm irgendwie unappetitlich, dass sein Kind sich mit einem schon beinahe welken Mann vereinte, inklusive aller unappetitlichen Männerprobleme, die Harry von sich selbst kannte. Doch plötzlich erkannte er in Rainers Alter einen immensen Vorteil. Rainer wollte Kinder, und zwar so schnell wie möglich. Plötzlich sah Harry am Horizont die Möglichkeit aufscheinen, mit noch nicht einmal siebzig schon Enkelkinder zu haben – früher als alle anderen im Freundeskreis, deren Anfang Dreißigjährigen Kinder, wie alle stets beklagten, vor lauter unbezahlten Praktika auch nicht vom Fleck zu kommen schienen. Ruth und er hatten sich vorgenommen – beziehungsweise Ruth hatte es per Dekret beschlossen, und Harry war ihr gefolgt –, dass sie keinerlei Druck auf ihre Kinder in puncto Enkelkinder ausüben wollten, jedenfalls keinen sichtbaren, dass sie ganz entspannt seien und niemals fragen würden, so wie es die Königs und die Teichmanns taten (»Na, wie sieht es denn aus, ihr seid jetzt ja auch schon drei Jahre zusammen«), sondern die Enkelkinder zu nehmen, wie und wann sie eben kämen, wenn überhaupt.

Doch Harry, wenn er ehrlich war, war bereit. Er war seit einigen Jahren pensioniert und hatte das Angebot seines besten Freundes Helmut König abgelehnt, doch noch einmal die Seiten zu wechseln und eine exquisite und hoch spezialisierte Anwaltssozietät für ein paar wenige, sehr zahlungskräftige Mandanten zu eröffnen. Er brauche das Geld nicht, hatte er Helmut gesagt, und wolle lieber seine verbleibende Zeit mit Frau, Kindern und irgendwann Enkelkindern genießen, bis ihm einfiel, dass weder Chris und erst recht nicht Karolin irgendwelche Ambitionen in der Richtung zu haben schienen. Benni war zu jung.

Als Rainer gut gelaunt, einen Ofenhandschuh über der einen, das Kölsch in der anderen Hand, Harry erzählte, es könne nicht mehr lange dauern, er und Karolin schliefen schon ohne Verhütung miteinander, da konnte Harry doch nicht anders, als unter einer Mischung aus Lachen und Husten ein »Jaja, gut, gut« herauszupressen und sich dann für einen schnellen Toilettengang zu entschuldigen, um dort hoch konzentriert im Geiste die besten Ballwechsel zwischen McEnroe und Borg nachzuspielen, um die Bilder von Rainers ungeschütztem Penis, wie er in seine Tochter eindrang, aus seinem Kopf zu vertreiben. Aber dann freute er sich doch. Seine eigenen Eltern waren noch keine sechzig gewesen, als Chris geboren wurde. Er aber würde jetzt auch, für heutige Maßstäbe, ein junger Opa sein.

Die Hochzeit war merkwürdig gewesen. Rainer hatte zeitlich so auf die Tube gedrückt, als müsse er sein neues Glück sofort vertraglich festhalten, damit es ihm keiner mehr nehmen konnte. Es wäre naheliegend gewesen, die Hochzeitsfeier im Leo's auszurichten, aber das hatte Rainer nicht gewollt. Das Leo's war ja gerade die Welt, der er durch die Ehe entfliehen wollte, erklärte er Karolin, die bezweifelte, ob Flucht das richtige Motiv für eine Hochzeit wäre. Außerdem wollte sie Rainer Tiede heiraten, den Inhaber und Geniekoch des Leo's, und nicht Rainer, den Privatier. »Wir machen das zu Hause bei uns im Salon«, sagte Rainer, »dafür haben wir die Wohnung doch, und vielleicht koche ich uns was kleines Bodenständiges, bisschen saisonales Gemüse, etwas weißen Fisch.« Karolin konnte sich nichts Schrecklicheres vorstellen, als in den eigenen vier Wänden zu heiraten, und dort an weißem Fisch und Gemüse zu nagen. Rainer hatte dann vorgeschlagen, am Stadtrand von Köln zu heiraten – in ihrem Elternhaus! –, der Vater der Braut hatte das Fest doch auszurichten, so sei das früher gewesen, und er würde gern feiern bei seiner neuen Familie, was heißt neuen, es war seine erste Familie – endlich hatte er eine. Mit einer Mischung aus Ärger und Schauder begriff Karolin, dass Rainer nicht sie, sondern offenbar ihre Familie heiraten wollte. Er hatte erreicht, was er sich, wie er ihr einmal erzählt hatte, seine Kindheit lang gewünscht hatte: adoptiert zu werden. Er verwechselte Ehe mit Adoption. Köln käme nicht infrage, sagte Karolin, wie sollte das gehen, müssten dann etwa all ihre Freunde nach Köln kommen? Er habe zwanzig Jahre lang viele Freunde im Leo's gehabt, hatte Rainer entgegnet. Das habe ihn nicht weitergebracht, bei seiner Hochzeit brauche er die nicht. Er könne die alle nicht mehr sehen.

Menschen, sagte Karolin, veranstalteten zu solchen Anlässen große Feste, weil Hochzeiten ein Schritt seien ins Leben hinein – und nicht heraus. Sie wolle ihren neuen Gatten und die Welt umarmen! Er wolle sich offenbar mit ihr von der Welt zurückziehen, am besten wohl in ein Häuschen am Stadtrand von Köln. »Ja, das wäre schön«, hatte Rainer da gesagt.

Sie feierten dann tatsächlich im Leo's. Der Kompromiss lautete folgendermaßen: Karolin bekam das Leo's, dafür durfte Rainer die Gästeliste bestimmen. Außer seinem früheren besten Freund und Partner, dem Namensgeber des Restaurants, Leo, den er glaubte, einladen zu müssen, wenn sie im gemeinsamen Lokal feiern wollten, wollte er sonst nur noch seine Mutter dabeihaben und von seinen Halbgeschwistern lediglich Minki sowie deren amerikanische Familie, bei der er den glücklichsten Sommer seines Lebens verbracht hatte und die inzwischen in McLean, Virginia, lebte. Karolin war entsetzt. Was war mit all den tollen Leuten, die Rainer aus dem Leo's kannte, den Künstlern, den Schriftstellern und Schauspielern, den anderen Starköchen, was war mit Joschka Fischer und Klaus Wowereit, die er gut kannte, was mit Wolfgang Joop? Karolin hatte sich in den Wochen zuvor fast täglich ausgemalt, wie es sein würde, all diese schillernden Menschen ihren Geschwistern und Eltern vorzustellen, was würden ihre »alten Freunde« aus der Zeit vor Rainer sagen? Habt ihr gehört, voll krass, zu Karolins Hochzeit kam sogar der ehemalige Außenminister!

Doch Rainer wollte niemanden von diesen Leuten bei seiner Hochzeit sehen. Und so hatte Karolin auch keine Lust mehr gehabt, ihre Freunde einzuladen. Sie hätte es nicht gewagt, ihnen auf der Hochzeit gegenüberzutreten. Dass sie den Rainer Tiede heiratete, eine der schillerndsten Nachtlebenfiguren der Stadt, um dann zu einer Hochzeitsfeier einzuladen, deren Gästeliste aus einer Militärfamilie aus Virgina, einem Rentnerehepaar aus Köln und seinem schwer kokainabhängigen Partner bestand – das hätte sie zu sehr beschämt. Und so hatten sie am Ende zu vierzehn an einem Tisch im ansonsten bis auf drei Kellner menschenleeren Leo's gesessen, während draußen an der Tür ein von Rainer schnell hingekritzelter Zettel hing, »Sorry, Leute, heute geschlossene Gesellschaft aus privatem Anlass«. Und als der asketische wie athletische Rainer, der nichts mehr trank und kaum noch etwas aß, seine eigene Hochzeitsparty um Viertel vor eins verließ, sagte Karolin, sie schließe nur den Laden noch rasch ab und bezahle den Service, dann käme sie auch. Doch sie spürte eine so tiefe Enttäuschung und Wut, ein Zukurzgekommensein, dass sie vor die Tür ging, Rainers Zettel abriss, alle Lichter einschaltete, die Tür sperrangelweit öffnete, dem Servicepersonal jeweils weitere fünfhundert Euro versprach, wenn sie blieben, und die Musik laut stellte, eine von Rainers Barjazz-Mixen: egal. Es dauerte keine Viertelstunde, da war der Laden voll, mit Passanten, Partytouristen und ein paar vom Stammpublikum. Endlich Hochzeitsgäste, und ja, Rainer würde für sie alle bezahlen, open bar. Nach dem dritten Anruf von Rainer stellte sie ihr Handy aus.

Von dieser Hochzeitsnacht hätte sich die Beziehung vielleicht noch erholt, sie war ja noch so frisch. Karolin versuchte sich vorzustellen, wie sie als älteres Ehepaar mit schon großen Kindern über diese misslungene Hochzeit nachsichtig und voller Verständnis für den anderen lachten, ja damals 2009, als sie jung waren und beide ein bisschen durch den Wind. Aber komischerweise war nichts an dieser Vorstellung schön gewesen, im Gegenteil. Sie fühlte sich an wie die gesamte Hochzeit: erdrückt von Rainers Zwängen. Seine Sozialphobie, seine Essphobie, seine Alkoholphobie, seine Restaurantphobie, seine Spaßphobie, seine Reisephobie – gepaart mit Familienobsession, seiner Alteleuteobsession, seiner Zuhausebleibobsession. Worauf würde sie noch alles verzichten müssen, wenn sie sich sogar am Tag der

Hochzeit Rainers (nicht nachvollziehbaren) Bedürfnissen hatte beugen müssen? Warum ließ sie sich ohne Not in den Traum eines anderen einbetonieren? Von jemandem, den sie erst seit Kurzem kannte und der offensichtlich eine schwierige Zeit durchmachte, eine Charaktertransformation vielleicht sogar. Warum sollte sie alles aufgeben, was ihr wichtig war, eine Karriere in der Kunstwelt, die, wie jeder wusste, vor allem durch Kontakte zustande kam? Das hieß, sie musste unter Leute, die richtigen kennenlernen, und ausgerechnet der Mann, der ihr dabei helfen konnte wie niemand anders, wollte sie zu Hause einsperren.

Sie hatten nicht einmal Kinder. Sie waren doch ganz frei.

Karolin wurde heiß auf ihren Wangen bei der Erkenntnis, aber sie war dabei, den gleichen Fehler zu machen wie ihre Mutter, die sich genötigt sah, irgendwann ihr Kind unter den Arm zu packen und regelrecht zu fliehen. Karolin war dabei gewesen. Sie glaubte sich zu erinnern, das Leid gesehen zu haben, die Verzweiflung ihrer Mutter. Ja, sie hatte es vor Augen, die dunkle, deprimierende Wohnung des Professors, wo sie frierend beim Duschen lange Minuten auf warmes Wasser warten mussten. Das Schluchzen der Mutter in den Nächten, von dem Karolin noch Jahre später geträumt hatte. In Hamburg war es bereits zu spät gewesen. Das eine Kind acht, das andere elf, der Ehemann längst zu weit vorangeschritten in seinem Beruf. Ihre Mutter hatte die Fehler vorher gemacht. Die Kinder wiederholen die Fehler ihrer Eltern. Oder sie machen Fehler, weil sie das Gegenteil ihrer Eltern tun.

Karolin würde nicht das Gegenteil tun. Aber sie würde auch nicht in die Rainer-Falle gehen; und mit ihm sogleich ein Kind haben oder zwei, wie Rainer es wollte, aber keinen Beruf. Nein, ihr frisch vermählter Ehemann, wie das klang, sollte ihr keine Kinder schenken, sondern Kontakte zu Galeristen und Kuratoren, er sollte Dinners geben in ihrem

Salon. Das Leben sollte jetzt losgehen. Doch Rainer wollte, dass es aufhörte.

Sich nach vier Monaten wieder scheiden zu lassen, komme häufiger vor, als man denkt, sagte der Anwalt. Da die Eheverbindung nur vier Monate bestanden hatte, sei an Zugewinn, den ihr zukünftiger Ex-Gatte ihr schuldete, nicht viel zu erwarten. Daran sei ihr nichts gelegen, sagte Karolin, sie wolle nur, dass er aus der Wohnung verschwinde, die er quasi seit der Hochzeit nicht mehr verlassen habe und die sie, ginge es nach ihm, auch nicht verlassen solle.

Als sie am Abend vom Anwalt nach Hause kam, war sie beruhigt. Was sich für sie wie ein großes persönliches Drama darstellte, war für den Juristen ein einfacher, fast beleidigend unkomplizierter Fall. Sie sagte Rainer, dass sie beim Anwalt gewesen sei und die Scheidung wolle. Es hätte nichts mit ihm zu tun. Was nicht stimmte. Was zum Teil nicht stimmte. Rainer verstummte. Er wurde nicht wütend, er fiel nicht aus allen Wolken, noch nicht einmal aus einer. Wie alle kaputten Menschen gab er sich die Schuld. Wie hatte er glauben können, dass es das Konzept Familie auch in glücklich gab. Schon wieder war eine Familie zerbrochen, zum zweiten Mal in seinem Leben. Die Menschen wollten ihn nicht, sein Vater hatte ihn nicht gewollt, seine Mutter hatte sich nur für ihre Männer interessiert, und nun Karolin. Sie hatte seine Liebe nicht gewollt, sondern nur seinen Fame. Er versuchte nicht, sie zu überzeugen. Er spürte keine Panik, er schwor nicht, er würde sich ändern; er schwor nicht, sie könnten ausgehen, und er würde ihr all die Menschen vorstellen, die sie wollte, er aber nicht, die er verachtete. Wahrscheinlich steckte ihre Familie dahinter, Harry, der immer von den schwarzen GIs gesprochen, aber in Wirklichkeit ein Problem mit seiner Hautfarbe hatte; Ruth, die ihn für dumm gehalten hatte, weil er ein Gastronom war; die er immer hatte beeindrucken wollen mit den Theorien zu Literatur und Film, die er im Leo's von den Feuilletonisten gehört hatte.

Er verließ die Wohnung noch am selben Abend und kehrte nie zurück. Er zog zu Leo, dem einzigen Menschen, der ihn nie enttäuscht hatte. Leo freute sich, Rainer zurückzuhaben – und endlich jemanden, mit dem zusammen er seine Kokainlinien vom Glastisch im Wohnzimmer ziehen konnte. Jetzt, wo er eh nicht mehr schlafen konnte, ging Rainer wieder jeden Abend ins Leo's und tat somit genau das, was Karolin sich immer gewünscht hatte. Wenn sie manchmal noch mit ihren Kunstfreunden kam, gab es für sie keinen Tisch.

Die Scheidung vor dem Familiengericht war gespenstisch unspektakulär gewesen. Niemand im kleinen Verhandlungsraum schien schlimm zu finden, was hier passierte. Im Grunde war es wie bei ihrer Eheschließung ein paar Monate zuvor. Da schien sich niemand gefreut zu haben außer Rainer, die Standesbeamtin hatte eine Zigarettenstimme gehabt und schwarz-rot gefärbte Haare und jeglichen Ausdruck von Festlichkeit verweigert. Und nun das Gleiche in umgekehrter Richtung. Niemand schien traurig außer Rainer, der den ganzen würdelosen juristischen Akt durch heulte (und zwar im wörtlichen Sinne Heultöne ausstieß wie ein verwundeter Wolf), unterbrochen von den matten Ermahnungen der Familienrichterin, die sonst keinen Zweifel daran ließ, dass diese Scheidung juristisch ein Witz war und zudem eine Vergeudung ihrer Zeit. Eine Vermählung, die schlapp begonnen hatte, endete nun ebenso energielos.

Bis hierhin hatte Karolin niemandem etwas gesagt. Sie hatte vermeiden wollen, dass Versuche unternommen würden, sie von ihrer Entscheidung abzubringen. Sie hörte Ruth schon sagen: »So schnell gibt man aber nicht auf. Stell dir mal vor, wir hätten so schnell aufgegeben. Dann würde es euch alle nicht geben.«

Interessant fand Karolin dabei, dass ihre Mutter das sagen würde, obwohl sie sich bestimmt einen anderen Schwiegersohn vorgestellt hatte als Rainer Tiede. Nun, da nichts mehr zu ändern war, stellte sich die Frage, wie Karolin die Familie unterrichten könnte und dabei möglichst ein Minimum an Reaktion hervorrufen würde. Sie dachte an Harry, der Rainer beim Kochen in Köln ins Herz geschlossen hatte, wohl auch deswegen, weil Rainer ihm Enkelkinder versprochen hatte, und das umgehend, worauf Harry so aufgeregt gewesen war, dass er sich anschließend mehrmals verplappert hatte. Ihr Vater schien den Kontakt zu einem jüngeren Mann, der trotzdem älter war als seine beiden Söhne (und auch stabiler im Leben stand), zu genießen. Rainer hätte als erstes Schwiegermitglied die Familie Schönwald also durchaus bereichern können, hätte man ihm nur ein wenig Zeit gegeben.

Da war noch ein Problem. Rainer war ganz verrückt danach gewesen, Karolins Nachnamen anzunehmen, und ihr war es recht gewesen, da sie keinen Wert auf Tiede gelegt hatte, und getrennte Namen ihr schon wie der erste Schritt zu getrennten Schlafzimmern schien. Rainer war gleich am Tag nach der Hochzeit mit seiner Heiratsurkunde zum Bürgeramt in der Yorckstraße geradelt, hatte sich Ausweispapiere mit dem neuen Namen ausstellen lassen und bei der Gelegenheit gleich noch ein Maria als zweiten Vornamen nachtragen lassen: Rainer Maria Schönwald stand nun in seinem Pass und war auch der Name, mit dem er sich fortan am Telefon meldete. Karolin glaubte, dass man Rainer vieles wegnehmen konnte, ihre Liebe, seine Wohnung, das Geld – aber sicher nicht seinen neuen Namen. Wie Karolin später über Dritte erfuhr, spielte Rainer sogar mit dem Gedanken, ein weiteres Lokal zu eröffnen, das im Prinzip war wie das Leo's, nur ohne Leo. Und es sollte, so die alarmierenden Gerüchte, »Schönwald's« heißen. Und weil Rainer ja halber Amerikaner war, wollte er noch den Zusatz »American Bar« hinzufügen. Schönwald's American Bar.

Als Karolin aus dem Amtsgericht zurückkam als frisch geschiedene, aber immer noch erst neunundzwanzigjährige

Frau, fühlte sie sich zum ersten Mal in ihrem Leben erwachsen und frei zugleich. Vorher, während der Ehe, hatte sie sich zwar auch erwachsen gefühlt, aber ebenso gebunden; und in der Zeit vor Rainer war sie zwar frei, hatte jedoch das Leben eines Teenagers geführt, wie sie fand. Jetzt hatte sie ihr Studium abgeschlossen und war geschieden, ein richtiges Leben war das auf einmal. So richtig, dass sie sich für bereit erachtet hatte, beim Kunstgewerbemuseum am Mathäikirchplatz eine Abteilungsleiterstelle mit einskommafünf Mitarbeitern anzunehmen, Schwerpunkt Renaissancekunst.

Sie wählte die Festnetznummer in Köln, die einzige Nummer, die sie noch auswendig konnte. Sie wusste, dass in dem Moment, in dem im Haus am Stadtrand von Köln das Telefon auf mehreren Apparaten auf verschiedenen Stockwerken läutete, ein unausgesprochener Wettlauf angepfiffen wurde, den Ruth gewöhnlich für sich entscheiden konnte, außer Harry saß zufällig in seinem Arbeitszimmer direkt neben seinem Telefon/Fax-Kombigerät aus den Neunzigern.

Karolins Plan war es, Ruth für das Überbringen der ungünstigen Nachricht von der Scheidung für sich zu instrumentalisieren. Ruth würde die Entscheidung ihrer Tochter nicht gutheißen, würde aber noch weniger Interesse als Karolin daran haben, dass die Sache in der Familie zerredet würde. Sie würde Harry verbieten, Karolins Entscheidung arglos zu hinterfragen (»Aber das war doch ein netter Kerl, der Rainer, da muss doch was vorgefallen sein« – »Wir halten uns da raus, Hans-Harald, das geht uns nichts an« – »Aber fragen wird man ja mal können« – »Nein, Hans-Harald, wir fragen da sicherlich nicht nach«). Sie würde Chris und Benni die Nachricht so überbringen, dass auch die Brüder Karolin erst mal nicht ansprechen würden. Sie müsste dafür nur das Telefonat mit Ruth optimal hinbekommen. Nach dem zweiten Klingeln hob Ruth ab.

»Schönwald?«, kam es fragend aus Karolins Handylautsprecher in der Kreuzberger Wohnung, in der angenehm wenig noch an Rainer erinnerte. Karolin hatte sich angewöhnt, nur noch über die Lautsprecherfunktion des Handys zu telefonieren, als sei es ein Walkie-Talkie. Das hatte sie sich von den Türkenkids in Kreuzberg abgeguckt und fand, es sah irgendwie cool aus. Außerdem hasste sie es, sich das Telefon ans Ohr zu drücken. Sie glaubte, davon Kopfschmerzen zu bekommen.

»Ach, du bist es, Karolin. Na, wie gehts euch? Habt ihr euch gut eingelebt in eurer Ehe?«

Ruths Ton klang schon ein bisschen argwöhnisch, glaubte Karolin zu hören. Ihr Anruf an einem Dienstagmittag war ungewöhnlich. Sie hatte in letzter Zeit nur noch am Sonntag mit ihren Eltern telefoniert, seit Rainer ständig mit ihnen sprach. Vor Rainer hatte sie fast täglich mit ihrer Mutter Kontakt gehabt.

Es ging jetzt darum, nicht herumzudrucksen, sondern die Mutter mit der Brutalität der nackten Fakten zu überrumpeln, um sie in ihren Ruth-Schönwald-Krisenmodus zu versetzen, in dem sie verlässlich funktionierte.

»Ich komme gerade vom Scheidungstermin. Rainer ist schon ausgezogen.«

»Ist etwas vorgefallen?«

Das war die kühle, faktenorientierte Antwort, auf die Karolin gehofft hatte.

»Nein, nichts vorgefallen. Wir haben uns im Guten getrennt. Aber es war eine Schnapsidee.«

»Ja. Gräm dich nicht. Das kann passieren. Hauptsache, ihr zettelt jetzt keinen Rosenkrieg an. Das wäre ungünstig. Alles andere lässt sich regeln.«

»Ist schon geregelt. Könntest du es nur Papa und den anderen sagen, und dass sie bitte nicht drüber reden sollen? Ich werde es später vielleicht mal erzählen.«

»Ach, wir wollen da gar keine Details wissen.«

Und damit war es vollbracht. Bis heute hat niemand Karolin gefragt, was eigentlich mit Rainer geschehen war.

10 Gendarmenmarkt

Wenn Ruth im Hotel am Gendarmenmarkt aus dem Fenster blickte, kam ihr der Verdacht, dass das Hotel am Gendarmenmarkt möglicherweise gar nicht am Gendarmenmarkt lag. Jedenfalls vermochte sie nicht zu sagen, in welcher Richtung der Platz sein könnte – geschweige denn, dass sie ihn sähe. Sie hatte versucht, das Fenster zu öffnen, um ihren Kopf mal hinausstrecken zu können, vielleicht waren links und rechts ein paar Hinweise auf die Existenz des Platzes auszumachen, ja womöglich wären gar seine Ränder und Ausläufer in ihr Blickfeld geraten. Die Kuppeln des Deutschen und Französischen Doms zum Beispiel, oder, wenn es die nicht gab, wenigstens sekundäre Hinweise, wie zum Beispiel Fahrradrikschas oder Souvenirläden. Sogar nach einem verstärkten Taubenaufkommen hatte sie Ausschau gehalten.

Doch die Fenstergriffe waren irgendwie blockiert, jedenfalls ließen sie sich nicht drehen. Unten am Hebel hatte Ruth eine kleine Schraube entdeckt, in deren Gewinde sie nun mit ihrer Nagelfeile herumstocherte. Wenn nur ein paar Anzeichen des versprochenen Gendarmenmarkts zu sehen wären, dann würde sie ihren Frieden machen können. Würde eine Großbaustelle auch als Indikator für die Nähe einer der prächtigsten Plätze der Stadt durchgehen? Natürlich kann ein Platz wie der Gendarmenmarkt nach gerade mal dreißig Jahren seit der Wiedervereinigung noch nicht komplett fertig sein, an seine Peripherie würde stets weiter angebaut werden, auch weil der Gendarmenmarkt wegen seiner Nähe zum ehemaligen Todesstreifen immer noch von viel freier Fläche umgeben war.

Deswegen ergab es für Ruth durchaus Sinn, dass alles, was sie aus ihrem Fenster sah, eine Großbaustelle war, die morgens ab zehn nach sieben von einem Treck aus fiependen Kipplastern und Betonmischern angefahren wurde und sie weckte.

Trotzdem hatten Hans-Harald und sie in dem Hotel verlängert. Hans-Harald hatte das übernommen. Seit ihrer Ankunft versuchte er unablässig, mit den wechselnden fremdsprachigen Männern und Frauen an der Rezeption Beziehungen aufzubauen, um sich mit ihnen über regionale Spezialitäten, interessante Umgebungsspaziergänge, die Chance auf Karten für Deutsche Oper und Philharmoniker sowie die Verkehrspolitik des rot-rot-grünen Senats austauschen zu können. Für ihren Mann gehörte diese soziale Anbindung zu der Hotelerfahrung dazu, und auch sie konnte sich an eine Zeit erinnern, in der das mal so war.

Sie hatten ihren Aufenthalt verlängert, weil Karolin, wie sie glaubten, nach dem Angriff auf ihren Buchladen eine schwere Zeit durchmachte, da hatten sie für ihre Tochter da sein wollen. Doch nachdem sie gleich am Sonntagmorgen unangemeldet bei ihr zu Hause aufgetaucht waren, waren sie ihr, abgesehen von zwei kursorischen Treffen, kaum noch begegnet.

Sie hatten überlegt, raus in die Uckermark zu fahren, um wenigstens Benni und die Enkelkinder noch einmal zu sehen, doch es regnete seit Tagen, und die hatten ja auch ihr eigenes Leben dort draußen, plus die komplizierte Emilia. Auch Christopher schien jetzt hier in Berlin sehr beschäftigt. Er meldete sich zwar täglich telefonisch und stellte alle möglichen Szenarien der Wiederbegegnung in Aussicht (»Heute Abend lade ich euch ins Grill Royal ein«, ein Lokal, das nach allem, was Ruth am Rande aus Gesprächen zwischen Christopher und Karolin aufgeschnappt hatte, ganz fürchterlich klang, auf das Hans-Harald aber ganz erpicht war, weil er es aus der Süddeutschen kannte).

In Wirklichkeit freuten sie sich nur noch auf Bennis Grillparty. Das war eine handfeste Veranstaltung, bei der alle noch einmal zusammenkämen. Ihr reichte das, und anschließend würden Hans-Harald und sie auch froh sein, in den Zug nach Köln steigen zu können und wieder in ihr wahres Leben entlassen zu werden. Doch Benni machte sich Sorgen über das Wetter, dass es regnen könnte. Ständig rief er an und wollte das Fest absagen. Wegen ein bisschen Regen, das passte eigentlich gar nicht zum verbindlichen Benni.

Papperlapapp, hatte sie ihm am Telefon gesagt und ihn so beruhigen können – wie oft hatten Hans-Harald und sie Gartenfeste veranstaltet, die mehr und minder komplett in der Garage hatten stattfinden müssen, weil es so geregnet hatte (einmal war sogar die Feuerwehr angerückt, weil es so aus der Garage gequalmt hatte), aber das seien doch die Feste, an die man sich heute noch erinnerte.

Bis zur Gartenparty am Mittwoch galt es immer noch, zwei weitere Tage »ihrer schönen Berlin-Woche«, wie es schon bald in Köln heißen würde, rumzukriegen. Um halb neun hatten sie Zeitung (Hans-Harald) und Reiseführer (Ruth) lesend das »reichhaltige« Frühstück mit Filterkaffee, Aufback-Croissants, Verpackungswurst sowie Industriequark genossen. Damit hatten sie eine Dreiviertelstunde totschlagen können, nun war es Viertel nach neun, und Hans-Harald lag wieder auf dem Bett und guckte, wie die Tage zuvor auch, mehr oder minder durchgängig auf Eurosport Zusammenfassungen, Liveübertragungen, Vorberichte und Analysen der Vorrundenspiele der US Open, bei denen Spielerinnen und Spieler gegeneinander antraten, von denen selbst Hans-Harald noch nie gehört zu haben schien. Wenn Ruth ihn, leicht angesäuert, fragte, wer denn spiele, merkte sie, wie er selbst erst auf der Bildschirmeinblendung die fremdartigen chinesischen oder osteuropäischen Namen lesen musste und sich dann mühte, sie fachmännisch oder zumindest auf den ersten Blick sinnvoll auszusprechen.

Weil Ruth das Liegen auf einem Bett nur in der festgelegten Zeit der Mittagsruhe zwischen 13 und 15 Uhr für disziplinarisch vertretbar hielt, hatte sie es sich auf einem Holzstuhl mit fröhlich gesprenkelten Stoffpolstern bequem gemacht, der zwischen Bett und Fenster stand und aus dem Fundus einer aufgelösten DB-Lounge stammen könnte. Obwohl es erst zehn Uhr am Morgen war, hatte sie das Deckenlicht im Zimmer anknipsen müssen, um das neue Rätsel im ZEIT-Magazin zu beginnen, dessen um die Ecke zu denkende Mechanik sie vor Jahrzehnten durchschaut hatte und das sie in immer kürzerer Zeit löste und damit nicht nur Hans-Harald, sondern auch ihre Kinder beeindruckte, die meist nicht einmal auf eine einzige Antwort kamen.

Später hatten sie ausgestattet mit zwei Regenschirmen, die Hans-Harald dank seiner Kontakte zu den Hotelangestellten nach langem Hin und Her an der Rezeption hatte organisieren können, das Hotel verlassen, um das »fußläufig erreichbare«, wie es im Hotelprospekt hieß, Holocaust-Mahnmal anzusteuern. Das Mahnmal war nicht überdacht, und der Regen störte die Kontemplation. Trotzdem musste Ruth an das angebliche Nazigeld denken, das von der Wolfsschanze gewissermaßen durch ihre Familie bis in die Gentrifizierung Kreuzbergs geflossen sein soll. Beeindruckend, wie Chris die Kritik zum Verstummen gebracht hatte, wenngleich auch richtig war, dass sie ihren Sohn bei der Instagram-Diskussion eigentlich nicht wiedererkannt hatte, na ja, der Zweck heiligte die Mittel.

Sie liefen weiter nach Süden zur »Topografie des Terrors« – wenn schon, denn schon, hatte Hans-Harald gesagt –, auch dort befanden sich Teile der Ausstellungsfläche im Freien, zum Glück aber auch einige in geschlossenen Räumen. Die Ausstellung brachte nichts Neues, wie auch,

Ruth hatte Neuere Geschichte studiert und Hans-Harald jedes Buch von Sebastian Haffner über das Dritte Reich gelesen, dessen große Hitler-Biografie sogar mehrmals, »ein ganz kluger Mann«, sagte Hans-Harald immer über ihn, genauso wie über Peter Scholl-Latour, zwei Leuchttürme der bundesrepublikanischen Geschichtsschreibung. Ruth erschienen die Texte der beiden immer zu populistisch, Werk und Auftreten zu selbstverliebt. Sie hatte lieber Golo Mann gelesen, das drittälteste Kind des großen Thomas, dessen Geschichte des 19. und 20. Jahrhunderts ihr präziser und unprätentiöser erschien als die Werke der von Hans-Harald geschätzten TV-Stars.

Ruth grub ihr Telefon aus ihrer Handtasche aus und rief bei Karolin an. Es war immerhin schon zwölf Uhr, sie hatten sich jetzt den gesamten Vormittag selbst beschäftigt, vielleicht wäre es in Ordnung, jetzt mal anzurufen. Karolin ging nicht ran. Dafür kam wenig später eine Textnachricht von Christopher – *Vielleicht Kaffee heute Nachmittag?* –, und Ruth schrieb sofort *Gern!* zurück und fügte das Emoji einer dampfenden Kaffeetasse hinzu sowie das eines Stück Kuchens. Die Bildchen kamen ihr selbst verblödet vor, doch sie simulierten Lockerheit. Sie wusste, dass Christopher es gut meinte; dass ihr ältester Sohn sich auf eine fast zwanghafte Weise immer verpflichtet zu fühlen schien und deswegen Ankündigungen machte, denen er meist nichts folgen ließ, so wie sicherlich auch an diesem Nachmittag. Ruth hatte Verständnis, er hatte doch immer so viel zu tun als Literaturwissenschaftsprofessor … obwohl: obwohl sie in letzter Zeit ein paarmal darauf angesprochen worden war, ob Christopher eine neue Stelle hätte, vor allem von Margot Schuler, die ja immer glaubte, besonders gut über die Kultur- und Geisteswelt informiert zu sein, Margot jedenfalls meinte, im Internet etwas dazu gelesen zu haben, das sei aber auf Englisch und ihr deswegen nur in groben Zügen verständlich gewesen. Ruth hatte mit einiger Mühe der

Versuchung widerstanden, selbst Christophers Namen bei Google einzugeben. Er hätte bestimmt etwas gesagt, wenn er glaubte, es gäbe etwas, wovon Hans-Harald und sie Kenntnis haben sollten. Solange das nicht der Fall war, wollte sie lieber keine Details wissen. Hans-Harald hatte sie das Gerücht, mehr war es ja nicht, bewusst verschwiegen, weil er ganz sicher sofort das Internet durchkämmt hätte. Wobei, hatte er ihr nicht stolz erzählt, er wolle für alle drei Kinder einen Alarm bei Google einrichten, sodass fortan nichts mehr verpasst würde, was das Internet über die drei Kinder zu berichten wusste? Dann müsste er eigentlich von den Gerüchten gehört haben, und hätte seinerseits ihr nichts von ihnen berichtet – warum, das würde sie noch herausfinden müssen (wahrscheinlicher war allerdings, dass es ihm gar nicht erst gelungen war, den Alarm einzurichten).

Jetzt, auf jeden Fall, waren in New York Semesterferien und es schien nicht ungewöhnlich, dass Christopher mehr als eine Woche in Berlin verbringen konnte.

Wenn das heute Nachmittag, wie sie vermutete, nicht klappte mit dem Kaffeetrinken, wenn er sich da wieder zu viel vorgenommen hatte, würde sie nicht traurig sein. Man säße ja doch nur wieder in einem von Christopher ausgewählten, zu lauten Café, wo sie ihren Cappuccino auf Englisch würde bestellen müssen. Hans-Harald und sie – zwei um die Achtzigjährige in bunten Joggingschuhen mit Umhängetasche und Regenschirm des »Hotels am Gendarmenmarkt« – wären dort unter den aus Dublin, Toronto und Stuttgart zugezogenen Millennials so fehl am Platz, wie sie steif auf unbequemen Hockern sitzend, ihren Kaffee genössen, während sie immer noch wütend wäre über die vier Euro fünfzig, die der Cappuccino dort kostete, plus fünfzehn Prozent Trinkgeld, das man gezwungen war zu entrichten, sofern man nicht auf dem zum Bezahlen vorgehaltenen iPad explizit das Tastenfeld »No Tip« wählte, was

Hans-Harald in dem hektischen Bezahlvorgang wahrscheinlich nicht gelungen wäre.

Da sich wegen der unsicheren Christopher-Verabredung nun erneut ein unüberschaubares Feld an freier Zeit vor ihnen auftat, hatte Ruth auf ihrem Telefon eine Route ausgeklügelt, die sie von der Topografie des Terrors zum Potsdamer Platz führte, wo sie die U2 zum Bahnhof Zoo nehmen konnten, um von dort den Diener Tattersall fußläufig anzusteuern, ein Restaurant, von dem Hans-Harald behauptete, es während seiner Studienzeit oft besucht zu haben, was Ruth bezweifelte: »Hans-Harald, das ist und war immer ein teures Prominentenlokal« – für Ruth die größtmögliche Herabwürdigung –, »ich kann mir nicht vorstellen, dass du dir das als fünfundzwanzigjähriger Jurastudent in der Nachkriegszeit hast leisten können.«

»Es waren die Sechziger«, hatte Hans-Harald entgegnet, »die Sixties, Ruth. Nicht die Nachkriegszeit. Ich hatte sogar einen Mercedes. Im Gegensatz zu dir, die angeblich in Armut aufgewachsen ist, bevor wie uns kannten, hatte ich eine komfortable Jugend und konnte mir leisten, in eine schummrige Berliner Pinte zu gehen, die damals sicherlich kein Prominentenlokal gewesen ist.«

Mit großer Geste hatte er sich beim Diener dann Soleier, Buletten und Kartoffelsalat bestellt, dazu ein Berliner Kindl, und endlich traf er auf jene Art redselige Berliner Servicekräfte, die er im Hotel all die Tage vergeblich gesucht hatte. Ruth hatte einen Salat gegessen und ein kleines Sprudelwasser bestellt (»Ruth, hier bestellt man doch keinen Salat!«), und als sie damit fertig waren, war es fünf nach zwei.

Es war schön, in Berlin zu sein, die Idee war gut, ein Geschenk, dass zwei der Kinder hier, oder, in Bennis Fall, in der Umgebung lebten, die Enkel hier waren und sich somit auch Ruths und Hans-Haralds Leben ein bisschen in die Hauptstadt verlagerte. Ruth wusste, dass das nicht allen ihrer Freunde im Rheinland gefiel. In ihrem Freundeskreis, in dem das Aufkommen pensionierter Bundesbeamter, Ministerialdirektoren, Kanzleramts-Referenten relativ hoch war, gab es immer noch einige – wie hatte Christopher sie neulich auf seine unnachahmliche Art genannt? – »Never-Berliner«, die sich bis heute weigerten, jene Stadt zu bereisen, die ihnen 1992 nach heftigen Debatten im Bundestag den Hauptstadttitel weggenommen hatte.

Ruth konnte sich genau vorstellen, wie hinter ihrem Rücken geredet wurde.

»Wo sind denn die Schönwalds? Ach, wieder in Berlin? Was die da immer wollen, ist doch so schäbig da.«

»Ja, als ich anrief, war die S-Bahn gerade ausgefallen, und sie saßen im Schienenersatzverkehr-Bus, der aber natürlich auch nicht losfuhr, und keiner wusste, wann und warum.«

»Da haben sie ja noch Glück, wenn der Bus nicht mit Böllern beschossen wurde.«

»Benni und Karolin, das waren doch eigentlich ganz vernünftige Kinder, warum mussten die denn ausgerechnet nach Berlin? Wenn sie schon wegwollten, hätten sie doch nach Frankfurt oder Düsseldorf gekonnt. Da ist auch kunstmäßig viel los, da muss man nicht nach Berlin für. Die Karolin ist doch so 'ne Kunstinteressierte.«

»Ja, aber die ist ja wohl auch ein bisschen schwierig, da ist ja doch so ein Thema mit Sexualität. Die ist ja mit 'ner Frau zusammen, ne, so was geht natürlich in Berlin besser.«

»Und der Benni, der hat doch einfach reich geheiratet, da in Brandenburg, oder wo das ist? Wohnt da fett auf dem Land.«

»Aber wir waren doch als junge Leute auch in Berlin gewesen! Ich bin da dem Sarg von Benno Ohnesorg hinterhergelaufen!«

»Ach, komm!«

»Natürlich!«

»Ja, Westberlin. Das kannste nicht vergleichen.«

»Die Ossis, puh! Bis heute nichts besser geworden. Deswegen funktioniert da in der Verwaltung ja auch nichts. Das ist immer noch DDR.«

»In den Supermärkten in Berlin gibt es bis heute ja auch keine frische Fleischtheke, weil die Ossis das nicht kennen. Dafür musste ich in Berlin in einen Feinkostladen!«

»Der einzig erfolgreiche der Schönwald-Kinder ist doch der Professor, der Christopher, oder?«

»Ja, aber der ist in New York! Da hast du auch nichts von den Enkeln.«

»Gut, der scheint da auch nicht zu Potte zu kommen, was die Enkelproduktion betrifft. Und der muss doch auch bald fünfzig sein!«

»Wir werden alle nicht jünger. Noch eine Runde Kölsch?«

So oder so ähnlich stellte Ruth sich vor, dass geredet würde, manchmal nachts, wenn sie nicht schlafen konnte und sie in Berlin waren.

Früher hatte Karolin ihnen auch mal ein Airbnb in Kreuzberg gebucht, aber das war für Ruth überhaupt nichts gewesen, sich in den zugerümpelten und allenfalls oberflächlich gereinigten Wohnungen anderer Leute aufhalten zu müssen. Es hatte sich angefühlt, als sei sie aus ihrem Leben geschmissen worden und müsse nun in der Kulisse anderer Leute wohnen. Hans-Harald hingegen hatte es gut gefallen. Er mochte es, in den fremden Regalen herumzustöbern, hier eine mit einem handbeschriebenen Pflaster (»Privat!«) beklebte Schublade aufzumachen, dort eine Fotografie umzudrehen, ein Buch durchzublättern und nach Notizen zu durchkämmen, und so gewissermaßen Schritt für Schritt zu ermitteln, was die Leute dort für ein Leben führten. Er wusste aus jahrzehntelanger Arbeit, wie schwierig, beinahe unmöglich es war, Orte von den Spuren ihrer Bewohner zu befreien. Fast alles kann ein Hinweis sein, man muss ihn nur sehen. Und verknüpfen mit anderen Zeichen, die vorerst nicht zusammenzupassen schienen. So entstehe Wahrheit. »Eigentlich skandalös«, sagte er zu Ruth, »was die Menschen einem zumuten zu wissen.«

Von ihr könnten sie ruhig alles wissen, sagte Ruth. Was gäbe es denn bei ihr, und ehrlich gesagt auch bei Hans-Harald und überhaupt bei den meisten Leuten herauszufinden? Wer die Spuren aus ihrem Leben zusammenzusetzen versuchte, würde vor lauter Langeweile sterben. Der Hype um die Privatsphäre und den Datenschutz sei immer schon übertrieben gewesen, die Leute überschätzten die Interessantheit ihres eigenen Lebens. Das meiste, was Menschen hervorbringen, sei eben banal. Der große Erfolg des Reality-Fernsehens, später der sozialen Medien, sei daher eins der unerklärlichen Phänomene unserer Zeit. Insofern, hatte sie Hans Harald gesagt, frage ich mich, was dich an diesen Täterprofilen, die du da erstellst, so interessiert. Andererseits hatte Hans-Harald schon in den unschuldigen Jahren vor dem Internet seine Kinder beim Abendessen nach ihren Freunden befragt und nach deren Eltern, was die so machten, wo sie wohnten. Es ging da nicht um Status, dafür hatte Hans-Harald keinen Sinn. Es war auch keine Neugier, es war echtes Interesse. Wenn es keine Antworten gab zu Adresse oder Beruf der jeweiligen Eltern, war Hans-Harald aufgestanden vom Esstisch, was nur in Ausnahmefällen erlaubt war, und hatte aus dem untersten Bücherregal im Wohnzimmer das damals gelbe Telefonbuch geholt und beinahe genüsslich mit den Worten: »Wollen wir doch mal sehen«, aufgeschlagen und mit einem leicht mit Spucke benetzten Zeigefinger in den dünnen Seiten des Telefonbuchs geblättert.

Während Ruth die Anonymität des Hotels am Gendarmenmarkt gern noch verstärken würde (und, ja, es kam ihr entgegen, dass die meisten Rezeptionsmitarbeiter kein belastbares Deutsch sprachen), arbeitete Hans-Harald unermüdlich gegen sie an. Er wollte, wenn es ginge, gern alles wissen über die Leute hinter dem Tresen der Rezeption und über ihre Ansichten zur Welt, zum Wetter, zum Verkehrschaos in Berlin.

Hans-Harald hatte auch vorgeschlagen, jetzt, wo sie so viel Zeit in Berlin hatten, vielleicht Rainer zu besuchen, immerhin ihr Schwiegersohn. Karolin hatte erzählt, dass das Schönwald's inzwischen einen Michelin-Stern besaß und man seinen Tisch mindestens zwei Monate im Voraus buchen musste.

»Na ja, für uns wird er ja wohl was haben«, hatte Hans-Harald gesagt. »Das will ich doch schon meinen. Trägt immerhin meinen Namen, das Restaurant.«

»Hans-Harald, da wäre ich mir nicht so sicher. Wir haben uns doch über zehn Jahre nicht gesehen. Und das ist ja auch nicht im Allerbesten auseinandergegangen.«

»Warum ist es eigentlich auseinandergegangen?«

»Ach, lass das doch jetzt. Das spielt doch überhaupt keine Rolle mehr. Ich bin mir jedenfalls sicher, wir sind bestimmt die Letzten, die Rainer in seinem schicken Laden sehen will. Wir sind Ballast aus der Vergangenheit.«

»Aber Ruth, wir sind doch kein Ballast! Im Gegenteil, ich würde sogar erwarten, dass er uns dort mal einlädt. Wie gesagt, das ist immerhin mein Name und der meiner Familie. Wir gehen da jetzt hin, wollen wir doch mal sehen.«

Zum Glück machte das Schönwald's erst um 19 Uhr auf, sodass Ruth noch ein wenig Zeit blieb, ihrem Mann die Idee, das Restaurant ihres ehemaligen Schwiegersohns zu besuchen, wieder auszureden. Vorher wollte er noch in eine Ausstellung, von der Christopher ihm erzählt hatte, eine Retrospektive der Performancekünstlerin Marina Abramović in der Neuen Nationalgalerie. Christopher kannte die Künstlerin und ihre so gewagten wie oft schmerzhaften Arbeiten aus New York und hatte die Ausstellung sehr empfohlen, sei »mal was anderes«, so hatte Hans-Harald die Worte des Sohnes wiedergegeben. Doch Ruth fühlte sich ob des Dauerregens klamm, die Füße feucht in den Joggingschuhen, sie wollte in die S-Bahn zum Hotel steigen, anstatt in überfüllten und dampfenden Bussen zur Nationalgalerie zu gondeln. Von Hans-Harald, wusste Ruth, war kein großer Widerstand zu erwarten, wenn sie sich sperrte. Außerdem war er – natürlich – müde von all den Buletten und dem Bier, zudem ebenfalls nass. Er sagte, er würde sich auf eine lange heiße Dusche im Hotel freuen sowie anschließend auf ein Tennismatch bei Eurosport. Danach, hatte er angekündigt, würde er wieder fit sein, um Rainers Sternerestaurant einen Besuch abzustatten, was Ruth immer noch für keine gute Idee hielt. Doch Hans-Harald hatte bereits seine Freunde an der Rezeption beauftragt, ihn dort anzukündigen, und zwar bei Rainer Schönwald persönlich, dass ein »gewisser Harry Schönwald« sich spontan entschieden habe, das Lokal an diesem Abend zu beehren, und das auch zur Not allein, wie er mit einem Seitenblick auf Ruth noch hinzufügte.

Was überhaupt nicht zu Hans-Harald passte und Ruth seit Jahrzehnten irritierte, waren seine ausgedehnten Duschgänge. Früher hatte er gesagt, er könne dort am besten nachdenken, viele seiner Plädoyers hatte er angeblich unter einer heißen Dusche konzipiert.

Ruth hatte entgegen ihren eigenen Regeln die Zeit genutzt, um sich, solange Hans-Harald im Badezimmer sein würde, auf dem Bett kurz auszustrecken. Eurosport lief ohne Ton, anhand von eingeblendeten Statistiken wurden ihr offenbar die Kontrahenten der kommenden Begegnung vorgestellt, das hätte Hans-Harald sicherlich interessiert. Sie drückte auf der abgegriffenen Hotel-Fernbedienung die Lautstärke vorsichtig hoch und lauschte. Wenn Hans-Harald gleich frisch geduscht aus dem Badezimmer käme, würde sie ihm die Erkenntnisse über die Spieler zusammenfassen können. Das würde ihn freuen.

Christopher hatte angeboten, ihnen in seinem Hotel am Zoo auch die Friends & Family-Rate zu besorgen, doch die Zimmer dort verfügten offenbar, wenn sie Christopher richtig verstanden hatte, über keine Badezimmer. Stattdessen stünden da riesige Duschen mitten im Raum. Das war ihr nach mehr als fünfzig Ehejahren doch zu wenig Privatsphäre.

So hörte sie das Prasseln des Duschwassers nur entfernt aus dem Badezimmer, der Geruch von parfümiertem Hotelduschgel kroch durch die Türschlitze, die Schlieren draußen an der Fensterscheibe brachen das gelbe Blinklicht, das von der Baustelle kam; sie hörte gedämpft die Stimmen der Bauarbeiter, die dem Regen trotzend zusammenpackten und nach und nach ihre Lkws starteten. Ruth hatte ihre feuchten Strümpfe ausgezogen sowie die Jeans und beides auf die kalten Heizkörper gelegt; der starke Spätsommerregen verdunkelte die Welt da draußen, hier drinnen hatte Ruth ihre blaue Bluse über die grelle Energiesparbirne der Nachttischlampe gehängt. Angesichts dieses Zusammenspiels aus Duschgeplätscher, Fernsehton, gedämpftem Baustellenlärm, dazu die bunten Lichtbrechungen in der Scheibe, der Wolkenfinsternis da draußen und dem gedimmten Schein der Nachttischlampe musste Ruth sich eingestehen:

Es war gemütlich.

Es war friedlich.

Es war der erste durch und durch angenehme Moment dieser Reise. Sie inspizierte die Minibar, auch hier gab es Berliner Kindl. Behutsam nahm sie eine der beschlagenen Flaschen heraus, während sie darauf achtete, keinen der anderen Gegenstände in dem Kühlschrank auch nur zu berühren, um sie nicht bezahlen zu müssen. Jede Flasche wurde, einmal der Minibar entnommen, sofort aufs Zimmer gebucht, hatte sie in einem ihrer Verbrauchermagazine gelesen, dementsprechend umsichtig musste sie vorgehen.

Sie öffnete das Bier, goss es in eins der beiden über dem Kühlschrank stehenden Gläser und stellte es auf Hans-Haralds Nachttisch. Vielleicht würde Hans-Harald sich zu ihr legen, wenn er geduscht aus dem Bad kam, und sie würden zusammen den ersten Satz schauen; vielleicht würde auch er es gemütlich finden.

Sie überlegte. Dann stakste sie zurück zur Minibar, zögerte noch einmal kurz – alles, was entnommen wird, muss bezahlt werden –, öffnete die Tür und zog, erneut vorsichtig, eine kleine Flasche österreichischen Riesling heraus. Ruth wog die Flasche in ihrer Hand. Drehverschluss.

In dem Moment störte eine Rockmusikmelodie die Harmonie. Es war der Anfang von »Smoke on the Water«, sie kannte es von WDR2. Neben dem Bierglas blinkte es. Es war Hans-Haralds Handy, und Hans Haralds Handy war ebenfalls die Quelle der Rockmelodie. Ruth erinnerte sich, ein Tennisfreund hatte sie ihm als Klingelton eingestellt, und dann hatte Hans-Harald nicht gewusst, wie man das wieder rückgängig machte. Aber eigentlich störte es auch nicht, da Hans-Haralds Telefon so gut wie nie klingelte. Außer ihr und den Kindern hatte, soweit Ruth wusste, niemand die Nummer, und die Kinder riefen nie an, sie hatten sich angewöhnt, es lieber sofort bei Ruth zu versuchen, die wusste, in welche Richtung man den Balken wischen musste, um ranzugehen.

Ruth lief misstrauisch einmal um das Bett herum, von ihrer Seite auf Hans-Haralds, schob sich zwischen Bett und Minibarschrank hindurch und erreichte Hans-Haralds Nachttisch. Unterwegs hatte sie schnell einen Blick auf ihr eigenes Telefon geworfen, sicherlich hatte Christopher, Karolin oder Benni es erst vergeblich bei ihr versucht. Doch sie hatte keinen verpassten Anruf. Und auf dem Display von Hans-Haralds immer noch das Riff von »Smoke on the Water« spielendem Handy stand weder Chris (wie Hans-Harald seinen Sohn sicherlich eingespeichert hatte) geschrieben noch Karolin (die Hans-Harald eigentlich nie anrief, sondern immer nur Ruth) oder Benni (der noch die naheliegendste Lösung gewesen wäre) – ja gewesen muss es heißen, denn auf dem Display stand keiner dieser Namen, sondern der Name HAUSBRUCH, eingespeichert in Versalien, ob versehentlich oder aus Akzentuierungsgründen.

Hausbruch war nun der Nachname von Martin. Ihrem Doktorvater und Mentor und einiges mehr aus Hamburg, der Professor Hausbruch oder HAUSBRUCH. Dass der Hans-Harald anrief war … sie wollte bedenklich sagen, aber was auf Hans-Haralds Handy zu sehen war, war nicht bedenklich, sondern absolut gefährlich.

Es war potenziell existenzvernichtend.

Ihre Gedanken beschleunigten sich, es wurde auch Zeit, eine Entscheidung musste getroffen werden innerhalb der nächsten Sekunden. Also, noch mal: Martin rief Hans-Harald an, der Ex-Liebhaber den Ehemann, das bedeutete, die beiden kannten sich, sie waren in Kontakt, wie konnten die sich kennen? Und wenn die sich kannten, dann doch sicherlich, weil Martin Hans-Harald alles erzählt hatte, ihr Mann also schon wer weiß wie lange alles wusste, aber nie etwas gesagt hatte. Rangehen, ja oder nein, gleich würde »Smoke on the Water« verebben, und es wäre zu spät, dann lieber schnell abheben, Martin anschreien, ob er von Sinnen sei, ihren Mann anzurufen, das war gegen die Abmachung, das hatten sie sich immer versprochen. Martin verbieten, je wieder anzurufen, den Anruf aus dem Telefonspeicher löschen, so tun, alles wäre er nie erfolgt, und hoffen, dass alles so bleiben würde, wie es war. Wenn Hans-Harald es wusste und vielleicht auch schon lange wusste, aber bisher nichts daraus hatte folgen lassen, dann würde vielleicht wirklich nichts passieren, die Oberflächen-Realität sich nicht ändern.

Dann hatte die Melodie aufgehört. Es war still geworden. Die Baustelle draußen verstummt; das Duschwasser verebbt; der Regen nachgelassen. Sie musste jetzt schnell sein. Hans-Harald würde gleich mit einem Hotel-am-Gendarmenmarkt-Handtuch umwickelt aus dem Bad kommen, um im auf dem Laminatboden aufgeklappten Koffer nach seiner Unterwäsche zu suchen. Sie wusste, was sie zu tun hatte. Zum Glück war sie mit diesen Samsung-Geräten inzwischen so gewandt. Sie tippte auf den Hinweis Verpasster Anruf, dann auf den Namen HAUSBRUCH, öffnete den Telefonbucheintrag, notierte die Nummer auf dem Hotel-Notizblock (sie selbst hatte die Nummer vor Jahrzehnten weggeschmissen), riss den Zettel ab, faltete ihn und legte ihn in ihr Reisenecessaire. Dann löschte sie den verpassten Anruf aus dem Telefonspeicher und hatte nur noch eine Entscheidung zu treffen: Sollte sie besser die ganze Nummer aus Hans-Haralds Telefon entfernen? Er würde bemerken, dass der Kontakt verschwunden war, aber er würde es auf seine eigene technische Inkompetenz zurückführen. Das wäre die kurzfristig sicherste Variante. Andererseits würde jede Veränderung, wie das plötzliche Verschwinden einer Telefonnummer, automatisch Dynamik in die Sache bringen, Hans-Harald würde vielleicht versuchen, sich die Nummer neu zu besorgen, würde, wo immer er sie herhatte, andere Leute um sie bitten. Sie hörte Gepolter aus dem Badezimmer und legte das Handy schnell hin.

»Oh, gibt es was zu feiern?«, fragte Hans-Harald mit Blick auf das eingegossene Bier und die halb geöffnete Rieslingflasche, die einsam auf dem Sideboard neben der Minibar stand.

»Nein, ich dachte nur, du freust dich (wahrscheinlich dachte er jetzt: ›Das machst du doch sonst nie. Das hast du doch sicher nur für deinen Professor gemacht, Bier im Bett und so.‹)«

»Ja, danke!« (Komischerweise schien er sich ehrlich zu freuen.)

»Du willst ja dein Spiel gucken, oder? Kommst du eine Stunde ohne mich zurecht? Ich gehe kurz ins Fitnesscenter und mache meine Übungen«, sagte sie und stürzte vor lauter Scham aus der Tür.

»Willst du nicht dein Sportzeug anziehen?«

»Ziehe mich unten um«, rief sie durch die zufallende Tür von Zimmer 217. Sie hatte gar keine Sportsachen dabei, hoffentlich würde das Hans-Harald nicht auffallen. Sie hatte sofort rausgemusst, unmöglich, jetzt in Hans-Haralds Gegenwart zu existieren. Sie musste nachdenken. Was genau wusste Hans-Harald, wussten die Kinder etwas? Warum merkte sie Hans-Harald nichts an? Normalerweise konnte sie alles aus seinem Gesicht lesen, es gab kaum jemanden, der seine Stimmungen schlechter maskieren konnte als ihr Mann. Fand er es vielleicht nicht schlimm? Hatte er gar Verständnis für sie? Sowohl für die Tat an sich, wie auch für das jahrzehntelange Lügen? Ersteres vielleicht, Letzteres ausgeschlossen.

Im Fitnessraum war niemand um diese Uhrzeit. Ruth setzte sich in ihrer Straßenkleidung auf ein Peloton Bike. Hi, bist du bereit für deinen Challenge?, fragte der augenblicklich zum Leben erwachte Monitor. »Danke, ich bearbeite gerade schon genügend Challenges«, murmelte Ruth und war sogleich erschreckt über sich selbst. Hatte sie gerade mit einem Fitnessbike gesprochen?

Sie spürte keine Schuld. Sie hatte das Richtige getan, sie hatte ihr Leben in Sicherheit gebracht mit der Beziehung zu Martin. Und damit ihre Ehe und die mentale Gesundheit ihrer Kinder. Es war doch an den Kindern ihrer Freunde abzulesen gewesen, wie schwer sie die Trennung der Eltern getroffen und aus der Bahn geworfen hatte. Christopher war in den gefährlichsten Jahren Mitte der Achtziger, als sie aus Hamburg nach Köln zurückkehrte, gerade in die Pubertät gekommen. Eine Trennung, was die Alternative zu der Beziehung mit Martin gewesen wäre, und Christopher hätte sicherlich begonnen, Haschisch zu rauchen wie Sven, der Sohn von Helmut und Christa König, er wäre in der Schule abgerutscht, hätte das Gymnasium mehrfach gewechselt, immer mehr Joints geraucht, sich schwarz angezogen und mit seinen neuen Freunden von der Realschule rauchend am

Busbahnhof herumgestanden. Er wäre in die Kneipen in der Nähe des Bahnhofs gegangen, von denen sich einige gezielt an schwänzende und abrutschende Oberstufenschüler richteten, mit Happy Hours um 16:30 Uhr und auf Schüler spezialisierten Haschischdealern, die in den engen Gängen zu den Toiletten standen.

Diese oder ähnliche Szenarien hatten in den Achtzigern alle Eltern Westdeutschlands vor Augen. Sie alle hatten *Wir Kinder vom Bahnhof Zoo* gelesen und waren beeindruckt von der Gefahr, die offenbar ihren Kindern drohte – die wiederum ein paar Jahre später das Buch im Wohnzimmerregal entdeckten und von der Lektüre nicht abgeschreckt, sondern geradezu animiert sein würden.

Christopher hätte vielleicht noch mit Ach und Krach das Abitur geschafft (aber auch nur, weil es zu jener Zeit nahezu unmöglich war, in Nordrhein-Westfalen durchs Abitur zu fallen), mit dem gerade noch genügenden Dreisechser-Schnitt, nur erreicht durch Fächer wie Sport und Kunst, die mit in die Wertung flossen. Eine unmittelbare Aufnahme des Studiums wäre in den Neunzigerjahren angesichts der überfüllten Universitäten und dementsprechend hohen Numeri clausi nicht möglich gewesen, weswegen Christopher nach halb garer Wehrdienstverweigerung und einem schluffigen Zivildienst erst mal angefangen hätte, bei WOM hinterm Bahnhof zu jobben. Mit dem dort erstmals selbst verdienten Geld hätte er bei seinem Stammdealer größere Mengen Haschisch erwerben und alles, was seinen eigenen Konsum überstieg, an die Kollegen bei WOM weiterverkaufen können. Weil inzwischen Deutschland vom Technoboom erfasst worden war, hätte es bei Christophers Dealer auch Ecstasy und Speed gegeben, was er ebenfalls an die WOM-Leute »weiterverticht« hätte, wie er es später vor Gericht nennen würde. Die Menge, mit der Christopher dann eines Morgens vor der Arbeit erwischt worden wäre, hätte nur durch Zufall die Schwelle zur Vorstrafe gerade noch unterschritten. Doch die Erfahrung hätte eine ohnehin latent schlummernde Depression in ihm zu voller Entfaltung gebracht. Nachdem WOM ihm gekündigt hätte, wäre seine mentale Verfassung zu schlecht gewesen, um das lang geplante Studium noch aufzunehmen, die letzte Hoffnung seiner geschiedenen Eltern, die mit ihrem »jeweils neuen Partner« den Problemfall Christopher besprachen, woraufhin es die jeweils neuen Partner nur gut meinten und Christopher zu »einer Flasche Bier« (Ruths neuer Partner) oder zu »einem Milchkaffee« (Hans-Haralds neue Partnerin) einluden, was bei Christopher krasse Ablehnung beider jeweils neuer Partner hervorrief (vor allem gegenüber Ruths neuem Partner, denn sie war ja schuld, sie hatte ja die Familie verlassen für diesen Professor in Hamburg). Natürlich belastete Christophers Ablehnung die neuen Beziehungen und führte letztlich dazu, dass sie in die Brüche gingen. Mit Anfang dreißig würde es Christopher schließlich gelingen, seine psychische Abhängigkeit vom THC zu überwinden, und er lernte eine Frau kennen, die als Beamtin auf unterer Besoldungsstufe in einem Ministerium arbeitete. Sie zogen in eine Wohnung am nördlichen Stadtrand, wo Ruth und Hans-Harald ihn bis an ihr Lebensende manchmal getrennt besuchten und ihm dabei ein bisschen Geld zusteckten.

Das alles (oder so Ähnliches) hatte Ruth verhindert.

Christopher war ein weltbekannter Professor heute. Er hatte keine Schäden aus der Kindheit davongetragen, und deshalb würde Ruth sich auch nicht schlecht fühlen. Sie hatte eine pragmatische Lösung im Sinne der Familie gewählt, niemand war verletzt worden.

Allenfalls Karolin hatte vielleicht ein bisschen etwas abbekommen, vielleicht war sie lesbisch geworden, weil sie über Jahre beobachtet hatte, wie ein Mann, ohne es zu wollen, das Leben ihrer Mutter wenn nicht zerstört, so doch verhindert hatte. Sie hätte Karolin nicht mitnehmen dürfen damals nach Hamburg, andererseits ist in jenen Monaten die einzige echte Bindung zu einem ihrer Kinder entstanden. Sie hatte nach der Rückkehr nicht den Eindruck gehabt, dass Karolin von dieser angeblichen Missbrauchsgeschichte mit dieser Sekretärin großen Schaden davongetragen hatte, wie alle befürchtet hatten, vor allem Martin und seine anstrengende Frau.

Martin hatte in den Wochen nach ihrer Rückkehr noch einige Male angerufen, um sich zu erkundigen, wie Karolins »Rekonvaleszenz« – ganz klar ein Begriff aus dem Psychosprech seiner Frau – vonstattenginge, und Ruth hatte ihn jedes Mal abwimmeln müssen (unvorstellbar, die Zeit vor Rufnummererkennung und Mailbox, als Menschen mit freudiger Stimme fragend ihre Namen in den Hörer riefen und die Annahme von Telefongesprächen noch für wahre Überraschungen sorgen konnte). Sie sei auf dem Sprung gerade, sie riefe zurück, hatte Ruth über Martins »Ich will doch nur kurz ...« hinweggesagt, aufgelegt und nicht zurückgerufen. Nach ein paar weiteren Versuchen und sogar einem von Elenore hatte Martin endlich aufgegeben. Auf eine Art war er auf vergleichbare Weise naiv wie Hans-Harald: alles immer gut gemeint, nur schlecht durchdacht. Es war doch schon in Hamburg offensichtlich gewesen, dass sie unterschiedliche Ansätze verfolgten, wie mit dem Missbrauchsverdacht umzugehen sei; sie wollte sich zu keiner Hysterie drängen lassen, erst recht nicht von einer Anthroposophin wie Elenore, deren pädagogische Leitsätze sicherlich nicht auf rationalen, wissenschaftlichen Erkenntnissen fußten.

Die Wiedervereinigung mit Hans-Harald war einfacher gewesen, als sie vermutet hatte. Er gab sich sichtbar Mühe, nicht verärgert zu sein, sondern liebevoll und gelassen. Vielleicht hatte ihn die plötzliche Härte und Konsequenz ihrer Handlungen erschreckt und eine Art Demut in ihm ausgelöst. Insofern hatte es zunächst so ausgesehen, als wären die Folgen ihres Ausbruchsversuchs überschaubar geblieben.

Doch ihre innere Verfassung war von bleierner Woche zu bleierner Woche immer schlechter geworden. Aus Erleichterung und Dankbarkeit, dass Hans-Harald sie nicht verstoßen hatte (was sie an seiner Stelle getan hätte), hatte sie am zweiten Tag nach ihrer Rückkehr auf sein Drängen mit ihm geschlafen. Sie hatte nicht geglaubt, dass sie noch einmal schwanger werden könnte.

Und während Hans-Harald sich freute und glaubte, das dritte Kind symbolisiere einen Neustart ihrer Beziehung, eine Adrenalininjektion für ihre Gefühle, wusste Ruth, dass dies der Untergang war.

Sie konnte vor ihrem inneren Auge kein Baby erkennen, bloß einen langen dunklen Tunnel aus fünfzehn, sechzehn, siebzehn, achtzehn Jahren, bis das bisher noch ungeborene Kind selbstständig sein würde. Das wäre dann weit nach der Jahrtausendwende, sie wäre über fünfzig. Christopher wurde schon elf, Karolin acht, bald schon hätte sie halbtags arbeiten können; klar, die Professorenkarriere bei Martin war abgehakt, aber wenigstens Dozentin in Köln, ein Proseminar, ein- oder zweimal die Woche – was sie vor Kurzem noch empört abgelehnt hätte. Nun mit dem Fötus im Bauch würde sie alles dafür geben. Doch jetzt fühlte sie sich behindert, die Schwangerschaft kam ihr vor, als säße sie im Rollstuhl, sie empfand sich selbst als unmodern, eine Fünfzigerjahrefrau, die nicht aufpassen konnte und sich stumpf hatte schwängern lassen. Sie versuchte, sich an das Gefühl zu erinnern, das sie hatte, als sie mit Christopher und Karolin schwanger war, wie sie trotz des zusätzlichen Gewichts durch die Welt geschwebt war und sich alles richtig angefühlt hatte. Diesmal fühlte sich nichts mehr richtig an. Jeden Morgen und jeden Abend musste sie ihren Blutdruck messen, beobachtete mit bangen Augen das Ziffernblatt des Messgeräts. Ab 100 wurde sie nervös, allmählich müsste der Zeiger sich verlangsamen, ab 120 wurden ihre Hände feucht, jetzt muss er stoppen; wenn er über die 140 ging, würde eine zweite Messung nötig und dann eine halbe Stunde später eine dritte, dabei hoffen, dass der verdammte Zeiger wieder fiel; ab 160 musste sie ins Krankenhaus zur Beobachtung, und wenn der systolische Wert auch dort nicht zu senken war, würde eine Frühgeburt eingeleitet werden müssen.

Dann wäre es wenigstens vorbei. Präeklampsie hieß diese Krankheit, früher hatte man sie Schwangerschaftsvergiftung genannt, passend, fand Ruth, denn so fühlte sie sich, vergiftet.

Sie wollte dieses Kind nicht haben, denn es würde immer das Stigma ihres Scheiterns tragen. Der Sargnagel ihrer beruflichen Ambitionen. Sie würde es anschauen und denken, du stehst so tief in meiner Schuld, es gibt nichts, womit du das überhaupt gutmachen könntest. Das Kind konnte nichts dafür, sie wünschte, sie könnte es lieben wie Christopher und Karolin. Als Vater kam zum Glück eigentlich nur Hans-Harald infrage. Sie hatte mit Hans-Harald über einen Abbruch geredet, obwohl sie wusste, dass sie das nie tun würde. Aber sie wollte Hans-Harald Angst machen, damit er den Ernst ihrer Situation begriff.

Eltern würden ihr Leben geben für ihre Kinder, sagt man. Ja, natürlich, das wusste sie, das Gefühl kannte sie, und sie hoffte, dass sie es auch bei diesem Baby noch spüren könnte. Aber sie war schon seit mehr als elf Jahren Mutter, sie dachte, sie sei langsam auf dem Weg Richtung Ausfahrt, in zwei Jahren würde Karolin aufs Gymnasium gehen. Und jetzt zwang dieses Kind sie wieder in die Knie, zurück an den Anfang, alles von vorn, sie war eine Intellektuelle, Herrgott, nicht die Mutter der Nation.

Sie quälte Hans-Harald. Es war seine Schuld. Es konnte nicht die Schuld des armen Kindes sein. Nach der Geburt hatte Hans-Harald sie gefragt, wie der Junge heißen sollte. Es sei ihr egal, hatte Ruth gesagt. Hans-Harald solle einen möglichst lieblichen Namen aussuchen, vielleicht falle es ihr dann einfacher, das Kind zu mögen. Benjamin, hatte Hans-Harald gesagt, wir nennen ihn Benjamin, der kleine Sohn.

Sie konnte Benjamin nur schwerlich stillen, sofort nach der Geburt hatten sich ihre Brustwarzen entzündet. Das Kind hatte nicht nur ihre Lebensplanung zerstört, jetzt fügte es ihr noch körperliche Schmerzen zu. Sie wurde wütend, sie wollte das Kind schütteln, obwohl ihr wie allen Müttern im Krankenhaus gesagt wurde, Schütteln sei das Einzige, was eine Mutter mit einem Neugeborenen nicht tun durfte. Ich bin schon zweifache Mutter, hatte Ruth die Schwester angeraunzt. Jetzt bin ich dreifache! Aber danke für den Tipp.

Karolin wurde ihr verlängerter Arm. Sie delegierte so viele Aufgaben wie möglich an das achtjährige Kind, das seiner Ersatzmutterrolle gern nachkam.

Seit der Hamburg-Zeit war Karolin wie ausgewechselt. Sie war jetzt vorlaut und altklug. Wohlwollender formuliert könnte man sagen, sie war selbstbewusst. Ruth wusste nicht, ob das nun ein Zeichen der von Elenore und Martin heraufbeschworenen Traumatisierung war oder schlicht Ausdruck der gesunden Entwicklung eines jungen Menschen, der in einer Ausnahmesituation eine Art Selbstermächtigung erfahren hatte. Baby Benjamin nahm die Minimutter jedenfalls dankbar an, und Karolin genoss es sichtlich, ein hartes Regiment mit ihm zu führen. »Benjamin! Wie oft habe ich dir schon gesagt, du sollst die Milch nicht auf deinen Strampelanzug spucken! Den muss ich dann wieder waschen« (was nicht stimmte). Manchmal meinte Ruth eine sadistische Ader im Verhalten Karolins gegenüber dem Baby zu entdecken. Aber war das nicht normal für größere Geschwister oder doch Ausdruck dessen, was sie in Hamburg erlebt hatte?

Ein paar Monate nach der Geburt meldete sich Martin, um zu gratulieren. Sie hatte ihm eine Geburtsanzeige geschickt, wahrscheinlich damit er wusste, dass nun endgültig alles vorbei war. Mit ihrer akademischen Laufbahn, wie auch mit jedweder romantischen Erregung, die womöglich mal zwischen ihnen existiert hatte. Sie war gerade allein mit Benjamin, hielt ihm missmutig die Flasche hin, die das Baby aber inzwischen lieber von Karolin empfing. Es war ein grauer Vormittag in Köln. Die Kinder waren in der Schule, Hans-Harald im Dienst. Diesmal wimmelte sie Martin nicht ab.

Ihr war langweilig, nicht aus Beschäftigungsmangel, mit dem Baby gab es genügend zu tun, aber im Kopf. Es war genügend Zeit vergangen, mehr als ein Jahr, seit dem überstürzten Abschied in Hamburg. Sie freute sich, Martins ruhige, immer leicht ironisch gefärbte Stimme zu hören, ein Poststrukturalist der ersten Stunde mit großer Skepsis gegenüber allem Absoluten und Eigentlichen. Er fragte nicht mehr nach Karolin, wahrscheinlich hatte er es vergessen, und Elenore hatte längst das nächste vermeintliche Opfer ausgemacht, das ihrer Hilfe bedurfte, und war längst weitergezogen mit ihrem kleinen psychotherapeutischen Bauchladen. Mit der Karolin-Angelegenheit aus dem Weg und ohne den Druck, doch noch bei Martin reüssieren zu müssen, fühlte Ruth sich mit einem Mal wie befreit. Und hatte Lust, mit Martin zu sprechen, wollte die neusten Gerüchte, Skandale und Skandälchen aus der Universität hören, wer sich mit welchen Veröffentlichungen blamiert hatte und wann die alten Germanisten der Nachkriegszeit mit ihren metaphysischen Interpretationsmethoden endlich abträten. »Du hättest sie ablösen können, Ruth, vor dir haben sie gezittert, aber jetzt bleiben sie alle.« Und darüber konnte Ruth sogar lachen.

Martin erzählte ihr unterhaltsames Zeugs aus der akademischen Welt, die ihr immer dröge vorgekommen war. Doch jetzt, mit dem nach seinem Fläschchen eingeschlafenem Kind in ihrem Arm, begann diese Welt in ihrer Vorstellung zu funkeln.

»Nun wo du dich nicht mehr bei mir habilitieren wirst, werden wir uns trotzdem noch einmal sehen – oder endet unser Weg hier?«

»Im Gegenteil«, sagte Ruth und fühlte sich zum ersten Mal seit Hamburg wieder beschwingt, »jetzt wo wir die beruflichen Abhängigkeiten aus dem Weg geschafft haben, kann unsere Freundschaft doch richtig beginnen.«

»Du meinst, das hat sie noch nicht?«

»Wie heißt es bei Thomas Mann? ›Das Glück kommt zu denen, die es erwarten. Nur müssen sie die Türen auch offen halten‹.«

»Wir haben sie offen gehalten«, sagte Martin.

Ein Fenster in die Welt hatte sich geöffnet. Plötzlich schien das Leben wieder erträglicher. Da war eine Existenz jenseits der drei Kinder und der merkwürdigen Parallelexistenz, die sie mit ihrem Mann aufrechterhielt. Sie erzählte Martin von der fürchterlichen Schwangerschaft, ihrer Unzufriedenheit mit der Mutterschaft, ja dem Unglück ihres Lebens. Sie tat dies zum ersten Mal überhaupt. Sie brach kurzfristig mit den Grundsätzen, die ihr Vater ihr als Kind beigebracht hatte und an denen sie auch als erwachsene Frau noch festhielt: Never complain, never explain. Sich niemals beklagen, sich niemals erklären.

Sie erinnerte sich, wie ihr Vater ihr diesen Leitsatz das erste Mal erklärt hatte. Sie musste zwölf gewesen sein oder dreizehn. Er war von einer Dienstreise zurückgekommen, »von den Amerikanern«, wie er mit stolzem Timbre sagte. Das Pentagon wollte damals, Ende der Fünfzigerjahre, die Bundeswehr im Rahmen der NATO mit den Vorläufern der Pershing-Raketen ausstatten, und Rupert Wartenburg, der sich nach dem Krieg mithilfe des in Westdeutschland stationierten US-Militärs Englisch selbst beigebracht hatte, war Teil einer deutschen Delegation gewesen. Sie sollten sich im Pentagon und an anderen Militärstützpunkten innerhalb der USA um Vorbereitung und Logistik der Lieferungen kümmern. Es war eine lange Reise gewesen, und Ruth hatte ihren Vater vermisst. Die frühabendlichen Schachpartien, die Algebra-Hausaufgaben, die ihr Vater, der Mathematik studiert hatte, in seiner Mittagspause, in der er oft zu einem Essen und kurzem Schlaf nach Hause kam, absichtlich, aber anspruchsvoll falsch löste. Manchmal brauchte Ruth Stunden, um den Fehler, den ihr Vater in die Gleichung eingebaut hatte, zu finden. Die Hausaufgaben zogen sich so über halbe Nachmittage, doch wenn Rupert Wartenburg abends wieder nach Hause kam, präsentierte Ruth ihrem Vater mit leiser Freude seinen Fehler. Das alles fiel aus, wenn er auf einer seiner vielen Reisen war.

Als er an einem Sonntagmorgen endlich zurückkam und seine Tochter ihm erklärte, es sei ganz doof gewesen ohne ihn, nahm sein Gesicht strenge Züge an. Die Mathematikrätsel hätten ihr gefehlt, hatte Ruth geklagt. Ohne sie seien die Hausaufgaben langweilig, und sie habe deswegen nicht alle erledigt. Er müsse verstehen, ohne ihn sei das nichts. Es sollte nett gemeint sein, sie hatte ihn vermisst. Doch sie hatte es wohl mit ihren Klagen über seine Abwesenheit übertrieben und war erschrocken über das, was er dann sagte: »Ruth, hör auf dich zu beklagen! Ich muss das alles nicht wissen. Und erkläre mir nicht, warum du nicht geschafft hast, was du zu erledigen hattest. Ich musste weg. Punkt. Erkläre mir nicht, was das für dich bedeutet. Es interessiert nicht. Ich sage dir etwas, merke es dir für dein Leben. Die Engländer haben einen guten Leitsatz: Never complain. Never explain. Weißt du, was das bedeutet?«

Ruth, die bisher erst Latein lernte, schüttelte den Kopf.

»Es heißt: Beklage dich niemals, und erkläre niemals dein Verhalten. Zwei simple Regeln, mit denen du, wenn du sie befolgst, weit durchs Leben kommen wirst.«

»Kommen sie aus Amerika? Hast du sie von dort mitgebracht?«

»Nein, sie kommen aus England. Ich kenne sie schon

lange. Ungefähr, seit ich in deinem Alter war. Ich kenne sie von meinem Vater. Wir wollen uns an sie halten.«

An diesem Tag hatte Ruth sich zum letzten Mal beklagt. Und sie hörte an diesem Tag auch auf, ihr Verhalten zu erklären, ihre Fehler zu erläutern. Hans-Harald hatte immer wieder im Laufe der Ehe – erstmals in den Flitterwochen am Strand von Sorrent, später als sie mit Christopher schwanger war und zuletzt gar nicht lange, bevor sie nach Hamburg floh – versucht, das Innenleben seiner Ehefrau zu ergründen. Nein, sie hatte sich nie beklagt. Trotzdem, oder deswegen, hatte man ihr natürlich angemerkt, wenn es ihr nicht gut ging. Kein einziges Mal hatte Hans-Harald eine ernst zu nehmende Erklärung zu ihrem seelischen Zustand gehört. Lässt sich all das auf die zwei Sätze Rupert Wartenburgs zurückführen, viele Jahrzehnte zuvor, als der große Weltkrieg noch keine fünfzehn Jahre vorüber war? Wahrscheinlich nicht. Vielleicht doch.

Sie sprach mit Martin am Telefon anderthalb Stunden lang. Erst vorsichtig, schließlich immer vehementer beklagte sie sich. Es fühlte sich gut an, sich zu beklagen. Ein einziges Mal, sagte sie sich. Ein einziges Mal würde sie lockerlassen dürfen, gegenüber diesem Mann, den sie so lange kannte, dem sie sich so verbunden fühlte und der doch, zum Glück, so weit weg war. Martin hörte zu, manchmal stellte er eine gezielte Frage, brummte durch die Leitung, hörte wieder zu und brummte noch mal. Und Ruth erklärte sich. Warum sie nicht in Hamburg hatte bleiben können; warum sie Hans-Harald nichts gesagt hatte; dass sie glaubte, nur in Hamburg bei ihm, Martin, arbeiten zu können, und erzählte von ihren Problemen mit dem Baby Benjamin, deren Dringlichkeit Martin als meist abwesender Vater zweier Teenager-Töchter nicht verstand.

Martin war kein Pragmatiker wie Hans-Harald. Er war ein von Derrida bis Luhmann und Lacan geschulter Denker, der es gewohnt war, die zunächst vermeintlich augenfällige

Lösung infrage zu stellen. Sein Denken war nicht der Praxis verpflichtet, sondern der Originalität. Mit Martin zu sprechen fühlte sich an, als wäre ihr Kopf in Urlaub gefahren und würde nun durch neue Landschaften ziehen, unbekannte Felder und Wiesen, in denen es sich atmen ließ. Urlaub von ihrem Gewissen. Niemand, der wegen ihrer vernachlässigten Mutterschaft über sie richtete; keiner, der auf durchgelatschten Moralpfaden daherlief. Wenn sie nur noch Martin zuhören würde, wäre das Leben wieder erträglich. Er war noch komplizierter als sie. Er war, da war sie sich sicher, ein grauenvoller Ehemann, als Ehepartner bestimmt noch schlechter als sie. Das zog sie zu ihm hin. In seiner Gegenwart musste sie sich nicht schlecht fühlen. Sie hatte das Licht gesehen. Als Baby Benjamin aus seinem Babyschlaf hochschreckte, wachte auch sie auf, zurück in dem Unglück, das ihr Leben war.

Der Kongress der Internationalen Germanistenvereinigung fand 1987 in Göttingen statt. Martin rief an (wie immer am Spätvormittag, wenn er davon ausgehen konnte, dass Ruth mit Baby Benjamin allein war) und sagte, er sei der Hauptredner am ersten Abend. Er wisse, das Kapitel Literaturwissenschaft sei für Ruth endgültig abgeschlossen, aber mal für drei Tage raus aus der Babyhölle (das sagte er wörtlich so), sei doch vielleicht nicht schlecht, sie wisse doch, das akademische Leben könne man besonders dann genießen, wenn man selbst nicht mehr mittendrin stecke, und Göttingen sei doch keine drei Stunden von Köln. Er könne sie anmelden als außerfakultätischen Gast.

Hans-Harald war begeistert von der Idee, dass Ruth sich zweieinhalb Tage für sich nehmen wollte. Er würde am Freitag schon am frühen Nachmittag aus der Behörde kommen, dann könne sie sofort los und noch zur Abendveranstaltung in Göttingen sein, Sonntagabend dann zurück. Er schien geradezu erlöst von der Aussicht, nach diesem Wochenende eine vielleicht etwas weniger missmutige Frau wiederzubekommen. Ruth hatte inzwischen zu Hause die Sichtweise zementiert, dass Hans-Harald ein wunderbares Leben führen durfte, mit seiner Arbeit, seinem Erfolg, seiner Beliebtheit bei den Kindern, es aber selbstverständlich nicht seine Schuld war, dass es ihm so gut ging. Natürlich hätte er seinen beruflichen Erfolg nicht gefährden können, nur damit sich seine Frau besser fühlte. Er zerschlug schließlich bundesweit operierende Betrugsringe, während sie nur Streulicht auf die Frage warf, inwiefern die frühen Texte von Thomas Mann von seiner Sexualität informiert waren – wer war sie, da Ansprüche zu stellen, formulierte sie süffisant gegenüber Hans-Harald und beobachtete, wie das Hirn ihres Staatsanwaltsgatten zu ermitteln versuchte, ob diese Aussagen als glaubwürdig oder sarkastisch einzuordnen waren.

Er bemühte sich, früher nach Hause zu kommen, obwohl er vorher mit 17:00 Uhr schon zu einer Zeit gekommen war, von der andere in vergleichbaren Positionen nur träumen konnten. Er begann, einen Tag in der Woche ganz zu Hause zu bleiben, was die Sache aber nicht besser machte, weil es ihm, der sonst zufrieden seiner Berufung nachging, nur noch mehr ermöglichte, ehrlich gut gelaunt den Supervater zu geben. Wenn Hans-Harald, nunmehr oft gegen 15:30 Uhr, in der Tür stand, ließ sie ihn beinahe immer sofort Zeuge eines sich entfaltenden Dramas werden. Wenn nicht ohnehin schon eins im Gange war, konnte es passieren, dass Ruth, vielleicht nicht absichtlich, aber doch unbewusst, eins entzündete, damit er sehen konnte, was hier los war den ganzen Tag. Ihr rutschte dann versehentlich Benjamins Flasche aus der Hand, sodass das bekleckerte Baby zu schreien begann, oder sie tat sich selbst weh, verhob sich am Babystuhl, verbrannte sich am heißen Wasser für die Flasche; oder sie ermahnte Karolin lautstark, sich endlich Hausschuhe anzuziehen oder Christopher, die Toilette ordentlich zu hinterlassen. Ruth wusste, dass Hans-Harald in solchen Situationen nicht besonders stressresistent war, und so gelang es ihr oft, den Nervenzustand ihres Mannes innerhalb weniger Minuten auf ihr Niveau runterzuziehen.

Schon Wochen vor dem Germanistentag freute sie sich. Nach allem, was in Hamburg schon vorgefallen war, wusste sie, es war gefährlich, gleichzeitig fragte sie sich, was schon passieren könnte. Verschlimmern konnte sich ihr Zustand nicht. Sie wollte sich nicht beklagen, klar, aber mit niemandem sprechen zu können, forderte doch seinen Tribut. Mit Martin würde sie reden können, vorsichtig natürlich, sie durfte ihn nicht langweilen mit ihrem häuslichen Lamento, es musste interessant und dramatisch sein. Am besten würde sie es in einen gesellschaftspolitischen Zusammenhang betten, damit es Martin interessierte: Sie würde es mit einer Kritik an der zu naiven zweiten Welle des Feminismus verknüpfen, hatte sie sich überlegt, jenem Siebzigerjahre-Feminismus der wuchernden Schamhaare und weggeschmissenen BHs, den Martin wegen Elenore (die natürlich eine große Verfechterin war) und einiger nerviger Doktorandinnen ebenfalls ablehnte. Aber sie würde, welche Heilung sie auch immer von Martin bekommen könnte, nichts umsonst erhalten. Sie hoffte (zumindest sagte sie sich, dass sie das hoffte), dass der Preis nur in geistreicher intellektueller Begleitung bestand, war jedoch, wie gesagt, nach den Vorkommnissen in Hamburg nicht mehr so sicher. Doch wenn sie ihr Leben retten wollte, hatte sie keine Wahl.

Göttingen wurde ein voller Erfolg, wenn man so wollte. Von der Eröffnungsrede durch Richard von Weizsäcker (seit Theodor Heuß hatte kein amtierender Bundespräsident mehr auf dem Germanistenkongress gesprochen) über die Wahl eines Japaners (sic) als neuen Vorsitzenden der Internationalen Germanistikvereinigung (Martin hatte erklärt, warum das taktisch klug sei, doch sie hatte nicht zugehört, bei aller Liebe) bis hin zu »ihrem Italiener«, den sie am ersten Abend gefunden hatten, als sie sich, wie zwei Schüler, während der Weizsäcker-Rede nach der Hälfte fortgestohlen hatten (Ruth hatte sich selbst nicht erkannt, hätte Hans-Harald so etwas vorgeschlagen, hätte sie es als kindisch abgelehnt) und in der Nähe der Stadthalle in einer Einkaufspassage in der Pizzeria Valtellina Zuflucht gefunden hatten, fernab vom Trubel und den prätentiös daherredenden Kollegen. Sie hatten dieses Ritual dann jeden der drei Abende wiederholt, es waren ihre drei Stunden (abgesehen von denen im Hotel), in denen Ruth über ihr Leid hätte sprechen können, aber es doch nicht tat, weil sie es in den Momenten mit Martin nicht spüren konnte.

Wenn sie das, wusste Ruth nun, einmal im Monat vielleicht haben könnte, drei Tage eines Parallellebens, einer alternate history, drei Tage nur, Tage wie diese, es wären nur ein paar vom Schicksal (oder Martin) hingeworfene Körner. Doch sie würden womöglich fürs Erste reichen, sie nicht sterben zu lassen an Lebensskorbut.

Doch warum sollte Martin das tun, er war verheiratet mit einer herausfordernden, aber sicherlich interessanten Frau, hatte zwei Kinder an der Schwelle zum Erwachsenwerden, war einer der wichtigsten deutschen Literaturwissenschaftler und hatte als solcher längst sicherlich neue Ruths aufgetan, hübsche vielversprechende Doktorandinnen und/oder junge brillante Frauen, die sich bei ihm habilitierten. Für ihn waren die Kongresstage in Göttingen ein gut gemeintes, partiell aus Mitleid hingeworfenes Abschiedsgeschenk für seine einst wichtigste Mitarbeiterin. Ein würdiger Abschluss, denn Martin hatte immer Stil gehabt.

Zu ihrer Verblüffung rief er gleich in der übernächsten Woche wieder an, wie immer zur gleichen Zeit am Mittag, wenn er glaubte, dass Baby Benjamin schlief und Ruth Zeit hatte. Er sagte, er würde gern mit ihr noch einmal zum Kongress der Internationalen Germanistenvereinigung fahren (Ruth schöpfte Hoffnung), doch leider, leider (Ruths Mut sank, aber er hatte ja recht), leider fände der Kongress der

Internationale Germanistenvereinigung nur alle fünf Jahre statt. Aber er habe seine studentische Hilfskraft mal andere, kleinere Tagungen der kommenden Monate raussuchen lassen, manche an gar nicht so unreizvollen Orten: Literatur und Psychoanalyse in Freiburg, Alfred Döblins Poetik des Wissens im Kontext der Moderne in Bielefeld, Zur Literatur und Literaturwissenschaft der DDR in Ostberlin, Deutsche Literatur nach zwei Weltkriegen in München, unter anderem.

Und wenn das nicht genug sei, um ihren Hunger nach Fortbildung (und Zusammensein) zu stillen, dann würden sie auf die Teilgebiete ausweichen, sagte Martin, Linguistik, die Ruth mit ihrem mathematischen Gehirn sicherlich liegen würde, ihn jedoch langweilte; Logik, wo die Kollegen der Philosophie Literaturwissenschaft spielten und die großen poststrukturalistischen Schlachten geschlagen wurden, und zur Not, wenn der Ort stimmte, könnte sie auch mal bei den Mediävisten vorbeischauen. Jenseits dieser wissenschaftlichen Treffen von maximal drei Tagen am Stück würden sie sich nicht sehen. Dann würde diese Angelegenheit, wie Martin sagte, auch niemals außer Kontrolle geraten.

Und daran hielten sie sich für die nächsten dreizehn Jahre, nur manchmal kam, wenn die Abstände zu lang wurden, ein Brief hinzu. Martin ließ sie mit gedruckten Adressaufklebern in den Umschlägen der Universität aussehen wie offizielle Post; sie schrieb ihm ans Institut. In Hans-Haralds Augen hatte seine Frau beruflich zwar zurückgesteckt, besuchte jedoch regelmäßig Kongresse und Tagungen, wo sie mit Kolleginnen in Kontakt blieb und selber manchmal einen Vortrag hielt (das hatte Ruth nie behauptet, allenfalls suggeriert, wenn sie sich an den Abenden vor einer Tagung an ihren Schreibtisch zurückzog und sich »einlas«). Sie hatte Hans-Harald in all den Jahren nie aktiv belogen, das war ihr wichtig. Das hätte sie auch nicht geschafft, bildete sie sich ein, denn sie war keine Lügnerin. Sie hatte Dinge weggelassen, das ja. Doch das war etwas fundamental anderes. Informationsmanagement war ihrer Ansicht nach Teil einer vernunftbegabten Zivilisation. Wenn jeder Mensch alles, was er dachte, alles, was er erlebte, mit jenen teilte, die ihm oder ihr am wichtigsten waren (und das waren Hans-Harald, Christopher, Karolin und Benjamin), wären Schmerz und Leid allerorten. Ständig wäre man nicht nachvollziehbaren oder verletzenden Aktionen anderer ausgesetzt, und umgekehrt. Nicht alle der eigenen Handlungen waren anderen erklärbar. Dafür war der Mensch in all seinen externen Verstrickungen zu komplex.

Sie hatte nie erfahren, ob die Verbindung auch zu Martins Leben etwas Unverzichtbares hinzufügte oder ihm nur zur Unterhaltung und Zerstreuung diente. Es spielte jedoch auch keine Rolle für sie. Ruth hatte die Verbindung über mindestens zehn andernfalls gefühlt tödliche Jahre hinweggeholfen. Als Mitte der Neunzigerjahre zuerst Christopher, dann Karolin auszogen und nur noch Benni blieb, löste sich der Druck. Sie war stolz auf ihre beiden inzwischen erwachsenen Kinder, stolzer vielleicht als auf alle akademischen Meriten, die sie hätte verdienen können. Schon ein paar Jahre zuvor hatte sie, nach viel gutem Zureden von Hans-Harald und gegen, interessanterweise, starken Widerstand von Martin (»Entweder ganz oder gar nicht, Ruth, aber dafür bist du zu gut«) eine Teilzeitstelle als Privatdozentin an der Universität Koblenz angenommen. Martin hatte recht, es war nicht gerade Cambridge, aber der pädagogische Wert, die Arbeit mit (noch) motivierten Erst- und Zweitsemesterstudenten, die Möglichkeit, ihnen ein Instrumentarium zu vermitteln, mit denen Texte besser zu verstehen waren, bereiteten ihr, wenn sie ehrlich war, mehr Freude als die hochabstrakten Operationen, fernab von jedem Leser, die Martin immer noch vollführte.

Benni hatte sich entgegen allen Vorzeichen zu einem freundlichen und offenbar auch hochintelligenten Jungen entwickelt und schien sich an Ruths einstige Ablehnung nicht zu erinnern. Bis heute ist er der einzige Mensch, den sie mit Kosenamen ruft. Sie hatte Hans-Harald das Harry verwehrt und Christopher das Chris (früher hatte er sich darüber manchmal beschwert, doch das verstand er nicht). Ruth war so erleichtert, schrieb es aber auch ihrer Disziplin zu, dass Hans-Harald nie etwas von den Wochenenden mit Martin gemerkt hatte. Bei aller Vorsicht hatte all die Jahre natürlich immer die Gefahr der Aufdeckung über ihr geschwebt, ein blöder Zufall hätte doch gereicht, und eigentlich kommen ab einer bestimmten Dauer solche Dinge immer heraus. Sie wusste, dass sie sich mit ihrer komplizierten Konstruktion, wonach Verschweigen kein Lügen und damit kein Betrug sei, in der Außenwelt (sprich gegenüber ihren Familienmitgliedern) vermutlich schwergetan hätte. Dass es nicht doch herausgekommen war, führte Ruth auf Hans-Haralds Urvertrauen zurück. Ein weniger selbstbewusster, in sich ruhender Mann hätte vielleicht doch mal gefragt, mit wem sie denn auf all diesen Kongressen so zusammenkäme. Dass Hans-Harald das nicht getan hatte, erfüllte sie nicht nur mit Dankbarkeit, sondern regelrecht mit Bewunderung. Ruth war kein Mensch, der sich Bewunderung anmerken ließ, normalerweise bewunderte sie schlicht auch niemanden. Aber auch Hans-Harald schien zu bemerken, dass die zehn Jahre finsterster Düsternis vorbei waren; dass seine Frau nicht nur zugewandter und fröhlicher war, sondern ihn sogar gut zu finden schien, ein Gefühl, das er völlig vergessen hatte. Manchmal hatte sie sogar Lust, mit ihm ins Kino zu gehen oder in eine Weinstube. Unausgesprochen schienen beide Ehepartner das Gefühl zu teilen, es geschafft zu haben. Ruth wusste warum; Hans-Harald mochte seine Theorien dazu haben, aber sie waren falsch, weil ihm, wie gesagt, ein paar Informationen fehlten.

Der neuerliche eheliche Aufschwung bestätigte Ruth natürlich in ihrem Handeln. Sie war klüger als andere, sie dachte das nicht explizit, aber das Gefühl war da. Ihrer umsichtigen, ja schon realpolitischen Strategie mit Martin war es zu verdanken, dass die Familie noch bestand und Hans-Harald und sie nun noch zwanzig, dreißig schöne Jahre mit den Kindern vor sich hatten sowie mit deren irgendwann zu gründenden eigenen Familien, den Schwiegertöchtern und dem Schwiegersohn samt zahlreicher Enkelkinder.

Aber da war noch etwas, das Ruth Ende der Neunzigerjahre bewogen hatte, die Treffen mit Martin besser auslaufen zu lassen. Martin hatte Elenore verlassen. Eigentlich hätte sie dem vorherigen Satz ein »endlich« hinzugefügt, doch durch die Trennung war Martin zu einer loose cannon geworden, völlig unberechenbar. Seit er wieder dauerhaft in seiner Junggesellenwohnung am Rotherbaum wohnte, jener grauenvollen Bude, in der sie seinerzeit die unglücklichen Wochen mit Karolin verbracht hatte, kam es ihr so vor, als würde er häufigere, längere und gewagtere Treffen vorschlagen. Die Tektonik ihres Arrangements drohte dadurch ins Wanken zu geraten, und Ruth wusste, dass damit die Sache tot war. Wenn eine Seite unberechenbar wurde, ging es nicht mehr.

Sie konnte mit Martin nicht Schluss machen, wenn man das überhaupt so nennen konnte. Sie mussten im Guten auseinandergehen, nur, wie sollte das funktionieren, nach all den Jahren? Ruth stellte fest, dass eine Affäre zu haben deutlich einfacher war, als sie nicht mehr zu haben. Sie musste Martin verhungern lassen, ohne dass er es so richtig merkte, bis der Preis für seinen Stolz zu hoch sein würde. Nicht schön aus heutiger Sicht, aber damals musste es so sein.

Und Martin hatte begriffen, ohne dass ein weiteres Wort gewechselt wurde, seine Anrufe wurden seltener, die Briefe blieben irgendwann aus.

Ruth hätte es nicht mehr für möglich gehalten, dass sie viele Jahre später in Straßenkleidung auf einem Peloton-Rad in einem fensterlosen Fitnessraum sitzen würde, und irgendwas doch noch grandios schiefgegangen war.

11 Peshawar

Dann war es Mittwoch, und am Abend sollte die verfluchte Grillparty stattfinden. Emilia glaubte immer noch, er hätte sie abgesagt, was er auch versucht hatte, doch weder seine selbstbezogenen Geschwister noch seine auf ihrem eigenen Planeten lebenden Eltern hatten ihn am Telefon zu Wort kommen lassen. Zum Glück regnete und stürmte es noch immer. Nur ein Geisteskranker würde an eine Grillparty denken.

Jedes Mal, wenn Benni die Witterungsbedingungen hatte anbringen wollen, hatte seine Mutter begonnen, reflexartig von ihren Grillfesten im Köln der Achtzigerjahre zu erzählen, wo sie im Angesicht schwerer Sommergüsse den Grill einfach in die Garage gestellt hätten. Er konnte es nicht mehr hören und sich auch nicht daran erinnern, seine Mutter überhaupt je ein Stück Fleisch von einem Grill essen gesehen zu haben – geschweige denn, dass sie an einem solchen in einer qualmenden Garage gestanden hätte. Wenn überhaupt, hätte sie, mit einem blitzeblanken Pappteller als Tarnung in ihrer Hand, am geöffneten Garagentor gestanden, wo es nicht so sehr rauchte, und hätte so getan, als genösse sie diese improvisierte Veranstaltung, während sie in Wirklichkeit, wenn kein anderer guckte, von Mikroaggressionen erfüllte Blicke zu ihrem Mann warf. War das überhaupt erlaubt, in der Garage zu grillen? Hatten in den Fertiggaragen mit ihrem kalten Betongeruch nicht diese gelben Schilder gehangen, »Offenes Feuer und Rauchen verboten« oder so ähnlich?

Glaubte man seiner Mutter, war nichts je kompliziert, anstrengend oder traurig gewesen in ihrem und Harrys Leben. Für alles hatte es stets eine Lösung gegeben – »Stellt den Grill doch in die Garage!« –, obwohl Benni sich sicher war, dass dies eine nachträglich von seiner Mutter vorgenommene Geschichtsklitterung war.

In seiner Erinnerung war vieles sehr wohl sehr anstrengend gewesen. Heute traten die Eltern weitgehend als Einheit auf, doch aus seiner Kindheit erinnerte er sich an die beißende Ablehnung, mit der seine Mutter seinen Vater jahrelang belegt hatte, die Freudlosigkeit, die über den Abendessen lag, das Schweigen, die Genervtheit, die Angst, etwas Falsches zu sagen.

Seitdem er selbst eine Familie hatte, die jeden Tag am Abendbrottisch zusammenkommen musste, wusste er, dass diese Situationen offenbar Teil eines jeden Familienlebens waren. Man durfte das »Out-acten«, wie Emilia es immer nannte, also das Sich-daneben-Benehmen, einzelner Familienmitglieder nicht zu ernst nehmen. Er hatte Jahre gebraucht, um das zu verstehen. Anfangs mit den Kindern, als die gemeinsamen Mahlzeiten begannen, unerquicklich zu werden, hatte ihn das in Verzweiflung gestürzt. Die Jungs, die nicht essen, etwas anderes essen oder mit Essen schmeißen wollten; die die Mutter wütend machten und sie dazu brachten, ihre Wut an dem Vater auszulassen, nur damit sie nicht die Kinder anschrie. Der Vater, der zu langsam war, zu unbehende, zu tollpatschig, zu nachsichtig, zu desinteressiert: »Nun leiste du doch auch mal Erziehung!« – als das anfing, hatte Benni geglaubt, das sei das Ende. Scheidung, Familie zerbrochen, gescheitert. Es fühlte sich an wie am Stadtrand von Köln vor dreißig Jahren. Man kann eben doch nicht anders, als wie seine eigenen Eltern zu werden. Wie viele junge Paare hatten sie sich, das Neugeborene im Arm, mit leuchtenden Augen vorgenommen, alles ganz anders zu machen, und sich gewundert, warum sie die Einzigen waren, die je auf diese Idee gekommen waren.

Dann aber hatte er verstanden, dass schlechte Abendessen gewissermaßen normal waren; dass alle sich schnell wieder abregten, dass man Dinge, vor allem der Ehefrau und Mutter in Personalunion, verzeihen musste.

Nur in den Erzählungen seiner Mutter existierte die einzige Familie, in der das nicht so war. Bloß warum? Warum durfte nicht mal etwas schwierig gewesen sein, so wie es jetzt für ihn gerade schwierig war mit seiner sich in ihre Bestandteile auflösenden Ehe? Und das, nebenbei, nur weil seine Familienmitglieder auf der Durchführung eines Fests beharrten, dessen Absage er seiner Frau versprochen hatte.

»Papperlapapp, stellt den Grill doch in die Garage!«

Aber er hatte gar keine Garage. Man hätte das Fertighaus »Scandinavian International Style« auch mit Garage bekommen können, für nur 5000 Euro Aufpreis. Manche der anderen Häuser in der Gegend hatten eine. Und Benni hatte den Eindruck, seine Nachbarn hier teilten sich auf in jene mit Garage und jene ohne – und die mit waren die falschen: entweder Zugezogene aus Südwestdeutschland, die mit den weißen Betonquadern eine baden-württembergische Note in die Brandenburger Kargheit zu implantieren suchten, oder Einheimische, die den kleinen Raum sofort mit ihren Werkbänken, DDR-Mopedersatzteillagern und Angelmonturen zustellten. Die Städter hingegen, also die aus Berlin, zu denen er sich zählte, obwohl er eigentlich nie richtig in Berlin gewohnt hatte, verzichteten auf eine Garage, weil sie in ihr ein städtebauliches Rudiment aus der Ära des Autofetischs sahen, und stellten ihre elektrischen Miet- und Carsharing-Fahrzeuge lieber wild auf dem Grundstück ab. Das andere Statement, das man als Städter machen konnte, war ein No-Auto, ein Normcore-Kfz, das preiswert, praktisch und uninspiriert aussah und so durch seine schlichte Existenz vom Tod des Autos als Fetisch kündete, ein Dacia etwa oder, ja, Bennis Renault Berlingo.

Er hatte nun alle angerufen und nichts erreicht. Aber er konnte nicht untätig herumsitzen, die Katastrophe, sprich die Grillparty – er konnte das Wort schon nicht mehr hören, und beim Gedanken an das angekohlte Fleisch wurde sein Mund trocken – auf sich zurollen lassen.

Emilia war so stolz auf ihn, dass er sich erstmals gewehrt und alles abgesagt hatte. Die hatten sich quasi selbst eingeladen (das stimmte so auch nicht), übergriffig, hatte sie gesagt, auch so ein Wort.

Emilia verachtete seine Eltern und Geschwister unter anderem auch deshalb, weil keiner von ihnen je eine Therapie gemacht hatte (außer vielleicht Chris, da war sie sich nicht sicher, aber wenn er sie verheimlichte, dann sei die Therapie sowieso fehlgeschlagen). Sie hätten »die Arbeit nicht gemacht«, und damit machten sie es »ihrer Umgebung sehr schwer«. Emilia ging, seit sie fünfzehn war, in die Therapie, und war der Ansicht, dass jede und jeder das tun sollte. Es sei schlichtweg unmöglich, hatte sie gesagt, für einen in den westlich-spätkapitalistischen Systemen groß gewordenen Menschen, nicht seelisch beschädigt zu sein. Wer sich die Mühe nicht machte, war für Emilia eigentlich kein Gesprächspartner, »diese Leute wissen so wenig über sich selbst«, dass man ihre Äußerungen nicht ernst nehmen kann. Mit einem Nichtschwimmer würde sie schließlich auch nicht baden gehen.

Es war ihr sogar geglückt, ihren Vater zu zwingen, seine Beziehung zu ihr mithilfe eines Therapeuten aufzuarbeiten, was Thomas auch getan hatte, doch er schien resistent zu sein. Therapie schien bei ihm keinerlei Wirkung zu zeigen. Außer ein paar Psycho-Modewörtern, die er begonnen hatte, in seine Konversationen einzuflechten, hatte sich nichts geändert.

Und Benni hatte Emilia gleich nach dem ersten Mal Sex,

damals in dem Hotel in Düsseldorf, das Versprechen abgerungen, umgehend mit einer Therapie zu beginnen – sie könne nicht einen Menschen kennenlernen, der sich selbst nicht kenne. Benni, verliebt und neugierig, begann sogleich in Berlin zu einer von Emilias Therapeutin empfohlener Kollegin zu gehen, bei der er begann, viel über seine Mutter zu sprechen und einen Verdacht äußerte, den er sein Leben lang schon gehegt, aber nie ausgesprochen hatte, dass angesichts der großen Lücke, die zwischen ihm und seinen Geschwistern lag, er möglicherweise ein später Unfall gewesen war. Vielleicht noch nicht einmal gewollt. Als er das erzählte, weil er nicht wusste, was er sonst der Therapeutin anbieten könnte und er sie nicht enttäuschen wollte, sah er, wie die goldene Spitze ihres Montblanc-Kugelschreibers über den gelben Block huschte und immer schneller wurde, begleitet von zufriedenen »Hm, hms« der Therapeutin.

Benni hatte schnell erkannt, was bei Therapeuten funktionierte, und weil er nicht anders konnte, als sein Gegenüber zufriedenstellen zu wollen, blieb er bei der Erzählung des zurückgewiesenen Kindes, obwohl er sich nicht sicher war, ob ihn das vielleicht nur theoretisch störte, praktisch jedoch keinerlei Auswirkungen auf sein seelisches Wohlbefinden gehabt hatte. Wäre ja auch zu verstehen gewesen, aus Sicht seiner Eltern. Emilia und er hätten auch keine Lust, dass nun mit einem nachzüglerischen dritten Kind noch mal alles von vorne losginge, und bei ihnen wäre der Abstand nicht einmal halb so groß wie bei ihm zu seinen Geschwistern.

Doch die Therapeutin hatte ihn in seinem Gefühl der Zurückweisung bestärkt – ja, sagte sie, wahrscheinlich sei das so – und ihn dann mit »Tools« ausgestattet, die es ihm ermöglichen sollten, mit der Zurückweisung zu leben und irgendwann aus ihr sogar Kraft zu schöpfen. Nach anderthalb Jahren durfte Benni die Therapie beenden, doch dann begann sogleich die Paartherapie, für die Emilia sie sicherheits- und, wie es ihm vorkam, auch spaßeshalber angemeldet hatte, denn sie verstanden sich super und hatten noch nicht einmal Kinder.

Er überlegte, die Therapeutin von damals anzurufen. Sie war so teuer gewesen (Emilia hatte es gezahlt, für Therapien warf sie Thomas' Geld ohne zu zögern zum Fenster heraus), dass es zu ihrem Angebot gehörte, ständig für aktuelle und ehemalige Patienten erreichbar zu sein. Aber was würde er ihr sagen? Dass er es nicht schaffte, ein Grillfest abzusagen, und ob sie ihm noch mal kurz erklären könne, wie das ginge? All die komplizierten Zurückweisungsgefühle, von denen er ihr damals halbherzig berichtet hatte, waren gar nicht sein Problem. Sich aus den Fesseln seiner Frau und seiner Familie zu befreien, die eine zerrte von links, die anderen von rechts – das war es, wofür er »Tools« brauchte.

Da jede Minute, die er hier im Keller verharrte, auf dem alten Baumstumpf zum Holzhacken kauernd, seine Situation verschlimmerte, musste er irgendwie wieder vor die Ereignisse kommen, wie man so sagte. Sich nicht mehr treiben lassen, agieren statt reagieren. So viel erinnerte er noch von einem Life-Coach, den Emilia ihm zum dreiunddreißigsten Geburtstag geschenkt hatte. Er war dort nur einmal hingegangen, die Fragen des Life-Coaches waren ihm tatsächlich zu dumm gewesen – »Wieso glaubst du, dass du beruflich nichts erreichen kannst, Benni, ich darf doch Benni sagen? Was würde dich denn, wenn alles möglich wäre, wirklich interessieren? Warum glaubst du, du kannst nichts, Benni?« (das dachte er nicht). Ab der zweiten Stunde war er vor der Praxis im Auto sitzen geblieben und hatte zuerst den Sportteil der Süddeutschen Zeitung, dann die Meinungsseite und schließlich den zweiten Band der Neapelbücher von Elena Ferrante aufgeschlagen, immer in dieser Reihenfolge, bis die fünfzig Minuten vorüber waren und er den Berlingo wieder starten und nach Hause fahren konnte. Auf dem Rückweg rief er in der Praxis an und sagte, dass ihm leider heute beruflich etwas dazwischengekommen sei, obwohl doch sicherlich jeder in der Praxis wusste, dass er ja gerade Hilfe suchte, weil ihm beruflich eben nie etwas dazwischenkam, weil er ja gar keinen Beruf hatte. Nun ja, er hatte Emilia nicht enttäuschen wollen.

Benni war gleich nach dem Aufstehen in den Keller gegangen, weil er nach einer Plane suchen wollte, die man bei Regen zur Not zwischen dem Apfel- und dem Pflaumenbaum spannen konnte. Zum Glück schliefen alle noch, es war nicht mal halb neun. Er würde das Fest natürlich absagen, weil ihn sonst seine Frau verließe. Aber falls er, nur mal so, nicht absagte (weil Emilia sich, jetzt wo sie sich so gut verstanden, vielleicht doch noch erweichen lassen würde), wäre er vorbereitet. Kurz stellte er sich vor, wie es wäre, mit allen unter der vor Regen schweren beige-weißen Plane zu stehen, mit Thomas und Stella (Thomas würde sicherlich ein elaboriertes Gastgeschenk mitbringen, eine Kiste Jahrgangschampagner oder eine Hollywoodschaukel), Chris und Kimberley, Karolin und Alina, die alten Eltern dazwischen. Seine Mutter würde mit den Jungs architektonisch anspruchsvolle Sandburgen bauen und sein Vater den Fußball knapp am gedeckten Tisch auf der Terrasse vorbeikicken, während die Jungs johlten vor Vergnügen. Thomas und Ruth würden sich angeregt über … nun, sie würden schon was finden, worüber sie reden könnten, und Emilia wäre die strahlende Gastgeberin in ihrem neuen Seidensommerkleid mit den großflächigen Blumenmustern von Dôen. Warum ging das noch mal nicht? Gestern Abend hatte sie sich mit Thomas gestritten. Sie hatte gesagt, jetzt wo die Grillparty abgesagt sei, könnte er doch auch abreisen. Die Veranstaltung hier sei vorbei. Leider wieder keine Gelegenheit für Thomas, die anderen Schwiegereltern kennenzulernen. Aber das sei ihm ja vielleicht auch nicht so wichtig, sonst wäre er ja zur Buchladeneröffnung von Karolin gekommen, immerhin die Schwester seines Schwiegersohns.

Hm, hatte Thomas gesagt, das mit Salzburg sei im Nachhinein vielleicht ein Fehler gewesen. Hätte er gewusst, was für eine Action bei der Eröffnung abgehen würde, hätte er vielleicht anders entschieden. Salzburg sei total langweilig gewesen, und die Farbbeutelkids hätte er sich gern mal vorgenommen.

Sie seien aber kein Unterhaltungsservice für gelangweilte Milliardäre, sondern eine echte Familie mit einem echten Leben und wenig Zeit, hatte Emilia gesagt. Er sollte mit seinem Trophy Girl besser seine Sachen packen und sich in den Maybach setzen. Benni hatte gegen seine Fluchtreflexe angekämpft, als er das hörte – und sich gleichzeitig gefragt, was seine Frau in all den Therapien gelernt haben könnte, wenn dies jetzt das Beste sei, was sie an Konfliktartikulation zu bieten hatte. Oder war es vielleicht gesund, so mit einem Elternteil umzugehen? Anstatt sich auf alle Ewigkeiten zu verstellen?

Aber inhaltlich, da fing es ja schon an, hatte Emilia unrecht. Niemand musste Thomas und Stella unterhalten. Sie waren rücksichtsvolle Gäste, die mitnichten störten, aufmerksam und durchweg darauf erpicht, ihre Müslischalen und Kaffeetassen in die Spülmaschine zu räumen. In ihrer Unbeholfenheit mit Kindern behandelten sie die Jungs wie Erwachsene, weshalb Opa Thomas und Oma Stella (Emilia hatte sich den Spaß gegönnt, ihren Söhnen beizubringen, dass Stella ihre Oma war) bei Otis und August in extrem hohem Ansehen standen (plus die kostspieligen Ninjago- und Paw-Patrol-Bausätze).

Morgens machten sie ihre Betten, zapften sich von der Nespresso-Maschine, die Benni mit ungenießbaren Ökokapseln betrieb, einen Kaffee, und dann waren sie auch schon weg, zur »real estate hunt«, nein, sie störten wirklich nicht.

Und selbst wenn sie es täten, Benni hätte immer den toleranten Gastgeber gegenüber der Familie seiner Frau gegeben. Warum konnte er bei Emilia nicht auf die gleiche Gastfreundschaft seinen Eltern gegenüber bauen?

Für sie hatte er an diesem Morgen noch mal zwei Anläufe genommen, das Grillfest noch abzuwenden. Doch seine Mutter hatte ihn schlicht ignoriert, und seine Schwester hatte nur von sich geredet und ihn aus eigener Verletzung gegen seine Frau aufgestachelt. Welche Möglichkeiten hatte er jetzt noch? Er brauchte Hilfe, wollte er seine Ehe noch retten. Chris? Was konnte er von ihm erwarten? Er hatte ihm immer geholfen, im Krankenhaus in Peshawar damals und später in Köln. Benni griff zum Telefon, nein, das war an diesem Morgen schon zweimal schiefgegangen, er rannte aus dem Haus. Im Berlingo stank es wie immer nach Kotze, er ließ den Motor an und trat wütend auf das Gaspedal, bog auf die Bundesstraße Richtung Autobahn, als sein Scheinwerfer vorne rechts zersprang. Er musste ein Reh erwischt haben, doch als er anhielt, konnte er das Tier nicht mehr finden. Er fuhr sofort weiter, denn er konnte es jetzt nicht mehr erwarten. Seit Tagen hatte er in dieser Grillfest-Sache rumgeeiert, doch die letzten Minuten wurden ihm nun zur Qual.

Chris würde bestimmt schon Pilates in seinem Hotel am Zoo machen, das für seine Aussicht über den ganzen Tiergarten, die Siegessäule und das Europacenter hinweg bis zum ICC bekannt war. Als er den Berlingo am Zoo im Parkverbot abstellte, ergriff ihn eine neue Zuversicht, ein Gefühl von Freiheit. Niemand würde wissen, wo er war, anonym in einem Hotelrestaurant frühmorgens im vierzehnten Stock. Und Chris würde ihm helfen, wie immer.

Er habe seine Zimmernummer gerade nicht parat, sagte er dem Hotelrestaurant-Platzanweiser, der ihn ein Clipboard mit einer Liste in der Hand am Eingang aufhielt. Er sei gestern so spät gekommen, und als er sein Zimmer nun verlassen habe, habe er nicht auf die Nummer geachtet. Wie denn der Name sei, fragte der Platzanweiser. Er trug eine hautenge zu kurze Jeans und weiße Sneakers. »Schönwald«, sagte Benni, »Christopher Schönwald.« Er nahm sich die Süddeutsche Zeitung und die dünne internationale Ausgabe der New York Times, zapfte sich einen Becher mit Kaffee und stellte fest, dass er in seiner üblichen bedeutungslosen, global verständlichen Funktionskleidung perfekt in die Szenerie passte.

Die SMS an Chris – *Wenn du wach bist, ich sitze bei dir im Hotel und frühstücke, ich muss mit dir reden* – schickte er ab, sobald er sich gesetzt hatte. Weil jeden Moment mit einem Anruf von Emilia zu rechnen war – »Wo bist du denn?« – »Ach, ich bin bloß noch schnell hundertzwanzig Kilometer in die Stadt gefahren« –, schaltete er das Telefon aus und schlug die New York Times auf. Chris würde bestimmt gleich auftauchen. Er war doch damals sogar bis nach Peshawar gekommen.

Er hörte ihn von Weitem schon, seine stets einen Tick zu laute Stimme, hörte ihn mit Kimberley heranlärmen, dann mit dem Platzanweiser debattieren. Nein, er sei noch nicht da, das sehe er doch wohl, er komme gerade erst, frisch aus dem Bett, aber wenn es sein müsse, hier sei sein Ausweis, auf den der Platzanweiser einen knappen Blick warf, um sich dann auf dem Absatz seiner blitzend weißen Sneaker zu drehen und grimmig und entschlossen auf Benni zuzustürmen: »Würden Sie bitte aufstehen?«, sagte er zu Benni und dann zu Chris: »Kennen Sie diesen Herren?«

»Nein«, sagte Chris. »Nie gesehen.«

»Chris«, sagte Kimberley.

»Was?«, sagte der Tischanweiser.

»Ich bin sein Bruder!«, rief Benni. Er hatte keine Kraft für Chris' übliche Spiele.

»Können Sie das bestätigen«, sagte der Tischanweiser.

»Nein«, sagte Chris. »Es muss sich um einen Hochstapler handeln.«

»C'mon. Chris«, sagte Kimberley genervt. »Stop it.«

»Würden Sie mich nun bitte begleiten?«

»Kimberley, please say something«, sagte Benni.

»Ja, okay, es könnte mein Bruder sein«, sagte Chris. »Ich habe ihn lange nicht gesehen.«

»So. Ich brauche jetzt mal von Ihnen beiden die Ausweise«, sagte der Tischanweiser. »Mir reicht's. Ich schreibe Ihre Namen auf.«

Für jeden unbeschwerten Moment, und sei er auch noch so flüchtig, für jedes Lüftchen von Freiheit, und sei es auch noch so zart, bekam man sofort die Rechnung vorgelegt.

»Lass ihn«, sagte Chris Benni ins Ohr, er regele das nachher mit den Leuten vom Hotel.

»Hat Emilia dich rausgeschmissen, oder was machst du hier?«, fragte er dann.

»Ne, das wird sie heute Abend tun. Und deswegen bin ich hier. Du musst mir helfen. Ich muss die Grillparty heute Abend absagen!«

»Und darum sitzt du hier im Hotel rum? Warum hast du nicht einfach eine WhatsApp geschickt? Leute, Grillen heute fällt aus, regnet sowieso.«

»Chris, du weißt, dass das gerade nicht so einfach ist. Auch du hast gestern am Telefon gesagt, dass du unbedingt kommen wolltest, weil du Thomas – of all people! – kennenlernen willst.«

»Stimmt. Und jetzt sind sogar noch ein paar Gründe mehr hinzugekommen. Jetzt kannst du es erst recht nicht mehr absagen. Es gibt eine gute und eine schlechte Nachricht – obwohl es noch nicht klar ist, wie schlecht die schlechte Nachricht wirklich ist –, welche möchtest du zuerst?«

Die meisten Menschen entscheiden sich bei dieser Frage für die schlechte zuerst, aber Benni glaubte, keine schlechte mehr vertragen zu können, und wählte die gute.

»Kimberley und ich heiraten! Vielleicht. Sie muss noch Ja sagen, und ich hoffe ein bisschen, dass sie das vielleicht heute Abend bei dir auf dem Fest vor allen tut. Das wäre mein Traum.«

»Glückwunsch!«

»Noch nicht.«

»What were you saying?«

»Okay. Toll, Chris. Verheiratet sein ist das Beste.« Das hätte schwungvoller klingen können, doch er war es ja selbst bald nicht mehr. Seitdem fühlte er es umso stärker.

»Was ist die schlechte?«

Chris schien Probleme zu haben, die zweite, die angeblich *vielleicht schlechte* Nachricht zu formulieren. Überhaupt hatte sich seine Stimmung schon wieder verändert, der Spott der Begrüßung Nie gesehen! war zunächst echter Begeisterung über seinen Heiratsantrag gewichen und hatte sich nun zu etwas gewandelt, das Benni vorkam wie Verzagtheit, wie echte Sorge. Er kannte seinen Bruder so gut. Echte Sorge ließ er sich nur selten anmerken, und wenn, konnte es nur Benni erkennen. Noch nicht einmal Karolin konnte es – aber was heißt noch nicht einmal?

Nur ein paarmal in seinem Leben hatte Benni den Bruder so erlebt. Ein, zwei Mal, als Benni sechs oder sieben Jahre alt war, wenn die Eltern gestritten hatten, die Schreie seiner Mutter nachts durchs Haus hallten und Chris zu ihm an sein Kinderbett gekommen war und Bennis Hand in seiner hielt. Und viele Jahre später, als Benni eines Nachts in seinem Krankenzimmer in Islamabad aufwachte und Chris plötzlich da war und wie immer seine Hand hielt und Benni wusste, dass nun alles in Ordnung kommen, dass er wieder gesund würde. Aber auch damals hatte der große Bruder Benni so merkwürdig angeschaut, als wäre er in tiefer Sorge.

»Was ist, Chris? Du hattest doch gesagt, die schlechte Nachricht sei vielleicht gar nicht *so* schlecht.« Er sprach leise und blickte den Bruder dabei an, es war ein Tonfall, den nur sie miteinander teilten, dessen intime Nuancen Außenstehende selten hören konnten.

»Nein, nein, die Nachricht ist nicht so schlecht, jedenfalls wenn man drüber nachdenkt. Aber du könntest vielleicht die falschen Schlüsse aus ihr ziehen, dabei wäre das ganz falsch ...«

»Chris, was ist es?!«

»Mama hatte früher jahrelang eine Affäre. Karolin hat alte Briefe gefunden. Es scheint zu stimmen.«

»Und welche falschen Schlüsse sollte ich daraus bitte ziehen?«

»Nun, die Affäre begann 1985 oder 86.«

Benni lachte so schrill und künstlich, dass er in Kimberleys Blick Mitleid zu erkennen glaubte. Schließlich bekam er wirklich Mitleid, allerdings mit sich selbst. *Falsche Schlüsse?* Sein schnelles Gehirn hatte die neuen Informationen sofort durch verschiedene Raster laufen lassen und in diverse Wirklichkeitsszenarien eingespeist, um die Änderungen zu berechnen, die sich für die eigene Vergangenheit und Geschichte ergaben. Und während Chris neben dem unmittelbaren Schock der Nachricht auch ein paar positive Auswirkungen der neuen Konstellation zu erkennen vermochte (mehr Spielraum für eigene Verfehlungen, Perfektionismusabsolution, Aufwertung der Eltern und eigenen Kindheit in puncto Glamour), schlugen Bennis Neuronen Daueralarm. Seine Gehirnalgorithmen hatten eine kritische zeitliche Überschneidung der neuen Daten mit Bennis Lebensgeschichte identifiziert.

»Von wann genau waren die ersten Briefe?«

»Mach dir keine Sorgen. Irgendwie von '86, glaube ich. Vielleicht '85. Ich bin mit Daten so schlecht. Aber wer beginnt schwanger eine Affäre?«

»Ich wurde 1986 geboren. Wenn die Affäre schon 1985 begonnen hatte, dann ist die Wahrscheinlichkeit hoch, dass der Vater ...«

»Benni, Quatsch!«

Er hatte so viele Stunden seines Lebens damit verbracht

zu grübeln, warum ein fast zehnjähriger Abstand zwischen ihm und seiner Schwester lag, fast zwölf gegenüber Chris. Warum dann noch ein Kind? Er hatte sich nicht ungewollt gefühlt, wie er es Emilias Therapeutin erzählt hatte, das wäre übertrieben, aber sein Kopf hatte sich nie zufriedengegeben mit dem Informationsdefizit. Es hatte nie eine klare Antwort auf seine Fragen gegeben. Er hatte auch nie konsequent gefragt, weil er, wie Frau Dr. Lohmann, die von Emilia empfohlene Therapeutin, genüsslich konstatiert hatte, die Antwort »ein Stück weit« auch fürchtete. Aber auch, weil es, Entschuldigung, wirklich unangenehm ist, seine Eltern zu fragen, ob sie ihn gewollt hatten, und zwar wirklich gewollt. Dass sie später dann glücklich waren, dass er da war – geschenkt, das glaubte er ihnen, das hatte er nie angezweifelt, sie waren keine Familie aus dem Hartz-IV-Nachmittagsfernsehen. Aber gewollt kann er ja nicht gewesen sein. Kein Paar wartet zehn Jahre, um dann mit dem ganzen Kinderwahnsinn wieder von vorn zu beginnen. Er hatte Harry mal gefragt, ob sie überlegt hatten, ihn abzutreiben. Es war die Zeit gewesen, damals Mitte der Achtziger, wo diese Möglichkeit zumindest in den Bereich des Möglichen gerückt war, wenn auch nicht wie heute. Aber 1985/86, als Ruth mit ihm schwanger war, war das berühmte Titelbild des Stern auch schon zehn Jahre alt gewesen, und die Möglichkeit von Schwangerschaftsabbrüchen tief im gesellschaftlichen Diskurs verankert. »Gegen § 218« hatte jahrelang in türkisfarbener Sprayschrift an der Glasscheibe des Bushaltestellen-Unterstellhäuschens in Köln gestanden. Auf der Scheibe der gegenüberliegenden Seite hatte der, vom Schriftbild zu urteilen, gleiche Autor »Und § 129a« abschaffen! geschrieben, hier aber mit schwarzem Spray. Als Zehnjähriger hatte Benni die vielen Stunden, die er an der Haltestelle wartete, oft darüber nachgedacht, ob der Autor (oder wahrscheinlicher ja bei diesem Thema: die Autorin) beide Aufrufe während ein und derselben Session angebracht und aus ästhetischen Gründen unterschiedliche Farben benutzt hatte; oder erst das über Abtreibung in Türkis geschrieben hatte, weil sie zufällig eine Dose mit türkisfarbenem Spray dabeihatte, um dann bei späterer Gelegenheit festzustellen, dass auf der gegenüberliegenden Scheibe noch etwas fehlte und so den Aufruf gegen das verschärfte Terrorismusgesetz nachtrug, aber diesmal nur eine Dose mit schwarzem Spray mitführte. Und würde er die Urheberin vielleicht kennen, weil sie diese Haltestelle genauso frequentierte wie er? Oder wäre sie aus einem anderen Stadtgebiet angereist, vielleicht aus der Nordstadt, wo die Künstler und Alternativen wohnten, hier in den bürgerlichen Süden, wo Schwangerschaftsabbrüche vielleicht, zumindest nach außen hin, noch verpönt waren? Damals hatte Benni geglaubt, Chris wisse bestimmt, von wem die Sprüche stammten. Doch Chris war damals längst in Princeton und mit anderen Fragen befasst.

Sein Vater hatte auf Bennis spätere Erkundigungen, ob sie überlegt hatten, ihn abzutreiben, mit einem knappen »Nein, das stand meines Wissens nie zur Debatte« geantwortet, doch dabei Benni nicht angeguckt, sondern nach links unten. Von Dr. Lohmann hatte er wiederum viel später wissen wollen, ob sie glaube, dass sein Vater in dieser Frage gelogen hatte, und hatte das merkwürdige Nachuntengucken erwähnt, doch Dr. Lohmann hatte sich mal wieder nicht festlegen wollen. Selbst wenn es zur Debatte gestanden hätte, wäre ja gar nicht gesagt, dass Harry davon gewusst hätte. Seiner Mutter wäre es zuzutrauen, dass sie das ganz allein für sich ausgemacht hätte. Wie die klassische Schwangerschaftsabbrecherin kam ihm seine Mutter allerdings nicht vor, aber das wiederum wusste die Welt ja inzwischen: dass die größten Abtreibungsgegner oft selbst die größten Abtreiber waren. Es hatte sich nie die Gelegenheit ergeben, sie zu fragen. Wie soll ein Kind das auch fragen? Hattest du mal überlegt, mich umzubringen?

Nun aber, seit einer knappen halben Stunde, stand eine viel profanere, daher brutalere Frage im Raum, von der Benni nicht wusste, wie lange sein Kopf ihr noch gewachsen sein würde. Wenn seine Mutter zum Zeitpunkt seiner Empfängnis eine Affäre hatte, wie wahrscheinlich war es dann, dass sein Vater überhaupt sein Vater war?

Verstohlen hatte er unter dem Frühstückstisch sein Handy herausgeholt und auf Fotos von Harry in dessen Gesichtszügen nach Ähnlichkeiten zu sich selbst gesucht. Die braunen Augen, vielleicht, allerdings sahen die eher aus wie auf alten Fotos seiner Mutter. Die Nase? Auch eher mütterlicherseits. Die Ohren wiesen Ähnlichkeit auf! Dass einem so etwas mit Mitte dreißig noch passieren musste.

Als Chris nach ewigen Minuten endlich mit einem Teller voller Obst und Nüssen vom Buffet zurückkam, fragte Benni ihn, was er über seinen neuen Vater wisse.

»Gut aussehender Mann. Er war Mamas Professor in Hamburg. Sieht ein bisschen aus wie du. Karolin kennt ihn, frag sie mal. Sie hat in Hamburg bei deiner Empfängnis wahrscheinlich im Nebenzimmer geschlafen.« Benni kannte Chris gut genug, um zu wissen, dass er in schwierigen Lagen oft nicht anders konnte, als sich in makabere Ironie zu stürzen. Dass er etwas Deplatziertes oder Drastisches sagen musste, um die Situation aushalten zu können.

Als er jetzt bemerkte, dass Benni schluckte und vielleicht sogar wässrige Augen bekam, nahm er ihn in den Arm wie früher und flüsterte ihm ins Ohr, er könne verstehen, wenn er der Frage nachgehen wolle. Aber er selbst glaube allerdings, es haue von »der Timeline« her nicht hin und irgendwie traue er ein so gewaltiges Geheimnis der Familie dann doch nicht zu, aber vielleicht helfe Benni ja die Perspektive, dass nach fünfunddreißig Jahren die Frage, wer sein biologischer Vater sei, womöglich gar nicht mehr so entscheidend wäre. Er gehöre doch so oder so zu ihnen, sagte sein Bruder tatsächlich, an Bennis Stelle würde er daran gar nicht mehr groß rütteln: Worte, die gut gemeint gewesen sein mögen, doch zu der Angst und Leere, die von Benni Besitz ergriffen hatten, eher noch beitrugen. Würde er nächste Woche nach Hamburg fahren müssen, um seinen leiblichen Vater kennenzulernen, den Professor seiner Mutter, heute sicherlich ein Opa, dessen richtige Kinder, wenn er welche hatte, seine Halbgeschwister, inzwischen auch wohl alte Leute waren?

Plötzlich sehnte er sich nach Thomas, ja nach Emilias Vater, an dem sie selbst kein gutes Haar ließ. Thomas schien in seiner Selbstzufriedenheit der Einzige, der nicht vorspielte, jemand anders zu sein als er war. Der keine Scham kannte, mit dem man über alles reden konnte, weil ihn nichts umwarf und er nichts bewertete. Thomas, der selbst uneheliche Kinder hatte, würde Bennis Drama nicht schlimm finden, und zwar glaubhaft nicht schlimm finden. Und so jemanden brauchte er, jemanden, der die neue Lage nicht versuchte, für ihn umzudeuten und besser zu verpacken. Oder erst mal riet abzuwarten, wahrscheinlich wäre es doch ganz anders. Nein, jemanden, der vom Schlimmsten ausginge, brauchte er. Und dann damit umging; jemand, der etwas stumpf sagte, ja, es ist scheiße, aber was ändert es wirklich? So, glaubte Benni, würde sein Schwiegervater reagieren, und das würde ihm helfen.

Chris war immer da gewesen für ihn, manchmal auch für Karolin, die, so erinnerte es Benni aus seiner Kindheit, eigentlich immer etwas hatte. Der große Bruder hatte immer als der Fels gegolten, bis hin zu seinem vorgestrigen Einsatz auf Instagram. Wenn es etwas zu beschützen gab, war Chris da, obwohl er, und das hatte Benni erst als Erwachsener verstanden, längst nicht so stabil war, wie er zu sein vorgab. Wie Carsten Memminger, Bennis erster Freund in der Grundschule, Klasse 1 c. Carsten war ein Jahr älter, schon sieben, hatte längere braune Haare, die ihm über die Augen fielen, war stark beziehungsweise dick, wurde von seiner Oma großgezogen, war schlecht in der Schule, hatte häufig

Läuse, trug Jeans, Cowboystiefel sowie orangefarbene Viskosepullis und galt Parallelklassen übergreifend als unbesiegbar und stärkster Junge aller Erstklässler. Benni war stolz, dass es ihm gelungen war, Carsten zu seinem Freund zu machen, das schmächtige Nachzüglerkind und der große Zampano. Auch Benni wurde durch ihn auf dem Schulhof untouchable und dementsprechend mutiger. Als schließlich der Ernstfall eintrat und Benni in eine Auseinandersetzung mit drei Drittklässlern geriet, war Carsten wie erhofft zur Stelle und hielt sich nicht lange mit Diplomatie auf. Er hob die Fäuste wie ein Boxer und ließ sie auf die Brust des ersten Drittklässlers prasseln, fünf, sechs, sieben, acht Schläge in schneller Abfolge, wie eine Gewehrsalve. Es war alles, was Benni sich erträumt hatte. Es sah aus wie im Western. Benni meinte heute noch, die Geräusche hören zu können, die Carstens Schläge auf der hohlen Brust verursachten. Buff, buff, buff, es klang fantastisch. Dazu das Klacken der Cowboystiefelabsätze auf dem Asphalt, Carsten tänzelte.

Doch seine Schläge zeigten überhaupt keine Wirkung. Der Drittklässler, wirklich kein Schlägertyp, schien Carstens Hiebe gar nicht zu spüren und lachte. Carsten wurde wütend, er schürzte seine Unterlippe, zog sie nach unten, intensivierte noch einmal die Schlagzahl, buffbuff, buffbuff, buffbuff. Der Drittklässler lachte noch lauter und begann dann spielerisch auszuweichen. Benni sah zu seinem Entsetzen, dass aus Carstens Augen nun Tränen liefen. Er drehte sich um und ging. Es war eine Entzauberung, von Macht, von Gewalt, von Heldentum, dem ganzen Tamtam, die Benni nie vergessen hatte. Für ihn begann im Alter von sechs nun das postheroische Zeitalter.

Knapp zwanzig Jahre später hatte Benni sein Jura- und Mathematikstudium beendet und war mit einem Freund nach Peshawar geflogen. Er kannte den Freund vom gemeinsamen Wehrdienst bei den Gebirgsjägern in Mittenwald, und sie wollten von Peshawar aus über den Khyber-

Pass nach Afghanistan wandern/fahren/trampen, so genau wussten sie das noch nicht. Zu der Zeit war das eine der schwierigsten und gefährlichsten Reisen, die man unternehmen konnte. Es war Krieg, und der Khyber-Pass gehörte zu der Tribal Area, einem gesetzlosen Gebiet, in dem Warlords herrschten und Taliban und al-Qaida Unterschlupf fanden.

Nach dem in Rekordzeit und mit Bestnoten durchgezogenem Studium hatte Benni das Gefühl gehabt, er sei nun klug, aber innerlich tot. Henning, der Freund von den Gebirgsjägern, war ein Extrem-Kajakfahrer und hatte zuvor im Norden Pakistans versucht, auf dem Kajak die Rondu-Schlucht zu durchqueren, was bis dato noch niemandem gelungen war (und Henning dann auch nicht), und hatte vorgeschlagen, sich anschließend in Peshawar zu treffen, um von dort mit einem Guide den Khyber-Pass zu erkunden, landschaftlich angeblich eins der großen Spektakel dieses Planeten.

Sie trafen sich in Peshawar in einem Guesthouse, das Henning ausgewählt hatte und das von einem Jungen mit AK-47-Gewehr bewacht wurde. Der Junge hatte Oberlippenflaum, war irgendwas zwischen fünfzehn und achtzehn Jahre alt, trug zum paschtunischen Traditionsgewand Gummibadelatschen von Nike und stand in einem aus Holz gezimmerten kleinen Unterstand. Nachts, wenn seine Schicht nach vielen Stunden vorbei war, schmiss er sein Moped an und fuhr begleitet von etlichen Fehlzündungen davon. Ein anderer Junge stand nun in dem Häuschen, der fast genauso aussah. Benni wurde jede Nacht von dem Wachwechsel geweckt, er starrte aus dem Fenster in die nach verfeuertem Holz und Diesel riechende Schwärze, nur vereinzelt durchbrochen von gelblich schimmernden Lampen, in deren Schein der Staub in der kalten Luft zu sehen war. Drinnen war das Zimmer überheizt, die Wärme ließ sich nicht regulieren und das Fenster nicht öffnen wegen der ratternden Generatoren draußen und ihrem Dieselgestank. Es wurde Winter und nachts schon kalt, Henning hatte gesagt, in der

Hitze des Sommers ließe sich so eine Exkursion über den Khyber Pass nicht durchführen. Die Vorbereitungen für die Überquerung zogen sich. Alles in Peshawar ging noch langsamer, als Benni und Henning ohnehin schon veranschlagt hatten. Henning hatte von seinen verrückten Kajak-Trips Erfahrung mit Organisation und Logistik in Entwicklungsländern, autoritären Regimen und sogar failed states, doch sein Wochen vorher per WhatsApp angeheuerter Guide war plötzlich nicht mehr aufzufinden.

Sie brauchten einen neuen Führer, der ihnen bei der Regionalverwaltung eine Erlaubnis zur Durchquerung des quasi autonomen Stammesgebiets besorgte. Voraussetzung für die travel permit war neben einem Guide auch bewaffnete Security für das Warlord-Gebiet. Die pakistanische Regierung konnte sich in der angespannten Situation zwischen Pakistan, Afghanistan und den ISAF-Truppen keine entführten westlichen Abenteuertouristen leisten. Benni hatte Henning auch einmal gefragt, ob es eigentlich wirklich dieses komplizierte Kriegsgebiet sein müsste oder sich an Orten wie Nepal oder Peru nicht auch Naturabenteuer erleben ließen. Doch Henning hatte diese Länder als banal und von den üblichen israelischen Rucksacktouristen überlaufen abgetan.

In der zweiten Woche in Peshawar verfinsterte sich Bennis Laune. Er schlief schlecht und wenig und hatte das Gefühl, in der schweren Luft nicht richtig atmen zu können. Immer seltener begleitete er Henning auf seinen futilen Trips zu Regionalverwaltungen und Stammesfürsten, blieb lieber im Zimmer liegen auf dem Bett, ging manchmal hinunter in den Aufenthaltsraum, wo durchgehend ein Fernseher mit Al Jazeera lief, und trank dort einen Tee mit viel Zucker. Er hatte keinen Hunger mehr, was er auf eine in der Vorwoche herbeigeführte Übersättigung durch Chicken with Rice zurückführte. Im Keller des Gebäudes nebenan gab es eine Art Bar mit fünf Billardtischen, die jeden Abend voll war.

Die Gäste tranken Tee und Sprite und aßen Chicken with Rice. Lautes Musikfernsehen lief auf Bildschirmen, die unter die Decke gehängt waren. Anfangs waren Henning und er abends optimistisch dorthin gegangen. Doch nur wenige sprachen Englisch und alle außer ihnen waren mit Gewehren bewaffnet, die ihnen an Lederriemen oder Wäscheleinen über die Rücken hingen.

Benni, dessen Gemüt sich von Tag zu Tag weiter verdüsterte, wollte bald nicht mehr mitkommen und ging um sieben Uhr abends schlafen. Inzwischen hoffte er, dass die benötigten Papiere nicht mehr kommen würden, er schaffte es kaum noch die Treppe hinunter in den Aufenthaltsraum, wie sollte er es da den Khyber Pass hinauf schaffen? Wenn er nicht zu müde war, suchte er auf seinem Handy Flüge nach Dubai. Es beruhigte ihn, dass alle paar Tage eine Maschine flog und es auch Plätze gab. Henning sah er kaum noch. Wenn der Freund abends von seinen Terminen bei der Regionalverwaltung zurückkam, schlief Benni meist. Für Henning gehörte die komplizierte Logistik unter unmöglichen Umständen zum Urlaub dazu, er genoss es, wie in einem Videospiel das zu bestehende Level immer wieder neu zu versuchen. Er wusste, dass er es schaffen würde, er hatte es bisher immer und an jedem Ort geschafft, und hier sei es eigentlich nicht schwer, hatte er Benni erklärt, denn die Menschen hier seien geldgeil, hatte er gesagt, und das ist ein immenser Vorteil. Man könne es auch mit irgendwelchen Ketschua-Völkern in Bolivien zu tun haben, die wüssten gar nicht, was Geld ist.

Henning sagte, er habe es fast geschafft, nur ein Treffen noch mit einem Stammesältesten, und er blieb auch dann nicht bei Benni, als es ihm sichtlich immer schlechter ging. Benni hatte Schüttelfrost bekommen, so stark, dass seine Zähne aneinanderschlugen und auf der Haut seiner Brust einzelne linsengroße rote Flecken sichtbar wurden, die durch den Druck eines Fingers entfernt werden konnten, aber sofort zurückkehrten. In seinen Ohren war ein solches Sausen und Brausen, dass er den Lärm der Generatoren nicht mehr hörte. Henning fiel auf, dass der Ausdruck von Bennis Gesicht dumm wurde, sein Mund fing an, offen zu stehen, die Augen wirkten verschleiert und ohne Teilnahme. In der dritten Woche bedeckten sich sein Zahnfleisch, seine Zähne und seine Zunge mit einer schwärzlichen Masse, die den Atem verpestete.

Als Benni schließlich in der vierten Woche mit aufgetriebenem Unterleib regungslos auf dem Rücken lag, organisierte Henning einen Arzt und einen Dolmetscher. Das dauerte auch wieder einen halben Tag, aber als der Arzt schließlich da war, untersuchte er Benni nur kurz, er sah sich die Brust an, dann den Mund und die Zähne. Dann hielt er einen engagiert klingenden medizinischen Vortrag auf Paschtu. Der Dolmetscher, der, wie er erwähnte, als Kind von seinem deutschsprachigen Großvater die Sprache gelernt hatte, übersetzte die Worte des Arztes in ein merkwürdiges Deutsch: »Niemand kann sagen, ob der Geist des Kranken in leere Nacht versunken ist, oder ob er, fremd und abgewandt, dem Zustand des Leibes, in fernen, tiefen, stillen Träumen weilt, von denen kein Laut und kein Zeichen Kunde gibt. Dies ist der Zeitpunkt der Entscheidung.«

»Entscheidung wofür?«, fragte Henning.

Diesmal übersetzte der Dolmetscher die Antwort erstaunlich klar: Leben oder Tod.

»Was hat er denn?«

Nervenfieber, übersetzte der Dolmetscher. »Schnell, schnell, Hospital!«

Henning verstand nicht gleich. Nervenfieber?

»Typhoid Fever«, sagte der Arzt mit starkem Akzent auf Englisch.

»Typhus? Das kann nicht sein.« Wie Benni war Henning Jurist und gab sich keinem Urteil, auch nicht dem eines Arztes, schnell geschlagen. Man kann immer in Revision gehen.

»Typhus gibt es doch gar nicht mehr. Und außerdem sind wir geimpft.« Er kramte sein gelbes Impfheft aus einem helllledernen Brustbeutel.

Das Krankenhaus in Peshawar, in das der Arzt höchstpersönlich Benni transportierte, und zwar auf der mit Bundeswehrdecken ausgelegten Pritsche seines Toyota-Pick-ups, konnte nicht viel mehr tun, als Benni ein Breitbandantibiotikum zu verabreichen. Das für Typhusfälle eigentlich empfohlene Ciprofloxacin hätte aus Islamabad geliefert werden müssen, doch für Bennis anstehenden Kampf gegen den Tod seien sie nicht gerüstet, sagten die Ärzte. Sie müssten hoffen, dass das Breitbandantibiotikum zumindest so weit anschlage, dass Benni transportfähig würde und in eine Klinik in Islamabad verlegt werden könne. Ob es dafür einen Hubschrauber gäbe, wollte Henning wissen, da lachten die Ärzte in dem Krankenhaus und sagten, die Hubschrauber hätte nur die ISAF. Henning schrieb ein paar Textnachrichten an ehemalige Gebirgsjäger-Kumpels, von denen er wusste, dass sie Teil des ISAF-Kontingents waren, und fragte nach einem Hubschrauber, es ging um Leben und Tod. Könne er vergessen, lautete jedesmal die Antwort. Mal schnell einen Hubschrauber, und das auch noch in pakistanischem Luftraum – bis die Genehmigungen dafür da seien, wenn sie überhaupt erteilt würden, brauche Benni keinen Helikopter mehr.

Henning bot dem Arzt, der sie in seinem Toyota ins Krankenhaus gefahren hatte, weitere 500 Dollar dafür, dass er Benni auf seiner Pritsche auch noch bis nach Islamabad fuhr.

»Das sind zum Mindesten sechs Stunden Fahrt. Er wird erfrieren«, sagte der Dolmetscher. Doch dann, nach einem nachgebesserten Gebot über 800 Dollar, willigte der Arzt ein, Benni, sobald er sich ein bisschen stabilisiert habe, eingewickelt in weitere hastig organisierte Bundeswehrdecken, in die Klinik nach Islamabad zu befördern.

12 Morningside Heights

Als Chris drei Tage später im Maroof International Hospital ankam, schwebte Benni immer noch in Lebensgefahr. Chris hatte sich gerade mit Professor Shapiro bei Nussbaum & Wu auf dem Broadway zum Lunch hingesetzt, als Henning aus Islamabad angerufen hatte. Er habe Chris' Telefonnummer in Bennis Handy gefunden und zunächst lieber ihn und nicht die Eltern anrufen wollen, hatte Henning erklärt, und Chris war umgehend aufgestanden, hatte sich von Professor Shapiro verabschiedet.

Sein Bruder sei im Krankenhaus in Pakistan.
»Was? Warum?«
»Er hat Typhus.«
»Typhus? Wie Hanno Buddenbrook! That's crazy. Dass es das noch gibt. Der Roman ist von 1900!«

Shapiro hatte ihn umarmt und gesagt, er solle sich um ihren Termin am nächsten Tag keine Sorgen machen, Familie ginge vor, und hatte hinter dem Cafétisch stehend dem den Broadway gen Norden hinaufeilenden Chris noch hinterhergewunken. Chris sollte zu Beginn des nächsten Semesters vom Assistant zum Associate Professor befördert werden, in den kommenden Wochen standen Gespräche mit einer Findungskommission an. Chris sollte jetzt schon Associate Professor werden, damit er in ein paar Jahren, wenn Stephen Shapiro emeritiert wurde, dessen Nachfolge als Full Professor antreten konnte. Das war der Masterplan, Professor Shapiro sah in Chris seinen präferierten und legitimen Nachfolger. Shapiro war einer der führenden Literaturwissenschaftler des Landes. Er war vierzig Jahre zuvor einer der ersten berühmten Poststrukturalisten gewesen, und er wollte, dass dieser Lehrstuhl weiterhin an einen Poststrukturalisten geht, damit die Bewegung nicht geschwächt würde. Poststrukturalismus war für manche mehr als nur eine Strömung der Geistes- und Sozialgeschichte, es kam einem Glaubensbekenntnis gleich.

Als Chris in seiner von der Universität gestellten Professorenwohnung am 243 Riverside Drive ankam, informierte er die Eltern. Er kam mit ihnen überein, dass er umgehend nach Islamabad flöge und versuchte, Bennis Rücktransport nach Deutschland zu organisieren. Aber er hätte doch seine Gespräche wegen der Beförderung, das ginge nicht, hatte seine Mutter noch zu denken gegeben, doch Chris, bei dem die Vorstellung, wie die siebzigjährigen Eltern durch Islamabad gondelten, Schaudern auslöste, hatte versichert, die Gespräche ließen sich verschieben.

Das war nicht die ganze Wahrheit gewesen. In Wirklichkeit wusste er nicht, ob man Findungskommissionen vertrösten konnte. Er wusste allerdings, dass es Shapiro wichtig war, dass Chris die Stelle bekam, um des Poststrukturalismus willen, aber auch wegen der gemeinsamen Veröffentlichungen und der wöchentlichen Tennispartien.

Chris rechnete: einen Tag hin, zwei Tage in Islamabad, dann einen Tag Reise mit Benni nach Deutschland, ein, zwei Tage dort zur Übergabe, einen Tag zurück nach New York. Macht sechs bis sieben Tage, wahrscheinlich zu lang, um die Kommission zu vertrösten. Vielleicht konnte Karolin fliegen. Er versuchte sie anzurufen, doch sie ging nicht ran.

In der Nacht dachte er an Benni, allein in einem pakistanischen Krankenhausbett. Wie viel Angst er vielleicht hätte und bei jedem Geräusch auf dem Krankenhausflur nach Chris' Stimme horchen würde, darauf hoffend, dass wenn die Tür aufging, sein großer Bruder erschiene. Als Benni vier Jahre alt war, hatte er sich geweigert, in den Kindergarten zu gehen. Er hatte geweint und geschrien, wenn ihre Mutter oder ihr Vater ihn dort abgaben, und laut den Kindergärtnerinnen auch anders als vermutet damit nicht aufgehört, nachdem die Eltern gegangen waren. Nur wenn der sechzehnjährige Chris ihn brachte und im Kindergarten noch kurz bei ihm blieb, mit ihm einige Minuten zum Ankommen in der Ecke hockte und Bennis Hand hielt, ihn dann in einem festen Ritual dreimal hintereinander umarmte, schaffte es Benni, ohne Weinen im Kindergarten zu bleiben.

Ein Flug für den nächsten Tag war teurer, als Chris vermutet hätte, und dauerte siebzehn Stunden, umsteigen in Dubai.

Erst aus dem Taxi zum Flughafen rief Chris bei Shapiro an. Andernfalls, befürchtete Chris, wäre es dem überzeugungsstarken Professor womöglich gelungen, Chris so viel Angst wegen des nun zu verpassenden Termins zu machen, dass er vielleicht nicht geflogen wäre.

»Und, alles okay mit deinem Bruder?«

»Ne. Er muss nach Deutschland, sein Zustand macht keine Fortschritte in Pakistan. Ich bin auf dem Weg nach Islamabad, um ihn nach Deutschland zu bringen.«

»Was? Warte mal. Wie lang bist du denn weg? Den Termin morgen kriege ich noch verschoben, aber die Gespräche müssen diese oder spätestens nächste Woche alle über die Bühne gehen.«

»Ich bin maximal eine Woche weg, Stephen.«

»Das geht nicht! Flieg hin und bring deinen Bruder nach New York. Dann bist du übermorgen wieder hier. Ich besorg ihm einen Platz im Mount Sinai Hospital. Da wird er in guten Händen sein.«

»Danke. Vielleicht komme ich drauf zurück. Ich melde mich!«

»Viel Glück. Unterschätz das mit der Findungskommission nicht, Chris. Ich weiß, das sind für dich öde Treffen. Aber du musst sie ernst nehmen. Die sind ohnehin schon pikiert, weil sie nicht stärker eingebunden wurden. Und von den anderen Kandidaten wurde mit allen schon gesprochen.«

Chris kam an einem Freitagabend in Islamabad an und war überrascht, wie komfortabel das Maroof International Hospital schien, in vielerlei Hinsicht deutlich moderner und freundlicher als die Krankenhäuser, die er aus New York kannte. In der Notaufnahme, durch die Chris die Klinik betrat, gondelten keine grölenden Säufer in Rollstühlen umher, keine komatösen Partykids wurden auf Bahren durch die Gänge gerollt, keine jungen Männer mit Stich- und Schusswunden entließen sich selbst.

Henning erwartete ihn an Bennis Bett, es stand in einem Einzelzimmer mit Blick auf einen grünen Park. Chris war von allem positiv überrascht, er hatte sich auf dem Flug eine Art Dritte-Welt-Einsatz vorgestellt und saß nun in Trekking- und Safari-Klamotten in einem hochmodernen Krankenzimmer. Pflegerinnen mit Kopftuch und Mundschutz wuschen seinen kleinen Bruder. Henning gab Chris ein kurzes Update, Zustand wie gehabt, weiterhin kritisch, keine neuerlichen Fortschritte. Bennis Kreditkarte sei an ihrem Limit und seine ehrlich gesagt auch, sagte Henning. Dann verabschiedete er sich, er hatte inzwischen Wochen mit dem erkrankten Freund verbracht. Er konnte nicht mehr, das sah Chris. Henning wollte auf direktem Weg zum Flughafen. Chris gab ihm 500 Dollar, damit er sein Ticket umbuchen konnte, den Rest würden sie später abrechnen. Henning fragte, ob Chris sein Zimmer in einem Guesthouse um die Ecke übernehmen wolle, es koste nur zwölf Dollar pro Nacht. Doch Chris hatte schon das Islamabad Marriot gebucht. Noch in New York hatte ihn die Aussicht auf den vertrauten Komfort der amerikanischen Hotelkette beruhigt, als ihn die Sorge um Benni und der Respekt vor dieser Reise gepackt hatten, an deren Ende er gut möglich nicht nur seinen toten Bruder in den Armen halten, sondern auch seine Beförderung verpasst haben könnte.

Kaum war Henning aus der Tür, gerade als Chris endlich Benni in Ruhe ansehen und dem alten Ritual folgend in irrationaler Hoffnung dreimal umarmen wollte, betrat ein Verwaltungsangestellter des Maroof International Hospital das Zimmer. Er bat Chris in fließendem britischen Englisch mit in sein Büro, wo er weitere medizinische Rechnungen präsentierte, die Chris nicht verstand und dennoch mit seiner Karte beglich. Er tippte eine SMS an seine Eltern ins Telefon: *Bin da. Benni geht es den Umständen entsprechend gut! Hoffe, mit ihm heute oder morgen nach D zu kommen. Alles gut, liebe Grüße!* Der erste Satz stimmte. Von den anderen Aussagen in der Textnachricht (ihm geht es den Umständen entsprechend gut, heute oder morgen nach D) wusste er nicht, ob sie irgendeinen Wahrheitsgehalt hatten. Karolin rief schon zum zweiten Mal an. Als es darum ging, wer nach Pakistan flöge, hatte sie wichtige Klausuren an der Universität vorgeschoben.

Aber als er sie vom Flughafen aus noch einmal angerufen hatte, war kurz Partylärm im Hintergrund zu hören gewesen, der dann schnell verstummte. Offenbar hatte sie den Raum verlassen. Als er sie darauf ansprach, sagte sie, sie sei nur kurz beim zwanzigsten Geburtstag des Leo's, ihrem geliebten Stammladen – der in Chris' Augen eine deprimierende Kreuzberger Klitsche war, die sich was darauf einbildete, dass ein paar aus München zugezogene Feuilletonisten dort rumsaßen und ab und zu der Maler Daniel Richter vorbeischaute. Die Küche dort sollte originell sein, aber nichts passte zusammen, Chris jedenfalls wollte sein Tatar nicht mit afrikanischen Erdwurzeln essen. Karolin hatte ausgerechnet dort ihren Ehemann kennenlernen müssen, einen der Besitzer, offenbar ein Afroamerikaner aus New York, jetzt King of Kreuzberg, obwohl bei dem einen Mal, als Chris ihn getroffen hatte, er eher einen überarbeiteten Koch und trockenen Gastroalkoholiker gesehen hatte. Karolin und er waren schon wieder geschieden, beides, Hochzeit und Scheidung, eine komische Nacht- und Nebelaktion, die mehr oder minder komplett an der Familie vorbeigelaufen war. Nach der Scheidung hatte Rainer sich gebrochen in Yoga-Retreats zurückgezogen, doch Karolin war als Ex-Frau des Chefs einfach weiter in den Laden gegangen, als sei es ihr eigener. Deshalb hatte Chris den Verdacht, nein die Gewissheit (irgendwie kennt man seine Leute ja doch), dass es der zwanzigste Geburtstag des Leo's war, den seine Schwester nicht verpassen wollte und nicht »wichtige Klausuren an der Uni«.

Als er zurück ins Zimmer kam, schlief Benni immer noch, oder wie immer man diesen Zustand nannte. Chris hörte eine Weile lang den langsamen, gleichmäßigen Atemstößen zu. Es war ein modernes Einzelzimmer, der Verwaltungsangestellte hatte es *executive room* genannt, Chris wusste nicht, was es kostete, aber er hatte dem Verwaltungsangestellten eben mehrere Tausend Dollar gezahlt.

Endlich mit Benni allein. Draußen war die Nacht schwarz, hinter dem Park musste ein Art Downtown liegen, höhere Häuser mit vereinzelten funzeligen Lichtern. Der Park hieß »F9 Park«, stand in einem Hotelprospekt, das auf einem Glastisch gelegen hatte. Müdigkeit und Traurigkeit ergriffen Chris. Einmal, zweimal, dreimal, er zählte die Umarmungen flüsternd mit. Komm, Benni, es hat doch früher auch immer geholfen. Er hielt plötzlich wieder den vierjährigen Benni in seinen Armen, sein Oberkörper so dünn wie der eines Kindes. Der athletische Panzer, den Benni sich als Erwachsener antrainiert hatte, war verschwunden, seine Hautfarbe wieder so blass wie die des Vierjährigen, der im Kindergarten in der Ecke gekauert hatte, den Blick bange auf seinen großen Bruder gerichtet.

Chris war unschlüssig, was er tun sollte. Er hielt Bennis kalte dürre Hand, die merkwürdige Flecken aufwies. In seiner anderen Hand waren Zugänge gelegt, durch die verschiedene Flüssigkeiten in Bennis Adern liefen. Chris hatte sich einen dunkelroten Sessel vom Fenster ans Bett gezogen, seine Füße neben Bennis auf der Matratze abgelegt. Dann schlug er das Buch auf, das er mitgebracht hatte. Er glaubte an die Kraft des Vorlesens, des Eindringens von Sprache und Rhythmus in das Bewusstsein. Und welcher Text, hatte Chris sich überlegt, wäre besser geeignet, Bennis von Krankheit getrübtes Bewusstsein zu besänftigen als die Absichts- und Ereignislosigkeit von Knausgårds autobiografischer Fiktion? Der erste Band war im Sommer gerade in den USA erschienen, alle waren verrückt nach Knausgårds Prosa, und Chris bereitete bereits ein Seminar fürs nächste Semester vor, das eine halbe Stunde, nachdem Chris es über Twitter angekündigt hatte, auf der Website der Universität ausgebucht gewesen war. Vielleicht könnte er von der Universität einen größeren Raum bekommen. Eigentlich bräuchte er die Aula, ja, er könnte mit seinem Seminar die Aula der Universität füllen. Es stimmte nicht, dass die Millennials sich für nichts mehr außer ihre Handys interessierten. Sie interessierten sich für Literatur, jedenfalls wenn Chris Schönwald über sie sprach, dann waren sie verrückt danach. Chris hatte das Seminar über Knausgård »What's the struggle in My Struggle?« genannt.

Und jetzt begann er langsam, beinahe flüsternd in das sterile Weiß des Zimmer hineinzulesen. Flüstern hatte immer geholfen früher bei Benni, wenn er Angst gehabt und geweint hatte. Chris war sich sicher, dass, wenn er nur lang genug läse, sein Bruder die Augen öffnen würde. Also begann er: »Yngve sah mit einem leisen Lächeln auf den Lippen zu mir hin. Glaubte ich, der Tote würde erwachen? Glaubte ich, der Baum würde wieder zu einem Menschen werden?«

Er las fünf, sechs Stunden, bis seine Stimme fast brach, bis zur vollen Erschöpfung, er, der sonst immer hoffte, einschlafen zu dürfen, bekämpfte jetzt die dumpfe Schwere der Müdigkeit in seinem Kopf, das Zucken der Augenlider, bis er sich an nichts mehr erinnern konnte.

Als Chris wieder erwachte, waren seine Beine taub, der Kopf schmerzte. Seine Hand lag noch immer in Bennis. Bennis Augen waren geöffnet, sie blickten ihn an.

»Benni! Da bist du ja.« Chris' Stimme krächzte.

Benni schlug seine Augenlider nieder.

»Hörst du mich?«

Erneut senkte der Bruder die Lider.

»Komm, wir fahren nach Hause.«

Chris, in seiner Erleichterung, bildete sich ein, ein Lächeln um des Bruders Mund zu sehen. Vielleicht schafften sie es heute noch nach Deutschland. Wenn sie einen Rollstuhl bekämen und dann Liegesitze in der Business Class, die Infusionen könnte man sicherlich mitnehmen, das sieht man doch immer bei den Rauchern, die vor den Krankenhäusern in ihren Rollstühlen sitzen und ihre Infusionsbeutel an einer Art fahrbaren Garderobe aus Metallgestänge hinter sich herzogen. Dann könnte er übermorgen wieder in New York sein.

Von Shapiro waren über Nacht mehrere Textnachrichten gekommen.

Alles ok mit deinem Bruder? Dann zwei Stunden später: *Hast du schon eine ETA für deine Rückkehr nach NYC?* Zwei Minuten später: *Die Kommission ist angepisst, dass wir verschoben haben. Sie bestehen auf einem Treffen mit dir noch diese Woche.* Wieder drei Minuten später: *Habe ich auch unterschätzt. Aber sie wollen am WE ihre Entscheidung treffen und dann nächste Woche schon verkünden!* Kurze Pause, dann: *Sie haben MIT ALLEN ANDEREN KANDIDATEN schon gesprochen!* Eine halbe Stunde später: *Bekommst du in Bangladesh überhaupt meine SMS?*

Chris meinte, eine minimale Kopfbewegung von Benni zu registrieren, er schien das Kinn leicht anzuheben Richtung Chris' Schoß, wo der aufgeschlagene Knausgård lag.

Ich soll weiterlesen? Gefällt es dir?

Benni schloss die Augen, öffnete sie wieder.

»Ich gebe über den nächstes Semester ein Seminar. Du könntest kommen, Benni. Du bist doch dann wieder gesund, oder? Es ist ausgebucht, aber für dich würde ich natürlich einen Platz haben. Benni, wirst du kommen? Sag doch was!«

Benni sagte nichts, dafür weiteten sich seine Augen, als er Chris weinen sah.

»Ich freue mich doch nur so, dich zu sehen«, sagte Chris, sah in Bennis Minimalmimik, dass er ihm nicht glaubte, nahm das Buch und begann stockend zu lesen. Das schien seinen Bruder wieder in eine Art Ruhezustand zu versetzen. Draußen wurde es hell. Schöne Stadtgeräusche kamen hinauf, das helle Dröhnen der kleinen Mopeds, das Hupen der Lastwagen. Die muslimischen Schwestern kamen und wuschen Benni, und Chris sah, wie Bennis Muskeln verkrampften, es schien ihm wehzutun.

»Careful«, rief Chris.

Sie flößten ihm unter ständigem Murmeln Tee aus einer Schnabelflasche ein, wovon das meiste aus Bennis Mund wieder hinauslief und von den Schwestern unter genuschelten Mitleids- und Klagelauten weggewischt wurde.

»He can't swallow«, sagte Chris, worauf ihn die Schwestern mitleidig anschauten. Dann fragte ihn die eine auf Englisch, ob er auch er ein Frühstück wolle.

»Was heißt hier ›auch‹«, fragte Chris. Dann bedankte er sich und sagte, er hätte sehr gern ein Frühstück. Er hatte das letzte Mal in New York gegessen (denn im Flugzeug, so lautete einer seiner Regeln, aß er, wenn überhaupt, nur in der Business Class). Das Frühstück aus frischem Obst, Yoghurt, Nüssen und Rosinen sowie Nan mit Ei passte zu dem guten Gesamteindruck, den Chris inzwischen von dem Maroof International Hospital gewonnen hatte. Er dachte ernsthaft darüber nach, seine anstehende Wirbelsäulen-OP hier durchführen zu lassen. Die medizinischen Leistungen und die Unterbringung in Executive rooms waren immer noch günstig verglichen mit New York. Dazu war es sauberer, und anders als in New York sprachen alle Englisch.

Um Punkt acht erschien der Chefarzt zur Visite, zumindest hielt Chris ihn für den Chefarzt, er benahm sich so, sprach Oxford-Englisch und sah aus wie Pep Guardiola. Der Arzt zeigte sich erstaunlicherweise sehr zufrieden mit Bennis Zustand, doch sagte, eine Verlegung nach Deutschland zu diesem Zeitpunkt sei völlig ausgeschlossen. Chris versuchte, ihn von seinem Plan mit dem Rollstuhl und dem rollenden Infusionsständer zu überzeugen, und natürlich alles Business Class.

»Business Class«, sagte der Arzt. »Sir, let me explain something to you. You're not solving medical problems by flying Business. You would need an air ambulance. And only ISAF has air ambulances.«

»Kann man die ISAF nicht bestechen?«

»Sie mögen glauben, dass man hier vieles und viele bestechen kann, und Sie mögen recht haben. Man kann auch ISAF bestechen, alles schon vorgekommen. Aber Sie können das nicht. Ihr Bruder hat seine Chancen in den letzten Tagen verbessert, nicht zu sterben. Aber er schwebt in Lebensgefahr. Er ist viel zu spät zu uns gekommen. Die Bakterien hatten schon beinahe alles zerstört. Jeder kleine Fehler, jede zu große Anstrengung kann sein Leben beenden. Wenn Ihnen das nicht klar ist, Mr. Schonworld, dann sind Sie hier keine Hilfe für Ihren Bruder.«

»Professor Schönwald«, sagte Chris.

»Wie bitte?«

»Ich bin Professor. Sie brauchen mit mir nicht wie mit einem Kind zu reden.«

Benni schlug seine Augen nieder.

»Ist in Ordnung, ich weiß, es ist immer schwer für die Angehörigen«, sagte die pakistanische Arztversion von Pep

Guardiola, drehte sich auf dem rechten Schuhabsatz und stürmte mit großen Arztschritten aus dem Zimmer, seinen Kittel wie ein Cape hinter sich herwehend.

Chris' Handy vibrierte. *Toll! Da sind wir sehr erleichtert. Liebe Grüße an den Rekonvaleszenten!* las er auf dem Display, dahinter folgende Emojis: Silvesterraketen, ein mit Verband umwickeltes Herz, ein Stethoskop und eine Spritze. Er hielt Benni das Handy hin. »Von Mama«, sagte er, und vielleicht lächelte Benni ein bisschen.

»Also, du hast es gehört, wir müssen warten. Du musst dich beeilen mit dem Gesundwerden, sonst lassen sie uns hier nicht weg. Nein, du musst natürlich gar nichts. Ich meine, wir könnten natürlich einfach gehen, wir sind freie Bürger einer westlichen Demokratie...«

Chris dachte an die bewaffneten Wachen, die er an der Zufahrt zum Krankenhaus, in der Eingangshalle und auch hier auf dem Stationsflur gesehen hatte. Auf dem Weg ins Büro hatte er den Verwaltungsangestellten gefragt und mit dem Kopf auf die Wachen gewiesen: »Alles wegen meinem Bruder?« Es hatte witzig sein sollen, locker. Der Verwaltungsmann aber hatte nur auf »einige bedeutende Persönlichkeiten« verwiesen, die hier Patienten seien, »Politiker, Richter, Militärs«, die natürlich des Schutzes bedürften, Krankenhäuser seien »soft targets«.

»Nein, bitte werd ganz in Ruhe gesund, ich bin so froh, dass du nicht... dass es dir besser geht. Wir gehen jetzt null Risiko ein. Hier ist es doch ganz erträglich, und ich habe Zeit, meine Seminare in New York kann eine Vertretung übernehmen, und ansonsten erwartet mich dort nichts.« In seiner Tasche vibrierte es wieder, er zog das Telefon ein Stück heraus, schielte aufs Display, Shapiro, er drückte den Anruf weg.

»Bis dahin lesen wir einfach Knausgård, es gibt noch fünf weitere Bände, insgesamt dreitausendsechshundert Seiten, allerdings sind noch nicht alle übersetzt.«

So begann Chris zu lesen. Manchmal verschwamm die Schrift im harten Krankenhauslicht. Wenn er innehielt und Benni betrachtete, wusste er nicht, ob sein Bruder wach war oder schlief. Er sah, dass der Arzt recht gehabt hatte. Das Fieber war immer noch hoch, aus dem Nichts schüttelten Krämpfe Bennis abgemagerten Körper. Unter den Flüssigkeiten, die durch die Infusionsschläuche liefen, waren auch starke Schmerzmittel gegen die Glieder- und Bauchschmerzen, die Bennis Geist benebelten. Chris versuchte möglichst wenig Pausen beim Lesen zu machen, im Flow bleiben und warten, am besten nicht nachdenken, weder über Bennis Zustand noch über seine eigene Zukunft (ohne die Professorenstelle). Das Zimmer im Ramadan hätte er sich sparen können, Benni bestand darauf, dass er bei ihm schlief. Der Verwaltungsangestellte hatte gegen eine Barzahlung von fünfhundert Dollar ein weiteres Bett in Bennis Zimmer schieben lassen. Nur manchmal schlich Chris sich mitten in der Nacht weg, nach einer Weile kannte er die Zyklen der Schmerz- und Schlafmittel. Dann ging er in die Hotelbar des Ramadan, aß Burger und trank Bier, schaute mitten in der Nacht zeitversetzt die Spiele der NFL, und legte sich anschließend für wenige Stunden in sein Hotelbett, blickte über die Stadt, genoss die Einsamkeit und nahm rechtzeitig ein Taxi zurück. »Maroof International Hospital please.«

Shapiro hatte aufgegeben, ihn zu erreichen. Es wäre einfach gewesen, mal kurz aus dem Zimmer zu treten und ranzugehen. Bestimmt hätte man eine Lösung gefunden. Oder ihm zurückzuschreiben. Doch Chris wollte sich damit nicht befassen, obwohl er ja eigentlich viel Zeit hatte. Vielleicht war dies das Gefühl, das bei Karolin Dauerzustand war.

Am dritten Tag schickte Shapiro doch noch eine SMS. *Konnte dein Evaluierungsgespräch auf NÄCHSTE WOCHE DONNERSTAG pushen. Die nächsten fünf Lunches nach dem Tennis gehen auf dich.* Und dann die gleichen Silvesterraketen-Emojis, die zuvor schon seine Mutter geschickt hatte. Was gab es für die Leute hier eigentlich ständig zu feiern angesichts eines beinahe sterbenden Bruders und einer damit verbundenen unlösbaren beruflichen Situation?

Es war Samstag, noch fünf Tage. Bennis Fieber war gesunken, er dämmerte weniger, manchmal hatte er die Kraft, etwas zu flüstern. Am Montag sagte der Arzt, Benni könne am Dienstag entlassen werden. Transport nur mit Rollstuhl und Liegefläche im Flugzeug, nach Ankunft am Mittwoch sofort ins Krankenhaus zur Kontrolle.

Der Flug war einfacher als gedacht. Dadurch dass Benni im Rollstuhl saß, vollzog sich die Reise, wie Chris es liebte: ständig mit Vorzugsbehandlung, an allen Menschenansammlungen vorbei, direkt in die Lufthansa Sitze 1 a und 1 b (Chris flog schon damals nichts anderes). Die Flugbegleiter wussten Bescheid und hoben Benni mit geübten Griffen aus dem Rollstuhl in den Sitz, schnallten ihn an, betteten seinen Kopf auf einem Spezialkissen. »Champagner ja dann für Sie wohl eher nicht«, bemerkte ein Flugbegleiter lapidar. »Doch, doch, für mich unbedingt«, sagte Chris, der Benni hatte versprechen müssen, den zweiten Knausgård-Band (so weit waren sie inzwischen) keinesfalls ohne ihn weiterzulesen. Und so ließ Chris sich zur Entspannung ein paar Champagner reinlaufen, während sich in Bennis Blutbahn die Schmerz- und Schlafmittel aus dem mitgebrachten Infusionsbeutel langsam ausbreiteten.

Am Flughafen Frankfurt warteten ihre Eltern sowie ein Krankenwagen, den Harry organisiert hatte. Seine Mutter stieß einen kleinen Schrei aus, als sie Benni sah und guckte Hilfe suchend zu Chris – was hast du uns da gebracht, das soll unser geliebter Sohn sein? – und begann offen zu weinen, sodass Harry sie fest umarmen musste. So lange schien es schon her, dabei war es erst eine Woche, dass Chris seinen Bruder zum ersten Mal so gesehen hatte und es ihm genauso ging wie seiner Mutter jetzt. Schock und Überwältigung beim Anblick des Bruders beziehungsweise Sohns, Angst und Trauer. Wie schnell man sich an das Antlitz des Kranken gewöhnt, er konnte sich an den gesunden, athletischen, stets optimistischen Benni nur noch mit Mühe erinnern. Wenn Benni stürbe, könnte er sich an den toten Bruder genauso gewöhnen wie an den todkranken?

Er überredete die Krankenwagenbesatzung, dass er seinen Bruder auf dem Transport in die Uniklinik Köln begleiten dürfte, Benni sei emotional sehr abhängig von ihm, es könnte seinen Zustand destabilisieren, wenn Chris jetzt auf einmal nicht mehr da wäre. Womöglich stimmte das, zur Wahrheit gehörte allerdings auch, dass Chris nicht mit seinen Eltern im Auto mitfahren wollte. Er wäre dann gezwungen, für seine Eltern die Woche in Islamabad in ein optimistischeres Licht zu stellen, als er sie erlebt hatte. Er müsste erklären, dass er eigentlich am nächsten Morgen zurück nach New York müsste, und seine Eltern würden darauf bestehen, dass er flöge; dass er nicht seine Karriere aufs Spiel setzte, und sie wären froh, von nun an übernehmen zu können, gebraucht zu werden von einem ihrer Kinder. Aber Chris hatte sich noch nicht entschieden zurückzufliegen. Er hatte Zugang zu Bennis innerster Gefühlswelt wie niemand anders, warum das so war, vermochte er nicht zu sagen; er war zu Hause ausgezogen, da war Benni neun gewesen, er hatte die letzten beinahe zwanzig Jahre auf einem anderen Kontinent verbracht. Doch Benni hatte ihn in seinem Herzen festgehalten. Als er dreizehn wurde, hatte Benni in den Ferien Chris erstmals in den USA besucht, und dann jeden folgenden Sommer, bis vor ein paar Jahren, bis Benni begonnen hatte, in einem irren Tempo Jura und Mathematik gleichzeitig zu studieren und keine Zeit mehr für die Reisen gehabt hatte. Oft genug hatten Bennis manchmal wochenlangen Besuche nicht gepasst, weil Chris seine Doktorarbeit abgeben musste, gerade eine neue Freundin hatte oder selbst verreisen wollte. Er hat es trotzdem jedes Mal möglich gemacht, und erst als die Besuche irgendwann ausblieben, weil nun seinerseits Benni keine Zeit mehr hatte (»Du weißt, mein Studium«), hatte Chris gemerkt, wie sehr ihm diese jährlich wiederkehrenden Wochen gefallen hatten. Doch Benni war selbstbewusster geworden. Mit großer Verwunderung hatte er Chris seine Verwunderung darüber dargelegt, dass alles, was ihm beim Mathematikstudium leichtfiel, weil es klar und offen vor ihm lag, anderen offenbar brutalste Mühe bereitete. Die Erkenntnis habe ihn wie ein Schlag getroffen. Sie hatte ihn unabhängiger gemacht, stärker, furchtloser. Doch die von der Krankheit herbeigeführte Reduzierung auf elementarste körperliche Grundfunktionen schien in ihm die alten Ängste wieder reaktiviert zu haben. Benni brauchte ihn jetzt mehr denn je, glaubte Chris.

Das Krankenhaus in Köln kam natürlich an das in Pakistan nicht heran. Das war Chris schon vorher klar gewesen. Wir werden den Komfort, die Ruhe und das Aus-der-Welt-Sein von Islamabad noch vermissen, hatte er zu Benni gesagt, wenn wir erst in Köln sind und die Stapel von Post auf dem Fußboden deiner Wohnung aufsammeln müssen.

Benni verbrachte seine erste Nacht allein, das Krankenhaus hatte nicht erlaubt, dass Chris in seinem Zimmer übernachtete. Chris legte sich stattdessen in Bennis Bett in seiner verwaisten Wohnung. Zwei Zimmer, erster Stock in einem Fünfzigerjahrehaus, klar, ganz Köln bestand aus Fünfzigerjahre-Achitektur plus Dom, plus romanische Kirchen, plus Brücken. Draußen fuhr die Straßenbahn. Er wäre lieber in ein Hotel gegangen. Doch er hätte es als Verrat an Benni empfunden, seine Wohnung auszuschlagen. Außerdem musste tatsächlich jemand die Post holen. Er lag wach in Bennis Bett. Die Wohnung war laut, Nachbarn überall und draußen kamen die Kölner aus ihren folkloristischen Kölschkneipen und schrien rum. Die SMSe von Shapiro. Ob er schon unterwegs nach New York sei, ob er sich vorbereitet habe, ob er überhaupt wisse, was er sagen wollte, und ob sie wie immer am Freitag ins Lucciola gingen. Er hatte noch gar keinen Flug. Er guckte auf der Webseite der Lufthansa, 11:35 Uhr ab Frankfurt, dann müsste er spätestens um acht den Zug nehmen, könnte um sieben noch schnell Benni Auf Wiedersehen sagen. So plötzlich. Er hätte ihn vorwarnen sollen, tagelang vorbereiten müssen, wie ein Kind. So würde er es nicht verkraften, wer, Benni oder er? Völlig unklar, wann die nächste Associate-Professor-Stelle frei würde. Außerdem könnte er in ein paar Jahren Shapiro beerben. Seine Stelle mit Akzent auf Literatur des 20. Jahrhunderts war perfekt. Er würde fliegen. Um 4:10 Uhr drückte er auf »Jetzt verbindlich buchen«. Benni würde schon verstehen. Er wälzte sich weiter in seinem Bett, die Nachbarn waren endlich still, die Kölschkneipen zu, aber jetzt fuhr die Straßenbahn. Wie hatte Benni hier wohnen und arbeiten können?

Als er um zehn vor sieben mit seiner Tasche unter dem Arm vor Bennis Zimmer im Krankenhaus stand, kam ihm eine Schwester entgegen. Sie wirkte angestrengt.

»Sind Sie etwa dieser Chris?«

»Woher wissen Sie das?«

»Ihr Bruder hat die ganze Nacht nach Ihnen gerufen.«

»Er kann doch noch nicht mal richtig reden. Wie soll er da rufen?«

»Sie werden sich wundern. Angst und Panik setzen schlummernde Kräfte in Patienten frei.«

Chris verabscheute die Krankenschwester schon jetzt. Diese dufte Art über Patienten zu sprechen und zu richten hatte es in Pakistan nicht gegeben.

»Die Nacht ist schwierig gewesen für Ihren Bruder. Er hatte eine Art Panikattacke. Also, soweit es seine Kräfte zuließen. Ich habe schon mit dem Chef gesprochen. Heute Nacht können Sie hierbleiben. Wir schieben Ihnen ein Bett rein. So was wollen wir nicht noch mal erleben.«

»Kann ich zu ihm rein?«

»Er schläft jetzt. Wir haben ihm ein bisschen was gegeben. Aber Sie können rein, wenn Ihnen das was bringt. Der Chef kommt gegen halb neun zur Visite.«

Chris setzte sich zu Benni und betrachtete den Bruder. Er sah aus, als habe er die ganze Nacht gekämpft, war noch dünner geworden und sah todeserschöpft aus. Wie hatte er ihn so leichtfertig allein lassen können? Unbewusst war es vielleicht ein Test gewesen für das, was eigentlich heute beginnen sollte: Benni on its own, Chris back home.

Der Test war gescheitert. In vierzig Minuten ging sein Zug zum Frankfurter Flughafen. Er hörte Schritte und leise Stimmen auf dem Flur. Die Eltern waren angekommen und erschienen in der Tür.

»Na, schon mit Sack und Pack für New York?« Ruth umarmte Chris und küsste ihn auf die Wange. »Danke noch mal für alles, was du für deinen Bruder getan hast. Das wird er dir sicher nie vergessen.«

»Toll, dass ihr eine solche Bindung habt«, sagte sein Vater.

»Ich werde noch ein bisschen bleiben«, sagte Chris. »Benni hatte keine gute Nacht. Er hat sich offenbar so an mich gewöhnt, dass ihn meine Abwesenheit aus der Bahn geworfen hat.«

»Aber du hast doch dein Gespräch morgen«, sagte seine Mutter. »Fahr mal lieber nach Hause. Er muss das jetzt auch allein schaffen. Er ist ja hier in guten Händen. Du hast getan, was du tun konntest. Aber jetzt musst du auch mal wieder an dein eigenes Leben denken. Wir sind jetzt ja da.«

»Ja, Chris, fahr mal, wir haben das hier im Griff.« Das war sein Vater, wie immer die Mutter unterstützend. »Und die Beförderung würde ich jetzt nicht aufs Spiel setzen an deiner Stelle.«

»So wie du, ja?« Chris wusste selbst nicht, warum er jetzt seinen Vater anging, aber so war das in solchen Situationen, der Stress, wahrscheinlich. »All deine Mitarbeiter wurden Staranwälte und kamen im Maserati bei uns an, nur du warst dreißig Jahre später immer noch Oberstaatsanwalt.

Und jetzt sagst du mir, ich soll meinen Bruder verlassen wegen einer lächerlichen Beförderung zum Associate Professor? Es ist nicht so, dass ich Dekan würde. A-sso-ci-ate Professor, Papa. Das ist nichts Dolles.«

»Du weißt genau, dass dir eine große Karriere bevorsteht, Chris.«

»Es ist toll, dass ihr Brüder so füreinander einsteht«, sagte seine Mutter.

»Füreinander? Ich helfe Benni, weil offenbar nur ich das kann. Und wo ist eigentlich Karolin? Noch auf dem Jubiläumsfest ihrer Stammkneipe oder was ist jetzt dazwischengekommen?«

Chris verließ das Zimmer, um Shapiro anzurufen, doch in New York war kurz vor zwei Uhr nachts, was bedeutete, dass er die Entscheidung fällen musste, ohne die Konsequenzen seiner möglichen Abwesenheit bei dem Gespräch mit der Kommission zu kennen. Er nahm seine Tasche und verließ das Krankenhaus, um in Ruhe nachdenken zu können, ohne dass seine Eltern ihm dazwischenredeten. Doch dann blieb er einfach im Krankenhauscafé sitzen zwischen den Patienten mit ihren Infusionsständern, die sich Kaffee holten, um sich dann draußen zum Rauchen hinzustellen. Zwischendurch rief er bei der Frequent Traveller Hotline von Lufthansa an. Sie stornierten ihm den Flug aus Kulanz. Irgendwann fuhr Chris wieder in Bennis Wohnung, um sich hinzulegen, als er wieder aufwachte, nahm er noch im Halbschlaf sein Telefon und rief Shapiro an.

»Hey, schon da? Bruder gerettet und fit für morgen? Ich habe gehört, die Gespräche mit den anderen Kandidaten sind nicht hundert Prozent zufriedenstellend verlaufen.«

»Meinem Bruder geht es immer noch schlecht. Ich bin immer noch in Köln.«

»Das kann nicht sein, das kann nicht sein, Chris.«

Mehr sagte Shapiro nicht.

»Es tut mir leid.«

»It's such a waste, Chris. Du warst der Beste, den ich seit Langem hatte.«

»Ich werde die einzelnen Kommissionsmitglieder persönlich anrufen und mich entschuldigen, wenn du mir ihre Nummern schickst.«

»Das ehrt dich, aber das wirst du nicht tun. Lass mich erst mal probieren, was ich noch bewegen kann.«

»Was meinst du?«

»Ich weiß noch nicht. Es wird auf jeden Fall teuer. Aber bei jedem Kommissionsmitglied gibt es natürlich etwas, das er oder sie von mir braucht. Vielleicht kann ich was dealen.«

»Ich komme so schnell wie möglich, Stephen.«

»Jetzt ist es egal. Jetzt kannst du dir Zeit lassen. Kümmere dich um deinen Bruder. Eigentlich will man ja solche Menschen wie dich in verantwortungsvollen Positionen. Ich melde mich, wenn es Neuigkeiten gibt.«

Chris konnte nicht glauben, dass er offenbar noch eine Chance bekommen sollte. Er legte sich wieder hin, erschöpft von den letzten zehn Tagen, beruhigt zum ersten Mal seit langer Zeit, dass manchmal, tatsächlich manchmal, die Dinge sich vielleicht von selbst fügten.

Als er in Bennis Bett aufwachte, war es schon dunkel. Er griff seine Tasche, packte die beiden Knausgård-Bücher ein und nahm die Straßenbahn zum Krankenhaus. Er hoffte, dass seine Eltern schon zurück nach Hause gefahren waren, er wollte auf keinen Fall mehr über seine Entscheidung, zu bleiben, sprechen. Dezember in Köln, es regnete, die Scheiben in der Straßenbahn beschlugen, gelbes und rotes Licht brach sich in den Tropfen auf dem Glas. Benni würde gesund werden, das spürte er jetzt, er würde Associate Professor werden und später Nachfolger von Shapiro.

Und so kam es. Chris blieb noch bis Weihnachten, wohnte in Bennis lauter Wohnung, doch schlief so gut wie nie. Er begann mit dem dritten Knausgård-Band für Benni und spielte ihm »Up The Bracket« von Pete Dohertys Libertines vor. Seine Kurse in New York hatten seine Doktorandin und ein junger Kollege übernommen, das war kein Problem gewesen, die Kollegen rissen sich darum, für Chris Schönwald einspringen zu dürfen. Nach seiner Rückkehr wurde Chris mitgeteilt, dass er zum kommenden Semester Associate Professor würde. Mit der Kommission hatte er nie gesprochen. Professor Shapiro hatte ihm nie gesagt, warum das so war. Er hatte nur gesagt: »Dass dieses Auswahlgespräch nie stattgefunden hat, das weißt du, das weiß ich und das wissen die drei Kommissionsmitglieder. Solange das so bleibt, wirst du eine große Karriere haben.«

Die naheliegende Frage, fand Chris, lautete: Was, wenn eins der Kommissionsmitglieder irgendwann darüber redet?

»Können sie nicht«, hatte Shapiro vergnügt gelacht. Sie standen zusammen im Dick Savitt Tennis Center ganz an der Nordspitze Manhattans und wischten sich den Schweiß aus den Augen. Chris, der von seinem Vater mit acht im Tennisclub angemeldet worden war, hatte den Professor gerade den zweiten Satz gewinnen lassen. »Sie hängen doch mit drin«, sagte Shapiro und lachte noch immer. »Sie alle haben etwas bekommen, was sie, sagen wir es so, andernfalls nicht so leicht hätten bekommen können. Sprächen sie darüber, wäre es career suicide.«

»Oh.« So was hatte Chris nicht erwartet.

»Hast du schon mal von Gurrah Shapiro gehört? Einer meiner Vorfahren.«

»Nein.«

»Legendärer Boss der New Yorker Mafia in den Dreißiger- und Vierzigerjahren, Gründer des Syndikats Murder Inc., vielleicht schon mal von gehört.«

Chris versuchte nicht weiter darüber nachzudenken. Er hatte geglaubt, Shapiro hätte die Sache am Ende mit seinem Charme oder seiner Autorität geregelt; vielleicht hatte es auch etwas damit zu tun gehabt, dass die Gespräche mit den Mitbewerbern nicht so gut gelaufen waren.

»Die sind gut gelaufen ...«, sagte Shapiro.
»Aber du hattest doch gesagt ...«
»Um dich zu beruhigen, Chris.«
Danach sprachen sie nie wieder darüber. Chris' Knausgård-Seminar, das er im darauffolgenden September als frischer Associate Professor begann, wurde sein bisher erfolgreichstes, aus allen Literaturwissenschafts-Departments des Landes reisten Kollegen an, um zu sehen, wie Chris ein gerade erst sichtbar werdendes literarisches Phänomen zusammen mit seinen begabtesten und ergebensten Studenten gewissermaßen unter Live-Bedingungen einer Analyse unterzog. Der Sog, den Knausgårds ausführlichste Autofiktion für viele Leser weltweit entfaltete, war wissenschaftlich nicht auf Anhieb erklärbar, und so stürzten sich alle auf Chris Schönwalds Erklärungsansätze, die in weltweiten Fachperiodika umfangreich publiziert wurden. Chris selber erklärte sich seine Hochform bei dem Knausgård-Thema mit seinen Erinnerungen an die Lesesessions im Maroof International Hospital, die ihm eine Tür zu Gefühlen öffneten, die ihm sonst bei seinen Interpretationen nicht zur Verfügung standen.

Benni ging es inzwischen, zehn Monate nach seiner Erkrankung, wieder einigermaßen gut. Er war zu Karolin nach Berlin gezogen, wohnte bei ihr in der riesigen noch von ihrem kurzzeitigen Kneipen-Ehemann hinterlassenen Wohnung und hatte sich offenbar in Karolins Mitbewohnerin verliebt. Die war gerade aus New York nach Berlin gezogen, wo sie, wie Benni ihm aufgeregt berichtet hatte, ausgerechnet an der Columbia University ihr Studium beendet hatte, Chris könnte sie also kennen. Das Verrückte, wovon er seinem Bruder nichts sagte, war, dass er Emilia Papenbrinck tatsächlich kannte. Jeder an Columbia kannte die »bestürzend schöne«, wie Shapiro es mal formuliert hatte, Tochter eines deutschen Tech-Milliardärs, zumindest jeder Deutsche.

Shapiro hatte Chris sogar mal gefragt, ob er sie ihm mal vorstellen könne, das muss ein oder zwei Jahre her sein, sie hatten draußen gesessen bei Nussbaum & Wu am Broadway, als Emilia vorbeigeeilt kam. Shapiro hatte in den vergangenen Jahren sehr zu Chris' Irritation, ein slightly unangenehmes Interesse an gut aussehenden Studentinnen entwickelt. Besonders schien er sich für Töchter mit wohlhabendem Background zu interessieren, deren Familien Häuser in Cape Cod, in Montauk oder Upstate hatten. Davon gab es natürlich viele an der Universität. Chris erklärte sich die Vorliebe seines Chefs mit dessen eigener Herkunft aus kleinen Verhältnissen in Queens, wo sein Vater Subway-Fahrer gewesen war und seine Mutter zu keinem einzigen Footballspiel gekommen war, in dem ihr Sohn als vielversprechender Quarterback brillierte.

Jetzt schien es, als wolle Shapiro nach Jahrzehnten harter Arbeit an der Universität, nun mit Anfang sechzig seinen Superstarstatus auskosten. Wenn er noch Kurse gab, dann waren es von Chris leicht überarbeitete Best-Ofs seiner Hitseminare der letzten Jahrzehnte. Es ging immer irgendwie um Derrida, Foucault oder seinen einige Jahre zuvor verstorbenen Freund Richard Rorty. Oft stellte er einen Bezug zur Popkultur her und hatte sein Spektrum sogar auf die Filmanalyse ausgeweitet. Obwohl seine Helden Linguisten und Logiker waren, sparte er die Grundlage ihrer trockenen Theorien in seinen Kursen aus und analysierte lieber Alltags- und Popphänomene. Das tat er, vermutete Chris, um mehr weibliche Studentinnen in seine Seminare zu locken. Chris, der es selbst genoss, unter gewissen Literaturwissenschaftlerinnen eine Art Star zu sein, fühlte sich von Shapiros Verhalten abgestoßen. Shapiro hatte auch begonnen, Chris' Knausgård Seminar zu besuchen, was Chris zunächst als Ehre empfunden hatte, bis er merkte, dass Shapiro wohl vor allem daran interessiert war, mit einer Gruppe weiblicher Studenten anschließend noch was trinken zu gehen, wo er dann von seinen berühmten Freunden erzählte, von Philip Roth, Woody Allen, Paul Auster oder Richard Ford. Er wollte auch jedes Mal, dass Chris ebenfalls mitkam, und so schwer es Chris sonst fiel, sich den privaten Anforderungen seines Chefs zu entziehen, so eisern blieb er hier. Nach dem Seminar kam er nicht mit, keine Ausnahme, er hoffte, dass der Professor das verstünde.

Er hatte Shapiro zehn Jahre zuvor als absolut unbestechlichen und brillanten Wissenschaftler kennengelernt, doch inzwischen hatte er sich von seiner Frau getrennt (mit der der Erklärung: »Ich mag sie einfach nicht mehr«) und begonnen, seine alten Beine in zu enge Jeans zu pressen sowie seine krummen Füße in spitze Schuhe mit dünnen Ledersohlen.

»Wie gut kennst du die eigentlich?«, hatte er bei Nussbaum & Wu gefragt.

»Wen?«

»Na, die deutsche Milliardärstochter.«

Die Wahrheit war, dass Chris genau das nicht genau wusste. Er erinnerte sich an einen deutschen Abend im International House der Universität. Normalerweise ging Chris zu so etwas nie hin, obwohl die ausländischen Professoren angehalten waren, sich bei den Veranstaltungen ihrer jeweiligen Herkunftsländer zu zeigen. Sie waren anschließend noch in einer Gruppe deutscher Studenten und Lehrer weiter ins Ten-Twenty gegangen, eine Absturzbar für Undergraduates. Sie hatten Shots getrunken, und Chris hatte mit Emilia getanzt, beziehungsweise hatten sie sich aneinandergeklammert, ihre Shots verschüttend zu der Musik durch das Gedränge geschoben. Chris, der erstaunlicherweise auch betrunken an seinem Grundsatz festhielt, niemals etwas mit Studentinnen anzufangen, hatte irgendwann, als Emilia gerade neue Shots an der Bar besorgte, in einem kurzen Moment der Klarheit die Gelegenheit genutzt, um zu verschwinden. Am nächsten Tag hatten sie sich am Telefon darauf geeinigt, dass sie sich beide wegen zu starken Alkoholkonsums an nichts erinnerten, was in der Nacht im Ten-Twenty alles passiert war. Nur dass sie beide furchtbar betrunken waren und vielleicht ein bisschen Quatsch gemacht hätten, der aber sicher nichts bedeutete.

»Ich kenne sie kaum. Habe einmal auf einem Empfang im International House mit ihr gesprochen«, hatte Chris dem Professor geantwortet.

»Hm.«

Und dann, ungefähr in der zwölften Woche des Knausgård-Seminars, lehnte Shapiro es ab – sehr ungewöhnlich für ihn –, mit den anderen noch etwas trinken zu gehen. Er wollte mit Chris zusammen essen, bei ihm zu Hause, eine Matzo Ball Soup warte auf dem Herd, es gäbe etwas zu besprechen. Am Tisch in der feudalen Professorenwohnung mit Blick über den Hudson – es ist die Wohnung, die Chris bekommen sollte, wenn Shapiro in zwei Jahren in den Ruhestand ginge – erzählte ihm der Professor die Geschichte von Anna Goldman. Ein weiterer Vorteil von Chris' Beförderung war, dass Shapiro Chris' Stelle neu besetzen konnte. Es würde sein letzter Assistent beziehungsweise seine letzte Assistentin sein, und diesmal, kurz vor seiner Emeritierung, wollte Shapiro nicht mehr wie sonst immer den oder die Beste der Besten haben. Schließlich wollte er ja nichts mehr erreichen, wissenschaftlich. Er fand, er hatte alles erreicht. Der Professor wollte eine angenehme Gesellschaft, jemanden, mit dem man zweimal die Woche essen gehen, gut aussehen und vielleicht ein bisschen flirten konnte. Ihm war klar geworden, dass er seine Macht sachte nutzen musste, solange er sie noch hatte. Chris hatte aufgegeben, ihm das auszureden, obwohl er Anna Goldman als seine Nachfolgerin doch schon auch ein bisschen als Affront empfand.

Sie war okay, fand er, sie hatte ein, zwei Seminare auch bei ihm belegt und auch einen Platz im Knausgård-Seminar bekommen, allerdings erst nachdem Shapiro bei Chris interveniert hatte. Es hätte wirklich bessere Studenten gegeben, aber, so hatte er Shapiro auf seine Nachfrage geantwortet, es war auch keine absurde Idee, sie zu nehmen. Es kam ja auch auf persönliche Wertschätzung an, nicht nur auf wissenschaftliche Meriten. Anna Goldman war eine Tochter aus wohlhabendem jüdischen Haus von der Upper East Side und damit extrem faszinierend für Shapiro.

»Sie wird nicht deine Nachfolgerin.«

»Nein? Ich dachte, das sei schon klar«, sagte Chris, mäßig interessiert.

»Nein, ihre Arbeit war nicht gut.«

»Welche?«

»Die zum Motiv der Verführung bei Woody Allen.«

»Was ist das auch wieder für ein Thema? Das hat doch nichts mit Literaturwissenschaft zu tun, Stephen.«

»Mag sein. Ich dachte, sie könnte damit vielleicht was anfangen. Aber das ist auch nicht das Problem.«

»Was dann?«

»Sie bezichtigt mich der sexuellen Belästigung. Sie hat mich beim Title-IX-Office angezeigt.«

»Woah, wofür ...«

»Du musst mir jetzt helfen. Okay?«

»Aber ...«

»Okay, Chris?«

»Ja, aber was ist denn passiert, verdammt?«

Es sei in seiner Sprechstunde gewesen. Chris kenne sie ja, die Anna Goldman, sie sende ja durchaus Signale, Flirtsignale, wenn man so wolle, und sei ja auch oft mitgekommen nach dem Knausgård-Seminar, wo Chris sich ja immer weigerte, und sie seien manchmal, wenn sie nicht so viele waren, wie Chris und er heute, auch zu ihm nach Hause gegangen, und Anna sei immer mit am längsten geblieben und habe so einen fröhlichen, so einen unbefangenen Eindruck gemacht. Ihm sei es vorgekommen, als habe sie manchmal gewartet, bis die anderen gegangen waren, um dann noch kurz mit ihm allein zu sein. Sie habe ein Spiel daraus gemacht, immer gerade dann schnell zu gehen, wenn es kurz davor war, dass sie sich näher kamen, sie habe dann ihr Lachen gelacht und sei demonstrativ überstürzt gegangen. Irgendwann hatte sie dann darauf geachtet, immer mit den restlichen Gästen seine Wohnung zu verlassen, das sei natürlich Teil des Spiels gewesen. Ihr Auftrag an ihn sei gewesen, so habe er das interpretiert, finde einen Weg, mit mir allein zu sein, und dann sehen wir mal, was passiert. Das sei eindeutig in ihrem Lächeln zu lesen gewesen. Und er habe auch nichts daran gefunden, sie waren beide Singles, sie arbeiteten gern zusammen, waren auf einer Wellenlänge, und ja, Menschen verliebten sich, das passiere, niemand hätte einen Nachteil gehabt. »Es war eine Win-win-Situation, Chris.«

Doch was er auch versuchte, es sei ihm nicht mehr gelungen, mit Anna allein zu sein, ihr Lächeln aber blieb, und es sollte ihm wohl sagen, du musst härter arbeiten, dir was einfallen lassen. Also habe er ihr einen Termin gegeben, bei ihm im Büro, an einem Dienstag um 18:00 Uhr, so spät wie möglich, damit nicht mehr so viel los sei, aber nicht zu spät, damit es nicht zu verräterisch aussehe. Die Besprechung ihrer Arbeit über Woody Allen sei offiziell der Grund für das Treffen gewesen, allerdings hatte er sie noch gar nicht gelesen, nur kurz darin geblättert, bevor sie kam.

Das hier kann kein gutes Ende mehr nehmen, wusste Chris. Er wollte mehr nicht hören, er hätte seinen Förderer, das einst bewunderte Vorbild, gern unterbrochen, alles war falsch an dem, was er sagte, doch Chris hätte nicht gewusst, wie.

Na ja, er wolle ihn nicht mit Details langweilen oder belasten, fuhr Stephen Shapiro fort, aber seit fast fünfzig Jahren sei er beruflich damit befasst, Signifikaten und Signifikanten in Texten hinterherzujagen, also mit der Deutung von Zeichen befasst, und in der Gestalt und dem Verhalten von Anna Goldman habe er es mit einem offen vor ihm liegenden Text zu tun gehabt, glasklar in seinen Signalen, und dementsprechend habe er sie so verstanden, dass es ihre Rolle sei, sich immer wieder zu entziehen, während seine Aufgabe es war, sie zu erobern – ja, das sei seine Interpretation gewesen, und die hätte er auch durchaus für belastbar gehalten. Das Thema ihrer Arbeit, das Motiv der Verführung bei Woody Allen, hatte ihm dann natürlich eine gute Vorlage gegeben, sie hatten nebeneinander auf dem Sofa in der Sitzecke seines Büros gesessen, wo er und Chris auch so oft gesessen und über so viel Wichtiges und Interessantes gesprochen hätten. Er hatte die Tür geschlossen, was man eigentlich nicht sollte, aber das bisschen Privatsphäre nehme er sich heraus als Mann über sechzig. Obwohl er ja gewusst habe, was sie von ihm erwartete, habe er sich schwergetan, den ersten Schritt zu tun, aber schließlich auf eins, zwei, drei begonnen, über ihren Rücken zu streichen, während sie über Verführung bei Woody Allen sprach, und als sie dies nicht unterband, habe er seine Hand ihren Rücken weiter hinunter zu ihrem Hosenbund rutschen lassen.

»Ich glaube, das geht jetzt in den Bereich deiner Privatsphäre, Stephen. Das muss ich wahrscheinlich jetzt gar nicht so genau wissen.«

»Das ist eben leider der Punkt, Chris. Du musst genau wissen, was passiert ist und vor allem was nicht passiert ist, um mir helfen zu können!«

»Ich will dir gern helfen, aber ich wüsste nicht wie.«

»Mach dir keine Sorgen, das erfährst du gleich.«

Jedenfalls habe er dann – blöderweise ohne genau nachzudenken, wo das eigentlich enden sollte – seine Hand in ihren Hosenbund hineingezwängt, und sei auf der nackten Haut immer entlang ihrer Poritze hinuntergefahren, bis er mit seinem Mittelfinger an ihr Rektum gestoßen sei, wo er ihn erst mal ratlos habe ruhen lassen, sich nicht getraut habe zu drücken, und sie stattdessen vorne herum leidenschaftlich angeschaut und begonnen habe, sie zärtlich zu küssen.

Tausendmal habe er sich die Situation schon vorgestellt gehabt, allerdings ohne visualisiert zu haben, was genau er tun würde, aber in all diesen Szenarien habe Anna Goldman immer wild und leidenschaftlich reagiert und eins habe das andere ergeben und sich am Ende zu großartigem Bürosex summiert, wie er in den frühen Tagen des Internets auf Youporn zu sehen gewesen sei.

Chris war vom Tisch aufgestanden und hatte sich ans Fenster gestellt, um Shapiro den Rücken zukehren zu können und ihn nicht ansehen zu müssen. Seine Matzo Ball Soup hatte er dampfend stehen gelassen, sie schmeckte ohnehin nicht (Shapiro tat immer so, redete beim Kochen viel von seiner Mutter und ihren Rezepten, konnte aber in Wirklichkeit nichts am Herd).

Annas Gesichtsausdruck aber habe komplett weggetreten gewirkt, sagte Shapiro, die Flucht seines Assistent Professors ignorierend. Ihr Körper sei kalt gewesen und steifer, als er sich das in den Tausenden imaginären Probeläufen vorgestellt habe. Dann sei sie aufgesprungen, habe ihn stumm angeguckt, als sei er der Leibhaftige, und sei aus dem Zimmer getaumelt.

Am nächsten Tag ist Anna Goldman zum Title-IX-Office der Universität gegangen und hat Professor Stephen Shapiro der versuchten Vergewaltigung bezichtigt. Dabei hatte er doch gedacht, das sei alles einvernehmlich geschehen! Doch sein Anwalt, der auch schon Bill Clinton beraten habe, hätte gleich abgewunken. Einvernehmlich könne er vergessen, einvernehmlich müsse er erst mal beweisen, das sei kompliziert. Deswegen müsse er besser die ganze Sache abstreiten. Habe sie sich ausgedacht, weil er ihre Arbeit schlecht benoten wollte – was er übrigens auch vorgehabt habe, total unwissenschaftliches Gelaber, dazu auch noch unfair Woody gegenüber! – und sie infolgedessen auch die Research-Stelle nicht bekommen hätte.

»Das war ihre Rache. So ist das heutzutage.«

»Das kannst du nicht machen, Stephen. Das weißt du.«

»Haha, du bist gut. Es ist der einzige Weg. Sonst bin ich weg. Und wie es dann ohne mich für dich weitergeht, Chris, ist dann auch unklar. Du weißt, wie viele Gegner wir Poststrukturalisten mittlerweile haben.«

»Wenn du es abstreiten willst, brauchst du ja genauso irgendwelche Beweise oder zumindest deine Version unterstützende Umstände.«

»Habe ich ja. Ich habe ja einen Zeugen.«

In diesem Moment wurde Chris klar, worauf dieses Suppenmahl beim Professor hinauslaufen sollte. Terror breitete sich in seinem Kopf aus. Er hatte ihm viel zu verdanken, er hatte immer Schwierigkeiten gehabt, sich gegen die Übergriffe Shapiros zu wehren. Mindestens einmal, manchmal zweimal in der Woche musste er abends mit ihm essen gehen, und ihm zuhören bei seinen Rants über die Universität, über seine Frau, als es sie noch gab, und vor allem über »the culture!«, wie es bei ihm immer hieß. Manchmal hatte Chris vorgeschoben, er müsse die Steuererklärung machen oder sei gar krank. Oft hatte Shapiro das nicht akzeptiert und Chris gezwungen mit ihm auszugehen.

Aber es gab Grenzen.

»Dich!«, sagte Shapiro. »Ich habe einen Zeugen, und zwar dich.«

Ein Paartherapeut würde wahrscheinlich sagen, Shapiro und er führten eine toxische Beziehung. Er würde diagnostizieren, sie wären codependent. Chris brauchte den mächtigen Professor für seine Berufslaufbahn, Shapiro den coolen Assistenten für seine Freizeitgestaltung. Der Professor war über sechzig, dies war seine letzte Chance, noch einmal etwas zu erleben. Chris war Ende dreißig, dies war seine große Chance auf eine Karriere. Und so waren sie aneinandergekettet.

Doch hier hörte es auf.

»Ich kann nicht behaupten, bei etwas dabei gewesen zu

sein, wenn ich gar nicht im Raum war«, versuchte Chris es.

»Warum nicht?«

»Wann soll das denn überhaupt gewesen sein?« Chris versuchte, Zeit zu gewinnen.

»Keine Ahnung, letzte Woche. Dienstag oder so.«

Chris schöpfte Hoffnung. »Oh. Letzte Woche, du weißt doch, da war ich gar nicht in der Stadt, wegen dieser Schirmherrschaft ...«

»Hör auf mit Schirmherrschaft. Du musst mir helfen. Punkt. Eine andere Möglichkeit gibt es nicht.«

»Ich könnte vielleicht sagen, dass ich anfangs dabei war und da nichts auf diese Situation hingedeutet habe. Und dass ich dann aber gehen musste.«

»Ja, Chris? Das könntest du? Wow. Danke! Dann könnte ich auch sagen, dass du anfangs bei den Gesprächen mit der Evaluierungskommission dabei warst, dann aber nach Bangladesch zu deinem Hanno-Buddenbrook-Bruder musstest. Ach nein, halt, du warst ja *gar nicht* dabei – oder wie war das noch mal, Herr Associate Professor?«

Die Title-IX-Anhörung fand schon in der darauffolgenden Woche statt. Eine vierköpfige Kommission aus Universitätsangestellten der unterschiedlichsten Bereiche, eine Vorsitzende. Zu Chris' Erleichterung war die Anhörung nicht öffentlich. Als die Anschuldigungen bekannt geworden waren, hatten sie erwartungsgemäß für großes Aufsehen unter Studierenden und den Fakultäten gesorgt. Ein so berühmter und von vielen wegen seiner zynisch-trockenen Art bewunderter Professor beschuldigt von der Tochter eines mächtigen Juweliers. Anders als Shapiro hatte Annas Vater für die Zivilklage (gesondert zu dem des Universitätsverfahrens) die teuersten Upper-East-Side-Anwälte angeheuert. Die Studentenschaft war geteilt. Viele glaubten Anna, es gab Demonstrationen vor Shapiros Büro, angeführt vom »Mattress Girl«, eine Undergrad-Studentin, die im Jahr zuvor weltweite Bekanntheit erlangt hatte, als sie für einige Wochen mit einer Matratze über den Campus gelaufen war, um darauf aufmerksam zu machen, dass sie von einem Kommilitonen vergewaltigt worden war.

Andere waren skeptisch, fragten nach Beweisen, trauten ein solches Verhalten dem strengen Professor Shapiro nicht zu, der für viele junge Studenten eher asexueller Natur zu sein schien. Kommilitonen von Anna sagten, es habe sie schon immer gewundert, dass Anna, die keine große Leuchte war, ausgerechnet die ehemalige Stelle von Chris Schönwald bekommen sollte.

Als Zeuge konnte Chris, bevor er aufgerufen wurde, die Anhörung auf einem Monitor in einem Nebenraum verfolgen. Zunächst schilderte Anna Goldman ihre Beziehung zu Shapiro, und es wurde klar, dass die Probleme mit ihm schon lange vor diesem Abend begonnen hatten. Sie beschrieb den Druck, den der Professor ausüben konnte, wie Chris ihn auch kannte, wenn es manchmal unmöglich wurde, Nein zu sagen. Die Besprechungen in Shapiros Büro beschrieb sie weniger drastisch und explizit, als Shapiro das ihm gegenüber getan hatte. Shapiros Mittelfinger an ihrem Rektum kam komischerweise und zu Chris' unsäglicher Erleichterung nicht vor. Es war aber auch so schon vernichtend genug. Auf die Frage, ob sie Beweise oder Zeugen präsentieren wollte, wurde ihre Mitbewohnerin hereingerufen, der sie angeblich immer wieder von ihrem Unwohlsein mit Shapiro berichtet hatte und gleichzeitig von der großen beruflichen Chance, die er ihr bot. Sie sprach von der Balance zwischen Partizipation und Distanz, mit der Anna gerungen hätte. An besagtem Abend sei sie aufgelöst in der gemeinsamen Wohnung in der 112th Street erschienen, es sei kurz nach neun gewesen. Aber sie sei sich nicht sicher, sie hätte nicht auf die Uhr geguckt, entgegnete sie auf Nachfrage. Anna, so die Vorsitzende, hätte eine viel frühere Zeit für ihre Ankunft zu Hause angegeben.

Shapiros Auftritt war in Chris' Augen nahezu perfekt. Wenn es drauf ankam, konnte er es einfach, was in Chris Bewunderung und Ekel zugleich auslöste. Der Professor präsentierte sich in der genau richtig abgeschmeckten Mischung aus professoraler Abgeklärtheit sowie Empathie und Großzügigkeit gegenüber einer offenbar ob ihres akademischen Scheiterns verwirrten Schülerin. Es täte ihm so leid, sagte Shapiro, er hätte einen furchtbaren Fehler gemacht – Chris horchte auf –, und Miss Goldman die Stelle mündlich quasi schon zugesagt, bevor er ihre Arbeit gelesen hatte, die dann, zu seiner großen Verwunderung, nicht zufriedenstellend war. So etwas komme manchmal vor, dass Studierende in bestimmten Momenten, in denen es drauf ankommt, die von ihnen erwartete Leistung nicht abrufen könnten. Die nächste Arbeit von ihr würde wahrscheinlich wieder ganz wunderbar sein, aber diese war es leider nicht, und er könne da nicht von seinen Prinzipien abweichen und eine Ausnahme machen. Das wäre unfair gegenüber allen ehemaligen und zukünftigen Bewerbern auf diese Stelle. Einer, der davon ein Lied singen könne, weil er das gleiche rigorose Auswahlverfahren durchlaufen musste, sei zum Glück bei der traurigen Unterredung mit Miss Goldman dabei gewesen, da Shapiro gehofft habe, dieser Jemand könne Miss Goldman ein wenig Trost spenden. »Und mit Ihrer Erlaubnis, Frau Vorsitzende, würde ich nun gern meinen geschätzten Kollegen, Associate Professor Christopher Schönwald, hinzuholen.«

Chris fühlte sich wie ein Kaninchen, das nach brillanter Vorrede aus dem Hut gezaubert wurde. Als Anna Goldman Chris in den Saal treten sah, begann sie lautlos zu weinen. Sie ahnte wohl, was folgen würde. Shapiro hatte ihm eingebläut, er müsse – müsse! – ihr in die Augen gucken, sonst wüsste man, dass Chris lüge. Chris wusste nicht, wie er das machen sollte.

Sein Auftritt war blutleer, aber konzentriert. Ja, er sei die ganze Zeit dabei gewesen, es sei nichts Ungewöhnliches, das sei immer so, dass er bei solchen Gesprächen dabei sei, da er sich besser als der Professor in die Studentenperspektive hineinversetzen könne. Außerdem sei er ja auch Korrekturassistent bei der in Rede stehenden Arbeit gewesen, und ja, er teile des Professors Beurteilung der Arbeit. Er habe versucht, Miss Goldman zu trösten, er kenne das selbst, auch er habe mal eine Research-Assistent-Stelle nicht bekommen, auch er habe mal eine Prüfung verhauen, das komme vor. Er habe ihr sogar eine demnächst frei werdende Stelle bei ihm, auf die sie sich – mit guten Chancen! – bewerben könne, in Aussicht gestellt. Aber alle Bemühungen seien vergebens gewesen, sie hätte noch im Büro einen Totalzusammenbruch erlitten.

Normalerweise dauert es nach den Anhörungen Tage oder sogar Wochen, bis ein Ergebnis bekannt gegeben wird. Doch hier kam die Kommission nach nur fünfminütiger Beratung wieder in den Saal und verkündete ein einstimmiges Urteil: Es könne kein Fehlverhalten von Professor Shapiro festgestellt werden.

Anna Goldman weinte und schrie im Anhörungszimmer. Professor Schönwald sei nicht dabei gewesen, er habe sich das alles ausgedacht, das sei ein abgekartetes Spiel.

»Sehen Sie, so in etwa war das in meinem Büro auch«, sagte Shapiro zu der Vorsitzenden und kriegte den bedauernden Tonfall perfekt hin. »Sie ist eine begabte Studentin, wir müssen ihr helfen.«

Als Chris das hörte, rannte er auf die Toilette und wollte sich übergeben. Aber als er über der Schüssel kauerte, kam nichts. Noch nicht mal das. Vor dem Saal sah er Shapiro mit einem kleinen, braun gebrannten Mann mit blauem Hut und goldener Uhr sprechen. Er war umringt von drei anderen Männern, die finster dreinblickten.

»Wissen Sie«, hörte er den kleinen Mann zu dem groß gewachsenen Shapiro sagen, »ich nehme an, Sie sind auch jüdischen Glaubens. Dann wissen Sie, zu was wir alles in der Lage sind. Klaus Barbie, Eichmann, die Attentäter von München: Wir werden auch Sie bekommen. Unsere Anwälte, zusammen mit den besten israelischen Sicherheitsfirmen, werden nicht lockerlassen. Geld spielt dabei keine Rolle. Und Sie williger Vollstrecker Ihres Gebieters«, er hatte sich Chris zugewandt, »Sie sind Deutscher, nicht wahr? Das ist ein unglücklicher Zufall. Denn ich fürchte, die Leute, die zu Ihnen kommen werden, mögen keine Deutschen. Shalom, meine Herren.«

Schweigend verließen Stephen Shapiro und Christopher Schönwald das Gebäude. Unerbittlich schien die Wintersonne vom blauen New Yorker Himmel. Shapiro zog eine Persol-Brille aus der Tasche. Auf den aus Gemüsekartons gebastelten Schildern und bemalten Bettlaken stand »Shapiro = Rapist« zu lesen. Es war vollbracht. Es war ein Missverständnis gewesen. So musste sich eine Abtreibung anfühlen, dachte Chris. Das war nun sein schwarzer Fleck. Er würde niemals wegzuwischen sein, und dazu hatten er und Shapiro nun nicht ganz ungefährliche Feinde.

Doch die Israelis kamen nicht, weder im nächsten Jahr, noch im darauffolgenden. Professor Stephen Shapiro konnte sich, leidlich unterstützt von Chris, in seinen letzten Jahren von der milden Abendsonne seiner beeindruckenden Karriere bescheinen lassen. Das Projekt mit den Studentinnen hatte er weitgehend aufgegeben, oder zumindest merklich eingeschränkt, obwohl er noch immer, Jahre nachdem er seine Frau und die erwachsenen Kinder verlassen hatte, auf der Suche nach einer geeigneten Partnerin war, und nicht ganz zu Unrecht annahm, dass sich die Suche nach ihr einfacher gestaltete, solange er noch Professor war.

Doch seine Hauptaufmerksamkeit lag auf einem würdigen akademischen Abschied. Er brachte all seine über die Jahrzehnte gewonnenen Freunde aus dem literarischen und intellektuellen Amerika in seine Seminare und Kurse und war auf dem Campus wahlweise mit Stephen King (ihm hatte er bei seinem Buch *On Writing* geholfen) oder Steven Spielberg (mit ihm hatte er an dessen Shoah-Projekt gearbeitet) zu sehen, während Chris im Büro saß und des Professors Vorlesungen schrieb. Aber das war okay. Chris wusste, was er dafür bekommen würde, eine volle Professorenstelle auf Lebenszeit sowie die Leitung des Departments für Moderne Literatur.

Und dann ging es schneller als erwartet. Im Sommer 2017 beendete Professor Shapiro mit einer pompösen Zeremonie auf dem Campus seine akademische Laufbahn und übergab an sein »German prodigy«, wie er sagte, sein deutsches Wunderkind. Chris entdeckte sogar Anna Goldman unter den Zuschauern im Auditorium, doch niemand sprach mehr über sie. Einen Monat nachdem Chris seine neue Stelle angetreten hatte, flog Harvey Weinstein auf, und wie viele liberale Institutionen gründeten sich auch an Columbia Aktionsgruppen, die ankündigten, jeden Stein umzudrehen und bisher unerkannte »predators« an der Universität zu identifizieren. Chris machte sich ein paar Wochen lang Sorgen um seinen schwarzen Fleck, befürchtete, dass jemand sich die Mühe machte zu kontrollieren, was er an jenem Abend eigentlich wirklich gemacht hatte, ob es überhaupt möglich gewesen wäre, dass Chris Schönwald in Shapiros Büro mit dabeigesessen hatte. Doch nichts geschah. Chris fühlte sich vom Glück geküsst.

Sein Ruhm überstieg bald den seines Vorgängers. Akademisch genauso brillant, landeten seine Forschungsfelder und Seminarthemen noch treffsicherer im Zeitgeist. Seine Art vorzutragen war unterhaltsamer, er war jünger als Shapiro, und er war europäisch, was die weitgehend noch amerikanischen Literaturstudenten verzückte. Shapiro sah er alle paar Monate noch, wenn dieser ihn auf dem Campus besuchte, immer dienstags, immer um 11:30 Uhr. Sie tranken dann schwarzen Kaffee und taten so, als sei der Professor immer noch der Professor. Es war eigentlich wie immer, sie saßen sogar im gleichen Büro wie früher, nur dass es jetzt Chris gehörte. Chris hätte eigentlich auch die Riesenwohnung mit Blick über den Hudson vom Professor übernehmen sollen, doch Shapiro konnte sich von der Wohnung am Rande des Campus nicht trennen (und wusste, dass er sich auf dem freien Markt eine solche Achtzimmerwohnung mitten in New York City niemals hätte leisten können). Chris glaubte, der wahre Grund lag vor allem darin, dass Shapiro sich nicht räumlich vom Universitätsleben trennen konnte. Für ihn war es okay, denn ihm ging es umgekehrt, er wollte hinaus in die Welt, nach New York City, dort wo er das wahre Leben vermutete. In den vergangenen Jahren hatte es Monate gegeben, da hatte er das Columbia-Viertel hier oben nördlich des Central Parks kein einziges Mal verlassen, war also gewissermaßen gar nicht in New York gewesen.

Er hatte deswegen der Universitätsleitung mitgeteilt, dass er kein »faculty housing«, wie das hieß, brauche und hatte sich eine Wohnung in einem zum Luxusquartier konvertierten Lagerhaus am Ufer des East Rivers gemietet. Das Haus gehörte einem gewissen Jared Kushner, Ehemann von Donald Trumps Lieblingstochter Ivanka, ein Immobilienentwickler wie ihr Vater, mit einem ähnlich zweifelhaften Ruf in der Stadt. Jared und Ivanka wollten nicht wie Ivankas Vater auf Golfplätzen rumhängen, sondern Teil der jungen kreativen Elite New Yorks sein, sie wollten beim Met Ball eingeladen sein, bei der Fashion Week neben Anna Wintour in der ersten Reihe sitzen und beim Tribeca Film Festival am Tisch von De Niro platziert sein. Jared hatte dem Paar deswegen sogar eine Zeitung gekauft, den New York Observer, und eben dieses ikonische Gebäude in Brooklyn am Wasser mit Blick auf die Skyline, mitten in der Hipster-Partygegend der frühen Zehnerjahre, wo Schauspieler wohnten und Musiker, aber auch immer mehr Immobilienentwickler und McKinsey-Berater. Wenn die kommen und Jared Kushner, dann weißt du, dass eine Gegend tot ist, hatte Chris zu Benni gesagt, als der ihn das erste Mal hier besuchen kam. »Warum bist du dann hierher gezogen?«, hatte Benni gefragt.

Es war ihm egal. Er hatte die Studentenbars und Bagelshops nicht mehr sehen können. Dafür stand er jetzt jeden Abend in dem Lokal eines alternden Popstars, der seine Band aufgelöst und sein Geld in eine Naturweinbar gesteckt hatte, wo es die neuste Cuve aus Rkatsiteli und Kakhuri Mtsvane des coolsten georgischen Weinguts gab. Zuerst hatte Chris verstanden, der Wein käme aus Georgia in den Südstaaten der USA, was ihm schon merkwürdig vorkam. Aber dann stellte sich heraus, dass der Popstar den Wein aus »Georgia« bei Russland bis hier nach Brooklyn kommen ließ, und dass er Chris schmeckte.

So ging das einige Jahre, und im vierten seit dem Abgang des Professors nahte dessen fünfundsiebzigster Geburtstag, zu dem sich Stephen Shapiro allerlei Feierlichkeiten und Ehrungen erhoffte. Es war ihm mit seinen Seilschaften gelungen, der Universität eine Art Festakt auf dem Central Lawn abzuringen, was absolut verwunderlich, aber typisch Shapiro war. Außerdem erschien ein von ihm verfasstes Memoir voller geistreicher Miniaturen und Szenen aus dem intellektuellem New York der Siebziger- und Achtzigerjahre, einer untergegangenen Welt. Das Buch bekam eine große Besprechung im New Yorker, und weil er so gut erzählen konnte und jeden kannte, erschien in fast jeder großen Zeitung ein Interview mit dem Professor. Darin erzählte er nicht nur aus dem akademischen und literarischen Leben, sondern kommentierte auch die Phänomene der Zeit wie die Me-Too-Bewegung oder die Trump-Präsidentschaft. Letztere rezensierte er auf mehrfach geschachtelten postmodernen Metaebenen, reduzierte Trumps Sprechakte auf ambivalent interpretationsfähige Signifikanten und relativierte in diesem theoretischen Konstrukt den so obsessiv wie naiv vorgetragenen Wahrheitsbegriff seiner Kritiker. Es waren diese Äußerungen Shapiros, die Chris auf die Idee für seine spätere in der MAGA-Welt berühmt gewordene Hit-Rede gebracht hatten.

Am Vorabend seines Geburtstags jedoch erschien ein Interview im Columbia Journalism Review, kurz CJR, einem von der Journalistenschule der Universität hergestellten und über die akademischen Grenzen hinaus renommierten Magazin. Die Interviewerinnen waren zwei Journalistenschülerinnen, die sich eingehend mit Leben und Werk des Professors befasst hatten, was ihm schmeichelte. Vor dem Erfahrungshorizont seiner Jahrzehnte im akademischen Betrieb wollten sie von ihm wissen, ob er Ideen habe, wie latente Misogynie und Sexismus ausgerottet werden könnten. Vermutlich hatten die Interviewerinnen damit gerechnet, dass der fünfundsiebzigjährige alte weiße Mann ihnen in die Falle ginge; dass er erwartungsgemäß geantwortet hätte, er sähe keine Misogynie und er, zumindest für seinen Teil, habe seine Kolleginnen und Studentinnen stets gut behandelt.

Doch das sagte der Professor nicht, er war zu klug dafür. Der Professor sagte, die Eindämmung von Sexismus und Misogynie seien tatsächlich die größte Herausforderung, der sich die Universitäten heutzutage stellen müssten. Viel zu lange, und in Teilen bis heute, seien deutlich besser qualifizierte Frauen in ihrer Entwicklung behindert worden. Andere Kolleginnen seien zwar gefördert worden, aber aus den falschen, nämlich nicht-fachlichen Gründen. Auch er sei da nicht unschuldig gewesen, es gehöre zu den größten Versäumnissen seiner Laufbahn, sich dem nicht früher und entschiedener entgegengestellt zu haben. Nichts an seiner Karriere bereue er mehr.

Aber das Sexuelle sei beim Menschen eben nie ganz auszuschließen.

Er habe es für sich auch nicht ausschließen können, fragten die Interviewerinnen, auch nicht im beruflichen Umgang?

»Nein«, hatte der Professor geantwortet, »ich war immer angezogen von attraktiven Kolleginnen – und leider auch Studierenden. Es war ein lebenslanger Kampf, der mir aber erst in meinen letzten Jahren bewusst wurde.«

CJR: Inwiefern?

Shapiro: Vorher glaubte ich, ich sei charmant. Ich glaubte, man brauchte sich nicht zu schämen, wenn man eine Frau begehrte. Es war, sozusagen, eine Conditio humana.

CJR: Wohl eher eine Conditio virilis. Wir Frauen fühlen das nicht so im Arbeitsumfeld.

Shapiro: Wissen Sie, man denkt auch, dass einem das zusteht. Man hat so viel gearbeitet, so viel gegeben. Man hat sich einen Status erarbeitet, und dann ist da vielleicht eine Doktorandin, und man merkt, die findet dich gut. Ich habe lange nicht eingesehen, warum ich mir das verkneifen muss – solange es doch einvernehmlich war.

CJR: Professor Shapiro ...

Shapiro: Sagen Sie nichts! Sie haben ja sowieso recht! Es geht nicht um Einvernehmlichkeit, sondern um Machtstrukturen.

CJR: Und das war Ihnen vor zwanzig Jahren noch nicht klar?

Shapiro: Interessanterweise nein. Ich bin Poststrukturalist. Kein Strukturalist.

CJR: Was soll das damit zu tun haben?

Shapiro: Kleiner Scherz. Egal.

CJR: Das heißt aber, Sie sagen, Sie hätten während Ihrer Zeit als Professor Kolleginnen und auch Studierende attraktiv gefunden?

Shapiro: Ja, natürlich. Und jeder männliche Kollege, der etwas anderes behauptet, ist nicht aufrichtig.

CJR: Und wie sind Sie damit umgegangen?

Shapiro: Ich habe das dann manchmal auch artikuliert.

CJR: Sie wurden ja auch mal bezichtigt, zu weit gegangen

zu sein. Der Vorwurf der sexuellen Belästigung stand im Raum. Hatten Sie da Ihre Zuneigung zu sehr, wie Sie sagen: artikuliert?

Shapiro: Ja, das hatte ich wohl. Aber nicht am fraglichen Abend. Da hatte ich der Dame nur gesagt, dass Ihre Arbeit nicht überzeugend genug war, um sich damit für die Nachfolge auf dem Assistenzposten von Professor Schönwald zu bewerben.

CJR: Professor Schönwald hat dann im Verfahren für Sie ausgesagt und durfte kurze Zeit später Ihre volle Professorenstelle übernehmen.

Shapiro: Ja, er war zum Glück in der Sprechstunde dabei und konnte bezeugen, was passiert ist. Wissen Sie, nach vierzig Jahren in diesem Haifischbecken, die jeder akademische Betrieb strukturell ist, kann ich Ihnen sagen: Das Wichtigste ist, dass Sie ein oder zwei Putzfische um Sie herumschwirren haben, die Ihnen treu und loyal ergeben sind. Sonst können Sie so gut sein, wie Sie wollen. Sie werden dann hier nicht überleben.

CJR: Das heißt, Professor Schönwald, weil er ja Ihre Stelle wollte, hätte womöglich auch für Sie ausgesagt, wenn er nicht mit im Raum gewesen wäre?

Shapiro: Davon würde ich ausgehen. Aber er war ja mit im Raum. Außerdem ist die Sache verjährt.

Noch am Abend des Erscheinungstages liefen Fotografien dieser Passage über Twitter und Facebook. Putzfisch? Chris lief in seinem Loft im Jared-Kushner-Gebäude auf und ab (seitdem er wusste, dass das Haus dem Trump-Schwiegersohn gehörte, wollte er ausziehen, auch weil es, wie alles im Trump-Orbit, eklatante Qualitätsmängel aufwies: In den Mauern war Schwamm, aus der jahrzehntelang verwilderten Uferbefestigung wanderten große Ratten in das Gebäude ein, die in vielfach geteilten Videos zu sehen waren, wie sie in dem Gitter eines Babybetts turnten. Das Schlimmste aber war, dass ständig die Feuermelder losheulten, mit der Folge, dass jedes Mal die Feuerwehr mit ihrer hupenden und heulenden Maschinerie anrückte und daher in den meisten Nächten an Schlaf nicht zu denken war, es sei denn Chris hatte in der Naturwein-Bar genug getrunken, dass er zu Hause in ein Halbkoma fiel).

Wie konnte Stephen so leichtsinnig sein? So dumm? So herablassend.

Putzfisch? So hatte Stephen ihn gesehen? Wieso beherrschte er nicht das kleine Einmaleins im Umgang mit Skandalen? »Ich bin damals einstimmig freigesprochen worden. Es tut mir leid, ich glaube, mehr muss man dazu nicht sagen.« So geht das, Stephen! Muss ich dir das erklären? Du fühlst dich zu sicher. Du fühlst dich zu geil. Unantastbar, wie Trump. Grab them by the pussy. Dass der Präsident damit ohne eine Schramme davongekommen war, hatte natürlich Typen wie Shapiro nur bestätigt. Hauptsache, er kann sich vor diesen beiden Journalistik-Studentinnen im Interview produzieren. Unter den männlichen Mitgliedern der Fakultäten gab es den unausgesprochenen Konsens, dass die exklusive Journalistenschule die schönsten Studentinnen aufzuweisen hatte. Es war immer Stephens Traum gewesen, auch dort zu wildern.

Die eine der beiden Interviewerinnen rief am nächsten Morgen in Chris' Büro an. Er war schon da, er war extra früh gekommen, um sofort in den Krisenmodus zu schalten und auf alles vorbereitet zu sein. Möglichst viel von den Gerüchten einfangen, bevor sie unkontrollierbar wurden. Die Nacht hatte er damit verbracht, die Kommentare unter den Interviewexzerpten auf Twitter zu lesen, Hunderte von ihnen. Immerhin ein paar nahmen ihn in Schutz und wiesen darauf hin, dass der Professor in dem Interview nichts gesagt habe, was der bekannten Version der Ereignisse widerspräche. Die überwältigende Mehrheit allerdings fand, dass in dem Title-IX-Verfahren Chris' Glaubwürdigkeit als Zeuge genauer hätte überprüft werden sollen. Shapiro habe doch indirekt zugegeben, dass Professor Schönwald keine andere Wahl gehabt habe, als für ihn auszusagen.

Am Telefon bat die Journalistikstudentin vom CJR Chris um ein Statement oder, besser noch, gleich um ein Interview zu seiner Rolle bei dem Prozess. Chris bat sich Bedenkzeit aus. Er wusste, das war falsch. Jemand, der unschuldig war, brauchte keine Bedenkzeit. Aber er wusste wirklich nicht, was er hätte sagen sollen. Er legte auf und wusste in dem Moment, dass seine letzten Tage an der Universität angebrochen waren.

Er wählte Shapiros Nummer und brüllte ihn an. Es war sein großer Ehrentag, jaja, aber Chris gratulierte ihm nicht, sondern verlangte, dass der Professor sofort ein Statement veröffentlichte und sagte, dass er missverstanden wurde, falsch zitiert, was auch immer. Gab es eine Audioaufzeichnung des Interviews? Wenn nicht, müsse er sofort bekannt geben, dass er das so nicht gesagt habe!

»Aber Chris, ich kann doch nicht lügen. Ich habe das doch gesagt.«

»Wie, du kannst nicht lügen? Ich habe für DICH gelogen! Deshalb stecke ich doch in der Scheiße.«

»Ich werde dazu jetzt gar nichts sagen, und du bitte auch nicht. Das wird sich doch versenden. Ich möchte bitte nicht, dass das jetzt meine Geburtstagsfeierlichkeiten überschattet. Ich hoffe, du hast dafür Verständnis, Chris.«

Da hatte Chris schon aufgelegt. Egal, ob der Professor etwas sagte oder nicht, es würde nichts mehr helfen. Er war eine loose cannon, die sich nur noch um sich selbst drehte. Großer Trump-Kritiker in der Öffentlichkeit, aber in Wirklichkeit ausgestattet mit demselben Werkzeugkoffer.

Wer könnte ihm jetzt noch helfen? Er hatte noch ein paar Stunden vielleicht, wenn er sich noch retten wollte. Hatte Shapiros Sekretärin ihn gesehen, als er an besagtem Abend angeblich in des Professors Büro gegangen sein wollte, fragte jemand auf Twitter. »Angeblich gegangen sein wollte«, so wurde jetzt schon formuliert. Das Gefühl, noch kämpfen zu müssen, obwohl es längst vorbei war, empfand Chris als würdelos.

Er überlegte, Benni anzurufen. Sein Bruder hatte eins der besten Juraexamen in Deutschland gemacht. Er konnte messerscharf und kalt denken. Er konnte Schachpartien im Kopf spielen und zehn Züge im Voraus berechnen. All das brauchte Chris jetzt. Es gab einen Weg raus, wo zum Teufel war er? Think, Chris Schönwald, think.

Shapiros ehemalige Sekretärin schrieb auf Twitter, dass sie sich nicht erinnere, Professor Schönwald an jenem Abend gesehen zu haben. Sie wolle aber betonen, dass das nicht unbedingt etwas heißen müsse. Sie könne kurz weg gewesen sein oder zu beschäftigt. Normalerweise aber registriere sie jeden Besucher. Aber es war doch 18:00 Uhr, schrie Chris in seinem Büro, du dumme Kuh warst doch bestimmt längst zu Hause bei deinen dummen Kindern!

Die Sekretärin schickte noch weitere Tweets, in dem sie ihre Rolle in alldem genau beschrieb. Sie schien den Moment der Aufmerksamkeit durchaus zu genießen, und in einem ihrer Tweets schrieb sie, als hätte sie Chris gehört, dass sie normalerweise (ja, normalerweise, ihr Lieblingswort) immer so lange bliebe wie der Professor. Chris hatte sie damals nicht übernommen, als er in des Professors Büro zog, er hatte seine eigene Sekretärin mitgebracht, und die von Shapiro musste in ein anderes Department, Informatik oder so, Chris wusste es nicht genau.

Er bräuchte jetzt, und zwar innerhalb der nächsten halben Stunde, eine Troll-Armee, eine Hacker-Gruppe, die die Sache auf den sozialen Medien beerdigte. Wen kannte er? Graydon, sein ehemaliger Nachbar in Williamsburg und inzwischen ein rechtsradikaler Podcaster, der kannte sicher solche Leute, aber Graydon würde ihm niemals helfen. Er würde sich freuen über den Sturz des liberalen Rockstar-

Professors. Rockstar-Professor: Der New York Times Artikel, aus dem die Formulierung stammte, hing gerahmt an der Wand, seine Studenten hatten ihn rahmen lassen und ihm geschenkt.

Ihm fiel Bennis Frau Emilia ein. Ihr Vater, inzwischen Silicon-Valley-Milliardär, war ein ehemaliger Hacker oder zumindest Programmierer, der könnte sicherlich Troll-Armeen besorgen. Aber dafür müsste er Benni anrufen und ihm erzählen, was er getan hatte, damals vor sieben Jahren. So lange war das schon her, nie war etwas passiert, noch nicht einmal die Israelis waren gekommen ... oder doch? Vielleicht waren sie doch gekommen! Vielleicht waren das gerade die Israelis. Der Aufruhr war weitaus heftiger, als es angemessen wäre für so ein Interview in einer obskuren Studentenzeitschrift. Wenn das die Wahrheit war, dann hatte er eh keine Chance mehr. Er merkte, wie seine Mentalkraft nachließ, war das jetzt schon Verfolgungswahn? Die Israelis?

Um zwölf Uhr sollte die Zeremonie für Shapiro beginnen, für Chris war ein Platz ganz vorne reserviert, mit dem Dekan, dem Universitätspräsidenten, dem Bürgermeister in einer Reihe, platziert zwischen Zadie Smith und Salman Rushdie. Nicht zu gehen, wäre ein Schuldeingeständnis. Er fand nach kurzem Suchen eine hellblaue Krawatte mit einem Aufdruck des Columbia-Wappens in der Schublade und band sie sich um. Das Interessante war ja, dass Shapiro genauso mit drinhing. Wenn bekannt würde, dass Professor Schönwald nicht mit im Raum gewesen ist, wäre auch sein Freispruch hinfällig.

Doch Shapiro wusste, dass die Zeremonie nicht mehr abzusagen war, die würde jetzt durchgezogen, und noch am selben Abend, hatte Shapiro ihm erzählt, flöge er mit seiner neuen Freundin, die er bei Nussbaum & Wu kennengelernt hatte, für einige Monate nach Hawaii, wo er sich ein paar Vorträge an der Universität von Honolulu organisiert hatte. Das war sein Geburtstagsgeschenk an sich selbst. Wenn sie ihm die Vorträge absagten, er würde damit wohl leben können. Genauso wie er mit seiner Version von dem »Missverständnis« zwischen Anna Goldman und ihm leben könnte, an die er ja wirklich glaubte. Mehrmals hatte er es in den vergangenen Jahren erwähnt, er sei sich sicher, das mit Anna sei ein Spiel zweier Verliebter gewesen.

Von ihm würde keine Hilfe mehr kommen, ihre Geschichte endete hier. Shapiro würde seine Zeremonie lachend und winkend und alles in allem bravourös absolvieren. Und das würde Chris auch tun. Straight out of the Donald-Trump-Playbook. Er setzte seine Sonnenbrille auf und schloss die Tür seines Büros ab, in das er nicht zurückkehren würde.

Als er am Central Lawn ankam, sah er als Erstes Anna Goldman und ihren Vater. War das selektive Wahrnehmung oder wollte das Universum ihm etwas mitteilen? Bei einer Veranstaltung, wo er gestern noch das Zentrum der Aufmerksamkeit gewesen wäre, stand er nun zwischen den Stühlen und Stehtischen herum, wie ein verwelkter Strauß Blumen. Selbst die hellblaue Columbia-Krawatte hing müde und schlaff von seinem Hals. Er brauchte schnell jemanden, mit dem er hier zusammenstehen und sich locker unterhalten konnte. Wo waren all diese Doktoranden, die sich sonst immer anwanzten und ihn in langweilige Gespräche über W. G. Sebald oder Gesine Cresspahl verwickeln wollten?

Er schlich zu seinem Platz in der zweiten Reihe, noch hatte immerhin niemand sein Namensschild von der Sitzfläche entfernt, auch waren keine Störer oder Demonstranten mit Schildern gegen ihn oder Shapiro in Sicht. Er setzte sich vorsichtig, weder Zadie Smith noch Salman Rushdie waren schon da. Sein Telefon vibrierte, ein ängstlicher Blick, eine SMS. Jede Nachricht könnte quasi die letzte sein. Diese war von seinem Vater, Erleichterung. *Habe von dem Festakt zu Ehren von Shapiro gelesen. Nehme an, du bist vor Ort?* Er nahm verstohlen ein Selfie auf: sich sitzend auf den leeren

Stühlen, neben sich die Zettel mit den berühmten Schriftstellernamen. Ein letztes Mal seinen Vater erfreuen.

Vier Plätze neben ihm nahm die ehemalige Vorzimmerdame des Professors Platz, und Chris guckte schnell weg. Das war wahrscheinlich das Universum, das ihm eine letzte Chance gab, hier war sein Ausweg. Wenn er jetzt das Richtige tat oder sagte und sie irgendwie dazu brachte zu behaupten, dass sie sich jetzt doch erinnere, Chris an jenem Abend gesehen zu haben, sie habe einen Blackout gehabt, natürlich sei er da gewesen, die ganze Zeit über. Was konnte er ihr bieten? Er konnte ihr (nach vier Jahren!) ihre Stelle zurückgeben, die er ihr genommen hatte. Sie würde ihn auslachen. Sie hatte ihn damals eindringlich gebeten, die Stelle behalten zu dürfen, doch sie war ihm zu streng gewesen und zu alt. Sie hatte ihn an seine Mutter erinnert. Natürlich wäre es richtig gewesen, sie nicht wegzuschicken, es war schlechter Stil gewesen. Hätte er sie behalten, würde er jetzt seinen Job nicht verlieren, so einfach war das, das Prinzip Loyalität, das Prinzip Shapiro. Und dann war der Moment vorüber, Shapiros ehemalige Vorzimmerdame war schon in ein Gespräch vertieft, und zwar ausgerechnet mit Zadie Smith, die sich einfach neben sie gesetzt hatte, obwohl Zadies Platz doch laut Zettel neben Chris sein sollte. Gebückt stand er auf, schob sich mit gemurmelten »Excuse me, excuse me« an den Knien der anderen Besucher entlang aus der Sitzreihe hinaus, versuchte dabei unauffällig, sein Gesicht mit dem Programmheft abzuschirmen. Doch alle blickten ihn an, alle sprachen über ihn, das weiße Zelt auf dem Rasen plötzlich erfüllt von einem immer lauter werdenden Stimmengewirr – *schon gehört, Chris Schönwald, gelogen, Falschaussage, einen Predator geschützt, Männerbund, da läuft er, dass der sich noch hierhertraut, die Universität beschmutzt, härteste Konsequenzen.* Er verließ das Zelt, floh vom Central Lawn, rannte durch die Tore des Campus, hinaus auf den Broadway, runter in die

Metro, rein in den sogleich quietschend und ruckelnd anfahrenden Zug.

Und das war es. Am Abend noch gab die Universität bekannt, dass sie aus gegebenem Anlass die Glaubwürdigkeit der Aussagen von Professor Schönwald im Title-IX-Verfahren gegen Professor Shapiro noch einmal einer intensiven Prüfung unterziehen würde. Bis zum Abschluss der Untersuchungen sei Professor Schönwald freigestellt. Professor Schönwald habe mitgeteilt, mit dem Verfahren vollumfänglich zu kooperieren.

Chris in seinem Jared-Kushner-Haus trank Wein und wartete darauf, dass endlich jemand präsentierte, was Professor Schönwald tatsächlich am Abend der Anhörung gemacht hatte. Er machte sich dabei nicht so sehr Sorgen über die Rechercheure der Universität. Die hatten damals nichts gemerkt, und würden auch jetzt nichts merken. Gefährlicher war der Twitter-Schwarm. »The truth about Prof Schonwald's whereabouts« trendete dort noch immer, und zu jeder Zeit waren Bots, Algorithmen – und vielleicht sogar echte Menschen? – dabei, das Netz nach Hinweisen zu seinem Aufenthaltsort an jenem Abend vor mehr als sieben Jahren zu durchkämmen.

Dabei war die Wahrheit vergleichsweise simpel. Chris wusste genau, wo er gewesen ist an jenem Tag. Es dauerte dennoch zwei Wochen, bis ein entsprechendes Foto im Netz hervorgespült wurde, und dann noch eins und noch eins. Auf den Bildern sah man Chris in verschiedenen Situationen vor einem typisch kalifornischen Mid Century-Haus stehen, inmitten von Hügeln und Palmen und Sonnenstrahlen, neben ihm oft ein Mann in einem bunt karierten Anzug, im Hintergrund ein blaues Straßenschild mit weißer Schrift: San Remo Drive. Es könnten Urlaubsfotos sein, doch sie stammten von der Website des Thomas Mann House in Los Angeles, die Bildunterschrift lautete: »Der Beginn eines Traums: Professor Schönwald und Generalkonsul Dr. Schulenburg bei der ersten Visite, 14. Februar 2014«. Und das war tatsächlich der Tag von Shapiros Unterredung mit Anna Goldman gewesen.

Der Konsul war ein alter Studienfreund von Chris aus Princeton und hatte damals herausgefunden, dass ein gewisser Chet Lappen und seine Frau Don ihr Haus am 1550 N San Remo Drive in Pacific Palisades verkaufen wollten. Das junge Ehepaar hatte es 1953 für 50 000 Dollar von Thomas Mann erworben, einige Kinder bekommen und fast sechzig Jahre darin gewohnt. 2010 war Chet mit einundneunzig Jahren verstorben, die Kinder waren längst aus dem Haus, und allein wollte Don nicht in dem weitläufigen zweigeschossigen Bungalow bleiben. Das Haus wurde kurzzeitig vermietet, die Miete betrug 15 500 Dollar im Monat. Nun sollte es verkauft werden. Für 15,50 Millionen, hatte Schulenburg gesagt, immer wie die Hausnummer 1550.

Schulenburgs Traum war es gewesen, die Bundesregierung dazu zu bewegen das Haus zu kaufen, es in ein Museum zu verwandeln oder in eine künstlerisch-intellektuelle Begegnungsstätte im Sinne des Emigranten Thomas Mann, und er wollte Chris als Schirmherr. Und so hatte er etliche Fotos gemacht an diesem Tag für seine Präsentation beim Auswärtigen Amt, die später, nach erfolgreicher Akquise der Immobilie, alle ihren Weg auf die Website des Thomas Mann House fanden und nun dort unter der Rubrik »How a Dream Came True« zu sehen waren.

Chris hatte keine Ahnung gehabt. Er hatte es eigentlich nur gut gemeint.

13 Templin

Als Ruth aus dem Fitnessraum ins Zimmer 217 zurückkam, klackerte der Regen immer noch unaufhörlich an die Fensterscheibe. Hans-Harald war nicht mehr dort. Ohne ihn schien der Raum nicht mehr so heimelig, wie er ihr vorhin noch vorgekommen war. Es war, als trete sie in ein leeres Leben. Hans-Harald war immer da gewesen, selbst als sie sich unentschuldigt nach Hamburg entfernt hatte.

Er hatte nicht einmal mehr das Tennis auf Eurosport ausgestellt, dabei schaltete er immer alle elektrischen Geräte ab, er zog sogar jedes Mal den Netzstecker heraus, was Ruth hasste und kleinlich fand, vor allem wenn sie es war, die später auf allen vieren hinter dem Vorhang nach dem Stecker suchte. Die Tennisspieler auf dem Bildschirm, das Ploppen ihrer Bälle, das vorhin so beruhigend geklungen hatte, wirkte nun müde und vergeblich. Warum den Ball zurückschlagen, wenn man ihn auch passieren lassen konnte?

Er würde inzwischen Martin zurückgerufen haben. Oder Martin hätte es noch einmal versucht, und Hans-Harald wäre es ausgerechnet in dem Moment zum ersten Mal gelungen, den Balken in die richtige Richtung zu wischen und den Anruf anzunehmen. Was würden sie besprochen haben? Würden sie beide von ihr enttäuscht sein, Martin, weil sie ihn für ein paar Jahre benutzt, und Hans-Harald, weil sie ihn hintergangen hatte? Wie würde ihr Leben von hier aus weitergehen, ohne Hans-Harald, ohne Martin, vielleicht ohne die Bindung zu den Kindern? Würde Hans-Harald heute Abend noch einmal wiederkommen?

Sie traute sich lediglich, ihn anzurufen, da sie davon ausgehen konnte, dass er ohnehin nicht ranging, womit sie recht hatte. Sie stellte sich vor, wie er mit den Kindern zusammensaß, durch die Zähne murmelte: »Da ruft sie an« – und es durchklingeln ließ, während alle auf das Display starrten, auf dem ihr Name stand, und keine Regung verspürten.

Sie war es, die die Familie damals gerettet hatte, es wäre nicht gerecht, sie dafür nun auszustoßen. Die Erfahrung im Freundeskreis aber hatte gezeigt, dass es fast immer die sich auf Abwegen Befindlichen waren, die bestraft wurden, die Betrüger, die ins Exil mussten, meistens waren es die Männer gewesen mit der neuen, besseren Frau. Aber wenn sie sich argumentativ würde erklären können gegenüber Hans-Harald und den Kindern, dann, das wusste sie, würde sie sich retten können, indem sie alle von ihrer Sicht überzeugte. Sie würden verstehen. Sie würden ihrer Vernunft folgen, auch wenn außer Benni, ausgerechnet Benni, keiner von ihnen mit ihrer Vernunft ausgestattet war. Womit sie nicht leben konnte, war das Informationsdefizit, das bloß ihre düstersten Vorstellungen in puncto Zukunft anregte. Sie musste wissen, was los war – was also war das geringere Übel, eins der Kinder anzurufen, Benni am ehesten, oder Martin Hausbruch? Die Nummer stand auf einem Zettel, der sich in ihrem Necessaire befand. Sie konnte ihn alles fragen, es war ihr inzwischen doch ganz egal, was er dachte. Sie konnte ihn beschimpfen, was willst du von meiner Familie? Warum rufst du meinen Mann an?

Sie nahm den Zettel, tippte die Nummer, erinnerte sich an den Tag vor fast vierzig Jahren, als sie schon einmal aus einem Impuls heraus in größter Verzweiflung seine Nummer gewählt hatte.

Wie damals ging er sofort ran.

Anders als damals hatte sie ihn diesmal seit zwanzig Jahren nicht gesprochen.

»Ich bin's, Martin.«

Seine Stimme klang älter, als sie erwartet hatte. Älter als Hans-Haralds. Dünn irgendwie, kein professorales Timbre mehr. Vielleicht wäre es besser gewesen, sich den Martin von damals in Erinnerung zu halten.

»Ruth. Wie schön.«

»Warum rufst du meinen Mann an, was soll das jetzt? Willst du mir alles zerstören?«

»Er hat sich bei mir gemeldet, Ruth. Wieso würde ich ihn anrufen?«

»Du hast ihn vorhin angerufen!«

»Ach so, ja, er stand noch auf meiner Rückrufliste. Letzte Woche, als ich in der Klinik war, hatte ich einen verpassten Anruf von einer Nummer, die ich nicht kannte. Als ich aus Neugierde zurückrief, ging nur noch eine Mailbox ran, die sagte, es sei der Anschluss eines Harry Schönwald. Es hat mich gefreut, nach einem halben Jahrhundert mal die Stimme deines Mannes zu hören. Ich nahm mir vor, es zu einem späteren Zeitpunkt noch mal zu probieren, und schrieb ihn auf meine Rückrufliste. Heute war er dann an der Reihe. Ist aber nicht wieder nicht rangegangen.«

»Ihr habt gar nicht gesprochen?«

»Nein. Weißt du, was er von mir wollte? Hat es mit dir, mit uns zu tun?«

»Martin, du musst mir nichts vormachen. Was wäre denn, wenn ich wüsste, dass ihr gesprochen habt?«

»Dann wärst du falsch informiert. Die meisten Menschen, die denken, sie wüssten etwas, sind falsch informiert. Wie geht es dir? Du hast dich nie wieder gemeldet.«

»Schlecht. Ich habe total die Kontrolle verloren. Wir sind hier in Berlin, alle Kinder sind da, meine Tochter wollte einen queeren Buchladen eröffnen … weißt du was queer ist?«

»Ruth. Ich hatte eine Vorlesungsreihe über Judith Butler.«

»… okay, sie hat also diesen Buchladen in Kreuzberg eröffnet, doch gab es einen riesigen Aufruhr, weil das Kapital dafür von meinem Vater kam, und dem wurden dann Naziverstrickungen vorgeworfen. Und unser Ältester, inzwischen Professor an Columbia, da gibt es Gerüchte, dass er entlassen wurde, aber er hat uns nichts gesagt und wir wollen natürlich nicht fra–«

»Ja, natürlich! Der deutsche Poststrukturalist an Columbia, der entlassen wurde, das war euer Ältester?«

»O Gott, du weißt das auch?«

»Er hat euch das nicht erzählt? Vielleicht hat er sich geschämt. Soweit ich mich erinnere, konnte er gar nichts dafür, es war ein Kollateralschaden von einem Alten wie mir, der Mist gebaut hatte mit einer Studentin und euren armen Sohn dann gezwungen hat, für ihn auszusagen.«

»Ich habe es geahnt, ich habe es geahnt.«

»Auch der Jüngste ist da, der kleine Benjamin?«

»Ja, natürlich, er lebt in der Nähe von Berlin … warum fragst du nach ihm?«

»Nur so.«

»Ausgerechnet nach ihm!«

»Weil ich ja quasi dabei war, als du ihn großgezogen hast. Weißt du nicht mehr, unsere langen Telefonate damals? Du hast ihm die Flasche gegeben, und dann schlief er ein, und wir hatten anderthalb Stunden zum Reden, und wir haben über alles geredet, einfach alles? Diese Stunden gehören zu den glücklichsten meines Lebens.«

»Martin, das ist lange her. Und fliegt mir jetzt offenbar um die Ohren! Hans-Harald hat dich nicht ohne Grund angerufen.«

»Ihr habt nicht drüber geredet, warum er sich gemeldet hat?«

»Nein! Ich habe es doch gerade erst erfahren!«

»Ich habe ihn immer bewundert, dass er mit alledem so

souverän umgegangen ist. Deswegen hat es mich ja so überrascht, als er sich dann – Jahrzehnte später! – doch noch meldete. Ich habe natürlich einen Schrecken gekriegt, und deshalb mir mit dem Rückruf auch eine Woche Zeit gelassen.«

In diesem Moment klackte das Kartenlesegerät an der Zimmertür, die Tür ging auf, und Hans-Harald trat ein. Er hielt stolz eine bordeauxrote Papiertüte in der Hand.

»Du ahnst nicht, wo ich war«, sagte er vergnügt.

»Doch natürlich, bei den Kindern«, sagte Ruth. Sie war so irritiert, dass sie immer noch ihr Handy in der Hand hatte und Martin in der Leitung.

»Mit wem telefonierst du?«

»Mit Martin! Das wolltest du doch!«

»Mit welchem Martin? Du, willst du gar nicht wissen, wo ich war?«

»Hans-Harald, jetzt tu doch bitte nicht so.«

»Tut mir leid, Ruth, was ist denn los, ich steh auf dem Schlauch, welcher Martin?«

»Martin Hausbruch, mein ehemaliger Professor in Hamburg!«

»Ach ja, den habe ich neulich auch angerufen.«

»Ich weiß, Hans-Harald. Es tut mir leid.«

»Er ist aber nicht rangegangen und hat auch nicht zurückgerufen.«

»Ihr habt nicht gesprochen?«

»Nein.«

»Das glaube ich dir nicht.«

»Ruth, ich habe hier nichts zu verheimlichen. Und ich sage auch immer die Wahrheit.«

Erst in diesem Moment bemerkte Ruth, dass Martin immer noch in der Leitung war und irgendetwas rief.

»Warum hast du ihn denn angerufen? Das muss ja mit mir zu tun haben.«

»Ich bin achtzig, und ich blicke auf mein Leben zurück

und sehe einen blinden Fleck: deine Wochen in Hamburg. Was hast du da erlebt? Was hat das für uns bedeutet? Warum ging es dir anschließend so schlecht? Du weißt, dass wir da nie drüber geredet haben. Das war damals vielleicht auch richtig. Aber heute möchte ich es wissen.«

»Du warst nicht bei den Kindern?«

»Nein! Wie denn? Karolin ist nie zu erreichen, Chris hat uns schon heute Nachmittag versetzt, und Benni ist in Templin. Das heißt ... bei einem Kind war ich.«

»Also doch.«

»Schwiegersohn Rainer. Der war sofort zu erreichen. Wusstest du, dass sein Restaurant hier gleich um die Ecke ist, Viertelstunde zu Fuß. Wundert mich, dass die an der Rezeption mir das nicht empfohlen haben. Doller Laden, mein lieber Scholli. Hier, hast du Hunger? Ich hab' uns was mitgebracht, auf Kosten des Hauses, von unserem Schwiegersohn.«

»Er ist seit zehn Jahren nicht mehr unser Schwiegersohn.«

»Hier, ich habe ein paar schöne Scampi mitgebracht, ein bisschen Pata Negra, eine kleine Trüffelpasta, hat er mir schnell gemacht, und ein bisschen Käse. Wollen wir mal sehen, ob ich hier in dem kleinen Kühlschrank noch ein bisschen schönen Wein finde, du magst zu den Scampi sicher erst mal weiß, oder? Hier steht ja schon was.«

Er griff die Miniflasche österreichischen Riesling, die immer noch unangetastet auf dem Sideboard neben der Minibar stand, begutachtete sie, aus der Wachau, na ja, und rief bei seinen Freunden an der Rezeption an und wandte sich begeistert mit der Frage an sie, ob sie ihm eine schöne Flasche Wein, vielleicht einen Pfälzer, besorgen könnten, was freundlich verneint wurde. Kopfschüttelnd und vor sich hin murmelnd legte er auf, das wird nichts mehr mit denen.

Ruth wiederum wurde Zeugin einer Umkehr der Ereignisse, wie sie sie sich nicht hätte vorstellen können. Hans-Harald wusste womöglich wirklich nichts von dem Betrug, ahnte aber sicherlich, dass irgendetwas dort in Hamburg nicht in Ordnung gewesen war, hatte die Hamburg-Wochen »einen blinden Fleck« in seiner Biografie genannt.

»Weißt du, Ruth, ich bin deswegen sogar zur Therapie gegangen.«

»Wann? Damals?«

»Nein, bis letzte Woche. Acht Sitzungen oder so, ich habe es dann abgebrochen, es hatte zu nichts mehr geführt. Die Therapeutin hatte mir Martins Nummer gegeben, hat gesagt, ich müsse mit ihm sprechen. Sie hat deine Zeit in Hamburg und meine Position darin, nämlich die des Unwissenden, als die große, Unruhe erzeugende Leerstelle in meinem Leben identifiziert. Sie hat sogar gesagt, ich würde wahrscheinlich nicht glücklich sterben können, wenn ich nicht erführe, was in diesen Wochen, Monaten geschehen ist.«

»Wie übergriffig. Was bildete die sich ein?«

»Na ja, komm, Ruth.«

»Eine Therapeutin stellt Fragen. Und organisiert nicht Telefonnummern. Bist du sicher, dass du keine Privatdetektivin engagiert hast?«

»Sie ist auch Life Coach.«

»Wann bist du denn zu der gegangen? Mir ist gar nichts aufgefallen.«

»Das Tennistraining dienstags.«

Ruth schüttelte den Kopf.

Sie versuchte, ihre Informationspolitik zu sortieren. In dem blinden Fleck, den der Hamburg-Komplex darstellte, gäbe es mindestens drei Dinge für Hans-Harald zu entdecken: Erstens, seine Tochter ist dort ein wenig verwahrlost und möglicherweise missbraucht worden. Zweitens, seine Frau hatte angefangen, ihr Leben ohne ihn zu planen und eine nicht angemessene Beziehung zu ihrem Doktorvater unterhalten. Drittens, zwischenzeitlich gab es vielleicht Verwirrung darüber, wer Benjamins Vater war, aber nur kurz.

Was davon, wenn überhaupt etwas, sollte oder könnte

sie Hans-Harald zumuten? Er öffnete missmutig die kleine Flasche österreichischen Riesling und stellte die Gaben von Rainer auf den kleinen Resopal-Schreibtisch, und im ersten Moment war nicht gleich klar, ob das nun extrem gemütlich oder extrem deprimierend aussah.

»Ich wollte dich verlassen, Hans-Harald. Nicht weil ich dich nicht geliebt habe, sondern weil ich glaubte, dass ich sonst nicht hätte weiterleben können. Klingt pathetisch, ich weiß, aber ich war noch nicht einmal vierzig, zweifache Mutter, und hatte alles ertragen durch die Vorstellung, irgendwann wirst du Professorin und hast dann noch einige Jahrzehnte, die du dem Beruf nachgehen kannst. Bis mir klarwurde: Es ist nur die Vorstellung davon, die mich am Leben hält, aber ich werde das nie machen. Und du warst genauso: Jaja, machen wir schon, sobald die Kinder ein bisschen größer sind, ohne je daran gedacht zu haben, wie das hätte aussehen können. Ein Umzug nach Hamburg, die Kinder aus ihrem Umfeld reißen, deine Karriere. Und dann waren plötzlich zehn Jahre vergangen. Plötzlich die letzte Chance. Als hätte ich es gespürt, als hätte mir eine höhere Macht etwas eingeflüstert, habe ich Martin ausgerechnet dann angerufen, als er gerade dabei war, seine letzte Assistentenstelle zu vergeben. Regelrecht auf den letzten Tag. Am nächsten Morgen musste ich da sein. Und aus Not, weil du nicht da warst – du hast mit deinem Vater seinen Geburtstag gefeiert –, musste ich Karolin mitnehmen.«

»Mag ja alles sein. Nur: Das hätte man besprechen können. Warum bist du so sprachlos, Ruth? Wo kommt das her? Dass du nicht einmal die simpelsten Bedürfnisse artikulieren konntest.«

»Diese Bedürfnisse, wie du es nennst, waren nicht simpel. Und ich habe sie artikuliert. Du behauptest von dir stets, man könne über alles reden und du hättest für alles Verständnis, aber du tust nichts! Du siehst, deiner Frau geht es schlecht, und eigentlich weißt du auch, warum. Und dann müsstest du vielleicht mal auf sie zugehen, sie sehen, sie fragen, was sie braucht, Vorschläge machen.«

»Das hätten wir doch alles tun können. Wir hatten doch das Geld. Selbst wenn ich nicht sofort zur Staatsanwaltschaft in Hamburg hätte wechseln können, hätte ich doch dort auch erst mal als Anwalt ...«

»Das sagst du jetzt so leichtfertig, wo es dich nichts mehr kostet. Du hättest das damals nie gemacht. Dinge sind nicht immer so einfach, wie du sie darstellst.«

Hans-Harald goss ihr von dem Riesling ein und hielt ihr zwischen Daumen und Mittelfinger eine Scheibe Pata Negra hin, während Ruth sich ausnahmsweise bemühte, ihren Ekel vor dem vor ihrem Gesicht baumelnden Stück Fleisch zu verbergen.

Es fühlte sich an, als würden sie miteinander reden. Doch tatsächlich taten sie, was sie immer getan hatten: Sie redeten über die Bedingungen, unter welchen sie gehandelt und gefühlt hatten. Sie sprachen nicht darüber, was sie getan oder gefühlt hatten. Normalerweise war diese Vermeidungsstrategie genau das, was Ruth anstrebte. Jetzt aber hatte sie das Gefühl, dass diese Strategie an ihre Grenzen stieß. Vielleicht musste nun wirklich mal etwas gesagt werden.

Sie erzählte ihm, dass sie in der Wohnung am Grindel von Martin gelebt hätten, dass sie sofort hatte anfangen müssen zu arbeiten und Karolin viel sich selbst überlassen war, jedoch einen zufriedenen Eindruck machte; dass sie tagsüber in der Universität herumgegeistert, allen auf die Nerven gegangen sei und sich dabei sehr erwachsen vorkam. Sie habe sich dann mit einer Geschäftsstellen-Angestellten angefreundet und die Vormittage bei ihr verbracht, und einmal seien sie auch im Kino gewesen. Martin habe später irgendwie von seinen Töchtern gehört, dass Karolin Frau Maternus, so habe die Sekretärin geheißen, auch manchmal massiert habe und habe dann Alarm geschlagen, besonders auch seine Frau (es fühlte sich gut an, Martins Frau zu erwähnen, das machte die Sache unverdächtiger). Die sei da ganz engagiert gewesen, von wegen unangemessenem Verhalten einem Kind gegenüber. Hans-Harald würde sich doch sicher erinnern, damals waren gerade all die Missbrauchsfälle aus den ganzen Öko-Kinderläden der Siebziger hochgekommen, und man war da gerade besonders sensibel. Sie erwähnte nicht, dass Frau Maternus eine verurteilte Sexualstraftäterin war, aber das war auch gar nicht mehr nötig.

»Na ja, zu Recht war man da sensibel, Ruth.« Hans-Harald versuchte ein hüstelndes Lachen, das wohl so was wie Verwunderung oder Empörung signalisieren sollte.

»Hat Karolin erzählt, wie genau diese Massagen ausgesehen haben? Ich nehme an, dass dieser Martin nicht umsonst Alarm geschlagen hat. Das ist allem Anschein nach ja ein vernünftiger Mann.«

»Nein, wir haben da ganz bewusst nicht weiter nachgebohrt, es auch zum Schutze des Kindes auf sich beruhen lassen.«

»Was heißt ›wir‹?! Du! Und das ist so typisch! Da gibt's kein wir. Selbst dein Professor schien ja – zu Recht! – anderer Meinung gewesen zu sein! Und dass du mir, einem Staatsanwalt!, nichts davon gesagt hast, dass meine Tochter, mit der du, wie du dich vielleicht erinnerst, gewisse, sagen wir, Probleme gehabt hast, möglicherweise Opfer einer Straftat geworden ist, ist bodenlos.«

»Hans-Harald.«

»Nein, Ruth. Nur weil man Dinge nie wieder anspricht, verschwinden sie nicht. Du bist so klug, aber in dieser Beziehung wie ein Kind, das sich die Hände vors Gesicht hält, weil es denkt, dann nicht gesehen werden zu können.«

»Es ist lange her jetzt, lassen wir es doch. Wir haben doch aktuell genug Probleme mit unseren Kindern, da müssen wir doch das nicht auch noch ausgraben.«

»Was für Probleme haben wir mit unseren Kindern, wenn ich fragen darf? Dass irgendwelche Leute den Buchladen angegriffen haben? Und auch hier: ein perfektes Beispiel dafür, dass deine Weigerung über Dinge zu sprechen, es dir kurzfristig vielleicht einfacher macht, langfristig die Probleme aber nicht löst, sondern sie intensiviert.«

Sie könnte jetzt auf Christopher zu sprechen kommen und die schlimme Ahnung, die jetzt Gewissheit geworden war, die sie erfolgreich verdrängt und die Martin jetzt bestätigt hatte und die dennoch auch eine Erleichterung war. Endlich Klarheit und auch kein Beinbruch, er würde eine neue Stelle finden, vielleicht hatte er längst eine. Weil sie selbst nie Professorin geworden war, gab es eine heimliche und doch sehr küchenpsychologische Lesart unter Familienmitgliedern und engen Freunden, dass sie sich in ihres Sohnes Karriere stellvertretend verwirklicht sah. Sie hatte dieser rührenden Unterstellung nie wirklich widersprochen, aber sie war natürlich falsch. Sie kannte den akademischen Betrieb, sie kannte diese sozial gewandten Leute wie Martin oder – nach dem wenigen, was sie von Christopher erfahren hatte – diesen Shapiro, der Christopher womöglich auf eine ähnlich manipulative Weise gefördert hatte wie Martin sie. Deswegen war sie zwar schon ein bisschen stolz, dass Christopher es gelungen war, sich dort zu behaupten, aber sie wusste auch, dass die Kosten sicherlich hoch gewesen waren, und meinte ihm auch anzumerken, dass er in Wirklichkeit mit der Position nicht glücklich geworden war, so wie sie nicht glücklich geworden war ohne die Stelle. Vielleicht war ihr Sohn, genauso wie sie, einfach nicht glücksbegabt, was, wie sie wusste, die schwerste Bürde überhaupt im Leben war. Karolin war es auch nicht, noch weniger als Christopher. Benni andererseits, bei allen Härten, die er hatte durchleben müssen – schwieriges Kind, zu klug für die Welt, die lange Krankheit, die anstrengende Frau, die überschaubare berufliche Situation – war glücksbegabt. Und das kam von Hans-Harald. Man musste ihm dafür danken. Doch jetzt war er richtig sauer, weil sie nicht wie er alles zerreden wollte, weder den angeblichen Missbrauch an Karolin noch die spekulativen Nazivorwürfe.

So weit hatte er sich noch nie vorgewagt. Sie wusste, dass er in den entscheidenden Momenten Angst vor ihr hatte. Allein mit ihrer unversöhnlichen Konfliktstärke hatte sie ihn lebenslang in Schach halten können. Aber wenn er sich (vielleicht alle zehn Jahre) mal in ihren abgesperrten Gefühlsbereich vorwagte, spürte sie eine fast gewalttätige Wut in sich aufsteigen. Warum das so war, das würde ein andermal zu klären sein, jetzt wäre es verlockend, der Wut nachzugeben und, wie immer Hans-Harald auf Schärfste in seine Schranken zu weisen. Doch zum ersten Mal fühlte sie sich nicht in der Position.

Sie nahm sich eine Scampi, zog die von Rainers Küchenleuten schon präparierte Schale ab, zermalmte das Meerestier zwischen ihren Kiefern, es knackte, was für eine überzeugende Übersprunghandlung.

»In Ordnung, Hans-Harald«, sagte Ruth, »dann machen wir es jetzt so, wie du es vorschlägst. Und sehen, wie es dir – uns – danach geht. Fangen wir damit an: Dein geliebter Chris hat wohl schon vor einiger Zeit seine Stelle verloren.«

»Das habe ich mir schon gedacht. Nächstes Thema. Davon geht die Welt nicht unter. Die Welt geht unter, wenn wir beide nicht alles teilen. Und es tut mir weh, dass wir das offenbar nicht getan haben, Ruth.«

»Ja, zum Beispiel, als du hinter meinem Rücken zu dieser Therapeutin gegangen bist. Hat es dir gefallen, endlich jemanden gefunden zu haben, mit dem du über Intimstes reden konntest?«

»Ja. Es ging mit dir ja nicht.«

»Es wird in einer Beziehung immer Aspekte geben, die man besser nicht bespricht. Aus den unterschiedlichsten Gründen. Du zum Beispiel hattest nicht den Mut, mir von der Therapeutin zu berichten.«

Das war natürlich unfair, Hans-Harald hatte recht gehabt, es ihr nicht zu erzählen, denn sie hätte unerbittlich draufgehauen auf die Idee, sich »professionelle Hilfe« zu holen, wie er es immer ängstlich umschrieb, wenn er es ihr früher vorgeschlagen hatte. Warum hatte sie es eigentlich immer abgelehnt? Es waren die Achtziger immerhin, nicht die Fünfziger, man musste sich nicht mehr zusammenreißen, Leute gingen durchaus zur Therapie. Sie aber ging zu Martin, das war ihre Therapie gewesen, die nur nicht so hieß. Kein Therapeut hätte ihr geben können, keine deprimierende Praxis in der Fußgängerzone hätte ersetzen können, was ihr fehlte, Erfüllung nämlich, Erfüllung jenseits der Familie. Never complain, und eine Therapie wäre ja eine in die Tat umgesetzte Beschwerde gewesen, das Eingeständnis, es nicht zu schaffen, selbst keine Lösungen zu haben, und das wäre nicht im Sinne ihres Vaters gewesen, der ihr beigebracht hatte, mathematisch immer einen Lösungsweg finden zu können. Martin war der mathematische Lösungsweg gewesen, logisch innerhalb der angenommenen Axiome. Nein, sie hatte ihren Vater nie gefragt, wie wertvoll er als junger Offizier für die Nazis gewesen war, und wenn Mathematik ein Zwiegespräch zwischen Variablen und Fakten war, dann war diese Frage eine Variable; ein Fakt hingegen war, dass er nie Mitglied der Partei war (es hieß immer nur in »der Partei«, nicht in der NSDAP). Hätte sie nach der Variablen gefragt und wäre die Antwort zufriedenstellend gewesen (und das wäre sie in jedem Fall, denn ihr Vater hätte sie nie einem Geständnis ausgesetzt), hätte sie heute ihrer Tochter helfen können. Aber damals war es selbst für Ruth unmöglich, so weit voraus zu denken, das war durchaus etwas, das man ihr vorwerfen konnte.

Fast hätte sie vergessen, dass Hans-Harald ihr noch erwartungsvoll auf der Bettkante gegenübersaß. Sie selbst hatte sich wie schon zuvor auf ihrem gesprenkelten DB-Lounge-Stuhl niedergelassen, der zwischen Fenster und Resopaltisch stand. Darauf hatte Hans-Harald das bei Rainer erbeutete Buffet drapiert plus einer Piccoloflasche Dornfelder Rotwein (aus der erst später entdeckten Schublade über der Minibar neben den Chipstüten), einer Flasche alkoholfreiem Bier (»Das magst du doch manchmal ganz gerne, oder Ruth?«) sowie, damit es nicht allzu karg aussah, zwei Flaschen Cola, einmal Classic, einmal Zero, die beiden letzten verbliebenen Getränke im Kühlschrank, abgesehen von einer Flasche Orangennektar, über die Hans-Harald aber verfügt hatte, sie passe nicht zu einer zünftigen Brotzeit, man hebe sie auf für das Frühstück.

Nun schien er so etwas wie den großen Durchbruch in ihrer Beziehung zu erwarten, dabei waren sie doch auch ohne so weit gekommen. Er hatte, um die Bedeutung des Augenblicks zu betonen, das Tennis auf Eurosport ausgeschaltet. Draußen regnete es noch immer, Bennis morgiges Grillfest geriet tatsächlich ernsthaft in Gefahr, der Arme, er hatte sich so gefreut – oder auch nicht, dachte sie in ihrer neu zugelassenen ungeschützten Perspektive auf die Dinge, wahrscheinlich war es ihm und vor allem der armen Emilia alles ein bisschen viel.

»Weißt du, Ruth, unsere Leben sind fast vorbei. Die Frage ist doch, welches Beispiel wollen wir unseren Kindern geben, von denen wir jetzt mal in aller Ehrlichkeit konstatieren müssen, dass sie alle irgendwie am Schlingern sind. Wir waren doch immer so stolz.«

»Wir taten immer so, als seien wir stolz, und das reicht ja vielleicht auch. Eltern müssen nicht stolz auf ihre Kinder sein. Beziehungsweise sind es sowieso immer, egal, was die Kinder tun. Bist du weniger stolz auf Christopher, weil er seine Stellung als Professor verloren hat? Oder auf Karolin, weil ihre Eröffnung gescheitert ist?«

»Nein. Natürlich nicht.«

»Ich schon. Aber ich werde mir nichts anmerken lassen. Und darauf kommt es an.«

»Die Frage, die ich dir stelle, Ruth, lautet: Wollen wir unseren Kindern bis zum Ende vorleben, dass es besser ist, sich mit Weggucken, Nichtwissenwollen, Halbwahrheiten oder geschönten Versionen durchs Leben zu hangeln? Oder wollen wir, wie im Kleinen doch das Beispiel von Chris' Kündigung gezeigt hat, unseren Kindern beibringen ...«

»Hans-Harald, unsere Kinder haben die Hälfte ihres Lebens hinter sich, sie sind fertige Menschen, was immer du in sie implementieren wolltest, du hättest es vor dreißig Jahren tun sollen.«

»... dass fast alle Dinge, für die man sich schämt, auf die man nicht stolz ist, zu regeln, verständlich oder zumindest verzeihlich sind, dass im Grunde jeder Mensch für die Schwäche eines anderen Verständnis hat.«

»Nein«, sagte Ruth, »es gibt Sachen in der Vergangenheit, die sind so schwerwiegend, dass sie den Lauf der Dinge verändern würden.«

»Was könnte so etwas sein?«

»Dunkle Geheimnisse. Wenn einer den anderen hintergangen hätte. Wenn, um bei einem aktuellen Beispiel zu bleiben, unsere Eltern, wie viele, viele damals, doch enger mit dem Dritten Reich verstrickt oder nur verbunden gewesen wären, als wir das wissen? Würde uns dieses Wissen helfen? Zu besseren Menschen machen?«

»Was für eine zynische Frage«, sagte Hans-Harald. »Was für eine unmoralische Betrachtung. Wenn es so gewesen wäre, wäre es so gewesen, und wir müssten uns den Dingen stellen. Wieso kommt Chris auf die Idee, dass er seinen Rauswurf verschleiern müsste? Wie muss er gelitten haben, dass er uns das nicht sagen konnte. Das ist tragisch, und das ist vielleicht unsere Schuld. Deine Schuld, Ruth.«

»Du meinst, wenn wir mutiger unsere eigenen Eltern konfrontiert hätten oder unsere eigenen Fehler, dann wäre Christopher in der Lage gewesen, auch mutiger mit seiner Niederlage umzugehen?«

»Nicht so direkt, das ist natürlich weit hergeholt. Ich bilde mir übrigens ein, dass ich anders als du durchaus versucht habe, meine eigenen Fehler zu benennen.«
»Das stimmt, Harry. Hat es dich weitergebracht?«
»Seit wann nennst du mich Harry?«
»Nur jetzt.«
Sie erhob sich aus dem Stuhl, nur um irgendetwas zu tun. Um diesem schwerwiegenden Moment eine Prise Beiläufigkeit hinzuzufügen: Ich stehe mal kurz auf und tue etwas Bedeutungsloses, wie den kleinen, geöffnet auf dem Boden neben dem Bett liegenden Rollkoffer zu schließen. Nur wohin jetzt in dem kleinen Zimmer, mal im Bad gucken, aber dort konnte man sich kaum drehen. Im Spiegel sah sie ihr Gesicht im zu hellen Hotelbadezimmerlicht. Sie sah alt aus mit Falten und müderen Augen, aber sie sah nicht aus wie Mitte siebzig und schon gar nicht wie eine Oma. Sie trug Jeans und Joggingschuhe von der neuen Firma von Roger Federer. Sie versuchte sich ihre eigene Mutter im gleichen Alter vorzustellen, immer in Kostüm und Rock und in eleganten Schuhen. Und ihr Vater trug jeden Tag Anzug und Krawatte, nur im Urlaub nicht, da ließ er die Krawatte weg und ersetzte das Sakko durch eine Strickjacke.

Noch ein Blick in den Spiegel. Los jetzt. Wahrscheinlich würde es nie wieder eine bessere Gelegenheit geben, Hans-Harald die Wahrheit über die Jahre mit Martin zu sagen. Wenn sie ihm die gäbe, wäre er vielleicht zufrieden und würde bei ihren Eltern und den Verbindungen zum NS-Regime lockerlassen. Die Sache hatte ein gewisses Momentum erreicht, sie waren in diesem Gespräch mit viel Aufwand weit gekommen. Jetzt umzukehren, widersprach ihrem Primat der Vernunft.

Andererseits war dies der erste schöne Moment seit Langem, ihr Picknick im Hotelzimmer mit den Erzeugnissen der Sterneküche Rainer Schönwalds. Dieser Aspekt schien Hans-Harald durchaus wichtig zu sein, es ging ihm bei Rainers Essen nicht um die Ersparnis, sondern um die Wiederaufnahme eines Lebensfadens, der ihm mal wichtig war, der erste Schwiegersohn, das gemeinsame Bonding in der Küche. Und wenn es ihm schon an der Rezeption nicht gelungen war, ging es ihm auch beim Schönwald's um das Eingebundensein in einen echten lokalen Zusammenhang. Es war seine Strategie gegen die voranschreitende Entfremdung.

Er erzählte, wie er zunächst Schwierigkeiten gehabt hatte, das Lokal zu finden. Es war nicht weit vom Hotel, er hatte laufen können. Aber das Schönwald's habe in dem Sinne kein Schild draußen, und das Gebäude hatte nicht besonders repräsentativ gewirkt für ein Sternelokal. Der Eingang sei hinter einer Eisentür gewesen, an der man klingeln musste, alles nicht so, wie er es kannte, und er war ja schon in einigen gehobenen Restaurants gewesen. Eine tätowierte junge Frau in einem geblümten Fünfzigerjahrekleid hatte ihn nach seiner Reservierung gefragt, und als die Frau schon ihr bedauerndes Lächeln für nichts ahnende Touristen aufgesetzt hatte und ihn aus der Tür zu schieben versuchte, hatte er gesagt, sein Name sei Schönwald und er wolle zu seinem Schwiegersohn, wobei er das »Schwieger« in dem lauten Laden so weit wie möglich vernuschelt hatte, sodass es eher nach »Sohn« klang, was, wie ihm dann einfiel, in Anbetracht von Rainers Hautfarbe auch ein bisschen bekloppt gewesen war.

»Und ihr Sohn ist ...?«, hatte die Frau im Fünfzigerjahrekleid gefragt.

»Na, Rainer! Rainer Schönwald«, hatte Harry geantwortet und damit ein gewisses Erschrecken bei der jungen Frau ausgelöst.

Rainer war zehn Jahre älter geworden und hundert Jahre dünner. Gebräunte, lederne Haut, die im Gesicht spannte. Tiefe Labialfalten, eine Nickelbrille, grauer Bart, die Haare auf dem Kopf rasiert. Aus seinen Oberarmen und Handrücken traten dicke Adern hervor. Seine nackten Füße steckten in weißen Crogs-Gummisandalen. Er sah aus wie ein Mönch, hatte Harry gedacht, oder wie Gandhi. Aber die Freude war auf beiden Seiten groß. Rainer schloss ihn fest in seine sehnigen Arme und führte ihn zu einer kurzen Bar aus modernem skandinavischen Holz.

Er war kein Ballast der Vergangenheit, wie Ruth ihn hatte glauben machen wollen, er war Rainer wichtig, Rainer hatte sein Restaurant nach ihm benannt (das stimmte nicht ganz, Rainer hatte Harry oder irgendjemand anders der Familie Schönwald nicht im Sinn, als er das Lokal so taufte, sondern nur sich selbst, lange genug war er im Leo's Mitinhaber und treibende Kraft eines Ladens gewesen, der den Namen eines anderen trug, aber Schönwald, so sah er es, war sein Name, den hatte er sich unter großen Schmerzen verdient, mehr als andere Schönwalds, und trug ihn nun als schwarzer Mann mit Pride).

Rainer griff mit geübt schwungvoller Handbewegung zwei besonders große über der Bar hängende Weißweinschwenker aus extrem dünnem Glas. Der Sommelier, den er Harry ausschweifend vorstellte, brachte eine Flasche Puligny Montrachet, und dann hat Rainer zwei Gläser eingegossen, Harry zugeprostet, ihn noch einmal umarmt, sein Glas an den Mund geführt, aber nicht getrunken, während Harry den exquisiten Wein genoss: So hatte er sich das vorgestellt.

»In einer halben Stunde geht es hier richtig los. Soll ich dir schnell noch eine kleine Degustation kommen lassen, nichts Dolles, was auf die Schnelle?« Harry nickte absolut angetan, Rainer rief einem Kellner einige für Harry unverständliche Begriffe zu, und dann erzählte Harry seinem Schwiegersohn von Karolin und dem Buchladen sowie seiner dramatischen Eröffnung. Er wünschte, sagte Rainer, das mit Karolin und ihm hätte gehalten, dann wäre er jetzt mit einer Buchhändlerin verheiratet und hätte vielleicht selbst eine kleine Ecke für POC-Literatur beisteuern können.

Doch dann habe Rainer etwas absolut Erschütterndes erzählt, berichtete Harry Ruth, er habe nämlich gesagt: »Aber Karolin war zu traumatisiert. Sie hat die ganze Zeit an dieser Hamburg-Sache rumgekaut. Warum sie da war, was mit Ruth los war, warum sie glaubte, diese Flucht durchziehen zu müssen.« Sie habe immer wiederholt, sie mache den gleichen Fehler wie ihre Mutter, binde sich zu früh an einen Mann und Haus und Kinder – das alles hätten sie ja geplant. Sie dachte, sie verpasse ihr Leben, genauso wie Ruth.

»Und dann hat sie so etwas wie eine dauerhafte Panikattacke bekommen. Und war nicht davon abzubringen, mich verlassen zu müssen. Inzwischen werdet ihr diese Hamburg-Zeit aufgearbeitet haben, und alles ist gut. Aber ich bin damals Opfer der Familie Schönwald geworden! Opfer eurer damaligen Unfähigkeit, über eure Gefühle und Schwächen und Niederlagen und so zu reden. No hard feelings, Harry. Ich freue mich tierisch, dass du gekommen bist, wie früher, wir beide in der Küche, Superteam. Ja, aber ich habe echt lange gebraucht, über mein kurzes Intermezzo bei der Familie Schönwald hinwegzukommen, schon ein paar Jahre. Aber immerhin habe ich den Namen bekommen.«

Harry bekam ein winziges Stück Aal mit Sauerkraut und namibischer Minze hingestellt. Er wischte sich die Augen.

»Das wusste ich alles nicht, Rainer«, sagte er. Er machte eine Pause. »Das tut mir leid. Mich hat das auch belastet, ich habe sogar dieses Jahr deswegen noch Therapiestunden genommen. Und da habe ich erfahren, dass auch in, ja, meiner Psyche offenbar dieser blinde Fleck etwas kaputtgemacht hat.«

»Wow. Warum habt ihr denn nie drüber gesprochen? Ruth hatte ja sicherlich auch gute Gründe.«

»Ich dachte lange, wir hätten drüber gesprochen.«

»Verrückt, wie die menschliche Seele sich so arrangiert

mit den schmerzhaften Dingen im Leben. Aber wer weiß schon, woran es wirklich lag. Vielleicht sind Karolin und ich auch gescheitert, weil sie sich für Männer einfach nicht interessiert. Weil sie lesbisch ist.«

»Hast du darüber gesicherte Erkenntnisse?«

»Sie war meine Ehefrau, Harry. Ich weiß es. Es gab Momente, da durfte ich sie gar nicht berühren! Vor allem, wenn ich sie mal massieren wollte. Weißt du, so ganz harmlos am Rücken oder so, ist sie manchmal komplett ausgerastet. Sie konnte das gar nicht gut haben.«

Ein kleines Kalbsbries mit Morcheln kam an. Harry stach die Gabel rein, Rainer schenkte ihm vom Puligny Montrachet ein. Wenn es alles nicht so belastend wäre, eigentlich ein Abend nach Harrys Geschmack, ordentliches Essen, guter Wein, tiefe Gespräche.

Rainer kam mit einer bordeauxfarbenen Papiertüte zurück und reichte sie Harry. »Hier, für Ruth. Habe ein bisschen was aus der Küche eingepackt, kleine Brotzeit. Vielleicht könnt ihr euch ja beim Essen mal ein bisschen unterhalten.«

»Danke, Rainer.« Obwohl er erwartete, dass er eingeladen wurde, zückte Harry demonstrativ sein Portemonnaie. »Lass mal, ist Familie«, sagte Rainer. »Wie lang seid ihr noch da, sehen wir uns noch mal, wollt ihr alle zum Essen kommen? Alle Schönwalds?«

Und da habe er, sagte Hans-Harald jetzt zu Ruth, Rainer spontan eingeladen für den kommenden Abend zu Benni. Zu seiner großen Verblüffung habe Rainer zugesagt und sogar in Aussicht gestellt, ein paar Salate und Wagyu-Filets mitzubringen, und Hans-Harald zeigte sich, bei allen noch bestehenden Problemen, mit diesem Ergebnis seines kleinen Ausflugs sehr zufrieden.

Und Ruth war es auch. Sie hatten das gefürchtete offene Gespräch, das Hans-Harald sich immer gewünscht hatte, geführt, und es war nicht so verheerend gewesen, wie sie es erwartet hatte. Noch konnte man sich in die Augen blicken, vielleicht sogar etwas klarer als vorher. Würde ihre Aussage, sie habe Harry verlassen wollen, schon als implizites Geständnis ihrer Affäre durchgehen können, und wäre die Sache damit vielleicht abgehakt? Sie teilten sich Rainers Trüffelpasta, und obwohl Ruth normalerweise niemals Trüffel essen würde (sind auch nur Pilze!), schmeckte es ihr ausgesprochen gut, zusammen mit einem Glas Dornfelder aus der Minibar. Später lag Ruth mit einem merkwürdigen Gefühl auf der zu weichen Hotelmatratze. Das Zimmer war stockdunkel, noch nicht einmal das rote Stand-by-Pünktchen des TV-Geräts leuchtete mehr. Hans-Harald hatte den Stecker rausgezogen. Sie hatte mit ihren Prinzipien gebrochen, die Grundsätze ihres Vaters verraten. Sie war jetzt im Gelände, musste auf Sicht fahren, Terra incognita, parts unknown. Sie wartete auf die vertrauten Geräusche der Baustellenfahrzeuge. Bald, im Morgengrauen würden sie kommen.

Sie nahmen die U-Bahn zum Hauptbahnhof, den Regionalexpress nach Templin. Hans-Harald las die Süddeutsche, Ruth verschickte Fotos vom Berlintrip an Freunde und Familie per WhatsApp. Sie bat Benni, sie, falls er Zeit hätte, in Templin abzuholen. Natürlich hatte Benni Zeit. Wie sie ihm vorausgesagt hatte, waren die Regenwolken fast verschwunden. Sie trafen ihn in einem Oma-Café. Vielleicht gab es kein anderes, vielleicht glaubte Benni, mit seinen Eltern träfe man sich am besten in einem Oma-Café. Sie wusste, dass Benni eigentlich keinen Kuchen aß wegen irgendwelcher Zuckerbeschränkungen, die Emilia ihm auferlegte, und bestellte ihm deswegen absichtlich ein großes Stück Omatorte, und weil Emilia nicht dabei war, würde er es ihr zu Gefallen essen, und sie hätte einen weiteren Sieg gegen Emilias Überspanntheit davongetragen. Benni war verhaltener als sonst, als beschäftige auch ihn etwas.

Dann kamen Karolin und Christopher mit der patenten

Kimberley im Auto aus Berlin, außerdem waren dabei – sie verstand es nicht – diese vorlaute Alina aus dem gescheiterten Buchladenprojekt und das merkwürdige ausländische Mädchen von den Demonstranten. Wieso sie, die vor ein paar Tagen noch bei ihnen die Scheiben eingeschmissen hatte, nun mit zu einem Familienfest im kleinen Kreis kommen durfte, würde sich ihr in diesem Leben nicht mehr erschließen, aber sie würde nicht fragen. Sie wollte es wirklich nicht wissen. Sie würde sich nichts anmerken lassen, aber im Verborgenen unermüdlich gegen diese beiden Frauen vorgehen.

Sie fuhren in Bennis nach Erbrochenem riechenden Auto, gefolgt von dem Mietwagen mit Christopher und den anderen.

Als sie vor Bennis Fertighaus parkten, stand Emilia schon auf der Veranda. Sie winkte nicht, sie lachte nicht. Sie hatte die Arme verschränkt und sagte zu Benni, als er gestenreich auf sie zuging, für alle vernehmlich: »Das war's. Dass du das getan hast.« Was hatte Benni denn gemacht, außer seine Eltern in Templin abgeholt? Ruth wollte ihn verteidigen, ihren Sohn, gegen diesen erneuten Angriff von dieser Frau. Wie er leiden musste, der arme Benni. Es muss ja keine Fünfzigerjahrefrau sein, beileibe nicht, sie selbst war auch für Frauenrechte und Gleichberechtigung, aber musste man sich denn überall querstellen? Christophers neue Freundin Kimberley hatte Hans-Harald und sie erneut sehr höflich begrüßt. So geht es nämlich auch. Kimberley kannte niemanden hier, sie hätte allen Grund, sich unwohl zu fühlen. Stattdessen fügte sie sich ein, ging freundlich auf jeden zu, wusste, was sich gehörte.

Zum Glück griff sogleich Christopher ein, versuchte wie immer, die Situation zu entschärfen, probierte es mit seinem Humor, woraufhin Emilia mit einem Tiefschlag reagierte, den niedersten aller Trümpfe zog und ihm entgegenschleuderte, er sei ja gar kein Professor mehr. Woher Emilia das auf einmal wusste, unklar. Diese Frau kannte keine Grenze mehr. Ruth ging zu Christopher und tätschelte ihm den Rücken. Das irritierte ihn sichtlich. Emilia hatte sich umgedreht und war ins Haus gerannt, man hörte, wie sie den Schlüssel im Schloss zweimal umdrehte. Ihr Vater war inzwischen in seinem riesigen Auto angekommen, am liebsten hätte Ruth ihn gefragt, was er da in seiner Tochter angerichtet habe. Aber wahrscheinlich konnte Thomas nichts dafür, auch jetzt war er wieder sehr liebenswürdig. Sie konnte ja auch nichts für all die Macken von Karolin oder Christopher, obwohl Hans-Harald das sicherlich anders sah. Thomas sagte, Stella, seine dritte oder vierte Frau circa in Emilias Alter, sei nicht dabei, sie mache einen Wellnesstag im Hotel, das ja berühmt sei für sein Spa.

Hans-Harald und Christopher hatten den Schritt durch die Pforte gewagt und standen jetzt im naturbelassenen Vorgarten zwischen den Wildstrauchhecken, Ackerwildkräutern, der Borstenhirse und dem Knabenkraut, der Rest ihrer Gruppe folgte. Kimberley verwickelte unbefangen jede und jeden in kurze Small-Talk-Sequenzen und sorgte so trotz allem für gute Stimmung. So jemanden brauchte man in jeder Gruppe. Das Problem würde sich vermutlich gleich lösen. Dass Benni und Emilia mit zwei kleinen Kindern auch mal durch eine schwierige Phase ihrer Ehe gingen, genauso wie Hans-Harald und sie damals – das musste kein Beinbruch sein.

Die ausländisch aussehende junge Frau von den Demonstranten stellte sich zu ihr und sagte, sie wolle sich noch einmal ordentlich vorstellen, jetzt wo alles geklärt sei, sie hieße Malala Noorzai. Sie hielt Ruth ihre schlanke Hand hin. Bisher hatte sie sich strikt an Kimberleys Seite gehalten, sie und die Amerikanerin ergaben ein merkwürdiges Paar.

»Sie müssen sich keine Sorgen mehr machen. Wir werden nichts mehr gegen Ihren Vater unternehmen wegen seiner Rolle im NS-Unrechtsregime«, sagte sie, »solange Sie wie von Chris angekündigt jetzt transparent mit Ihrer Vergangenheit umgehen.«

Ruth wusste kaum, wie sie auf diese Anmaßung reagieren sollte. »Ruth Schönwald, angenehm. Aber ich verbitte mir, dass Sie über meinen Vater sprechen. Das steht Ihnen nicht zu. Was wissen Sie von ihm? Was wissen Sie von unserem Land, unserer Geschichte? Kümmern Sie sich um Ihren eigenen Vater, Ihr eigenes Land. Ich glaube, da gäbe es genug zu tun.«

»Sie müssen nicht so verletzt reagieren. Mein Land heißt übrigens Deutschland. Ich repräsentiere das aktuelle Deutschland möglicherweise prägnanter als Sie. Sie sterben aus mit Ihrem Naziballast.«

»Frau Noorzai, ich weiß nicht, wie es Ihnen gelungen ist, auf unser Fest zu gelangen. Aber wenn Sie schon hier sind, halten Sie bitte Abstand zu mir und meiner Familie. Sehen Sie mal, da vorne, Alina, die kennen Sie doch, die sucht auch Anschluss. Haben Sie sich eigentlich schon die Stasi-Akte von Alinas Eltern besorgt? Und was hat Ihr Vater am Hindukusch gemacht, in welche Kriege war er dort verwickelt, war er ein Mujahedin, bei den Taliban oder hat er für einen Stammesfürsten gearbeitet?«

»Kennen Sie noch ein Klischee über Afghanistan?«, fragte Malala.

»Jeder hat eine Vergangenheit, die er oder sie nicht ändern kann«, erwiderte Ruth.

»Die Frage ist nur«, sagte Malala, »wie man damit umgeht. Was wollen Sie wissen, ich kann Ihnen alles über meinen Vater erzählen. Er ist tot.«

»Meiner auch. Und auch ich kann Ihnen alles über ihn erzählen. Nur tue ich es nicht, denn ich finde, das geht Sie nichts an. Was ist daran verwunderlich?«

In dem Moment ging die Haustür wieder auf und Emilia erschien, jedes ihrer Kinder an einer Hand, eine große Segeltuchtasche über den Rücken gehängt. Sie trug jetzt eine

Sonnenbrille. Sie verharrte kurz auf der Veranda, taxierte die Menschen in ihrem Vorgarten, Hans-Harald und Thomas, wie sie auf dem Knabenkraut standen und sich angeregt unterhielten (Hans-Harald hatte Thomas eindringlich gebeten, auf seine Tochter »positiv einzuwirken«, worauf dieser mit den Schultern gezuckt hatte, eine Intervention seinerseits würde das Verhalten der Tochter nur verhärten. Aber müsse sie denn so überreagieren, hatte Harry gefragt, es müsse doch möglich sein, »mal vernünftig mit ihr zu reden«, doch Thomas hatte nur freundlich gelächelt und gesagt, er meditiere einfach, wenn er mit dem Kind nicht weiterwüsste, man müsse irgendwann auch mal loslassen, was die Idiosynkrasien der eigenen Kinder beträfe). Dann war Emilia losgestürmt, die zwei Stufen der Veranda hinunter, die Kinder hinter sich herziehend, hatte sie sich den Weg durch die schweigende Versammlung gebahnt, die Gartenpforte erreicht, mit einem Piep das Auto ihres Vaters geöffnet, die Tasche in den sich hydraulisch öffnenden Kofferraum geworfen, mit routinierten Handgriffen die Kinder in die noch im Rückraum installierten Kindersitze verfrachtet und war dann selbst eingestiegen und unter leisem elektrischen Surren davongefahren.

Niemand hatte etwas gesagt.

Der fehlende Geräuschpegel schien der potenziellen Dramatik des Geschehens nicht angemessen. Erst als von dem Auto auf der Dorfstraße nur noch die LED-Rücklichter zu sehen waren und das Surren leiser wurde, erwachte die Festgemeinschaft wieder zum Leben. Kimberley fand als Erste die Sprache wieder.

»What's she doing?«

»Emilia! Was machst du denn? Ich verstehe das nicht!« Das war Hans-Harald, dem auch klar sein musste, dass Emilia ihn nicht mehr hörte.

»Sie wird schon wiederkommen, muss mal kurz durchatmen«, versuchte es Ruth vorsichtig. Sie hoffte, dass man sich darauf einigen konnte, ohne Emilia mit dem Familienfest fortzufahren. Es war ja nicht so, dass Emilia sich je etwas aus diesen Zusammenkünften gemacht hatte und dementsprechend eher im Weg gestanden als eine Bereicherung dargestellt hatte. Soll sie sich eine Auszeit nehmen, dachte Ruth und fürchtete gleichzeitig, mit dieser Sicht allein zu sein. Niemand schien zu glauben, dass Emilia zurückkommen würde, weder Benni noch Emilias eigener Vater.

Benni hatte sein Gesicht jetzt, etwas melodramatisch, in den Händen vergraben. Als er sie wieder herunternahm, fixierte er seine Eltern, erst Hans-Harald, dann sie.

»Ihr seid schuld«, sagte er dann ruhig, als sei es ein Fakt. Thomas blickte auf, erschrocken, ungläubig, erleichtert, als schien er nicht zu wissen, dass auch andere Kinder ihren Eltern Vorwürfe machten, nicht bloß seine Emilia. Und gerade als Ruth in ihren Ich-gebe-gar-nichts-zu-Modus schalten und Bennis Schuldzuweisung abmoderieren wollte, wurde ihr sonst so ausbalanciert wirkender Sohn plötzlich laut.

»Es ist alles eure Schuld!«, rief er. »Ich habe tausendmal versucht, dieses Grillfest abzusagen. Emilia wollte es nicht, es war ihr zu viel!« Er hielt kurz inne, schien zu überlegen. Es hatte Ruth immer gefreut, dass in Benni die Passion ihres Vaters für Mathematik weitergelebt hatte. Dass er sich jahrelang mit Lösungswegen befasst hatte zu Wahrheiten, die nur innerhalb bestimmter vorher festgelegter Voraussetzungen und trotzdem am Ende als bewiesen galten. Das konnte sie akzeptieren. Darin lag sogar Schönheit. Gefühle aber waren Chaos und Verwerfung. Sie hoffte, dass Benni nun aufhörte und zu seinem rationalen Selbst zurückfände, doch er tat ihr den Gefallen nicht.

»Deswegen ist sie jetzt weg. Nach all dem Terror am Wochenende mit Karolins Scheißbuchladen und den merkwürdigen Geschichten um Chris, von denen alle wussten, die aber jeder totschwieg, war es unmöglich, euch zu sagen, dass uns die Einladung zu viel war. Weder euch noch meinen Geschwistern ...«

»Mein Gott, es ist doch nur ein Grillabend. Und Emilia war schon immer so kompliziert, ich kann da ein Lied von singen«, hörte Ruth Karolin stöhnen und merkte, wie unangenehm dieser Kommentar war und gleichzeitig, wie sehr er nach ihr, Ruth, klang. Hatte sie ihre Kinder erzogen, so ätzend zu sein? Sie dachte an das Gespräch mit Hans-Harald bei ihrem Hotelzimmer-Picknick. Gestern war es einfacher gewesen als gedacht, es hatte selbst heute Morgen noch angenehm in ihr nachgeschwungen. Was Benni jetzt versuchte, war womöglich die Fortgeschrittenenversion von dem Gespräch gestern. Sie wusste nicht, ob sie mit dieser Version auch noch würde umgehen können. Benni ließ sich nicht irritieren.

»Alle ziehen es durch, weil ihr alle glaubt, so geht Familie. Egal, wie es einem dabei geht. So geht Familie aber nicht. Familie heißt, sich Sachen sagen zu können. Wege gefunden zu haben, sich nicht verstellen zu müssen. Sagen zu können: Hey, kommt ein anderes Mal. Sagen zu können: Hey, seid mal nett zu meiner Frau.«

»Also den Vorwurf ziehe ich mir nicht an, Benjamin. Dass wir nicht nett zu Emilia sind. Das ist sicher nicht der Grund, dass sie jetzt weg ist«, sagte Hans-Harald.

»Ich verstehe genau, was er sagt«, sagte Thomas.

»Ach, Sie!« Hans-Harald machte eine wegwerfende Handbewegung in Richtung Emilias Vater.

»I don't understand the exact words. But I know what Benni's saying. And I think he's right«, sagte Kimberley.

Und dann tat der Nachzügler Benni, den sie am Anfang nicht gewollt hatte und den sie trotzdem über die Jahre gelernt hatte zu lieben, auch wenn sie es ihm nie hat zeigen können – dieser Benni tat, was in der Familie Schönwald, und erst recht in der Familie Wartenburg, noch nie jemand getan hatte: Er sprach über gefühlte Wahrheiten, er hatte den Boden seiner mathematischen Beweise verlassen. In den letzten Jahrzehnten hat die Populärpsychologie den jungen therapiebegeisterten Menschen zweierlei beigebracht: Du fühlst, was du fühlst, und deine Gefühle sind gültig und von jedermann ernst zu nehmen. Erstens. Und zweitens: Wenn du unzulänglich bist, wenn du beschädigt bist, wenn du nicht richtig funktionierst – dann besteht eine gute Chance, dass deine Eltern schuld sind. Christa Maurer, die immer eine strenge Mutter gewesen und deren Sohn drogensüchtig geworden war, hatte ihr zum letzten Geburtstag eins der Bücher von Stefanie Stahl geschenkt, ein Psychobestseller, wo genau das drinstand. Ihre Freundin war ganz begeistert gewesen von dem Buch, jetzt hätte sie alles verstanden, hatte sie verkündet, doch nun sei es zu spät. Ruth hatte gesagt: »Was soll ich damit?« Doch jetzt, im Ökovorgarten ihres jüngsten, soeben von seiner Frau verlassenen Sohnes, zwischen den Ackerwildkräutern und der Borstenhirse stehend, kam ihr erstmals der Gedanke, dass der gefühlsbetonte Ansatz, so dumm er auch sein mochte, sie vielleicht glücklicher gemacht hätte – und machen würde, solange sie noch konnte. Dies alles in ihrem Kopf wägend rüstete sie sich für das, was nun noch kommen würde.

»Was soll diese Scheiße, dass alles, was ansatzweise unangenehm sein könnte, hier nicht ausgesprochen wird. Ja, es ist unangenehm, dass ich offenbar nicht wissen kann, wer mein Vater ist. Du, Papa? Aber ihr hattet ja eine Ehekrise damals, und deine Frau war nach Hamburg abgehauen. Oder Martin, der lustige Professor, bei dem meine Mutter in Hamburg war? Cool, dass man das jetzt mit Mitte dreißig, wo man selbst längst Familienvater ist, erfahren muss. Wie konntet ihr glauben, damit durchzukommen …?«

»Ich wusste nichts davon«, sagte Hans-Harald. »Bis gestern nichts von dem Professor, und von einer etwaigen sexuellen Komponente höre ich jetzt zum ersten Mal. Ruth, vielleicht willst du mal …«

»Dein Vater ist dein Vater, Benni, und niemand sonst. Gezeugt wurdest du am Tag nach meiner Rückkehr, falls du dich erinnerst, Hans-Harald.«

Von irgendwoher kam ein unterdrücktes Kichern. Alina beim Wildgrasstrauch.

»Entschuldigen Sie, entschuldigen Sie, es ist nur so absurd.«

Benni fuhr fort: »Ist mir auch ganz egal, dass das jetzt auch Leute hören, die ich überhaupt nicht kenne, wie dich« – er zeigte auf Malala – »und eigentlich auch dich, Alina, und dich« – er zeigte auf Kimberley – »und was ist mit uns, Karolin: Konntest du mir nie verzeihen, dass Emilia meine Frau geworden ist und nicht deine? Warum haben wir da nie drüber gesprochen? Wäre doch einfach gewesen, warum hast du nichts gesagt?«

Ruth versuchte, sich das schöne Gefühl vom Vorabend in Erinnerung zurückzurufen, das sich eingestellt hatte, als sie so offen mit Hans-Harald geredet hatte. Ließe sich das in ihrem Gehirn reaktivieren und könnte sie sich, ihretwegen auch vor allen Leuten hier, erneut öffnen und die Geschichte von ihr und Martin erzählen?

»Und, Ruth?«, fragte Hans-Harald. Es war die Staatsanwaltsstimme, die sie immer so gemocht hatte, kühl, präzise, rational.

»Ich habe mich mit Martin über Jahre hinweg immer wieder getroffen. Meistens auf irgendwelchen Germanistikkongressen.«

»Sexuell?«

»Auch. Aber das war nicht der Kern. Vor allem brauchte ich kurze Urlaube von Mutterschaft und Ehepflicht.«

»Keine weiteren Fragen.«

Und das war es. So war es selbst für Ruth Schönwald nicht ohne Ironie, dass nun, wo sie im Alter von vierundsiebzig Jahren bereit war, ihre Seele zu öffnen, es nichts mehr zu sagen gab.

Außer zu Hans-Harald: »Du hast es also doch schon länger gewusst und den Kindern erzählt.«

»Nein.«

Karolin befreite sich mit einer unwirschen Handbewegung von einer demonstrativ fürsorglichen Umarmung, in der Alina sie umschlossen hielt, schüttelte und räusperte sich, und sagte dann in aufgesetzt genervtem Tonfall, als trüge sie in dieser Angelegenheit die größte Last:

»Ich war das. Ich habe es herausgefunden. Ich hatte eigentlich nach Hinweisen auf Naziverstrickungen von Großvater gesucht. Dann habe ich stattdessen die Briefe zwischen dir und Martin gefunden.«

»Max Frisch und Ingeborg Bachmann«, sagte Chris, deplatziert wie oft in diesen Situationen, sein intellektuelles Ironie-Tourette.

Für einen mathematischen Beweis gab es immer nur eine Lösung, aber viele Lösungswege. Trotzdem war es verblüffend, dass Hans-Harald und die Kinder unabhängig voneinander auf unterschiedlichen Wegen zu demselben Ergebnis gekommen waren: der Aufdeckung ihres Doppellebens, wobei, korrigierte sie selbst sogleich ihre eigenen Gedanken, Doppelleben ein zu arger Begriff war. Hätte sie sich mehr Mühe geben können, es zu verdecken? Dass Karolin die Briefe so einfach hatte finden können, erstaunte sie selbst; dass sie nie dafür gesorgt hatte, Martin zum Schweigen zu verpflichten; dass sie nicht alle Löcher gestopft hatte. Hatte sie entdeckt werden wollen? War das ihre stille Rebellion gewesen gegen die Imperative ihres Vaters? Never explain. Niemand hatte ihr gesagt, dass es guttat, sich zu erklären.

Sie sah, wie Benni seinen Vater umarmte. Bei Benni war sie nicht sicher, bei Hans-Harald bestand kein Zweifel, er weinte. Alles wegen ihr? Benni warf ihr einen letzten Blick zu (einen letzten, warum letzten? Warum dachte sie das?) und nickte ihr unmerklich zu (oder hatte sie sich das eingebildet? Wenn nicht, wollte er ihr sagen, dass es okay sei, dass er sie verstünde?). An der Gartenpforte blieb er noch einmal stehen und winkte Emilias Vater.

»Thomas? Kommst du mit?«

Thomas schüttelte den Kopf (er konnte die Bewegungen seines Fahrzeugs auf einer Handy-App verfolgen, er konnte sogar den Motor abschalten und die Wegfahrsperre aktivieren, doch das sagte er keinem. Seine Tochter hatte immer gewusst, was sie tat, viel klarer als er. Er hatte ihr viel zugemutet, als sie jünger war. Dies hier war die Gelegenheit, an ihrer Seite zu stehen, und er spürte, dass sie im Recht war gegen diese merkwürdige Familie).

»Ich glaube, ich würde sie jetzt eher mal lassen.«

»Auf keinen Fall«, sagte Benni und startete den Diesel.

Christopher war still schon seit einiger Zeit, erstaunlich still, fand Ruth. Sie kannte ihn als denjenigen, der in solchen Krisensituationen das große Wort schwang; der versuchte, die Sache ins Lächerliche zu ziehen oder halbseidene Vorschläge machte. Er wirkte eingefallen und alt. Graue Bartstoppeln auf grauer Haut. Über ihn hatten sie noch gar nicht gesprochen.

»Wie geht es dir denn überhaupt?«, wagte sie sich an ihren ältesten Sohn heran.

»Seriously, Mama? Ich glaube, du musst dein neues unverstelltes Ich erst noch ein bisschen ausprobieren. Aber ja, ich denke, gut. Ich weiß, es ist vielleicht nicht der passende Moment, aber bevor sich dieses schöne Fest hier auflöst, wollte vielleicht Kimberley noch etwas sagen.« An Kimberley gewandt, wechselte er ins Englische. »Wenn hier schon alles zusammenbricht, können doch wenigstens wir was Neues schaffen. Ich freue mich, dass du den Ring schon trägst, und hoffe, dass du vielleicht eine Entscheidung getroffen hast? Wenigstens ein kleiner Lichtblick?«

»Oh, no, Chris. Ich weiß wirklich nicht, ob das der richtige Moment ist.«

»Doch, doch, komm.«

»Chris, als ich heute Morgen den – wunderschönen – Ring, den du mir geschenkt hast, übergestreift habe, war ich mir sicher, dass ich dich heiraten wollte. Obwohl du mir zu jung bist, hatte ich mir für uns das schönste Leben vorstellen können. Doch vieles von dem, was ich heute hier erlebt und gehört habe – ich habe nicht alles verstanden, aber das Wichtigste schon, glaube ich –, hat mich ins Zweifeln und schließlich zu der Überzeugung gebracht, dass du, Chris, vielleicht ähnlich wie deine Mutter uns in ein Leben zwängst, das du gar nicht willst. Du hast doch schon seit deiner Kündigung ein falsches Leben gelebt. Diese MAGA-Rolle habe ich dir, wenn ich jetzt drüber nachdenke, nie richtig abgenommen. Das bist du nicht, Chris. Du bist zu resilient. Deine Kindheit war zu gut. Der Preis an Unaufrichtigkeit, Chris, den du zahlen müsstest, um auf Dauer in meiner Welt zu leben – mit all diesen Gestalten, mit Don Jr., mit Tucker und Sean, mit Alex und Graydon –, der Preis wäre zu hoch. Du würdest dich verdrehen und verstellen, und ich würde vielleicht meine Eizellen aus dem Gefrierfach holen. Aber dann, in ein paar Jahren, würden wir auf ebenso einem Gartenfest dastehen wie deine Eltern jetzt, nur wäre es in Palm Beach, und irgendeine Bombe würde platzen. Ich war schon zweimal verheiratet, nie hat es sich so gut angefühlt wie mit dir. Vom ersten Ehemann habe ich wenigstens einen coolen Nachnamen bekommen.« Sie zog den Ring (Cushion Cut aus der Tiffany Soleste Edition, Platin mit einem 1,30 Karat-Diamanten, Color F, Clarity VVS1, Cut Excellent, 30 500 Euro) vom Finger, und nach Hans-Harald und vermutlich Benni war Kimberley nun die dritte in diesem Vorgarten, die mit Tränen kämpfte (dabei sollte in diesem Teil der Geschichte nicht viel geweint werden, hatte Ruth sich vorgenommen).

Ruth hatte den Vortrag der amerikanischen TV-Moderatorin in mehrerlei Hinsicht bemerkenswert gefunden. Die Klarheit, der Mut, die Härte gegen sich selbst, das Bei-sich-

Sein. Aber Kimberley Conway war noch nicht fertig, sie hatte noch etwas zu sagen, wenn sie schon einmal in Deutschland war. Sie begann, sich in ihren Ausführungen Gedanken über Ruths und Hans-Haralds Geschichte zu machen. Vielleicht war es einfach die Zeit damals gewesen, vor vierzig, fünfzig Jahren, die es nicht zugelassen habe, dass irgendeiner, Harry oder Ruth, richtig hätte handeln können. Ruths Lösungsweg hätte, unter diesen Umständen, noch zu dem bestmöglichen Ergebnis geführt, da sei sie sich sicher, alles andere wäre wohl auf eine Beendigung des gemeinsamen Weges hinausgelaufen. Die Diskretion, die Ruth dabei an den Tag gelegt habe, sei der Schlüssel gewesen, erklärte Kimberley, und nichts, wofür »my friend Harry« oder auch »my big love Chris« ihr Vorwürfe machen dürften. »Ihr wärt heute nicht hier ohne Ruths Härte.«

»Jaja, Kimberley, das sagt sich als Außenstehender so. Mir wäre es lieber gewesen, sie hätte sich ihre Eskapaden mit diesem Professor gespart.«

»Konnte sie nicht, Chris. Und weil du das nicht begreifst, hätte wahrscheinlich unsere Ehe wenig Chancen gehabt. Richtet nicht über eure Eltern, wenn ihr es nicht besser könnt.«

»Du schwingst große Reden.« Chris begann, wütend zwischen Ginsterblüte und Rippenfarn auf und ab zu gehen, drei Meter vor, drei zurück, und schuf so auf dem von tagelangem Regen aufgeweichten Rasen einen kurzen, aber markanten Trampelpfad.

»Damit vertuschst du nur, dass du selber feige bist«, sagte Chris. »Warum sagst du nicht einfach Ja? Das ist alles so verkopft. Das ist alles vorgeschoben. Wenn ich dir nach deinem vergötterten Vater wirklich am meisten bedeute, dann kommst du jetzt mit. Ich kann mir das jedenfalls nicht weiter anhören!« Dann verließ er den Garten. »Ich muss meinem Bruder helfen, seine Frau zu finden. Er hat noch etwas zu verlieren, im Gegensatz zu mir.«

Ruth erwischte ihren Sohn gerade noch, bevor er aus dem Garten stürmen konnte. Sie hatte ein Anliegen. »Sieh zu, dass Kimberley dir den Ring wiedergibt. Der hat doch ein Vermögen gekostet. Wo du jetzt keine Stelle mehr hast. Manchmal nehmen Juweliere die Schmuckstücke zurück, gerade bei Verlobungsringen, das kommt ja wohl nicht zum ersten Mal vor.«

Hoffentlich hatte er das verstanden, er wandte sich von ihr ab, wollte endgültig gehen, doch da packte ihn sein Vater am Arm und blickte ihm fest in die Augen. »Chris, was machst du da, dieser Podcast für die Trump-Leute im Internet?«

»Später, Papa. Wenn wir Emilia gefunden haben.«

Thomas blickte auf sein Handy, sagte dann: »So wie ich Emilia kenne, ich würde Richtung Flughafen fahren.«

Eine halbe Stunde später war Ruth mit Hans-Harald allein. Die anderen Familienmitglieder hatten sich in merkwürdig zusammengewürfelten Koalitionen verabschiedet. Schwiegervater Thomas hatte sie gefragt, ob noch weitere Enthüllungen zu erwarten wären, andernfalls würde er sich entschuldigen und, da seine Tochter ja mit seinem Auto verschwunden war, die Gelegenheit nutzen und mit Chris Richtung Flughafen fahren.

Ruth musste sich eingestehen, sie konnte diesem schillernden Mitte fünfzigjährigen Mann in den affigen Wildlederstiefeletten nicht böse sein. Seine Lockerheit und neckende Art gefielen ihr.

Hans-Harald und sie hatten sich nun auf die bunten Spaghetti-Gartenstühle neben der Veranda gesetzt. Solche hatten sie auch gehabt in den Siebzigern. Sie hatten kein Haus besessen wie Benni und Emilia, nur eine kleine Wohnung mit Balkon. Benni hatte ihnen keinen Schlüssel zum Haus dagelassen. Hans-Harald war auf seinen Knien durch die Schlehenhecke neben dem Haus gekrochen, um in den rückwärtigen Garten zu gelangen und zu überprüfen, ob eine Terrassentür offen stand. Dann hatte er die Fenster überprüft, und nun stocherte er mit einem Draht in der einen, seiner EC-Karte in der anderen Hand in dem Sicherheitsschloss der Haustür herum.

Sie zog demonstrativ ihr Telefon aus der Handtasche und begann, mit leisem Stöhnen Züge zu googeln. Es war fast alles schon wieder wie immer. Ein großer Stein war ins Wasser geflogen, hatte konzentrische Kreise erzeugt, doch irgendwann war die Wasseroberfläche wieder glatt.

Der Bahnhof war fünfunddreißig Minuten zu Fuß. Es war schön, allein zu sein. Alle hatten sich mehr oder minder entschuldigt, als sie gingen, als könnte man sie nicht allein lassen. Sie hoffte, dass Christopher Benni bald finden würde. Dann könnte sie Benni vielleicht helfen, seine Frau zu verstehen. Ja, sie hätte sich eine andere Schwiegertochter als Emilia gewünscht, das schon, eine die bereit war sich einzufügen; die sich im Hintergrund hielt, die Respekt hatte vor Familientraditionen und dem Recht der Älteren. Doch als sie Emilia sah, wie sie überstürzt aufbrach, nur mit einer Tasche über der Schulter, den Kindern an der Hand, die Unausweichlichkeit ihrer Handlung ins Gesicht geschrieben – in diesem Moment sah sie auch ihre eigene Not von jenem Sonntag ungefähr siebenunddreißig Jahre zuvor. Sie stellte sich vor, dass sie Benni vielleicht erklären könnte, wie Emilia sich fühlte und was sie jetzt brauchen könnte. Sie war auch einmal diese Frau, und ihr Ehemann hatte das damals nur bedingt erkannt. Sie musste in Emilias Sinne vermittelnd agieren, so paradox ihr das auch erschien. Aber Bennis Schmerz würde immer größer sein als ihr Triumph.

Hans-Harald saß neben ihr und schien nicht wütend zu sein, bloß verwirrt. Vielleicht brauchte er auch ein paar Tage, um das alles zu verarbeiten. Aber er hatte seine ehrlichen Gespräche bekommen, die er sich fünfzig Jahre lang gewünscht hatte, zumindest ansatzweise, und vielleicht hatte er damit sogar recht gehabt, denn tatsächlich hatte sie sich ihm vielleicht noch nie so nah gefühlt wie heute. Dass es allen drei Kindern so schlecht ging, bedrückte ihn möglicherweise mehr als die Tatsache, dass seine Frau ihn fünfzehn Jahre hintergangen hatte, und es bedrückte auch sie, weil sie keine Antwort auf die Frage hatte, wie hoch der Anteil ihrer Schuld daran war. Dass sie so oft Nein, statt Ja gesagt hatte; dass sie nicht mehr Liebe verteilt und öfter mit Hans-Harald geschlafen hatte; dass sie alles im Keim erstickt hatte und die einzige Freiheit, die sie sich genommen, im Verborgenen gehalten hatte. Für all das war es zu spät. Aber damit würde sie sich ein andermal befassen, nicht mehr heute, nicht mehr auf dieser Berlinreise, nicht mehr in diesem Buch.

Dann hielt ein kleiner Lieferwagen vor Bennis Haus. Verblüffenderweise war auf der Fahrertür in großer Schreibschrift das Wort »Schönwald's« zu lesen. Ein großer blonder Fahrer stieg aus, entriegelte die Hecktüren zum Laderaum und trug eine große Silberschale zur Gartenpforte. In der Schale stapelten sich Eiswürfel und dazwischen, in gelblichem Pink, lagen Scampi und Langusten. Ein zweiter, sehr großer und blonder Mann holte aus dem Laderaum einen kleinen tragbaren Kühlschrank aus Glas. Darin waren makellos geschnittene und fein marmorierte Filetstücke vom Rind zu sehen. Auf der Beifahrerseite schließlich stieg ein dritter Mann aus, dunkel, sehnig, rasierter Kopf, grauer Bart, Nickelbrille, und fast hätte sie ihn nicht erkannt, Rainer, der vor langer Zeit kurzzeitig ihr Schwiegersohn gewesen war.

Danksagung

Für Unterkunft und Unterstützung
 Christoph (Florenz), Volker (Médoc), Whitney und Martin (London), Kata, Campi und Lenn (Bude), Bridget und Dylan (Athens, NY), Jo-Ann und David (Venice Beach, CA), Bret (West Hollywood, CA), Hannah, Isaac, Lars & Lars (Montauk, NY).
 Ich danke Thomas Tebbe, Kristine Meierling und Henk Heuer. Felicitas von Lovenberg und besonders meinen großartigen Unterstützerinnen und Unterstützern bei Piper.
 Vor allem danke ich meinen Eltern und Geschwistern.